国际经济学

[美] 多米尼克·萨尔瓦多（Dominick Salvatore）著

第 **12** 版

刘炳圻 译

International Economics Twelfth Edition

清华大学出版社
北京

北京市版权局著作权合同登记号　图字：01-2019-1835

图书在版编目（CIP）数据

　　国际经济学：第 12 版/（美）多米尼克·萨尔瓦多（Dominick Salvatore）著；刘炳圻译.—北京：清华大学
出版社，2019（2023.9重印）
　　（工商管理优秀教材译丛. 经济学系列）
　　书名原文：International Economics，12e
　　ISBN 978-7-302-53467-9

　　Ⅰ．①国… Ⅱ．①多… ②刘… Ⅲ．①国际经济学－高等学校－教材 Ⅳ．①F11-0

　　中国版本图书馆 CIP 数据核字（2019）第 177164 号

责任编辑：王　青
封面设计：何凤霞
责任校对：王荣静
责任印制：丛怀宇

出版发行：清华大学出版社
　　　　网　　　　址：http://www.tup.com.cn，http://www.wqbook.com
　　　　地　　　　址：北京清华大学学研大厦 A 座　　　　　　邮　　编：100084
　　　　社 总 机：010-83470000　　　　　　　　　　　　邮　　购：010-62786544
　　　　投稿与读者服务：010-62776969，c-service@tup.tsinghua.edu.cn
　　　　质量反馈：010-62772015，zhiliang@tup.tsinghua.edu.cn
印 装 者：三河市铭诚印务有限公司
经　　销：全国新华书店
开　　本：185mm×260mm　　印　张：36.5　　插　页：2　　字　数：906 千字
版　　次：2019 年 9 月第 1 版　　　　　　　　　　　　印　次：2023 年 9 月第 4 次印刷
印　　数：10001～11500
定　　价：95.00 元

产品编号：081826-02

前 言

国际经济学
International Economics

这是本书的第 12 版,前几版的发行非常成功,被美国、加拿大及其他英语国家的 700 多所学院和大学选作教科书。本书还被译为中文、法语、希腊语、印度尼西亚语、意大利语、韩语、波兰语、葡萄牙语(巴西)、西班牙语、塞尔维亚语、俄语及其他语言。本书的特色使它成为美国及世界其他国家国际经济学的主要教材之一,我们在这一版保留了前几版的这些特色,但内容上则做了彻底更新,并加入了许多意义重大的议题及其最新的发展。

重要国际事件的发展

本书第 12 版的主要目标是对国际经济的理论和原则提供一个综合的、最新的、清晰的展示。这些理论和原则对于理解、评价和解决美国及世界其他国家如今所面临的国际经济问题和事件以及世界各国今后可能会遇到的问题都是非常重要的。其中包括:

1. 发达国家所面临的自 1929 年大萧条以来最为严重的金融和经济危机——"大衰退"所造成的缓慢增长和高失业率。

2. 美国以及其他发达国家保护主义的抬头降低了专业化程度,减少了贸易,既而增加了对各国福利会造成损害的贸易战的可能。

3. 过度的不稳定性以及汇率的大幅、持续失调阻碍了贸易和投资的国际流动,有可能引发国际金融和货币危机。

4. 美国的严重结构失衡,欧洲和日本的经济增长缓慢,以及中欧和东欧转型经济国家的经济结构改造问题降低了国际贸易量并且可能导致美元的崩溃。

5. 许多发展中国家的极度贫困以及愈演愈烈的国际间不平等,使美国及其他发达国家面临严重的伦理、政治和发展问题。

6. 资源匮乏、环境恶化、气候变化使美国和其他发达国家今后的发展以及新兴市场的可持续发展面临极大的风险。

这些事件极大地影响了美国以及世界其他地区的利益,但在很大程度上是美国或其他任何一个国家难以控制的。

第 12 版中的新内容

第 1 章被彻底改写以反映自本书上一版出版以来世界经济中发生的巨大的经济和金融变化;1.6 节被彻底改写以揭示现今美国和世界面临的国际经济(贸易与金融)的主要问题,而第 21 章(21.6 节)则探讨了解决这些问题的手段。

世界经济的迅速全球化给大多数国家带来了巨大的好处,但也给无法利用全球化的贫困国家,以及受到来自中国等新兴市场日益增强的竞争的美国和其他发达国家提出了很多挑战。

我们在贸易与金融部分的一些新加入的小节和案例中讨论了这些问题。

由于美国面临近乎无法支撑的巨大的贸易赤字,近期美元与欧元的汇率问题频频见诸新闻媒体。我们在贸易与金融部分的若干章节从理论上和实证上对美国贸易赤字、贸易保护主义、汇率失调做了详细的探讨。

不断加深的世界经济全球化与国际资本市场的自由化除了给国际贸易和国际竞争带来影响外,还进一步动摇了政府对国内经济与金融的控制。汇率的剧烈波动和严重失调影响了国际贸易和投资的流动,并干扰了各国的相对优势。同时,国际宏观经济政策协调的发展并不足以应对世界金融市场日益增加的相互依赖所引起的潜在问题和挑战。

本书还对世界经济结构不均衡的危险进行了深入分析,并评估了用于解决这些问题的各种政策选择。当今世界经济最严重的不均衡包括:美国的巨额贸易赤字和财政赤字(双子赤字);欧洲缓慢的经济增长和居高不下的失业率;日本长达10年之久的经济停滞;新兴市场经济体面临的金融和经济危机的风险;世界贫困;资源短缺;环境恶化。上述问题在书中都有涉及。

书中囊括了100多个案例研究,其中很多是新内容,其余的也被重新修订过。

在贸易理论与政策部分新加入的小节与案例包括:近期全球金融危机发生前后全球化带来的好处和挑战;贸易引力模型;比较优势模式的变化;国际贸易的各种利得;欧盟与美国的贸易争端和保护主义;非关税贸易壁垒的蔓延;战略贸易和产业政策;新经济巨人的崛起;美国进口高度竞争性行业的就业机会丧失问题;国际贸易与美国和其他发达国家的去工业化;国际贸易与美国工资的不均衡;北美自由贸易协定的收益和成本;国际贸易与环境可持续问题;全球化和世界贫困;发展中国家的贸易和发展;多哈回合的失败;有关美国移民政策的争议。

在国际金融部分中新加入的章节和案例包括:外汇市场的规模、货币和地理分布;汇率预测中的基本力量与"消息"的作用;美国与中国在贸易中急剧增长的赤字问题;欧元与美元汇率的预测失准;欧元与美元作为国际货币的问题;过渡经济中的巴拉萨—萨缪尔森(Balassa-Samuleson)效应;结构失衡与汇率失调;美元贬值与美国经常项目赤字;汇率对于进口价格的让渡影响;石油价格和增长;通货膨胀目标与汇率;全球金融危机与大衰退;大衰退之后的恢复与增长;欧元区危机与欧元的未来;国际货币基金组织成员的汇率安排;国际货币体系改革。

书中新增了国际贸易与国际金融方面的大量数据。

读者水平要求

本书提供了便于透彻理解国际经济学的所有重要原则和理论。教材正文部分简洁直观,而大多数章节后面的附录部分则更严密精确。此外,局部均衡的分析先于更复杂的一般均衡分析(一般均衡分析部分可视水平选读)。因此,本书的设计是灵活的,克服了其他国际经济学教材在讲授程度上过难或过易的缺点。

全书的结构

全书分为4部分。第1部分(第2章至第7章)讨论贸易理论(即贸易的基础与利得)。第2部分(第8章至第12章)讨论贸易政策(即贸易壁垒)。第3部分(第13章至第15章)讨论国际收支、外汇市场与汇率的决定。第4部分(第16章至第21章)考察了开放经济宏观经济学或国内经济与世界其他地区经济的宏观关系,以及现行国际货币体系的运行。

在一个学期的本科生国际经济学课程中,教师可安排讲授 14 章核心内容(第 1 章至第 6 章、第 8 章、第 13 章至第 18 章和第 21 章),同时还可包括少量其余各章中带 ∗ 号的部分,但不包括附录。国际贸易的本科生课程可讲授第 1 章到第 12 章以及第 21 章,而国际金融的本科生课程可以讲授第 1 章以及第 13 章到第 21 章。大量的例子和实际的案例研究对工商管理类教学计划中的国际经济学课程也非常适宜。在国际经济和商务专业研究生的第一学年中还可包括附录内容的讲授。

学生须知

同样的实例被用于所有章节来讨论含义相同的基本概念。这是本书的一大特色。例如,第 2 章到第 11 章(讨论贸易理论与政策)所使用的图表与数学模型是相同的。这使学生不必章章重新学习新实例,从而大大减轻了负担。

实例采用的是实际数值,图中使用刻度。这使概念和理论更具体、更易接受,也更恰当,使图更易阅读和理解。

全书有 100 多个案例(每章 4～9 个)。这些实际的案例研究普遍具有短小精悍、要点鲜明的特点,对所述内容起到了突出主题和强化理解的作用。

每章下面的节都编排了序号,方便查阅。较长的节又分为两个或更多的小节,所有的图表均在文中有详细解释并在标题下做了简单归纳。

每章结尾都附有下列辅助教学的提示:

- **本章小结**　各章的重点复习。
- **关键术语**　列出各章以黑体标明的重点术语,全书最后附有收录了全部关键术语的术语表。
- **复习题**　每章有 13～15 道题目。
- **练习题**　每章有 14～15 道题目。要求学生做出运算或对某一特定事件做出解释,读者可扫描二维码获取带 ∗ 号的部分练习题的回答要点。
- **附录**　正文中直观出现的内容在附录里以更严格、更细致、更清晰的方式展现出来。

教辅资源

- **教师手册**　由本书作者编写,包括各章教学目标和授课建议,章末习题的答案,15～20 道多项选择题以及各章的附加问题和附加的文章。
- **幻灯片**　由北卡罗来纳大学夏洛特分校的 Carol Stivender 教授编写,提供了各章的提要和图表。
- **习题库**　由北卡罗来纳大学格伦斯堡分校的 Jeffrey Sarbaum 教授编写,每章至少给出了 25 道多项选择题。

下载教辅资源需要输入密码,请选用本书的教师填写书后所附"教学支持说明",并联系索取。

目 录

国际经济学
International Economics

第 1 部分 国际贸易理论

第 2 部分　国际贸易政策

第 3 部分　国际收支平衡表、外汇市场和汇率

第 1 章

绪　　论

1.1　世界经济的全球化

世界正在迅速地全球化,这给全世界的国家和人民带来了很多机遇,也带来了巨大的挑战。我们先简单地介绍当今世界上正在进行的全球化革命,来开始我们对国际经济学的学习。

1.1A　我们生活在全球经济中

我们生活在一个全球化的世界上。我们可以实时地通过手机、iPad、电子邮件、即时通讯、电话会议与世界上的任何一个角落联系,而且我们可以近乎神速地在各地之间旅行。偏好出现同质化(也就是说,世界各地越来越多的人通常喜欢相同的东西),我们所消费的很多物品不是来自国外,就是采用了很多进口零部件。我们所使用的很多服务越来越多地由外国人提供,例如,纽约某家医院拍摄的片子在印度班加罗尔(Bangalore)进行分析,H&R Block 将我们的税单送到海外处理。就连那些几十年前还只是面临本地竞争的小公司如今也必须与全球各地的企业竞争。

尽管并不像货物与服务的国际贸易流动得那么自由,各种技术层面的数百万名工人在世界各地移动着,成千上万份工作已经从发达国家转移到了印度和中国等发展中国家。

金融也已经全球化了。我们可以对位于世界各地的公司进行投资并购买几乎是来自世界任何地方的任何公司的金融工具(股票和债券)。很多养老基金事实上就是在进行海外投资,某个金融中心的金融危机通过轻点鼠标就会立即传到世界各地。我们可以用美元很容易、很迅速地兑换欧元以及大部分其他货币,不过我们进行货币兑换所依据的汇率往往经常性地大幅波动。简言之,偏好、生产、竞争、劳动力市场和金融市场已经高度全球化,这对作为消费者、工人、投资者和选民的我们产生了深远的影响——没错,我们生活在全球经济中(参见案例研究 1.1 和案例研究 1.2)。

案例研究 1.1

在美国销售的戴尔计算机、iPhone 和 iPad 不是美国生产的

总部位于得克萨斯朗德罗克的戴尔公司协调着遍及美洲、欧洲和亚洲 34 个国家的全球性生产网络。戴尔在美国销售的绝大部分计算机只有最后的组装是在国内完成的,而各个零部件、外设、印刷电路板和局部装配流水线则依靠国外的制造商提供。其原因是,大部分零部件在世界其他地方生产更加便宜,因而使用进口货(见表 1.1)。无论价值很高的零件还是价值很低的零件(如电源或键盘)都不必在戴尔的组装厂附近生产。只有一些价值居中的部件(如主板和其他印刷电路板)会在当地生产,因为空运它们以满足随时变化的需求成本太高,保持大量库存又有很高的风险,不过这些部件也并不总是产自当地。

惠普计算机的所有零部件中超过 90% 不是在美国生产的。苹果 iPhone 的零部件几乎都来自亚洲(屏幕是日本产的,闪存是韩国产的),而最终是在中国装配的。苹果公司提供的是设计和软件,然后将其他公司的创新整合在一起。苹果 iPad 使用的零部件来自韩国的三星(Samsung)和乐金显示(LG Display),日本的东芝(Toshiba),美国的博通(Broadcom),中国台湾地区的 Catcher 科技、胜华(Wintek)、新普科技(Simplo Technologies)和联咏科技(Noveateck Microelectronics)以及意大利和法国的意法半导体(STMicroelectronics),最终在中国完成装配。2011 年投入使用的全新的波音 787 梦想飞机仅有不到 30% 的零部件是在美国生产的。现代生产的供应链中各种零部件的外包被称为碎片化。

表 1.1　为戴尔计算机提供零部件的公司及所在地区

零部件	地区	公司
显示器	欧洲、亚洲	飞利浦、诺基亚、三星、索尼、宏碁
印刷电路板	亚洲、苏格兰、东欧	SCI、天弘
驱动器	亚洲(主要是新加坡)	希捷、Maxtor、西部数据
打印机	欧洲(巴塞罗那)	宏碁
机箱	亚洲、东欧	鸿海/Foxteq
附件	亚洲、爱尔兰	鸿海/Foxteq

资料来源: J. Dedrick and K. L. Kraemer: "Dell Computer: Organization of a Global Production Network" and "Globalization of the Personal Computer Industry: Trends and Implications," *Working Papers*, Irvine, CA: Center for Research on Information Technology and Organizations(CRITO),University of California,Irvine,2002; "The Laptop Trail," *The Wall Street Journal*,June 9,2005,p. 31; "Rising in the East," *The Economist*,January 3,2009,p. 47; http://www. ipadforums. net/apple-ipad-news/514-rumor-alert-ipad-release-date-likely-Friday-march-26th-2. html; and "Dreamliner Production Gets Closer Monitoring." *The Wall Street Journal*,October 7,2009,p. B1;"Boeing 787 Production Target on Track,Supplier Says," at http://www. bloomberg. com/news/2013-07-19/boeing-787-production-target-on-track-supplier-says. html; and M. P. Timmer et al. ,"Fragmentation, Incomes and Jobs: An Analysis of European Competitiveness," *Economic Policy*,October 2013,pp. 613-661.

案例研究 1.2

什么样的车算是"美国"汽车？

要回答什么样的车算是美国汽车并非易事,这听起来也许有些奇怪。一辆产自俄亥俄的本田雅阁算是美国车吗？那么在加拿大生产的克莱斯勒小货车呢(特别是现在克莱斯勒已经被菲亚特收购了)？近 40％的部件进口自日本的肯塔基丰田或马自达可以算是美国车吗？显然,要确定什么是真正的美国汽车变得越来越困难,人们的观点也大相径庭。

一些人认为,凡是在北美(美国、加拿大和墨西哥)组装的汽车都是美国车,因为它们用的是美国制造的零件。但是美国汽车业工人联合会认为在加拿大和墨西哥制造汽车抢走了美国工人的就业机会。有些人认为由在美国的日本工厂生产的汽车应视为美国的,因为它们为美国人提供了工作岗位。另一些人则认为,这些日本"跨国工厂"生产的汽车应该算是国外的,理由是:(1)它们创造的工作岗位是从美国汽车制造者那里转移过来的;(2)它们使用的零部件有近 40％是从日本进口的;(3)它们将利润转移回了日本。那么,如果这些工厂使用的部件75％甚至 90％是美国生产的,又该怎样算呢？由马自达位于密歇根的工厂为福特生产的福特 Probe 车,可以算是美国车吗？

要想准确界定一辆美国汽车的确有困难,即使 1992 年颁布的美国汽车标签法要求所有在美国出售的汽车均须标明其部件产自国内和国外的比例之后,这种情况仍然没有改变。也许有人怀疑在当今日益相互依存和全球化的世界,这样的问题是否还有意义。为了增强竞争力,汽车制造商必须从全球购买更便宜、质量更好的零部件,同时还要将汽车销往世界各地以取得大规模生产的经济效益。福特在 6 个国家(美国、英国、德国、意大利、日本和澳大利亚)设计汽车,在 30 个地区拥有生产设备(北美 3 个,南美 3 个,亚洲 7 个,欧洲 17 个),其员工中来自国外的人数比来自美国的还要多。事实上,汽车和其他很多产业市场正在迅速发展为一系列真正全球化且独立的公司。

资料来源:"Honda's Nationality Proves Troublesome for Free-Trade Pact," *The New York Times*, October 9, 1992, p. 1; "What Is a U. S. Car? Read the Label," *The New York Times*, September 18, 1994, Section 3, p. 6; "Made in America? Not Exactly: Transplants Use Japanese Car Parts," *The Wall Street Journal*, September 1, 1995, p. A3B; "And Then There Were Five," *U. S. News & World Report*, March 4, 2000, p. 46; "What Is an American Car?" *The Wall Street Journal*, January 26, 2009, p. A5; and "One Ford for the Whole World," *Businessweek*, May 15, 2009, pp. 58-59.

1.1B　全球化的挑战

全球化(globalization)是一场革命,在范围和重要性方面可以与工业革命媲美,但工业革命发生在一个多世纪以前,而如今的全球革命则是近一二十年发生在我们眼前的。当然,全球化并非新生事物。2000 年前,罗马铸币就在罗马帝国中流通,而中国的货币流通甚至更早。近代以来一共发生了三次快速的全球化:1870—1914 年、1945—1980 年以及 1980 年至今。

1870—1914 年的全球化是欧洲工业革命的结果,工业革命在北美(美国、加拿大)、南美(阿根廷、智利和乌拉圭)、澳大利亚、新西兰和南非发现了一系列资源丰富、人烟稀少的新大陆。这些地方涌入了主要是来自英国的数以百万计的移民和大量的海外投资，成为食品和原材料的新的生产基地。这些所谓的"拓展区"在这一时期通过向欧洲出口越来越多的食品和原材料来换取制成品得到了快速发展。现代全球化的这一阶段由于1914年第一次世界大战的爆发而终结了。

快速全球化的第二阶段始于1945年第二次世界大战结束，一直持续到1980年前后。这一阶段的特点是国际贸易的迅猛增长，主要原因是1929年美国开始出现并持续到第二次世界大战的大萧条期间实施的严格的贸易保护政策被废除了。目前的全球化革命（1980年至今）与之相比的区别在于速度、深度和迫切性，而这些则得益于电信和交通的极大改善、国家间取消大部分限制带来的巨额国际资本流动以及世界大多数国家的参与。因此，今天的全球化与以往的全球化相比，范围更广、影响更大。近期（2008—2009年）发生的第二次世界大战结束后最为严重的全球金融和经济危机只是暂时减缓了全球化的进程。

然而，与所有的革命一样，今天的全球化既有很多好处和优势，也有一些不足甚至是有害的副作用。事实上，关于全球化的优势和不足的程度和类型存在大量的争议。从海外获取更便宜或更好的产品和服务是否值得以牺牲国内的就业机会为代价？为什么某些国家中的某些人非常富有、脑满肠肥而另一些人则穷困潦倒、食不果腹？

尽管劳动力流动通常能够实现对于劳动力更为有效的利用，但是也会造成发达国家能力较差的劳动力失业和收入下降，并对移出国造成负面影响（人才流失）。类似的，金融全球化和不加限制的资本流动可以带来资本在世界各地更有效率的使用，并为个人和企业提供提升回报和分散风险的机会。但是这些似乎也造成了周期性的国际金融危机，例如1997年由亚洲爆发并波及大多数发展中国家的金融危机，以及2007年始于美国并于2008年和2009年影响整个世界的次贷危机。最后，我们真的快耗尽石油、其他矿产和水资源了吗？世界是否将陷入气候灾难？

全球化的这些不足和负面影响使人们不禁开始重新思考长期以来对于自由贸易的信念是否正确，并引发了大规模的**反全球化运动**（antiglobalization movement）。该运动认为全球化是造成世界各地大量人权问题和环境问题的根源，并指责其为了跨国公司的利润而牺牲全人类的福利和环境。全球化还正在因为世界贫困以及贫困国家的童工问题，富裕国家的就业机会减少和工资下降以及全世界的环境污染和气候变化等问题而受到诟病。虽然这些指责有一定的道理，然而深入的经济分析表明当今世界所面临的很多严重问题往往另有原因（参见案例研究1.3）。

案例研究 1.3

印度的全球化对美国造成负面影响了吗？

发达国家将低技能服务业工作（如接听客服电话）外包给印度等低薪国家，降低了发达国家的成本和价格，这种做法并未引起人们太多的关注。然而近些年来，包括计算机、飞机工程、投资银行、医药研发在内的广泛领域的大量高技能、高薪工作转到了印度和其他新兴市场，引起了以美国为首的发达国家的极大担忧。表1.2列出了2008年美国几家跨国公司外包给印度的高科技服务和工作。

表1.2　印度全球化				
美 国 公 司	全球劳动力/人	印度劳动力/人	印度所占百分比/%	外包的服务
埃森哲（Accenture）	146 000	27 000	18.5	截至2008年年底，公司在印度的工人超过了在美国的工人
IBM	356 000	52 000	14.6	针对印度和全球客户提供软件解决方案的独立开发
花旗集团（Citigroup）	327 000	22 000	6.7	分析美国股票并评估美国公司的资信情况

资料来源：“India's Edge Goes Beyond Outsourcing,” *The New York Times*, April 4, 2008, p. C1；“IBM to Cut U. S. Jobs, Expand in India,” *The Wall Street Journal*, March 26, 2009, p. B1；“Outsourced Forever,” *Forbes*, September 26, 2011, pp. 38-39；“Benefits of Outsourcing Comes under Scrutiny,” *The Financial Times*, October 16, 2013, p. 1；and “Manufacturers Capitalize on Goods Made in the U. S.” *The Financial Times*, October 16, 2013, p. 2.

　　IBM、花旗集团和摩根斯坦利等公司声称，将高技能、高薪工作外包给成本更低的印度（和其他新兴市场，尤其是中国），使自己保持了国际竞争力，降低了其产品和服务对美国消费者的售价，也是其利用快速增长的新兴市场的必然。将大量高技能、高薪工作及其所植根的核心技术转到海外，不可避免地在美国引发了极大的忧虑，人们不仅担心美国大好就业机会的丧失，而且忧虑美国作为世界技术领先者的地位能否保得住。

　　正是由于发达国家国内的上述担忧，再加上中国等一些新兴市场的劳动力等成本持续上涨，一些制造业已经开始回归美国及其他发达国家。

　　全球化涉及很多社会、政治、法律和道德问题，因此经济学家需要与社会学家、物理学家以及整个社会密切合作，才能更为全面地了解全球化（也就是说，让所有的国家和人民分享其带来的好处）。全球化具有无与伦比的重要性，因为它能够提高物质资料的生产效率；全球化是不可避免的，因为我们无法逃避。然而，我们还希望全球化是可持续的、以人为本的，并且最重要的是"公平"。这需要对世界统治做出极大的改变。这就是人类如今以及今后10年所面临的挑战。

　　上述所有问题以及其他很多问题正是本书直接或间接讨论的国际经济学的主题。

 ## 1.2　国际贸易与一国的生活水平

　　美国横跨北美大陆，具有丰富的人力资源与自然资源，能够相对高效率地生产本国所需要的大部分产品。与之形成鲜明对照的是一些小工业国，如瑞士和奥地利，它们仅拥有一些特殊资源，只能生产和出口非常少的产品，而进口其他大部分物资。甚至一些工业强国，如日本、德国、法国、英国、意大利和加拿大，对国际贸易也有很强的依赖。对发展中国家来说，出口提供了就业机会，并可挣到用于支付进口各种本国不能生产的产品和尚未掌握的先进技术所必需的外汇。

　　国家间经济关系或称国家间的**相互依存（interdependence）**程度可以用商品和服务的进出口额占国内生产总值（GDP）的比例来粗略地衡量。国内生产总值是指一国在一年间生产的全部商品和服务的总价值。如图 1.1 所示,在小工业国及发展中国家,进出口总值在国内生产总值中所占的比例要大大高于美国。因此,相对于美国而言,国际贸易对于其他大多数国家甚至更为重要。

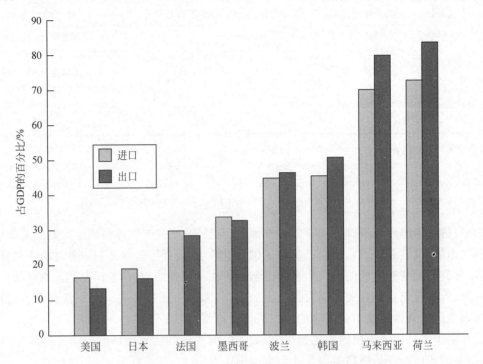

图 1.1　各国 2014 年进出口占 GDP 的比重

相对于美国而言,国际贸易(进口与出口)对大部分小工业国和发展中国家更重要。

资料来源:International Monetary Fund,*International Financial Statistics*,Washington,D.C.:IMF,July 2015.

虽然美国对国际贸易依赖程度相对较低,但美国的高生活水平很大程度上仍依赖于国际贸易。首先,有许多商品,如咖啡、香蕉、可可、茶叶、苏格兰威士忌、法国白兰地等,美国根本就不生产。其次,美国国内没有锡、钨、铬矿等的储藏,而它们对一些工业生产流程来说是必不可少的。另外,美国的铜和其他许多矿产储量也在日益减少。对一国的生活水平来说,更为重要的是许多产品虽然可以在国内生产,但成本远高于在国外生产。我们后面将会讲到,以上这些解释了大部分的贸易收益。

然而,美国即使退出世界贸易,美国人的生活水平也不会有大幅下降,但其他国家则难以做到这一点。例如,日本、德国、英国、意大利就会受到较大的影响,更不必说瑞士和奥地利了。甚至过去由于政治和军事原因而高度重视自给自足的俄罗斯和中国,现在也开始承认自己需要进口高技术产品,需要引进国外资本,甚至需要进口谷物、大豆及其他农产品。同时,这些国家也已经能够出口大量的产品和服务以支付进口所需要的费用。

一般而言,各国经济间的相互依存随时间而增强,世界贸易的增长速度要高于世界产品生产的增长速度(见图 1.2)。美国在过去 50 年中就是这种情况(见案例研究 1.4)。除了 2001 年和 2009 年,各年度世界贸易的增长速度都快于世界 GDP 的增长速度。然而,2012 年和 2013 年,世界贸易的增长速度略低于世界 GDP。近期世界贸易增长放缓被认为主要源于世界生产中碎片化的逆转(见图 1.2)。例如,中国出口商品中进口零部件的占比由 20 世纪 90 年代中期 60% 的最高值降至 2012 年的约 35%。

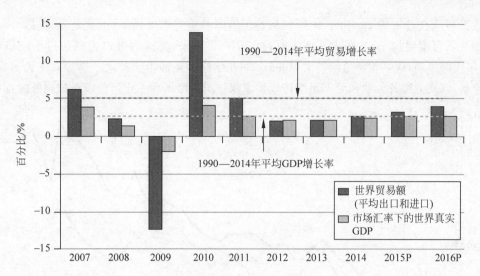

图 1.2　2007—2014 年世界贸易与 GDP 的增长情况(每年变化的百分比)

2000—2008 年及 2010—2011 年,世界贸易的增长比世界生产的增长快得多。

资料来源:World Trade Organization,*World Trade Report*,Geneva:WTO,2015,p. 18. See also C. Constantiescu,A. Mattoo,and M. Ruta,"The Global Trade Slowdown:Cyclical or Structural?" *IMF Working Paper WP*/15/6,January 2015.

但是,国家间的相互依存还有其他许多种重要方式,因而一国的经济事件和经济政策将对其他国家产生重大的影响(反过来也是如此)。例如,如果美国刺激本国的经济,那么美国公众对商品和劳动需求的增加就会带动进口。这又会刺激出口这些商品的国家的经济。而美国利率的上浮会吸引外国的基金(资本)流入。这会提升美元的国际价值,进而刺激美国的进口,减少美国的出口,最终会削弱美国国内经济的活力而刺激国外的经济。

最后应指出的是,国家间旨在消除贸易壁垒的贸易谈判可能带来美国高技术产品(如计算机)出口的增加及这些行业工人的就业机会和工资的增加。但也可能带来鞋类和纺织品进口的增加,从而减少这些行业工人的就业机会和工资。可以看到,当今世界各国之间的联系是多么紧密,或者说,是多么相互依存。政府针对纯国内问题的政治决策也会产生重要的国际影响。

案例研究 1.4

国际贸易对美国的重要性越来越高

在 20 世纪 60 年代的多数年份,进出口占美国 GDP 的比例只有 4%～5%,但是 70 年代起这个比例急剧上升。如图 1.3 所示,进口占美国 GDP 的比例从 60 年代后期的 5%左右提升到 1980 年的超过 10%再提升到 2008 年的高达近 18%之后由于美国经济的衰退而于 2009 年跌破 14%。出口占美国 GDP 的比例从 60 年代后期的 5%左右提升到 1980 年的大约 10%再提升到 2008 年的高达近 13%之后由于国外经济的萧条或缓慢增长而于 2009 年跌到 11.4%。如图 1.3 所示,在过去 45 年中,国际贸易对美国已变得更加重要(即美国更加依赖世界经济了)。此后,美国的进口和出口占 GDP 的百分比都上升了,2014 年分别为 16.5%和 13.4%。

这一数据显示在过去的 50 年间,国际贸易对于美国的重要性增强了(也就是说,美国与世界经济的相互依存度增加了)。图 1.3 还表明,自 1976 年以来,美国的进口份额超过了出口份额,在 80 年代前半期,这一差额急剧扩大,1996—2006 年这一差额再次扩大。这导致了美国巨额的贸易逆差,以及美国各行业和劳工组织持续要求保护国内市场和工作岗位以对抗国外的竞争。

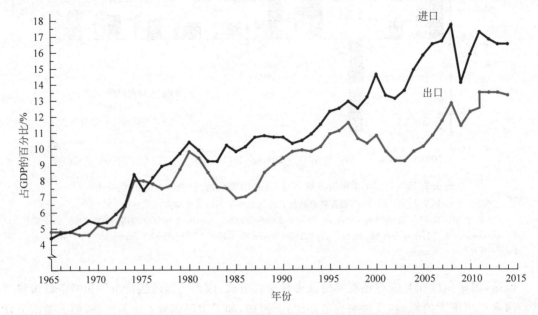

图 1.3　1965—2014 年美国进出口占 GDP 的百分比

美国进出口占 GDP 的百分比自 20 世纪 70 年代初开始急剧上升,因此国际贸易对美国已变得越来越重要。20 世纪 80 年代前半期以及 1996—2006 年,美国的进口大大超过出口,导致了美国的巨额贸易逆差。

资料来源：International Monetary Fund, *International Financial Statistics Yearbook*(Washington, D. C. , Various Issues).

1.3　商品、服务、劳动力和资本的国际流动

世界经济中的相互依存反映在商品、服务、劳动力和资本的跨国境流动上。

1.3A　商品和服务的国际流动：贸易引力模型

我们已经看到了国际贸易对于一国福利日益增加的重要性。那么美国的主要贸易伙伴有哪些? 为什么是这几个国家? 一般而言,我们预期一国与较大的国家(即 GDP 较高的国家)的贸易额会高于与较小的国家的贸易额,与地理位置较近的国家的贸易额会高于与地理位置较远的国家的贸易额(因为与后者开展贸易,运输成本较高),与经济体制较为开放的国家的贸易额会高于与经济体制较不开放的国家的贸易额,与具有相似的语言和文化背景的国家的贸易额会高于与在语言和文化背景方面差异较大的国家的贸易额。

在最简单的形式上,**贸易引力模型**(gravity model)假设(其他条件不变的情况下)两国间的双边贸易与这两个国家的 GDP 的乘积是成比例的或至少是正相关的,同时,两国间距离越远,贸易额越低(就好像物理学中的牛顿万有引力定律一样)。也就是说,两国的 GDP 越高(彼此间规模越接近)、距离越近,则预期两国间的贸易额越高。

贸易引力模型可以用下式来表示:

$$T = C \cdot \frac{Y_1 \cdot Y_2}{D} \tag{1-1}$$

其中，T 为两国(国家 1 和国家 2)之间的国际贸易量；C 为常数；Y 为 GDP；D 为国家 1 与国家 2 之间的距离。

式(1-1)可表述为：T(国家 1 与国家 2 之间的国际贸易量)等于 C(常数)乘以 Y_1(国家 1 的 GDP)乘以 Y_2(国家 2 的 GDP)后除以 D(国家 1 与国家 2 之间的距离)。常数 C 用于度量重力项(即 Y_1、Y_2 和 D)间关系的大小。该关系只能大致给定，因为除了贸易引力模型中给出的主要因子外，还存在影响两国间贸易的其他因子。

如果两个国家的语言相同、文化背景相似，且彼此间的贸易不受限制(正如美国与加拿大不仅语言相同、文化背景相似，而且还跟墨西哥共同签署了北美自由贸易协定，我们将在第 10 章介绍该协定)，那么两国间的贸易量也会比较高。事实上，对于贸易引力模型所预测的两国间贸易量的偏离可以用来度量两国间实际贸易环境与最有利于贸易的环境之间的差距。

与此同时，贸易引力模型所预测的美国与加拿大的贸易量并不如该模型所预测的美国相邻两个州之间的贸易量或者是加拿大相邻两省之间的贸易量。显而易见，存在其他一些因素(如文化中仍存在差异和"购买国货"偏好)，使同一国家相邻的州或省的贸易量超过了彼此间极为相似的两国间的国际贸易量(见案例研究 1.5)。

案例研究 1.5

现实中的贸易引力模型

根据贸易引力模型，我们预期相对于其他地理位置较远的同类国家而言，美国与其邻国加拿大和墨西哥有更多的贸易往来，此外，与中国、日本和德国等经济大国的贸易往来要高于与经济小国的贸易往来。这也正是表 1.3 所反映的。即美国最主要的贸易伙伴通常是地理位置最接近的和/或 GDP 较高的。(本章的附录列出了国际贸易中商品与地理位置方面的详细数据，以及世界主要进出口国家的商品与服务方面的数据。案例研究 13.1 则给出了 2014 年美国的主要出口品和进口品。)

表 1.3　2014 年美国主要的贸易伙伴			单位：10 亿美元
国家或地区	出　　口	进　　口	进出口总额
加拿大	374.9	384.4	759.3
中国	167.2	482.3	649.5
墨西哥	270.7	320.9	591.6
日本	114.7	167.9	282.6
德国	77.8	157.0	234.8
英国	118.1	105.2	223.3
韩国	66.8	80.3	147.1
法国	51.3	64.2	115.5
印度	37.7	66.2	103.9

资料来源：U. S. Department of Commerce,"U. S. International Trade by Selected Countries and Areas," June 2015.

1.3B 劳动力和资本的国际流动

除了商品和服务的贸易,人(移民)和资本的跨国境的国际流动是世界经济一体化和全球化的另一个衡量指标。

如今世界上大概有 1.9 亿人居住在出生国以外的国家,其中近 60% 的人居住在富裕的国家(大约 3 600 万人居住在欧洲,3 800 万人居住在美国)。移民主要出自经济原因(如提高生活水平以及为子女提供更多的机会),但是也有些移民是为了逃避政治和宗教迫害。居住在美国的 3 800 万海外出生人口占美国人口总数的 12.5%,占美国劳动力总数的 16.2%。这些人中,超过 1 100 万人或近 30% 的人口是非法入境的。大多数国家都有限制移民进入的规定,这是为了减少低技能人口的流入(对于高技能和高技术人口的流入,则往往采取鼓励措施)。移民通常受到比商品、服务和资本的国际流动更多的限制(12.6 小节更为深入地探讨了国际劳工迁移)。

一般来说,资本在国境间的流动要比人自由得多。金融资本或投资组合资本(银行贷款和债券)通常会流向利率较高的国家或市场,企业的海外直接投资则流向预期利润较高的国家。这使资本得到更为有效的利用,通常会使借款人和贷款人都受益。20 世纪 70 年代,中东各国将石油出口获得的巨额收入中的很大一部分存入了纽约和伦敦的银行,这些银行将资金贷给(再利用)拉丁美洲和亚洲各国的政府和企业。20 世纪 80 年代,日本将其巨额出口收入中的很大一部分投资于美国的金融资产和房地产,各大公司还在美国开设了分支机构。

20 世纪 80 年代中期开始,由于消费超过了产出,美国逐渐成为世界其他国家的净债务国,且债务规模日益增长(参见案例研究 1.6)。全球银行在世界各地的主要国际货币中心(纽约、伦敦、法兰克福、东京、上海和新加坡)开设分行。世界金融中心每天昼夜不停地交易 5 万亿美元的外币(相当于美国 GDP 或经济规模的大约 30%),新成立的主权基金(中东石油出口国、新加坡、中国、俄罗斯和巴西所拥有的金融机构)在世界各地大规模地进行各类投资。金融市场正在以前所未有的规模全球化。其不利的一面是一国出现的金融危机会迅速扩展到其他国家(第 12 章详细探讨了国际资本流动,第 21 章详细探讨了金融危机)。

案例研究 1.6

资本的主要净出口国和净进口国

表 1.4 列出了 2014 年资本的主要净出口国和净进口国。几乎所有的国家都会进口和出口资本,因为各国的投资者会利用国外借款和投资机会来防范风险并实现投资组合的分散化。出口的资本多于进口的国家从世界的角度来看是资本净出口国,而进口的资本多于出口的国家从世界的角度来看则是资本净进口国。从表 1.4 中可以看出,德国和中国是最大的资本净出口国,其次是沙特阿拉伯和荷兰。而美国则是最大的资本净进口国。美国人就是花得太多了,生活水准超越了应有的水平,这种状况需要纠正。

表 1.4 2014 年资本的主要净出口国(或地区)和净进口国			
资本的净出口国(或地区)	占世界出口的百分比/%	资本的净进口国	占世界进口的百分比/%
德国	18.9	美国	35.5
中国	13.8	英国	14.0
沙特阿拉伯	7.0	巴西	7.9
荷兰	5.9	土耳其	4.0
韩国	5.8	澳大利亚	3.4
中国台湾地区	4.2	加拿大	3.4
科威特	4.0	法国	2.6
其他	40.4	其他	29.2

资料来源: IMF, *Global Financial Stability Report*, *Statistical Appendix*, April 2015, p. 3.

1.3C 全球金融危机前后的全球化

图 1.4 给出了世界经济近期的全球化进程(贸易、服务和金融的国际流动),从 20 世纪 80 年代初开始,90 年代迅速增长,2007 年达到顶峰,在 2008—2009 年的全球金融危机和衰退期间迅速减少。随着 2010 年世界经济复苏,世界经济的全球化增长,但 2011—2014 年与 2007 年的峰值相比仍然较低(在绝对值和占世界 GDP 的百分比两方面均是如此)。如今面临的问题是未来的跨境流动或全球化是会重新快速增长还是会维持在 2011—2014 年的水平。请注意,尽管服务占了世界 GDP 的大约 2/3,货物的国际贸易仍然是流动量最大的(比服务或金融的国际流动高出了约 5 倍)。

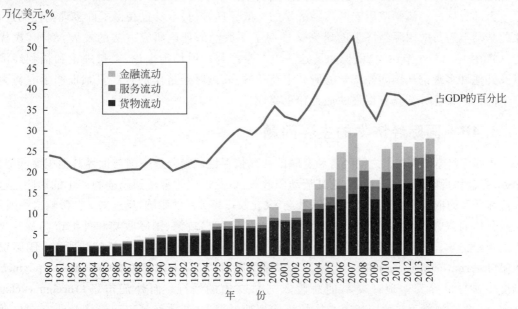

图 1.4 1980—2014 年的货物、服务和金融流动

全球化(货物、服务和金融的跨境流动)从 1990 年的 5 万亿美元或占世界 GDP 的 23% 最高曾于 2007 年达到 29 万亿美元或占世界 GDP 的 52%。此后,由于 2008—2009 年的全球金融危机和衰退而下降,2014 年为 28 万亿美元或占世界 GDP 的 38%。

资料来源: Adapted and updated from McKinsey, *Global Flows in a Digital Age* (New York, April 2014); "The State of Globalization," *Businessweek*, January 26, 2014, pp. 43-44; and "Globalization in Reverse," *Time*, April 7, 2014, p. 28.

在母国以外居住的人口(全球化进程的另一个组成部分)自1980年以来稳定在约2.7%的水平。大幅增加的是短期旅游和出国留学的人口。增长更为明显的是数据和通信的跨境流动。

1.4　国际经济理论和政策

下面考察国际经济理论和政策的目的以及国际经济学的主要问题。

1.4A　国际经济理论和政策的目的

经济理论的目的一般在于预测和解释。也就是说,经济理论是具体经济事件与活动的抽象概括,它常常从纷繁的事物中找出对预测和解释经济事件至关重要的几个变量和关系。顺着这条思路,国际经济理论经常假设两国、两商品、两要素的世界模型,并进一步假设初始时没有贸易限制,存在充分的国内要素流动而无国际要素流动,所有商品和要素市场处于完全竞争状态,无运输成本。

这些假设看起来可能过于严格。然而,大多数结论的获得依赖于这些假设。甚至当我们放宽条件,考虑多于两国、两商品和两要素的情况以及要素间有着某些国际流动、不完全竞争、有运输成本和贸易限制的情况时,这些假设仍是我们分析的起点,在此基础上的分析仍然能得出有益的结论。

从这些简化的假设入手,国际经济理论论证贸易的基础与所得,贸易限制的原因和影响,直接约束国际收付流动的政策,以及这些政策对一国福利及其他经济的福利的影响。国际经济理论也考察在不同类型的国际货币安排或货币体系下宏观经济政策的效果。

大部分国际经济学应用宏微观经济学的一般原理时,其本身也获得了许多理论性的进步,在此基础上进行的国际经济学的研究又推动了一般经济理论研究方法的发展,例如"次优理论"(将在10.4A小节讨论)就说明了这一点。生产与一般均衡理论、增长理论和福利经济学以及其他许多理论从国际经济学的研究中获益颇多,国际经济学的这些贡献证明了它作为经济学的一个特殊分支具有很强的活力和重要性。

1.4B　国际经济学的主要问题

国际经济学研究国家之间经济和金融的相互依存性。它分析一国与世界其他国家间商品、服务、资金和货币的流动,旨在监控其流动的政策,以及这些政策对国家福利产生的影响。这种经济和金融的依存关系受国家间政治、社会、文化及军事关系的影响,反过来又会影响这些因素。

具体而言,国际经济学涉及国际贸易理论、国际贸易政策、国际收支和外汇市场及开放经济宏观经济学。**国际贸易理论**(**international trade theory**)分析贸易的基础和所得;**国际贸易政策**(**international trade policy**)考察贸易限制的原因和效果;**国际收支**(**balance of payments**)测度一国与世界其他地区交易的总收入与总支出的情况;而**外汇市场**(**foreign exchange markets**)是一国货币与他国货币交换的机构框架。最后,开放经济宏观经济学研究在出现不均衡(赤字或盈余)时**国际收支的调节**(**adjustment in balance-of-payments**)机制。更重要的是,国际经济学分析一国经济内外部之间的关系,以及在不同国际货币制度下,一国经济与世界其他国家经济的相互依存性和相互关系。

国际贸易理论和政策是国际经济学的**微观经济**(**microeconomic**)部分,因为它们把单个国家看作基本单位,并研究单个商品的(相对)价格。同时,由于国际收支涉及总收入和总支出,以及影响国家收入水平和价格总指数的调整政策和其他经济政策,因而它们是国际经济学的**宏观经济**(macroeconomic)部分。这些内容常被称为**开放经济宏观经济学**(open-economy macroeconomics)或**国际金融**(international finance)。国际经济关系不同于地区间的经济关系(例如,同一国家内不同地区间的经济关系),因此,需要一些不同的分析工具,进而必须把国际经济学作为经济学的一个独立分支来看待。也就是说,国家通常会对商品、服务和生产要素在国际间的流动施加某些限制,而一般不对其在国内各地区间的流动进行限制。此外,国际间的流动也因语言、风俗习惯和法律的不同而受到某些限制;国际间商品、服务及资源的流动会带来外汇收入及支出,而这些外汇的价值会随着时间发生变化。

国际经济学在过去两个世纪获得了长久、持续和富有成效的发展,这得益于世界最著名的一些经济学家,其中包括亚当·斯密、大卫·李嘉图、约翰·斯图尔特·穆勒、艾尔弗雷德·马歇尔、约翰·梅纳德·凯恩斯和保罗·萨缪尔森。我们将在以后的各章中验证这些经济学家及其他伟大经济学家的贡献。其他经济学分支没有国际经济学发展的时间久,因此在著名的贡献者及发展史方面远远无法比拟。

 ## 1.5　当前的国际经济问题和挑战

本节简要分析当今世界所面临的最重要的国际经济问题和挑战。研究国际经济理论和政策将有助于理解这些问题并对各种解决方案进行评价。目前世界面临的最严重的经济问题是美国及大多数其他发达国家的缓慢增长和高失业率。在国际贸易方面,最严重的问题是在世界迅速全球化背景下发达国家日益抬头的贸易保护主义。在国际货币方面,最严重的问题是过于频繁变动的汇率(各国货币国际价值的大幅波动),以及旷日持久的严重的汇率失调(汇率在很长一段时间远离均衡点)。其他严重的国际经济问题包括美国严重的结构失衡、欧洲和日本的缓慢的经济增长以及中欧和东欧转型经济的重组问题;很多发展中国家的深度贫困;资源匮乏、环境恶化、气候变化及其给世界发展的可持续带来的风险。下面分别对这些问题进行简要的介绍。

1. "大衰退"之后发达国家的缓慢增长和高失业率

2010 年以来,堪称 1929 年大萧条之后最为严重的金融和经济危机(通常被称为大衰退)结束后,发达国家经济增长缓慢,失业率居高不下。2008—2009 年的危机起源于 2007 年 8 月美国的次级(高风险)房屋抵押贷款市场,然后于 2008 年扩展到美国经济中的整个金融和房地产部门,最终波及全世界。美国和其他一些国家采取干预措施,避免银行和其他金融机构破产,大幅降低利率,并推出了巨额的经济刺激组合方案。然而,这些措施仅仅起到了避免发达国家的经济衰退进一步恶化的作用。尽管这次衰退于 2010 年正式结束了,但是经济增长缓慢和失业率居高不下仍然是发达国家面临的最为严重的问题。这些问题对于希腊、爱尔兰、葡萄牙、西班牙和意大利(这些国家都是欧洲货币联盟 19 国的成员)尤为严重,它们仍然深陷由于过度举债、无法维持的预算赤字和丧失国际竞争力所造成的严重危机之中。

2. 世界迅速全球化的背景下发达国家的贸易保护主义

在第 1 部分(第 2 章至第 7 章)有关国际贸易的纯理论研究中,我们将看到对于整个世界而言最好的政策是自由贸易。在自由贸易条件下,每个国家可以专业化生产它能以最高效率生产的商品,通过出口这种商品,每个国家都能换取数量多于在国内生产的其他商品。然而,在现实世界里,大多数国家对贸易自由施加了某些限制。尽管这些贸易限制从国家福利的角度来看总是正当的,但通常只有一小部分生产者拥护贸易限制政策,并且以牺牲基本没有发言权的大部分消费者的利益为代价,使这小部分生产者获利。目前,由于发达国家受到了来自以中国和印度为首的新兴市场经济越来越富竞争力的挑战,这个问题变得更为严重。由于人们普遍担心大量就业机会流失,在以美国为首的发达国家出现了实施免受海外竞争的保护措施的呼声。发达国家面临的挑战是如何保持竞争力,避免出现就业机会的严重流失,分享全球化带来的好处并防止保护主义继续蔓延。发达国家可以如何应对这一挑战将在本书的第2部分(第8章至第12章)讨论。

3. 汇率的过度波动和失衡以及金融危机

在第3部分(第13章至第15章)的国际金融研究中,我们将看到汇率频繁变动及旷日持久的严重失衡现象。周期性的金融危机也引发了金融和经济的不稳定,并减缓了发达国家和新兴市场的经济增长,如1997年源于东南亚的金融危机和2007年源于美国的金融危机。这些会破坏国际贸易模式及专业化分工,并造成全球范围内不稳定的国际金融环境。它们还导致人们重又呼吁对目前的国际货币制度进行改革,以及对主要的经济体的宏观经济政策进行更多的协调(将在本书的第20章和第21章加以论述)。

4. 发达国家的结构失衡以及转型经济的重组问题

美国面临严重的结构失衡,其表现是过度支出与国民储蓄不足。这意味着美国人通过在海外过度借款过着超越其承受能力的生活。其结果是巨额的资本流入、美元价值的高估、巨额且无法承受的贸易赤字以及不稳定的金融环境。欧洲的问题是缺乏灵活性的劳动力市场;日本的问题是其分配体系严重缺乏效率,从而减缓了经济增长速度。转型经济(中/东欧的原中央计划经济)为了建立全面的市场经济并实现更快的经济增长,亟须进一步实现经济重组。这些地区的发展不足给整个世界经济的增长造成了不良影响,并引发了贸易保护主义的抬头。因此,我们可以看到各国或各地区所面临的问题在我们现今相互依存的世界里会迅速演变成全球性的经济问题。在本书的第4部分(介绍开放经济宏观经济学),我们将探讨可以用来解决这些问题的政策措施。

5. 很多发展中国家的深度贫困

虽然以中国和印度为首的很多发展中国家的经济正在高速发展,但很多最贫困的发展中国家,尤其是非洲撒哈拉沙漠以南的国家,却面临深度贫困、棘手的国际债务、经济停滞和生活水平与其他国家的差距日益扩大等问题。如今,近10亿人(约占世界总人口的1/6)每天的生活费还不到1.25美元。一个有成千上万人处于饥饿中的世界不仅从道德观念上讲是不可取的,而且不可能有和平与安宁。本书第11章和第21章将探讨为什么世界上的富国与最穷的发展中国家生活水平的差距如此之大,并且仍在日益扩大,以及如何刺激最贫困国家的经济增长。

6. 资源匮乏、环境恶化、气候变化和不可持续发展

富裕国家的增长和贫困国家的发展如今正在受到资源匮乏、环境恶化和气候变化的威胁。石油和其他原材料的价格面对迅速增长的需求(尤其是来自中国和印度的需求)和生产国供给限制,在过去几年里出现了大幅上涨,食物的价格也大幅上升。在很多新兴市场经济中,环境保护让位于经济增长。亚马孙热带雨林正迅速遭到破坏。我们都亲眼目睹了极为严重的气候变化,这些可能对地球上的生命造成越来越恶劣的影响。这些问题的充分分析和解决需要集各学科之力,需要全世界共同努力,也需要世界各国政府有所改变。

 # 1.6　本书的结构和学习方法

本节我们将简要地介绍本书的结构、内容与方法。

1.6A　本书的结构

本书由四部分组成。第 1 部分(第 2 章至第 7 章)阐述国际贸易理论。第 2 章阐述比较优势的重要理论;第 3 章研究贸易的基础与所得;第 4 章揭示国际贸易中商品和服务的均衡价格是如何形成的;第 5 章提出并检验赫克歇尔—俄林的国际贸易理论;第 6 章讨论基于规模经济和不完全竞争的新贸易理论;第 7 章研究经济增长与贸易的关系。

第 2 部分(第 8 章至第 12 章)阐述国际贸易政策。第 8 章考察最重要的贸易限制——关税;第 9 章将研究扩展到非关税贸易壁垒,评价贸易保护主义的所谓正当理由,并概述其发展的历史;第 10 章分析一些国家的经济一体化问题;第 11 章论述国际贸易对于经济发展的影响;第 12 章研究国际间资源的流动及跨国公司。

第 3 部分(第 13 章至第 15 章)讨论国际收支、外汇市场和汇率的决定。对这三章的透彻理解是学习第 4 部分国际收支失衡的调节理论与开放经济宏观经济学的关键。第 13 章研究对一国国际收支的测度。除了介绍理论之外,第 14 章还检验了外汇市场的实际运作,因此对学习国际经济学,特别是对主修工商管理专业的学生具有很强的应用性。第 15 章更多的涉及汇率的货币决定与金融决定,以及汇率剧烈变动的原因。

第 4 部分(第 16 章至第 21 章)阐述国际收支失衡调节的各种机制,这一问题通常涉及开放经济宏观经济学。第 16 章概述通过改变国内、国际价格关系进行调节的机制。第 17 章考察收入调节机制并提出一种综合的自动调节方法。第 18 章和第 19 章考察政策调节和开放经济宏观经济学。第 20 章比较固定汇率与浮动汇率,并考察欧洲货币体系,讨论国际宏观经济政策的协调。第 21 章研究国际货币体系的长期运作,特别是它目前的功能,提出了解决当今世界面临的国际经济主要问题的可行方案。

本书由抽象的理论入手,逐渐趋于更具实用性和政策性,原因在于人们在寻求解决问题的恰当政策以前必须理解问题的本质。本书的每一部分都从一些简单的概念开始,逐渐系统地趋向复杂而有深度的理论。

1.6B　本书的学习方法

本书囊括了透彻地理解国际经济学所需的所有原则与理论。不过,教材的正文只停留在直观的水平上,当要表述更严格的证明时,则会在大多数章节末尾的附录中引入需要具备中级微观经济学与宏观经济学才能掌握的内容。因而,本书的设计适合不同学术背景的学生。为了使本书的概念和理论更容易被接受和具体化,各章在涉及相同的概念时引用了相同的例子与实际发生的数据。本书还有一个篇幅更小、更为简单的版本(《国际经济学基础(第 3 版)》),针对的是那些仅学过一两门经济学原理课程的学生。

本书既有大量源于实际的例子与事件贯穿全书以解释某一理论或观点,又在每一章中给出 4～10 个特殊的案例研究,这些现实中产生的案例研究简洁扼要,对书中主要观点的理解大有帮助。

每一章包括 6～7 小节以及学习目的、小结、关键术语、复习题、练习题、一个或多个附录。每章的各节均按序编号以方便阅读(就像本章这样),较长的部分会分成两个或更多的小节。

小结中的各段概括了该章各节的内容;重要词汇在第一次被引用和解释时用黑体字(就像本章这样),这些词汇及其定义还被收入各章的关键术语及全书最后的术语表。

本书每章有 13～15 道复习题和 14～15 道练习题。它要求学生分析真实世界正在发生的国际经济问题,或者是用纸和笔画一幅图以解释某个理论或者实打实地进行某种具体的计算,这些图和计算富于挑战性但并不算棘手也不会耗费太多时间,它们能检验学生们是否理解了文章的中心内容,能否运用该理论分析相似的问题。之所以要求学生们解答这些习题,是因为他们只有积极参与才能真正掌握所学到的国际经济学理论。

本章小结

1. 当今世界正在经历一场以偏好、生产、劳动力市场和金融市场的全球化为基础的变革。全球化非常重要,因为它能够带来效率的提高;全球化也是不可避免的,因为要提高国际竞争力就必须走全球化道路。全球化由于日益加剧的收入不平等、童工、环境污染等问题而受到诟病,因此掀起了激烈的反全球化运动。

2. 美国依赖国际贸易来获取大量它不生产的商品及一些矿产能源(由于美国无储藏或国内储量日益减少)。关系到美国人生活水平的在数量上更为重要的商品是那些虽能在国内生产但在国外生产成本更低的商品。国际贸易对于其他国家的福利甚至比对美国更为重要。

3. 世界经济的相互依存反映在商品、服务、劳动力和资本的跨国境流动上。贸易引力模型假设(其他条件不变的情况下)两国间的双边贸易与这两个国家的 GDP 的乘积是成比例的或至少是正相关的。两国间距离越远,贸易额越低。如今世界上大概有 1.9 亿人居住在出生国以外的国家,其中大约 3 800 万人居住在美国。同时,每年都有巨额资本(以银行贷款、债券以及对工厂和企业的海外直接投资等形式)跨越国境流动。

4. 由许多简化的假设入手,国际经济理论论证了贸易的基础和所得,贸易限制的原因和影响,约束国际收支流动的政策以及这些政策对一国福利的影响。因此,国际经济学阐述的是纯贸易理论、贸易政策理论、国际收支和外汇市场以及国际收支的调节或开放经济宏观经济学等内容。前两项是国际经济学的微观方面,后两项则是国际经济学的宏观方面(也可以称为国际金融)。

5. 当今世界面临的主要国际经济问题包括:(1)"大衰退"之后发达国家的经济增长缓慢和失业率居高不下;(2)世界迅速全球化背景下发达国家贸易保护主义的抬头;(3)汇率的过

度波动与严重失衡；(4)发达国家的结构失衡以及转型经济的重组问题；(5)很多发展中国家的严重贫困问题；(6)资源匮乏、环境恶化和气候变化。

6. 本书由四部分组成，第 1 部分(第 2 章至第 7 章)阐述国际贸易理论；第 2 部分(第 8 章至第 12 章)论述国际贸易政策；第 3 部分(第 13 章至第 15 章)讨论国际收支与外汇市场；第 4 部分(第 16 章至第 21 章)讨论调节国际收支失衡的多种机制及开放经济宏观经济学。

关键术语

adjustment in balance-of-payments	国际收支的调节
antiglobalization movement	反全球化运动
balance of payments	国际收支
foreign exchange market	外汇市场
globalization	全球化
gravity model	贸易引力模型
interdependence	相互依存
international finance	国际金融
international trade policy	国际贸易政策
international trade theory	国际贸易理论
macroeconomics	宏观经济学
microeconomics	微观经济学
open-economy macroeconomics	开放经济宏观经济学

复习题

1. 全球化的含义是什么？全球化的优势和劣势是什么？反全球化运动为什么会存在？

2. 列举体现当前国际经济学问题的一些重要事件。它们为什么重要？它们都是怎么影响美国与欧洲及美国与日本的经济和政治关系的？

3. 国际贸易是如何影响美国及其他工业大国、工业小国与发展中国家的生活水平的？国际贸易对其中的哪些国家最为重要？

4. 我们如何粗略衡量一国与他国之间的互相依赖程度？贸易引力模型的假设是什么？

5. 国际贸易理论及国际贸易政策研究的内容是什么？为什么说它们是国际经济学的微观方面？

6. 什么是国际收支和外汇市场？国际收支的调节指的是什么？为什么说它们是国际经济学的宏观方面？什么是开放经济宏观经济学及国际金融？

7. 经济理论的一般目的是什么？国际经济理论及政策的特定目的是什么？

8. 我们对学习国际经济学所做的基本假设是什么？为什么这些假设通常被证明是正确的？

9. 为什么国际经济学的研究通常从国际贸易理论开始？为什么我们必须在研究政策前先学习理论？国际经济学的哪些方面更为抽象？哪些方面更具实用性？

10. 当今世界面临的最重要的国际经济问题是什么？全球化的利弊各是什么？

11. 从你已修的经济学课程中,能否回忆起需求、供给和均衡的概念? 能否回忆起需求弹性、完全竞争、要素市场、生产边界、收益递减规律、边际生产力理论的含义? (如果不能,请马上复习经济学原理课本或课堂笔记。)

12. 从你已修的经济学课程中,能否回忆起通货膨胀、萧条、增长、边际消费倾向、乘数、加速数等概念? 能否回忆起货币政策、预算赤字、财政政策等概念? (如果不能,请马上复习经济学原理课本或课堂笔记。)

练习题

1. 翻阅当天的报纸并做下列题目:
(1) 找出 7~8 条有关国际经济的新闻。
(2) 指出每条新闻对美国经济的重要性或影响。
(3) 指出每条新闻对你个人的影响。

2. 这个问题要求你测度一些国家之间的经济依存程度。
(1) 找出没有列在图 1.1 内的任意 5 个工业国。
(2) 到学校图书馆找到最新版的《国际金融统计》,列表显示你选择的这些国家的经济依存程度。每组中的较小国家的依存程度是否大于较大国家的依存程度?

3. 找出没有列入图 1.1 的任意 5 个发展中国家,做与第 2 题相同的题目。

4. 美国与巴西和阿根廷之间的贸易是否符合贸易引力模型的假设?

5. 拿出你的经济学原理课本(即使你已经学习了中级经济学理论),然后从目录中:
(1) 找到书中有关微观经济学部分的标题。
(2) 将你的经济学原理课本中的微观经济学内容与本书第 1 部分和第 2 部分的内容做一比较。
(3) 找到书中关于宏观经济学部分的标题。
(4) 将书中宏观经济学部分的内容与本书第 3 部分和第 4 部分的内容做一比较。

*6. (1) 根据消费者需求理论,当其他条件不变时,一种商品价格的提高(如由于税率的上浮所致),会带来需求量的什么变化?
(2) 一种进口商品价格的提高(如由于进口关税的上浮所致),会如何影响该商品的进口量?

*7. (1) 一国政府如何能消除或减少预算赤字?
(2) 一个国家如何能消除或减少国际收支赤字?

8. (1) 国际经济关系与地区经济关系有何区别?
(2) 它们在哪些方面相似?

9. 我们如何推断自愿性的国际贸易给一国带来的利益?

*10. 如果说一个国家可以从国际贸易中获益,那么你如何解释许多国家又要对国际贸易施加某些限制?

11. 你能否想出一些方法可以使一国从使其他国家受损失的贸易限制中获益?

12. 当美元价值相对于其他国家的货币下跌时,美国的进出口会有什么变化?

带 ＊ 号练习题的答案

附录

本附录给出了国际贸易中商品与地理位置的基本情况,并提供了一些世界主要进出口国家的商品与服务的数据。

A1.1 国际贸易基本数据

表 1.5 给出了 2014 年世界货物贸易的商品构成。在全球商品出口总额的 184 940 亿美元中,17 650 亿美元,即 9.5% 是农产品;37 890 亿美元,即 20.5% 是燃料和矿产品(其中 30 680 亿美元,即 16.6% 为燃料);122 430 亿美元,即 66.2% 是制造品(其中 20 540 亿美元,即 11.1% 是化工制品;17 940 亿美元,即 9.7% 是办公与电信设备;13 950 亿美元,即 7.5% 是汽车产品)。由此可见,全球货物出口总额的 66.2% 为制造品、20.5% 为燃料和矿产品、9.5% 为农产品、3.8% 为未在分类中列出的产品。

表 1.5 2014 年世界商品贸易的构成		
类　　别	出口价值/亿美元	占世界出口的份额/%
农产品	17 650	9.5
燃料和矿产品	37 890	20.5
燃料	30 680	16.6
制成品	122 430	66.2
钢铁	4 720	2.6
化工制品	20 540	11.1
办公与电信设备	17 940	9.7
汽车产品	13 950	7.5
纺织品	3 140	1.7
服装	4 830	2.6
未在分类中列出的产品	6 970	3.8
商品出口总额	184 940	100.0

注: 由于四舍五入的原因,有些类别的加总未必与总额相等。

资料来源: WTO, *International Trade Statistics* (Geneva, 2015), Table Ⅱ.1 and 1.4.

表 1.6 显示的是 2014 年世界商品贸易的地理构成。在全球货物出口总额的 184 940 亿美元中,24 930 亿美元,即 13.5% 出自北美(其中美国为 16 210 亿美元,占 8.8%;加拿大为 4 750 亿美元,占 2.6%;墨西哥为 3 980 亿美元,占 2.1%),6 950 亿美元或 3.8% 出自中南美洲(其中巴西为 2 250 亿美元,占 1.2%),68 100 亿美元或 36.8% 出自欧洲(其中欧盟 28 国为 61 590 亿美元,占 33.3%),7 350 亿美元或 4.0% 来自独联体或 CIS(其中俄联邦为 4 980 亿美元,占 2.7%),5 550 亿美元或 3.0% 出自非洲(其中南非为 910 亿美元,占 0.5%),12 880 亿美元或 7.0%(多为石油)出自中东(其中沙特阿拉伯为 3 540 亿美元,占 1.9%),59 170 亿美元或 32.0% 出自亚洲(其中中国为 23 420 亿美元,占 12.7%;日本为 6 840 亿美元,占 3.7%)。如此看来,欧洲(包括欧盟)和亚洲是迄今为止世界上最大的出口地区,其次是北美。表 1.6 的最后两列显示的是 2014 年世界商品进口的地区分布。

表 1.6 2014 年世界商品贸易的地区构成

地区或国家	出口价值/ 亿美元	占世界贸易 总额的份额/%	进口价值/ 亿美元	占世界贸易 总额的份额/%
北美	24 930	13.5	33 000	17.7
美国	16 210	8.8	24 130	12.9
加拿大	4 750	2.6	4 750	2.5
墨西哥	3 980	2.1	4 120	2.2
中南美洲	6 950	3.8	7 460	4.0
巴西	2 250	1.2	2 390	1.3
阿根廷	720	0.4	650	0.3
欧洲	68 100	36.8	67 850	36.4
德国	15 080	8.2	12 160	6.5
法国	5 830	3.2	6 780	3.6
意大利	5 290	2.9	4 720	2.5
英国	5 060	2.7	6 840	3.7
西班牙	3 250	1.8	3 580	1.8
独联体(CIS)[a]	7 350	4.0	5 030	2.7
俄联邦	4 980	2.7	3 080	1.9
非洲	5 550	3.0	6 330	3.4
南非	910	0.5	1 220	0.7
中东	12 880	7.0	7 830	4.2
沙特阿拉伯	3 540	1.9	1 630	0.9
亚洲[c]	59 170	32.0	58 720	31.5
中国	23 420	12.7	19 590	10.6
日本	6 840	3.7	8 220	4.4
印度	3 220	1.7	4 630	2.5
澳大利亚和新西兰	2 930	1.5	2 800	1.5
六大东亚贸易体[b]	17 570	9.6	17 520	9.4
世界总计	184 940	100.0	186 410	100.0

[a] 亚美尼亚、阿塞拜疆、白俄罗斯、格鲁吉亚、哈萨克斯坦、吉尔吉斯共和国、摩尔多瓦、俄联邦、塔吉克斯坦、土库曼斯坦、乌克兰和乌兹别克斯坦。

[b] 中国台湾和香港地区、马来西亚、韩国、新加坡、泰国。

注：由于四舍五入的原因，价值加总并不一定等于 100%。

资料来源：WTO, *International Trade Statistics* (Geneva, 2015), Table 1.5, 1.6 and 1.7.

表 1.7 是 2014 年各地商品出口的目标地区。从表的第一列可以看出，北美 39.2% 的商品出口到北美国家(美国出口到加拿大、墨西哥，加拿大、墨西哥出口到美国以及两国彼此间的出口)，5.4% 出口到中南美洲，16.9% 出口到欧洲，0.9% 出口到独联体国家，1.2% 出口到非洲，3.1% 出口到中东，33.3% 出口到亚洲。从表 1.7 的第二列可见，中南美洲 24.1% 的商品出口到中南美洲的其他国家。中南美洲的其他主要贸易伙伴有北美、亚洲和欧洲。第三列显示欧洲贸易的近 70% 是地区内部的贸易。正如所预料的，欧洲迄今为止是独联体(CIS)和非洲最大的贸易伙伴，而中东地区(多半为石油)则主要出口到亚洲。亚洲的内部贸易占亚洲商品出口的 56.4%，其他部分则大多出口到欧洲、中东和北美。

表 1.7　2014 年商品出口的目的地							%
	北美	中南美洲	欧洲	独联体(CIS)[a]	非洲	中东	亚洲	世界
北美	39.2	28.8	5.6	3.4	6.8	10.1	9.2	13.5
中南美洲	5.4	24.1	1.7	1.8	2.8	2.2	3.1	3.8
欧洲	16.9	16.0	68.7	42.6	34.7	29.4	13.5	36.8
独联体(CIS)[a]	0.9	0.9	5.7	25.6	2.4	2.9	2.4	4.0
非洲	1.2	3.8	3.0	0.4	15.4	2.3	2.8	3.0
中东	3.1	1.5	2.2	1.3	5.6	14.5	12.7	7.0
亚洲	33.3	24.9	13.2	24.7	32.4	38.7	56.4	32.0
世界总计	100.0	100.0	100.0	100.0	100.0	100.0	100.0	100.0

[a] 亚美尼亚、阿塞拜疆、白俄罗斯、格鲁吉亚、哈萨克斯坦、吉尔吉斯共和国、摩尔多瓦、俄联邦、塔吉克斯坦、土库曼斯坦、乌克兰和乌兹别克斯坦。

注意：由于并未完全包括所有数据和四舍五入的原因，价值加总并不一定等于 100%。

资料来源：WTO, *International Trade Statistics* (Geneva, 2015), Table 1.4.

表 1.8 是 2014 年主要的商品出口国和进口国的排名。该表显示世界出口和进口最多的是那些最大的工业国和中国。中国是世界最大的出口国，而美国则是世界最大的进口国。中国在世界最大商品出口国和进口国中的排名上升很快，目前为世界最大商品出口国，位于美国之后居世界最大商品进口国的第二位。从表 1.8 中还可看出，主要的出口国和出口地区在大多数情况下也是主要的进口国和进口地区。

表 1.8　2014 年商品的主要出口国和进口国							
出　口				进　口			
名次	国　家	金额/10 亿美元	占世界总额的比率/%	名次	国　家	金额/10 亿美元	占世界总额的比率/%
1	中国	23 420	12.7	1	美国	24 130	12.9
2	美国	16 210	8.8	2	中国	19 590	10.6
3	德国	15 080	8.2	3	德国	12 160	6.5
4	日本	6 840	3.7	4	日本	8 220	4.4
5	荷兰	6 720	3.6	5	英国	6 840	3.7
6	法国	5 830	3.2	6	法国	6 780	3.6
7	韩国	5 730	3.1	7	荷兰	5 880	3.2
8	意大利	5 290	3.0	8	韩国	5 260	2.8
9	英国	5 060	2.9	9	加拿大	4 750	2.5
10	俄联邦	4 980	2.7	10	意大利	4 720	2.5
	以上总计	95 160	51.5		以上总计	98 330	52.7
	世界总计[a]	184 940	100.0		世界总计[a]	186 410	100.0

[a] 包括重要的再出口。

资料来源：WTO, *International Trade Statistics* (Geneva, 2015), Table 1.5-1.7.

表 1.9 列出了 2014 年商业性服务的世界主要出口国和进口国。排列顺序与商品贸易的排列顺序类似，只是美国是商业性服务的最大出口国和进口国，中国排在出口国的第五位和进口国的第二位。请注意，服务贸易约为商品贸易数量的 1/4，而且增长速度大大快于商品贸易，这反映了大多数国家，尤其是发达国家和新兴市场正在向服务经济转型。

表 1.9 2014 年商业性服务的主要进出口国家							
出 口				进 口			
名次	国 家	金额/10 亿 美元	占世界总额 的比率/%	名次	国 家	金额/10 亿 美元	占世界总额 的比率/%
1	美国	6 880	13.9	1	美国	4 520	9.4
2	英国	3 370	6.8	2	中国	3 820	8.0
3	法国	2 670	5.4	3	德国	3 260	6.8
4	德国	2 660	5.4	4	法国	2 480	5.2
5	中国	2 320	4.7	5	英国	1 970	4.1
6	荷兰	1 870	3.8	6	日本	1 900	4.0
7	日本	1 580	3.2	7	荷兰	1 560	3.3
8	印度	1 560	3.2	8	印度	1 470	3.1
9	新加坡	1 400	2.8	9	爱尔兰	1 420	3.0
10	西班牙	1 340	2.7	10	新加坡	1 410	3.0
	以上总计	25 650	51.9		以上总计	23 810	49.8
	世界总计	49 400	100.0		世界总计	47 800	100.0

资料来源：WTO, *International Trade Statistics* (Geneva, 2015), Table 1.9.

A1.2 其他国际数据与信息资料

以下是最重要的国际、国内贸易与金融数据的资料及当前的重要事件的资料。

美国联邦政府出版物

Economic Report of the President(华盛顿特区：美国政府出版办公室，年刊)，该报告包括美国最新的经济动态、经济数据和经济事件(包括国际贸易和金融)。

Federal Reserve Bulletin(华盛顿特区：联邦储备委员会，月刊)，该刊为美国和其他国家提供了大量贸易和金融方面的信息和数据。

Statistical Abstract of the United States(华盛顿特区：美国商业部，年刊)，该刊包括大量的美国统计数据及可比较的其他国家数据。

International Trade by Selected Countries and Areas(华盛顿特区：美国商业部)，包括按商品种类和地理区域划分的国际贸易的月度、季度和年度简要数据，以及其他国内和国际数据。

国际组织出版物

Balance of Payments Statistics Yearbook(华盛顿特区：国际货币基金组织，年刊)，该刊包括 165 个国家之间详细的国际收支数据。

Direction of Trade Statistics(华盛顿特区：国际货币基金组织，季刊与年报)，该刊包括 187 个国家或地区相互间详细的进出口数据。

International Financial Statistics(华盛顿特区：国际货币基金组织，月刊与年报)，该刊包括 188 个国家或地区各方面的经济数据。

International Trade Statistics(日内瓦：世界贸易组织，年刊)，该刊提供该组织 160 个成员及其他各组国家的贸易数据。

Main Economic Indicators(巴黎：经济合作与发展组织，月刊与年报)，该刊包括该组织

34 个成员国内容广泛的各种经济资料。

OECD Economic Outlook（巴黎：经济合作与发展组织，每年 6 月与 12 月出版），该刊包括最新经济动态分析、经济合作与发展组织对未来经济活动的预测以及该组织 34 个成员国和其他各组国家的简要数据表。

World Economic Outlook（华盛顿特区：国际货币基金组织，每年 4 月与 10 月出版），该刊包括最新经济动态分析和国际货币基金组织对未来经济活动的预测，以及发达工业国和各组国家的简要数据表。

World Development Report（牛津大学出版社，世界银行年刊），该刊包括发展中国家经济和社会方面的数据，以及最新经济动态分析和未来经济形势的预测。

时事资料来源

Chicago Tribune（日报）

Financial Times（日报）

Los Angeles Times（日报）

New York Times（日报）

Wall Street Journal（日报）

Washington Post（日报）

Business Week（周刊）

The Economist（周刊）

Forbes（双周刊）

Fortune（双周刊）

IMF Survey Magazine（双周刊）

Federal Reserve Bulletin（月刊）

Monthly Bulletin of Statistics（由联合国出版，月刊）

第1部分
国际贸易理论

第1部分（第2章至第7章）阐述了国际贸易理论：第2章阐述了比较优势这一重要理论；第3章考察了贸易的基础与所得；第4章介绍了国际贸易中商品与服务的相对均衡价格的形成；第5章讨论了赫克歇尔－俄林的国际贸易理论及对该理论的经验检验；第6章阐述了基于规模经济和不完全竞争的重要的贸易新理论；第7章研究了国际贸易与经济增长的关系。

国际经济学
International Economics

第 **2** 章

比较优势原理

学习完本章后,你应当能够:

- 理解比较优势原理
- 理解机会成本与相对商品价格之间的关系
- 解释贸易的基础,并揭示成本不变条件下的贸易所得

 ## 2.1 引言

本章我们要考察 17 世纪到 20 世纪上半叶贸易理论的发展情况。我们采取这种历史的方式不是因为我们对经济思想史的发展感兴趣,而是因为使用这种方式,我们可以方便地由较简单到更复杂、更现实地介绍国际贸易的有关概念和理论。

本章我们想要回答的问题是:

1. 什么是**贸易基础**(**basis for trade**)? 什么是**贸易所得**(**gains from trade**)? 可以推测,一个国家正如一个人一样,只有当其能从贸易中获利时才会自愿从事贸易。但是贸易所得是如何产生的呢? 在参与国际贸易的国家中,贸易所得有多大? 在国家间又是如何分配的?

2. 什么是**贸易模式**(**pattern of trade**)? 也就是说,对每个国家而言,哪些商品在国际贸易中被用来交易? 每个国家都出口、进口何种商品?

我们首先简单讨论 17—18 世纪盛行的经济理论——重商主义,接着讨论亚当·斯密的绝对优势理论,以及 40 年后大卫·李嘉图的比较优势理论。运用比较优势理论,李嘉图解释了贸易模式和贸易所得。比较优势原理作为最重要的经济理论之一,不仅可用于国家和个人,而且可用来揭示逻辑推理中的许多严重谬误。

比较优势原理仍存在一个难题。李嘉图的这一理论是建立在劳动价值论基础上的,而劳动价值论后来被推翻了。20 世纪上半叶,戈特弗里德·哈伯勒(Gottfried Haberler)应用机会成本理论(正如生产可能性曲线或转换曲线所显示的)来解释它,使李嘉图的比较优势原理获

得了新生。

　　为简单起见,我们的讨论首先仅限于两个国家、两种商品。在本章附录中,结论会被一般化到包括多个国家、多种商品的情况。我们同时应当指出,尽管比较优势原理是国际贸易理论的基石,但是国际贸易也可能是由于其他原因(如大规模生产和产品差异化)而产生的。这些会在第 6章中讨论。此外,国家的比较优势会随时间而改变,尤其会随着技术进步而改变,详见第 7 章。

2.2　重商主义者的贸易观点

　　经济学作为一门系统化的科学可以说是始于 1776 年亚当·斯密发表的《国富论》。但是,国际贸易方面的著作在一些国家要早于这一时间,例如,在英国、西班牙、法国、葡萄牙及荷兰等国发展成现代国家的过程中,产生了许多国际贸易方面的著作。具体地说,17—18 世纪,一批人(包括商人、银行家、政府官员甚至是哲学家)写了许多有关国际贸易的文章和小册子,推崇一种被称为**重商主义(mercantilism)**的经济哲学。简言之,重商主义者认为国家富强的方法应当是尽量使出口大于进口,而出超的结果是金银等贵重金属的流入。一个国家拥有越多的金银,就会越富有、越强大。因此,政府应当竭尽所能鼓励出口,不主张甚至限制商品(尤其是奢侈类消费品)的进口。然而,由于所有贸易国同时出超是不可能的,而且任一时点上金银总量是固定的,一个国家的获利总是基于其他国家的损失,因此,重商主义者鼓吹经济民族主义,认为国家利益在根本上是冲突的(参见案例研究 2.1)。

案例研究 2.1

托马斯·曼的重商主义贸易观点

　　托马斯·曼(Thomas Munn,1571—1641)可能是最有影响力的重商主义作家,他的著作《贸易带给英格兰的财富》是重商主义思想的杰出代表作。事实上,亚当·斯密对重商主义的观点进行抨击(参见下节)时,矛头主要指向的就是他。下面是托马斯·曼的著作的摘录:

　　尽管一个王国可以通过接受馈赠或是他国的购买变富,但是,这些事情的发生是不确定的,并且影响很小。因此我们增加财富的一般做法应当是通过国际贸易,规则是:每年卖给外国人商品的价值大于我们从他们那里购入的商品价值。因为……我们卖出去[出口]的那些不会换回其他东西[进口]的部分,换回的一定是财富[金、银]……

　　我们可以……减少进口,如果我们可以清醒地限制在饮食、衣着方面过度消费他国的产品……在出口中,我们不应当只考虑我们是否过剩,还必须考虑邻国的需要……我们可以……尽可能多生产,而且试图卖高价,只要高价不会引起出口数量的减少。但对于我们过剩的商品,他们也许能更方便地从他国得到,在这种情况下,我们必须尽可能卖低价,以防这些商品不能出口……

　　资料来源:Thomas Munn,*England's Treasure by Foreign Trade*(Reprinted,Oxford:Basil Blackwell,1928).(方括号中的文字是为了更清晰地表述而添加的)

值得注意的是,重商主义者以一国所拥有的稀有金属来衡量该国的财富。相对而言,如今我们是以可用于生产商品与提供服务的人力、人造品和自然资源的多少来衡量一国财富的。这些有用资源越多,生产与提供能满足人们需要的商品与服务就越多,一国的生活水平也就越高。

如果进行更复杂的分析,我们将看到,重商主义者渴望积累稀有金属有更合理的理由。如果我们注意到重商主义者是在为统治者写作,是为了加强国力,这一点就可以理解了。拥有更多的黄金,统治者可以有更强大的军队以加强其在国内的统治;更强的陆军与海军还可使其有可能占据更多的殖民地。除此之外,更多的黄金意味着更多的货币(如金币)存在于流通领域,这可以使商业活动更活跃。通过鼓励出口、限制进口,政府可以刺激国民产出,并增加就业。

无论如何,重商主义者主张政府严格控制经济活动,鼓吹经济民族主义,因为他们认为一国只有在他国损失的前提下才能获利(也就是说,贸易是一种零和游戏)。这个观点在以下两种意义上是重要的。第一,更好地理解亚当·斯密、大卫·李嘉图及其他古典经济学家反对重商主义者的贸易观以及反对政府干预经济的观点;第二,随着被高失业率控制的国家试图通过限制进口来刺激国内生产和就业,现在新重商主义有卷土重来的势头(将在第 9 章详细讨论)。事实上,除了 1815—1914 年的英国,没有一个西方国家曾彻底摆脱过重商主义者的观点(见案例研究 2.2)。

案例研究 2.2

重商主义在 21 世纪仍然活跃

尽管大多数国家声称支持自由贸易,但许多国家仍然对国际贸易施加诸多限制。大多数工业国为了保护国内就业,对农产品、纺织品、鞋、钢材以及其他许多产品实行进口限制。同时,对于一些对国家参与国际竞争和未来发展至关重要的高科技产业(如计算机和电信)则提供补贴。发展中国家对国内产业的保护性更强。通过过去几年的多边谈判,对部分产品的一些明显的保护措施(如关税和配额)已减少或被取消了,但另一些较为隐蔽的保护方式(如对研发的税收优惠和补贴)却增加了。不断发生的众多贸易争端也证实了这一点。

在过去几年中,美国和欧盟就以下事件发生了争端:欧盟禁止美国出口用激素喂养的牛的肉;欧盟从非洲国家进口香蕉取代从中美洲的农场(由美国企业持股)进口香蕉,从而影响了美国的商业利益;欧盟为了发展新式超大型喷气客机向空中客车公司提供补贴,因而减少了波音747 客机的销量;美国政府向部分出口商提供税收减免;美国对进口钢材征收高额关税。在美国、日本以及其他发达国家和发展中国家之间还有许多类似的贸易争端。的确,被保护产品的清单很长,各式各样。为了保护国内就业,抵御外来竞争,并鼓励本国高科技产业的发展,需要采取贸易限制,这些都是典型的重商主义理论。重商主义的势头虽然有所减弱,但在 21 世纪仍然存在。

资料来源: A. Krueger, "The Struggle to Convince the Free Trade Skeptics," *IMF Survey*, July 12, 2004, pp. 204-205; J. N. Bhagwati, *Free Trade Today* (Princeton, N. J.: Princeton University Press, 2002); D. A. Irwin, *Free Trade under Fire* (Princeton, N. J.: Princeton University Press, 2002); D. Salvatore, ed., *Protectionism and World Welfare* (New York: Cambridge University Press, 1993); and D. Salvatore, "The Challenges to the Liberal Trading System," *Journal of Policy Modeling*, July/August 2009, pp. 593-599.

2.3　基于绝对优势的贸易：亚当·斯密

亚当·斯密从一个简单事实入手，即要使两个国家自愿进行贸易，两个国家必须都获利。如果一个国家无利益可得或者只有损失，它就会拒绝进行贸易。但是这种互惠贸易是怎样产生的？贸易所得是从何而来的呢？

2.3A　绝对优势

亚当·斯密认为，两国间的贸易基于**绝对优势**（absolute advantage）。如果一国相对另一国在某种商品的生产上效率较高（或有绝对优势），但在另一种商品的生产上效率较低（或有绝对劣势），那么两国就可以通过专门生产自己有绝对优势的商品并用其中一部分来交换其有绝对劣势的商品而获益。这样，资源可以被最有效地使用，而且两种商品的产出会增长。这种增长可用来测度两国专业化生产所产生的收益，这种收益通过国际贸易在两国间进行分配。

例如，由于气候条件，加拿大种植小麦效率较高，但不适合种植香蕉（要种植的话，必须种在温室里）。尼加拉瓜则适合种植香蕉而不适合种小麦。因此，加拿大在小麦生产上相对尼加拉瓜有绝对优势，而在香蕉生产上有绝对劣势。尼加拉瓜则反之。

在这种情况下，如果两国都生产自己占绝对优势的商品，然后通过贸易获得另一种商品，则两国都会获利。加拿大专门生产小麦（也就是说，产量远大于国内需求），用一部分（多余的）小麦换取尼加拉瓜生产的（多余的）香蕉。结果，小麦和香蕉的产量都增加了，人们对这两种商品的消费也更多，从而加拿大、尼加拉瓜都会获利。

从这一点来看，国家就像一个人一样，并不试图生产自己所需要的所有商品。相反，它仅生产自己能最高效生产的商品，用这些商品的一部分去交换自己所需的其他商品。这样，总产出和所有人的总福利就会最大。

因此，尽管重商主义者相信一国的贸易收益是建立在他国损失之上的，倡导国家严格控制所有经济活动和贸易，但亚当·斯密（还有追随其后的其他古典主义经济学家）认为，所有国家都可以通过自由贸易获利，倡导**自由放任**（laissez-faire），即政府尽可能少干涉经济活动。自由贸易会使世界资源获得最有效的利用，使世界福利最大化。对于这种自由放任政策和自由贸易，只有极少数例外，其中之一就是保护对国家安全至关重要的产业。

从这一点来看，现在大多数国家对自由贸易施加诸多限制似乎是与之矛盾的。贸易限制无一例外地以保护国家利益的面目出现。事实上，只有一小部分受进口商品威胁的产业与该产业的员工才特别鼓吹限制贸易，而贸易限制却使那些不得不为国内商品支付更高价钱的消费者受损。这一问题将在第 2 部分详细讨论。

还需要注意的是，亚当·斯密的理论符合英国工厂主的利益（由于进口廉价食品，他们可以向工人支付低工资），但损害了英国地主的利益（因为随着廉价食品的进口，食品不再那么稀缺），同时，这也显示了社会需求与支持其的新经济理论发展之间的联系。

2.3B　绝对优势的分析

现在我们看一个关于绝对优势的数字例子，它将为下一节中更具挑战性的理论（相对优势理论）建立一个参考框架。

如表 2.1 所示,1 小时的劳动在美国可生产 6 蒲式耳小麦,但在英国只能生产 1 蒲式耳小麦。同时,1 小时劳动在美国可生产 4 码布,而在英国可生产 5 码布。因此,在小麦生产上美国有绝对优势,而在布生产上英国有绝对优势。美国可专门生产小麦,通过贸易,交换所需的布,而英国则相反。

商　品	美国	英国
小麦（蒲式耳/小时）	6	1
布（码/小时）	4	5

表 2.1　绝　对　优　势

如果美国用 6 蒲式耳的小麦(6W)去交换英国的 6 码布(6C),那么美国获利 2C 或是节约 1/2 小时的劳动(因为在美国国内只能用 6 蒲式耳小麦换 4 码布)。同样,英国从美国获得的 6 蒲式耳小麦若在英国生产需要 6 小时劳动,6 小时劳动可在英国生产 30 码布(6 小时×5 码)。由于可用 6 码布(需要 1 小时多一点的时间生产)来与美国交换 6 蒲式耳小麦,英国获利 24 码布,这相当于节约了将近 5 小时的劳动。

英国获利大于美国这个事实此时并不重要。重要的是通过专业生产和贸易,两国均获得了利益。(我们将在 2.6B 小节看到商品的贸易价格是如何确定的,以及与此相近的另一个问题,即利益在贸易国间是如何分配的。)

然而,绝对优势只能解释现在世界贸易中的一小部分交易,例如在发达国家与发展中国家之间的一些贸易。大多数世界贸易,尤其是发达国家间的贸易,是无法用绝对优势解释的。这一问题留给了大卫·李嘉图。李嘉图应用比较优势理论,很好地解释了贸易基础和贸易所得。事实上,绝对优势可以被看成是一般化的比较优势理论的特殊情况。

2.4　基于比较优势的贸易：大卫·李嘉图

1817 年,李嘉图发表了《政治经济学及赋税原理》(*Principles of Political Economy and Taxation*)一书,提出了比较优势原理。这是最重要、最无可争议的经济学原理之一,具有很强的实用价值。本节我们首先定义比较优势原理,接着用一个简单的数字例子来阐述它,最后我们将证明这一理论,方式是证明两国分工生产自己有比较优势的产品,然后进行贸易,确实可以从中得到利益。在 2.6A 小节,我们将用几何方法来证明比较优势原理。

2.4A　比较优势原理

根据**比较优势原理**(**law of comparative advantage**),即使一国在两种商品的生产上较另一国均处于劣势(相对于另一国有绝对的劣势),仍有可能产生互惠贸易。一个国家可以专门生产并出口自己绝对劣势相对较小的商品(也就是其有比较优势的商品),同时进口其绝对劣势相对较大的商品(也就是其有比较劣势的商品)。

我们可以通过表 2.2 来弄清楚比较优势原理。表 2.2 与表 2.1 的唯一不同之处在于英国现在 1 小时劳动仅能生产 2 码布而不是 5 码布。因此,现在英国在小麦和布的生产上与美国相比均处于绝对劣势。

表 2.2　比较优势		
商　品	美国	英国
小麦(蒲式耳/小时)	6	1
布(码/小时)	4	2

　　然而,由于英国的劳动生产率在布生产上是美国的 1/2,而在小麦生产上仅是美国的 1/6,因此,英国在布生产上有相对优势。美国在布和小麦生产上都有绝对优势,但由于小麦的绝对优势(6∶1)比布的绝对优势(4∶2)大,因此美国在小麦生产上有相对优势。总而言之,美国小麦的绝对优势大于布的绝对优势,因此,美国在小麦生产上有相对优势。英国布生产的绝对劣势要小一些,因此,英国在布生产有相对优势。根据比较优势原理,如果美国专门生产小麦并出口一部分换取英国的布,则两国都会获利(同时,英国专门生产并出口布)。

　　注意,在一个有两国、两种商品的世界里,一旦断定一国在一种商品上有比较优势,则另一国一定在另一种商品上有比较优势。

2.4B　贸易所得

　　至此,我们已经阐述了比较优势原理,并举了一个简单的例子。但是,我们还未证明比较优势原理。为了证明该原理的正确性,我们必须证明英国与美国通过专门生产有比较优势的商品均可获利。

　　我们知道,如果美国用 6 单位小麦(6W)仅可换得英国 4 单位布(4C),那么是否进行贸易对美国而言是无差别的。因为利用国内资源,它可以通过少生产 6 单位小麦而多获得 4 单位布(见表 2.2)。如果用 6 单位小麦(6W)仅可获得少于 4 单位的布(4C),美国将拒绝贸易。同样,如果英国用 2 单位布只可换取 1 单位小麦,那么是否进行贸易对英国而言也将是无差别的。如果必须用多于 2 单位的布换取 1 单位小麦,英国将拒绝贸易。

　　要证明两国均可获利,假设美国可用 6 单位小麦(6W)换取英国的 6 单位布(6C),则美国可获利 2 单位布(2C),或是节约 1/2 小时劳动时间,因为在美国国内 6 单位小麦仅可换取 4 单位布。英国同样可以从这样的贸易中获利,因为英国从美国获得的 6 单位小麦(6W)在英国需要 6 小时劳动来生产,而利用这 6 小时劳动,英国可生产 12 单位布(12C),在贸易中英国用 6 单位布(6C)交换美国的 6 单位小麦(6W)。因此,英国获利 6 单位布或是节约 3 小时劳动。而英国通过贸易获得的利益大于美国获得的利益这一点此时并不重要,重要的是:即使一国在两种商品生产上均处于劣势(如此例中的英国),两国仍然可以通过贸易双双获利。

　　我们可以通过日常生活中的一个例子来认识这一理论的正确性。假设一名律师的打字速度是其秘书的两倍,那么律师在法律业务和打字方面相对秘书均有绝对优势;然而,由于秘书没有法学学位不能从事法律业务,律师在法律业务上有更大的绝对优势或有相对优势,而秘书在打字方面有相对优势。根据比较优势原理,律师应将所有时间用在法律业务上而让秘书去打字。例如,律师每从事 1 小时法律工作可获 100 美元,但必须付给秘书每小时 10 美元的打字费用,他若自己打字每小时将损失 80 美元;原因是每打字 1 小时他可节约 20 美元(因为他的打字速度是秘书的两倍),但同时损失了每从事 1 小时法律工作所得的 100 美元。

　　回到美国和英国的例子上来,我们知道通过 6 单位小麦与 6 单位布的交换,两国均可获利。然而,这不是互惠贸易的唯一交换比率。由于美国国内可用 6 单位小麦换取 4 单位布(两者均需 1 个劳动小时),如果美国可用 6 单位小麦从英国换取多于 4 单位的布,美国就可获利。

而在英国国内,6单位小麦=12单位布(两者都需6个劳动小时生产);如果可以用少于12单位的布从美国换取6单位小麦,则意味着英国可以获利。总而言之,美国如果用6单位小麦换得多于4单位的布就可获利,英国如果用少于12单位的布换取6单位小麦就可获利。因此互惠贸易的比率范围是:

$$4C<6W<12C$$

12单位布与4单位布的差(即8单位布)代表交换6单位小麦时两国可分配的总利益。例如,当交换比率为6W=6C时,美国获利2单位布,英国获利6单位布,共8单位布。交换比率越接近6W=4C(美国的国内或内部交换比率,参见表2.2),则美国的贸易所得越小,英国的贸易所得越大。换句话说,交换比率越接近6W=12C(英国的国内或内部交换比率),相对于英国的贸易所得来说,美国的贸易所得就越大。

例如,如果美国用6单位小麦换英国的8单位布,两国均可获利4单位布,共获利8单位布。如果美国可用6单位小麦换得英国的10单位布,则美国获利6单位布,英国仅获利2单位布(当然,如果交易量大于6单位小麦,利益也成比例增加)。在2.6B小节,我们会看到,在现实世界中需求与供给怎样决定着交换比率。交换比率同时也决定了贸易双方如何分配贸易所得。至此,我们所做的是要证明:即使一国在两种商品生产上均处于劣势,互惠贸易仍有可能发生。

在以上的分析中,专门化生产与贸易所得是用布来测度的。然而,贸易所得也可以用小麦来测度,或更现实些,同时用小麦和布来测度。我们将在2.6A小节的比较优势图解中做这样的分析。

2.4C　比较优势原理的例外

比较优势原理有一个不是很常见的例外。当一国与另一国在两种商品上的绝对劣势相同时,这种例外就会产生。例如,如果在英国1小时劳动不是生产1单位小麦(见表2.2),而是3单位小麦,则英国相对美国在小麦和布上均是1/2的生产率,那么英国和美国将均无比较优势,因而两国之间不会有互惠贸易发生。

发生这种情况的原因是美国仅在用6单位小麦可交换多于4单位布的时候才愿意贸易,而英国又不愿以多于4单位的布去交换6单位小麦,因为英国国内的交换比率是6W：4C。在这种情况下,互惠贸易不可能在两国之间发生。

这需要对比较优势原理的表述稍作修改。应该说,即使一国相对于另一国在两种商品的生产上均处于绝对劣势,仍有互惠贸易的基础。除非对两种商品而言,一国相对于另一国的绝对劣势比例相同。尽管在理论中注意这一例外很重要,但由于很少发生这种情况,因此,比较优势原理的应用不会受到什么影响。另外,一些自然贸易障碍,如运输成本可能在存在比较优势时阻碍贸易。此时,我们假设不存在自然和人为的障碍(如关税)。

2.4D　考虑货币的比较优势

根据比较优势原理(抛开上面提到的例外情况),即使一国(如例中的英国)与另一国(美国)相比在两种商品上均有绝对劣势,两国仍有互惠贸易的可能。但是你可能会问,如果英国在两种商品生产上效率均低于美国,它怎么能向美国出口商品呢?答案在于当两种商品均用其中一国的货币表示时,英国的工资要比美国的工资低很多,以至于布(英国有比较优势的商品)的价格在英国相对较低,而小麦的价格在美国相对较低。让我们看看这是怎么回事。

假设美国的工资率是每小时6美元。因为1小时劳动在美国可生产6蒲式耳小麦(参见表2.2),所以1蒲式耳小麦的价格为$P_W=1$美元。同时,1小时劳动可生产4码布,因此1码布

的价格为 $P_C=1.50$ 美元(由 6 美元/4 码布得出)。假设同一时间,英国的工资率为每小时 1 英镑。由于 1 小时劳动在英国可生产 1 单位小麦(见表 2.2),因此英国小麦的价格为 $P_W=1$ 英镑。同样,1 小时劳动在英国可生产 2 单位布,布的价格在英国为 $P_C=0.5$ 英镑。如果英镑与美元间的汇率为 1 英镑=2 美元,那么在英国,$P_W=1$ 英镑=2 美元,$P_C=0.5$ 英镑=1 美元。表 2.3 显示了当美元和英镑间的汇率为 1 英镑=2 美元时,小麦与布在美国和英国以美元计价的价格。

表 2.3　以美元计价的小麦与布在英、美两国的价格(1 英镑=2 美元)

商品	美国	英国
1 蒲式耳小麦	1.00 美元	2.00 美元
1 码布	1.50 美元	1.00 美元

从表 2.3 可以看出小麦(美国有比较优势的产品)的价格在美国比在英国低。同时,布(英国有比较优势的产品)的价格在英国比在美国低(注:我们的价格都是用美元标价的,如果用英镑标价,结果也是一样的)。

由于美国小麦的美元价格低,商人会把美国小麦卖到英国,再从英国购买布卖到美国。尽管在布的生产上,英国劳动的劳动生产效率仅为美国的 1/2(见表 2.2),但英国工人的工资水平仅为美国的 1/3,因此,英国布的价格要低于美国布的价格。也就是说,英国劳动力的低效率已被其低工资率所补偿。结果是,布的价格在英国要低些,因此英国可以出口布到美国。只要英国的工资率为美国工资率的 1/6～1/2(与英美两国在小麦和布生产上的生产率差异相同),就会有这种结果。

如果美元和英镑间的汇率为 1 英镑=1 美元(因此,英国工资率将是美国的 1/6),那么在英国,小麦的美元价格将是 $P_W=1$ 英镑=1 美元。由于与美国小麦的价格相同(见表 2.3),美国不会向英国出口小麦。同时,在英国 $P_C=0.5$ 英镑=0.5 美元,因此英国将向美国出口比以前更多的布。这样将会对英国有利,美元与英镑的汇率(即英镑的美元价格)也将不得不上升。

如果 1 英镑=3 美元(英国工资率将是美国的 1/2),那么在英国,布的价格为 $P_C=0.5$ 英镑=1.5 美元(与美国相同,见表 2.3)。因此,英国不可能向美国出口布。这时会出现有利于美国的不平衡贸易,美元与英镑的汇率将会下降。美元与英镑的汇率最终会稳定在使平衡贸易产生的条件下(在没有干涉或其他国际交易的情况下)。我们将在本章的附录中讨论这一点,另外在专门讨论国际金融的第 3 部分和第 4 部分也会做详细讨论。

因此,美国可能出现的要抵制英国的廉价劳动力以保护本国工人的高工资与高生活标准的论点是错误的。同样,英国可能出现的要抵制美国的高效率劳动力以保护本国劳动力的论点,也是错误的。这些论点显然是不合理的,从根本上说是错误的(见案例研究 2.3)。

案例研究 2.3

蜡烛工的请愿

有时讽刺与讥笑比理论和逻辑能更有效地影响公众观点。例如,在重商主义哲学盛行时期,保护主义蔓延,法国经济学家弗雷德里克·巴斯底特(Frédéric Bastiat,1801—1851)充满讽刺意味地通过以子之矛攻子之盾的方法击败了保护主义者。巴斯底特在1845年创作的虚构的法国蜡烛工人请愿的故事出色地实现了这一目的。现摘录如下：

我们正在经受无法容忍的外来竞争，它看来有比我们优越得多的生产条件来生产光源，因此可以用一个荒谬的低价位占领我们整个国内市场。当他出现时，贸易离我们而去，所有的顾客全都涌向他，许多有无数分支机构的国内工业一下子停滞不前了。这个竞争对手不是别人，就是太阳。

我们所请求的是，请你们通过一条法令，命令关上所有的窗户、天窗、屋顶窗、帘子、百叶窗和船上的舷窗；一句话，所有使光线进入房屋的口、洞、边沿、裂缝和缝隙，都应当为了受损害的工厂而关掉。这些值得称赞的工厂曾尽心尽力地为我们的国家服务，作为感激，我们的国家不应当将其置于一个如此不平等的竞争之中……

仅仅因为或部分因为进口的煤、钢铁、奶酪和外国的制成品的价格接近零，你们就对这些商品的进口设置了很多限制，但为什么，当太阳光的价格整天都处于零时，你们却不加任何限制，任它蔓延？

如果你们尽可能减少自然光，从而创造对人造光的需求，哪个法国制造商会不欢欣鼓舞？如果我们制造更多的蜡烛，那就需要更多的动物脂，也就需要更多的牛羊，相应，我们会需要更多的人造草场、肉、毛、皮和作为植物生产基础的肥料。

资料来源：Frédéric Bastiat, *Economic Sophisms*(Edinburgh：Oliver and Boyd, 1873), pp. 49-53, 本文有删节。

2.5　比较优势与机会成本

李嘉图将比较优势原理建立在一些简化的假设之上：(1)仅有两国和两种商品；(2)自由贸易；(3)一国之内的劳动力可以自由流动，而国家间无劳动力流动；(4)生产成本固定；(5)没有运输成本；(6)没有技术革新；(7)劳动价值论成立。尽管假设(1)～(6)可以较容易地放松，假设(7)(即劳动价值论成立)并不有效，也不应该用来解释比较优势。

2.5A　比较优势与劳动价值论

根据**劳动价值论**(labor theory of value)，商品的价值或价格只取决于投入商品生产中的劳动量。这意味着：(1)劳动是唯一的生产要素，或者说在所有商品的生产中劳动均占一个固定的比重；(2)劳动是同质的(即只有一种类型的劳动)。既然这两条假设都不是真实的，比较优势的解释就不应该以劳动价值论为基础。

具体地说，劳动既不是投入生产的唯一要素，也不是以固定比率投入所有商品的生产过程。例如，一些商品(如钢铁)与另一些商品(如纺织品)相比，在生产中需要更高的资本/劳动比率。除此之外，在大多数商品的生产过程中，劳动、资本和其他一些要素之间是可以相互替换的。更进一步，劳动显然不是同质的，在培训、生产率和工资上都有很大不同。至少我们必须考虑劳动的不同生产率。事实上，这也是对李嘉图的比较优势进行实证检验的方式(参见2.7节)。在任何情况下，比较优势原理都不必建立在劳动价值论的基础之上，但可以用机会成本理论作为基础进行解释(这是可以接受的)。需要注意的是，李嘉图自己并不相信劳动价值论，他只是将其作为解释比较优势原理的一种简单方式。

2.5B　机会成本理论

1936 年哈伯勒用**机会成本理论**（opportunity cost theory）解释了比较优势原理。用机会成本理论解释的比较优势原理，有时也被称作比较成本原理。

根据机会成本理论，一种商品的成本是额外生产 1 单位此种商品所必须放弃的另一种商品的生产量。这里没有做出劳动是唯一的投入要素或劳动是同质的假设，也没有假定劳动是决定商品价格的唯一要素。结论是，当一国在一种商品生产上有较低的机会成本时，该国在该商品生产上就有比较优势（在另一种商品上有比较劣势）。

例如，如果没有对外贸易，美国为了有足够资源多生产 1 单位小麦，必须放弃生产 2/3 单位的布，那么小麦的机会成本就是 2/3 单位的布（即在美国 1 单位小麦＝2/3 单位布）。如果在英国，1 单位小麦＝2 单位布，则小麦的机会成本（用必须放弃生产的布的数量来度量）在美国要比在英国低，因此，美国在小麦生产上相对英国有比较（成本）优势。在一个两国、两种商品的世界中，英国在布上有比较优势。

根据比较优势原理，美国将专门生产小麦并出口一部分小麦换取英国的布。这个结论与我们先前基于劳动价值论所得的结论一致，不过现在我们的解释是基于机会成本理论。

2.5C　固定成本下的生产可能性曲线

机会成本可以用生产可能性曲线或转换曲线来说明。**生产可能性曲线**（production possibility frontier）是指一国采用其所能获得的最佳技术，充分利用其所有资源生产的两种商品的各种组合。

表 2.4 给出了（假设的）美、英国两国小麦（百万蒲式耳/年）、布（百万码/年）的生产可能性组合。如表所示，美国可生产 180 单位小麦和 0 单位布，150 单位小麦和 20 单位布，或 120 单位小麦和 40 单位布，以及 0 单位小麦和 120 单位布。美国每放弃 30 单位小麦的生产，所释放的资源恰好能生产额外的 20 单位布。也就是说，30 单位小麦＝20 单位布（两者均需同样数量的资源）。因此，在美国 1 单位小麦的机会成本是 2/3 单位布（与表 2.2 相同），而且保持不变。同时，英国可生产 60 单位小麦和 0 单位布，50 单位小麦和 20 单位布，40 单位小麦和 40 单位布，以及 0 单位小麦和 120 单位布。它每放弃 10 单位小麦便可多生产 20 单位布。因此，英国 1 单位小麦的机会成本为 2 单位布，而且保持不变。

表 2.4　美、英两国小麦和布的生产可能性组合			
美　国		英　国	
小麦（百万蒲式耳/年）	布（百万码/年）	小麦（百万蒲式耳/年）	布（百万码/年）
180	0	60	0
150	20	50	20
120	40	40	40
90	60	30	60
60	80	20	80
30	100	10	100
0	120	0	120

由表 2.4 中给出的英、美两国的生产可能性组合可画出如图 2.1 所示的生产可能性曲线。曲线上的每一点代表该国可能生产的小麦和布的组合。例如，在 A 点，美国可生产 90 单位小

麦和 60 单位布,在 A' 点,英国可生产 40 单位小麦和 40 单位布。

生产可能性曲线以下或以内的点也是可能的,但不是有效的,因为在这些点,该国仍存在闲置资源或没有采用所能获得的最佳技术。而生产可能性曲线以上的各点在现有资源和技术条件下是不可能达到的。

在图 2.1 中,美、英两国的生产可能性曲线向下倾斜(斜率为负),表明两国如果想生产更多的小麦,必须放弃一些布的生产。两国的生产可能性曲线均为直线,表明它们的机会成本是固定的,即每多生产 1 单位小麦,美国必须放弃 2/3 单位布的生产,英国必须放弃 2 单位布的生产,在生产可能性曲线上的任何一点,这一结论均成立。

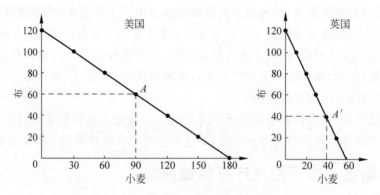

图 2.1   美、英两国的生产可能性曲线

美国与英国的生产可能性曲线可以通过把表 2.4 中的值标在图中而得到。曲线是向下倾斜的,或者说,斜率是负的,表示如果一国想多生产一些小麦,必须放弃一些布的生产。直线形生产可能性曲线反映了不变的机会成本。

当生产资源或要素可完全替代或者在两种商品中各要素比例固定,同一要素的所有单位是同质的,或者确切地说,具有同等质量时,会产生**固定的机会成本**(constant opportunity costs)。因此,当每个国家都将生产布的资源转移到小麦的生产中时,它们不会被迫使用越来越不适于小麦生产的资源,而不管它们已经生产了多少小麦。对更多布的生产而言也是如此。也就是说,我们所说的固定成本是指每生产额外 1 单位某种商品必须放弃的另一种商品的数量是相同的。

尽管每个国家的机会成本是固定的,但由于国与国之间的机会成本不同,这就使国际贸易成为可能。然而,固定成本并不现实。我们讨论它是因为它易于理解,有助于我们在下一章讨论更现实的递增成本的情况。

2.5D   机会成本与相对商品价格

我们知道小麦的机会成本是指每多生产 1 单位小麦必须放弃的布的生产量。这可由生产可能性曲线或转换曲线的斜率的绝对值得出,有时也被称作边际转换率。

图 2.1 表明,美国转换曲线的斜率(绝对值)为 $120/180 = 2/3$ = 美国小麦的机会成本,并且保持不变。英国转换曲线的斜率(绝对值)为 $120/60 = 2$ = 英国小麦的机会成本,并保持不变。基于价格等于成本及每个国家同时生产小麦和布这两种商品的假设,小麦的机会成本等于小麦与布的相对价格(P_w/P_C)。

因此,在美国,$P_w/P_C = 2/3$,而 $P_C/P_w = 3/2 = 1.5$;在英国,$P_w/P_C = 2$,$P_C/P_w = 1/2$。美国较低的 P_w/P_C 值(2/3,相较于英国的 2),表明美国在小麦生产上有比较优势。类似的,英

国较低的 P_C/P_W 值(1/2,相较于美国的 2/3),表明它在布生产上有比较优势。注意,在固定成本下,P_W/P_C 值仅由本国的生产或供给决定。在**相对商品价格(relative commodity prices)**的决定中,我们不考虑需求。

总而言之,我们可以说两国相对商品价格的不同(由两国转换曲线斜率不同所决定)是其比较优势的反映,这为两国开展互惠贸易提供了基础。

2.6 固定成本下的贸易基础与贸易所得

在没有贸易的情况下,一国只能消费它生产的商品,因此一国的生产可能性曲线同时也是消费可能性曲线。人们的偏好或需求决定了该国事实上选择生产和消费的商品组合。

2.6A 贸易所得的分析

在没有贸易时,美国可能选择生产和消费生产可能性曲线上的商品组合 A(90W 和 60C),如图 2.2 所示,英国可能选择的组合为 A'(40W 和 40C)。

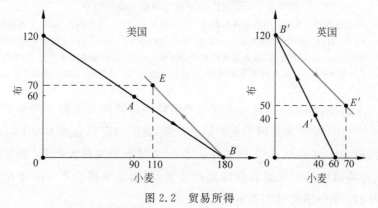

图 2.2 贸易所得

在没有贸易时,美国在 A 点生产与消费,英国在 A' 点生产与消费。有贸易时,美国在 B 点专门生产小麦,而英国在 B' 点专门生产布。通过用 70 单位小麦与英国的 70 单位布进行交换,美国最后在 E 点消费(获利 20 单位小麦和 10 单位布),英国最后在 E' 点消费(获利 30 单位小麦和 10 单位布)。

如果有贸易的可能,美国会专门生产小麦(具有比较优势的商品),在生产可能性曲线上的 B 点(180W 和 0C)生产。同样,英国会专门生产布,在 B' 点(0W 和 120C)生产。如果美国用 70 单位小麦交换英国的 70 单位布,它最终在 E 点消费(110W 和 70C),英国最终在 E' 点消费(70W 和 50C)。因此,美国通过贸易获利 20 单位小麦和 10 单位布(比较图 2.2 中的 E 点与 A 点),英国获利 30 单位小麦和 10 单位布(比较图 2.2 中的 A' 点与 E' 点)。

两国专门生产其有比较优势的商品所带来的产出增加使两国能够消费更多的小麦和布。也就是说,没有贸易时,美国生产 90 单位小麦,英国生产 40 单位小麦,产出总量为 130 单位。通过专门化的生产和贸易,可生产 180 单位小麦(全部由美国生产)。同样,没有贸易时,美国生产 60 单位布,英国生产 40 单位布,产出总量为 100 单位,通过专门化生产,可生产 120 单位布(全部由英国生产)。

通过专门化生产而增加的 50 单位小麦和 20 单位布,是美国与英国可以分享的贸易所得。请记住,如果没有贸易,美国不会专门生产小麦,因为它也需要消费布。同样,英国也不会专门生产布,因为它还需要消费小麦。

2.6B　有贸易时的相对商品价格

通过如图 2.3 所示的小麦和布的供求曲线可以更深刻地理解我们的贸易模型。图 2.3 同时也帮助我们弄清了在专门化生产与贸易的条件下,均衡相对商品价格是如何决定的。

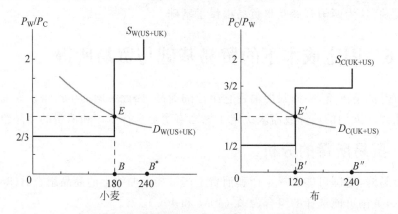

图 2.3　需求和供给下的均衡相对商品价格

在左图中,$S_{W(US+UK)}$ 是美国与英国的小麦总供给曲线。它表明在 $P_W/P_C=2/3$ 时,美国可生产最大量的小麦 180 单位,即 $0B$;而当 $P_W/P_C=2$ 时,英国可生产最大量的小麦 60 单位,即 BB^*。$D_{W(US+UK)}$ 是有贸易时美国和英国对小麦的总需求。$D_{W(US+UK)}$ 和 $S_{W(US+UK)}$ 交于 E 点,因此均衡产量为 180 单位小麦(全部由美国生产)。均衡价格为 $P_W/P_C=1$。右图表明布在 $D_{C(UK+US)}$ 与 $S_{C(UK+US)}$ 的交点 E' 达到均衡,这时的产量为 120 单位布(全部由英国生产),$P_C/P_W=1$。

在图 2.3 的左图中,$S_{W(US+UK)}$ 是当美国与英国均用尽其所有资源生产小麦时小麦的总供给曲线。线段 $0B=180W$ 代表美国小麦的最大产量,此时固定机会成本为 $P_W/P_C=2/3$(参见图 2.2 左图),线段 $BB^*=60W$ 为英国在 $P_W/P_C=2$ 时小麦的最大产量(参见图 2.2 右图)。因此,如果美国与英国均使用其所有资源生产小麦,两国最多可生产 240 单位小麦。由此可见,S_W 在产量为 240 单位小麦时为垂直线。

假设有贸易时,美、英两国小麦的总需求曲线为 $D_{W(US+UK)}$,如图 2.3 的左图。$D_{W(US+UK)}$ 和 $S_{W(US+UK)}$ 在 E 点相交,决定了均衡的产量为 180 单位小麦,均衡相对价格为 $P_W/P_C=1$(参见图 2.2 左图)。注意,通过贸易,小麦只在美国生产,美国完全专业化生产小麦。

对布而言也是这样。在图 2.3 的右图中,$S_{C(UK+US)}$ 是美、英两国只生产布时布的总供给曲线。英国在 $P_C/P_W=1/2$ 时,最多能生产 $120C=0B'$,美国在 $P_C/P_W=3/2$ 时最多能生产 $120C=B'B''$(见图 2.3)。

假如有贸易时,美、英两国布的总需求曲线是 $D_{C(UK+US)}$,见图 2.3 的右图。$D_{C(UK+US)}$ 与 $S_{C(UK+US)}$ 交于 E' 点,决定均衡产量的相对价格为 $P_C/P_W=P_W/P_C=1$(同图 2.2 的右图)。注意,通过贸易,布只在英国生产,英国完全专业化生产布。

最后,要注意的是,当两国进行**完全专业化(complete specialization)**的生产时,每一种商品的均衡相对商品价格就处在每个国家贸易前的相对商品价格之间(见图 2.3)。然而,如果图 2.3 的左图中需求曲线 $D_{W(US+UK)}$ 很低,与供给曲线 $S_{W(US+UK)}$ 相交于 $0B$ 线段之间,即 $P_W/P_C=2/3$,则贸易将在小麦贸易前的相对商品价格 $P_W/P_C=2/3$ 时发生,英国将获得所有的贸易所得。如果英国是一个小国,专门生产布,而美国是一个大国,并非专门生产小麦,这种情况就会发生(见练习题 10)。这就是所谓的**小国情况(small-country case)**,表明了"作为不重要角色的重要性"。然而,这种利益不是没有成本的,因为小国(在此指英国)面临对其所专门生产的唯一商品的未来需求可能减少的风险。

2.7　李嘉图模型的经验检验

我们现在看一下李嘉图贸易模型的经验检验结果。我们将会看到,如果我们考虑不同国家、不同产业间的劳动生产率不同的情况,李嘉图的贸易模型对贸易模式做出了相对较好的解释。

1951 年和 1952 年,麦克杜格尔(MacDougall)使用 1937 年英、美两国 25 个产业的生产率和出口数据,对李嘉图的贸易模型进行了第一次经验检验。

由于美国的工资率是英国的两倍,麦克杜格尔认为,生产率在美国的一些产业中如果能达到英国的两倍以上,则美国这些产业的生产成本将低于英国。美国的这些产业相对英国将有比较优势,在第三市场(即世界其他地方),美国将以比英国更低廉的价格出售这些产业的商品。而当英国的一些产业的生产率达到并超过美国生产率的 1/2 时,英国将具有比较优势,这些产业的商品的销售价格也将低于美国的价格。

麦克杜格尔在检验中排除了美、英两国的贸易,因为两国不同产业间的关税差别很大,从而抵消了两国生产率的差别。同时,两国在第三市场中通常面对相同的关税,因此,将美、英两国间的贸易排除在外并不会使检验产生偏差,因为两国相互间的出口额还不到其总出口额的 5%。

图 2.4 总结了麦克杜格尔的检验结果。纵轴测度每个美国工人和英国工人的产出比率,比率越高,美国劳动力的相对产出率就越高。横轴测度美国与英国对第三市场出口的相对比率。这个比率越高,美国相对于英国出口到第三市场的商品就越多。注意,规模采取的是对数形式(因此同等距离代表同样的百分比变化)而不是算术形式(测度的是绝对值的变化)。

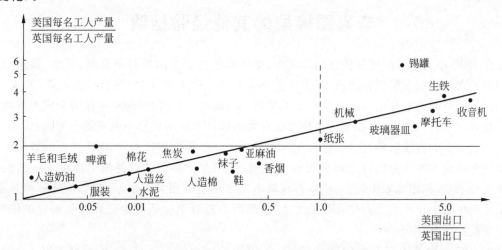

图 2.4　美、英两国的相对劳动生产率与比较优势

图中的数据表明,美、英两国 20 个产业的劳动生产率和出口比重之间呈正相关关系,证实了李嘉图的贸易模型。

资料来源: Adapted from G. D. A. MacDougall, "British and American Exports: A Study Suggested by the Theory of Comparative Costs," *Economic Journal*, December 1951, p.703.

图中的点清楚地表明了劳动生产率和出口间的正相关关系。也就是说,美国生产率比英国高的产业是那些出口比率更高的产业。在麦克杜格尔研究的25个产业中有20个产业与此相吻合。此后,贝拉瑟(Balassa)用1950年的数据,斯特恩(Stern)用1950年和1959年的数据也证实了劳动生产率和出口间的这种正相关关系。

可能存在的一个问题是:为什么美国有成本优势的产品(即美国劳动生产率是英国的2倍)没有从英国那里抢到整个出口市场(得到的仅仅是更多的出口份额)?麦克杜格尔回答说,这主要是因为产品差异。也就是说,同一产业的产品在美国与在英国不同。一辆美国车与一辆英国车是不一样的。即便美国车便宜,世界其他地方的顾客仍然可能喜欢英国车。因此,英国车即使价格较高仍能继续出口。然而,当价格差异增加时,英国车出口量所占的比重很可能会下降。对其他大多数产品而言也是一样的。同样,美国也继续向第三市场出口一些它与英国相比有成本劣势的商品。

此外,戈卢布(Golub,1995)、戈卢布和谢(Hseih,2000)以及科斯廷诺特(Costinot)、唐纳森(Donaldson)和科默杰(Komunjer,2012)还提出了更新的李嘉图贸易模型的证明(见案例研究2.4)。这些经验研究似乎都支持李嘉图的比较优势原理,即实际的贸易模式似乎是基于两国间不同产业的不同劳动生产率。除劳动力成本外的生产成本、需求因素、政治联系和国际贸易的种种障碍并不能破坏相对劳动生产率与出口比例的这种联系。

尽管简化的李嘉图贸易模型在很大程度上被经验证明了,它仍有严重的缺陷,即它只是假定而不是解释了比较优势。整体而言,李嘉图和古典经济学家没有解释劳动生产率和国家间比较优势的差别,也不能解释国际贸易对生产要素获利的影响。通过给出这两个重要的问题的答案,赫克歇尔—俄林模型和特定要素模型(将在第5章讨论)以及基于规模经济和产品差异的贸易模型(将在第6章讨论)在理论上改进并扩展了李嘉图模型。

案例研究 2.4

李嘉图模型的其他经验检验

在1995年对李嘉图贸易模型的研究中,戈卢布考察了美国相对于英国、日本、德国、加拿大和澳大利亚的相对单位劳动成本(工资和单位劳动生产率的比率)和出口的关系,发现总体上相对单位劳动成本和出口之间呈负相关关系。也就是说,一国的相对单位劳动成本越高,该国的相对出口就越低,反之亦然。这种关系在美国和日本间的贸易中表现得尤为明显。

图2.5中的直线清楚地显示,戈卢布研究的1990年美国和日本间33个产业的贸易中,相对单位劳动成本和相对出口之间呈负相关关系,从而对李嘉图的贸易模型提供了新的支持。需要注意的是,在图2.5中,劳动成本与相对出口之间呈负相关关系,而图2.4显示相对单位劳动生产率与出口比重之间呈正相关关系,这是因为相对单位劳动生产成本是相对单位劳动生产率的反函数。

以上结论为戈卢布和谢(Hsieh)2000年进行的一项研究所证实,该研究考察了1972—1991年美国与其他9个国家(日本、德国、英国、法国、意大利、加拿大、澳大利亚、墨西哥和韩国)在39个部门的产品的贸易情况。

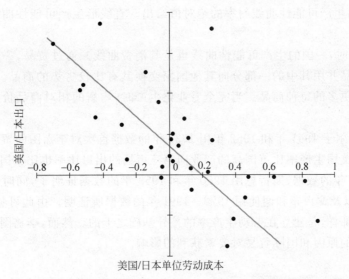

图 2.5　美国和日本的相对出口与相对单位劳动成本

该图显示美、日两国间 33 个产业的贸易中，相对出口与相对单位劳动成本呈明显的负相关关系。从图中可以看出，美国的相对劳动成本越高，它对日本的出口就越低，从而支持了李嘉图的贸易模型。

资料来源：Adapted from S. S. Golub, *Comparative and Absolute Advantage in the Asia-Pacific Region* (San Francisco：Federal Reserve Bank of San Francisco, Center for Pacific Basin Monetary and Economic Studies, 1995), p. 46；and S. S. Golub and C. T. Hsieh, "The Classical Ricardian Theory of Comparative Advantage Revisited," *Review of International Economics*, May 2000, pp. 221-234；A. Costinot, D. Donaldson and I. Komunjer, "What Goods Do Countries Trade? A Quantitative Exploration of Ricardo's Ideas," Review of Economic Studies, April 2012, pp. 581-608；and William R. Kerr, "Heterogeneous Technology Diffusion and Ricardian Trade Patterns," NBER Working Paper 19657, November 2013.

本章小结

1. 本章研究了贸易理论从重商主义者到斯密、李嘉图和哈伯勒的发展。我们试图回答两个问题：(1)贸易基础和贸易所得是什么？(2)贸易模式是什么？

2. 重商主义者认为一国在贸易上的收益只能建立在其他国家损失的基础之上。因此，他们主张管制进口，鼓励出口，政府对所有经济活动实行严格的管制。

3. 根据亚当·斯密的观点，贸易基于绝对优势，而且对两国都有利(这个讨论假设两国、两种商品的世界)。即当两国各自专门生产其有绝对优势的商品，并用产出的一部分交换其有绝对劣势的商品时，两国最终都能消费更多的两种商品。然而，绝对优势只能解释当今国际贸易的一小部分。

4. 大卫·李嘉图引入了比较优势原理。这个原理假设即使一国在两种商品的生产上均处于劣势，仍有互惠贸易的基础(只要一国相对另一国的绝对劣势比例对两种商品而言是不同的)。相对低效的国家应当专门生产并出口其绝对劣势相对较小的商品(也就是其有相对优势的商品)。然而，李嘉图用劳动价值论解释比较优势原理，这一点是不能接受的。

5. 戈特弗里德·哈伯勒用机会成本理论解释比较优势原理。他认为一种商品的机会成本是为了多生产一单位该种商品所必须放弃的另一种商品的数量。一种商品的机会成本等于商品相对价格,由生产可能性曲线斜率的绝对值给出。直线形生产可能性曲线反映了机会成本是固定的。

6. 没有贸易时,一国的生产可能性曲线也是其消费曲线。通过贸易,一国可专门生产其有比较优势的商品并用其中的一部分向其他国家交换其有比较劣势的商品。这样,两国均可比无贸易时消费更多的每种商品。当完全专业化生产时,均衡的相对商品价格处于贸易前两国商品价格之间。

7. 麦克杜格尔于1951年和1952年用1937年的数据首次对李嘉图的贸易模型做了经验检验。结果表明美国生产率比英国高的产业向第三市场的出口比率也比英国的高。这个结果被贝拉瑟用1950年的数据、斯特恩用1950年和1959年的数据证明了,同时也被戈卢布使用1990年的数据,以及戈卢布和谢使用1972—1991年的数据所证明。由此可见,比较优势正如李嘉图所假设的那样,是建立在劳动生产率的差异基础之上的。然而,李嘉图没有解释国家间劳动生产率不同的原因和国际贸易对要素获利的影响。

关键术语

absolute advantage	绝对优势
basis for trade	贸易基础
complete specialization	完全专业化
constant opportunity costs	固定的机会成本
gains from trade	贸易所得
labor theory of value	劳动价值论
laissez-faire	自由放任
law of comparative advantage	比较优势原理
mercantilism	重商主义
opportunity cost theory	机会成本理论
pattern of trade	贸易模式
production possibility frontier	生产可能性曲线
relative commodity prices	相对商品价格
small-country case	小国情况

复习题

1. 本章想要回答的基本问题是什么? 从哪点而言本章的模型是现实世界的一个抽象或简化? 模型可否被一般化?

2. 重商主义者的贸易观点是什么? 他们的国家财富概念与现在的有何不同?

3. 为什么说学习重商主义者的贸易观点是重要的? 他们的观点与亚当·斯密的观点有何不同? 这些观点现在有无参考价值?

4. 亚当·斯密的贸易基础和贸易模式分别是什么? 贸易所得是如何产生的? 斯密倡导什么样的国际贸易政策? 他认为政府在经济生活中的适当功能是什么?

5. 李嘉图的比较优势原理在哪点上优于斯密的绝对优势理论? 比较优势所带来的贸易所得是从何而来的? 在每种商品生产中均比另一个国家低效的国家怎样向另一个国家出口商品?

6. 比较优势原理的例外是什么？普遍性如何？

7. 为什么李嘉图对相对优势原理的解释是令人无法接受的？哪种理论可被用于解释这一原理？

8. 一国的机会成本与生产可能性曲线之间的关系如何？在固定机会成本下，生产可能性曲线有何特征？商品的机会成本与商品相对价格间的关系如何？可以如何通过绘图来反映这些关系和特征？

9. 为什么没有贸易时，一国的生产可能性曲线就是该国的消费可能性曲线？无贸易时一国如何决定消费每种商品的数量？

10. 完全专门化与部分专门化是什么意思？为何前一种情况下两国均获利而后一种情况下只有小国获利？

11. 两国的总供给曲线是如何决定的？有贸易时均衡相对商品价格如何决定？

12. 李嘉图模型的经验检验结果如何？

练习题

1. 表 2.5 列出了在 4 种假定情形下，美、英两国 1 劳动小时可生产的小麦与布的数量。指出每种情况下，美、英两国具有绝对优势或劣势的商品。

*2. 指出表 2.5 中每个国家有比较优势与比较劣势的商品。

3. 指出表 2.5 中每种情况下，贸易的可能性及贸易基础。

*4. 假设在表 2.5 中的 B 情形下，美国用 4 单位小麦与英国的 4 单位布交换：

(1) 美国获利多少？

(2) 英国获利多少？

(3) 互惠贸易的范围有多大？

(4) 如果改用 4 单位小麦与 6 单位布交换，两国分别获利多少？

表 2.5　美国和英国的生产可能性组合

商　品	A 情形		B 情形		C 情形		D 情形	
	美国	英国	美国	英国	美国	英国	美国	英国
小麦(蒲式耳/劳动小时)	4	1	4	1	4	1	4	2
布(码/劳动小时)	1	2	3	2	2	2	2	1

5. 表 2.5 中的 B 情形下，假设劳动是唯一生产要素而且是同质的（即只有一种类型）：

(1) 用劳动测度，美、英两国生产小麦和布的成本是多少？

(2) 如果工资率为 6 美元，则小麦和布在美国的价格各是多少？

(3) 如果工资率为 1 英镑，则小麦和布在英国的价格各是多少？

6. 参考第 5 题回答下列问题：

(1) 若美元与英镑的汇率为 1 英镑＝2 美元，则小麦与布在英国的美元价格是多少？在此汇率下，美国会向英国出口小麦吗？在此汇率下，英国会向美国出口布吗？

(2) 当汇率为 1 英镑＝4 美元时情况如何？

(3) 当汇率为 1 英镑＝1 美元时情况如何？

(4) 允许美国向英国出口小麦和允许英国向美国出口布的汇率范围是什么？

7. 假设表 2.5 中 B 情形的数据单位是百万蒲式耳小麦和百万码布:

(1) 画出美、英两国的生产可能性曲线。

(2) 美国和英国小麦的相对价格(即 P_W/P_C)是多少?

(3) 美国和英国布的相对价格(即 P_C/P_W)是多少?

8. 使用第 7 题中美、英两国的生产可能性曲线,假设无贸易或自给自足点对美国而言是 3 单位小麦和 3/4 单位布(百万单位),对英国而言是 1/2 单位小麦和 1 单位布,另假设有贸易时美国用 1 单位小麦与英国的 1 单位布交换。绘图表明英、美两国自给自足(无贸易)时的生产与消费点,有贸易时的生产点与消费点,以及贸易所得。

9. (1) 如果图 2.3 左图中 $D_{W(US+UK)}$ 向上移 1/3,小麦的均衡相对价格是多少? 此时美、英两国各生产多少单位小麦和布?

(2) (1)的答案对图 2.3 右图中的 $D_{C(UK+US)}$ 意味着什么?

*10. 如果图 2.3 左图中 $D_{W(US+UK)}$ 与 $S_{W(US+UK)}$ 的水平部分在 $P_W/P_C = 2/3$ 与 120 单位小麦处相交,会有什么情况发生? 这对两国专业化生产和贸易所得分配意味着什么?

带 * 号练习题的答案

11. 画一张与图 2.2 类似的图,表明英国现在是一个小国,为图 2.2 右图所示的一半,并在 $P_W/P_C = 2/3$ 时用 20 单位布与美国的 30 单位小麦交换。

12. (1) 李嘉图的贸易模型是如何进行经验检验的?

(2) 检验结果从哪方面证实了李嘉图的模型?

(3) 为什么我们需要其他贸易模型?

13. 为了挽救美国的工作岗位,美国需要限制纺织品进口。你将如何反对这一结论?

附录

现在我们将比较优势理论首先扩展到多于两种商品,接着扩展到多于两国的情形。每种情形下,我们可以看到比较优势理论很容易被一般化。

A2.1 多种商品时的比较优势

表 2.6 表明美、英两国 5 种商品的美元和英镑价格或成本。(经济学中,成本是指所有要素的回报,包括正常利润;因此成本与价格在此可以互换。)

表 2.6 美国和英国的商品价格		
商品	在美国的价格/美元	在英国的价格/英镑
A	2	6
B	4	4
C	6	3
D	8	2
E	10	1

为决定美、英两国各自出口、进口何种商品,我们必须先将所有商品用同一种货币表示,然后再比较两国的价格。例如,如果美元和英镑的汇率是 2 美元＝1 英镑,则英国的商品的美元

价格为：

商　　品	A	B	C	D	E
在英国的美元价格	12	8	6	4	2

在这一汇率下，商品 A 和商品 B 在美国的美元价格比在英国低；商品 C 在两国价格相同；商品 D 和商品 E 在英国价格较低。因此，美国向英国出口商品 A 和商品 B，从英国进口商品 D 和商品 E，商品 C 是非贸易品。

现假设汇率为 1 英镑＝3 美元，则英国商品的美元价格为：

商　　品	A	B	C	D	E
在英国的美元价格	18	12	9	6	3

在这一较高的汇率下，商品 A、商品 B 和商品 C 的价格在美国较低，商品 D 和商品 E 的价格在英国较低。因此，美国将向英国出口商品 A、商品 B 和商品 C，从英国进口商品 D 和商品 E。注意，当 1 英镑＝2 美元时为非贸易品的商品 C 在 1 英镑＝3 美元时由美国出口。

最后，如果汇率为 1 英镑＝1 美元，英国商品的美元价格为：

商　　品	A	B	C	D	E
在英国的美元价格	6	4	3	2	1

这种情况下，美国只向英国出口商品 A，进口除商品 B 以外的所有商品（商品 B 在两国价格相同，此时为非贸易品）。

最终实际汇率将固定在使美国向英国的出口价值量与美国从英国的进口价值量恰好相等的水平（没有其他国际贸易时）。一旦均衡汇率建立，我们即可确定美国、英国各自出口何种商品。在既定均衡汇率下，每个国家在其所出口商品上有比较优势（我们此处不考虑长期内汇率非均衡的情况）。

由表 2.6 可知，美国在商品 A 上有最大的比较优势，美国至少必须出口这种商品。为使这一点成为可能，汇率必须满足 1 英镑＞0.33 美元。英国比较优势最大的商品是商品 E，英国至少必须出口商品 E。为使这一点成为可能，汇率必须满足 1 英镑＜10 美元。这种讨论可被扩展到更多的商品。

A2.2　多国时的比较优势

假设不是两国 5 种商品，而是两种商品（小麦和布）和 5 国（A、B、C、D 和 E）。这些国家的 P_W/P_C 由低到高排列在表 2.7 中。有贸易时，均衡的 P_W/P_C 将位于 1 和 5 之间，即 $1 < P_W/P_C < 5$。

如果在有贸易时均衡的 $P_W/P_C=3$，国家 A 和国家 B 将向国家 D 和国家 E 出口小麦换布。国家 C 将不参与国际贸易，因为其贸易前的 P_W/P_C 值与有贸易时的均衡 P_W/P_C 值相同。给定有贸易时均衡的 $P_W/P_C=4$，国家 A、国家 B 和国家 C 将向国家 E 出口小麦换布，国家 D 将不参与国际贸易。如果有贸易时均衡的 $P_W/P_C=2$，则国家 A 将向其他各国（除了国家 B）出口小麦以换取布。

这种讨论很容易被推广到多个国家。然而，将我们的讨论同时推广到多种商品和多国是麻烦的,也是无谓的。重要的是,简单的两国、两种商品模型导出的结论可以被推广并且适用于多国和多种商品。

表 2.7	用国内 P_w/P_c 给国家排序				
国家	A	B	C	D	E
P_w/P_c	1	2	3	4	5

问题 举一个三国、三种商品的例子,使每国出口其中一种商品到另外两国,并各自从另外两国进口一种商品。

第 **3** 章

国际贸易的标准理论

3.1 引言

本章我们将把简单贸易模型扩展为机会成本递增条件下的更接近现实的模型。我们将引入需求偏好理论和社会无差异曲线。接着,我们将揭示在成本递增且无贸易的情况下,需求和供给因素如何决定一国均衡的相对商品价格。从中我们也可以确定一国具有比较优势的商品。

然后,我们引入国际贸易这个条件,并讨论在此情况下一国如何通过专门生产本国具有比较优势的商品,并用部分出口换取本国具有比较劣势的商品来获得收益。在本章的最后一部分,我们将指出在成本递增的条件下,两个除了需求偏好以外其他条件完全相同的国家,如何通过国际贸易共同获得利益。

在本章和以后的几章中,为了方便演示,我们不妨用国家 1 和国家 2 来代替前例中的美国和英国,用商品 X 和商品 Y 代替小麦和布。

本章附录介绍了对于理解随后几章的附录中所提供的材料必不可少的生产理论方面的内容。学习中可以略去本章及随后各章附录中的内容,这并不会影响书中理论的连续性。

3.2 成本递增条件下的生产可能性曲线

在现实条件下,一国在生产中通常面对的是递增的而不是固定的机会成本。**机会成本递增**(increasing opportunity costs)意味着一国每多生产一单位某商品必须放弃越来越多的另一商品以释放刚好足够的资源。机会成本递增使得生产可能性曲线成为一条凹向原点的曲线,而不是一条直线。

3.2A　对于成本递增的说明

图 3.1 是假想的国家 1 和国家 2 关于商品 X 和 Y 的生产可能性曲线。每一条曲线都是凹向原点的,表明两国在生产这两种商品时均是机会成本递增的。

假设国家 1 的生产组合现在位于生产可能性曲线上的 A 点,它想要生产更多的 X。因为国家 1 在现有的最佳技术条件下已经使用了它的全部资源,为了生产更多的 X,它必须减少 Y 的产量(在第 2 章,我们看到这就是生产可能性曲线斜率为负的原因)。

如图 3.1 所示,国家 1 每多生产 20 单位 X,必须放弃越来越多的 Y 的生产。国家 1 所面临的递增的机会成本用 Y 来表示,就是图中向下的越来越长的箭头,这使得生产可能性曲线凹向原点。

国家 1 在生产商品 Y 时也面临递增的机会成本。这也可以通过曲线来说明:国家 1 每多生产 20 单位 Y,必须放弃的 X 的数量逐渐递增。此外,我们还可以用图 3.1 中国家 2 的生产可能性曲线来说明商品 Y 的机会成本也是递增的。

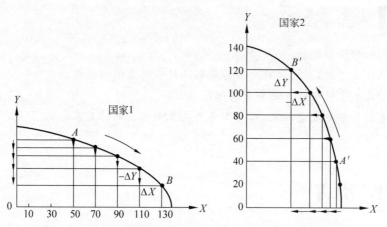

图 3.1　成本递增条件下国家 1 和国家 2 的生产可能性曲线

凹向原点的生产可能性曲线表明每一国在生产这两种商品时都是机会成本递增的。国家 1 每多生产 20 单位 X,必须减少越来越多的 Y 的生产。向下的长度递增的箭头说明了这一点。同样,国家 2 每多生产 20 单位 Y 的机会成本递增是以 X 的数量表示的。向左的长度递增的箭头说明了这一点。

从 A' 点沿国家 2 的生产可能性曲线向上移动,可以发现沿横轴的向左的箭头长度不断增加。这表明国家 2 每多生产 20 单位 Y,必须放弃的 X 的数量越来越多。因此,国家 1 和国家 2 凹向原点的生产可能性曲线表明两国在生产 X 和 Y 两种商品时都是机会成本递增的。

3.2B　边际转换率

X 对 Y 的**边际转换率**(**marginal rate of transformation**,**MRT**)是指一国每多生产一单位 X 必须放弃生产的 Y 的数量。因此,边际转换率是 X(图 3.1 中横轴表示的商品)的边际成本的另一种说法,可由生产可能性曲线上某一点的斜率给定。

在图 3.1 中,如果国家 1 的生产可能性曲线在 A 点的斜率是 1/4,则在该点,国家 1 为了多生产 1 单位 X 必须少生产 1/4 单位 Y 以释放足够的资源。同样,如果 B 点的斜率(或 MRT)等于 1,则表示在该点,国家 1 为了多生产 1 单位 X 必须少生产 1 单位 Y。

这样,沿着国家 1 的生产可能性曲线从 A 点向下移动到 B 点,意味着斜率(MRT)从 A 点的 1/4 上升到 B 点的 1。这表明随着 X 产量的增加,机会成本是不断增加的。这和第 2 章中直线形的生产可能性曲线刚好形成了对比,在直线情形下,无论 X 的产量是多少,生产 X 的机会成本,也就是生产可能性曲线的斜率始终是常数。

3.2C　机会成本递增及生产可能性曲线差异的原因

我们已经考察了凹向原点的生产可能性曲线所表示的机会成本递增的含义。但是,机会成本是如何产生的? 为什么它比固定机会成本更接近实际情况呢?

机会成本递增是由于生产所需的要素或资源:(1)不是同质的(即同种要素的所有单位并不完全相同或具有相同的质量);(2)在所有商品的生产中,生产要素的比率或密集度不是固定不变的。这意味着,随着一国生产越来越多的某种商品,它必须使用越来越低效或并不完全适合生产这种商品的资源或要素。这就使一个国家每多生产一单位该种商品,就必须放弃越来越多的另一种商品的生产以提供足够的资源。

例如,假设某国部分土地是平原,适宜种植小麦;部分土地是山区,更适宜放牧和生产乳制品。该国最初专门生产小麦,但现在要集中力量生产乳制品。通过把山区的麦田转化为牧场,该国的小麦产量并未减少很多,但获得了大量乳制品。这样,用小麦减产数量来表示的乳制品的机会成本在刚开始时是很小的。但是,如果这种转化继续下去,直到最后很适宜种小麦的平原都被用来放牧,生产乳制品的机会成本就会不断增加。这就导致了生产可能性曲线凹向原点。

在图 3.1 中,国家 1 和国家 2 的生产可能性曲线之所以不同,是因为两国有不同的要素或资源禀赋,或两国使用了不同的生产技术。在现实社会中,不同国家的生产可能性曲线通常都是不同的,因为没有哪两个国家具有完全相同的要素禀赋,即使它们都使用相同的技术。

随着要素供给或生产技术的变化,一国的生产可能性曲线也不断移动。这种移动的类型和程度取决于上述变化发生的类型和程度。这种变化和经济增长及其对国际贸易的影响将在第 7 章详细讨论。

3.3　社会无差异曲线

到目前为止,我们已经讨论了一国商品的生产或供给情况,它是由该国的生产可能性曲线决定的。现在我们引入一国的偏好或需求偏好情况,这是由社会无差异曲线决定的。

社会无差异曲线(community indifference curves)反映了能使社会或国家获得同等满足程度的两种商品的不同组合。较高的曲线反映较高的满足程度,较低的曲线反映较低的满足程度。社会无差异曲线凸向原点,斜率为负,而且互不相交(对个人需求无差异曲线很熟悉的读者会发现其与社会无差异曲线是十分相似的)。

3.3A　对社会无差异曲线的说明

图 3.2 是国家 1 和国家 2 的三条假想的社会无差异曲线。由于假设两国需求偏好不同,两组无差异曲线的形状也有所不同。

对于国家 1,N 点与 A 点的商品组合代表相同的满足程度,因为它们均位于无差异曲线 I 上。T 点与 H 点代表更高的满足程度,因为它们位于更高的无差异曲线 II 上。尽管 T 点的消费组合比 A 点包含了更多的 Y 和更少的 X,但 T 点的满足程度仍高于 A 点,这是因为 T 点位于较高的无差异曲线 II 上。E 点表示更高的满足程度,因为它位于无差异曲线 III 上。对于国家 2,各点使其获得的满足程度由小到大依次为:$A' = R' < H' < E'$。

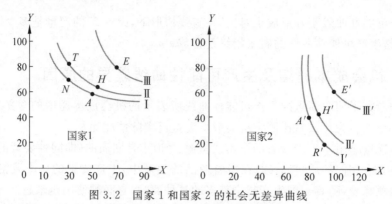

图 3.2   国家 1 和国家 2 的社会无差异曲线

社会无差异曲线表明使一国获得同等满足程度的 X 和 Y 的不同组合。较高的曲线表示较高的满足程度。社会无差异曲线是向下倾斜的,即斜率为负,而且凸向原点,互不相交。曲线斜率递减意味着消费中 X 和 Y 的边际替代率(MRS)递减。

注意,图 3.2 中的社会无差异曲线的斜率均为负。这是一种普遍情况,因为如果一国要保持相同的满足程度,它在多消费 X 的同时,必须减少 Y 的消费。这样,当国家 1 沿无差异曲线 I 从 N 点移至 A 点时,它消费了更多的 X 和更少的 Y。类似的,国家 2 沿无差异曲线 I′从 A′点移至 R′点时,它消费了更多的 X 和更少的 Y。如果一国始终消费同等数量的 Y,而不断提高对 X 的消费量,该国就必定会移到一条更高的社会无差异曲线上。

3.3B   边际替代率

消费中的 X 对 Y 的**边际替代率**(**marginal rate of substitution,MRS**)是指一国为保持在原来的无差异曲线上,多消费一单位 X 而必须放弃的 Y 的数量。它由社会无差异曲线在该消费点的斜率的绝对值给定,并随着该国消费点沿曲线下移而下降。例如,如图 3.2 所示,在无差异曲线 I 上,N 点的斜率(MRS)大于 A 点的斜率;类似的,在无差异曲线 I′上,A′点的斜率(MRS)大于 R′点的斜率。

无差异曲线的斜率的绝对值(或 MRS)递减反映了这样一个事实:一国消费的 X 越多,消费的 Y 就越少。对该国来说,相较于一单位 X,边际的一单位 Y 的效用会越来越大。因此,该国每多消费一单位 X,只会放弃越来越少的 Y 商品。

边际替代率递减意味着社会无差异曲线是凸向原点的。生产的机会成本递增使生产可能性曲线凹向原点,而边际替代率递减使社会无差异曲线凸向原点。在 3.4 节中,我们将发现无差异曲线凸向原点的特性是一国达到唯一均衡消费点的必要条件。

3.3C   关于社会无差异曲线的一些问题

如前所述,社会无差异曲线必须互不相交。相交意味着在两条不同的无差异曲线上存在相同的满足程度,这与无差异曲线的定义相悖。因此,图 3.2 中所绘制的国家 1 和国家 2 的无差异曲线是互不相交的。

但是,一组特定的无差异曲线表示的是一国国内一种特定的收入分配,另一种不同的收入分配会导致一组全新的无差异曲线,而它很可能与先前的无差异曲线相交。

当一国开始贸易或扩大外贸规模时,无差异曲线的相交确实会发生,出口商会获益,而与进口商品竞争的国内生产者将会蒙受损失。这也会对消费者造成不同的冲击,这种冲击取决于个人消费模式是更倾向于 X 还是 Y。这样一来,贸易就会改变该国国内真实收入的分配,从而使无差异曲线相交。在这种情况下,我们就不能用无差异曲线来确定开展或扩大贸易是否增进了国家福利。

解决这个问题的一个办法就是所谓的补偿原则。在这个原则中,如果一国贸易中的获利方在完全补偿了损失方的损失后仍比贸易前有所收益,则该国在贸易中是获利的。不论补偿是否实际发生,这条原则都是成立的(进行这种补偿的一个办法是政府对贸易获利方征收足够的税以补贴损失方,或对损失方进行减税)。另外,我们可以制定一系列对偏好、收入、消费模式的限制性假设以防止社会无差异曲线相交。

尽管补偿原则和限制性假设不能完全消除使用社会无差异曲线的所有理论上的困难,但它们确实能够使我们在绘制无差异曲线时不发生相交的情况(这样一来,我们就可以继续应用社会无差异曲线,只不过要保持谨慎)。

3.4 孤立均衡

在 3.2 节,我们讨论了反映一国生产或供给条件的生产可能性曲线。在 3.3 节,我们考察了反映一国需求偏好的社会无差异曲线。现在我们研究一国在孤立(即不发生对外贸易)的情况下,供求力量的相互作用如何确定均衡点,或称社会福利最大化点。

在不发生对外贸易的情况下,当一国达到其生产可能性曲线所允许的最高的社会无差异曲线时,该国就达到了均衡状态,这发生在社会无差异曲线与生产可能性曲线相切的点。两条曲线在切点的公切线的斜率给出了国内的均衡相对价格,反映了该国的比较优势。

3.4A 对于孤立均衡的说明

图 3.3 将图 3.1 中的生产可能性曲线和图 3.2 中的社会无差异曲线放在同一个坐标系内。在图 3.3 中,我们可以看到,无差异曲线 I 是国家 1 在其生产可能性条件下所能达到的最高的无差异曲线。因此,在没有对外贸易,即**自给自足(autarky)**的情况下,国家 1 在 A 点进行生产和消费时,它就达到了均衡,即福利最大化。类似的,国家 2 在 A' 点达到均衡,在该点它的生产可能性曲线与无差异曲线 I' 相切。

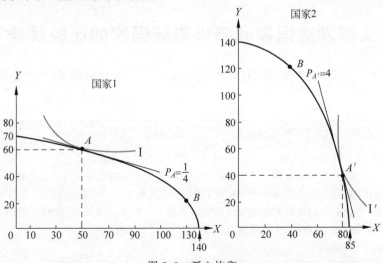

图 3.3 孤立均衡

在孤立情形下,国家 1 在 A 点进行生产和消费时达到均衡,即实现福利最大化,国家 1 的生产可能性曲线与其所能达到的最高无差异曲线 I 在该点相切。类似的,国家 2 在 A' 点达到均衡,它的生产可能性曲线与无差异曲线 I' 也相切于该点。在国家 1,商品 X 的均衡相对价格就是其生产可能性曲线与无差异曲线在切点 A 的公切线的斜率,即 $P_A = 1/4$。对于国家 2,$P_{A'} = 4$。由于 X 在国家 1 的均衡相对价格低于国家 2,因此国家 1 对于 X 具有比较优势,而国家 2 对于 Y 具有比较优势。

注意,既然社会无差异曲线是凸向原点而且互不相交的,因此上述切点只能有一个,即均衡状态是唯一的。此外,我们可以肯定这样的均衡点一定存在,因为存在无数条无差异曲线。较低的无差异曲线上的点也是可行的,但并不能使社会福利最大化。而受一国现有资源和技术条件的限制,更高的无差异曲线还不可能达到。

3.4B 均衡相对价格和比较优势

孤立均衡相对价格（equilibrium-relative commodity price in isolation）由在孤立条件下生产和消费的均衡点上一国生产可能性曲线和无差异曲线的公切线的斜率给定。如图 3.3 所示,在国家 1,X 的孤立均衡相对价格 $P_A = P_X/P_Y = 1/4$;而在国家 2 则为 $P_{A'} = P_X/P_Y = 4$。同一种商品在两国的相对价格不同,是因为两国的生产可能性曲线和无差异曲线在形状与位置上均不相同。

在孤立条件下,$P_A < P_{A'}$,因此国家 1 在商品 X 上,国家 2 在商品 Y 上具有比较优势。也就是说,如果国家 1 专业化生产 X,并出口 X 以换取国家 2 专业化生产的 Y,两国均可以从中获益。下面我们将讨论这种情况是如何发生的。

图 3.3 说明在自给自足情况下,供给的力量（由该国的生产可能性曲线给出）与需求的力量（由该国的社会无差异曲线给出）共同确定了该国均衡的相对商品价格。例如,如果无差异曲线 I 是另一种形状,它将会和生产可能性曲线切于另一个点,从而确定国家 1 商品 X 的另一个相对价格。对于国家 2 也是如此。这与生产成本不变条件的情况形成了对比:在固定成本条件下,在任一国家,不论产出水平和需求状况如何,P_X/P_Y 始终是常数,其值就是该国生产可能性曲线的斜率。

案例研究 3.1 讨论了大型发达国家和新兴市场国家在制成品方面的比较优势。

案例研究 3.1

大型发达国家和新兴市场国家的比较优势

表 3.1 列出了 2014 年美国、欧盟、日本、中国和巴西具有比较优势（也就是拥有贸易盈余）的一些制成品。

表 3.1　2014 年美国、欧盟、日本、中国和巴西的比较优势
美国：除药品以外的化学制品、飞机、集成电路、非电气设备、科学和程控仪表
欧盟：钢铁、化学制品（包括药品在内）、汽车产品、飞机、除办公和电信设备外的各类机械、科学和程控仪表
日本：钢铁、除药品外的化学制品、除办公和电信设备外的各类机械、汽车及其他运输设备、科学和程控仪表
中国：钢铁、药品、办公和电信设备及除集成电路外的其他大多数类型的机械、除汽车外的其他运输设备、发电机及电气设备、纺织品、个人及家庭用品
巴西：钢铁、个人及家庭用品
韩国：钢铁、除药品外的化学制品、办公和电信设备、集成电路、汽车产品、纺织品

资料来源：WTO, *International Trade Statistics*（Geneva：WTO,2015）.

3.5　成本递增条件下的贸易基础与贸易所得

两国之间同一商品相对价格的差异是两国具有不同比较优势的反映,也构成了互惠贸易的基础。一国与另一国相比较,在一种商品上相对价格较低,在另一种商品上相对价格较高,前一国家在相对价格较低的商品上具有比较优势,在相对价格较高的商品上具有比较劣势;后一国家则相反。每个国家都应专门生产本国具有比较优势的商品(即生产比国内需求数量更多的商品)并将其部分出口用来交换自己有比较劣势的商品。

但是两国在专门生产本国具有比较优势的商品的同时,生产的机会成本也在不断递增。一旦两国同一商品的相对价格相同,这种分工就会停止。这时,贸易在这一价格水平达到均衡。通过互惠贸易,两国的最终消费水平均会大于不存在贸易时的消费水平。

3.5A　对成本递增条件下的贸易基础和贸易所得的说明

如图 3.3 所示,不存在贸易时,商品 X 在国家 1 的均衡相对价格是 $P_A=1/4$,在国家 2 的均衡相对价格是 $P_{A'}=4$。因此,国家 1 在 X 的生产上有比较优势,而国家 2 在 Y 的生产上有比较优势。

假如由于某种原因(例如政府取消贸易壁垒或运输成本大幅下降),两国开始开展贸易。国家 1 应该专业化生产 X 并出口 X 以从国家 2 换取 Y。图 3.4 说明了这一交易过程。

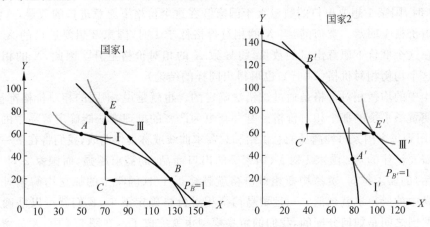

图 3.4　成本递增条件下的贸易所得

通过贸易,国家 1 的生产从 A 点移到了 B 点。国家 1 用 60 单位 X 与国家 2 交换 60 单位 Y(见贸易三角 BCE),最终国家 1 在 E 点消费(位于无差异曲线Ⅲ上)。国家 1 通过贸易多获得了 20 单位 X 和 20 单位 Y(将 E 点与自给自足的 A 点进行比较)。类似的,国家 2 的生产从 A' 点移到了 B' 点,国家 2 用 60 单位 Y 与国家 1 交换 60 单位 X(见贸易三角 $B'C'E'$),国家 2 最终在 E' 点消费,同样多获得了 20 单位 X 和 20 单位 Y。$P_B=P_{B'}=1$ 就是均衡相对价格,即贸易达到平衡时的价格。

从孤立均衡点 A 开始,随着国家 1 专业化生产 X 的程度不断加深,从而沿着生产可能性曲线向下移动,生产 X 的机会成本也在递增。这体现为生产可能性曲线的斜率递增。从孤立均衡点 A' 开始,随着国家 2 专业化生产 Y 的程度不断加深,从而沿着生产可能性曲线向上移动,它也要经历生产 Y 的机会成本递增的过程。这体现为国家 2 的生产可能性曲线的斜率递减(生产 X 的机会成本下降,意味着生产 Y 的机会成本上升)。

这一专业化过程一直持续到相对商品价格(生产可能性曲线的斜率)在两国相等时才停止。有贸易时,共同的相对价格(斜率)将处于贸易前相对价格 1/4 和 4 之间的某一点。在该点贸易达到均衡。在图 3.4 中,均衡价格为 $P_B = P_{B'} = 1$。

通过贸易,国家 1 的生产组合从 A 点向下移到了 B 点,同时用 60 单位 X 与国家 2 的 60 单位 Y 交换(见贸易三角 BCE),最终国家 1 在无差异曲线Ⅲ上的 E 点(70 单位 X 和 80 单位 Y)消费,这是国家 1 在 $P_X / P_Y = 1$ 条件下进行贸易所能达到的最大满足。因此,国家 1 比其无贸易均衡时多获得 20 单位 X 和 20 单位 Y(比较无差异曲线Ⅲ上的 E 点与无差异曲线Ⅰ上的 A 点)。BE 被称为贸易可能线,或者简称贸易线,因为两国会在这条线上进行贸易。

类似的,国家 2 的生产组合从 A' 点向上移到了 B' 点,通过用 60 单位 Y 与国家 1 的 60 单位 X 交换(见贸易三角 $B'C'E'$),最终国家 2 在无差异曲线Ⅲ上的 E' 点(100 单位 X 和 60 单位 Y)消费。因此,国家 2 也从专业化生产和贸易中获得了 20 单位 X 和 20 单位 Y 的收益。

注意,通过专业化生产和贸易,每个国家都可以消费在生产可能性曲线以外的商品组合,而在无贸易时,生产可能性曲线就是消费的边界。

3.5B　贸易均衡相对价格

贸易均衡相对价格(equilibrium-relative commodity price with trade)是指贸易平衡时贸易双方共同的相对价格。在图 3.4 中,这个价格是 $P_B = P_{B'} = 1$。在这个相对价格下,国家 1 想出口的 X 的数量(60 单位)等于国家 2 希望进口的数量(60 单位);类似的,国家 2 想出口的 Y 的数量(60 单位)正好等于国家 1 在这个价格下希望进口的数量。

其他任何相对价格都不会持久,因为贸易处于不平衡的状态。例如,在相对价格为 $P_X/P_Y = 2$ 时,国家 1 想要出口的数量大于国家 2 在这个价格下愿意进口的数量,这将使 X 的价格向均衡价格 1 回落。类似的,当 X 的相对价格低于 1 时,国家 2 想要进口的 X 的数量大于国家 1 在这个低价下愿意出口的数量,将导致 X 的相对价格上升。因此,X 的相对价格将会趋向 1 这个均衡相对价格(对于 Y 也可得出同样的结论)。

图 3.4 中的均衡相对价格是通过试错法确定的。也就是说,不同的相对价格都被尝试过,直到找到使贸易平衡的那个相对价格。有一套更为严密的推理方法能确定贸易中的均衡相对价格,这要用到每个国家每种商品的总供给和总需求曲线或称提供曲线,我们将在下一章介绍。

这里需要记住的是:国家 1 对 Y(国家 2 的出口商品)的需求越强,而国家 2 对 X(国家 1 的出口商品)的需求越弱,贸易均衡相对价格就越接近 1/4(国家 1 的孤立均衡相对价格),国家 1 在贸易中的所得也就越低。一旦贸易均衡相对价格确定下来,我们就可以准确地知道贸易所得在两国之间是如何分配的,我们的贸易模型也就完成了。在图 3.4 中,X 的贸易均衡相对价格($P_B = P_{B'} = 1$)使国家 1 和国家 2 获得了相同的收益(20 单位 X 和 20 单位 Y),但事实并非总是如此。

当然,如果两国贸易前相对价格是相同的(这通常不会发生),对任何一个国家来说,就谈不上什么比较优劣势,更不必说专业化生产和互惠贸易了。

3.5C　不完全专业化

在成本递增条件下的模型和固定成本条件下的模型之间有一个基本的差异。在固定成本条件下,每个国家都完全专业化生产其具有比较优势的商品(即只生产这一种商品)。例如,在图 2.2 和图 2.3 中,美国专业化生产小麦,而英国专业化生产布。美国可以用部分小麦交换英国的布,也可以用小麦交换英国所有的布,因为美国生产小麦的成本是常数;而英国的布的生产也是如此。

与此相反,机会成本递增条件下,在两国生产中均存在**不完全专业化**(**incomplete specialization**)。贸易条件下,国家 1 在生产更多 X(其具有比较优势的商品)的同时,仍继续生产一部分 Y(见图 3.4 中的 B 点)。类似的,国家 2 在贸易条件下仍继续生产一部分 X(见图 3.4 中的 B' 点)。

出现这种不完全专业化的原因是,当一国专门生产 X 时,它生产 X 的机会成本也不断提高。类似的,随着国家 2 生产 Y 的产量的增加,它生产 Y 的机会成本也不断提高(这意味着生产 X 的机会成本不断下降)。这样,随着每个国家专业化生产该国具有比较优势的商品,两国的相对商品价格将会逐渐接近,直到该价格在两国相等。

在该均衡点上,任何一个国家都不会继续扩大其具有比较优势的商品的生产(参见案例研究 3.2),这通常发生在任何一个国家在生产上达到完全专业化之前。在图 3.5 中,$P_B = P_{B'} = 1$ 就发生在国家 1 和国家 2 实现完全专业化之前。

案例研究 3.2

部分国家的专业化生产与出口集中化

由于存在成本递增,在现实世界中没有哪个国家仅专业化生产一种产品。最接近完全专业化生产和贸易的国家是科威特,该国 2014 年的石油出口占出口总值的 90.7%。阿根廷是另一个高度专业化生产自然资源的发展中国家,该国的食品出口占出口总值的 50.0%。如表 3.2 所示,美国、欧洲和韩国出口最多的产品占其出口总值的比例还不到 20%。日本和中国的这一比例介于 21% 和 33% 之间,而巴西的这一比例则是 35.0%。

表 3.2　2014 年部分国家主要出口产品占出口总值的百分比		%
国　　家	主要出口产品	占出口总值的百分比
美国	化工产品	13.7
欧洲	化工产品	18.0
韩国	办公及电信设备	19.0
日本	汽车产品	21.2
中国	办公及电信设备	33.2
巴西	食品	35.0
阿根廷	食品	51.6
科威特	燃料	90.7

资料来源:WTO,*International Trade Statistics*(Geneva:WTO,2015).

3.5D　成本递增条件下的小国情况

回忆一下在固定成本条件下,生产完全专业化的唯一例外是小国情况。只有小国才会在其具有比较优势的商品上进行完全的专业化生产,大国即使在贸易条件下仍同时生产两种商品(见图 2.3),这是因为小国不能完全满足大国的进口需要。而在成本递增条件下,即使是小国,也存在不完全专业化。

我们可以用图 3.4 来说明成本递增条件下的小国情况。假设国家 1 是一个非常小的国家,在不发生贸易的条件下,国家 1 在 A 点实现均衡,而国家 2 则是一个很大的国家甚至可以是世界其他所有国家(此时可以完全无视图 3.4 中国家 2 的图形)。

假设在世界市场上,X 的均衡相对价格 $P_W=1$,而且不受小国(国家 1)的贸易的影响。因为在无贸易条件下,国家 1 中 X 的相对价格($P_A=1/4$)要低于世界市场价格,因此国家 1 在商品 X 上具有比较优势。随着贸易的开展,国家 1 将不断提高 X 的产量,直至达到其生产可能性曲线上的 B 点,这时 $P_B=1=P_W$,现在假设国家 1 是一个小国,它在商品 X 上也没有完全专业化(而在不变成本条件下,小国是完全专业化的)。

通过用 60 单位 X 交换 60 单位 Y,国家 1 达到无差异曲线Ⅲ上的 E 点,多获得了 20 单位 X 和 20 单位 Y(与其在自给自足状态下所处的无差异曲线Ⅰ上的 A 点比较)。注意这个结果是在假设国家 1 不是一个小国的条件下得到的。现在唯一的不同是国家 1 的出口不会影响国家 2(或世界其余各国)中 X 的相对价格,因此国家 1 获得了贸易中的全部所得(现在两国的贸易所得总共为 20 单位 X 和 20 单位 Y)。

3.5E　交易所得与专业化所得

一国在贸易中的所得可以分为两部分:交易所得和专业化所得。图 3.5 说明了对于小国(国家 1)的这种分类(为简便起见,无贸易价格 $P_A=1/4$ 及无差异曲线Ⅰ在图中均已略去)。

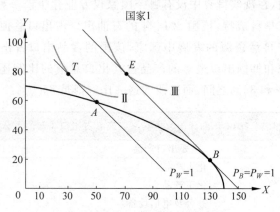

图 3.5　交易所得和专业化所得

如果国家 1 在开展贸易的条件下,不专业化生产 X,仍生产 A 点的商品组合,国家 1 可以按世界市场价格 $P_W=1$ 用 20 单位 X 交换 20 单位 Y,最终消费组合为无差异曲线Ⅱ上的 T 点。从 A 点(自给自足点)到 T 点的消费增加就是国家 1 只通过交易所获得的所得。如果国家 1 随后专业化生产 X,生产 B 点的消费组合,其最终消费组合为无差异曲线Ⅲ上的 E 点。从 T 点到 E 点的消费增加就是一国通过专业化生产 X 获得的所得。

假设由于某种原因,即使有贸易时国家 1 也不能专业化生产 X,而只能继续在 A 点生产,此时 MRT$=1/4$。从 A 点开始,国家 1 可以按世界市场价格 $P_W=1$ 用 20 单位 X 交换 20 单位 Y,最终消费组合为无差异曲线Ⅱ上的 T 点。尽管国家 1 在 T 点比 A 点消费了更少的 X 和更多的 Y,但与自给自足状态相比仍有所收益,因为 T 点位于更高的无差异曲线Ⅱ上。消费从 A 点到 T 点的增加就是**交易所得(gains from exchange)**。

由于情况发生变化,假设国家 1 可以专业化生产 X,即生产 B 点的商品组合,从而可以用 60 单位 X 与世界上的其他国家交换 60 单位 Y,最终消费组合为无差异曲线Ⅲ上的 E 点,获得了更大的收益。消费从无差异曲线Ⅱ上的 T 点到无差异曲线Ⅲ上的 E 点的增量就是**专业化**

所得（gains from specialization）。

　　总的说来，消费从 A 点（位于无差异曲线 I 上）到 T 点（位于无差异曲线 II 上）的移动完全是由交易引起的，即使国家 1 的生产状态保留在 A 点（自给自足点）也会发生。消费从 T 点到 E 点（位于无差异曲线 III 上）的移动则完全是由专业化生产所引起的。

　　注意：在 A 点国家 1 并没有达到均衡状态。因为在贸易中，$\mathrm{MRT} < P_w$。要想达到均衡产量，国家 1 必须扩大商品 X 的产量，直至在 B 点组织生产，此时 $P_w = P_B = 1$。国家 2 的贸易所得同样可以分为交易所得和专业化所得。

　　案例研究 3.3 说明了美国的劳动力在各行业的重新分配，这是各行业比较优势不同的一个实例。案例研究 3.4 说明在美国、欧盟和日本发生的**去工业化**（deindustrialization）的主要原因是劳动力生产效率的提高及其他内部因素，而非对外贸易。然而，过去 10 年间，巨额贸易逆差以及电子革命导致美国的失业率增长造成的损失超过了贸易所得。

案例研究 3.3

1979—1999 年美国高进口竞争产业的失业情况

　　表 3.3 显示了 1979—1999 年美国各高进口竞争产业的失业人数。高进口竞争产业可以大致定义为占进口比重 25% 以上的产业。如表 3.3 所示，1979—1999 年这些产业中有近 650 万名工人失业，其中电子机械和服装产业失业人数最多，分别为 118.1 万人和 113.6 万人。

　　近期，据笔者与汉森估计，1991—2011 年，进口竞争（尤其是世纪之交来自中国的竞争）造就了美国这一时期总计 520 万失业人口中的 60 万到 125 万。我们将在案例研究 3.4 中看到，这些产业中的失业大部分并不是由于进口本身，而是由于生产力提高等国内的原因。

表 3.3　高进口竞争产业的失业情况，1979—1999 年			单位：万人
产　业	失业人数	产　业	失业人数
电子机械	118.1	纺织品	15.9
服装	113.6	玩具及体育用品	15.6
汽车	91.8	除钢以外的主要金属	13.3
电子计算设备	51.3	摄影器材	6.8
收音机与电视机	39.5	皮革制品	5.7
钢材	36.1	办公及会计机器	4.1
建筑机械	35.1	陶瓷及相关产品	2.4
轮胎和其他橡胶制品	19.3	钟表	0.9
鞋袜	18.4	皮革、鞣制品、精加工	0.5
科学仪器	16.4	其他产业	40.6
		总计	645.4

　　资料来源：L. G. Kletzer, *Job Loss from Imports*: *Measuring the Costs*（Washington, D. C.：Institute for International Economics, 2001）, pp. 18-19；"The Factory Floor Has a Ceiling on Job Creation," *The Wall Street Journal*, January 12, 2012, p. A6；L. Edwards and R. Z. Lawrence, *Rising Tide*: *Is Growth in Emerging Economies Good for the United States?*（Washington D. C.：Peterson Institute for International Economics, 2013）；and D. Author and G. Hanson, "Labor Market Adjustment to International Trade," *NBER Reporter*, November 2, 2014, pp. 11-14.

案例研究 3.4

美国、欧盟和日本的国际贸易与去工业化

20世纪70年代以来,大多数发达国家开始关注制造业中就业水平下降的去工业化问题,正如其制造业就业比重的下降所显示的。表3.4显示了1970—1994年影响所有发达国家作为一个整体以及影响美国、欧盟和日本的去工业化的不同因素。

表 3.4　影响去工业化的因素				%
项　　目	工 业 国	美 国	欧 盟	日 本
制造业就业比重				
1970 年	27.6	26.4	30.4	27.0
1994 年	18.0	16.0	20.2	23.2
变化	−9.6	−10.4	−10.2	−3.8
影响百分比变化的因素:				
生产率提高	65.6	65.4	59.8	157.9
投资	18.8	3.8	20.6	71.1
贸易	(−)2.1	9.6	(−)2.9	(−)30.0
其他	17.7	21.2	22.5	(−)51.7
总计	100.0	100.0	100.0	100.0

资料来源:International Monetary Fund, *Staff Studies for the World Economic Outlook*, Washington, D. C., December 1997, p. 68.

如表 3.4 所示,1970—1994 年制造业的平均就业比重在全部工业国、美国和欧盟下降了约 10 个百分点,在日本下降了约 4 个百分点。不过,该表还显示就业下降主要是由于劳动生产率的提高(这使较少的劳动力创造更高的产出成为可能),而不是由于投资率和其他国内因素的下降。国际贸易事实上提高了产业就业率(负号反映的是去工业化的反面),不过美国则是一个例外(国际贸易造成制造业就业率降低了 9.6%)。过去 20 年间,发达国家损失的制造业就业机会甚至远胜此前数十年(见表 3.5)。

表 3.5　发达国家制造业就业的百分比变化,1991—2012 年			%
国　　家	1991—2000 年	2001—2010 年	1991—2012 年
美国	2.1	−23.6	−23.7
日本	−14.7	−18.2	−33.4
德国	−23.6	−10.2	−30.0
法国	−10.7	−20.9	−30.0
英国	−31.1	−27.5	−50.9
意大利	3.5	−12.4	−33.4
加拿大	18.6	−21.7	−5.5
韩国	−16.7	−5.6	−20.4
荷兰	−1.3	−23.9	−27.3

资料来源:U. S. Bureau of Labor Statistics Databank, 1991-2014.

不过,近年来,一些经济增长强劲的新兴市场(如中国)的工资上涨,3D 打印、纳米技术、机器人及生物医学等领域的技术革命让美国等发达国家迎回(回流)了一些制造业和就业机会。本书的第 5 章、第 7 章和第 8 章将进一步探讨这个话题。

资料来源:"Pain from Free Trade Spurs Second Thoughts," *The Wall Street Journal*, March 28, 2008, p. A1; "Is U. S. Manufacturing Falling off the Radar Screen," *The New York Times*, September 10, 2010, p. 1; "Outsourcing and Offshoring," *The Economist*, *Special Report*, January 19, 2013, pp. 1-19; R. Z. Lawrence and L. Edwards, "U. S. Employment and Deindustrialization: Insights from History and International Experience," *Policy Brief No. PB13-27* (Washington, D. C.: Peterson Institute for International Economics, October 2013); D. Author and G. Hanson, *op. cit.*; McKinsey, *Automation, Jobs, and the Future of Work* (New York, December 2014); and "Jobs and the Clever Robot," *The Wall Street Journal*, February 25, 2015, p. A1.

3.6　基于不同偏好的贸易

在图 3.3 和图 3.4 中,国家 1 和国家 2 在贸易前的相对商品价格不同,是由于两国具有不同的生产可能性曲线与不同的社会无差异曲线。这确定了各国的比较优势,从而为专业化生产和互惠贸易打下了基础。

在成本递增情况下,即使两国具有相同的生产可能性曲线,但只要两国的需求偏好不同,就仍然存在互惠贸易的可能。在对某种商品偏好较低的国家中,该种商品的无贸易相对价格就会较低,该国对该商品具有比较优势。随后会发生专业化生产和交易过程,正如前几节中所描述的一样。

3.6A　对基于不同偏好的贸易的说明

我们用图 3.6 来说明单纯基于不同偏好的贸易。由于假设两国的生产可能性曲线是完全相同的,因此这里用同一条曲线来表示它们。国家 1 的无差异曲线 I 与生产可能性曲线切于 A 点,国家 2 的无差异曲线 I′ 与生产可能性曲线切于 A' 点。贸易前国家 1 的商品 X 的相对价格较低,因此国家 1 在商品 X 上有比较优势,而国家 2 在商品 Y 上有比较优势。

随着贸易的开展,国家 1 开始专业化生产 X(沿生产可能性曲线向下移动),而国家 2 开始专业化生产 Y(沿生产可能性曲线向上移动)。专业化生产将持续到两国的 P_X/P_Y 相等,从而使贸易达到平衡。这时国家 1 的生产组合为 B 点(与国家 2 的生产组合 B' 点重合),$P_B=P_{B'}=1$。国家 1 用 60 单位 X 交换 60 单位 Y(见贸易三角 BCE),最终消费组合为无差异曲线 III 上的 E 点。与 A 点相比,国家 1 在贸易中获得了 20 单位 X 和 20 单位 Y。类似的,国家 2 用 60 单位 Y 交换 60 单位 X(见贸易三角 $B'C'E'$),最终消费组合为无差异曲线 III′ 上的 E' 点(与 A' 点相比也多获得了 20 单位 X 和 20 单位 Y)。注意:在基于不同偏好的贸易中,随着两国逐渐脱离自给自足状态,其生产模式将越来越相似。

因此,只要两个国家之间存在对商品的不同偏好,互惠贸易就可以发生。在第 5 章,我们将会讨论另一种相反的情况:互惠贸易仅仅基于两国的不同要素禀赋和生产可能性曲线(即赫克歇尔—俄林模型)。只有生产可能性曲线和社会无差异曲线在两国完全相同(或生产可能性曲线的差异并不起作用,或生产可能性曲线间的差异恰被社会无差异曲线间的差异所抵消)的情况下,两国的贸易前相对商品价格才是完全相同的,从而不会发生互惠贸易。

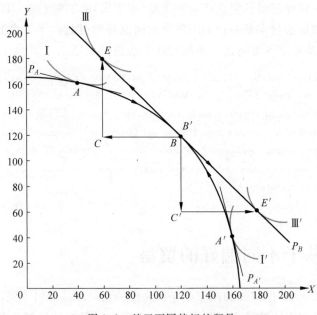

图 3.6　基于不同偏好的贸易

　　国家 1 和国家 2 有相同的生产可能性曲线(用同一条曲线表示),但是有不同的偏好(社会无差异曲线 I 和 I′)。在无贸易时,国家 1 生产和消费 A 点的商品组合,国家 2 则在 A′点组织生产和消费。由于 $P_A<P_{A'}$,因此国家 1 在 X 上而国家 2 在 Y 上具有比较优势。在贸易条件下,国家 1 在 B 点专业化生产 X,国家 2 在 B′点专业化生产 Y(B 点与 B′点重合)。通过彼此间用 60 单位 X 和 60 单位 Y 交换(见贸易三角 BCE 及 B′C′E′),国家 1 最终的消费组合为 E 点(多获得 20 单位 X 和 20 单位 Y),而国家 2 的消费组合为 E′点(多获得 20 单位 X 和 20 单位 Y)。

本章小结

　　1. 本章把简单贸易模型扩展为更接近现实的机会成本递增模型。我们以社会无差异曲线的形式介绍了需求偏好,然后验证了供求两方面的力量如何共同决定一国的比较优势,以及这种相互作用引起专业化生产和互惠贸易的机理。

　　2. 机会成本递增意味着一国每多生产一单位某商品,必须减少越来越多的另一种商品的生产,以获得生产第一种商品的足够资源。这表现为生产可能性曲线为一条凹向原点的曲线。生产可能性曲线上各点的斜率就是该点的边际转换率(MRT)。机会成本递增源于资源的不同质性和资源在各种商品生产中所占比例的差异。各国生产可能性曲线的不同是因为不同国家具有不同的要素禀赋和生产技术。

　　3. 社会无差异曲线反映了使一个国家达到相同满足程度的两种商品的所有组合。较高的曲线反映了较大的满足程度。社会无差异曲线凸向原点,斜率为负,各曲线互不相交。社会无差异曲线上各点的斜率就是该点的边际替代率(MRS),即一国要保持在同一条无差异曲线上,多消费 1 单位 X 而必须少消费的 Y 的数量。贸易会影响一国国内收入的分配,从而使无差异曲线相交。这个问题可以通过补偿原则来解决,即如果一国在贸易中获利者所获收益在补偿了损失者的损失后仍有盈余,则该国在贸易中获利。另外一些限制性假设也可以用来解决这个问题。

　　4. 在无贸易条件下,当一国达到其生产可能性曲线所允许的最高社会无差异曲线时,其生产和消费就达到了均衡。这一均衡发生在该国生产可能性曲线和社会无差异曲线的切点上。过两条曲线切点的公切线的斜率就是该国内部均衡时的相对商品价格,它反映了该国的比较优势。

5. 在贸易条件下,各国都专业化生产自己具有比较优势的商品且面临递增的机会成本。专业化生产将不断深化直到这种商品在两国的相对价格相等。在该价格水平上,贸易将达到均衡。通过相互之间的贸易,各国最终都达到了比无贸易条件下的无差异曲线更高的无差异曲线。在成本递增条件下,即使是一个小国,其生产的专业化也是不完全的。贸易收益可分为交易所得和专业化所得两部分。

6. 在成本递增条件下,即使两个国家有完全相同的生产可能性曲线,只要两国的需求偏好不同,两国就可以进行互惠贸易。在对某一商品偏好较小的国家,该商品的内部均衡价格比较低,该国在该商品上具有比较优势。这就使前面介绍的专业化生产和互惠贸易成为可能。

关键术语

autarky	自给自足
Cobb-Douglas production function	柯布—道格拉斯生产函数
community indifference curve	社会无差异曲线
constant returns to scale	规模报酬不变
deindustrialization	去工业化
Edgeworth box diagram	埃奇沃思盒形图
equilibrium	均衡
equilibrium-relative commodity price in isolation	孤立均衡相对价格
equilibrium-relative commodity price with trade	贸易均衡相对价格
expansion path	扩张线
gains from exchange	交易所得
gains from specialization	专业化所得
homogeneous of degree 1	一阶齐次
incomplete specialization	不完全专业化
increasing opportunity costs	机会成本递增
isocost	等成本线
isoquant	等产量线
marginal rate of technical substitution of labor for capital in production, MRTS	生产中劳动对资本的边际技术替代率
marginal rate of substitution, MRS	边际替代率
marginal rate of transformation, MRT	边际转换率
producer	生产者
production contract curve	生产契约曲线
production function	生产函数

复习题

1. 在哪些方面本章所给材料比第 2 章所提供的材料更接近现实?

2. 一国的需求偏好理论是如何提出的? 为什么提出该理论?

3. 为什么凹向原点的生产可能性曲线表示两种商品的生产都是成本递增的? 生产可能性曲线的斜率代表什么? 当一国扩大其横轴所表示商品的生产时,生产可能性曲线的斜率将如何变化? 如果扩大纵轴所表示商品的产量呢?

4. 机会成本递增的原因是什么? 为什么不同国家的生产可能性曲线有所不同?

5. 社会无差异曲线度量的是什么? 它有什么特征? 无差异曲线的斜率度量的是什么? 为什么无差异曲线的斜率随着一国消费的由横轴度量的商品的增加而下降?

6. 贸易理论中使用社会无差异曲线会遇到哪些问题? 如何解决这些问题?

7. 孤立均衡的相对商品价格表示什么? 在各个国家这个相对价格是如何确定的? 它又是如何确定一国的比较优势的?

8. 为什么国际分工只进行至某商品在两国的相对价格相等的水平? 贸易均衡的相对商品价格又是如何确定的?

9. 为什么在机会成本递增条件下会出现不完全分工(在小国也是如此)? 固定成本和递增成本条件下得出的结论有什么区别?

10. 什么是交易所得? 什么是分工所得?

11. 两国仅仅由于需求偏好不同可以进行分工和互利贸易吗? 这与通常情况有何不同?

12. 两国仅仅由于要素禀赋不同或生产技术不同可以进行生产分工和互利贸易吗?

练习题

1. 在一个坐标系内,画一条凹向原点的生产可能性曲线:

(1) 从生产可能性曲线的中点开始,用箭头表示该国在生产更多 X(横轴表示的商品)和更多 Y 时所发生的机会成本递增情况。

(2) 当生产更多的 X 时,生产可能性曲线的斜率如何变化? 生产更多的 Y 呢? 这种变化反映了什么?

2. 在另一个坐标系内,画三条社会无差异曲线,并令最高的两条相交:

(1) 社会无差异曲线为什么向下倾斜,或者说斜率为负?

(2) 曲线的斜率代表什么? 为什么每条无差异曲线在较低点斜率较小?

(3) 考虑相交的两条无差异曲线,是在交点右边的还是在交点左边的曲线表示的满足程度较高? 为什么和无差异曲线的定义不一致? 你可以得出什么结论?

*3. 在一个坐标系内,画一条生产可能性曲线,再画一条无差异曲线切于生产可能性曲线较平坦的地方;在另一个坐标系内,画另一条生产可能性曲线,再画另一条无差异曲线切于生产可能性曲线较陡直的地方。

(1) 画一条表示各国孤立均衡相对价格的直线。

（2）各国具有比较优势的商品分别是什么？

（3）在什么（极端）情况下，两国之间不存在比较优势或比较劣势？

*4.（1）在第 3 题的图中，用箭头表示在贸易条件下各国专业化生产的方向，标出各国均衡的产量和消费。

（2）各国相对其自给自足状态有什么额外所得？哪个国家所得更多？为什么？

5. 在一个坐标系内，画出国家 1 对于 X 的出口供给曲线 QS。$P_X/P_Y=0.25$ 时，X 的供给量 $QS_X=0$；$P_X/P_Y=0.5$ 时，$QS_X=40$；$P_X/P_Y=1$ 时，$QS_X=60$；$P_X/P_Y=1.5$ 时，$QS_X=70$。在同一个坐标系内，画出国家 2 对于国家 1 出口商品 X 的需求曲线 QD。$P_X/P_Y=1.5$ 时，对 X 的需求量 $QD_X=40$；$P_X/P_Y=1$ 时，$QD_X=60$；$P_X/P_Y=0.5$ 时，$QD_X=120$。

（1）确定出口商品 X 的贸易均衡相对价格。

（2）如果 $P_X/P_Y=1.5$，会发生什么？

（3）如果 $P_X/P_Y=0.5$，又会发生什么？

6. 你针对第 5 题所画图形及所得答案与正文中的图 3.4 有何关系？请解释。

*7. 在一个坐标系内，画一条凹向原点的生产可能性曲线，再画一条社会无差异曲线与其相切于平坦的部分。标出该国在自给自足状态下的均衡相对商品价格，记为 P_A。假设该曲线表示一个小国，其对外贸易并不影响世界市场的相对价格 P_W，在图上标出分工的过程、贸易量和贸易所得。

8.（1）解释第 7 题中的小国为什么在具有比较优势的商品上还没有完全分工。

（2）为什么你对于本题（1）的答案与固定成本条件下的答案不一致？

9. 在两个坐标系中，画两条相同的凹向原点的生产可能性曲线。再画两条分别与其相切的社会无差异曲线。

（1）指出各国的孤立均衡相对价格。

（2）指出专业化生产及互惠贸易的过程。

10. 如果在第 9 题中，两条社会无差异曲线也完全相同，会发生什么情况？画一幅这种假设下的曲线图。

11. 在固定成本条件下，如果生产可能性曲线相同而无差异曲线不同，会发生什么情况？画一条曲线来表示这种情况。

12. 假设图 3.4 中国家 2 是一个小国，画图区分交易所得和专业化所得。

13. 20 世纪 90 年代初，NAFTA（由美国、加拿大和墨西哥缔结的北美自由贸易区）在谈判过程中，反对者认为，美国的很多就业机会将转移到墨西哥，因为墨西哥的工资水平比美国低很多。这一推理有什么问题？

带 * 号练习题的答案

附录

在本附录中，我们将介绍生产理论中有助于我们理解后续各章附录所提供的材料的部分内容。我们从生产函数、等成本线、等产量线和生产均衡开始介绍。接着我们用两个国家、两种商品、两种要素来说明这些概念。随后，我们引出埃奇沃思盒形图，并从中导出各国的生产可能性曲线。最后，我们用埃奇沃思盒形图来讨论贸易中随着各国专业化生产，资源使用比例的变化。

A3.1 生产函数、等产量线、等成本线与均衡

生产函数(production function)给出了一个厂商生产最大数量的某种商品时所使用的不同要素的组合情况。这种纯技术的等式是由工程师给出的,等产量线是它的一种表达形式。

等产量线(isoquant)表示的是为了生产某一产量的商品,所需两种要素[如资本(K)和劳动(L)]的不同组合。较高的等产量线表示较大的产出。等产量线与无差异曲线具有相同的特征,即凸向原点,斜率为负和互不相交(不同的是,等产量线给出的是以基数形式表示的产量,而无差异曲线给出的是以序数形式表示的效用)。

等产量线斜率为负,是因为一个企业要想维持某一产量,在减少资本投入的同时,必须增加劳动的投入。等产量线上各点的斜率的绝对值就是**生产中劳动对资本的边际技术替代率**(marginal rate of technical substitution of labor for capital in production,MRTS),它表示的是在保持同一产量的条件下,企业多投入一单位劳动(L)而必须减少的资本(K)投入的数量。当一个企业的生产沿等产量线向下移动,从而增加对劳动(L)的使用而减少对资本(K)的使用时,我们会发现用劳动来替代资本越来越困难。也就是说,劳动对资本的边际技术替代率(或等产量线的斜率)是递减的。这使得等产量线凸向原点。另外,等产量线互不相交,否则,该交点表示不同等产量线上相同的产出水平,这与等产量线的定义相矛盾。

在图 3.7 中,曲线 $1X$ 是商品 X 产量为 1 单位的等产量线,曲线 $2X$ 是商品 X 产量为 2 单位的等产量线。注意这两条等产量线凸向原点,斜率为负而且互不相交。

等成本线(isocost)是企业在某一给定要素价格下,在给定的费用或支出下,所能雇用的 K 和 L 的不同组合。假设图 3.7 中,该企业的总支出为 TO=30 美元,资本价格为 P_K=10 美元,P_L=5 美元。在这些条件下,该企业或者雇用 $3K$(曲线与纵轴的交点),或者雇用 $6L$(曲线与横轴的交点),或是等成本线上任一点所代表的组合。等成本线斜率的绝对值 3/6=1/2 给出了 L(横轴所代表要素)的相对价格。即 P_L/P_K=5/10=1/2。TO=60 美元与不变的要素价格水平,表示与第一条等成本线平行的另一条等成本线,且其距原点的距离是第一条等成本线距原点距离的 2 倍(见图 3.7)。

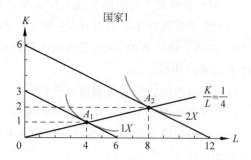

图 3.7　等产量线、等成本线与均衡

等产量线 $1X$ 和 $2X$ 给出了某企业分别生产 1 单位和 2 单位的 X 时,K 和 L 的各种组合。它们均凸向原点,斜率为负,互不相交。等成本线表示的是企业在某一给定总投入(TO)下,可雇用 K 和 L 的不同数量组合。图中从 $3K$ 到 $6L$ 和从 $6K$ 到 $12L$ 的直线就是等成本线。等成本线斜率的绝对值表示 P_L/P_K。均衡点是 A_1 点和 A_2 点,在这两点,企业达到了在给定投入下所能达到的最高产量。在 A_2 点,企业与在 A_1 点时相比,获得了两倍的 K 和 L。从原点出发,通过 A_1 点和 A_2 点的直线就是扩张线,在 X 的产量分别为 1 单位和 2 单位时,其比率 K/L=1/4 是常数。

若一个**生产者**(producer)在某一给定支出情况下达到最大产量,则称其处于**均衡**(equilibrium)状态(即它达到了给定等成本线所允许的最大等产量线)。这时等产量线与等成本线相切,即 P_L/P_K=MRTS。在图 3.7 中,生产者在 A_1 点用较少的成本生产 1 单位的 X,在 A_2 点用较多的成本生产 2 单位的 X,在这两点生产者都达到了均衡。等产量线 $2X$ 与 $1X$ 相比,产量是其 2 倍,与原点距离也是其 2 倍,同时也需要

使用 2 倍的 L 和 K 才能达到。从原点出发经过 A_1 点和 A_2 点的直线是**扩张线**（expansion path），它表示 X 的产量为 1 单位和 2 单位时，$K/L=1/4$ 是常数。

一个生产函数，如果如上所述扩张线为直线，且按某一比例同时增加各要素投入，产出也以相同比例增加，则我们称其为**一阶齐次**（homogeneous of degree 1）的柯布—道格拉斯生产函数（Cobb-Douglas production function），它表示**规模报酬不变**（constant returns to scale）。由于这些有用的特性，我们可以把这个函数用于分析世界经济。由于 K/L 在该生产函数中不论产量如何始终是常数（只要要素价格不变），因此 K 和 L 的生产力也保持不变。另外，在这种生产函数下，表示某一产品不同产量的等产量线的形状几乎是一样的（参见图 3.7）。因此，劳动对资本的替代弹性（即当劳动力价格或工资率下降时，劳动可用来替代资本的程度）恒为 1（我们将在附录 A5.6 中详细检验这一结论）。

A3.2　两个国家、两种商品、两种要素的生产理论

图 3.8 把图 3.7 扩展为两个国家、两种商品、两种要素的情况。图 3.8 表示国家 1 和国家 2 生产商品 X 和商品 Y 的等产量线。注意在两个国家中，商品 Y 的生产均需较高的 K/L 比例。因此，我们称 Y 是资本密集型而 X 是劳动密集型的商品。要注意：无论对于 X 还是 Y，K/L 比例在国家 1 要低于国家 2。这是因为在国家 1，劳动的相对价格（P_L/P_K，或等成本线的斜率）要低于国家 2。

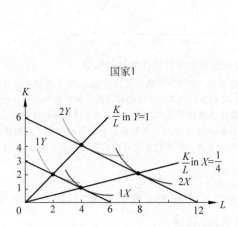
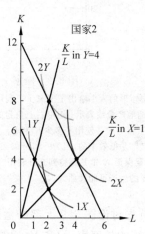

图 3.8　两个国家、两种商品、两种要素的生产

Y 在两个国家均为资本密集型商品，在 X 和 Y 的生产上，K/L 比例在国家 1 要低于国家 2，这是因为国家 1 的 P_L/P_K 低于国家 2，又因为在两国中 X 均为劳动密集型，而 Y 均为资本密集型，因此在每一国家 X 和 Y 的等产量线只相交一次。

如果由于某种原因，劳动的相对价格（P_L/P_K）在两国均上升了，则每个国家为了减少成本必将在两种商品的生产上用资本来代替劳动。最终在两国两种商品的生产中，K/L 比例均会上升。

虽然在国家 2，相对国家 1 而言，X 和 Y 都是更为资本密集的，但 X 在两个国家都是劳动密集型的。X 和 Y 的等产量线只相交一次反映了这一重要事实。我们在第 5 章附录中讨论要素密集度反转时它将发挥重要作用。

A3.3　埃奇沃思盒形图和生产可能性曲线的推导

下面我们将用在图 3.8 中所学到的知识推导**埃奇沃思盒形图**（Edgeworth box diagram），

并从中得出每个国家的生产可能性曲线。图 3.9 和图 3.10 分别说明了国家 1 和国家 2 的这个过程。

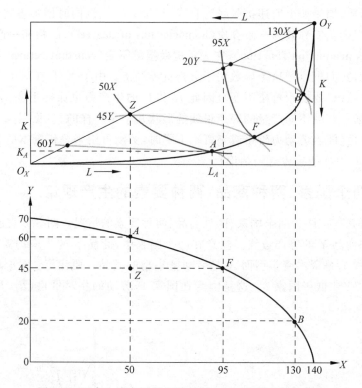

图 3.9 国家 1 埃奇沃思盒形图和生产可能性曲线的推导

上半图中矩形的大小给出了国家 1 可利用的 K 和 L 的数量。矩形左下角为商品 X 的原点,X 较高的产量由距离该点较远的 X 的等产量线表示;矩形右上角为商品 Y 的原点,Y 较高的产量由距该点较远的 Y 等产量线表示。箱中任一点表示在生产 X 和 Y 中各使用了多少 K 和 L。连接所有 X 等产量线和 Y 等产量线的切点的曲线称为契约曲线。契约曲线以外的任一点都是低效率的,因为一国可以在不减少一种商品产量的情况下增加另一种商品的产量。契约曲线不是直线,这是因为要保证 X 和 Y 都得到充分利用时的要素价格是变化的。把契约曲线从投入空间移至产出空间,就得到了下半图中国家 1 的生产可能性曲线。

我们首先讨论图 3.9 上部的盒形图。该盒的尺寸反映了在给定时间,国家 1 所有可以利用的 X(用箱的长度表示)和 Y(用箱的高度表示)的数量。

矩形左下角(O_X)是 X 的原点,离 O_X 越远的 X 等产量线表示 X 的产量越高。矩形右上角(O_Y)是 Y 的原点,离 O_Y 越远的 Y 等产量线表示 Y 的产量越高。

矩形中的任一点表示所有可利用资本(K)和所有可利用劳动(L)中各有多少被用于生产 X 和 Y。例如,在 A 点,L_A 和 K_A 被用来生产 50 单位 X,剩下的 L 和 K,即 $L-L_A$ 与 $K-K_A$ 被用来生产 60 单位 Y(参见图 3.9)。

我们把矩形中所有 X 等产量线和 Y 等产量线的切点连接在一起,就得到了该国的**生产契约曲线(production contract curve)**。国家 1 的生产契约曲线是经过 A、F、B 点,连接 O_X 和 O_Y 的一条曲线。在契约曲线外任一点组织生产都是不经济的,因为可以在不减少一种商品产量的前提下增加另一种商品的产量。

例如,从图 3.9 的 Z 点开始,国家 1 可以移到 F 点,从而在 Y 产量不变(Z 点和 F 点均位于 $45Y$ 的等产量线上)的情况下生产更多的 X(从 50 单位到 95 单位)。或者可以从 Z 点移到

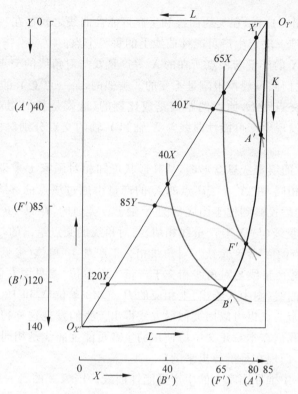

图 3.10 国家 2 埃奇沃思盒形图和生产可能性曲线的推导

该埃奇沃思盒形图的形状表明：与国家 1 相比，国家 2 的 K 相对较不充裕，从效率出发考虑，要求国家 2 在经过 A'、F'、B' 点，连接 O_X 和 O_Y 的契约曲线上生产。X 在 A'、F'、B' 点的产量由通过该点的 X 等产量线与矩形对角线的交点的横坐标给出。这个产量投影在图底部的 X 轴上。类似的，Y 在 A'、F'、B' 点上的产量由经过这些点的 Y 等产量线（与 X 等产量线相切）与矩形对角线交点的纵坐标给出。这个产量投影在图左侧的 Y 轴上。

A 点，从而生产更多的 Y（从 45 单位到 60 单位）而保持 X 的产量不变（Z 点和 A 点均位于 $50X$ 的等产量线上）。或者一国可以同时增加 X 和 Y 的产量，最终停在契约曲线上 A 点和 F 点之间的一点上（图中没有给出这一点）。国家 1 的生产一旦位于这条契约曲线上，若要提高一种商品的产量，就必须同时减少另一种商品的产量。契约曲线凸向右下角意味着商品 X 在国家 1 是劳动密集型的。

把上半图中的投入空间的契约曲线移动至下半图的产出空间，就得到了国家 1 的生产可能性曲线。例如，在 Z 点，$50X$ 的等产量线与对角线 $O_X O_Y$ 相交，我们得到下半图中的 A 点（$50X$）。注意下半图中 A 点位于上半图中 Z 点而不是 A 点的正下方。这是因为在上半图中产量是用常数 K/L 表示的（即沿着 $O_X O_Y$）。沿着对角线度量产量表明我们是用投入表示产出的（在规模报酬不变的条件下）。

虽然产出是沿对角线表示的，出于效率的考虑，国家 1 必须在 A 点生产 50 单位 X。A 点正是 $50X$ 的等产量线与 $60Y$ 的等产量线的切点，这样就得到了下半图中的 A 点，表示的产量是 50 单位 X 和 60 单位 Y。如果国家 1 在上半图中的 Z 点组织生产，国家 1 就只能生产 50 单位 X 和 45 单位 Y，在下半图中得到的 Z 点位于生产可能性曲线的内部。

类似的，在上半图中 $95X$ 的等产量线与对角线 $O_X O_Y$ 交点的正下方，我们在下半图得到 F 点，位于生产可能性曲线上，表示 95 单位 X 和 45 单位 Y 的产量。最后，上半图中位于 $130X$ 和 $20Y$ 的等产量线上的 B 点，投影为下半图中生产可能性曲线上的 B 点，表示 130 单位

X 和 20 单位 X 的产量。这样,在契约曲线和生产可能性曲线之间存在一一对应的关系,契约曲线上的每一个点都唯一决定生产可能性曲线上的每一个点。

注意:某一点上 X 的产量与该点所在的 X 等产量线与对角线的交点距 O_X 原点的距离是成比例的,这是因为我们假设规模报酬是不变的。类似的,某一点上 Y 的产量与该点所在的 Y 等产量线与对角线的交点距 O_Y 原点的距离是成比例的(这就是我们用对角线度量产出的原因)。另外,我们还会发现生产可能性曲线与 X 轴和 Y 轴的交点分别对应埃奇沃思盒形图的长和高。

图 3.10 是国家 2 的埃奇沃思盒形图,从其形状可知相对国家 1 来说,国家 2 具有比较充裕的资本。与国家 1 相同,在 A'、F'、B' 点的 X 的产量由通过该点的 X 等产量线与对角线的交点给出,这个产量随后投影到位于图底部的 X 轴上。类似的,在 A'、F'、B' 点的 Y 的产量是通过这些点的 Y 等产量线(与 X 等产量线相切)与对角线的交点给出的,并被投影在左侧的 Y 轴上。例如,通过 B' 点的 X 等产量线与对角线相交于产量 40 单位(参见图底部的 X 轴)。类似的,通过 B' 点的 Y 等产量线与对角线相交于产量 120 单位(参见图左侧的 Y 轴),就给出了国家 2 的生产可能性曲线(图中未绘出)上相应的 B' 点(40 单位 X 和 120 单位 Y)。国家 2 的生产可能性曲线上其余的点也可以用类似的方式得出。我们发现这样得出的国家 1 和国家 2 的生产可能性曲线与我们在本章正文中所使用的生产可能性曲线是相同的。只不过我们以前是假设其形状及特征,而现在是推导出来的。

问题 从图 3.10 中推导国家 2 的生产可能性曲线。国家 2 的哪一种商品是劳动密集型的? 为什么?

A3.4 一些重要的结论

在国家 1 的契约曲线上从 A 点移到 B 点意味着 X(国家 1 具有比较优势的商品)的产量增加,并导致了 K/L 比例的增大。这个增大表现为从 O_X 到 B 点的直线斜率大于从 O_X 到 A 点的直线斜率。从 A 点到 B 点的移动也提高了生产 Y 的 K/L 比例。表现为从 O_Y 到 B 点的直线的斜率大于从 O_Y 到 A 点的直线的斜率。

对于国家 1 生产两种商品时 K/L 比例的增大可做如下解释:由于 Y 是资本密集型的,当国家 1 降低 Y 的产量时,所释放的资本和劳动的比例要大于扩大 Y 的产量时所需 K/L 的比例,这使部分资本有不被利用的趋势,并引起资本的价格下降(即 P_L/P_K 上升)。

正是因为如此,国家 1 在两种商品的生产中用资本代替劳动,直到所有可用的资本再次被全部利用。这样,国家 1 在两种商品的生产中 K/L 比例均提高。这也解释了契约曲线并不是一条直线,并且在国家 1 生产更多 X 时其变得陡直的原因。只有相对要素价格保持不变时,契约曲线才会是一条直线,而这里要素价格是变化的。国家 $1 P_L/P_K$ 的上升可以从图 3.9 上半部分看出:B 点等产量线公切线的斜率大于 A 点等产量线公切线的斜率(为了保持图形简洁,这些公切线并未绘出)。在第 5 章的附录里,我们将复习和扩展这些结果,同时,我们将证明赫克歇尔—俄林贸易模型的要素价格相等理论。

问题 试解释:为什么国家 2 从契约曲线上的 A' 点移到 B' 点(即专业化生产其具有比较优势的商品 Y)时,其生产 X 和 Y 的 K/L 比例都下降了(如果你解释不了,请重读 A3.4 小节)。

第 **4** 章

需求、供给、提供曲线与贸易条件

4.1 引言

在第 3 章我们看到:两国孤立均衡相对价格的差异是两国各自比较优势的体现,也是两国进行互惠贸易的基础。利用试错法,我们终于得到了使贸易平衡的贸易均衡相对价格。本章我们将给出确定贸易均衡相对价格的一套更严格的推理方法。我们先讨论局部均衡(利用需求与供给曲线),然后通过提供曲线讨论更为复杂的一般均衡。

4.2 节将说明需求与供给曲线是如何确定贸易均衡相对价格的(即局部均衡分析)。在 4.3 节,我们将进行一般均衡分析,并推导国家 1 和国家 2 的提供曲线。在 4.4 节,我们将讨论两国提供曲线的相互作用是如何确定贸易均衡相对价格的。在 4.5 节,我们将说明一般均衡与局部均衡分析之间的关系。最后,在 4.6 节,我们将解释贸易条件的含义、度量和重要性。本章的附录给出了提供曲线的严格推导过程,并介绍了多重均衡和不稳定均衡。

4.2 贸易均衡相对价格的局部均衡分析

图 4.1 显示了如何通过局部均衡分析确定贸易均衡相对价格。其中,图 4.1(a)和图 4.1(c)中的 D_X 曲线和 S_X 曲线分别是国家 1 和国家 2 对于商品 X 的需求曲线和供给曲线。图 4.1(a)、(b)、(c)三小图中的纵轴均表示 X 的相对价格(即 P_X/P_Y,或是某国为多生产一单位 X 而必须减少的 Y 的数量),横轴表示 X 的数量。

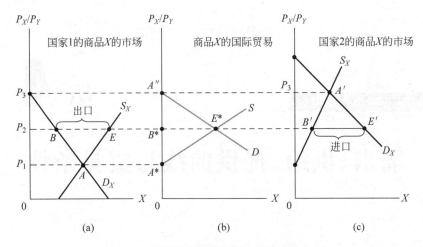

图 4.1 贸易均衡相对价格的局部均衡分析

当 P_X/P_Y 大于 P_1 时,国家 1 在图 4.1(a)中对商品 X 的额外供给形成了国家 1 出口商品 X 的供给曲线,即图 4.1(b)中的曲线 S。而当 P_X/P_Y 小于 P_3 时,国家 2 在图 4.1(c)中对商品 X 的额外需求形成了国家 2 进口商品 X 的需求曲线,即图 4.1(b)中的曲线 D。图 4.1(b)表明:只有在 P_2 点,国家 1 愿意出口的 X 的数量才等于国家 2 愿意进口的 X 的数量,即 P_2 就是贸易中 P_X/P_Y 的均衡点。当 $P_X/P_Y>P_2$ 时,对于 X 存在超额出口供给,从而使 P_X/P_Y 向 P_2 回落;当 $P_X/P_Y<P_2$ 时,对于 X 存在超额进口需求,从而使 P_X/P_Y 向 P_2 上升。

图 4.1(a)表示在无贸易状态下,国家 1 在 A 点组织生产和消费,这时 X 的相对价格是 P_1。图 4.1(c)表示在无贸易状态下,国家 2 在 A' 点组织生产和消费,这时 X 的相对价格是 P_3。两国开展贸易之后,X 的相对价格将介于 P_1 和 P_3 之间,前提是两国都是大国。当价格高于 P_1 时,国家 1 将提供(生产)比其需求(消费)数量更多的 X,并将这多出的一部分出口(见图 4.1(a))。而在低于 P_3 的价格下,国家 2 对 X 的需求将超过其本国所能供给的数量,故国家 2 将进口 X 以满足这一超额需求(见图 4.1(c))。

特别地,图 4.1(a)显示在价格水平为 P_1 时,国家 1 对商品 X 的供给数量(QS_X)正好等于其对 X 的需求数量(QD_X),故国家 1 不出口 X。我们得到了图 4.1(a)中曲线 S(国家 1 的出口供给曲线)上的 A^* 点。另外,图 4.1(a)还表明价格水平为 P_2 时,国家 1 对 X 的供给(QS_X)超过对 X 的需求(QD_X)的数量(BE)正是国家 1 在 P_2 时想要出口的 X 的数量。在图 4.1(b)中,其表示为 B^*E^*,确定了国家 1 对于 X 的出口供给曲线上的 E^* 点。

图 4.1(c)显示在 P_3,$QD_X=QS_X$(A'点),因此在 P_3 点,国家 2 不进口商品 X。这确定了图 4.1(b)中国家 2 对于 X 的进口需求曲线(D)上的 A'' 点。另外,图 4.1(c)还显示当价格为 P_2 时,国家 2 对 X 的需求(QD_X)超过对 X 的供给(QS_X)的数量($B'E'$)正是国家 2 在 P_2 时想要进口的 X 的数量。在图 4.1(b)中,其表现为 B^*E^*,确定了国家 2 对于 X 的进口需求曲线上的 E^* 点。

在 P_2,国家 2 对商品 X 的进口需求数量(图 4.1(c)中的 $B'E'$)等于国家 1 对商品 X 的供给数量(图 4.1(a)中的 BE)。在图 4.1(b)中,这表现为曲线 D 和 S 的交点。因此,P_2 就是商品 X 的贸易均衡相对价格。在图 4.1(b)中我们还可以发现:当 $P_X/P_Y>P_2$ 时,对 X 的出口供给将大于对 X 的进口需求,结果导致 P_X/P_Y 向 P_2 回落;而当 $P_X/P_Y<P_2$ 时,对 X 的进口需求将大于对 X 的出口供给,结果导致 P_X/P_Y 向 P_2 回升。

对于商品 Y 也是如此。只不过是国家 2 出口,国家 1 进口。当 Y 的相对价格高于均衡价格时,国家 2 的出口供给将超过国家 1 的进口需求,Y 的相对价格会降至均衡水平;当 Y 的相对价格低于均衡价格时,对 Y 的进口需求将大于出口供给,Y 的相对价格会上升至均衡水平。案例研究 4.1 显示了 1972—2014 年石油的国际名义价格和(经通货膨胀调整的)实际价格。案例研究 4.2 显示了同一时期美国的出口对进口相对价格指数。

案例研究 4.1

石油的需求、供给与国际价格

如表 4.1 所示,1972—2014 年石油价格经历了较大波动。由于 1973 年秋阿以战争和 1979—1980 年伊朗革命所带来的供给危机,石油输出国组织将石油价格从 1972 年的平均每桶 2.89 美元提升至 1974 年的 11.6 美元,最终达到 1980 年每桶 36.68 美元的空前纪录。这刺激了非石油输出国组织国家的能源储存、探测及石油生产。面对 20 世纪八九十年代的石油供给过剩,石油输出国组织不得不将每桶石油价格调低至 1986 年的 14.17 美元和 1998 年的 13.07 美元。石油价格在 2000 年升至 28.23 美元,2008 年升至 97.04 美元(历史上最高的石油价格是 2008 年 7 月的 132.60 美元,不过当年 12 月即跌至 55.50 美元),2010 年为 79.03 美元,2014 年为 96.35 美元(2014 年 6 月为 115 美元,当年 12 月则跌至 62 美元)。

如果我们考虑价格一直在上升,从表 4.1 可以看出每桶石油的实际价格(经过通货膨胀指数调整后的价格)从 1972 年的 2.89 美元提高到 1974 年的 9.51 美元和 1980 年的 17.14 美元,但随后降至 1986 年的 4.69 美元和 1988 年的 2.90 美元,随即又于 2000 年上升到 5.73 美元,2008 年上升到 14.28 美元,2010 年为 11.90 美元,2014 年为 12.44 美元。因此,2014 年石油的实际价格与 1972 年相比增长了 4.33 倍(12.44/2.89),而并非像名义价格那样增长了 33.33 倍。

表 4.1 石油的名义价格与实际价格,1972—2014 年(部分年度)

年　　度	1972	1973	1974	1978	1979	1980	1985	1986
石油价格(美元/桶)	2.89	3.24	11.60	13.39	30.21	36.68	27.37	14.17
实际油价(美元/桶)	2.89	3.00	9.51	7.70	15.82	17.14	9.34	4.69
年　　度	1990	1998	2000	2005	2008	2010	2013	2014
石油价格(美元/桶)	22.99	13.07	28.23	53.40	97.04	73.03	104.07	96.35
实际油价(美元/桶)	6.51	2.90	5.73	8.99	14.83	11.90	13.89	12.44

资料来源:Elaborated from data in IMF, *International Financial Statistics* (Washington, D.C.: IMF, Various Issues).

案例研究 4.2

美国的出口对进口相对价格指数

图 4.2 给出了 1972—2014 年美国的出口对进口相对价格指数,或称贸易条件。如图所

示，该指数1972—1980年几乎是持续下降的，1980—1986年又开始回升，之后除2008年跌至92外，均保持在96～107的水平（以2000年为100）。在1973—1974年和1979—1980年的两次石油危机中以及2002—2008年，该指数的下降幅度尤其巨大，因为当时的石油及其他初级产品的进口价格大幅上涨。如图4.2所示，美国的平均出口相对价格从1972年的127.1跌至1980年的90.2和2008年的91.8，2014年为95.8。这意味着，为了进口与1972年数量相当的货物或劳务，美国在1980年必须多出口34%，在2008年必须多出口32%，而在2014年必须多出口29%。

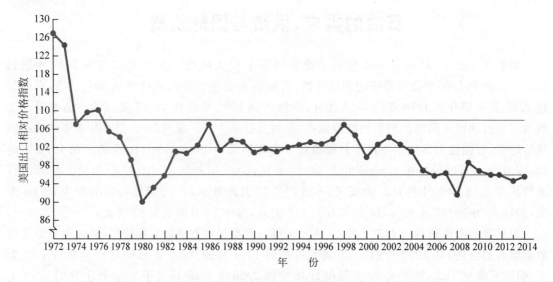

图4.2   1972—2014年美国出口相对价格指数（以2000年＝100）

（由于1973—1974年的石油价格猛涨）美国出口相对价格指数从1972年的127.1跌至1974年的107.2，由于第二次石油危机，1980年跌至90.2。该指数在1986年回升到107.1，接下来由于石油及其他初级产品的进口价格大幅上涨又在2008年跌至91.8。2014年，该指数为95.8。

资料来源：Elaborated from data in IMF. *International Financial Statistics*（Washington，D. C. ：IMF，Various Issues）.

4.3   提供曲线

本节我们将定义提供曲线，解释其来源，然后得出两个国家的提供曲线并解释其形状。

4.3A   提供曲线的起源与定义

提供曲线（**offer curves**），有时也称为**相互需求曲线**（**reciprocal demand curves**），是20世纪初由英国经济学家阿尔弗雷德·马歇尔（Alfred Marshall）和伊西德罗·埃奇沃思（Ysidro Edgeworth）共同提出的。从那时起，提供曲线在国际经济学（特别是在国际经济学的教学）中得到了广泛的应用。

提供曲线反映的是一国为了进口其需要的某一数量的商品而愿意出口的商品数量。正如其定义所指出的，提供曲线包含供给与需求两方面的因素。从另一个角度看，我们也可以认为提供曲线反映了一国在不同的相对价格水平下所愿意进口和出口的商品数量。

一国的提供曲线可以从它的生产可能性曲线、无差异曲线图和可能发生贸易的假设的相对商品价格中轻易地推导得出，但这种推导并不严密。我们将在附录中给出基于诺贝尔奖获得者英国经济学家詹姆斯·米德(James Meade)的研究所得到的提供曲线的严格推导。

4.3B　国家 1 提供曲线的推导与形状

在图 4.3 的左图中，国家 1 最初处于非贸易(自给自足)状态(A 点)，与图 3.3 的情况相同。如果贸易在 $P_B=P_X/P_Y=1$ 的条件下发生，国家 1 的生产将移至 B 点，在贸易中用 60 单位 X 与国家 2 交换 60 单位 Y，最终消费组合为其无差异曲线 Ⅲ 上的 E 点(迄今为止，所有的情况都与图 3.4 完全一致)。这样我们就得到右图中的 E 点。

$P_F=P_X/P_Y=1/2$(见图 4.3 的左图)时，国家 1 的生产将从 A 点移到 F 点，在贸易中用 40 单位 X 与国家 2 交换 20 单位 Y，最终消费组合为其无差异曲线 Ⅱ 上的 H 点。这样我们就得到右图中的 H 点。连接右图中的原点、H 点、E 点和用类似方法得到的其他各点，就得出了国家 1 的提供曲线。它反映了国家 1 为进口所需要的某一数量的商品 Y 而愿意出口的 X 的数量。

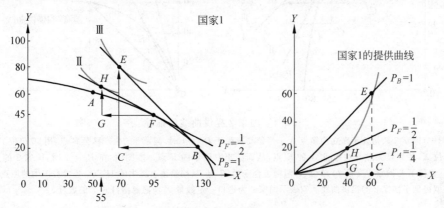

图 4.3　国家 1 提供曲线的推导

在左图中，国家 1 最初处于孤立均衡点 A。如果贸易在 $P_B=1$ 发生，国家 1 的生产移至 B 点，用 60 单位 X 与国家 2 交换 60 单位 Y，从而达到 E 点的消费组合。这样就得到了右图中的 E 点。左图中，在 $P_F=1/2$ 处，国家 1 的生产将移至 F 点，用 40 单位 X 与国家 2 交换 20 单位 Y，消费 H 点的商品组合，这样就得到了右图中的 H 点。连接右图中的原点、H 点和 E 点，就得出了国家 1 的提供曲线。它反映了国家 1 为进口所需要的某一数量商品 Y 而愿意出口的 X 的数量。

为使左图简单一些，我们略去自给自足价格线 $P_A=1/4$ 以及与生产可能性曲线切于 A 点的无差异曲线 Ⅰ。注意：右图中的 P_A、P_F、P_B 所代表的 P_X/P_Y 比例与左图中的 P_A、P_F、P_B 是相同的，因为它们都表示相同斜率的绝对值。

在图 4.3 的右图中，国家 1 的提供曲线位于自给自足的价格线 $P_A=1/4$ 之上，凸向 X 轴，这表明 X 轴所代表的商品是其比较优势所在，应该出口。为使国家 1 出口更多的 X，必须提高 P_X/P_Y。因此，在 $P_F=1/2$ 时，国家 1 会出口 40 单位 X；而在 $P_B=1$ 时，国家 1 会出口 60 单位 X。原因有两个：(1)国家 1 在生产更多用于出口的 X 时会面临机会成本递增的问题；(2)通过贸易，随着国家 1 消费的 Y 越来越多，X 越来越少，对于国家 1 来说，X 的边际效用相对于 Y 也将逐渐增加。

4.3C   国家2提供曲线的推导与形状

在图4.4的左图中，国家2最初处于孤立均衡点A'。若贸易发生在$P_{B'}=P_X/P_Y=1$，国家2将生产B'点的商品组合，用60单位Y与国家1交换60单位X，达到其无差异曲线Ⅲ$'$上的E点。左图中的贸易三角$B'C'E'$对应于右图中的贸易三角$O'C'E'$，我们在右图上得到位于国家2提供曲线上的E'点。

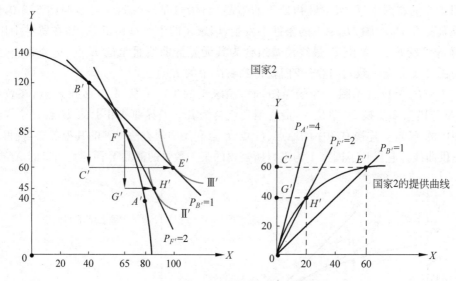

图4.4   国家2提供曲线的推导

在左图中，国家2最初处于孤立均衡点A'。当贸易发生于$P_{B'}=1$时，国家2的生产移至B'点，用60单位Y与国家1交换60单位X，达到其无差异曲线Ⅲ$'$上的E'点，从而给出右图中的E'点。左图中，在$P_{F'}=2$时，国家2的生产移至F'点，用40单位Y与国家1交换20单位X，消费组合变为H'点，从而给出右图中的H'点。连接右图中的原点和H'点、E'点，我们就得到了国家2的提供曲线。它表示国家2为进口一定数量X而愿意出口的Y的数量。

在左图中，$P_{F'}=P_X/P_Y=2$时，国家2的生产将移至F'点，用40单位Y与国家1交换20单位X，达到其无差异曲线Ⅱ$'$上的H'点。左图中的贸易三角$F'G'H'$对应于右图中的贸易三角$O'G'H'$，我们在右图中得到位于国家2提供曲线上的H'点。连接原点、H'点、E'点及其他用类似方法得到的点，即可在右图中绘出国家2的提供曲线。它表示国家2为了进口一定数量的X而愿意出口的Y的数量。

我们再一次略去自给自足价格线$P_{A'}=4$和与生产可能性曲线切于A'点的无差异曲线Ⅰ$'$。注意右图中的$P_{A'}$、$P_{F'}$和$P_{B'}$所代表的P_X/P_Y比例与左图中的$P_{A'}$、$P_{F'}$和$P_{B'}$是相同的，因为它们都表示相同斜率的绝对值。

在图4.4中，国家2的提供曲线位于其自给自足价格线$P_{A'}=4$的下方，凸向Y轴，因此Y是国家2具有比较优势的商品，应予以出口。为使国家2出口更多的Y，必须提高Y的相对价格，这就意味着X的相对价格（即P_X/P_Y）下降。因此，在$P_{F'}=2$时，国家2会出口40单位Y；在$P_{B'}=1$时，国家2会出口60单位Y。只有提高Y的相对价格才能使国家2出口更多的Y，这是因为：(1)国家2在生产更多用于出口的X时会面临机会成本递增的问题；(2)通过贸易，随着国家2消费的X越来越多，Y越来越少，对于国家2来说，Y的边际效用相对于X也将逐渐增加。

4.4 均衡相对价格与贸易的一般均衡分析

两个国家提供曲线的交点确定了两国在开展贸易时的贸易均衡相对价格。只有在均衡贸易价格水平上两国贸易才能达到平衡。在此外的任一价格水平,对两种商品的进口与出口意愿都不会相等。这将给相对商品价格施加一个向均衡水平移动的压力,见图 4.5。

图 4.5 中的提供曲线就是我们在图 4.3 和图 4.4 中得到的国家 1 和国家 2 的提供曲线。它们相交于 E 点,确定了均衡相对商品价格 $P_X/P_Y = P_B = P_{B'} = 1$。在 P_B,国家 1 用 60 单位 X 交换 60 单位 Y(位于国家 1 提供曲线上的 E 点)而国家 2 恰好要用 60 单位 Y 交换 60 单位 X(位于国家 2 提供曲线上的 E' 点)。这样,贸易在 P_B 达到均衡。

其他任何 P_X/P_Y 比率都不能使贸易达到平衡。例如,$P_F = 1/2$ 时,国家 1 愿意出口 40 单位 X(见图 4.5 中的 H 点),低于国家 2 在这个相对低价下愿意进口的数量(图 4.5 没有给出这一点,该点是扩展的价格线 P_F 与国家 2 提供曲线的交点)。

当 $P_F = 1/2$ 时,国家 2 对 X 的超额进口需求将会使 P_X/P_Y 上升,此时,国家 1 将会增加对 X 的出口供给(即国家 1 沿提供曲线向上移动);国家 2 也会减少对 X 的进口需求(即国家 2 沿提供曲线向下移动)。这种移动将会持续至供给与需求在 P_B 达到均衡。驱

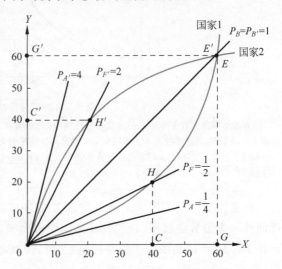

图 4.5 贸易均衡的相对商品价格

我们把图 4.3 和图 4.4 中国家 1 和国家 2 的提供曲线放到一个坐标系内,它们交于 E 点,确定均衡相对商品价格为 $P_B = 1$。贸易在 P_B 达到均衡是因为国家 1 愿意用 60 单位 X 交换 60 单位 Y 而国家 2 恰恰要用 60 单位 Y 交换 60 单位 X。若 $P_X/P_Y < 1$,国家 1 愿意出口 X 的数量必将小于国家 2 愿意进口 X 的数量,这会使相对商品价格向均衡水平上升,反之亦然。

使相对价格从 P_F 向 P_B 移动的压力,也可以用商品 Y 和其他 P_X/P_Y,如 $P_F \neq P_B$ 的比例来解释。

注意:$P_B = 1$ 这个贸易均衡相对价格(在图 4.5 中是由两国的提供曲线的交点确定的)与我们在图 3.4 中利用试错法得到的结果是一致的。当 $P_B = 1$ 时,两国在贸易中获得了相同的收益。

4.5 一般均衡与局部均衡分析的关系

我们也可以用需求曲线与供给曲线来说明两个国家的均衡,从而说明 4.4 节中的一般均衡分析和 4.2 节的局部均衡分析之间的关系(见图 4.6)。

在图 4.6 中,国家 1 对于商品 X 的出口供给曲线是从图 4.3 的生产可能性曲线和无差异曲线图中获得的(我们从同一幅图中获得过国家 1 的提供曲线)。特别地,S 表示在 $P_X/P_Y = 1/4$ 时,国家 1 对于 X 的出口供给数量为 0(A 点);在 $P_X/P_Y = 1/2$ 时,出口供给为 40 单位(H 点);当 $P_X/P_Y = 1$ 时,出口供给为 60 单位(E 点),与图 4.3 左图和右图中提供曲线所指示的相同。当 $P_X/P_Y = 1.5$ 时(图 4.6 中 S 曲线上的 R 点),国家 1 的出口数量 70 单位同样可以从图 4.3 的左图中得出,在附录 A4.3 的图 4.9 中为国家 1 供给曲线上的 R 点。

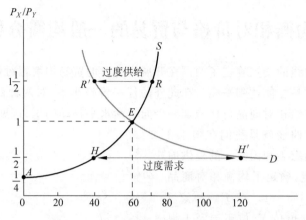

图 4.6　均衡相对价格与局部均衡分析

S 表示国家 1 对于商品 X 的出口供给曲线,D 表示国家 2 对于 X 的进口需求曲线。S 和 D 分别来自图 4.3 和图 4.4 的左图,表达了与图 4.5 相同的基本情况。D 和 S 相交于 E 点,确定了均衡价格 $P_X/P_Y=1$ 和均衡出口数量 60 单位 X。在 $P_X/P_Y=1.5$ 处有过度供给($R'R=30X$),这使 P_X/P_Y 向下趋于 $P_X/P_Y=1$;在 $P_X/P_Y=1/2$ 处有过度需求($HH'=80X$),P_X/P_Y 将向上趋于 $P_X/P_Y=1$。

D 是国家 2 对于国家 1 出口商品 X 的进口需求曲线,它来自图 4.4 中国家 2 的生产可能性曲线和无差异曲线图(我们曾从该图中得出国家 2 的提供曲线)。特别地,在图 4.6 中,D 表示在 $P_X/P_Y=1$(如图 4.4 的左图所示)时,国家 2 对于国家 1 出口商品 X 的进口需求为 60 单位(E' 点);$P_X/P_Y=1/2$ 时,需求为 120(H' 点);$P_X/P_Y=1.5$ 时,需求仅为 40 单位(R' 点)。

在图 4.6 中,D 与 S 交于 E 点,确定均衡相对价格为 $P_X/P_Y=1$,X 的均衡出口量为 60 单位(与图 4.5 中相同)。如图 4.6 所示,当 $P_X/P_Y=1.5$ 时对于 X 有过度出口供给 $RR'=30$,P_X/P_Y 将向均衡水平 $P_X/P_Y=1$ 移动。而当 $P_X/P_Y=1/2$ 时,对于 X 有过度进口需求 $HH'=80$,P_X/P_Y 将向均衡水平上升。因此,X 的相对价格将倾向于由图 4.6 中的 E 点给出的均衡价格 $P_X/P_Y=1$(与图 4.5 中相同)。对 Y 也可以得出同样的结论(见本章后的练习题 8)。

如果国家 2 是一个小国,其对国家 1 出口商品 X 的进口需求曲线将会与国家 1 的出口供给曲线相交于其较平坦的部分(靠近 Y 轴)。在这种情况下,两国将以国家 1 贸易前的均衡价格 $P_X/P_Y=1/4$ 进行贸易,国家 2 将获得贸易中的全部所得(这也可以由提供曲线推导得出,参见本章后的练习题 10)。

再回过头来看图 4.6,我们发现它和图 4.5 所表达的基本情况是一样的,都是从一国的生产可能性曲线和无差异曲线图推导出的。但是它们之间有一个根本的差异。图 4.5 是一般均衡分析,考虑了包括 X 在内的所有市场。因为商品 X 的市场中的变化会影响其他市场,而这些影响又会对商品 X 的市场产生重要的反作用,因此这种全局考虑是十分重要的。而在图 4.6 的一般均衡分析中利用了需求曲线与供给曲线,并没有考虑这种反作用以及商品 X 的市场与经济中其他所有商品市场之间的联系。局部均衡分析通常只用来作初步的近似分析,为了获得完整的答案,还需要进一步应用更复杂的一般均衡分析。

4.6　贸易条件

本节我们将给出各国的贸易条件的定义,并说明其度量方法。我们还会讨论一国贸易条件的改变意味着什么。最后,我们将暂时停下来估量一下我们迄今为止所取得的结论,并检验我们的贸易模型的实用性。

4.6A　贸易条件的定义与度量

一国的**贸易条件**(terms of trade)是指一国出口商品价格和进口商品价格的比值。在一个两国世界中,一国的出口正是其贸易伙伴的进口,因此在两国条件下,一国的贸易条件等于另一国贸易条件的倒数。

在一个具有多种贸易商品(不止两种)的世界中,贸易条件定义为一国出口商品价格指数与该国进口商品价格指数的比值。这个比值通常要乘以 100,以百分比的形式表示。这样的贸易条件通常是指**商品或纯易货贸易条件**(commodity or net barter terms of trade),它同我们将在第 11 章介绍的与贸易和发展相联系的贸易条件的度量是有区别的。

由于供给与需求的倾向随着时间不断变化,提供曲线也会发生移动,从而会改变贸易额和贸易条件。我们将在第 7 章讨论与国际贸易的发展和变化相关的这种改变。一国贸易条件的改善通常是指该国出口商品价格相对于其进口商品价格有所提高。

4.6B　对贸易条件的说明

由于国家 1 出口商品 X,进口商品 Y,因此国家 1 的贸易条件表示为 P_X/P_Y。在图 4.5 中,贸易条件是 $P_X/P_Y = P_B = 1$ 或 100(以百分率表示)。如果国家 1 出口和进口许多种商品,则 P_X 应该是其出口价格指数,P_Y 应该是其进口价格指数。

由于国家 2 出口商品 Y 而进口商品 X,国家 2 的贸易条件可表示为 P_Y/P_X。注意,该贸易条件正是国家 1 贸易条件的倒数。在本例中,它也等于 1 或 100(以百分率表示)。

如果随着时间推移,国家 1 的贸易条件从 100 上升至 120,这意味着国家 1 的出口商品价格相对于进口商品价格上升了 20%。这也意味着国家 2 的贸易条件从 100 恶化到 $(100/120) \times 100 = 83$。我们可以把一国的基期贸易条件设为 100,则贸易条件的变化可以用百分比来表示。

即使国家 1 的贸易条件提高了,我们也不能因此判定国家 1 的贸易状况有所好转而国家 2 的贸易状况有所恶化。因为贸易条件的变化是对该国和世界其余国家有影响的很多力量共同作用的结果,我们不能单凭一国贸易条件的变化来确定这些力量对该国福利的净影响。为了解答这个问题,我们需要更多的信息和分析,这将在第 11 章给予解决。案例研究 4.3 给出了 7 国集团的贸易条件,案例研究 4.4 给出了 1972—2014 年的某些年份中工业国和发展中国家的贸易条件。

案例研究 4.3

7 国集团的贸易条件

表 4.2 给出了七大工业国(G-7)1972—2014 年部分年度的贸易条件。贸易条件是由单位出口价格指数除以单位进口价格指数得出的,这里假设 2000 年的贸易条件为 100。表 4.2 显示七大工业国的贸易条件在该期间大幅波动,美国、德国和日本 2014 年的贸易条件极大地低

于 1972 年的贸易条件；英国、法国和意大利 2014 年的贸易条件稍低于 1972 年的贸易条件；加拿大 2014 年的贸易条件则远高于 1972 年的贸易条件（主要是因为 2000 年以来石油和其他初级商品的价格飞涨，而加拿大是这些商品的主要出口国）。

表 4.2 工业国和发展中国家的贸易条件，1972—2014 年（部分年度）
（单位出口价格÷单位进口价格；2000 年为 100）

国　　家	1972年	1974年	1980年	1985年	1990年	1995年	2000年	2005年	2010年	2014年	1972—2014年 百分比变化
美国	127	107	90	103	101	103	100	97	97	96	−28
加拿大	96	109	107	94	97	97	100	117	120	122	24
日本	109	81	59	66	84	115	100	83	68	59	−60
德国	118	105	98	94	110	108	100	105	103	102	−15
英国	107	82	103	102	101	100	100	105	103	102	−5
法国	101	89	90	89	100	107	100	110	100*	100*	−1*
意大利	106	80	78	78	94	96	100	101	99	103	−3

* 指的是 2008 年和 1972—2008 年

资料来源：Elaborated from data in IMF，*International Financial Statistics*（Washington，D. C.：IMF，Various Issues）。

案例研究 4.4

工业国和发展中国家的贸易条件

表 4.3 给出了工业国、发展中国家以及非洲、亚洲、欧洲、中东和西半球发展中国家 1972—2014 年部分年度的贸易条件，它是由单位出口价格指数除以单位进口价格指数得出的，并假设 2000 年的贸易条件为 100。

表 4.3 工业国和发展中国家的贸易条件，1972—2014 年（部分年度）
（单位出口价格÷单位进口价格；2000 年为 100）

	1972年	1974年	1980年	1985年	1990年	1995年	2000年	2005年	2010年	2014年
工业国	110	97	89	87	100	105	100	101	100	98
发展中国家	61	86	107	101	103	102	100	99	106	95
非洲	85	118	117	115	100	103	100	108	104	127*
亚洲	101	101	101	98	103	107	100	92	92	70
欧洲	112	101	69	64	69	106	100	102	98	96
中东	94	75	90	80	109	68	100	140	134	124
西半球国家	39	110	194	189	130	107	100	104	98	100

* 指的是 2012 年

资料来源：IMF，*International Financial Statistics*（Washington，D. C.：IMF，Various Issues）。

如表 4.3 所示，工业国的贸易条件在 1972—1985 年呈下降趋势，但到 1995 年又上升了，2014 年为 98，而 1972 年为 110。发展中国家的贸易条件在 1972—1980 年有显著上升，这主要是由于西半球国家贸易条件的大幅上升,但随后至 1986 年发展中国家的贸易条件开始下降,2014 年的贸易条件为 95,而 1972 年为 61。非洲的贸易条件由 1972 年的 85 增加到 2012 年的 127。1972—2014 年,亚洲的贸易条件由 101 大幅下降至 70,欧洲的发展中国家的贸易条件由 112 下降到 96。西半球的贸易条件由 1972 年的 39 大幅增加到 2014 年的 124,中东的贸易条件由 1972 年的 39 增加到 2014 年的 100。

尽管工业国和发展中国家的贸易条件在很大程度上反映了在此期间石油价格的剧烈波动,其他因素也起了明显的作用(例如,我们注意到贸易条件波动幅度最大的是西半球国家,它们的出口中基本上没有石油,而中东的贸易条件在 1972—1974 年有所下降,因为许多中东国家并不出口石油)。第 21 章将对决定发展中国家贸易条件的因素进行详细分析并给出数据。

4.6C　模型的用途

迄今为止,我们的贸易模型清晰简洁地概括总结了大量的有用信息和分析。它给出了两国的生产条件或供给、需求偏好、自给自足条件下生产和消费的均衡点、孤立均衡相对价格和各国的比较优势(参见图 3.3)。它也反映了贸易中各国的专业化生产程度、贸易量、贸易条件、贸易所得及贸易所得在两国之间的分配(参见图 3.4 和图 4.5)。

我们的模型涉及的只是两个国家(国家 1 和国家 2)、两种商品(X 和 Y)、两种要素(K 和 L),因而它是一个完备的**一般均衡模型**(general equilibrium model),可以用来研究一国供给和/或需求状况的改变是如何影响贸易条件、贸易量和贸易所得在各国之间的分配的。

然而,在做这些工作之前,我们的贸易模型还必须做两方面的重要扩展:(1)确定比较优势的基础(即什么确定了比较优势);(2)考察两个贸易国之间的国际贸易对生产资源或要素的回报率或收益率的影响。这将是下一章的主要内容。

本章小结

1. 在本章中,我们得出了两国对贸易商品的进口需求曲线、出口供给曲线和提供曲线。用它们确定了两国的贸易量及贸易均衡相对价格。本章所得结果与我们在第 3 章中利用试错法得到的结果是一致的。

2. 市场价格高于孤立均衡价格水平时对某商品的过度供给形成了一国的出口供给;而市场价格低于孤立均衡价格水平时对某商品的过度需求形成了一国的进口需求。进口需求曲线与出口供给曲线的交点决定了贸易发生时的局部均衡相对价格和贸易量。

3. 一国的提供曲线反映了该国为进口不同数量的商品而愿意出口的另一商品的数量。一国的提供曲线可从该国的生产可能性曲线、无差异曲线图以及可能发生贸易的各种均衡相对价格推导出来。每一国的提供曲线都凸向代表其具有比较优势的商品的坐标轴。两国的提供曲线都位于孤立均衡相对价格线之间。为使一国扩大某一商品的出口,必须提高该商品的相对价格。

4. 两国提供曲线的交点确定了两国间的贸易均衡相对价格。只有在这个均衡价格水平贸易才会达到平衡。在其他任何价格水平,对两种商品的进口和出口数量都不会相等。这会对相对商品价格施加一个向均衡点移动的压力。

5. 我们也可以用局部均衡分析来说明贸易均衡相对价格和均衡数量。这需要使用贸易商品的供给曲线与需求曲线。这是从一国的生产可能性曲线和无差异曲线图中推导出的。我们也可从该图中得到用于一般均衡分析的提供曲线。

6. 一国的贸易条件被定义为该国出口商品的价格与进口商品的价格的比值。一国的贸易条件等于其贸易伙伴国的贸易条件的倒数。当贸易商品超过两种时,我们使用出口商品指数与进口商品指数的比例再乘以 100,即用它们的百分比来表示贸易条件。我们的贸易模型属于一般均衡模型,只不过它只涉及两个国家、两种商品、两种要素。

关键术语

commodity or net barter terms of trade	商品或纯易货贸易条件
general equilibrium model	一般均衡模型
law of reciprocal demand	相互需求法则
offer curves	提供曲线
reciprocal demand curves	相互需求曲线
terms of trade	贸易条件
trade indifference curve	贸易无差异曲线

复习题

1. 如何从两国对于一种商品的总供给与总需求曲线中得出该商品的出口供给曲线和进口需求曲线?

2. 如何用供给曲线与需求曲线确定贸易均衡的相对商品价格?

3. 提供曲线有何用途? 提供曲线与图 3.4 中的贸易模型有什么联系?

4. 提供曲线反映了什么内容? 它是怎样推导出的? 它的形状是什么样的? 如何解释其形状?

5. 提供曲线是如何确定贸易发生时的均衡相对商品价格的?

6. 使非均衡相对商品价格向均衡水平移动的力量有哪些?

7. 如何从一国的生产可能性曲线和无差异曲线图中推导一国的出口供给曲线和进口需求曲线?

8. 为什么使用贸易商品的供给曲线与需求曲线属于局部均衡分析? 贸易的局部均衡分析和一般均衡分析之间有什么关系?

9. 在什么情况下贸易会在某一国贸易前的相对价格上发生?

10. 贸易条件是衡量什么的? 两个贸易伙伴国的贸易条件之间有什么关系? 当贸易商品超过两种时,如何计算贸易条件?

11. 贸易条件的改善意味着什么? 它对该国福利有何影响?

12. 什么情况下我们的贸易模型是一般均衡模型? 什么情况下不是? 在哪些方面我们的贸易模型需要扩展?

练习题

1. 绘图表示如何从图 4.1 中得到商品 Y 的贸易均衡相对价格。

2. 不看课本,从一国的生产可能性曲线、无差异曲线图和促使贸易发生的相对商品价格中推导该国的提供曲线(即绘制一张类似图 4.3 的图)。

3. 对于其贸易伙伴,重做第 2 题(即绘制一张类似图 4.4 的图)。

4. 把你在第 2 题和第 3 题中所推导的提供曲线画在同一个坐标系中,确定贸易均衡相对价格(即绘制一张类似图 4.5 的图)。

5. 一国的提供曲线与下列曲线有哪些相似之处?

(1) 需求曲线

(2) 供给曲线

提供曲线与普通的需求曲线和供给曲线有哪些差异?

*6. 画一张与图 4.5 相似的图:

(1) 延长 P_F 价格线直至其与国家 1 的提供曲线相交(在延长过程中,令国家 1 的提供曲线向后弯折)。

(2) 用你所绘制的图,解释在商品 Y 的条件下,是什么力量推动 P_F 向 P_B 移动的。

(3) 国家 1 提供曲线中向后弯折的部分(负斜率部分)表示什么?

7. 为了说明贸易所得如何会在两国间不平均分配:

(1) 画一张图,一国的提供曲线的曲率远大于其贸易伙伴国提供曲线的曲率。

(2) 哪个国家在贸易中获益更大? 是提供曲线的曲率较大的还是较小的?

(3) 试解释原因。

*8. 从图 4.4 的左图推导国家 2 对于商品 Y 的出口供给曲线。从图 4.3 的左图推导国家 1 对于国家 2 出口商品 Y 的供给曲线与需求曲线。用你所得到的供给曲线与需求曲线表示如何确定 Y 的贸易均衡相对价格。

9. (1) 为什么第 8 题中所使用的分析是局部均衡分析?

(2) 为什么图 4.5 的分析是一般均衡分析?

(3) 局部均衡分析和一般均衡分析之间有什么关系?

*10. 绘制国家 1 和国家 2 的提供曲线,而且国家 2 是一个小国,在国家 1 的贸易前相对价格水平上进行贸易。贸易所得在两国之间是如何分配的? 为什么?

11. 画一张图表示两个机会成本不变的国家的贸易均衡点。

12. 假设在某一时间内,一国的贸易条件由 100 增长至 110。

(1) 该国贸易伙伴国的贸易条件恶化了多少?

(2) 从什么角度可以说贸易伙伴国由于这个变化,其贸易状况发生了恶化? 能认为贸易伙伴国的社会福利一定降低了吗?

13. 人们经常说,石油输出国组织能够像卡特尔那样通过限制供给来操纵石油价格,你同意这个观点吗? 请解释。

带 * 号练习题的答案

附录

在本附录中,我们使用由詹姆斯·米德改进过的方法严格导出提供曲线。A4.1 节推导国家 1 的贸易无差异曲线;A4.2 节推导国家 1 的贸易无差异曲线图;A4.3 节从国家 1 的贸易无差异曲线图和促使贸易发生的各种相对商品价格推导其提供曲线;A4.4 节简要介绍国家 2 的提供曲线的推导;A4.5 节给出同时表示两国生产、消费和贸易的完备的一般均衡模型；A4.6节讨论多重均衡和不稳定均衡。

A4.1　国家1的贸易无差异曲线的推导

图4.7的第二象限(左上部)是国家1的生产可能性曲线和社会无差异曲线。它与图3.3的唯一区别是在图3.3中,这两条曲线位于第一象限,而且横坐标是从左到右;在本图中,曲线位于第二象限,横坐标为从右到左(马上我们就会明白这是为什么)。与图3.3相同,无贸易条件下,国家1在A点达到均衡,生产和消费50单位X和60单位Y。

现在让我们沿着无差异曲线Ⅰ移动国家1的生产可能性区域,同时要保持这两条曲线始终相切,而且生产区域的两条商品轴分别与坐标系的横、纵轴平行。当我们进行上述操作时,生产区域原点的轨迹即为曲线TⅠ(见图4.7)。A*点是从切点A得到的,B*点是从切点B得到的,W*点是从W点得到的,Z*点是从Z点得到的。

曲线TⅠ是国家1与该国无差异曲线Ⅰ相对应的贸易无差异曲线。曲线TⅠ表示的是能使国家1保持贸易前社会福利不变的各种贸易状况。国家1在A点和B点的社会福利是相同的,因为这两点处在同一条无差异曲线Ⅰ上。在A点,国家1在无贸易条件下生产50单位X和60单位Y。在B点,国家1将生产130单位X和20单位Y(以B*点为原点),然后通过出口100单位X换回50单位Y(见图4.7),从而消费30单位X和70单位Y(以A*点为原点)。

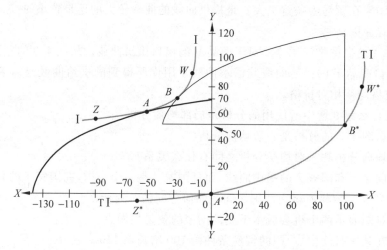

图4.7　国家1的贸易无差异曲线的推导

使国家1的生产可能性曲线,或是生产区域沿着该国的无差异曲线Ⅰ移动,确保这两条曲线始终保持相切,而且生产区域的商品轴始终与横、纵轴平行,这样就得到了贸易无差异曲线TⅠ。在进行如上所述的移动时,生产区域的原点的轨迹就是曲线TⅠ。TⅠ表示的是使国家1的社会福利与其贸易前社会福利相同时的各种贸易状况(该福利水平由无差异曲线Ⅰ上的A点给出)。

因此,**贸易无差异曲线(trade indifference curve)**反映的是使一国保持相同社会福利水平的各种贸易状况。贸易无差异曲线所表示的贸易水平由推导出这条曲线的社会无差异曲线给定。贸易无差异曲线上每一点的斜率与得出这条曲线的社会无差异曲线上相应的点的斜率是相同的。

A4.2　国家1的贸易无差异曲线图的推导

与每条社会无差异曲线相对应,都会有一条贸易无差异曲线。较高的社会无差异曲线(表示较高的社会福利)对应于较高的贸易无差异曲线。因此一国的贸易无差异曲线图可以由该国的社会无差异曲线图得到。

图 4.8 展示了从社会无差异曲线 Ⅰ 推出贸易无差异曲线 TⅠ(与图 4.7 相同)和从社会无差异曲线 Ⅲ 推出贸易无差异曲线 TⅢ 的过程。我们曾在图 3.2 中给出过社会无差异曲线 Ⅲ。为了达到图 4.8 中的贸易无差异曲线 TⅢ,我们必须平移生产区域直至它与社会无差异曲线 Ⅲ 相切。切点 J 给出了 TⅢ 上的 J^* 点,切点 E 给出了 TⅢ 上的 E^* 点……最终得出贸易无差异曲线 TⅢ。

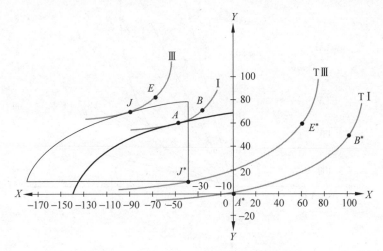

图 4.8　国家 1 贸易无差异曲线图的推导

贸易无差异曲线 TⅠ 是从国家 1 的社会无差异曲线 Ⅰ 推出的(见图 4.7)。同样,我们使生产可能性曲线沿着社会无差异曲线 Ⅲ 平移即可推出贸易无差异曲线 TⅢ。从较高的社会无差异曲线 Ⅲ 我们得到较高的贸易无差异曲线 TⅢ。对于每一条社会无差异曲线,我们都可以得到一条与之对应的贸易无差异曲线。这样,我们就得到了国家 1 的贸易无差异曲线图。

(为了保持图形的简洁)图 4.8 只给出了 TⅠ 和 TⅢ 的推导。然而,对于国家 1 的每一条社会无差异曲线,我们都可以得到相应的贸易无差异曲线,从而得到国家 1 的完整的贸易无差异曲线图。

A4.3　国家 1 的提供曲线的严格推导

国家 1 的提供曲线是该国所有可能发生贸易的价格线与该国贸易无差异曲线的切点的集合。国家 1 的提供曲线的严格推导过程见图 4.9。

在图 4.9 中,TⅠ 和 TⅡ 是按照如图 4.8 所示的过程,从国家 1 的生产区域和社会无差异曲线图所推出的贸易无差异曲线。从原点出发的直线 P_A,P_F,P_B,$P_{F'}$,$P_{A'}$ 为开展贸易时商品 X 的相对价格线(参见图 4.5)。

连接原点与各切点 H、E、R、S 和 T,我们就得到了国家 1 的提供曲线。这与在图 4.3 中用简单方法得到的提供曲线是一样的。唯一的区别就是我们还得到了国家 1 提供曲线的上部向后弯折部分。正如以前所定义的,国家 1 的提供曲线反映的是国家 1 为进口一定数量的商品 Y 而愿意出口的商品 X 的数量。注意,国家 1 的贸易条件值越大,国家 1 的贸易无差异曲线就越高,国家 1 的福利也就越多。

如图 4.9 所示,在贸易条件从 $P_A = 1/4$ 升高到 $P_M = 1.5$ 的过程中,国家 1 出口了越来越多的 X,换回了越来越多的 Y。在 R 点,国家 1 的出口供给量达到其最大值 70。超过 R 点以

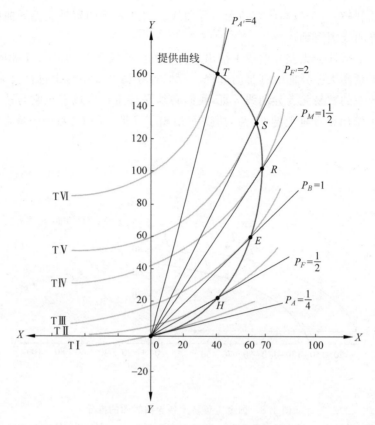

图 4.9 国家 1 的提供曲线的严格推导

曲线 T I 到 TⅢ是国家 1 的贸易无差异曲线,是按照如图 4.8 所示的方法从国家 1 的生产区域和社会无差异曲线图得出的。从原点发出的直线 $P_A, P_F, P_B, P_{F'}, P_{A'}$ 是开展贸易时商品 X 的相对价格线。连接原点和价格线与贸易无差异曲线切点的曲线就是提供曲线。该曲线从原点到 R 点富有弹性,在 R 点弹性为 1,在 R 点以后的向后弯折部分缺乏弹性。

后,国家 1 为换回更多的 Y 而愿意出口 X 的数量逐渐下降。国家 1 的提供曲线在 R 点以后向后弯折的原因与我们在 4.3B 小节所讨论的在向后弯折以前决定提供曲线形状和曲率的原因相同。经过 R 点以后,生产 X 的机会成本过高,使 X 对 Y 的边际替代率迅速下降,结果国家 1 为换取更多的 Y 只愿意出口更少的 X。

国家 1 的提供曲线的形状也可以用国家 1 国内对 X 的需求曲线的替代效应和收入效应来解释。当 P_X/P_Y 上升时,国家 1 倾向于生产更多的 X,但对 X 的需求下降,结果导致国家 1 生产大量 X 用于出口。与此同时,随着 P_X/P_Y 上升,国家 1 的收入也逐渐上升(因为其出口商品 X),而随着收入的上升,对包括 X 在内的每一种正常品的需求都会上升。因此,收入效应趋向于减少国家 1 对 X 的出口供给,而替代效应趋向于增加国家 1 对 X 的出口供给。这两种效果同时发生作用。当 X 的相对价格 $P_X/P_Y \leqslant 1.5$(即在 R 点以前)时,替代效应超过了相反的收入效应,国家 1 对 X 的出口供给不断扩大;当 $P_X/P_Y > 1.5$ 时,收入效应超过了相反的替代效应,国家 1 对 X 的出口供给逐渐下降(即国家 1 的提供曲线向后弯折)。

注意:国家 1 的提供曲线也反映了其对商品 Y 的进口需求,但并不是以进口价格衡量的,它是用该国出口商品 X 的总支出来衡量的。当国家 1 的贸易条件改善(即 P_Y/P_X 下降)时,它将需要更多的 Y,其用商品 X 衡量的总支出将上升直至 R 点,在 R 点达到最大值,经过 R 点之后,总支出将回落。这样该国的提供曲线在 R 点以前是富有弹性的,在 R 点弹性为 1,在

R 点以后则是缺乏弹性的。

现在我们理解了为什么对另一国出口商品的需求较弱的国家有一条斜率更大的提供曲线（即弹性较小），而且在贸易中所得更多（见练习题 5）。

这个理论有时也被称为**相互需求法则**（law of reciprocal demand）。它最早是由英国经济学家约翰·斯图尔特·穆勒以数学的形式详细给出的，随后被与提供曲线或相互需求曲线总结和归纳在了一起。

问题　有兴趣的学生可以尝试从国家 1 的提供曲线推导以下曲线：

(1) 国家 1 对商品 Y 的进口需求曲线（纵轴为 P_Y/P_X）。

(2) 国家 1 对商品 X 的出口供给曲线（纵轴为 P_X/P_Y）。

A4.4　国家 2 的提供曲线的严格推导

国家 2 的提供曲线也可以类似地从其贸易无差异曲线图和开展贸易的各种相对价格线推导出来。图 4.10 概括地表示了这一过程。

在图 4.10 中，第二象限是国家 1 的生产可能性曲线，或生产区域和社会无差异曲线Ⅰ和Ⅲ；第四象限是国家 2 的这几条曲线。国家 2 的生产可能性曲线和无差异曲线之所以放在第四象限，是为了使从中得出的提供曲线在第一象限与国家 1 的提供曲线相对应。

图 4.10 中第一象限国家 1 的提供曲线是从图 4.9 中该国的贸易无差异曲线图中得出的。注意国家 1 的提供曲线与其社会无差异曲线的弯折方向相同。按照完全类似的步骤，我们也可以从国家 2 的贸易无差异曲线图得出其提供曲线。在图 4.10 的第一象限，其弯折方向与第四象限中的社会无差异曲线的弯折方向一致。

图 4.10 的第一象限中国家 1 和国家 2 的提供曲线就是图 4.5 中的提供曲线，其交点确定了均衡相对价格 $P_B=1$。在下一节中我们将发现，只有在 E 点才存在一般均衡。

问题　画出国家 2 的贸易无差异曲线图，要求给出包括其向后弯折部分的提供曲线。

A4.5　生产、消费和贸易的一般均衡

图 4.11 在一张图中汇总了均衡时关于两国生产、消费和贸易的所有信息。国家 1 和国家 2 的生产区域在 E^* 点（即图 4.10 中的 E 点）汇合，两国的提供曲线在该点相交。

在开展贸易的条件下，国家 1 生产 130 单位 X 和 20 单位 Y（相对于 E^* 点的 E 点），通过用 60 单位 X 与国家 2 交换 60 单位 Y，最终消费 60 单位 X 和 60 单位 Y（相对于原点 0 的 E 点）。国家 2 生产 40 单位 X 和 120 单位 Y（相对于 E^* 点的 E' 点），并用 60 单位 Y 与国家 1 交换 60 单位 X，从而消费 100 单位 X 和 60 单位 Y（相对于原点 0 的 E' 点）。

在 $P_B=1$ 时，通过用 60 单位 X 交换 60 单位 Y，国际贸易达到了平衡。图中提供曲线 1 和提供曲线 2 的交点 E^* 反映了这一情况。$P_B=1$ 同时也是两国各自国内的均衡相对价格（参见与两国的生产可能性曲线切于 E 点和 E' 点的切线）。这样，两国的生产者、消费者和贸易商人所面对的都是同样的均衡相对价格。

注意无差异曲线Ⅲ上的 E 点所表示的消费是相对原点而言的，而国家 1 的生产可能性曲线上的同一点 E 所表示的生产是相对于 E^* 点而言的。两条曲线上的同一个点似乎是不同的，但实际上它与图 3.4 中国家 1 的情况完全一致。这对国家 2 来说也是一样的。

图 4.11 概括和验证了以前关于贸易模型的所有结论和推论。因此图 4.11 就是一个完备的一般均衡模型（除了它反映的是两个国家和两种商品）。我们承认这张图是很复杂的，因为

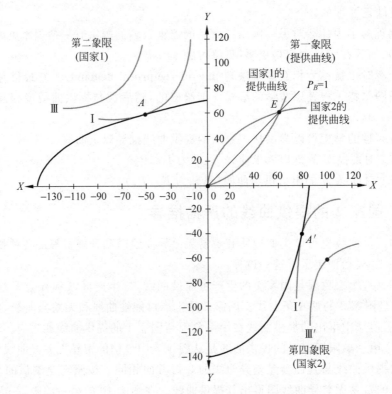

图 4.10   国家 2 的提供曲线的严格推导

国家 2 的提供曲线也可以像推导国家 1 的提供曲线那样,由其贸易无差异曲线图和开展贸易的相对价格线严格推导得出。本图只是概括地表示了这一推导,而没有表示其余过程。第一象限中国家 1 的提供曲线是从第二象限中国家 1 的生产区域和社会无差异曲线图得出的,并与其无差异曲线的弯折方向一致。国家 2 的提供曲线也可以同样得出,与其无差异曲线的弯折方向也一致。

它在一张图中概括了大量的有用信息。图 4.11 是新古典贸易模型所达到的顶点。掌握它将对我们未来的进一步深入研究有很大的帮助。

A4.6   多重均衡和不稳定均衡

在图 4.12 中,提供曲线 1 和提供曲线 2 交于 3 个点(A 点、B 点和 C 点),在每个交点上,至少有一条曲线是缺乏弹性的。均衡点 B 和 C 是稳定的,而 A 点是不稳定的。偏离 A 点的任何一个位移都会产生使均衡点远离 A 点的经济力量,最终在 B 点或是 C 点达到均衡。

例如,在 P_F,国家 2 需要的商品 X 比国家 1 在现行价格下愿意出口的量多出了 GH。同时,国家 1 对商品 Y 的需求比国家 2 在 P_F 价格下提供的出口量少了 FH。由于这两方面的原因,P_X/P_Y 将上升,直到达到 B 点。超过 B 点,国家 1 对商品 Y 的需求将超过国家 2 所提供的量,国家 2 对商品 X 的需求量将少于国家 1 出口的量,所以 P_X/P_Y 将下降,直到两国都重新移回 B 点。因此,B 点是一个稳定均衡点。

如果不论何种原因,P_X/P_Y 降至 P_A 以下(见图 4.12),自发的力量会发挥作用将两国推到均衡点 C,C 点也是一个稳定均衡点。

问题   在图 4.12 上画两条相对商品价格线,一条在 A 点与 C 点之间,另一条与两条提供曲线交于 C 点的右边。分别从你画的两条价格线开始,解释是什么力量将两国自发地推向均衡点 C。

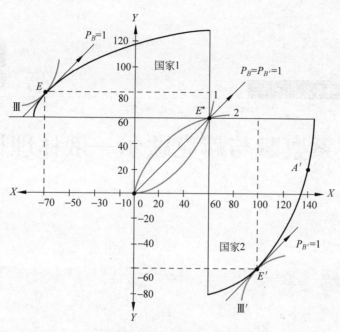

图 4.11　米德的一般均衡贸易模型

E^* 点是国家 1 和国家 2 提供曲线的交点，两国的生产区域的原点均落在该点。在开展贸易的条件下，国家 1 生产 130 单位 X 和 20 单位 Y（相对于 E^* 点的 E 点），消费 70 单位 X 和 80 单位 Y（相对于原点的 E 点），这是通过用 60 单位 X 与国家 2 交换 60 单位 Y 实现的。而国家 2 生产 40 单位 X 和 120 单位 Y，通过用 60 单位 Y 与国家 1 交换 60 单位 X，最终消费 100 单位 X 和 60 单位 Y。国际贸易在 E^* 点达到均衡。$P_B=1$ 既是国际贸易的相对均衡价格，也是两国国内的相对均衡价格。

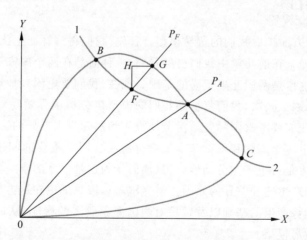

图 4.12　稳定与不稳定均衡

均衡点 A 是不稳定的，因为任何对该点的偏离都将成为经济更进一步继续偏离的自发力量，偏离的方向或是朝向 B 点或是朝向 C 点。例如，在 P_F，国家 2 需要的商品 X 比国家 1 在现行价格下愿意出口的量多出了 GH。同时，国家 1 对商品 Y 的需求比国家 2 在 P_F 价格下提供的出口量少了 FH。由于这两方面的原因，P_X/P_Y 会不断上升至 B 点。任何偏离 B 点的小的移动都将把两国推回 B 点。而如果 P_X/P_Y 下跌至 P_A 以下，两国将被推向稳定的均衡点 C。

第 **5** 章

要素禀赋与赫克歇尔—俄林理论

学习完本章后,你应当能够:

- 解释比较优势是如何建立在各国要素禀赋差异基础上的
- 解释贸易是如何影响一国国内及各国之间相对要素价格的
- 解释为什么贸易很可能并非造成熟练工人与非熟练工人之间工资差异的主要原因

5.1 引言

本章我们从两个方面扩展我们的贸易模型。首先,我们将解释产生比较优势的基础(即是什么决定了比较优势)。在前几章中我们已经看到,一种商品在两个国家不同的相对价格体现了比较优势的存在,这也是两国互惠贸易的基础。现在,我们要更深入地解释产生不同的相对价格和比较优势的原因。其次,我们将扩展我们的模型以分析国际贸易对贸易双方要素收入的影响。也就是说,我们要考察国际贸易对劳动收入和国际收入差异的影响。

亚当·斯密、大卫·李嘉图和穆勒基本上没有解决这两个重要的问题。在古典经济学家眼中,比较优势的产生是由于各国劳动生产力(他们认为这是生产的唯一要素)之间存在差异。但是他们并没有解释产生这种差异的原因。赫克歇尔—俄林理论在这方面进行了进一步的研究。它研究了比较优势产生的基础以及贸易对两国要素收入的影响,从而进一步扩展了我们在前两章研究过的贸易模型。

5.2 节列出了该理论的一些假设。5.3 节详述了要素密集度和要素充裕度两个概念,并解释了要素充裕度与要素价格以及各国生产可能性曲线的形状之间的关系。5.4 节提出了赫克歇尔—俄林理论,并用图形对其做了说明。5.5 节考察了国际贸易对两国要素收入及分配的影响。5.6 节是本章的结论,对赫克歇尔—俄林理论做了经验检验。附录给出了要素价格均等理论的严格推导过程,并介绍了可以用来经验检验赫克歇尔—俄林理论的一些更先进的工具。

5.2　赫克歇尔—俄林理论的假设

赫克歇尔—俄林理论(以下简称赫—俄理论)是建立在一些简单的假设之上的。在这里,我们将给出这些假设并一一解释,这既合逻辑,又十分方便,比要用到它们时再解释更好。这样做,不仅有利于我们从一个更好的角度审视这一理论,而且有利于我们更顺畅、更直接地讲解这一理论。为使赫—俄理论更加符合实际,我们将在下一章放松这些假设约束,并观察放松约束对本章所得到的结论的影响。

5.2A　假设条件

赫—俄理论的假设条件为:

1. 有两国(国家 1 与国家 2),两种商品(X 与 Y),两种生产要素(劳动与资本)。

2. 两国在生产中都使用相同的技术。

3. 在两国,商品 X 都是劳动密集型商品,商品 Y 都是资本密集型商品。

4. 在两国,两种商品的生产都是规模报酬不变的。

5. 两国在生产中均为不完全专业化。

6. 两国的偏好相同。

7. 在两国,两种商品与两种要素的市场都是完全竞争的。

8. 在一国国内,要素可以自由流动,但要素不能在国际间自由流动。

9. 没有运输成本、关税或影响国际贸易自由进行的其他壁垒。

10. 两国资源均得到了充分利用。

11. 两国间的贸易是平衡的。

5.2B　假设的含义

假设 1 的含义很明确,做这一假设的目的是用一个二维的平面图来说明这一理论。实际上,放松这一假设(即研究更为现实的多个国家、多种商品、多种要素)并不会对我们在本章中所得出的结论造成根本性的影响。

假设 2,即两国使用相同的生产技术,意味着两国都可以使用相同的通用生产技术。这样,如果要素价格在两国是相同的,两国在生产同一种商品时就会使用相同数量的劳动和资本。由于要素价格通常是不同的,因此两国的生产者都将使用更多的低价格要素以实现生产成本最小化。

假设 3,即 X 是**劳动密集型**(labor intensive)商品,Y 是**资本密集型**(capital intensive)商品,表明:在两国,相对于商品 Y 来说,商品 X 在生产中使用的劳动比例较高,用更专业的术语来说,就是在相同的要素价格下,商品 X 的**劳动/资本比率**(labor-capital ratio,L/K)要高于商品 Y 的这一比例。我们也可以说商品 X 的**资本/劳动比率**(capital-labor ratio,K/L)要低于商品 Y 的这一比例。但这并不意味着两国生产商品 X 的 K/L 比例是相同的,而是在两国生产 X 的 K/L 比例均低于生产 Y 的 K/L 比例。这一点非常重要,我们将在 5.3A 小节予以阐述。

假设 4,即两国在两种商品的生产上**规模报酬不变**(constant returns to scale),意味着:增加生产某一商品的劳动和资本投入会带来该商品的产量的同比例增加。例如,如果在生产商品 X 时增加 10% 的劳动和资本投入,X 的产量也会增加 10%。如果劳动和资本投入增加

1 倍,X 的产量也会增加 1 倍。对于国家 2 生产的商品 Y 也是一样。

假设 5(两国均为不完全专业化生产)表明:即使在自由贸易的条件下,两国仍会继续生产两种商品。这一假设也表明两国都不是"很小"的国家。

假设 6(两国偏好相同)表明:由无差异曲线的位置和形状所反映的偏好在两国是完全相同的。也就是说,如果两国的相对商品价格是相同的,那么两国消费 X 和 Y 的比例是相同的。我们将在 5.4C 小节说明这一问题。

假设 7,即要素市场和商品市场是**完全竞争**(perfect competition)的,表明:两国商品 X 和 Y 的生产者、消费者和贸易者都很小,它们的行为不会影响这些商品的价格。对于劳动和资本的使用者和提供者也是一样。完全竞争还表明:长期中,商品价格将与生产成本相等,减去所有的成本(包括隐含成本)之后,生产者将不会获得任何超额利润。最后,在完全竞争下,所有的生产者、消费者、要素所有者对各地和各产业的商品价格及要素收入是完全了解的。

假设 8,即只存在**国内要素流动**(internal factor mobility)而不存在国际间流动,表明:劳动和资本可以自由、快速地从低收入的地区及产业流向高收入的地区及产业,直到该国各个地区及产业同类劳动和资本的收益相等为止。同时,**国际间要素流动**(**international factor mobility**)为零(即国与国之间没有要素流动),这样在不存在国际贸易的情况下,国际要素收入差异将会永久存在。

假设 9(不存在类似运输成本、关税等的自由贸易障碍)表明:在有贸易的条件下,当两国的相对(或绝对)商品价格完全相等时,两国的专业化生产才会停止。如果存在运输成本和关税,则当两国的相对(和绝对)价格差不大于每单位贸易商品关税和运输成本时,两国的专业化生产就会停止。

假设 10(两国资源充分利用)表明:在两国中均不存在未被利用的资源和要素。

假设 11(两国贸易是平衡的)意味着:每一国的进口总额等于其出口总额。

5.3　要素密集度、要素充裕度和生产可能性曲线的形状

由于 5.4 节中的赫—俄理论是用要素密集度和要素充裕度说明的,因此有必要清晰准确地了解这两个术语的含义。我们将在 5.3A 小节解释要素密集度的含义,在 5.3B 小节解释要素充裕度的含义及其与要素价格之间的关系。最后,在 5.3C 小节,我们将说明要素充裕度与生产可能性曲线形状之间的关系。

5.3A　要素密集度

在一个只有两种商品(X 和 Y)和两种要素(劳动和资本)的世界中,如果生产 Y 时的资本/劳动比率大于生产 X 时的资本/劳动比率,我们就说 Y 是资本密集型商品。

例如,如果生产 1 单位 Y 需要 2 单位的资本(2K)和 2 单位的劳动(2L),则其资本/劳动比率为 1,即 $K/L=2/2=1$。如果生产 1 单位 X 需要 1K 和 4L,则商品 X 的资本/劳动比率即 $K/L=1/4$,我们就说 Y 是资本密集型商品而 X 是劳动密集型商品。

注意,在衡量两种商品的劳动密集度和资本密集度时,重要的是 1 单位劳动所需资本(即 K/L),而不是生产商品 X 和 Y 所需要的劳动和资本的绝对数量。例如,假设生产 1X 需要 3K 和 12L(而不是 1K 和 4L),而生产 1Y 需要 2K 和 2L(与前述一致)。尽管生产 1X 需要 3K 而生产 1Y 只需要 2K,商品 Y 仍是资本密集型商品,这是因为 Y 的资本/劳动比率高于 X

的这一比率。即 Y 的 $K/L=1$，而 X 的 $K/L=3/12=1/4$。

如果我们把资本(K)放在坐标系的纵轴，把劳动(L)放在坐标系的横轴，而且生产沿着一条从原点出发的射线进行，则该射线的斜率就是生产这种商品的资本/劳动比率(K/L)，见图 5.1。

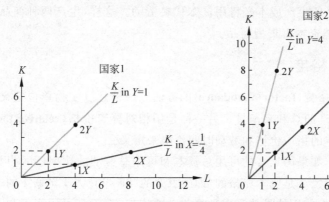

图 5.1　国家 1 和国家 2 商品 X 和商品 Y 的要素密集度

在国家 1，生产商品 Y 的资本/劳动比率(K/L)为 1，生产 X 的这一比率为 1/4。图中国家 1 从原点出发的两条射线的斜率给出了这两个值。因此，在国家 1 商品 Y 是资本密集型的。在国家 2，Y 的 $K/L=4$ 而 X 的 $K/L=1$，因此，在两个国家 Y 都是资本密集型的，而 X 都是劳动密集型的。国家 2 在生产两种商品时的资本/劳动比率都高于国家 1，这是因为国家 2 资本的相对价格(r/w)比较低。如果 r/w 下降，生产者在生产两种商品时都会用 K 来代替 L，以降低其生产成本。这样，将导致生产两种商品时的资本/劳动比率都有所上升。

如图 5.1 所示，国家 1 可以用 $2K$ 和 $2L$ 生产 $1Y$，由于规模报酬不变(假设 4)，它可以用 $4K$ 和 $4L$ 生产 $2Y$。$K/L=2/2=4/4=1$，这也是国家 1 表示商品 Y 的从原点出发的射线的斜率(见图 5.1)。同时，对于国家 1，用 $1K$ 和 $4L$ 可以生产 $1X$，用 $2K$ 和 $8L$ 可以生产 $2X$。这样国家 1 生产 X 的 $K/L=1/4$，这也是国家 1 表示商品 X 的从原点出发的射线的斜率。Y 的 K/L 比率，或是表示该商品的自原点出发的射线的斜率要大于 X 的这一比率，因此在国家 1，Y 是资本密集型商品而 X 是劳动密集型商品。

在国家 2，资本/劳动比率(或射线的斜率)对于 Y 是 4，对于 X 是 1(见图 5.1)。因此，在国家 2，Y 也是资本密集型商品而 X 也是劳动密集型商品。这可以用图 5.1 来说明：两国表示 Y 的射线比表示 X 的射线更陡(斜率更大)。

尽管 Y 相对于 X 来说在两国均为资本密集型，但国家 2 在生产 X 和 Y 时所用的资本/劳动比率都比国家 1 生产 X 和 Y 时高。生产 Y 时，国家 2 的 $K/L=4$，而国家 1 的 $K/L=1$。生产 X 时，国家 2 的 $K/L=1$，国家 1 的 $K/L=1/4$。一个很明显的问题是：为什么国家 2 在生产两种商品时都使用了比国家 1 资本密集度更高的生产技术？答案是国家 2 的资本相对于国家 1 来说一定较为便宜，因此国家 2 的生产者为了减少生产成本增加了资本的使用。但是为什么国家 2 的资本相对便宜？要回答这个问题，我们必须给出要素充裕度的定义，并研究其与要素价格之间的关系。

在做这件事之前，我们首先要解决另一个很重要的问题：一旦资本的相对价格下降，会发生什么事情。生产者为了减少其生产成本，必定会用资本来代替劳动。这样做的结果是两种商品都会变得更加资本密集化。只有在任何可能的相对要素价格下，生产 Y 的资本/劳动比率均大于生产 X 的资本/劳动比率时，我们才能明确地说 Y 是资本密集型商品。这是一个经验方面的问题，我们将在 5.6 节对其进行讨论。现在，我们假设这是正确的(即在任何可能的相对价格水平下,商品 Y 均是资本密集型商品)。

概括来说,如果在任何可能的相对要素价格水平下,生产 Y 的资本/劳动比率均大于生产 X 的资本/劳动比率,则我们可以明确地说 Y 是资本密集型商品。因为国家 2 的资本相对价格低于国家 1,所以国家 2 在生产 X 和 Y 时,资本/劳动比率均高于国家 1。如果资本的相对价格下降,生产者为了降低生产成本必将用资本代替劳动。这样,生产两种商品的资本/劳动比率均会上升,但 Y 仍是资本密集型商品。

5.3B 要素充裕度

有两种定义**要素充裕度**(**factor abundance**)的方法。一种是以实物单位定义,即用各国所有可以利用的资本和劳动的总和来衡量。另一种是用**相对要素价格**(**relative factor prices**)定义,即用每个国家的资本的租用价格和劳动时间价格来定义。

用第一种方法定义,如果国家 2 的可用总资本和可用总劳动的比率(TK/TL)大于国家 1 的这一比率,我们就说国家 2 是资本充裕的(即国家 2 的 TK/TL 大于国家 1 的 TK/TL)。注意,用这种方法定义,我们使用的是总资本和总劳动的比率,而不是可用资本和可用劳动的绝对数量。这样一来,如果国家 2 的 TK/TL 大于国家 1 的 TK/TL,即使国家 2 的资本拥有量少于国家 1,国家 2 仍是资本充裕的。

用第二种方法定义,如果国家 2 的资本租用价格和劳动时间价格的比率(P_K/P_L)小于国家 1 的这一比率,我们就说国家 2 是资本充裕的。即国家 2 的 P_K/P_L 小于国家 1 的 P_K/P_L。一般来说,资本的租用价格就是利率(r),劳动时间价格就是工资率(w),而 $P_K/P_L=r/w$。同样,决定一国是否资本充裕,并不是看 r 的绝对水平,而是看 r/w 的大小。例如,国家 2 的 r 可能比国家 1 的 r 高,但如果国家 2 的 r/w 小于国家 1 的 r/w,则国家 2 就是资本充裕的。

这两种定义要素充裕度的方法之间的关系是很明了的。用实物单位定义要素充裕度仅仅考虑了供给这一方面的因素。而用相对要素价格来定义则同时考虑了供求两方面的因素(从经济学原理中我们知道在完全竞争条件下,商品或要素价格由供求双方共同决定)。我们从经济学原理中还可以得知:对一种生产要素的需求是**派生需求**(**derived demand**),这是从最终产品的需求中派生出来的。

因为我们假定两国的偏好是相同的,在这种情形下,定义要素充裕度的两种方法得出的结论是相同的。这是因为:国家 2 的 TK/TL 大于国家 1 的 TK/TL,在相同的需求条件下(同样的生产技术),国家 2 的 P_K/P_L 较低。这样,在两种定义方法下,国家 2 都是资本充裕的。

但实际情况并不总是这样。很有可能出现一种情况:国家 2 对商品 Y(资本密集型商品)的需求和由此产生的对资本的需求远远大于国家 1,从而使国家 2 的资本相对价格高于国家 1(尽管国家 2 的资本的供给大于国家 1)。发生这种情形时,在实物单位定义法下国家 2 是资本充裕的,在相对要素价格定义法下国家 2 是劳动充裕的。

在这种情形下,我们应该使用相对要素价格定义法。也就是说,如果一国资本的相对价格低于另一国,则该国是资本充裕的。在我们的假设条件下,两种定义方法并不冲突。无论在哪种定义方法下,国家 2 总是资本充裕的,国家 1 总是劳动充裕的。除非特别指出,我们在本章的余下部分均这样认为。

5.3C　要素充裕度和生产可能性曲线的形状

由于国家 2 是资本充裕的，而 Y 是资本密集型商品，国家 2 就可以比国家 1 生产相对更多的商品 Y。类似的，由于国家 1 是劳动充裕的，而 X 是劳动密集型商品，国家 1 就可以比国家 2 生产相对更多的商品 X。这样国家 1 的生产可能性曲线与国家 2 的生产可能性曲线相比较为平坦，其在横轴上也扩展得较宽（如果我们用横轴度量 X 的话）。

在图 5.2 中，我们在同一坐标系中绘出了国家 1 和国家 2 的生产可能性曲线（这与我们在第 3 章和第 4 章一直使用的图 3.1 中的生产可能性曲线一样）。由于国家 1 是劳动充裕的国家，而商品 X 是劳动密集型的，国家 1 的生产可能性曲线偏向度量商品 X 的横轴。同样，由于国家 2 是资本充裕的国家，而商品 Y 是资本密集型的，国家 2 的生产可能性曲线偏向度量商品 Y 的纵轴。我们把它们绘在同一个坐标系中，以便清晰地比较其形状上的差异，也便于我们说明 5.4C 小节中的赫—俄模型。案例研究 5.1 显示了各国的相对资源禀赋情况。案例研究 5.2 给出了一些主要的发达国家与发展中国家每个工人占用的资本存量。

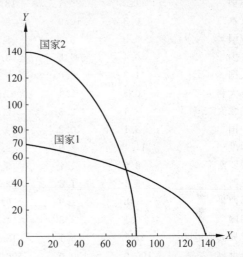

图 5.2　国家 1 和国家 2 生产可能性曲线的形状

国家 1 的生产可能性曲线比国家 2 的平坦，而且在横轴方向上扩展得较宽，这反映了国家 1 可以比国家 2 生产更多的 X。其原因是国家 1 是劳动充裕的国家，而 X 是劳动密集型商品。

案例研究 5.1

各国的相对资源禀赋情况

表 5.1 给出了 2011 年大多数领先的发达国家和发展中国家在 (1) 可耕种土地、(2) 有形资本、(3) 研发 (R&D) 科学家、(4) 高技能工人、(5) 中等技能工人和 (6) 无技能工人方面占世界资源禀赋的份额以及占世界 GDP 的份额。可耕种土地是生产农产品所需的通用资源；有形资本是指机器、厂房和其他非人工的生产手段；研发科学家是指具有大学本科以上学历，从事最高技术含量的产品生产的拥有最高技能的劳动力；高技能工人是指完成大学课程的劳动力；无技能工人是指顶多接受过初等教育的劳动力。从广义方面定义，如果一个国家占有某种资源的世界份额超过其占世界产出（用购买力来衡量的 GDP）的比例，则称该国拥有相对丰富的该种资源。

如表 5.1 所示，美国占世界有形资本的份额超过了其占世界 GDP 的份额，在研发科学家和高技能工人方面所占的世界份额基本与其占世界 GDP 的份额持平，中等技能和无技能工人的份额则低于其占世界 GDP 的份额。因此，我们可以预期，美国在资本密集型商品方面是净出口盈余，或称拥有比较优势；在密集利用研发科学家和高技能工人的最高技术的商品方面则基本既无优势也无劣势；在农产品及其他土地和自然资源密集型商品方面具有相对劣势，在所有靠中等技能工人和无技能工人生产的商品方面也是如此。

表 5.1 2011 年各国资源禀赋的占有率						%
国家	(1)可耕种土地	(2)有形资本	(3)研发科学家	(4)高技能工人	(5)中等技能工人	(6)无技能工人	(7)GDP
美国	11.5	25.1	18.8	17.7	7.6	0.7	20.2
日本	0.3	10.0	9.8	6.0	3.6	0.0	5.6
德国	0.9	5.1	5.1	3.3	3.0	0.1	4.2
英国	0.4	3.5	3.8	3.0	1.9	0.0	2.9
法国	1.3	2.0a	3.7	2.4	1.6	0.6	3.0
意大利	0.5	3.4	1.6	1.2	1.9	0.8	2.5
加拿大	3.1	2.3	2.4	2.4	0.8	0.0	1.8
中国	8.1	10.2	19.9	6.4	35.5	20.5	15.3
印度	11.1	2.9	2.9	3.9	4.6	36.6	5.8
俄罗斯	8.6	1.7	6.7	12.5b	2.1	0.4	4.2
巴西	5.1	1.6	2.1	2.7	3.2	3.6	2.9
墨西哥	1.8	1.9	0.7	2.2	1.8	2.9	2.5
韩国	0.1	2.3	4.3	2.5	1.1	0.4	1.9
世界其他地区	47.2	28.1	18.8	34.0	31.3	33.4	27.2
全世界	100.0	100.0	100.0	100.0	100.0	100.0	100.0

ᵃ 该值对于法国而言似乎过低,但数据确实如此。

ᵇ 该值似乎特别高;UNESCO 数据似乎显示过去几年间俄罗斯将一大批此前被定义为"中等技能"的工人改划为"高等技能"的工人。

资料来源:World Bank, *World Development Indicators*, 2014; *PENN World Table*, 2014; and *OECD Economic Outlook*, 2013.

　　日本、德国和英国拥有相对丰富的资本密集型商品(因此我们预期其在这些商品上具有相对优势)以及密集使用研发科学家的商品(英国在密集使用高技能工人的劳动密集型商品方面同样表现平平)。法国拥有相对丰富的研发科学家。意大利拥有相对丰富的有形资本。加拿大则拥有相对丰富的可耕种土地、有形资本、研发科学家和高技能工人。

　　中国拥有相对丰富的研发科学家、中等技能和无技能工人。印度拥有相对丰富的可耕种土地和无技能工人。俄罗斯拥有相对丰富的可耕种土地、研发科学家和高技能工人。巴西拥有相对丰富的可耕种土地、中等技能工人和无技能工人。韩国拥有相对丰富的有形资本、研发科学家和高技能工人。墨西哥拥有相对丰富的无技能工人。

案例研究 5.2

一些国家的资本/劳动比率

　　表 5.2 给出了 2011 年一些发达国家和发展中国家工人人均占用的资本存量。资本存量是以 2005 年的美元价格度量的,这样可以反映美元在各国的实际购买能力,从而使各国之间

具有可比性。如表 5.2 所示,美国与其他发达国家相比,人均资本存量较高(见表的左半部),而韩国与其他发展中国家甚至是法国、德国和英国相比,人均资本存量较高(见表的右半部)。从中可以得出这样一个结论:美国与发达国家和发展中国家相比,在资本密集型商品上具有比较优势;韩国与其他发展中国家(甚至一些发达国家)相比,在资本密集型商品上具有比较优势。

表 5.2　　2011 年一些国家的人均资本存量(以 2005 年国际美元价格度量)　单位:美元			
发达国家	人均资本存量	发展中国家	人均资本存量
美国	132 707	韩国	107 360
日本	123 272	泰国	59 718
意大利	122 103	土耳其	46 813
加拿大	112 189	俄罗斯	46 492
西班牙	111 799	墨西哥	41 849
法国	104 525	中国	33 436
德国	102 165	巴西	23 386
英国	85 608	印度	14 774

资料来源:*PENN World Table*,2014.

5.4　要素禀赋和赫克歇尔—俄林理论

1919 年,瑞典经济学家埃利·赫克歇尔(Eli Heckscher)发表了题为《国际贸易对收入分配的影响》的论文。在这篇文章中,他对后来成为现代国际贸易理论的理论做了概括性的说明。这篇文章发表后并没有引起人们的注意,直到 10 年以后,他的学生,另一位瑞典经济学家伯尔蒂尔·俄林(Bertil Ohlin)才在这篇文章的基础上做了进一步的研究。俄林在 1933 年出版了著名的《区际贸易与国际贸易》一书。

因为俄林的文章包含了赫克歇尔的所有工作,并做了进一步的研究,因此,这里我们只讨论俄林所做的工作。由于这一理论的核心思想是由赫克歇尔提出的,为纪念其贡献,我们把这一理论称为赫克歇尔—俄林理论,简称赫—俄理论。俄林由于其在国际贸易方面的贡献,与詹姆斯·米德共同荣获 1977 年度诺贝尔经济学奖。

概括说来,**赫—俄理论〔Heckscher-Ohlin(H-O)theory〕**有两种理论形式:一种是所谓的赫克歇尔—俄林定理,研究和预测贸易模式;另一种是要素价格均等理论,研究国际贸易对要素价格的影响。我们将在 5.5 节讨论要素价格均等理论。本节我们将说明和讨论赫—俄理论。我们首先简单介绍该理论,然后解释其含义;接着我们检验赫—俄理论的一般均衡特性;最后我们给出这一模型的几何解释。

5.4A　赫克歇尔—俄林定理

从 5.2 节所述的基本假设出发,我们可以这样表述**赫克歇尔—俄林(赫—俄)定理(Heckscher-Ohlin theorem)**:一国应当出口密集使用该国相对充裕和便宜的要素的商品,进口密集使用该国相对稀缺和昂贵的要素的商品。简言之,劳动相对充裕的国家应当出口劳动密集型商品,进口资本密集型商品。

用我们此前讨论过的术语来说,这意味着国家 1 出口商品 X 是因为 X 是劳动密集型商品,而劳动是国家 1 比较充裕和便宜的要素。类似的,国家 2 出口商品 Y 是因为 Y 是资本密集型商品,而资本是国家 2 比较充裕和便宜的要素(即国家 2 的利率/工资比率小于国家 1 的这一比率)。

在所有可能造成国家之间相对商品价格差异和比较优势的原因中,赫—俄定理认为各国的相对要素充裕度或称要素禀赋是国际贸易中各国具有比较优势的基本原因和决定因素。因此,赫—俄定理又常被称为**要素比例或要素禀赋理论**(factor-proportions or factor-endowment theory),即每个国家都应专业化生产并出口密集使用该国相对充裕和便宜的要素的商品,进口密集使用该国相对稀缺和昂贵的要素的商品。

这样一来,赫—俄定理解释了比较优势产生的原因,而不像古典经济学家只是假设其成立。换句话说,赫—俄定理认为相对要素充裕度和相对要素价格之间的差异是导致两国贸易前相对商品价格不同的原因。这种相对要素价格和相对商品价格之间的差异可以转化为两国间绝对要素价格和绝对商品价格的差异(如 2.4D 小节所述)。这种绝对价格差异才是两国之间发生贸易的直接原因。

5.4B 赫克歇尔—俄林理论的一般均衡框架

赫—俄理论的一般均衡特性可以用图 5.3 形象地概括出来。从该图的右下角出发,我们可以看到偏好和生产中要素所有权的分配(即收入分配)共同决定了对商品的需求。对商品的需求决定了生产该商品所需要素的派生需求。生产中对要素的需求和对要素的供给共同决定了完全竞争条件下的要素价格。要素价格和生产技术水平共同决定了最终商品的价格。不同国家之间相对商品价格的差异决定了比较优势和贸易模式(即一国应出口哪种商品)。

图 5.3 清晰地表明所有经济力量是如何共同决定最终商品价格的。这也就是我们将赫克歇尔—俄林(赫—俄)模型称为一般均衡模型的原因。

在所有这些共同作用的因素之外,赫—俄定理单独提出各国生产所需要素的实物可用量或供给量的差异以解释各国相对商品价格之间的差异及贸易发生的原因。特别地,俄林假设各国偏好(以及收入分配)是相同的。这使得各国对最终商品和生产要素的需求相等。这样不同国家对各种生产要素的不同供给就成为导致各国相对要素价格不同的唯一原因。最后,相同的生产技术和不同的要素价格导致了不同的相对商品价格,从而引起贸易。在图 5.3 中,要素

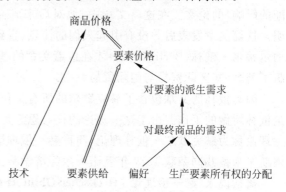

图 5.3　赫—俄理论的一般均衡框架

从图的右下角出发,生产要素所有权的分配和偏好共同决定了对商品的需求。对生产要素的需求可以从对最终商品的需求中派生出来。对要素的供求力量共同决定了要素价格。要素价格和技术水平决定了最终商品的价格。各国相对商品价格之间的差异决定了比较优势和贸易模式。

相对供给量的差异导致要素价格差异和商品价格差异的过程用双线表示。

注意,得出这些结论的赫—俄模型并不要求各国偏好、收入分配和生产技术完全相同,而只要求大致相同。相同偏好、相同收入分配和相同生产技术这些假设确实简化了对该理论的讲解和图表说明。我们将在 6.2 节放松这些假设约束。

5.4C　对赫—俄理论的说明

我们用图 5.4 来说明赫—俄理论。左图是与图 5.2 相同的国家 1 和国家 2 的生产可能性曲线。正如 5.3C 小节所述，因为 X 是劳动密集型商品，而国家 1 是劳动充裕的国家，两国均使用相同的技术，所以国家 1 的生产可能性曲线斜向 X 轴。另外，因为两国有相同的偏好，它们的无差异曲线图是完全一样的。无差异曲线Ⅰ(两国共同的无差异曲线)与国家 1 的生产可能性曲线切于 A 点，与国家 2 的生产可能性曲线切于 A' 点。无差异曲线Ⅰ是国家 1 和国家 2 在无贸易条件下所能达到的最高无差异曲线，A 点和 A' 点反映了两国在无贸易时的生产和消费均衡点。注意：虽然我们假设两国具有同样的偏好(无差异曲线图相同)，但是两国的无差异曲线相同并不是必需的，也不一定要在相同的无差异曲线上结束贸易，我们所做的假设仅仅是为了简化图形。

无差异曲线Ⅰ与两国生产可能性曲线的切点 A 和 A' 确定了两国的孤立均衡相对价格，国家 1 为 P_A，国家 2 为 $P_{A'}$(见图 5.4)。由于 $P_A < P_{A'}$，国家 1 在商品 X 上具有比较优势，国家 2 在商品 Y 上具有比较优势。

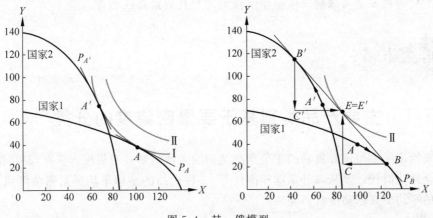

图 5.4　赫—俄模型

由于假设两国偏好相同，无差异曲线Ⅰ是两国共同的无差异曲线。该无差异曲线与国家 1 的生产可能性曲线切于 A 点，与国家 2 的生产可能性曲线切于 A' 点。这两个切点确定了两国的孤立均衡相对价格，国家 1 为 P_A，国家 2 为 $P_{A'}$(见左图)。由于 $P_A < P_{A'}$，国家 1 在商品 X 上具有比较优势，国家 2 在商品 Y 上具有比较优势。开展贸易(见右图)后，国家 1 在 B 点组织生产，能够用 X 交换 Y，最终达到 E 点的消费组合(见贸易三角 BCE)。国家 2 在 B' 点组织生产，通过用 Y 交换 X，最终达到 E' 点的消费组合(与 E 点重合)。两国均从贸易中获利，这是因为它们都达到了更高的无差异曲线Ⅱ。

右图表明，在贸易中，国家 1 专业化生产商品 X，国家 2 专业化生产商品 Y(见两国生产可能性曲线上箭头的方向)。这种专业化生产将进行至国家 1 达到 B 点，国家 2 达到 B' 点为止。这时两国的转换曲线与其共同相对价格线 P_B 相切。国家 1 出口 X 以交换 Y，最终消费组合为无差异曲线Ⅱ上的 E 点(见贸易三角 BCE)。同时，国家 2 出口 Y 以交换 X，最终消费组合为与 E 点重合的 E' 点(见贸易三角 B'C'E')。

注意：国家 1 对商品 X 的出口等于国家 2 对商品 X 的进口(即 BC=C'E')。类似的，国家 2 对商品 Y 的出口等于国家 1 对商品 Y 的进口(即 B'C'=CE)。当 $P_X/P_Y > P_B$ 时，国家 1 对商品 X 的出口供给将会大于国家 2 在这个相对较高的价格上愿意进口的数量，P_X/P_Y 将向 P_B 回落。如果 $P_X/P_Y < P_B$，国家 1 对商品 X 的出口供给将低于国家 2 在这个相对较低价格下愿意进口的数量，P_X/P_Y 将向 P_B 上升。P_X/P_Y 向 P_B 移动的趋势也可以用来对商品 Y 做同样的解释。

还应注意，E 点与 A 点相比，消费 Y 的数量有所增加，而消费 X 的数量却下降了。但是，国家 1 在贸易中仍然有所得,这是因为 E 点位于较高的无差异曲线 II 上,同样,虽然 E' 点比 A' 点包含了更多的 X 和更少的 Y,国家 2 仍从贸易中获利,原因也是 E' 点位于较高的无差异曲线 II 上。这种专业化生产、贸易与消费的模式将保持不变,除非某国或两国的商品市场和要素市场的供求状况发生了变化。

现在简单比较图 5.4 和图 3.4,我们将获得启发。在图 3.4 中,两国生产可能性曲线之间的差异由于两国偏好的不同而变得更大,这使两国的孤立均衡相对价格之间的差异比图 5.4 中所示差异更大。同时,两国偏好的不同也可能使互惠贸易无法实现。如果两国不同的无差异曲线与各自不同的生产可能性曲线的切点导致两国的孤立均衡相对价格相等,就会无法实现互惠贸易。本章练习题 4 就将探讨这一问题。

还要注意赫—俄理论并不要求两国偏好相同(即无差异曲线相同)。它只要求,如果偏好不同,这种差异不足以完全抵消导致两国具有相对商品价格与比较优势差异的要素禀赋和生产可能性曲线之间的差异。在这个意义上,可将图 3.4 看作比图 5.4 更一般化的赫—俄模型。案例研究 5.3 给出了各行业的要素密集度。案例研究 5.4 则检验了一些领先的发达国家和发展中国家的贸易模式是否像赫—俄模型所预测的与其要素禀赋相符。

案例研究 5.3

主要产品类别基于要素密集度的分类

表 5.3 给出了参与国际贸易的主要产品类别的大致的要素密集度。然而,必须指出的是,由于处于全球化时代以及从海外采购零部件等,一种产品的整体平均要素密集度可能与其某些零部件的平均要素密集度有所差别。

表 5.3　主要产品类别的要素密集度

可耕种土地和其他自然资源密集型产品:
　农产品(食品和原材料)
　石油和矿产品(铁矿石和其他矿产、石油及非铁金属)
资本密集型产品:
　钢铁
　农用化学品
　汽车产品(机动车、零部件和发动机)
研发科学家和其他高技能工人密集型产品
　化学制剂(药品和其他化学品,不包括农用化学品)
　办公和电信设备
　民用飞机、发动机和零部件
　机器(发电机、非电气设备和电气设备)
　科学和控制仪器
无技能工人密集型产品
　纺织品
　衣物和鞋
　个人用品和家庭用品

资料来源:World Trade Organization, *International Trade Statistics*(Geneva:WTO,2015); and J. Romalis,"Factor Proportions and the Structure Commodity of Trade,"*American Economic Review*,March 2004,pp. 67-97.

案例研究 5.4

各国贸易的要素密集度

我们现在看看 2014 年的贸易数据,来确定一下案例研究 5.1 中所研究的各国净出口的要素密集度,考察其贸易是否从广义上与其相对的要素禀赋相符合。

美国:2014 年,美国在研发和其他高技能工人(如农用化学品以外的化学制剂、飞机、集成电路以及科学和控制仪器)密集型产品上有净出口盈余;在某些自然资源产品(如石油)以及无技能密集型产品(如纺织品、衣物、个人和家庭用品)方面有净进口盈余。这些都与美国广义的相对要素禀赋相符,也符合赫—俄模型。然而,美国在药品、机器(除非电气设备以外)以及办公和通信设备等其他研发和高技能工人密集型产品方面则有净贸易赤字,而我们原本认为美国会是这些产品的净出口国。美国还是某些资本密集型产品(如钢铁、汽车产品)的大的净进口国,而我们原本认为它在这些领域多多少少该是平衡的。

日本:日本在资本密集型产品、研发和其他高技能工人密集型产品方面有巨额的净出口盈余,而在自然资源密集型产品和无技能工人密集型产品方面则有更为巨额的净进口盈余。这与我们根据日本的相对要素禀赋所形成的预期是相符的。然而,日本在商用飞机方面拥有巨额的净进口盈余。

欧盟:正如其相对要素充裕度所显示的,欧盟(27 国)在资本密集型产品、研发和其他高技能工人密集型产品方面有净出口盈余,在农产品、石油和矿产品、纺织品和衣物以及个人和家庭用品方面则有净进口盈余。不过,欧盟在办公和通信设备方面也有巨额进口盈余,这与其相对充裕的研发和其他高技能工人是不相符的。

加拿大:加拿大的贸易特点是庞大的农产品以及石油和矿产品的净出口盈余,以及无技能工人密集型产品的巨额净进口盈余。这与其相对要素禀赋是相符的。然而,与相对充裕度不符的是,除了汽车产品(大部分是均衡的)外,加拿大在几乎所有其他资本和技能密集型产品方面都有净进口盈余。

中国:正如其相对要素禀赋所显示的,中国在农产品、石油和矿产品方面有巨额净进口盈余,在钢铁、除汽车以外的交通设备、办公和通信设备、电机、纺织品、衣物以及个人和家庭用品方面则有巨额净出口盈余。然而,与其相对要素禀赋不符的是,中国在除药品以外的化学制剂、集成电路、汽车产品以及发动机和非电气设备方面有净进口盈余。

其他国家:至于案例研究 5.1 中所涉及的其他国家,印度、俄罗斯、巴西、韩国和墨西哥的贸易在很大程度上反映了其相对要素禀赋,但也存在某些较为明显的差异。

资料来源:World Trade Organization,*International Trade Statistics*(Geneva:WTO,2015).

总而言之,我们可以说大部分大的发达国家和发展中国家的贸易与要素禀赋(赫—俄)理论的推测是相符的,但也存在一些重大的差异。对于赫—俄理论更为严谨的检验将在 5.6 节讨论。长期内相对优势的改变将在第 7 章介绍。

5.5　要素价格均等与收入分配

本节我们将考察要素价格均等定理。它实际上是赫—俄定理的推论,与赫—俄定理的内涵是相同的。(1970 年诺贝尔经济学奖获得者)保罗·萨缪尔森严格证明了要素价格均等定理。正是由于这一原因,该定理通常被称为赫克歇尔—俄林—萨缪尔森定理,简称赫—俄—萨定理。

在 5.5A 小节,我们将介绍这一定理并解释其含义。在 5.5B 小节将给出对要素价格均等定理的一个直观的证明。在 5.5C 小节,我们将考察国际贸易对每一贸易国的收入分配的影响及相关的问题。在 5.5D 小节,我们将分析扩展到生产中所使用的一种或多种要素不能自由流动,而是仅能用于某个产业。最后,在 5.5E 小节,我们将简单探讨这一定理的经验检验。对于要素价格均等定理的严格证明将在本章附录中给出。这一证明需要利用第 3 章附录中提到的中级微观经济学的分析工具。

5.5A　要素价格均等定理

从 5.2A 小节给出的假设出发,我们可以这样表述**要素价格均等(赫—俄—萨)定理**[factor-price equalization (H-O-S) theorem]:国际贸易会使各国同质要素获得相同的相对与绝对收入。这样一来,国际贸易就成为国际要素流动的替代品。

(如果 5.2A 节中的假设成立)国际贸易会使贸易各国的同质劳动(即经过相同的培训,具有相同的技能和生产力的劳动)获得相等的工资。类似的,国际贸易会使贸易各国同质资本(即具有同等风险和生产力的资本)获得相等的收益。也就是说,国际贸易会使国家 1 和国家 2 的工资相等,会使贸易各国的利率相同,会使相对要素价格和绝对要素价格相等。

在 5.4 节中,我们知道在没有贸易时,国家 1 商品 X 的相对价格低于国家 2,因为国家 1 的劳动价格,即工资率比较低。当国家 1 专业化生产 X(劳动密集型商品)并减少 Y(资本密集型商品)的产量时,对劳动的相对需求就会上升,从而提高工资率。同时对资本的相对需求下降,引起利率下降。而在国家 2 所发生的一切与国家 1 相反。即国家 2 专业化生产 Y 并降低 X 的产量时,对劳动的需求下降,进而引起工资下降,对资本的需求增加,从而提高了利率。

概括说来,国际贸易使国家 1(低工资国家)的工资上升,使国家 2(高工资国家)的工资下降。因此,国际贸易使两国的工资率与贸易前相比差距缩小了。类似的,国际贸易降低了国家 1(高利率国家)的利率,提高了国家 2(低利率国家)的利率,也使两国的利率与贸易前相比差距缩小了。这表明国际贸易倾向于缩小两国间工资与利率的差距。

我们可以进一步证明国际贸易不仅倾向于缩小同质要素收入的国际差异,而且实际上在满足所有假设的前提下,会使各国相对要素价格完全相等。这是因为只要相对要素价格不同,相对商品价格就会不同,从而促进贸易进一步发展。而这会进一步缩小两国要素价格的差异。因此,国际贸易将继续发展直到相对商品价格完全相等,即两国的相对要素价格完全相等。

5.5B　相对和绝对要素价格均等

我们可以画图表示贸易使两国要素价格相等的过程(如果 5.2A 小节中的假设成立)。在图 5.5 中,横轴表示劳动的相对价格(w/r),纵轴表示商品 X 的相对价格(P_X/P_Y)。由于各国都处于完全竞争条件下,且使用相同的生产技术,在 w/r 与 P_X/P_Y 之间存在一一对应的关系,即对于每一个工资/利率比率都有唯一的 P_X/P_Y 比率与之对应。

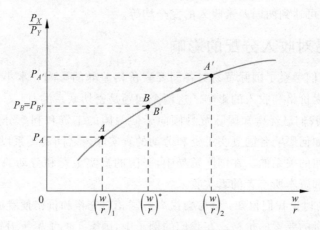

图 5.5 相对要素价格均衡

图中横轴表示 w/r,纵轴表示 P_X/P_Y。开展贸易前,国家 1 位于 A 点,$w/r=(w/r)_1$,$P_X/P_Y=P_A$;国家 2 位于 A′点,$w/r=(w/r)_2$,$P_X/P_Y=P_{A'}$。因为国家 1 的 w/r 小于国家 2 的 w/r,$P_A < P_{A'}$,所以国家 1 在商品 X 上具有比较优势。开展贸易后,国家 1 专业化生产商品 X,提高了劳动相对于资本的需求,w/r 上升。国家 2 专业化生产 Y,提高了资本的相对需求,r/w 上升(即 w/r 下降)。这种情况将继续下去直至在 B 点=B′点时,$P_B=P_{B'}$ 而且两国的 w/r 均等于 $(w/r)^*$。

开展贸易前,国家 1 位于 A 点,$w/r=(w/r)_1$,$P_X/P_Y=P_A$;国家 2 位于 A′点,$w/r=(w/r)_2$,$P_X/P_Y=P_{A'}$。在无贸易的条件下,国家 1 的 w/r 低于国家 2,$P_A < P_{A'}$,因此国家 1 在商品 X 上具有比较优势。

当国家 1(劳动充裕的国家)专业化生产商品 X(劳动密集型商品)同时减少商品 Y 的产量时,对劳动的需求相对于对资本的需求将提高,从而使国家 1 的 w/r 上升。这也使国家 1 的 P_X/P_Y 上升。而当国家 2(资本充裕的国家)专业化生产商品 Y(资本密集型商品)同时减少 X 的产量时,其对资本的相对需求将上升,从而使 r/w 上升(即 w/r 下降)。这也使国家 2 的 P_Y/P_X 上升(即 P_X/P_Y 下降)。这个过程将持续进行至 B 点=B′点,这时 $P_B=P_{B'}$。两国的 w/r 比率均为 $(w/r)^*$(见图 5.5)。注意:由于两国的生产均处于完全竞争下,而且使用的是同一技术(见前面的假设),因此只有两国 w/r 相同时才有 $P_B=P_{B'}$。同时注意:$P_B=P_{B'}$ 位于 P_A 和 $P_{A'}$ 之间,$(w/r)^*$ 位于 $(w/r)_1$ 和 $(w/r)_2$ 之间。简言之,贸易会使两国的 P_X/P_Y 相等,这只有在两国 w/r 相等的前提下才能发生(只要两国继续生产两种商品)。附录给出了一个更复杂也更严格的对要素相对价格均等理论的证明。

以上所示的是相对要素价格均等,而不是绝对要素价格均等的过程。绝对要素价格均等意味着:自由贸易会使贸易两国同类型的劳动的实际工资相等,使两国同类资本的实际利率相等。已知贸易相对要素价格相等,商品市场和要素市场都是完全竞争的,再补充以下假设:各国使用相同的生产技术,在所有商品生产过程中均保持规模报酬不变。这样贸易就会使同质要素的绝对收入相等。本章附录将会在相对要素价格均等定理的证明之后,给出对绝对要素价格均等定理的一个复杂的严格证明。

注意:贸易在其对要素价格的影响作用方面实际上是替代了生产要素的国际间流动。在完全流动的情况下(即信息充分、无法规约束、无运输成本),劳动将会从低工资国家流动至高工资国家,直到两国工资相等,这种流动才会停止。同样,只要两国利率不等,资本就会从低利率国家流向高利率国家。贸易作用于对要素的需求,而要素流动作用于对要素的供给。这两种作用都会使同质要素的绝对收入完全相同。在要素于国际间有些(但不是完全)流动的条件下,较小的贸易量即可达到两国要素收入的完全均等。

5.5C   贸易对收入分配的影响

在上一小节,我们考察了国际贸易对各国要素价格差异的影响。本小节我们将分析国际贸易对各国相对要素价格和收入的影响。这两个问题是密切联系的,但又不完全相同。

在 5.5A 小节,我们已经得知国际贸易倾向于使两国的工资和利率分别相等。现在我们要研究国际贸易是如何影响各国真实工资和劳动的真实收入之间的关系以及真实利率和资本所有者真实收入之间的关系的。在国际贸易中,一国的真实工资和劳动的真实收入的升降是否会影响真实利率和资本所有者的真实收入?

从 5.5A 小节的讨论我们得知:贸易会提高各国相对充裕和价格便宜的要素的价格,降低各国相对稀缺和昂贵的要素的价格。在我们的例子中,国家 1 的工资上升而利率下降,国家 2 的工资下降而利率上升。因为我们假设各国贸易前后劳动和资本都是充分利用的,劳动的真实收入和资本所有者的真实收入将与要素价格同方向变动。因此,贸易使国家 1 劳动的真实收入上升,资本所有者的真实收入下降。同时,国际贸易使国家 2(劳动昂贵而资本便宜的国家)劳动的真实收入下降,资本所有者的真实收入上升。这是斯托尔帕—萨缪尔森定理的结论,我们将在 8.4C 小节做详细解释。

由于在发达国家(如美国、德国、日本、法国、英国、意大利、加拿大等),资本是相对充裕的要素(即我们例子中的国家 2),国际贸易将会降低这些国家劳动的真实收入,提高资本所有者的真实收入。因此发达国家的工会通常支持贸易保护。然而,在较不发达国家(如印度、埃及、韩国和墨西哥等),劳动是相对充裕的要素,国际贸易会提高劳动者的真实收入,降低资本所有者的真实收入。但是,这些结论都是建立在要素可以在各国和各产业之间自由流动的假设之上的。

既然根据赫—俄—萨定理,国际贸易会降低美国这样的资本充裕、劳动稀缺的国家的真实工资和劳动的真实收入,那么美国政府是否应当限制贸易?回答是否定的。原因是贸易导致的劳动者(尤其是无技能工人,参见案例研究 5.5)的损失小于资本所有者的收入增加。用合适的税收政策可以使收入在资本所有者和劳动者之间重新分配,使两种生产要素的所有者都可以在国际贸易中获利。这种再分配政策可以是重新培训被进口所替代的劳动,也可以是对劳动和某些社会服务业的减税。我们将在第 8 章和第 9 章对贸易保护的研究中讨论这一重要问题。

案例研究 5.5

国际贸易是否增大了美国的工资差异?

过去 20 年间,国际贸易是否增大了美国及其他工业国高技能工人与无技能工人之间的工资差异?答案是肯定的,但这可能并非主要原因。我们先来看几个事实。1979—1993 年,美国高中毕业生的平均真实工资降低了 20% 多,而大学毕业生的平均真实工资却上升了 11%,这导致了高技能工人与无技能工人之间的工资差异大幅增加。另一项研究指出,1973—1996 年美国大学毕业生与高中毕业生之间的真实工资差异增加了 63%。问题是国际贸易的影响在其中究竟占了多少比例？

对于这个问题存在很大的争议。Wood(1994,1995,1998)、Borajas 和 Ramey(1994)、Sachs 和 Shatz(1994,1996)、Rodrik(1997)以及 Feenstra 和 Hanson(2009)等经济学家认为新兴工业国(NIEs)的制成品出口增长是造成 1980—2000 年美国工资差异增加和西欧失业率上升的主要原因。然而，Krugman 和 Lawrence(1994)、Bhagwati 和 Kosters(1994)、Krugman(1995,2000)、Slaughter 和 Wagel(1997)、Cline(1997)及 OECD(1998)等经济学家则指出，工业国从低工资国家除石油以外的进口仅占其 GDP 的大约 3%，从而不可能是造成美国无技能工人真实工资大幅下降以及西欧(由于工资较为刚性)失业率大幅上升的主要原因。他们承认国际贸易与工业国无技能工人面临的问题脱不了干系，但认为其仅是美国高技能工人与无技能工人之间的工资差异增大的次要原因(即它所占的比例可能不超过 10%~15%)。高技能工人与无技能工人之间的工资差异可能主要是由于技术进步，如很多工作实现了自动化和计算机化，从而使对于美国和欧洲无技能工人的需求大幅减少。

现有的证据似乎更为支持后一种观点，即国际贸易似乎对于 20 世纪 90 年代中期以前工业国无技能工人的需求和工资仅有较少的直接影响(大约 10%)。工资差异增加主要是其他因素造成的(见表 5.4)。然而，Lawrence(2008)、Krugman(2008)、Lippoldt(2012)、Haskel 等(2012)以及笔者与 Hanson(2014)却相信，20 世纪 90 年代中期以来国际贸易对于高技能与无技能工人的工资差别的影响增加了。Edwards 和 Lawrence(2013)指出，国际贸易促使发达国家更多地出口技能密集型商品而将越来越多的不需要多少技能的零部件外包出去，从而引发了更多的技术进步，进而间接地增大了美国及其他发达国家的高技能工人与无技能工人的工资差异。Ebenstein 等(2009)发现其对于美国工资差异的影响远高于此前的估计，或许与技术进步的影响不相上下。可参见案例研究 1.3、案例研究 3.3 和案例研究 3.4。

表 5.4 美国工资差异的来源	%
工资差异的来源	所 占 比 例
技术进步	37.7
贸易	10.1
固定的最低工资	7.2
工会的衰落	4.4
移民	2.9
无法解释的原因	37.7

资料来源："At the Heart of the Trade Debate：Inequity,"*The Wall Street Journal*,October 31,1997,p. A2.

5.5D 特定要素模型

上一节讨论的国际贸易对收入分配的影响是基于下面的假设：各要素在一国的各产业或部门间是完全自由流动的。尽管该假设从长期看也许是可行的，但在短期却可能不成立，因为一些要素(如资本)可能是有流动限制的，或只限于在某一产业或部门内流动。在这种情况下，赫—俄模型关于国际贸易对收入分配的影响的结论就需要有所修改，我们这里用**特定要素模型**(specific-factors model)来解释。

为了考察特定要素模型，我们假设一个劳动充裕的国家生产两种商品，商品 X 是劳动密集型，商品 Y 是资本密集型。生产两种商品都需要劳动和资本，但是劳动可以在两个产业间自由流动,而资本只能用于特定的产业。也就是说,用于生产 X(如食品)的资本不能用于生产 Y(如布料),反之亦然。可以假设有三种生产要素:劳动(用于生产 X 和 Y,并且可以在两者间流动)、只用于生产 X 的自然资源(可耕种土地)和只用于生产 Y 的资本。

开展贸易后,该国将专业化生产并出口劳动密集型商品 X,进口资本密集型商品 Y。这会提高 X 的相对价格(即 P_X/P_Y)以及对该国劳动的需求和名义工资率。一些劳动将从 Y 的生产中转移到 X 的生产中。由于劳动在两个产业间是流动的,当产业 Y 的 P_Y/P_X 有所减小并且部分劳动转移至 X 的生产中时,产业 Y 将不得不对劳动支付更高的工资。

贸易对该国劳动的真实工资率的影响是不确定的,因为 P_X/P_Y 和对劳动的派生需求的增加将超过名义工资率的增加(由于劳动的供给不是垂直的,附录中的图 5.9 说明了这一点),因而商品 X 的真实工资率有所下降。相反,由于该国的名义工资率上升而商品 Y(进口竞争商品)的价格下降,它的真实工资率将上升。这样,该国 X 的真实工资率下降而 Y 的真实工资率上升。因此,贸易对劳动的真实工资的影响是不确定的。主要消费商品 X 的工人的真实工资和收入将下降而主要消费商品 Y 的工人的真实工资和收入将上升。

贸易对资本的影响则是明确的。由于资本只能用于特定的产业,开展贸易不会导致资本从 Y 的生产中转移到 X 的生产中。在 X(该国的出口商品)的生产中,更多的劳动和特定数量的资本相结合,资本的真实收入上升。而在 Y(该国的进口竞争商品)的生产中,越来越少的劳动和特定数量的资本相结合,资本的真实收入下降。

根据特定要素模型所得出的结论是:贸易对一国流动要素的影响是不明确的,它有利于用于该国出口商品的非流动要素,而不利于用于该国进口商品的非流动要素。在前面提到的例子中,开展贸易对于劳动(该国的流动要素)的真实工资和收入的影响是不明确的,同时将增加生产 X(该国的出口商品)的资本的真实收入,减少生产 Y(该国的进口竞争商品)的另一特定要素的真实收入。如果生产 X 的特定要素是自然资源,贸易的开展将增加土地的真实收入或租金,减少生产 Y 的资本的真实收入,对劳动的影响则是不明确的(有关这一原理的严格的证明参见附录 A5.4 节)。

5.5E 经验分析

在现实世界中,国际贸易真的使各国同质要素收入相等了吗?即使是最粗略的观察也会对这一问题给出否定的答案。在美国和德国,医生、工程师、技师、机械师和秘书的工资要高于其在韩国和墨西哥的同行。

出现这一情况的原因是赫—俄—萨定理成立所依赖的很多简化的假设在当今世界大多是不成立的。例如,各国并非使用同样的生产技术,各国间的运输成本和贸易壁垒也使各国相对商品价格并不相等。另外,许多产业处于不完全竞争的市场上,其运作也不是规模报酬不变的。因此,国际贸易没有使各国同质要素的工资和利率均等化并不让人感到奇怪。

在这种情况下,我们说国际贸易减小了同质要素收益的国际差异,而不是将其完全消除,这是更为符合实际的。尽管国际贸易似乎减小了发达工业国之间制造业的真实工资差别(见案例研究 5.6),但这并不能将其视为对该定理的证明,甚至对其他国家和其他要素给出一个清楚的答案都是很困难的。

产生这一现象的原因是:尽管国际贸易在缩小各国要素收益的绝对差异中发挥了作用,其他很多力量也在同时起作用,使这种关系变得并不明显。例如,国际贸易在缩小美国和埃及同类型劳动的实际工资和实际收入差异的同时,美国的科技发展速度要远快于埃及,结果使两国的收入差异变大了。"二战"以后,如果把发达国家分为一组,发展中国家分为一组,情况确实如上述例子所述。

案例研究 5.6

工业国真实工资水平的接近

表 5.5 显示发达工业国制造业的小时工资随时间推移而向美国该行业的工资水平靠拢。特别要指出的是,外国的平均工资占美国工资的比率从 1959 年的 27% 上升至 1983 年的 43%,再到 1997 年的 97%,直至近期全球金融危机前的 102% 和 2012 年的 104%。虽然在这一时期国际贸易的迅速扩大可能是导致工资水平接近的主要原因,其他一些因素也发挥了重要的作用。例如,美国和其他发达工业国之间科技差距的缩小;其他国家劳动力的增长慢于美国以及国际间劳动力流动性的扩大。

表 5.5　发达工业国制造业的小时工资与美国的比率				%
国　　家	1959 年	1983 年	1997 年	2006 年	2012 年
日本	11	24	95	79	99
意大利	23	42	86	94	96
法国	27	41	108	111	112
英国	29	35	84	102	88
德国	29	56	127	129	128
加拿大	42	57	80	94	103
未加权平均数	27	43	97	102	104
美国	100	100	100	100	100

资料来源:U. S. Bureau of Labor Statistics, *International Labor Comparisons*, August 2013.

同样,这些情况并不能推翻要素价格均等定理,因为如果没有贸易,这些国际差异要比现在大得多。在任何情况下要素价格均等理论都是有用的,这是因为它确定了影响要素价格的重要因素,而且使我们对通常的贸易模型和经济的一般均衡特性有了更深入的认识。

要素价格均等定理所没有提及的一个问题是国际贸易是否会缩小或消除人均收入的差异,而只是预测了国际贸易是否会缩小或消除同质要素收入的国际间差异。即使各国的真实工资是均等的,它们的人均收入仍可能有很大差异。人均收入与许多跟要素价格均等理论并不直接相关的其他因素有关。这些其他因素包括:熟练工人和非熟练工人的比率、劳动力参与程度、一国的独立性、工人从事工作的类型等。例如,与印度相比,日本有较高的熟练工人/非熟练工人比率,较高参与程度,较低的依赖性,工人工作更加努力和认真。因此,即使日本和印度同类型劳动的工资是完全相同的,日本的人均收入仍将远远高于印度。

5.6　对赫克歇尔—俄林模型的经验检验

本节我们介绍并评价赫—俄模型的经验检验的结论。一个模型必须通过经验检验才能被认定是一个理论。如果一个模型与经验检验的结论相矛盾,这一模型就会被推翻,另一个新模型会被建立起来。

5.6A 小节介绍里昂惕夫对赫—俄模型进行最初经验检验的结果。由于这些结果与赫—俄模型似乎有些矛盾,在这个过程中又有许多人做了大量的经验检验,我们将在 5.6B 小节进行讨论。5.6C 小节讨论如果要素密集颠倒是普遍存在的,它也能推翻赫—俄模型。然而,经验检验显示,这种情况在现实世界并非经常发生。

5.6A 经验检验的结果——里昂惕夫之谜

对赫—俄模型的第一次经验检验是在 1951 年,由瓦西里·里昂惕夫利用美国 1947 年数据进行的。由于美国是世界上资本最充裕的国家,里昂惕夫期望能得出美国出口资本密集型商品,进口劳动密集型商品的结论。

为进行这一检验,里昂惕夫利用美国经济的投入产出表计算美国 1947 年有代表性的 100 万美元进口替代品和出口中劳动和资本的数量。**投入产出表**(input-output table)是一种可以表示经济中每种商品的来源和去向的表格。里昂惕夫对这种新的分析技术的发展做出了重要的贡献,并因此于 1973 年获得了诺贝尔奖。

注意,里昂惕夫估算的是美国**进口替代品**(import substitutes)的资本/劳动比率,而不是美国进口商品的资本/劳动比率。所谓进口替代品就是美国可以自己制造,同时也从国外进口的商品(由于不完全专业化生产),如汽车。里昂惕夫被迫使用美国进口替代品的数据,是因为美国的外国商品数据不全。即使这样,里昂惕夫仍正确地得出以下结论:如果赫—俄理论成立,尽管美国的进口替代品比美国的实际进口更加资本密集(因为美国的资本比其他国家相对便宜),但其密集程度仍将低于美国的出口商品。当然,使用美国进口替代品的数据,而不是美国实际进口的外国商品的数据,也消除了像咖啡、香蕉这些美国根本不生产的商品的影响。

里昂惕夫的检验结果令人震惊。美国的进口替代品的资本密集度比美国的出口商品的资本密集度高出大约 30%。这意味着,美国进口的是资本密集型商品,出口的反而是劳动密集型商品。这与赫—俄理论的预测完全相反,也就是著名的**里昂惕夫之谜**(Leontief paradox)(见案例研究 5.7)。

在研究中,里昂惕夫试着解释这一结果,而不是推翻赫—俄模型。他认为这是一种错觉:1947 年,美国工人的劳动生产力是外国工人的 3 倍,如果我们把美国的劳动数量乘以 3,再与国内可用资本比较,我们就会发现美国其实是一个劳动充裕的国家。但这只在美国出口商品比美国进口替代品的劳动密集度更高时才正确。这一解释并没有被广泛接受,里昂惕夫自己后来也否定了它。原因是虽然美国的劳动比他国的劳动生产力更高,但资本的生产力也比他国资本的生产力高。因此,美国的劳动和资本都应乘以差不多大的乘数,这就使美国的资本相对充裕度变化不会太大。

案例研究 5.7

美国贸易的资本和劳动需求

表 5.6 给出了美国每 100 万美元出口和进口替代品所需的资本和劳动,以及进出口资本/年人工比率。例如,在里昂惕夫的数据中,1947 年美国的进口替代品的资本/年人工比率是

18 180 美元,而出口的资本/年人工比率是 14 010 美元(见表 5.6 第三行)。里昂惕夫得出进口相对于出口的资本/年人工比率为 1.30。由于美国是资本充裕的国家,但美国的进口替代品比其出口商品的资本密集度高,这样就产生了矛盾。使用 1951 年的贸易数据,进口/出口的资本/劳动比率降为 1.06,而且在除去自然资源产业后,这一比率降为 0.88(消除了上述矛盾)。使用 1958 年的投入需求和 1962 年的贸易数据,鲍德温得出进口/出口的资本/劳动比率为 1.27。除去自然资源产业后,这一比率降至 1.04,再加上人力资本后,这一比率降至 0.92(再一次消除了矛盾)。

表 5.6　美国每百万美元出口和进口替代品的资本和劳动需求

	出口	进口替代品	进口/出口
里昂惕夫(1947 年投入需求,1947 年贸易)			
资本	2 550 780 美元	3 091 339 美元	
劳动力/年人工	182	170	
资本/年人工	14 010 美元	18 180 美元	1.30
里昂惕夫(1947 年投入需求,1951 年贸易)			
资本	2 256 800 美元	2 303 400 美元	
劳动力/年人工	174	168	
资本/年人工	12 977 美元	13 726 美元	1.06
资本/年人工(不包括自然资源)			0.88
鲍德温(1958 年投入需求,1962 年贸易)			
资本	1 876 000 美元	2 132 000 美元	
劳动力/年人工	131	119	
资本/年人工	14 200 美元	18 000 美元	1.27
资本/年人工(不包括自然资源)			1.04
资本/年人工(不包括自然资源,包括人力资源)			0.92

资料来源:Leontief(1951,1956)and Baldwin(1971)。

另一种解释同样没有站稳脚跟。这种解释认为美国强烈偏好资本密集型商品,从而使美国资本密集型商品的相对价格较高。因此,美国会出口劳动密集型商品。这一解释不被承认的原因就是各国的偏好是相似的。1957 年,霍萨克(Houthakker)对许多国家家庭消费模式的研究表明,对食物、衣物、住房以及其他种类的商品的收入需求弹性在各国都是很相近的。因此,基于不同偏好假设的解释也是行不通的。

5.6B　对里昂惕夫之谜的解释以及赫克歇尔—俄林模型的其他经验检验

对里昂惕夫之谜的一个可能的解释是:里昂惕夫用来进行检验的 1947 年距离"二战"太近,因而没有代表性。为此,里昂惕夫在 1956 年重做了这一检验,这次用的是 1947 年美国经济的投入产出表和 1951 年的贸易数据(1951 年被认为是战后各国重建全面完成的一年)。这次分析表明,美国出口商品仅比其进口替代品的劳动密集度高 6%。因此,里昂惕夫部分而不是完全解释了这一矛盾(见案例研究 5.7)。

另一个产生偏差的更一般的原因是里昂惕夫使用的是两要素(劳动、资本)模型,忽略了自然资源(如土壤、气候、矿藏、森林)等其他资源的影响。一种商品可能是自然资源密集型的,在两要素模型中将其划分为资本或劳动密集型,显然是不正确的。另外,许多生产过程需要使用自然资源,如采矿业、钢铁业、农业等,同时也需要大量的实物资本。美国对许多自然资源的进口依赖性很强,这或许有助于解释美国进口竞争产业较高的资本密集度。

美国的关税政策也是产生里昂惕夫之谜的一个重要因素。关税实际上就是进口税,它会减少进口,刺激国内进口替代品的生产。克拉维斯(Kravis)在 1956 年的研究中发现,美国受贸易保护最严密的产业就是劳动密集型产业。这就影响了美国的贸易模式,降低了美国进口替代品的劳动密集度。这对解释里昂惕夫之谜有一些帮助。

产生这一矛盾的最重要原因可能是里昂惕夫所定义的资本仅仅包含实物资本(如机器、其他设备、厂房等),完全忽视了人力资本。**人力资本**(human capital)是指工人拥有的能提高其劳动生产力的教育、工作培训、健康状况等。这暗示着美国劳动比外国劳动含有更多的人力资本,把人力资本这一部分加到实物资本上,就会使美国的出口相对于其进口替代品的资本密集度更高。直到 1961 年舒尔茨(Schultz)和 1964 年贝克尔(Becker)的研究发表之后,人力资本分析才得到了充分发展并流行起来。

与人力资本相关的另一个因素是研发(R&D)对美国出口的影响。研发带来的"知识"资本提高了从等量材料和人力资源中获得的产出水平。即使是最粗略的统计也会表明美国的大部分出口商品都是研发和技能密集型的。因此,人力资本和知识资本在决定美国贸易模式方面起重要作用,而里昂惕夫在其研究中并没有考虑这些。

在无数的基于人力资源分析方法的研究中,最重要的是克拉维斯、基辛(Keesing)、肯恩(Kenen)和鲍德温(Baldwin)的研究。在 1956 年发表的两篇文章中,克拉维斯指出,1947 年和 1951 年,美国出口产业的工资水平比美国进口竞争产业的工资水平高 15%。克拉维斯得出了一个正确的结论:美国出口产业的高工资反映了美国出口产业与美国进口替代产业相比有较高的劳动生产力和较多的人力资本。

基辛在其 1966 年发表的文章中指出:1957 年美国出口商品的技能密集程度比其他 9 个工业国出口商品的技能密集程度高。这表明美国拥有最训练有素的劳动力,与其他国家相比,使用了更多的人力资本。

肯恩在其 1965 年的研究中,实际估计了美国出口和进口竞争商品中人力资本的含量,并把其加在实物资本需求之上,然后重新计算美国出口和进口替代品的资本/劳动比率。使用 1947 年数据,不排除需要大量自然资源的商品(与里昂惕夫最初的研究条件相同),肯恩成功地解释和消除了里昂惕夫之谜。

在 1971 年的研究中,鲍德温使用的是美国 1958 年的投入产出表和 1962 年的贸易数据。鲍德温发现,仅仅除去自然资源产业并不能完全消除里昂惕夫之谜,只有再把人力资本包括进去之后,才能彻底消除里昂惕夫之谜(见案例研究 5.7)。这一矛盾在许多发展中国家以及加拿大仍然存在。使用其他国家的数据也会得到同样矛盾的结果。1977 年,由布兰森(Branson)和莫诺尤斯(Monoyios)所做的研究对为了验证赫—俄贸易模型而将人力资本和实物资本混在一起的做法提出了质疑。

在 1980 年和 1984 年发表的文章中,利默尔(Leamer)认为在一个多要素世界中,我们应该比较生产和消费的资本/劳动比率,而不是对进出口的资本/劳动比率进行比较。用这种方法对里昂惕夫 1947 年的数据进行研究,利默尔(1984 年)发现美国生产中的资本/劳动比率确实远远大于消费中的资本/劳动比率,从而解决了这一矛盾。1981 年斯特恩(Stern)和马斯库斯(Maskus)用 1972 年数据所做的研究,1990 年萨尔瓦多(Salvatore)和巴拉扎什(Barazesh)用 1958—1981 各年数据所做的研究(不包括自然资源产业)都证实了这一结论。

　　1987 年,鲍恩(Bowen)、利默尔和斯维考斯卡斯(Sveikauskas)使用 27 个国家 12 种要素(资源)和多种商品的更完整的 1967 年贸易、要素投入需求和要素禀赋的剖面数据进行考察,最终发现赫—俄贸易模型只在部分情况下成立。这对赫—俄模型的正确性似乎是严峻的挑战。然而,随后的研究的确支持了赫—俄模型的一些限定形式。布雷彻(Brecher)和乔德瑞(Choudhri)在 1993 年的研究中发现美国和加拿大之间的贸易情况能够支持赫—俄模型;1994 年伍德的一项关于发达国家和发展中国家基于所拥有技术和土地的不同而进行贸易的研究,以及世界银行 1995 年的研究(见案例研究 5.8)都支持了赫—俄模型。1996 年詹姆斯(James)和埃尔姆斯利(Elmslie)关于发达工业国间制造品贸易的调查也为赫—俄模型提供了新的证明,利默尔(1993)、利默尔和莱文索恩(Levinsohn,1995)以及伍德(1997)也做了更为广泛而严谨的研究。

案例研究 5.8

考虑技能和土地的赫克歇尔—俄林模型

　　如图 5.6 所示,非洲①拥有较充裕的土地、较少的熟练工人,出口更多的初级商品,而工业化市场经济国家⑤拥有较多的熟练工人,出口更多的制成品。在非洲和工业国之间是拉丁美洲②、南亚③和东亚④,这些地区与非洲相比,有较少的土地和较多的熟练工人,出口的制成品比非洲多但比工业国少。图中的直线是表示相对要素禀赋和出口类型之间关系的回归线。这是根据 1985 年的 126 个数据点(未在图中显示)所做的估计,每个点代表一个国家,可以看出技术与制成品的出口之间有明显的正相关关系。图中划圈的数字代表地区的平均情况。

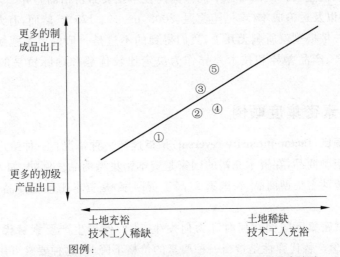

图例:
①撒哈拉沙漠以南的非洲国家;②拉美和加勒比海地区;
③南亚;④东亚和太平洋地区;⑤工业化市场经济国家

图 5.6　考虑技能和土地的比较优势

　　回归线表示非洲与其他地区相比,有较多的土地、较少的熟练工人,比其他地区出口更多的初级商品、更少的制成品。

资料来源:World Bank,*World Development Report*(Washington,D.C.:World Bank,1995),p.59.

对赫—俄理论最强有力的支持来自更为近期的研究。哈里根(Harrigan)和扎克拉赛克(Zakrajsek,2000)运用大量发达国家和发展中国家 1970—1992 年的数据,考虑到国家间技术的差异,证明要素禀赋理论可以解释比较优势。肖特(Schott,2001)运用更分散的数据(例如,指出像以前的研究那样把所有电气设备看作高科技产品是错误的,因为电气设备也包括手工装配的便携收音机)对赫—俄理论提供了有力支持。

戴维斯(Davis)和温斯坦(Weinstein,2001 年)的实证研究提供了更明确的答案。他们运用 10 个国家(美国、日本、德国、法国、英国、意大利、加拿大、澳大利亚、丹麦和荷兰)及世界其他地区 1970—1995 年 34 个部门的贸易数据,考虑不同国家间技术及要素价格的差异、非贸易产品的存在以及运输成本,指出国家在可预测的程度上出口相对充裕且便宜的要素密集型商品。此外,他们是在预测幅度之内进行上述研究的。

更多的证据是由罗马里斯(Romalis,2004)提供的。罗马里斯通过使用赫—俄模型的一个具有产品差异、运输成本及详细的双边贸易数据的多国版本,得出结论:"一国可从使用其充裕要素的商品中获得更多的世界生产和贸易份额。迅速积累某种要素的国家将发现自己的生产和出口结构会有体系地向密集使用该要素的产业倾斜。"

莫罗(Morrow,2010)运用 20 个发达国家和发展中国家 1985—1995 年的固定样本数据,除了各国在要素禀赋方面的差异外,还考虑到 24 个制造业的相对劳动生产力差异,也为赫—俄模型提供了某些支持。肖(Chor,2010)将各国的相对制度优势纳入考虑,提供了进一步的支持。特弗勒(Trefler)和周(Zhou,2010)应用 41 个发达国家和发展中国家 1997 年 24 个产业的"正确的"(或更好的)要素含量和投入产出表给出了更多的支持。

由此看来,我们似乎仍然可以用传统的赫—俄模型解释发达国家和发展中国家之间的贸易(常被称作南北贸易),而且可以用赫—俄模型的限制性版本解释发达国家之间的贸易(即北北贸易),前提是该模型被扩展以考虑不同国家间技术及要素价格的差异、非贸易品的存在、规模经济、产品差异以及运输成本(参见鲍德温,2008,pp. 174-175)。然而,有人或许会反对说这样一来初始的赫—俄模型就所剩无几了,我们得到的不过是一般的要素禀赋贸易模型。下一章将考察规模经济、产品差异和技术差异作为决定比较优势和国际贸易的额外的或补充的要素。

5.6C 要素密集度颠倒

要素密集度颠倒(factor-intensity reversal)是指这样一种情况:一种给定商品在劳动充裕的国家是劳动密集型商品,在资本充裕的国家是资本密集型商品。例如,如果商品 X 在国家 1(低工资国家)是劳动密集型商品,在国家 2(高工资国家)是资本密集型商品,那么就发生了要素密集度颠倒。

为了确定要素密集度颠倒在何时和为何发生,我们使用生产要素**替代弹性**(elasticity of substitution)的概念。替代弹性是指当一种要素的价格下降时,这种要素可用来替代另一种要素的程度。例如,假设在生产商品 X 时劳动对资本的替代弹性大于生产商品 Y 时劳动对资本的替代弹性。这意味着生产商品 X 时用劳动替代资本比在生产商品 Y 时用劳动替代资本更容易。

两种商品生产中劳动对资本的替代弹性差异越大,要素密集度颠倒就越容易发生。如果在生产商品 X 时劳动对资本的替代弹性很大,国家 1 就会用劳动密集型技术生产 X,这是因为它的工资水平低。而国家 2 将会用资本密集型技术生产 X,这是因为国家 2 的工资水平高。

如果在同一时间生产商品 Y 的劳动对资本的替代弹性很低,尽管两国的相对要素价格差异很大,两国仍将被迫使用同样的技术生产 Y。结果是商品 X 在国家 1 是劳动密集型商品,在国家 2 是资本密集型商品,要素密集度颠倒就这样发生了。

要素密集度颠倒一旦发生,赫—俄理论和要素价格均等理论都将不再成立。赫—俄理论失效是因为该理论推测,国家 1(劳动充裕的国家)将出口商品 X(该国的劳动密集型商品),而国家 2(资本充裕的国家)也将出口商品 X(该国的资本密集型商品)。由于这两个国家不可能相互出口完全同质的商品,赫—俄理论无法再对贸易模式进行预测。

在要素密集度颠倒的情况下,要素价格均等理论也不再成立。这是因为国家 1 专业化生产商品 X,从而需要更多的劳动,国家 1(低工资国家)的相对工资和绝对工资因此将上升。同时,由于国家 2 不能向国家 1 出口 X,它将不得不专业化生产和出口商品 Y。而 Y 在国家 2 是相对劳动密集型商品,因此国家 2 对劳动的需求以及工资率也会上升。两国相对工资和绝对工资之间的差异将如何变化取决于两国工资上涨的速度。在国际贸易存在的条件下,两国相对和绝对工资差异会缩小、扩大或保持不变,因此要素价格均等理论不再成立。

要素密集度颠倒在现实世界确实是存在的。关键问题是它到底有多普遍。如果要素密集度颠倒非常普遍,则整个赫—俄模型就会被推翻。如果要素密集度颠倒只是偶尔发生,我们就可以保留赫—俄模型而把要素密集度颠倒作为一个特例。而要素密集度颠倒在现实世界中的发生频率完全是一个经验的问题。

关于这一主题的第一个经验性研究是 1962 年由明哈斯(Minhas)实施的,他发现要素密集度颠倒非常普遍,大约占其研究情况总数的 1/3。1964 年,里昂惕夫改正了明哈斯研究中导致偏差的一个重要因素,发现要素密集度颠倒在其所研究的例子中只占 8%,而且如果除去生产中大量需要自然资源的两个产业,要素密集度颠倒发生的概率会降至 1%。

鲍尔(Ball)在其 1966 年所做的研究中,检验了明哈斯结果的另一方面,证实了里昂惕夫的要素密集度颠倒在现实世界上很少发生的结论。因此,在所有可能的相对要素价格水平下,一种商品是劳动密集型,另一种是资本密集型的假设(5.2 节的假设 3)一般是成立的,因此赫—俄模型还是适用的。

本章小结

1. 本章给出的赫—俄理论扩展了前几章的贸易模型,以解释比较优势产生的根本原因(即是什么决定了比较优势),并用该理论考察国际贸易对于生产要素收入的影响。对于这两个问题,古典经济学家是无能为力的。

2. 赫—俄理论基于一系列简化的假设:(1)两国、两种商品、两种生产要素;(2)两国使用相同的技术;(3)同一种商品在两国均是劳动密集型的;(4)规模报酬不变;(5)不完全专业化生产;(6)两国偏好相同;(7)商品市场和要素市场均为完全竞争;(8)国内要素自由流动,国际间要素不能自由流动;(9)无运输成本、关税或其他贸易障碍;(10)所有资源均充分利用;(11)贸易达到平衡。我们将在第 6 章放松这些假设。

3. 在一个两国(国家 1 和国家 2)、两种商品(X 和 Y)、两种要素(劳动和资本)的世界里,如果在两国生产 Y 的资本/劳动比率大于生产 X 的资本/劳动比率,则称 Y 是资本密集型商品。如果国家 2 的资本的相对价格(r/w)低于国家 1 的资本的相对价格,则称国家 2 是资本充裕的。因此,国家 2 的生产可能性曲线偏向 Y 轴,而国家 1 的生产可能性曲线偏向 X 轴。

由于国家 2 的资本的相对价格较低,相对于国家 1 而言,生产者将使用资本密集型的技术来生产两种商品。如果资本的相对价格下降,生产者也会用资本代替劳动(资本/劳动比率上升)来进行生产。如果在任意相对要素价格水平下生产 Y 所需的资本/劳动比率总是大于生产 X 的资本/劳动比率,则商品 Y 一定是资本密集型商品。

4. 赫—俄理论,或称要素禀赋理论,可以用两个定理来表述。根据赫—俄定理(H-O 定理),一国应出口密集使用该国相对充裕和便宜的要素的商品,进口密集使用该国相对稀缺和昂贵的要素的商品。根据要素价格均等定理(H-O-S 定理),国际贸易会使各国同质要素获得均等的相对和绝对收入。如果某些要素是特殊的(如仅能在一些特定的产业中使用),特定要素模型假定贸易对一国的可移动要素的效果是不确定的:它将有利于那些只用于出口商品或某些部门的固定要素,对那些用于进口竞争型商品或部门的固定要素则有害。

5. 在所有可能导致贸易前相对商品价格差异的因素之中,赫克歇尔和俄林认为要素禀赋(在相同技术和相同偏好下)的差异是产生和引起比较优势的根本原因。在使各国同质要素获得均等的相对或绝对收入的过程中,国际贸易也可以作为国际要素流动的替代物。赫—俄理论的一般均衡特性表现为:所有的商品市场和要素市场都是一个统一系统的组成部分,其中任何一部分的变化都会影响其他每一部分。

6. 里昂惕夫用 1947 年美国的数据对赫—俄模型做了第一次经验检验。里昂惕夫发现美国的进口替代品的资本密集度比其出口商品的资本密集度高 30%。由于美国是世界上资本最充裕的国家,这一结果与赫—俄模型所预测的完全相反,这就是所谓的里昂惕夫之谜。赫—俄模型可以解释发达国家和发展中国家之间的贸易(常被称作南北贸易),而赫—俄模型的高度合格的或限制性的版本可以解释发达国家之间规模大得多的贸易(即北北贸易)。

7. 要素密集度颠倒是指某一商品在劳动充裕的国家是劳动密集型的,而在资本充裕的国家是资本密集型的。当两种商品生产中的要素替代弹性相差过大时,这种颠倒就有可能发生。在这种情况下,赫—俄定理和要素价格均等定理均不再适用。明哈斯在 1962 年的研究认为要素密集度颠倒是普遍存在的。然而,里昂惕夫和鲍尔认为明哈斯的结果有偏差,要素密集度颠倒的发生是很少见的。

关键术语

capital-intensive commodity	资本密集型商品
capital-labor ratio, K/L	资本/劳动比率
constant elasticity of substitution (CES) production function	固定替代弹性生产函数
constant returns to scale	规模报酬不变
derived demand	派生需求
elasticity of substitution	替代弹性
Euler's theorem	欧拉定理
factor abundance	要素充裕度
factor-intensity reversal	要素密集度颠倒
factor-price equalization(H-O-S)theorem	要素价格均等(赫—俄—萨)定理
factor-proportions or factor-endowment theory	要素比例或要素禀赋理论

Heckscher-Ohlin(H-O)theorem	赫克歇尔—俄林(赫—俄)定理
Heckscher-Ohlin(H-O)theory	赫克歇尔—俄林(赫—俄)理论
human capital	人力资本
import substitutes	进口替代品
input-output table	投入产出表
internal factor mobility	国内要素流动
international factor mobility	国际间要素流动
labor-capital ratio, L/K	劳动/资本比率
labor-intensive commodity	劳动密集型商品
Leontief paradox	里昂惕夫之谜
perfect competition	完全竞争
relative factor prices	相对要素价格
specific-factors model	特定要素模型

复习题

1. 赫—俄理论在哪些方面扩展了我们前几章使用的贸易模型？古典经济学家对这些扩展有什么看法？

2. 简述赫—俄理论的假设。每一假设的含义和重要性如何？

3. 劳动密集型商品的含义是什么？资本密集型商品的含义是什么？资本/劳动比率的含义是什么？

4. 资本充裕国家的含义是什么？各国生产可能性曲线的形状是由什么决定的？

5. 两国生产各种商品的资本/劳动比率是由什么决定的？哪个国家在生产两种商品时均使用较高的资本/劳动比率？原因是什么？在什么情况下两国生产两种商品时的资本/劳动比率相同？

6. 如果在生产两种商品的过程中，资本和劳动可以相互替代，什么情况下我们可以说一种商品是劳动密集型的，而另一种商品是资本密集型的？

7. 赫—俄理论的假设条件是什么？赫克歇尔和俄林认为哪种因素是产生比较优势和贸易的根本原因？

8. 要素价格均等定理的假设条件是什么？它与生产要素国际间的流动有何关系？

9. 为什么说赫—俄理论是一般均衡模型？

10. 什么是里昂惕夫之谜？对它的一些可能解释是什么？人力资本对解释这一问题做出了什么贡献？

11. 对人力资本与国际贸易的关系所作的经验检验的结果如何？对自然资源与国际贸易的关系所作的经验检验的结果如何？当今赫—俄理论的影响如何？

12. 要素密集度颠倒的含义是什么？它与生产要素替代弹性之间有什么关系？为什么说如果要素密集度颠倒普遍存在会推翻赫—俄定理和要素价格均等定理？在现实世界中，对要素密集度颠倒的普遍程度所作的经验检验的结果如何？

13. 最近的研究是证实了还是否定了赫克歇尔—俄林模型？

练习题

1. 画两个坐标系分别表示国家 1 和国家 2,横轴代表劳动,纵轴代表资本。

(1) 用通过原点的直线表示贸易前两国生产 Y 时的资本/劳动比率高于生产 X 时的这一比率,以及国家 2 生产两种商品时的资本/劳动比率均高于国家 1 生产相应商品时的这一比率。

(2) 在国际贸易条件下,当国家 2 的利率/工资比率上升时,表示国家 2 每一种商品的资本/劳动比率的直线的斜率如何变化?

(3) 在国际贸易条件下,当国家 1 的利率/工资比率下降时,表示国家 1 的资本/劳动比率的直线的斜率如何变化?

(4) 根据(2)和(3)的结果,与贸易前的情况相比,国际贸易扩大还是缩小了两国生产每一种商品的资本/劳动比率的差异?

2. 不要看课本。

(1) 画与图 5.4 相似的图,给出自给自足条件下各国的均衡点以及贸易条件下各国的生产点和消费点。

(2) 借助(1)中的图,解释是什么因素决定了两国的比较优势。

(3) 为什么在无贸易条件下,两国消费两种商品的数量不同? 而在贸易条件下,两国消费两种商品的数量分别相同?

3. 从图 5.4 中国家 1 和国家 2 的生产可能性曲线出发,绘图表示,尽管两国的需求偏好有很小的差异,国家 1 仍会在商品 X 上持续地拥有比较优势。

*4. 从图 5.4 中国家 1 和国家 2 的生产可能性曲线出发,绘图表示,在无贸易条件下偏好差异足够大时,会完全消除两国要素禀赋的差异,并导致两国相对商品价格均等。

5. 从图 5.4 中国家 1 和国家 2 的生产可能性曲线出发,说明如果两国的偏好差异进一步扩大,国家 1 最终会出口资本密集型商品。

6. 要素禀赋的差异会使两国生产可能性曲线的形状有所不同。

(1) 还有什么其他因素会导致两国的生产可能性曲线有不同的形状?

(2) 在赫—俄模型中,赫克歇尔和俄林做了哪些假设来防止(1)中的情形发生?

(3) 在无贸易条件下,还有什么其他可能的原因会导致两国相对商品价格产生差异?

*7. 在两国偏好不同的条件下,画与图 5.4 相似的图,表明赫—俄模型仍然适用。

8. 如果你去贫困的发展中国家旅行,你将会发现那里的消费品和服务与美国有非常大的差别。这是否意味着发展中国家的偏好与美国有很大的区别? 请解释。

9. 从图 5.4 中的贸易前均衡点出发,假设国家 1 的偏好转向其不具有比较优势的商品(即商品 Y)。

(1) 这种偏好的变化对国家 1 的 P_X/P_Y 有何影响? 你是如何得出这一结论的?

(2) 这种偏好的改变对国家 1 的利率/工资比率有何影响?

(3) 这种变化对贸易额和贸易伙伴有何影响?

10. 评论下面一段话:"使各国同质要素获得完全相同收入所需的假设是如此严格,而且对现实几乎没有什么代表性,因此我们可以认为该理论只能用来证明其反命题,即在自由商品贸易下,要素价格绝没有机会达到相等。"

11. 过去 20 年在美国,国际贸易对工资不平等的加剧是否起到什么作用?

12. (1) 讨论里昂惕夫之谜的含义和重要意义。

(2) 概括说明克拉维斯、基辛、肯恩和鲍德温利用人力资本解决里昂惕夫之谜的经验检验的结果。

(3) 利默尔、斯特恩、马斯库斯、萨尔瓦多和巴拉扎什是如何解释里昂惕夫之谜的?

(4) 现在这一争论的情况如何?

*13. (1) 绘制与图 5.1 相似的图来说明要素密集度颠倒。

(2) 借助你所作的图,解释要素密集度颠倒是如何发生的。

(3) 概括说明明哈斯、里昂惕夫和鲍尔对现实世界要素密集度颠倒的普遍程度所作的经验检验的结果。

14. 解释为何在存在要素密集度颠倒的条件下,资本价格的世界性差异会缩小、上升或不变。

15. (1) 阐述近期的研究在多大程度上证实了赫—俄模型。

(2) 解释近期这些经验检验的结果。

(3) 考虑到赫—俄模型的效用与被接受程度,我们可以得出的一般性结论是什么?

带 * 号练习题的答案

附录

在本章附录中,我们将给出对于要素价格均等定理的正式证明,并检验要素密集度颠倒。A5.1 节重新给出了从图 3.9 和图 3.10 中得到的埃奇沃思盒形图(为满足我们的使用要求做了一些修改)。A5.2 节考察国际贸易如何使两国相对要素价格均等。A5.3 节表明各国绝对要素价格相等也是国际贸易的一个必然结果。A5.4 节用特定要素模型研究贸易对收入的短期分配的影响。

从 A5.5 节到 A5.7 节,我们使用在第 3 章附录中介绍过的更先进的工具来考察要素密集度颠倒问题。A5.5 节给出了要素密集度颠倒的几何表示。A5.6 节提出了测度生产中劳动对资本的替代弹性的公式,并研究了替代弹性与要素密集度颠倒之间的关系。A5.7 节讨论了确定现实世界中要素密集度颠倒的普遍程度的经验检验的方法。

A5.1　国家 1 和国家 2 的埃奇沃思盒形图

图 5.7 是国家 1 和国家 2 的埃奇沃思盒形图,它们重叠于同一个坐标系中,两国关于商品 X 的原点是重合的。因为国家 1 的劳动相对充裕,而国家 2 的资本相对充裕,所以两国关于商品 Y 的原点不重合。把它们放置于同一个坐标系中是为了便于进行以下分析。

因为两国使用相同的生产技术,两国关于商品 X 的等产量线是相同的(都是从共同原点 O_X 开始测度的)。同样,两国关于商品 Y 的等产量线也是相同的(只不过对于国家 1 是从 O_Y 开始测度,对于国家 2 则是从 $O_{Y'}$ 开始测度的)。越远离 O_X 的 X 等产量线表示越大的 X 的产出;同样越远离 O_Y 或 $O_{Y'}$ 的 Y 等产量线表示越大的 Y 的产出。

分别连接每个国家的 X 等产量线与 Y 等产量线的切点,即可得到各国的生产契约曲线。图 5.7 中国家 1 生产契约曲线上的 A、F、B 点分别对应于国家 1 生产可能性曲线上的各点(见图 3.9)。类似的,国家 2 生产契约曲线上的 A'、F'、B' 点分别对应于国家 2 生产可能性曲线上的各点。注意:两国的契约曲线均凸向右下角,这是因为商品 X 在两国都是劳动密集型的。

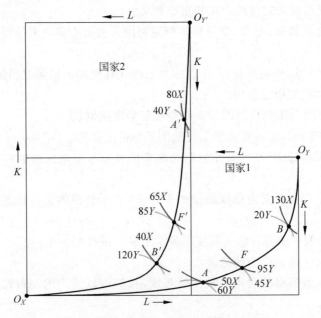

图 5.7　国家 1 和国家 2 的埃奇沃思盒形图

从图 3.10 中得到的国家 2 的埃奇沃思盒形图与从图 3.9 中得到的国家 1 的盒形图相互重叠,两国关于商品 X 的原点重合在一起。因为两国使用相同的生产技术,两国关于商品 X 的等产量线是相同的,对于商品 Y 也是如此。各国生产契约曲线上的各点都对应于该国生产可能性曲线上的各点。两国的契约曲线都凸向右下角是因为商品 X 在两国都是劳动密集型的。

A5.2　相对要素价格均等

图 5.8 与图 5.7 相同,只是去掉了所有的等产量线以及 F 点和 F′点(这在以后的分析中是不需要的)。国家 1 的无贸易均衡点是 A 点,国家 2 的无贸易均衡点是 A′点(与图 3.3 和图 3.4 中的均衡点一样)。国家 1 生产商品 X 所需的资本/劳动比率小于国家 2。这表现为从原点 O_X 出发通过 A 点的直线的斜率小于从 O_Y 出发通过 A′点的直线的斜率(该直线未在图中画出)。类似的,国家 1 生产商品 Y 的资本/劳动比率也小于国家 2。这在图中表现为从原点 O_Y 出发通过 A 点的直线的斜率小于从原点 $O_{Y'}$ 出发通过 A′点的直线的斜率(这两条直线也未在图中画出)。

由于国家 1 在两种商品的生产上每单位劳动使用的资本数量比国家 2 少,因此国家 1 劳动的生产力较低,从而工资率也较低;国家 1 资本的生产力较高,从而利率也较高。当两国的生产函数均为表示规模报酬不变的线性齐次函数时,上述结论总是正确的。

由于国家 1 的工资较低而利率较高,因此国家 1 的工资/利率比率低于国家 2。这与国家 1 劳动相对充裕而国家 2 资本相对充裕是一致的。在无贸易条件下,国家 1 无贸易均衡点 A 的较低的工资/利率比率表现为通过 A 点的短实线的斜率(绝对值)小于国家 2 通过 A′点的相应直线(该直线是过 A 点和 A′点的 X 等产量线和 Y 等产量线的公切线,图中并未画出)。

概括来说,在无贸易均衡点 A,与国家 2 相比,国家 1 在生产两种商品时所用的资本/劳动比率均较低。即与国家 2 相比,国家 1 劳动的生产力较低,而资本的生产力较高。因此,国家 1(劳动充裕的国家)的工资/利率比率小于国家 2。

由于国家 1 是劳动充裕的国家,而商品 X 是劳动密集型商品,所以在贸易中国家 1 将专

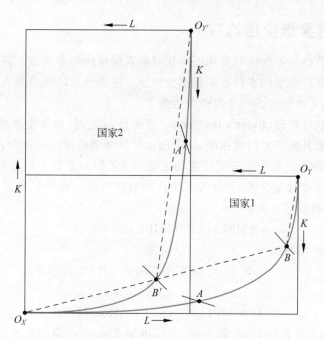

图 5.8　对要素价格均等定理的正式证明

在两国的无贸易均衡点 A 点(国家 1)和 A' 点(国家 2),国家 1 生产两种商品的资本/劳动比率均小于国家 2。这在图中表现为从 O_X 和 O_Y 出发通过 A 点的直线的斜率分别小于从 O_X 和 $O_{Y'}$ 出发通过 A' 点的直线的斜率。由于国家 1 的工资/利率比率(经过 A 点的实线的斜率的绝对值)较小而且商品 X 是劳动密集型的,国家 1 将专业化生产 X 直至达到 B 点。国家 2 将专业化生产 Y 直至到 B' 点。在 B 点和 B' 点,两国的资本/劳动比率和工资/利率比率均相同。

业化生产 X(即国家 1 会从 A 点沿着生产契约曲线向 O_Y 移动)。类似的,国家 2 将专业化生产商品 Y,从 A' 点向 O_X 移动。直到国家 1 达到 B 点,国家 2 达到 B' 点,两国生产同种商品的资本/劳动比率相等时,专业化生产才告停止。从 O_X 出发通过 B 点和 B' 点的虚线的斜率表示两国生产 X 的资本/劳动比率;从 O_Y 和 $O_{Y'}$ 出发分别通过 B 点和 B' 点的一对平行虚线的斜率表示两国生产 Y 的资本/劳动比率。

注意:随着国家 1 从 A 点移向 B 点,其生产两种商品的资本/劳动比率均上升。这在图中表现为从 O_X 和 O_Y 出发到 B 点的虚线比从这两点出发到 A 点的直线更为陡直。资本/劳动比率的上升,导致国家 1(低工资国)劳动的生产力上升,从而工资也上升。而随着国家 2 从 A' 点移向 B' 点,其生产两种商品的资本/劳动比率都在下降。这在图中表现为从 O_X 和 $O_{Y'}$ 出发通过 B' 点的虚线的斜率小于从这两点出发通过 A' 点的直线的斜率。资本/劳动比率下降,使国家 2(高工资国)劳动的生产力下降,从而工资也下降。对于资本也是如此。

在无贸易条件下,国家 1 的工资/利率比率比国家 2 低(比较图中通过 A 点和 A' 点的实直线的斜率的绝对值)。随着国家 1(低工资国)专业化生产商品 X,国家 1 生产两种商品的资本/劳动和工资/利率比率均上升。随着国家 2(高工资国)专业化生产商品 Y,国家 2 生产两种商品的资本/劳动和工资/利率比率均下降。直到两国生产两种商品的资本/劳动和工资/利率均相等时,专业化生产才会停止。在贸易条件下,国家 1 在 B 点组织生产,国家 2 在 B' 点组织生产。当 5.2A 小节中所有的假设均成立时,我们对于国际贸易使两国相对要素价格相等理论的正式证明即告完成。

问题　画图表示,如果可用资本缺乏到一定程度,在两国相对要素价格相等之前,国家 1 会在商品 X 的生产上达到完全专业化。

A5.3 绝对要素价格均等

对于绝对要素价格均等的证明要比证明相对要素价格均等难得多。甚至在全部掌握了中级微观经济学和宏观经济学的本科生中都很少涉及。这里给出证明只是为了维护理论的完整性,供学有余力的优秀本科生或一年级研究生参考。

证明中要使用**欧拉定理**(**Euler's theorem**)。根据欧拉定理,如果生产是规模报酬不变的,对每一种要素都根据其生产力付给报酬,则产出正好完全消费掉。具体而言:对于 X,劳动的边际实物产量(MPL)乘以生产中所使用劳动数量(L)之积加上资本的边际实物产量(MPK)乘以生产中所消耗资本数量之积,正好等于生产的最终产量。对于 Y 来说也是一样。生产商品 X 的欧拉定理的数学形式为:

$$(\text{MPL})(L) + (\text{MPK})(K) = X \tag{5A-1}$$

两边同时除以 L 并移项:

$$X/L = \text{MPL} + (\text{MPK})(K)/L \tag{5A-2}$$

提出因子 MPL:

$$X/L = \text{MPL}[(1 + K/L)(\text{MPK}/\text{MPL})] \tag{5A-3}$$

如图 5.8 所示,贸易条件下,国家 1 在 B 点,国家 2 在 B' 点组织生产。由于在 B 点和 B' 点两国的工资/利率比率是一样的,所以 MPK/MPL 在两国也是相等的。我们还知道,在 B 点和 B' 点两国生产 X 的资本/劳动比率也是相同的。最后,由于我们假设规模报酬不变以及两国技术相同,生产 X 的 X/L,即劳动的平均产量在两国也完全相等。因此,我们得出结论:如果式(5A-3)是成立的,则该等式中所余下的最后一项(MPL)在两国生产 X 时必定相等。

由于真实工资等于真实产量,因此两国的 MPL 相等意味着两国生产商品 X 时的真实工资相等。在完全竞争和国内要素自由流动的条件下,各国生产 Y 的真实工资必定与生产 X 的真实工资相等。用类似的方法可知,两国在生产两种商品时的利率水平也是一样的。这就证明了国际贸易会导致两国在生产两种商品时的绝对要素价格均等(在极其严格的假设下)。也就是说,我们证明了两国生产两种商品时的真实工资是相同的。同样,两国生产两种商品时的真实利率也是相同的。

A5.4 贸易对短期收入分配的影响:特定要素模型

假设在国家 1(劳动充裕的国家),劳动可以在产业间自由流动,而资本却不能。由于劳动是可流动的,因此在国家 1 生产 X 和 Y 的劳动工资是相等的。国家 1 生产 X 和 Y 的劳动雇用量及均衡工资由生产 X 的劳动边际产量曲线与生产 Y 的劳动边际产量曲线的交点给出。由微观经济学的理论可知,生产 X 的劳动边际产量等于 X 的价格乘以生产 X 的劳动边际实物产量。即 $\text{VMPL}_X = (P_X)(\text{MPL}_X)$。类似的,$\text{VMPL}_Y = (P_Y)(\text{MPL}_Y)$。我们也知道如果一个企业在资本一定的情况下雇用更多的工人,因为边际报酬递减,VMPL 会下降。最后,为了实现利润最大化,企业会雇用工人直到其必须支付的工资等于劳动边际产量(即 $w = \text{VMPL}$)。

我们可以借助图 5.9 说明在无贸易条件下国家 1 生产 X 和 Y 的均衡工资和劳动就业量。图中,横轴表示国家 1 的劳动总供给,纵轴表示工资率。先注意观察 VMPL_X 曲线(像通常一样,是从左到右的)和 VMPL_Y 曲线(是从右到左的)。均衡工资率 ED 是由曲线 VMPL_X 和 VMPL_Y 的交点确定的。由于劳动可以在两个产业间完全自由地流动,生产 X 和 Y 的工资率是相同的。生产 X 用去的劳动数量为 OD,其余劳动即 DO' 用于生产 Y。

由于国家 1（劳动充裕的国家）在商品 X（劳动密集型商品）上具有比较优势，贸易的开展会提高 P_X/P_Y。由于 $\text{VMPL}_X = (P_X)(\text{MPL}_X)$，$P_X$ 的上升使 VMPL_X 相应地上升了 EF，达到 VMPL'_X。工资率以较小的比例提高，从 ED 到 $E'D'$，有 DD' 单位的劳动从 Y 的生产中转移到 X 的生产中。由于工资的上升比例低于 P_X 的上升比例，以 X 计价则工资下降，而以 Y 计价则工资上升（因为 P_Y 没有变化）。所以 P_X 上升对于劳动真实收入的效果是不确定的，取决于人们的消费模式。主要消费 X 的工人生活水平会下降，而主要消费 Y 的工人生活水平会提高。

不过，对于特定要素（资本）的报酬（利率）的变化是明确的。由于在生产 X 时，特定数量的资本需要与越来越多的劳动相结合，VMPK_X 和利率以两种商品计价都是上升的。而在生产 Y 时，特定数量的资本与越来越少的劳动相结合，VMPK_X 和利率以 X 和 Y 计价都是下降的。

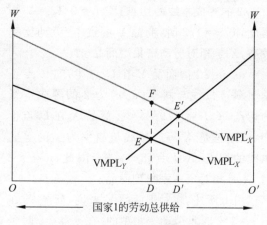

图 5.9　特定要素模型

劳动可以在产业间流动，但资本不能。横轴表示国家 1 的劳动总供给，纵轴表示工资率（w）。贸易前曲线 VMPL_X 和 VMPL_Y 的交点确定了两个产业的 $w = ED$。OD 数量的劳动被用来生产 X，DO' 单位的劳动被用来生产 Y。开展贸易后，P_X/P_Y 的上升使 VMPL_X 移动到 VMPL'_X，工资 w 从 ED 移到 $E'D'$，DD' 单位的劳动从生产 Y 转移至生产 X。由于工资 w 相对于 P_X 上升较小，因此以 X 计价工资下降，但以 Y 计价工资上升（因为 P_Y 不变）。在固定资本条件下生产 X 时使用更多的劳动，VMPK_X 和利率 r 以 X 和 Y 计价都是上升的。生产 Y 时，如果资本不变，减少劳动的用量，VMPK_X 和利率 r 以两种商品计价都是下降的。

这样，随着贸易的开展，不流动要素——资本（该国的稀缺要素）的真实收入在生产 X 时上升，生产 Y 时下降，同时真实工资（在生产 X 和 Y 时都是相等的）以商品 X 计价下降，以商品 Y 计价上升。这就是我们用特定要素模型分析得到的短期内资本在一国的产业间不能自由流动的结果。

将特定要素模型一般化，我们认为，贸易对各国的流动要素的效果不确定，其对出口部门的特定非流动要素有利，而对进口竞争性部门的特定非流动要素不利。这一点正是短期内当某些要素是特定的或非流动的（即只可以用在某些产业）时我们所预期的。而在长期，当劳动和资本都可以在该国的各个产业间自由流动时，赫—俄模型假设，贸易的开展会导致用于出口部门密集型投入的真实收入与回报上升，而进口竞争性部门密集性投入的真实收入与回报下降。

问题　如果劳动可以在产业间自由流动而资本不能，贸易的开展会对国家 2（资本充裕的国家）劳动和资本的真实收入产生什么影响？

A5.5　对要素密集度颠倒的说明

图 5.10 画出了一条商品 X 的等产量线和一条商品 Y 的等产量线。从 A3.1 节，我们知道在线性齐次生产函数下，一条等产量线就可以描述一种商品的整个生产函数。另外，由于我们假设两国采用相同的技术，因此可以用一条 X 等产量线和一条 Y 等产量线来表示两国的生产情况。

如图 5.10 所示，$w/r = 1/2$ 时，商品 X 在 A 点生产，该点正是 X 等产量线与斜率（w/r）为 $1/2$ 的等成本线的切点，$K/L = 6/18 = 1/3$。商品 Y 在 B 点生产，该点正是 Y 等产量线与斜率为 1/2 的等成本线的切点，$K/L=9/12=3/4$。因此，$w/r=1/2$ 时，商品 Y 的资本/劳动比率较高，X 是相对劳动密集型商品。

$w/r=2$ 时，商品 Y 在 C 点生产，该点正是 Y 等产量线与斜率（w/r）为 2 的等成本线的切点，$K/L=12/9=4/3$。商品 X 在 D 点生产，该点正是 X 等产量线与斜率为 2 的等成本线的切点，$K/L=18/6=3$。因此，$w/r=2$ 时，X 是相对资本密集型商品。

由上所述，相对于商品 Y 来说，商品 X 在 $w/r=1/2$ 时是劳动密集型的，在 $w/r=2$ 时是资本密集型的，这就是所谓的要素密集度颠倒。

当要素密集度发生颠倒时，赫—俄定理和要素价格均等定理均不再适用。为了说明这一点，我们举个例子。假设国家 1 是劳动相对充裕的国家，$w/r=1/2$；国家 2 是资本相对充裕的国家，$w/r=2$。$w/r=1/2$ 时，国家 1 应当

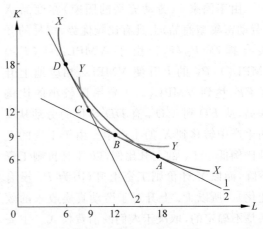

图 5.10　要素密集度颠倒

$w/r=1/2$ 时，商品 X 在 A 点生产，$K/L=6/18=1/3$。同时，商品 Y 在 B 点生产，$K/L=9/12=3/4$。这时，商品 X 是劳动密集型的。而 $w/r=2$ 时，商品 Y 在 C 点生产，$K/L=12/9=4/3$，商品 X 则在 D 点生产，$K/L=18/6=3$。因此，与商品 Y 相比，$w/r=1/2$ 时，商品 X 是劳动密集型的；$w/r=2$ 时，商品 X 是资本密集型的。这时就发生了要素密集度颠倒。

专业化生产并出口商品 X，因为国家 1 是劳动充裕的，而商品 X 在这种条件下是劳动密集型的。$w/r=2$ 时，国家 2 应当专业化生产并出口商品 X，因为国家 2 是资本充裕的，而商品 X 在这个条件下是资本密集型的。这样两国均无法向对方出口相同的商品（即商品 X），赫—俄定理在预测贸易模式方面失去了指导意义。

如果赫—俄定理不再成立，则要素价格均等定理也会失效。注意，国家 1（低工资国家）专业化生产商品 X（劳动密集型商品），对劳动的需求必将上升，因此国家 1 的工资和工资/利率比率都将上升。由于国家 1 专业化生产并向国家 2 出口商品 X，国家 2 必须专业化生产并向国家 1 出口商品 Y（因为两国不能彼此交换相同的商品）。然而，由于商品 Y 在国家 2 是劳动密集型的，国家 2 对劳动的需求也将上升，导致国家 2（高工资国家）的工资和工资/利率比率上升。这样一来，国家 1（低工资国家）和国家 2（高工资国家）的工资均上升。

如果国家 1 的工资水平上升快于国家 2，两国工资差异会缩小，正如要素价格均等定理所述。如果国家 1 的工资水平上升慢于国家 2，则工资差异会扩大。如果两国工资上升速度相同，则工资差异将保持不变。由于没有一个准确的方法来确定国际贸易对要素价格差异的影响，我们只能放弃要素价格均等定理。

从图 5.10 可知，要素密集度之所以发生颠倒，是由于以下几个原因：X 等产量线的曲率小于 Y 等产量线的曲率；X 和 Y 的等成本线在两条相对要素价格线之间两次相交。如果两条等产量线有相同的曲率，它们就只能相交一次，也就不会引起要素密集度颠倒。

问题：画与图 5.10 相似的图，但是 X 等产量线和 Y 等产量线在两条相对要素价格线之间只相交一次。请说明在这种情况下为什么不会发生要素密集度颠倒。

A5.6　替代弹性与要素密集度颠倒

我们曾经得出结论：要使要素密集度发生颠倒，X 等产量线和 Y 等产量线的曲率差异就

应该很大,使它们在两国的相对要素价格线之间能相交两次。等产量线的曲率表示的是当劳动的相对价格(即 w/r)下降时,生产中可以用劳动替代资本的程度。当 w/r 下降时,生产者为了追求生产成本最小化,在生产两种商品时都会用劳动替代资本。

一条等产量线越平坦(曲率越小),生产中用劳动替代资本就越容易;反之亦然。一条等产量线的曲率或生产中的一种要素能够替代另一种要素的程度可以用**替代弹性**(elasticity of substitution)来度量。生产中劳动对资本的替代弹性(e)由下述公式给出:

$$e = \frac{\Delta(K/L)/(K/L)}{\Delta(\text{斜率})/(\text{斜率})}$$

例如,在 D 点和 A 点之间,生产商品 X 时劳动对资本的替代弹性可以按如下方式计算。D 点的 $K/L=3$,A 点的 $K/L=1/3$。沿着等产量线从 D 点移至 A 点的资本/劳动比率的变化是 $3-1/3=8/3$。因此,$\Delta(K/L)/(K/L)=(8/3)/3=8/9$。$X$ 等产量线的斜率的绝对值在 D 点是 2,在 A 点是 1/2,因此,$\Delta(\text{斜率})=2-1/2=3/2$,从而 $\Delta(\text{斜率})/(\text{斜率})=(3/2)/2=3/4$。把这些数值代入公式,即可得到:

$$e = \frac{\Delta(K/L)/(K/L)}{\Delta(\text{斜率})/(\text{斜率})} = \frac{8/9}{3/4} = 32/27 = 1.19$$

类似的,沿着 Y 等产量线从 C 点移到 B 点时劳动对资本的替代弹性可以这样计算:

$$e = \frac{\Delta(K/L)/(K/L)}{\Delta(\text{斜率})/(\text{斜率})} = \frac{[(4/3)-(3/4)]/(4/3)}{(2-1/2)/2} = \frac{(7/12)/(4/3)}{(3/2)/2}$$
$$= \frac{21/48}{3/4} = 86/144 = 0.58$$

因此,X 等产量线相对于 Y 等产量线来说,曲率较小,替代弹性较大。正是 X 和 Y 等产量线之间曲率和替代弹性的差异导致它们在两国相对要素价格线之间两次相交,引起了要素密集度颠倒。值得注意的是,等产量线曲率和替代弹性的差异是引起要素密集度颠倒的必要条件,但不是充分条件。要素密集度颠倒要想发生,替代弹性的差异必须足够大,这样才能使两种商品的等产量线在两国的相对要素价格线之间两次相交。

问题　计算前一问题(要素密集度不发生颠倒)中的 X 等产量线和 Y 等产量线的劳动对资本的替代弹性,并证明由于两条等产量线的曲率相似,其替代弹性差异不大。假设各点的坐标为 $A(4,2)$,$B(3,3)$,$C(3,2.5)$,$D(2,4)$。通过 A 点和 C 点的等产量线的斜率为 1,通过 B 点和 D 点的等产量线的斜率为 2。

A5.7　对要素密集度颠倒的经验检验

1961 年以前,经济学家们在其研究工作中几乎只使用柯布—道格拉斯生产函数。这一生产函数暗含着生产所有商品时劳动对资本的替代弹性均为 1 的假设。而这一生产函数在测度现实世界中要素密集度颠倒的普遍程度上没有什么实际意义。

部分原因是为了满足测度国际贸易中要素密集度颠倒的需要,1961 年,阿罗(Arrow)、钱纳利(Chenery)、明哈斯和索洛(Solow)共同提出了新的生产函数——**固定替代弹性生产函数**[**constant elasticity of substitution(CES)production function**]。正如其名字所表示的,每一个产业的固定替代弹性生产函数中的劳动对资本的替代弹性是常数,但是不同产业的生产函数具有不同的替代弹性。

明哈斯在测度要素密集度颠倒时使用的就是固定替代弹性生产函数。明哈斯发现:在其研究的 6 个产业中,劳动对资本的替代弹性差异十分巨大,发生要素密集度颠倒的比例大致是

1/3。这个发生频率太高了,不能把它作为特例来处理。如果这一结果是准确的,赫—俄模型将受到沉重的打击。

但是,里昂惕夫计算了全部 21 个用来导出固定替代弹性生产函数的产业的替代弹性(而不像明哈斯只选了其中 6 个),发现要素密集度颠倒发生的概率只有 8%。另外,当他去除两个对自然资源依赖性很强的产业以后,要素密集度颠倒发生的概率降至 1%左右。里昂惕夫因而证明,要素密集度颠倒只是偶然事件,并不能因此而推翻赫—俄模型。

明哈斯对自己的研究还作了另一个检验。他计算了美国和日本相同的 20 个产业的资本/劳动比率,并把各国的产业按其资本/劳动比率的大小排序,再计算两国企业排名名次相关程度的相关系数。由于美国是相对资本充裕的国家,美国所有的产业应比日本的同类产业资本密集度高。而且,要想使要素密集度颠倒发生的概率很小,日本和美国两国产业按资本密集度排序应是十分相似的。也就是说,美国资本密集度最高的产业也应该是日本资本密集度最高的产业。明哈斯发现排名的相关系数只有 0.34,因此他认为要素密集度颠倒是比较普遍的现象。

但是,鲍尔发现如果把农业和另外两个严重依赖自然资源的产业去掉,排名相关程度就会上升至 0.77,从而再一次证明要素密集度颠倒不是普遍现象。

第 **6** 章

规模经济、不完全竞争与国际贸易

6.1 引言

在第 5 章,我们已经看到赫—俄理论是建立在各国要素禀赋差异引起比较优势的基础上的。但是,该理论未能解释当今很大一部分的国际贸易问题。本章我们将用一些新的贸易理论来弥补这一缺陷。这些理论是建立在规模经济、不完全竞争、新技术在各国传播和发展速度不同等条件之上的。

6.2 节考察了放松赫—俄理论赖以存在的各项假设的后果。6.3 节考察了基于规模经济的国际贸易。6.4 节说明了作为当今大部分国际贸易基础的不完全竞争的重要性。6.5 节给出了建立在各国动态技术差距基础之上的国际贸易模型。最后,6.6 节考察了运输成本和环境标准对工厂选址以及国际贸易流动的影响。本章附录研究了外部经济及其对于国际贸易的重要性。

6.2 赫克歇尔—俄林模型与新贸易理论

本节我们将放松 5.2 节中讨论过的赫—俄模型的假设,我们会发现,放弃假设并不影响基本的赫—俄理论的正确性,但我们需要新的贸易补偿理论来解释赫—俄理论并未解释的许多关于国际贸易的重要问题。

放松假设 1(两国、两种商品、两种要素),变成两个以上国家、两种以上商品、两种以上要素的情况,只要商品的种类多于要素的种类,就只会使分析更加复杂,但不会影响赫—俄理论根基的正确性。由于要素种类超过两种而产生的一个问题是我们不能再把商品只划分为劳动密集型或资本密集型,而是需要构筑一个要素密集度指数,用来预测贸易模式。这虽然比较复杂,但仍然是可行的。

赫—俄理论的假设 2(即各国使用相同的生产技术)并不总是有效的。在真实的世界里,各国通常使用不同的技术。但是可以将科技水平视为一种生产要素,因此,基于各国科技水平差异而进行的贸易也可以用赫—俄理论来解释。不过,基于各国技术会随时间变化而进行的贸易则是另一回事,需要用技术差距和生命周期模型来解释。虽然这些模型可以被认为是对赫—俄基本模型的动态扩展,但实际上它们是完全不同的。我们将在 6.5 节对其进行讨论。

假设 3 是在两国,商品 X 都是劳动密集型的,而商品 Y 都是资本密集型的,这暗含着不存在要素密集度颠倒的假设。正如我们在 5.6 节所指出的,要素密集度颠倒会推翻赫—俄模型。不过,经验研究证明在现实世界里,要素密集度颠倒并不是普遍存在的。在计算中加入人力资本,减去自然资源密集型商品,或是比较生产与消费的资本/劳动比率而不是出口与进口的这一比率,似乎可以解决里昂惕夫之谜。

赫—俄理论假设规模报酬不变(假设 4),而国际贸易也可以在规模报酬递增的基础之上进行。规模报酬递增可以被视为对赫—俄理论的一个扩充,可以用来解释基本赫—俄理论没有涵盖的一部分国际贸易问题。我们将在 6.3 节讨论基于规模经济的贸易。

赫—俄模型的假设 5 是两国均为不完全专业化生产。如果贸易使两国之一实现了完全专业化,相对商品价格会相等,但相对要素价格不会。例如,在图 5.8 中,如果一国的可用资本远少于 B 点(在该点两国要素价格相等)所需的资本数量,以至于 B 点处于国家 1 的埃奇沃思盒形图之外(因此永远不可能达到),即便两国的相对商品价格是相等的,两国的要素价格也不会相等。

假设 6 的相同偏好已被经验检验或多或少地证实。各国之间的偏好差异还没有大到可以完全抵消各国生产要素的相对实际可用量之间的差异,这一差异解释了各国为什么会有相对商品价格的差异,以及各国之间为什么会有贸易。

放松假设 7(产品市场和要素市场均为完全竞争)会带来一些麻烦。发达工业国工业制成品贸易中有很大一部分似乎是基于产品差别和规模经济的,而这又很难与赫克歇尔—俄林要素禀赋理论相调和。我们将在 6.4 节研究这种产业内贸易。

放松假设 8(国际间无要素流动)只是对赫—俄模型作出修改,并不是对它的否定。正如我们在 5.5A 小节指出的,在使各国相对商品价格和相对要素价格均等化方面,国际要素流动可以作为国际贸易的替代。当国际间要素可以部分而不是完全自由流动时,使相对商品价格和相对要素价格均等所需的贸易额就会较小。这只是对基本的赫—俄模型作出修正,并不会损害其有效性。

同样,运输成本和其他妨碍国际贸易流动的因素(假设 9)只是减少了贸易额和贸易双方的收益,它们只是修正(而不是推翻)了赫—俄定理和要素价格均等定理。我们将在 6.6 节讨论运输成本和环境标准的问题。

如果资源没有得到充分利用(即放松假设 10),基于未利用或未完全利用资源的潜在比较优势就不会出现。这样一来,赫—俄理论会错误预测贸易模式。但是,至少在工业国,除了暂时的经济萧条和摩擦性失业(在变换工作过程中出现的失业)以外,充分就业假设是最容易被满足的。

放松假设 11(各国贸易是平衡的)会导致这样一个问题:具有逆差的国家为保证贸易平衡,会进口一些它本来具有比较优势,实际上应出口的商品。由于大多数国家的贸易逆差与其国民生产总值相比都不大,因此只有某国在这些商品上只有很小的比较优势时,赫—俄模型在放松假设 11 的情形下,预测贸易模式时才可能会出错。

综上所述,放松赫—俄理论的大部分假设都只需对该理论作出修正,而不会使其完全失效。然而,放松规模报酬不变和完全竞争的假设之后,我们需要新的贸易理论来解释赫—俄理论所不能解释的很重要的一部分国际贸易产生的原因。基于各国技术进步差异的国际贸易也需要新的理论。我们现在就来考察这些新的补充贸易理论。

6.3　规模经济与国际贸易

赫—俄模型的一个重要假设是两国、两种商品的生产都是规模报酬不变的(5.2 节假设 4)。在规模报酬递增条件下,即使两国在各方面完全相同,互惠贸易也会发生。这种贸易形式是赫—俄模型所不能解释的。

规模报酬递增(increasing returns to scale)是指产出水平增长比例高于要素投入增长比例的生产状况。也就是说,如果所有的投入都增加 1 倍,产出将增加 1 倍以上。如果所有的投入都增加 2 倍,产出的增加将超过 2 倍。由于大规模生产可以更有效地利用劳动力进行专业化生产,所以规模报酬递增是有可能发生的。也就是说,每个工人可以专门从事一项简单的重复性工作,从而提高劳动生产率。另外,大企业可以使用更加专业化和高效率的大型机器,而小企业却不能。Antweiler 和 Trefler(2002)发现,所有产品制造业的 1/3 都是规模报酬递增的。

图 6.1 显示了如何在规模报酬递增的基础上进行互惠贸易。如果两国在各个方面完全一样,我们就可以用同样的生产可能性曲线和无差异曲线图来表示两国的情况。规模报酬递增使生产可能性曲线凸向原点,或是向内弯曲。由于生产可能性曲线和无差异曲线图完全相同,两国的孤立均衡相对价格也是相同的。在图 6.1 中,两国孤立均衡相对价格为 $P_X/P_Y = P_A$。这也是两国生产可能性曲线和无差异曲线 I 在 A 点的公切线的斜率。

开展贸易后,国家 1 将在 B 点完全专业化生产商品 X。而国家 2 将在 B' 点完全专业化生产商品 Y。然后用 $60X$ 与 $60Y$ 彼此交换,两国的最终消费组合均将达到无差异曲线 II 上的 E 点。两国在贸易过程中均获利 $20X$ 和 $20Y$。这些贸易获利产生于各国仅生产一种商品而获得的规模经济。在无贸易条件下,由于各国均想消费两种商品,所以每一个国家都不会完全专业化生产其中的一种商品。

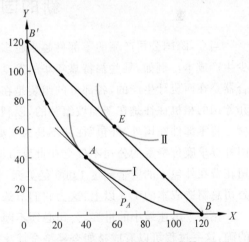

图 6.1　基于规模经济的贸易

在相同的凸向原点的生产可能性曲线(由于经济规模)和无差异曲线图下,两国的孤立均衡相对价格也是相同的,为 P_A。开展贸易后,国家 1 可以于 B 点完全专业化生产商品 X,国家 2 可以于 B' 点完全专业化生产商品 Y。通过用 $60X$ 与 $60Y$ 彼此交换,两国的最终消费组合均为无差异曲线 II 上的 E 点,在贸易中均获利 $20X$ 和 $20Y$。

值得注意的是,两国的无贸易均衡点 A 是不稳定的均衡点。如果由于某种原因国家 1 沿着其生产可能性曲线向 A 点右侧移动,则商品 X 的相对价格(生产可能性曲线的斜率)会不断下降直至国家 1 在 X 上实现完全专业化生产。类似的,如果国家 2 沿着生产可能性曲线向 A 点左侧移动,P_X/P_Y 会不断上升(即 P_Y/P_X 下降)直至国家 2 在商品 Y 上实现完全专业化生产。

有必要对以上分析和图 6.1 做些补充说明。第一,两国之中是哪一国在商品 X 还是商品 Y 上实行完全专业化都是没有区别的,在现实世界里,这种专业化生产模式可能是由于某种历史原因造成的。第二,在规模报酬递增条件下,两国要进行互惠贸易并不需要两国在各方面完全一致。第三,如果规模经济在很高的产出水平上仍然存在,一国的少数几个企业会获得某种商品的整个市场,从而导致**垄断**(monopoly)(某种不存在替代品的商品只有一个生产同质或不同质商品的生产者)或**寡头垄断**(oligopoly)(某种同质或差异商品有几个生产者)。第四,20 世纪 80 年代初以来,零部件通过外包或离岸外包进行的国际贸易急剧增加,这带来了新的重要的**国际规模经济**(international economies of scale)。**外包**(outsourcing)是指企业为了削减成本,在海外采购零部件。**离岸外包**(offshoring)则是指企业在自己设在海外的工厂生产产品所使用的部分零部件。外包和离岸外包虽然会带来国际规模经济(参见案例研究 6.1),但是也有很多人抱怨大量的高薪职位被转移到了海外(参见案例研究 6.2)。

案例研究 6.1

新的国际规模经济

当今,跨国公司产品的零部件越来越多地在许多国家生产(见案例研究 1.1),其目的是减少生产成本。例如,某些福特嘉年华的发动机是在英国生产的,传动装置是在法国生产的,离合器是在西班牙生产的,各部分的组装是在德国进行的,然后销往欧洲各地。与之类似,日本和德国的相机往往是在新加坡组装的,以利用那里的廉价劳动力。

将零部件在国外"外包"往往不是为了赢得更多利润,而是保持竞争力的需要。那些不从国外寻求廉价资源的公司不仅会在世界市场失去竞争力,甚至在国内市场也是如此。美国公司花费在外包上的资金超过 1 000 亿美元,从而节约了 10%～15% 的成本。如今外包占日本公司总制造成本的 1/3 以上,这为它们节约了超过 20% 的生产成本。

在当今迅速缩小的世界,公司必须不断寻求更廉价的资源和海外生产,从而保持竞争力。的确,这一过程可以看成是如今经济全球化中新的国际规模经济。正如 20 世纪 80 年代各公司不得不在各自国内使经营合理化一样,它们现在面临在世界生产体系范围内整合协调各部分经营的挑战,以利用新的国际规模经济。

事实上,跨国公司并不仅仅是将其产品的很多零部件外包或者是通过海外建厂的方式自己在海外生产,而是将产品生产的很大一部分分散在世界各地作为全球供应链或价值链的一部分(该过程被称为碎片化)。2011 年 3 月日本发生海啸后这一点表现得尤为明显。海啸不仅夺走了日本的数千条人命并给其基础设施造成了严重的毁坏,而且造成了汽车等大量产品的全球供应链或价值链的断裂。

在如今充斥着生产碎片化及全球供应链或价值链的世界里,跨国公司日益重视核心竞争力(如发达国家的研发),自己生产那些在未来几代产品中对公司的竞争地位不可或缺的部件,将外来生产者具有明显生产优势的其他所有零部件(如密集使用较不发达国家的低技能劳动的部件)外包出去在国外生产。在某种程度上,各国逐渐加大了产品和服务中所使用的各种要素的贸易量。

资料来源:"Manufacturing's New Economies of Scale," *Harvard Business Review*, May-June 1992, pp. 94-102; "How to Think Strategically about Outsourcing," *Harvard Management Update*, May 2000, pp. 4-6; and D. Salvatore, "The U. S. Challenge to European Firms," *European Journal of International Management*, Vol. 1, No. 1, 2007, pp. 69-80; M. P. Timmer et al., "Fragmentation, Incomes and Jobs: An Analysis of European Competitiveness," *Economic Policy*, October 2013, pp. 613-661; and D. Salvatore, *Managerial Economics in a Global Economy*, 8th ed. (Oxford University Press, 2015), chs. 6 and 7.

案例研究 6.2

美国产业的失业率与全球化

如表 6.1 所示,2003—2005 年美国制造业的失业率是服务业的 3 倍,但在所有部门(除专业和商业服务外)中,非贸易部门的失业率远高于贸易部门的失业率(因此失业率并非是进口、外包或离岸外包增加造成的)。正如案例研究 3.4 所述,美国的大多数直接失业是由提高了劳动生产率的技术进步而不是国际贸易本身所造成的,主要影响的是低技能的产业工人。正如 Samuelson(2004)、Bhagwati (2007)、Blinder (2008)、Coe (2008)、Summers (2008) 以及 Harrison 和 McMillan(2011)所指出的,如今该忧心的是电信革命和运输革命使越来越多的高技能和高薪工作的出口成为可能,不仅在制造业如此,在迄今一直被视为很安全的服务业也日益如此。事实上,Barefoot 和 Mataloni(2011)发现,1999—2009 年美国的跨国公司将美国本土的工作岗位削减了近 90 万个,同时在海外增加了 290 万个工作岗位。

表 6.1　美国各产业的失业率			%
产　　业	整　　体	贸易部门	非贸易部门
制造业	12	12	17
信息业	4	4	15
金融服务业	4	3	12
专业和商业服务	4	6	3

资料来源: A. Bradword and L. G. Kletzer, "Fear of Offshoring: The Scope and Potential Impact of Imports and Exports of Services," *Policy Brief*, Petersen Institute, January 2008.

我们必须把规模经济或规模报酬递增与外部经济区别开。前一个概念是指当企业的产量提高时,企业的平均生产成本下降。即规模经济或称规模报酬递增是存在于企业内部的。而**外部经济**(**external economies**)是指当整个产业的产量扩大时(即由于企业外部的某些原因),各个企业的平均生产成本下降。本章的附录将研究外部经济及其对国际贸易的重要意义。

最后,与规模经济有些关联的是林德(Linder)于 1961 年提出的一个假设:各国应当出口那些拥有巨大国内市场的制成品,即大多数人需要的商品。一国在满足这样一个市场的需求的过程中,可以获得今后向具有相似偏好和收入水平的国家出口该类商品所必需的经验和效率。该国将会进口国内高收入和低收入的少数人所需要的那些商品。根据这种"相似偏好"或"重叠需求"的假设,具有相似偏好和收入水平的国家之间的贸易量是最大的。但是,林德的假设只在其祖国瑞典得到了证实,在其他国家并不灵验。例如,非天主教国家(如日本和韩国)大量出口人造圣诞树和圣诞卡,尽管在其国内这些商品的市场很小。

 ## 6.4　不完全竞争与国际贸易

本节我们将研究不完全竞争与国际贸易之间的重要关系。我们先从直观的角度来分析,然后再利用一个正式的模型。我们还要研究一种测度产业内贸易的方法。

6.4A　基于产品差别的贸易

在现代经济中,大部分产品是有差别的,而不是同质的。例如,雪佛兰汽车就与丰田、大众、沃尔沃或雷诺汽车不完全相同。这就使国际贸易中有很大一部分包含了同一产业内或同一类产品组中**差别产品**(differentiated products)的交易。也就是说,与完全不同的产品之间的国际贸易相对,很大一部分国际贸易是差别产品的**产业内贸易**(intra-industry trade)(参见案例研究 6.3)。

案例研究 6.3

美国汽车产品的产业内贸易

表 6.2 给出了美国在 1965 年、1973 年、1980 年、1985 年、1990 年、1995 年、2000 年、2005 年、2010 年和 2014 年与加拿大、墨西哥、欧洲和日本之间汽车产品(整车、零件、发动机、车身等)的进出口额。各国不同厂商生产的汽车及汽车零件都是有差别的,这种差别导致了产业内贸易。1965—2014 年,美国汽车产品的产业内贸易增长之所以如此迅速,主要是因为各国贸易保护程度和运输成本的降低。美国和加拿大之间的贸易增长主要是因为两国于 1965 年签订了建立汽车产品自由贸易的美—加汽车协议。通过从美国进口,加拿大一方面可以减少其生产车型(从而在生产中获得更大的规模经济),另一方面使消费者有了更多的可挑选车型。1994 年 1 月 1 日生效的北美自由贸易协定也使美—墨汽车产品的产业内贸易有了极其迅速的发展。我们将在第 10 章详细讨论北美自由贸易协定。将来大型车的生产可能将集中在美国和加拿大,而小型车的生产将转向墨西哥。值得注意的是,美国在汽车产品上与加拿大、墨西哥及拉丁美洲的贸易均为双向的,而与日本则几乎是单向的。2010 年汽车产品贸易的下降(除了墨西哥以外)是由于世界经济的增长变缓。

表 6.2　美国汽车产品的进出口额				单位：10 亿美元	
年份	加拿大	墨西哥	欧洲	日本	全世界
进口					
1965	0.11	—	0.07	0.01	0.19
1973	4.92	—	3.14	2.41	10.55
1980	7.87	0.22	6.73	11.85	26.94
1985	20.77	2.93	11.84	24.55	58.57
1990	27.71	4.39	13.27	30.12	79.32
1995	41.63	12.11	15.65	34.94	108.02
2000	58.75	28.30	29.11	44.49	170.20
2005	64.42	29.86	43.06	49.37	205.45
2010	47.96	43.73	33.63	42.92	189.76
2014	63.19	65.10	61.21	49.89	328.49
出口					
1965	0.62	—	0.07	—	0.87
1973	4.12	—	0.48	0.09	6.03
1980	9.54	1.35	1.46	0.19	16.74
1985	16.32	2.72	1.15	0.21	21.07
1990	19.48	3.57	3.65	1.52	32.55
1995	28.94	5.14	5.45	4.07	52.51
2000	38.23	13.28	6.55	2.73	67.20
2005	45.77	13.55	10.41	1.45	85.99
2010	43.05	17.14	9.73	1.24	99.51
2014	59.62	33.98	19.64	2.09	159.45

资料来源：WTO，*Annual Report*（Geneva：WTO，Various Issues）.

　　产业内贸易的产生完全是为了利用生产的规模经济。也就是说，国际竞争迫使工业国的各企业或工厂只生产某一产品的一种或少数几种款式，而不是生产全部款式。这对于降低单位成本是至关重要的。如果只生产少数几种款式，企业就可以为长期持续生产而使用更专业化、更快捷的机器设备。该国接着从他国进口其他款式和种类的产品。由于消费者可以在生产的规模经济所带来的较低的价格水平上有更多的选择（即多样化的差别产品），所以，消费者在产业内贸易过程中将会获益。案例研究 6.4 考察了由于消费者能够通过贸易获得丰富的产品选择而增加的巨大的福利。

案例研究 6.4

国际贸易的种类收益

　　迄今为止，从贸易中得到的福利收益一直是通过进口商品价格的下降和消费量的增长来测量的。贸易带来的另一个非常重要的收益是由于国际贸易，消费者可以购买的商品种类的巨大增加。布罗达（Broda）和温斯坦（Weinstein）估计，与 1972 年可以购买到的商品相比，美国消费者大概愿意为 2001 年琳琅满目的商品多支付 2 800 亿美元，相当于 GDP 的 3%。美国消费者可以购买的商品从 1972 年的 74 667 种(平均而言,相当于从 9.7 个国家进口的商品增加了 7 731 种)上升到 2001 年的 259 215 种(平均而言,相当于从 15.8 个国家进口的商品增加了 16 390 种)。因此,笔者认为由于没有考虑多样性带来的巨大收益,传统的进口价格指数每年将进口价格高估了大约 1.2%。

贸易所带来的让消费者可以选择的商品种类增加的收益,对于近期刚刚向国际贸易敞开国门的发展中国家来说更大。中国是获益最大的国家。与 1972 年封闭经济时期相比,面向国际贸易开放经济之后的 1997 年,中国消费者因为有了更多的商品选择,收益高达 GDP 的 326.1%。其次是原苏联国家,其收益为 GDP 的 213.7%。再次是韩国,收益是 GDP 的 185.3%。事实上,笔者所研究的其他 19 个国家也都获得了两位数的收益,而美国的收益仅相当于 GDP 的 3%。这是因为在笔者所研究的过去 30 年间,美国经济一直是开放的,因此从收益占 GDP 的比例这个指标来看,收益最低。然而,Blonigen 和 Soderbery(2010 年)根据对美国汽车进口的研究,认为美国从多样性中获得的收益很可能要多得多。

资料来源:C. Brada and D. Weinstein,"Globalization and the Gains from Variety," *Quarterly Journal of Economics*,April 2006,pp. 541-585;and B. Blonigen and A. Soderbery,"Measuring the Benefits of Foreign Products Variety with an Accurate Variety Set," *Journal of International Economics*,November 2010,pp. 168-180.

1958 年,当欧盟或欧共体成员国之间的关税和其他贸易壁垒被消除之后,产业内贸易的重要性就表现得更为明显了。贝拉萨(Balassa)发现贸易额急剧上升,而且,大多数贸易增长都包含了每个产业大类的差别产品之间的交换。即德国用汽车与法国及意大利交换汽车,法国与德国相互出口洗衣机,意大利、德国和法国彼此出口打字机,等等。

即使在欧盟成立之前,在大多数产业中,欧洲和美国的工厂规模都是差不多的。但是,欧洲企业的单位成本高得多,这主要是因为与其美国同行相比,欧洲工厂生产的产品的种类和样式更为多样化。随着欧盟之间关税下降直至被取消以及贸易的增长,每个工厂都可以专业化生产一种产品的少数几种款式,从而使单位生产成本迅速下降。

6.4B 产业内与赫克歇尔—俄林贸易模型的关系

赫尔普曼(Helpman)、克鲁格曼(Krugman)、兰开斯特(Lancaster)以及其他一些学者自 1979 年以后发展的产业内贸易模型与赫—俄模型的关系是什么呢?

首先,赫—俄模型中的贸易是基于各国比较优势或要素禀赋(劳动力、资本、自然资源及技术)差别的,而产业间贸易是基于产品差别和规模经济的。因此,要素禀赋差别较大的国家之间基于比较优势的贸易额也较大,而产业内贸易则在当生产要素大致确定之后具有相同的经济规模和要素比例的国家之间较大。

其次,如果在规模经济条件下进行差别产品的生产,贸易前相对商品价格将不再能准确预测贸易模式。特别是由于规模经济较大,一个大国生产某一商品的成本会低于一个小国生产同一商品的成本。然而,在贸易条件下,所有国家都可以在相同的程度上利用规模经济,可以想象,小国也能向大国廉价出口相同的商品。

再次,赫—俄模型预测,贸易会降低一国稀缺资源的收入,与之相比较,基于规模经济的产业内贸易可以使所有要素都获得收入。这或许可以解释为什么欧盟的形成以及战后制成品的贸易自由化都没有遇到利益集团的阻挠。而工业国的劳工组织强烈反对与新兴的发展中国家开展自由贸易。因为后一种贸易模式是产业间而不是产业内贸易,这有可能引起工业国某些产业（如纺织产业）的完全崩溃和大批劳动力在其他产业的再就业问题。

最后，产业内贸易与产品零部件的国际贸易或称外包的飞速发展密切相关。正如我们在案例研究 6.1 中所看到的，不少跨国公司为了使其生产成本最小化（国际规模经济），经常在不同国家生产或进口同一产品的不同零件。为使生产总成本最小化而利用每个国家的比较优势可以被认为是在现代生产条件下对赫—俄基本模型的一个扩展。这种模式也为一些发展中国家提供了大量就业机会。我们将在第 12 章讨论这一主题，并研究国际资源流动和跨国公司。

因此，我们暂时可以得出这样一个结论：比较优势确定产业间贸易的模式，差别产品生产中的规模经济导致产业内贸易。在现实世界中两种类型的国际贸易都有发生。要素禀赋的差别（如发达国家和发展中国家之间的差别）越大，比较优势和产业间贸易就越重要。而当要素禀赋比较相似时（如发达国家间的差别），产业内贸易就会占主导地位。正如兰开斯特（1980）所指出的，即使在产业内贸易中，"也还是有些比较优势的成分在里头"。我们可以说，产业间贸易反映了自然形成的比较优势，而产业内贸易反映的是获得性的比较优势。

更为重要的是，5.6 节讨论的对赫—俄理论的更为近期的经验检验说明，考虑到各国存在技术与要素的价格差别，由于非贸易品和运输成本的存在，利用更多的可细分的要素禀赋及贸易数据，大量的产业内贸易事实上是基于要素禀赋的国际性差别和比较成本的。因此，在产业内贸易与赫—俄理论之间的矛盾就比乍看上去要少许多。也就是说，大量的产业内贸易事实上是以要素禀赋的差异和比较成本为基础的。例如，美国从墨西哥进口的计算机可能是将高技能的美国劳动力制造的电路板，与低技能的墨西哥劳动力的组装工作相结合的产物。

6.4C　产业内贸易的测度

产业内贸易水平可以用**产业内贸易指数**（**intra-industry trade index**，**T**）来衡量：

$$T = 1 - \frac{\mid X - M \mid}{X + M} \tag{6-1}$$

式中，X 和 M 分别表示对某一种产业或某一类商品的出口额和进口额，分子上的两条竖线表示对 $X - M$ 的差取绝对值。T 的取值范围为 0～1。当一个国家只有进口或出口（即不存在产业内贸易）时，$T = 0$；当对某一商品的进口等于出口（即产业内贸易最大）时，$T = 1$。

格鲁贝尔（Grubel）和劳埃德（Lloyd）计算了 1967 年 10 个工业国不同产业的 T 指数。他们发现对于原油、润滑油产业，10 个国家的 T 值的加权平均值为 0.30，与之相关的化工业为 0.66，10 个国家所有产业的混合加权平均 T 值为 0.48。这意味着在 1967 年，这 10 个工业国的贸易额中有一半是由于同一产业内差别产品的交易而引起的。而且随着时间的推移，T 值也在不断上升。其值在 1959 年为 0.36，1964 年为 0.42，1967 年为 0.48。案例研究 6.5 给出了对发达工业国的产业内贸易的近似估计。

但是，使用 T 指数来衡量产业内贸易程度有一个很严重的缺陷，即我们用不同的范围定义产业或商品种类时，获得的 T 值都不会相同。特别地，我们定义某一产业的范围越大，T 值也越大。原因在于对一个产业的定义范围越大，一国进口和出口这一范围内差别产品的可能性就越大（参见案例研究 6.6）。所以对 T 指数的使用必须谨慎。不过，它在用来测度不同产业间的产业内贸易的差异，以及同一产业中随着时间推移产业内贸易的变化时还是十分有用的（参见案例研究 6.7）。

案例研究 6.5

产业内贸易的增长

表 6.3 给出了 1988—1991 年及 1996—2000 年工业国在制成品方面发生的产业内贸易的份额。该表显示,1996—2000 年,法国的产业内贸易比例最高(77.5),其次是加拿大(76.2)和奥地利(74.2)。至于 7 国集团的其他国家,英国的比例为 73.7、德国为 72.0、美国为 68.5、意大利为 64.7、日本为 47.6。(除加拿大、墨西哥和美国外)比例最高的是欧洲国家,(除挪威和希腊外)最低的是太平洋国家和发展中国家。在这两个时期比例增长最快的是匈牙利、韩国、墨西哥和日本。另一些国家(如比利时/卢森堡、希腊和爱尔兰)的比例则下降了。

表 6.3　部分国家制成品贸易中产业内贸易的比例　%

国　　家	1988—1991 年	1996—2000 年	国　　家	1988—1991 年	1996—2000 年
法国	75.9	77.5	丹麦	61.6	64.8
加拿大	73.5	76.2	意大利	61.6	64.7
奥地利	71.8	74.2	波兰	56.4	62.6
英国	70.1	73.7	葡萄牙	52.4	61.3
墨西哥	62.5	73.4	韩国	41.4	57.5
匈牙利	54.9	72.1	爱尔兰	58.6	54.6
瑞士	69.8	72.0	芬兰	53.8	53.9
德国	67.1	72.0	日本	37.6	47.6
比利时/卢森堡	77.6	71.4	新西兰	37.2	40.6
西班牙	68.2	71.2	土耳其	36.7	40.0
荷兰	69.2	68.9	挪威	40.0	37.1
美国	63.5	68.5	希腊	42.8	36.9
瑞典	64.2	66.6	澳大利亚	28.6	29.8

资料来源:OECD,"Intra-Industry Trade,"*Economic Outlook*(Paris:OECD,June 2002),pp.159-163.

案例研究 6.6

20 国集团产业内贸易指数

表 6.4 给出了 2006 年 20 国集团(由发达国家及新兴经济国家中具有举足轻重地位的大国及欧盟组成)在 SITC(联合国国际贸易标准分类)3 位数编码和 5 位数编码下的产业内贸易指数。指数为 0.000 表示不存在产业内贸易,指数为 1.0 表示该国每个产品类别的进出口都相等。可以想见,各国 3 位数编码下的产业内贸易指数要高于 5 位数编码下的,也就是说,聚合的程度越高(例如,包括汽车产品、火车和飞机在内的运输设备与仅仅是汽车相比),产业内贸易指数也就越高。如表所示,发达国家的产业内贸易指数普遍高于 20 国集团中的其他国家。

表 6.4 2006 年 20 国集团在 SITC 3 位数编码和 5 位数编码下的产业内贸易指数					
国 家	SITC 3 位数编码	SITC 5 位数编码	国 家	SITC 3 位数编码	SITC 5 位数编码
法国	60.0	42.4	巴西	37.3	13.7
加拿大	59.9	42.1	印度	31.8	12.7
德国	57.0	41.9	阿根廷	31.3	15.6
英国	52.5	36.2	中国	30.5	18.2
美国	50.3	31.7	南非	29.4	9.2
意大利	49.7	34.4	印度尼西亚	29.1	11.7
墨西哥	47.8	33.4	土耳其	21.7	13.0
泰国	44.9	25.2	俄罗斯	14.6	4.7
韩国	41.2	24.0	沙特阿拉伯	7.0	1.1
日本	39.8	23.8	未加权平均数	38.7	22.9

资料来源: M. Brulhart, "Global Intra-Industry Trade, 1962—2006," *The World Economy*, March 2009, pp. 401—459.

案例研究 6.7

美国某些产业的产业内贸易指数

表 6.5 给出了美国某些产业的进出口额及利用式(6-1A)得出的产业内贸易指数(T)。利用式(6-1)得到的结果与此相同,读者可利用表 6.5 给出的数据自行计算。式(6-1A)的分子要求使用一国产品的出口额或进口额中较小的。

$$T = \frac{\min(X, M)}{(X + M)/2} \tag{6-1A}$$

表 6.5 2014 年美国某些产业的进出口额及产业内贸易指数			
产 品	出口额/百万美元	进口额/百万美元	产业内贸易指数/%
半导体	43 744	44 003	99.7
科学和医疗设备	46 210	40 185	93.0
工业发动机	29 714	24 788	91.1
发电机械	57 250	71 304	89.1
电信设备	40 669	58 664	81.8
机床	7 622	11 396	80.2
塑性材料	36 854	17 346	64.0
医疗和牙科产品	50 958	91 940	55.4
民用飞机	58 156	16 731	44.7
计算机	16 892	63 709	41.9
家具	5 143	30 019	29.3
电视机	4 581	28 195	28.0
服装和家居用品	11 066	135 907	15.1

资料来源: Bureau of Economic Analysis (2015).

如表 6.5 所示，美国某些高科技产品（如半导体和发电机械）的产业内贸易指数很高，进出口额基本持平，主要贸易对象为其他发达国家和新兴市场经济体（如中国）。相反，美国另一些高科技产品（如民用飞机）的产业内贸易指数却很低，主要是出口；对于服装和家居用品等低技术含量的劳动密集型产品，美国则主要是（从发展中国家）进口。

6.4D 产业内贸易的正式模型

图 6.2 是产业内贸易的一个正式模型。图中 D 代表销售差别产品的厂商所面对的需求曲线。由于其他很多厂商也出售类似的产品，该厂商所面对的需求曲线是比较有弹性的（即斜率较小）。这意味着价格的微小变动会导致厂商销售额的较大变动。这种很多厂商出售差别产品，而且进出该产业都比较容易的市场组织形式称为**垄断竞争**（monopolistic competition）。由于厂商为了增加销售额，必须降低产品价格（P），所以该厂商的边际收益曲线（MR）低于其需求曲线（D），即 MR$<P$。例如，D 显示该厂商在 $P=4.50$ 美元时可以售出 2 单位产品，总收益为 9 美元，或在 $P=4$ 美元处售出 3 单位产品，总收益为 12 美元。这样，总收益的改变量或称边际收益$=3$ 美元，小于出售第 3 单位产品时的价格 $P=4$ 美元。

如果只生产产品的一个或少数几个种类，厂商在生产中就会面临规模报酬递增，因此其平均成本曲线（AC）是向下倾斜的（即当产量增加时 AC 下降）。因此，厂商的边际成本曲线（MC）低于 AC。原因是如果 AC 是下降的，则 MC 一定小于 AC。厂商的最优产量为 3 个单位，即 MC 与 MR 曲线的交点 E 点（见图 6.2）。在较小的产出水平上，MR（即额外收益）大于 MC（即额外成本），该厂商应当扩大产量。而当产量大于 3 时，MR$<$MC，该厂商应当减少产量。因此，最优产量就是 3 个单位。在需求曲线上的 A 点，厂商收取的价格是 4 美元。另外，如果该行业中的厂商可以获得超额利润，越来越多的厂商会被吸引进入这一产业，该厂商面临的需求曲线（D）与 AC 相切，因此，在 $Q=3$ 处，$P=$AC$=$ 4 美元。这意味着该厂商刚好盈亏平衡（即它在长期中只获得投资的正常利润）。

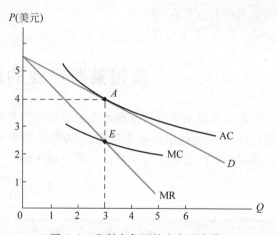

图 6.2 垄断竞争下的生产和定价

D 是厂商销售某一产品所面临的需求曲线，MR 是对应的边际收益曲线。由于产品差异的存在，D 是向下倾斜的。这使得 MR$<P$。在垄断竞争下厂商的最优产出水平由 MR$=$MC 的 E 点给出，为 3 个单位。在 $Q=3$ 处，$P=$AC$=4$（A 点），厂商处于盈亏平衡点（即长期内对投资只收回正常利润）。AC 是厂商的平均成本曲线。由于规模经济的存在，AC 是向下倾斜的。

我们现在可以研究产业间贸易和产业内贸易之间的关系。假设国家 1 是劳动充裕的国家，商品 X 是劳动密集型的；而国家 2 是资本充裕的国家，商品 Y 是资本密集型的。如果 X 和 Y 是同质的，则根据赫—俄理论，国家 1 将出口 X 并进口 Y，而国家 2 将出口 Y 并进口 X。这就是产业间贸易，只反映两国的比较优势。另外，如果 X 和 Y 都有不同的种类（即 X 和 Y 是差别产品），国家 1 仍是 X 的净出口者（这是基于比较优势的产业内贸易），同时它还需要进口某些其他种类的 X，并出口某些种类的 Y（这是基于产品差异和规模经济的产业内贸易）。

类似的,国家 2 仍是 Y 的净出口者,但它也会进口某些种类的 Y,并出口某些种类的 X。国家 1 和国家 2 各自对 X 和 Y 的净出口反映了基于比较优势的产业内贸易。同时,国家 1 也进口某些种类的 X 并出口某些种类的 Y,而国家 2 也进口某几种 Y 并出口部分种类的 X 的事实(即两国对于这两种商品的市场有一个相互渗透),反映了基于产品差异和规模经济的产业内贸易。这样,当产品是同质的时候,就只有产业间贸易。如果产品是有差别的,则产业间和产业内贸易都会发生。两国的要素禀赋和技术越接近,与产业间贸易相比,产业内贸易就越重要;反之亦然。由于随着时间推移,工业国在要素禀赋和技术上越来越相似,产业内贸易相对于产业间贸易的重要性也越来越大。然而,如前所述,大量的产业内贸易也是以国际要素禀赋的差异为基础的(前提是要素的定义不那么严格而且以一种更分散的方式来定义)。

6.4E　产业内贸易模型的另一种形式

现在我们利用图 6.3 从另一个角度考察产业内贸易模型。横轴表示一个垄断竞争产业中的公司数(N),纵轴表示产品价格(P)及平均或单位生产成本(AC)。尽管产品有差别,但是所有公司仍以同样的价格出售这些产品。如果垄断竞争产业中的所有公司都是对称的或面临同样的需求和成本函数(或条件),这一点就是成立的。

图 6.3 中的曲线 P 显示了产业中的公司数量和产品价格的关系。曲线 P 向下倾斜,表示产业中公司的数量越多,产品的价格就越便宜,因为产业内有更多的公司会带来更激烈的竞争。例如,当 $N=200$ 时,$P=4$ 美元(见图中 F 点);当 $N=300$ 时,$P=3$ 美元(E 点);当 $N=400$ 时,$P=2$ 美元(E' 点)。另外,曲线 C 表示产业内的公司数与一定产出水平下平均生产成本之间的关系。曲线 C 向上倾斜,表示 N 越大,AC 就越大。原因是当更多的公司生产一定量的产品时,每个公司产量所占的比例将减小,因而每个公司的平均生产成本将增加。例如,当 $N=200$ 时,AC$=2$ 美元(图中 G 点);当 $N=300$ 时,AC$=3$ 美元(E 点);$N=400$ 时,AC$=4$ 美元(H 点)。

曲线 P 和曲线 C 的交点是平衡点 E,在该点,$P=$AC$=3$ 美元,$N=300$,每个公司收支平衡(即利润为零)。有 200 个公司时,$P=4$ 美元(F 点),AC$=2$ 美元(G 点)。由于这时公司盈利,更多的公司将进入该产业,直到最终达到平衡点 E。而 $N=400$ 时,$P=2$ 美元(E'点),AC$=4$ 美元(H 点)。由于这时所有公司亏本,一些公司将撤出该产业,直到最终达到平衡点 E。

通过开展或扩大国际贸易,成为更为广阔的整合的国际市场的一部分,各个国家的公司可以集中生产较小范围的产品,从而降低平均生产成本。这样尽管各国的资源禀赋情况和技术相等,仍会有互惠贸易。各国的消费者将从更低的商品价格和更大范围的商品中受益。图 6.3 中曲线 C 下移到曲线 C' 就反映了这一点。曲线 C 下移到曲

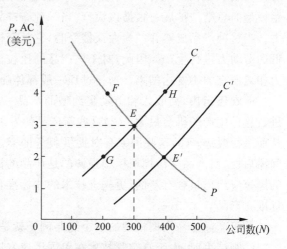

图 6.3　垄断竞争与产业内贸易

曲线 P 说明产业中公司的总数 N 与产品价格 P 之间负相关,而曲线 C 则表明在给定产出水平时公司数 N 与平均生产成本 AC 正相关。曲线 P 与曲线 C 的交点 E 是均衡点,此时 $P=$AC$=3$ 美元,$N=300$。贸易导致曲线 C 下移至 C',并确定了新的均衡点 E',此时 $P=2$ 美元,$N=400$。

C'是因为给定产业中的公司数量时,市场规模或总销售量的增加将增加每个公司的销售量,从而每个公司的平均生产成本将下降。曲线 C 下移到曲线 C' 带来了新的长期平衡点 E',与初始的平衡点 E 相比($P=3$ 美元,$AC=3$ 美元),这时 $P=AC=2$ 美元,$N=400$。注意产业总销售量的增加并不会影响曲线 P(即曲线 P 不移动)。

6.5 基于动态技术差异的贸易

除了劳动力、资本和自然资源的相对可用量的差异(赫—俄模型所强调的)以及规模经济和产品差异外,各国技术的动态变化也可以作为一个引发国际贸易的单独因素。技术差距模型和产品生命周期模型研究的就是这一问题。由于这些模型中都包含了时间因素,我们可以把它视为对赫—俄模型的动态扩展。

6.5A 技术差距与产品生命周期模型

根据 1961 年由波斯奈(Posner)建立的**技术差距模型**(**technological gap model**),工业国之间的贸易的很大一部分都是以新产品和新工序的引进为基础的。这使发明厂商和国家在世界市场上暂时处于垄断地位。这种暂时垄断地位通常是建立在为鼓励发明创造而授予的专利或版权基础之上的。

作为科技最发达的国家,美国出口大量的高新技术产品。但是,外国生产者在获得新技术后,就能凭借较低的劳动力成本最终占领外国市场,甚至是美国市场。与此同时,美国厂商会获得更新的产品和生产工序,由于新的技术差距,它们仍能向国外出口这些新产品。但是,这个模型也有一个缺点,就是它并不能解释技术差距的大小,也没有给出技术差距产生和随着时间推移而消失的原因。

弗农(Vernon)在 1966 年提出了**产品生命周期模型**(**product cycle model**),这是对技术差距模型的总结与扩展。根据该模型,当一种新产品刚刚诞生时,其生产往往需要高技能的劳动力。当这种产品成熟并广为大众接受时,它就变得标准化了,可以用大规模生产技术和技能较低的劳动力进行生产。因此,对于该产品的比较优势会从最早引入它的发达国家转移到劳动力相对便宜的不发达国家。这一过程一般都伴随着发明国向劳动力便宜的国家的直接投资。

弗农还指出,高收入和劳动集约型的产品一般在富国最先投产,这是因为:(1)这些国家进行这种生产的机会最大;(2)这些新产品的发展需要接近市场以迅速从消费者处获得反馈,从而进行改进;(3)这些国家有对提供服务的需求。技术差距模型强调的是模仿过程中的时间滞后性,而产品生命周期模型强调的是产品的标准化过程。根据这些理论,工业化程度最高的国家应当出口含有新的、更先进技术的非标准化产品,进口含有旧的、已普遍应用的技术的标准化产品。

关于产品生命周期模型的一个经典例子就是"二战"后美、日两国在无线电产品上的竞争。"二战"刚结束时,由于真空管技术在美国迅速发展,美国垄断了无线电产品的世界市场。但是几年后,日本通过模仿美国的技术并凭借其廉价的劳动力,也占据了很大一部分市场份额。随后美国发明了晶体管,重新在技术上领先。然而几年之后,日本再次通过模仿掌握了这一技术,又一次用低价和美国竞争。而美国又通过引入印刷电路在同日本的竞争中占了上风。生产无线电的最新技术究竟是劳动力密集型还是资本密集型,美国能否在这个市场中占据一席之地,或者美国和日本最终会不会被韩国、新加坡等国成本更低的生产商所代替,这一切仍然有待分晓。

在 1967 年进行的一项研究中,格鲁伯(Grubber)、梅塔(Mehta)和弗农发现在出口和研发经费之间存在很强的关联。他们把研发经费当作国家或厂商在新产品或新工序上获得暂时比较优势的代表。这样,这些结果就倾向于支持技术差距模型及与其密切相关的产品生命周期模型。我们在第 7 章将会看到,美国建立在研发基础上的技术领先地位相对于欧洲和日本来说已不太稳固,与中国等最为发达的新兴国家之间的差距也急剧缩小了。

需要指出的是,这些模型中的贸易最初都是基于工业国中那些用相对充裕的要素(如高技能的劳动力、大量的研发经费等)发展的新技术。然后,通过模仿和产品标准化,不发达国家凭借其廉价劳动力在这种产品上获得了比较优势。所以我们可以说,贸易是建立在各国要素相对充裕度(技术)随时间推移的变化的基础上的。因此可以把技术差距模型和产品生命周期模型当作赫—俄模型在技术急剧发展的情况下的一个扩充,而不是另一个替代模型。简言之,与解释静态比较优势的赫—俄基本模型不同,产品生命周期模型试图解释新产品和新生产工序的动态比较优势。我们将在下一章研究长期内比较优势成长和变化的原因。

6.5B　对产品生命周期模型的说明

图 6.4 是产品生命周期模型的图示,它从发明国和模仿国的角度把一种产品的生命周期划分为 5 个阶段。在第一阶段,或称新产品阶段(即横轴上的 OA 段),这种产品(在此时还未完全定型)仅仅在发明国生产和消费。在第二阶段,或称产品成长阶段(AB 段),该产品的生产在发明国得到了完善,为满足国内外不断增长的需求,产量迅速提高。在该阶段,国外还不能生产这种产品,因此发明国在国内和国际市场上均处于完全垄断的地位。在第三阶段,或称产品成熟期(BC 段),该产品已经标准化,发明厂商发现授权本国其他厂商和外国厂商生产这种产品也是有利可图的。这样,模仿国就开始生产这一产品来满足本国消费。在第四阶段(CD 段),由于该产品已变得标准化,不再需要具备研发和工程技能的工人,而模仿国的劳动力成本和其他成本低于发明国,因此模仿国开始在第三国市场上低价销售,发明国的产量开始下降,品牌竞争让位于价格竞争。最后,在第五阶段(D 点以后),模仿国在发明国市场上也以

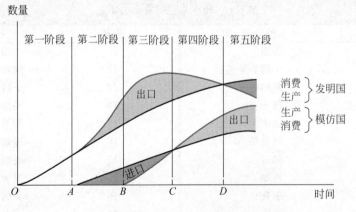

图 6.4　产品生命周期模型

在第一阶段(OA 段),该产品只在发明国生产和消费。在第二阶段(AB 段),该产品的生产在发明国得到了完善,为适应国内外迅速增长的需求,产量大幅上升。在第三阶段(BC 段),该产品已经标准化,模仿国已开始生产供国内消费的这一产品。在第四阶段(CD 段),模仿国在第三国市场上以低于发明国的价格出口。在第五阶段(超过 D 点以后),模仿国甚至向发明国出口。

低于发明国的价格销售,发明国的产量大幅下降或完全停止。第四阶段和第五阶段通常被称为产品衰退期。技术扩散、标准化以及国外较低的生产成本使一种产品的生产周期走向尽头。发明国又会致力于新的技术革新以引入新产品。

看上去经历了这一生命周期的产品的例子包括无线电、不锈钢、剃须刀、电视机、半导体等。近年来,新技术的扩散时间大大缩短了,因此,我们可以亲眼目睹产品生命周期越来越短。即从新产品在发明国投入生产开始,到模仿国在第三国市场上完全代替发明国为止的这一时间已越来越短。对于发明国自己来说,这一过程也越来越短。这使像美国这样依靠新技术和新产品来维持国际竞争力的国家陷入困境。美国从推出新技术和新产品中所获得的好处很快就被其他国家,尤其是日本所模仿。事实上,史蒂夫·乔布斯(Steven Jobs)的苹果公司研发了iPad,但却将其所有的生产都外包了出去。"为了避免落后,美国必须越跑越快",这话用在这里再恰当不过了。然而,通过飞速推出新产品和新技术,美国在经济竞争力的排名上仍处于世界前列(见案例研究 6.8)。

案例研究 6.8

美国是世界上经济最具竞争力的国家

表 6.6 是由瑞士管理发展协会评出的 2015 年最具国际竞争力的 20 个经济体。国际竞争力是指一个国家或企业具有比国际市场上的其他竞争者创造更多财富的能力。国际竞争力是通过计算四大类 300 个竞争力标准的加权平均数得出的,这四大类是:(1)经济表现(对国内经济的宏观表现的评估);(2)政府表现(政府政策有助于提高竞争力的程度);(3)企业效率(企业创新和盈利的程度);(4)基础设施(基本的、科技的及人力的资源符合企业需要的程度)。

表 6.6 　 2015 年国际竞争力排名			
排名	经　济　体	排名	经　济　体
1	美国	11	中国台湾地区
2	中国香港地区	12	阿拉伯联合共和国
3	新加坡	13	卡塔尔
4	瑞士	14	马来西亚
5	加拿大	15	荷兰
6	卢森堡	16	爱尔兰
7	挪威	17	新西兰
8	丹麦	18	澳大利亚
9	瑞典	19	英国
10	德国	20	芬兰

资料来源:IMD(2015).

如表 6.6 所示,美国位居第一,接下来是中国香港地区、新加坡、瑞士和加拿大。德国居第 10 位。该指标的计算中用到了 61 个国家。7 国集团中其他国家的排名为:英国居第 19 位,日本居第 27 位,法国居第 32 位,意大利居第 38 位。中国内地居第 22 位,韩国居第 25 位,西班牙居第 37 位,墨西哥居第 39 位,印度居第 44 位,俄罗斯居第 45 位,南非居第 53 位,巴西居第 56 位,阿根廷居第 59 位,委内瑞拉居第 61 位。与此相对的,世界经济论坛在《全球竞争力报告》中也给出了国际竞争力排名,2014—2015 年最具国际竞争力的十大经济体中,瑞士位居第一,接下来是新加坡、德国、美国、瑞典、中国香港地区、荷兰、日本和英国。

 ## 6.6　运输成本、环境标准与国际贸易

迄今为止,我们始终假设运输成本为零(5.2 节的假设 9)。本节将放松这一假设。我们将看到运输成本可以通过影响进口国和出口国相互贸易的商品的价格来直接影响国际贸易,也可以通过影响工厂的选址来间接地影响国际贸易。在研究这两类影响的同时,我们还要研究环境污染对产业选址和国际贸易的影响。

6.6A　运输成本和非贸易商品

运输成本包括运费、仓储费、装卸费、保险费及货物在运输期间的利息费用。我们将用**运输成本或物流成本**(transport or logistics costs)这一术语概括把货物从一处运到另一处所发生的全部费用。

一种同质商品要想进入国际贸易流通,它在两国贸易前的价格差必须大于把该商品从一国运至另一国的运输成本。考虑运输成本可以解释为什么许多商品与服务并没有进入国际贸易流通领域。这些商品与服务被称为**非贸易商品与服务**(nontraded goods and services),即那些运输成本超过其在国家间价格差的商品或服务。因此,除了在边境地区以外,水泥很少进入国际贸易领域的主要原因就在于其极高的重量/价格比。同样,一个普通人不会愿意单纯为了理一次发而从纽约飞往伦敦。

一般来说,非贸易商品的价格是由国内供求情况决定的,而贸易商品的价格是由国际市场供求情况决定的。冷藏车、冷藏船的大量使用大大降低了运输成本,从而使许多非贸易商品转变成为贸易商品。例如,在冬天,我们可以在波士顿、纽约、芝加哥、费城的商店里看到从南美运来的葡萄、其他水果及各种蔬菜。而在过去,高运输成本和高损耗率使这种事根本不可能发生。类似的,集装箱运输(把货物装在大的标准化的容器之中)大大降低了装卸和运输成本,也使许多以前的非贸易商品成为贸易商品。

分析运输成本的方法有两种。一种是**一般均衡分析**(general equilibrium analysis),利用一国的生产可能性曲线或提供曲线,用相对商品价格来表示运输成本。另一种更直接的方法是用**局部均衡分析**(partial equilibrium analysis)来分析运输成本的绝对价值或货币价值。它假设两国之间除某一商品的产量、消费量、贸易量之外的货币汇率、收入水平以及其他变量为常数(见图 6.5)。

在图 6.5 中,共同的纵轴表示商品 X 在国家 1 和国家 2 的美元价格。从共同原点向右的移动表示商品 X 在国家 2 的数量增加;从共同原点向左的移动表示商品 X 在国家 1 的数量增加。注意,对于国家 1,当我们从原点向左移动时,商品 X 的需求曲线(D_X)斜率为负(向下倾斜),而 X 的供给曲线(S_X)斜率为正(向上倾斜)。

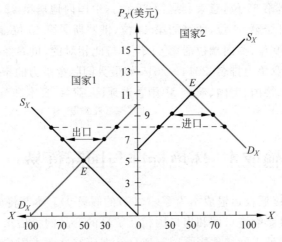

图 6.5　对运输成本的局部均衡分析

　　共同的纵轴表示商品 X 在两国的美元价格。从共同原点向左移动表示国家 1 商品 X 的数量增加。在无贸易条件下,国家 1 会在 P_X=5 美元处生产并消费 50X,国家 2 会在 P_X=11 美元处生产并消费 50X。如果运输成本为每单位 2 美元,在国家 1,P_X=7 美元,在国家 2,P_X=9 美元。P_X=7 美元时,国家 1 将会生产 70X,消费 30X,出口 40X。P_X= 9 美元时,国家 2 将会生产 30X,进口 40X,消费 70X。

　　在无贸易条件下,国家 1 在均衡价格 P_X=5 美元(由国家 1 的 D_X 和 S_X 的交点给出)处生产和消费 50X,国家 2 在 P_X=11 美元处也生产和消费 50X。开展贸易后,国家 1 会向国家 2 出口商品 X。因此国家 1 的 P_X 上升而国家 2 的 P_X 下降。如果运输成本为每单位 2 美元,国家 2 的 P_X 将会比国家 1 的 P_X 高 2 美元。为了使贸易平衡,两国将分担这 2 美元的费用。在图 6.5 中,这表现为国家 1 的 P_X=7 美元,国家 2 的 P_X=9 美元。在 P_X=7 美元处,国家 1 生产 70X,消费 30X,出口 40X。在 P_X=9 美元处,国家 2 生产 30X,进口 40X,消费 70X。

　　注意,如果没有运输成本,两国的均衡价格为 P_X=8 美元,有 60 单位的 X 被用于贸易。因此,运输成本降低了生产的专业化程度、贸易额以及两国的贸易所得。此外,在运输成本存在的条件下,两国商品 X 的绝对和相对价格不同,即使赫—俄模型的所有假设都成立,各国要素价格也不会完全均等。

　　最后,由图 6.5 可见,运输成本是由两国平均负担的。一般来说,如果国家 1 的 D_X 曲线与 S_X 曲线比国家 2 的更为陡峭,国家 1 就要负担更多的运输成本(对这一分配的证明及对运输成本的一般均衡分析留作章末练习题)。

6.6B　运输成本与产业选址

　　运输成本也可以通过影响生产和产业的选址来影响国际贸易。产业可以划分为资源导向型、市场导向型和流动型。

　　资源导向型产业(**resource-oriented industries**)是指那些倾向于靠近其生产所需原材料产地的产业。例如,采矿业必须位于矿藏所在地。一般来说,资源定向型产业是那些原材料的运输成本远远高于制成品运往市场的费用的产业,如钢铁、基础化工、炼铝等,它们都是把大而重的原材料制成较轻的制成品(即这些产业在生产过程中有大量的重量减少)。

　　市场导向型产业(**market-oriented industries**)是指那些靠近该产业产品的市场的产业。这些产业的制成品变得更重,或在生产过程中进行运输十分困难(即在生产中有相当大的重量增加)。这种产业的一个很好的例子是软饮料产业,它们把原汁运往靠近市场的工厂,然后加水灌装。

　　流动型产业（footloose industries）是指那些生产中既没有大量重量损失又没有大量重量增加的产业。这些产业一般都有较高的价值/重量比，并且流动性较强。这些产业一般位于能使其总制造成本最小化的投入的所在地。一个例子就是美国的计算机公司，它把美国生产的部件运往墨西哥边境地区，在那里利用便宜的墨西哥劳动力进行组装，然后再运回美国，并完成最后包装。许多政府为了吸引这类流动型产业，对本国和外国的投资者都给予较优厚的税收优待。

6.6C　环保标准、产业选址与国际贸易

　　产业的选址和国际贸易也会受不同国家的不同**环保标准**（environmental standards）的影响。环保标准是指一国允许的空气污染、水污染、热污染及垃圾堆积而引起的污染程度。如果环境被当作商品与服务生产、消费或者处置中产生的废物的便宜且方便的堆积和倾泻的场所，就会导致环境污染。

　　由于贸易中商品与服务的价格并没有完全反映社会环境成本，所以环境污染会带来严重的贸易问题。环保标准较低的国家实际上可以把环境当作用来吸引国外污染型厂商，使其在污染型商品与服务上取得比较优势的资源禀赋或是生产要素。例如，美国工人担心美国厂商为了利用墨西哥宽松的环保法律和较低的清污费而迁往墨西哥，从而造成美国国内就业机会大为减少。因此他们强烈反对北美自由贸易协定。事实上，对于环境问题的关注是如此强烈，以至于必须加入一个环境方面的补充协议来保证北美自由贸易协定得以在美国国会通过。1999 年 3 月在日内瓦召开的贸易与环境高峰论坛强烈建议贸易协议应经过环境影响评估。

　　帕特里克·罗（Patrick Low）于 1992 年为世界银行所做的研究指出，污染型工业的扩张大于绿色工业，贫困的发展中国家此类产品的出口多于富裕的发达国家。不过，该研究同时指出，随着一国富裕起来，它会采取一些对环境更为有益的经济发展方式，并越来越关心"可持续发展"（见案例研究 6.9）。

案例研究 6.9

环境绩效指数

　　表 6.7 列出了 2014 年 178 个国家的环境绩效指数（EPI）排名中最靠前的 10 个国家与最靠后的 10 个国家。EPI 利用分为 6 大类的 25 种绩效指标来衡量各国：(1)减轻环境对人类健康的压力；(2)推进良好的自然资源管理的能力，然后将其加总得到一个分数。

　　如表 6.7 所示，EPI 的排名中，瑞士居第一，接下来是卢森堡、澳大利亚、新加坡、捷克共和国、德国、西班牙、奥地利、瑞典和挪威。其他一些国家的排名情况为：英国(12)、意大利(22)、加拿大(24)、日本(26)、法国(27)、美国(33)、韩国(33)、墨西哥(65)、南非(72)、俄罗斯(73)、巴西(77)、阿根廷(93)、中国(118)、印度(155)，直到索马里(178)。总的来看，富裕国家排名靠前而贫困国家排名靠后，最贫困国家排名最靠后。

表 6.7   2014 年环境绩效指数(EPI)排名

排名最靠前的国家		排名最靠后的国家	
排名	国　　家	排名	国　　家
1	瑞士	169	孟加拉
2	卢森堡	170	刚果民主共和国
3	澳大利亚	171	苏丹
4	新加坡	172	利比里亚
5	捷克共和国	173	塞拉利昂
6	德国	174	阿富汗
7	西班牙	175	莱索托
8	奥地利	176	海地
9	瑞典	177	马里
10	挪威	178	索马里

资料来源：2014 *Environmental Performance Index* (http://epi.yale.edu/epi/country-rankings).

2001 年 7 月,一份旨在让工业国削减造成全球变暖的温室气体排放的历史性协议作为 1997 年签订的关于气候变化的《京都议定书》的补充协议得到签署。美国拒绝签署,理由是该议定书的目标设定过于随意,美国执行起来成本过高。2007 年 12 月在巴厘岛召开的一次有关气候变化的联合国会议上,190 个国家(包括美国在内)签署协议来协商在 2012 年前达成新的条约来接替《京都议定书》,《京都议定书》将于 2012 年失效,新的条约呼吁到 2050 年将吸热气体的排放量降低一半。

2011 年 12 月在南非德班召开的联合国气候变化大会决定延长《京都议定书》的时限并在 2015 年之前启动一个新的协议并于 2020 年前生效。该协议涉及的排放控制也包括发展中国家,如今全球排放中将近 3/5 来自这些国家。新的协议还将成立一个 1 000 亿美元的"绿色气候基金",发达国家将通过该基金帮助发展中国家减缓和适应气候变化。2012 年 12 月在卡塔尔的多哈召开的 2012 年联合国大会的主要成就不过是为在 2015 年召开大会扫清了一些程序上的障碍。

本章小结

1. 赫克歇尔和俄林把比较优势建立在各国要素禀赋差异的基础上。但是该理论无法解释当今国际贸易中的许多问题。为了弥补这一不足,我们需要在规模经济、不完全竞争和各国技术发展差异的基础上发展起来的新的补充国际贸易理论。

2. 放松大多数的假设条件,只是对赫—俄理论稍加修正,而不是使其完全失效。但是放松了规模报酬不变、完全竞争和各国生产技术相同的假设之后,我们需要新的补充贸易理论来解释国际贸易中赫—俄理论所不能解决的那部分重要问题。

3. 即使两国在各个方面完全一样,互惠贸易仍可以在规模经济的基础上发生。当每个国家分别专业化生产不同的商品之后,两种商品的世界总产出就会大于现有经济规模下没有专业化生产的产出。通过贸易,两国可以分享这一收益。外包和离岸外包是新的、重要的国际规模经济的来源,但也引发了人们关于大量高薪职位被转移到海外的抱怨。

　　4. 当今国际贸易中有很大一部分是差别产品之间的贸易。这种产业内贸易之所以会发生,完全是为了利用每个工厂都只生产一种产品的少数几种款式时所带来的规模经济。产业内贸易程度可以用一个指数来衡量。生产差别产品时,厂商面临的是向下倾斜的需求曲线,厂商在平均成本曲线向下倾斜的部分组织生产,获取正常利润。各国要素禀赋差异越小,各国的产业内贸易相对产业间贸易的重要性就越大。随着贸易带来的市场的扩大,商品的价格将降低,厂商的数量将增加。要素禀赋类似的国家越多,与产业间贸易相比,产业内贸易的重要性就越高。

　　5. 根据技术差距模型,厂商将出口其首创的新产品,直至其他国家的模仿者夺去其市场。与此同时,革新厂商会再次推出一种新产品或新工序。而根据相关的产品生命周期理论,一种产品要经历五个阶段:产品的推出;为出口扩大生产;标准化及国外通过模仿开始生产;模仿者在第三国市场低价销售;模仿者在发明者本国低价销售。

　　6. 存在运输成本的条件下,只有那些贸易前价格差大于运输成本的商品才能进入贸易。当贸易达到均衡时,两国贸易商品的相对价格有一个相当于运输成本的差额。运输成本也可以通过影响生产和产业选址来影响国际贸易。产业可被划分为资源导向型、市场导向型和流动型。环保标准也会影响产业选址和国际贸易。

关键术语

differentiated products	差别产品
dynamic external economies	动态外部经济
environmental standards	环保标准
external economies	外部经济
footloose industries	流动型产业
general equilibrium analysis	一般均衡分析
increasing returns to scale	规模报酬递增
infant industry argument	幼稚产业观点
international economies of scale	国际规模经济
intra-industry trade	产业内贸易
intra-industry trade index	产业内贸易指数
learning curve	学习曲线
market-oriented industries	市场导向型产业
monopolistic competition	垄断竞争
monopoly	垄断
nontraded goods and services	非贸易商品与服务
offshoring	离岸外包
oligopoly	寡头垄断
outsourcing	外包
partial equilibrium analysis	局部均衡分析
product cycle model	产品生命周期模型
resource-oriented industries	资源导向型产业

technological gap model   技术差距模型

transport or logistics costs   运输成本或物流成本

复习题

1. 赫—俄理论的两个重要局限性是什么？

2. 在不改变模型适用性的前提下，赫—俄理论的哪些假设可以被放松？

3. 放松哪些假设需要使用新的补偿贸易理论来解释国际贸易中的重要部分，但解释不了赫—俄模型？

4. 什么是规模经济？它如何能成为国际贸易的基础？"新的国际规模经济"是什么意思？

5. 什么是差别产品？它为什么会导致不完全竞争？基于差别产品的国际贸易是怎么发生的？

6. 如何测度产业内贸易？这样的衡量方法有什么缺点？

7. 什么是垄断竞争？我们为什么用这一模型来考察产业内贸易？

8. 为什么垄断性竞争产业的企业数量越多产品价格就越低，但在给定产出基础上每一企业的平均成本却越高？

9. 为什么在垄断性竞争产业中，贸易的市场规模越大公司的数量就越多，而且产品价格越高？

10. 根据技术差距模型，国际贸易是如何发生的？对这一模型有哪些批评意见？产品生命周期模型有什么观点？产品生命周期的五个阶段是什么？

11. 赫—俄理论与其他贸易理论之间的关系是怎样的？

12. 赫—俄理论与新贸易理论之间有什么经验关联？运输成本与非贸易商品和服务之间存在什么关系？运输成本对赫—俄定理有什么影响？它对要素价格均等定理有什么影响？

13. 什么是资源导向型产业？什么是市场导向型产业？什么是流动型产业？如何区分这三种产业？它对国际贸易的模式有什么影响？

14. 不同的环保标准是如何影响产业选址及国际贸易的？

练习题

*1. 画一张与图 6.1 相似的图，表示在规模经济下，生产可能性曲线相同而偏好不同的国家之间是如何进行互惠贸易的。

2. 如果两国生产可能性曲线不同，偏好不同，其他条件同第 1 题，重做第 1 题。

3. 如果两国生产可能性曲线及偏好均不同，其他条件同第 1 题，重做第 1 题。

4. 在下列进出口水平下，计算产业内贸易的程度：

(1) 1 000 和 1 000

(2) 1 000 和 750

(3) 1 000 和 500

(4) 1 000 和 25

(5) 1 000 和 0

5. 互换第 4 题中的进口和出口数据,重做第 4 题。

*6. 使用与图 6.2 中相同的 AC 曲线和 MC 曲线,运用与图 6.2 相似的图显示一个厂商可以在其他厂商模仿其产品并减少其市场份额之前获利。

7. (1) 垄断竞争与垄断有什么相同之处?

(2) 它们之间有什么区别?

(3) 为什么在我们的产业内贸易模型中,垄断竞争与完全垄断之间的差别对于消费者的福利十分重要?

8. 完全竞争厂商、垄断竞争厂商和完全垄断厂商所面临的需求曲线有什么差异? 为什么?

9. 在图 6.3 中,如果曲线 C 的下降只及 C' 的一半,将会是什么情形?

10. 画图表示在产品生命周期的各个阶段发明国和模仿国的出口情况。

11. 试说明剽窃美国产品或增加仿制品的生产和销售却又不支付专利使用费,将如何影响美国的产品生命周期。

12. 请用生产可能性曲线分析运输成本。(提示:由于运输成本的作用,贸易的相对商品价格会有差别。)

13. 用提供曲线进行第 12 题中的分析。

*14. 画与图 6.5 相似的图,说明贸易商品的供求曲线较陡峭的国家负担的运输成本较大。

带 * 号练习题的答案

附录

本附录我们先在 A6.1 节讨论外部经济及其对贸易模式的影响,然后在 A6.2 节讨论动态的外部经济与学习曲线。

A6.1　外部经济与贸易模式

我们曾经在 6.3 节讨论过**外部经济**(external economies):整个产业产量增加时,每一个厂商的平均生产成本都会降低。我们可以把它与内部经济或称规模报酬递增进行比较,后者是指当一个厂商的产量增加时,其平均生产成本下降的现象。大型的、地理上较集中的产业更可能提供专业化的劳动及其他服务,从而导致该产业中所有厂商的高劳动生产率和低平均生产成本,这也是外部经济产生的原因。这就是大量计算机公司集中在加利福尼亚州硅谷,而大量金融机构和银行集中在纽约华尔街的原因。

由于外部经济依赖于产业中厂商数量的扩大而不是单个厂商的规模扩大,所以它和完全竞争是一致的。也就是说,在外部经济的条件下,所有厂商都享受较低的平均生产成本,这是因为该产业是巨大的,而不是因为该厂商是巨大的。而在规模经济或是规模报酬递增的条件下,产业中一个或几个厂商的规模扩大只会导致完全垄断或寡头垄断,从而破坏完全竞争。

外部经济同样影响国际贸易模式。具体而言,对于某一给定产业,如果某国该产业的规模很大,则其生产某种商品的平均成本较低,该国就是这种商品的出口者。某一产业在哪一国最先建立,在哪一国规模最大,这完全取决于历史机遇。然而,一旦国家 1 先于国家 2 建立了产业或者是产业发展得比国家 2 大,则随着时间的推移,国家 1 相对于国家 2 的成本优势很可能会进一步增加。对于国家 2 来说,即使其产业的规模发展到与国家 1 的产业规模相同,它本可能成为该种商品的低成本生产者,但是由于国家1已经生产并出口这种商品了,国家2已不可能再向国家1出口。因此,在明显的外部经济作用下,我们无法确定其贸易模式,参见图6-6。

在图6.6中,D_W 表示世界市场对于某种商品的需求曲线。该商品可以由国家1(平均成本曲线为 AC_1)生产,也可以由国家2(平均成本曲线为 AC_2)生产。由于外部经济,无论在哪个国家,当产业产出水平提高时,生产该商品的平均成本都会降低。产业中各厂商间的竞争也会使价格(P)等于各国的平均生产成本(AC)。

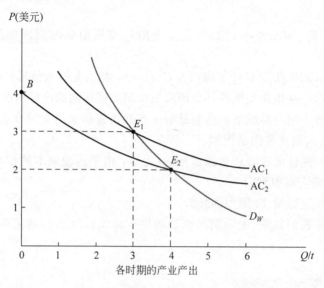

图6.6   外部经济和专业化生产

D_W 是世界市场对某种商品的需求曲线。由于外部经济的存在,曲线 AC_1 和 AC_2 是向下倾斜的。如果国家1是该商品的唯一供给者,它将在 $AC=P=3$ 美元(E_1 点)时生产3单位该商品。如果国家2是该商品的唯一供应者,它将在 $AC=P=2$ 美元(E_2 点)时生产4单位该商品。由于完全竞争,在两种情况下均有 $P=AC$。如果国家2最初不存在该产业,国家2将不会开始生产这种商品,这是因为在刚开始生产时其平均成本(B 点)高于已占领市场的国家1的平均成本(E_1 点)。

假定由于某种历史原因,该产业已在国家1建立,但尚未在国家2建立。国家1将在 $P=AC=3$ 美元时(E_1 点)向世界市场提供3单位该商品。而国家2能在 $P=AC=2$ 美元(E_2 点)时向世界市场提供4单位该商品。但是,国家2不能进入该市场,这是因为国家1已经占领了这一市场。具体而言,国家2在开始生产这一商品时 $AC=4$ 美元(图中 B 点)。由于这一价格高于国家1供应世界市场的价格,国家2将不会生产该商品。因此,在明显的外部经济的影响下,无法在较低的真实或潜在的平均成本的基础上确定国际贸易的模式。

问题   画图表示一个单独厂商的外部经济。

A6.2   动态外部经济与专业化生产

随着厂商在生产过程中获得经验,它们经常会改进其产品或生产技术,同时,其他厂商也在模仿革新厂商,这样整个产业的平均生产成本将下降。随着时间的推移,产业的累计产出增加,厂商进一步积累知识,从而引起平均生产成本下降的情况被称为**动态外部经济**(dynamic external economies)。我们曾经讨论过的简单外部经济是在产业单位时间段产出增加的情况下发生的,而动态外部经济则发生于产业累计产量的增加和各厂商不断积累生产知识的过程中。例如,装配第100架飞机可能耗费1 000小时,由于工人和管理人员在生产中不断获得经验,从而变得更有效率,在装配第200架飞机时可能只需要700小时。现实世界的经验表明:

在许多产业中,累计产出每增加一倍,平均成本会下降 20%～30%。

动态外部经济可以用**学习曲线**(learning curve)表示。学习曲线表示的是当产业累计产出随时间推移而增加时,平均生产成本下降的程度。例如,如图 6.7 所示,当累计产量为 200 单位时,国家 1 某产业的平均生产成本为 2.50 美元(L_1 上的 F 点),当累计产量达到 400 单位时,平均生产成本为 2.00 美元(C 点),当累计产量达到 800 单位时,平均生产成本为 1.60 美元(H 点)。

图 6.7 还表明,国家 2 可以在单位成本为 1.50 美元时生产 400 单位该产品(L_2 上的 G 点),但由于面临较高的初始生产成本 3 美元(J 点),它可能不会进入这一市场。国家 2 进入市场的唯一途径是该国政府对其给予暂时的贸易保护或补贴,使其可以在成长中积累经验。这就是**幼稚产业观点**(infant industry argument)。然而,要挑选可能的胜利者(即所选的产业可以在一段合理的时间内走向成熟,在世界市场上具有自由竞争的能力)是非常困难的。我们将在9.4B 小节讨论贸易政策时研究这一问题。

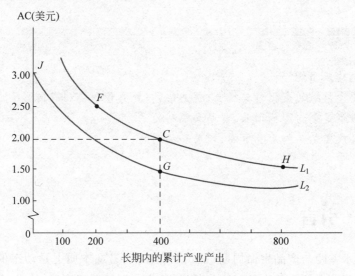

图 6.7　学习曲线与专业化生产

图中显示,当产量为 200 单位时,国家 1 某产业平均生产成本为 2.50 美元(L_1 上的 F 点);当累计产量为 400 单位时,平均生产成本为 2.00 美元(C 点);当累计产量为 800 单位时,平均生产成本为 1.60 美元(H 点)。该图还显示,国家 2 可以在平均生产成本为 1.50 美元时生产 400 单位该产品(L_2 上的 G 点),但由于它面临较高的初始生产成本 3 美元(J 点),因此可能不会进入这个市场。

问题　学习曲线可以用等式表示为 $AC=aQ^b$。解释每一常数的含义,以及为了获得学习曲线是否需要给出每一常数的正负号。

第 7 章

经济增长与国际贸易

7.1 引言

除了基于技术差距与产品生命周期(见 6.5 节)的贸易在本质上是动态的以外,迄今为止我们讨论的贸易理论全部为静态的。也就是说,给定一国的要素禀赋、技术、偏好,即可决定该国的比较优势和贸易所得。然而,要素禀赋随时间改变,技术经常改进,偏好也可能变化。因此,该国的比较优势也会随时间改变。

本章我们将对贸易模型进行扩展,以体现上述变化。我们将说明要素禀赋的变化以及技术进步如何影响一国的生产可能性曲线。这些变化连同偏好的改变一起影响一国的提供曲线、贸易量和贸易条件以及贸易所得。

在 7.2 节,我们将说明一国要素禀赋变化对该国生产可能性曲线的影响并检验雷布津斯基(Rybczynski)定理。在 7.3 节,我们将定义技术进步的不同类型,并说明它们对该国生产可能性曲线的影响。在 7.4 节,我们将讨论并说明在一个不会影响贸易条件的小国,增长对贸易与福利的影响。在 7.5 节,我们将分析扩展到大国的更为复杂的情况。最后,在 7.6 节,我们将检验在两类国家中偏好的增长变化对贸易量和贸易条件的影响。附录收录了雷布津斯基定理的规范证明,考察一种要素在一国国内不能流动时的增长情况,并给出了希克斯(Hicksian)的技术进步的图解。

在本章正文和附录中,我们都将运用在前几章中使用过的大多数分析工具,并真正理解贸易理论的作用。我们运用的分析方法称为**比较静态法**(**comparative statics**),这是相对于**动态**

分析法(dynamic analysis)而言的。比较静态法分析的是经济条件变化对均衡点的影响,不考虑变化的时期和调整的过程。相反,动态分析法则考虑时间变化轨迹和调整过程本身。动态贸易理论还处在未成熟阶段,而比较静态分析可以极大地帮助我们分析长期内要素禀赋增长、技术进步、偏好改变对国际贸易的影响。

7.2 生产要素的增长

一国人口和劳动力的数量会随时间而增长。类似的,通过利用部分资源来生产资本设备,一国的资本存量将增加。资本是指所有由人制造的生产手段,如机器、工厂、办公楼、交通和通信工具,还包括劳动力的教育和培训,所有这一切都极大提高了一国生产产品和提供服务的能力。

虽然有许多不同类型的劳动和资本,但我们可以像前几章那样简单地假定所有的劳动和资本都是同质化的(也就是说是相同的),这样,我们得到两个要素——劳动(L)和资本(K),从而可以继续方便地使用平面几何进行分析。当然,现实中还有其他可被消耗尽的自然资源(如矿产资源)以及新发现或新投入使用的资源。

我们继续假定一国的增长是在规模报酬不变的条件下生产两种商品(X 为劳动密集型商品,Y 为资本密集型商品)获得的。

7.2A 长期内的劳动增长与资本积累

长期内,劳动与资本禀赋的增长将引起生产可能性曲线的外移。外移的形状和程度取决于劳动和资本的增长比率。如果二者增长比率相同,生产可能性曲线将按两要素的增长比率均匀地向各个方向外移。结果,新旧两条曲线(要素增长前后)被源于原点的射线相割的各点的斜率相等。这就是**平衡增长**(**balanced growth**)的情况。

如果仅是劳动增加,由于劳动用于两种商品的生产过程,劳动在一定程度上可代替资本,因此两种商品的产量都会增加。然而,商品 X(劳动密集型)的增加将快于商品 Y(资本密集型)的增加。在仅有资本要素增长时情况相反。如果劳动和资本以不同的比例增长,外移的生产可能性曲线也可类似地确定。

图 7.1 表明了国家 1 假设的各类型要素增长的情况(为了更清楚地说明,要素和禀赋的增长被夸大了)。对国家 2 的说明完全相似,我们把它留作章末练习题。

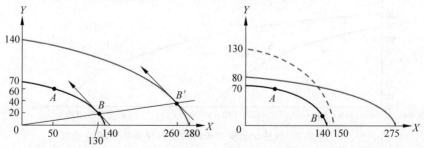

图 7.1 长期内劳动与资本的增长

左图表示在规模报酬不变的条件下,劳动和资本均增加一倍时的平衡增长情况。两条生产可能性曲线具有相同的形状和斜率(P_X/P_Y),对任何一条从原点发出的射线均如此。右图表示仅劳动或仅资本加倍的情况。当只有劳动增加一倍时,X(劳动密集型商品)产量的增长率高于 Y 的增长率(但不到一倍)。类似的,当只有资本加倍时,Y 产量的增长率高于 X,但不到一倍(见用虚线表示的生产可能性曲线)。

图 7.1 中的左图说明了假定国家 1 的劳动与资本两要素都增加一倍时的平衡增长情况。在规模报酬不变的条件下，国家 1 可以生产的每种商品的最大化产量也会增加一倍，从 140X 增加到 280X，从 70Y 增加到 140Y。注意增长前后的生产可能性曲线的斜率相等，或者说 P_X/P_Y 在 B 点和 B' 点相等，都被来自原点的射线相割。

右图重复了国家 1 增长前的生产可能性曲线（截距分别为 140X 和 70Y），并显示了另外两条生产可能性曲线，分别是仅劳动增加一倍（实线）和仅资本增加一倍（虚线）。当只有劳动增加时，曲线更多地向测度劳动密集型商品的 X 轴方向扩展。当只有资本增加时，曲线更多地向测度资本密集型商品的 Y 轴方向扩展。注意，当仅劳动加倍时，X 的最大化产量并没有加倍（仅从 140X 上升到 275X）。要使 X 加倍，必须让劳动与资本两要素都加倍。同样，当仅资本加倍时，Y 的最大化产量也增加不到一倍（从 70Y 增加到 130Y）。

当劳动与资本以相同比例增长时，如果两种商品的规模报酬不变，那么生产效率进而劳动与资本的回报率在增长前后都不变。如果依从率（即依赖于总人口的比率）也不变，则一国的人均真实收入和福利也保持不变。如果只有劳动增长（或劳动比资本增长快），则资本/劳动比率及劳动的生产效率、劳动的回报率、人均真实收入都将下降。反过来，如果只有资本增长（或资本比劳动增长快），则资本/劳动的比率及劳动的生产效率、回报率以及平均收入都将上升。

7.2B 雷布津斯基定理

雷布津斯基定理（Rybczynski theorem）假定商品价格不变时，一种生产要素增加会导致密集使用这种生产要素的商品的产量增加，同时另一种商品的产量将减少。例如，如果国家 1 仅劳动增加，在 P_X 与 P_Y 均不变的条件下，X（劳动密集型商品）的产量将以更大比率增长，而 Y（资本密集型商品）的产量则将下降。

图 7.2 说明了仅劳动倍增前后，生产可能性曲线变动的情况（与图 7.1 中的右图相似）。贸易条件下在增长前，一国以 $P_X/P_Y = P_B = 1$ 的价格，确定在 B 点生产（即 130X 和 20Y），这和前面的章节一样。在仅劳动加倍，仍维持 $P_X/P_Y = P_B = 1$ 时，国家 1 将在扩张后的生产可能性曲线的 M 点生产。在 M 点，国家 1 生产 270X 但仅生产 10Y。这样，X 的产量增加一倍多而 Y 的产量则下降了（正如雷布津斯基定理所假设的那样）。劳动的加倍及从 Y 的生产中转移出来的劳动和资本使 X 的产量超过了一倍。

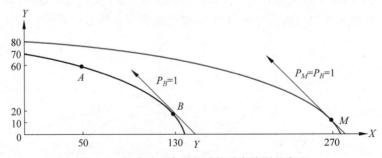

图 7.2 仅劳动要素增长时的雷布津斯基定理

增长前，通过贸易国家 1 在 B 点（130X 和 20Y）生产，同前几章一样，此时的价格为 $P_X/P_Y = P_B = 1$。仅劳动增加一倍，仍维持 $P_X/P_Y = P_B = 1$ 时，国家 1 在新扩张的生产可能性曲线上的 M 点（270X 和 10Y）生产。此时 X（劳动密集型商品）的产量增加而 Y（资本密集型商品）的产量减少，正如雷布津斯基定理所假设的那样。

雷布津斯基定理的几何证明留在附录中进行。这里给出直观但仍充分的说明。说明如下：要使商品价格在单一要素增加时保持不变，要素价格（即工资率和利率）也必须不变。但是，仅仅在资本/劳动比率及两种商品的劳动和资本的生产力都不变时，要素价格才不变。使增加的劳动充分就业，并保持两种商品的资本/劳动比率不变的唯一方法是降低 Y（资本密集型商品）的产量以转移出足够的资本（及小部分劳动）来吸收由于 X（劳动密集型商品）产量的增加而增加的所有劳动。这样，在不变的商品价格下，商品 X 的产量增加而商品 Y 的产量减少。事实上，商品 X 的产量的增加比例大于劳动的增加，因为有部分生产商品 Y 的劳动和资本也转移到 X 的生产上来。这被称为扩大效应，其证明参见附录 A7.1 节。

总之，我们可以认为，为使 P_X 和 P_Y（及两者之比）保持不变，工资率和利率必须保持不变，但是工资率和利率只有在生产两种商品时资本/劳动比率保持不变的条件下才能不变。发生这种情况并吸收所有新增加劳动的条件只能是减少使用资本/劳动比率过高的商品 Y 的产量，并将减少的资本和新增加的劳动用到资本/劳动比率较低的商品 X 的生产上。这样一来，X 的产量增加，Y 的产量下降。实际上 X 的产量的增加要快于劳动的增加。类似的，只有资本增加时，Y 的产量的增加快于资本的增加，而 X 的产量将减少。

如果一国的某种生产要素在国内不能转移，那么最终结果就会因该要素是否增加而不同，这一点将在附录 A7.2 节中引用特定要素模型给予验证，该模型在第 5 章的附录（A5.4 节）曾介绍过。

7.3　技术进步

一些经验研究揭示了工业国的实际人均收入的增加主要是依靠技术进步，资本积累的作用十分有限。然而，由于有很多种类型的技术进步，并且它们在每一种或同时在两种商品的生产过程中有着不同的比率，技术进步分析远比要素增长分析复杂。

对我们的研究而言，使用约翰·希克斯（John Hicks）的技术进步定义最为恰当。这位英国经济学家是 1972 年诺贝尔经济学奖的获得者。我们将在 7.3A 小节对他的几种技术进步类型进行定义，7.3B 小节研究这几种技术进步对一国生产可能性曲线的影响。在我们的讨论中，假设技术进步前后具有不变的规模经济效益，并且技术进步一旦发生将一直持续下去。

7.3A　中性、劳动节约型、资本节约型的技术进步

技术进步通常可划分为中性、劳动节约型和资本节约型三种类型。一切技术进步（无论哪种类型）都能在给定产量水平下既减少劳动又减少资本的使用。希克斯的不同技术进步类型阐明了它们是如何发生的。

中性技术进步（neutral technical progress）下，劳动和资本同比例增加，因此，发生中性技术进步后，资本/劳动的相对要素价格（工资率/利率）比例不变。也就是说，由于工资率/利率比率未变，生产过程中不会发生劳动替代资本（或相反）的情况，因而资本/劳动比率保持不变。所发生的只是生产原有的产量现在只需要较少的劳动和较少的资本。

劳动节约型技术进步（labor-saving technical progress）下，生产中的资本要素的生产效率的增加大于劳动的生产效率的增加。因此，在工资率/利率比率不变的情况下，用资本替代劳动，资本/劳动比率上升。由于每单位劳动现在使用更多的资本，因而这种技术进步被称为劳动节约型的。达到原有的产量现在只需使用较少的劳动和资本，但资本/劳动比率上升了。

资本节约型技术进步（capital-saving technical progress）下，劳动要素的生产效率的增加大于资本的生产效率的增加。因此，在工资率/利率比率不变的情况下，用劳动替代资本，劳动/

资本比率上升(或资本/劳动下降)。由于每单位资本使用更多的劳动,因而这种技术进步被称为资本节约型的。达到原有的产量现在只需较少的劳动和资本,但劳动/资本比率上升(资本/劳动比率下降)了。

本章附录将利用更先进的分析工具,给出了希克斯的这几种技术进步的图示。

7.3B 技术进步及一国的生产可能性曲线

与生产要素增加的情形相同,所有类型的技术进步都会使一国的生产可能性曲线外移,外移的类型和程度取决于某一种商品或某两种商品的技术进步的类型和速度。这里我们仅讨论中性的技术进步。非中性技术进步相当复杂,只能在更高级的研究生课本中利用数学方法解决。

当两种商品生产中的中性技术进步速度相同时,一国的生产可能性曲线按照技术进步发生的速度向所有方向均匀外移。这与生产要素平衡增长时的效应相同。因此,旧的和新的(技术进步前后)生产可能性曲线与源自原点的射线相交的各点都有着相同的斜率。

例如,假设国家 1 在 X 和 Y 的生产中,劳动和资本都倍增且规模报酬都不变,这种技术进步的类型即如图 7.1 左图所示劳动和资本都倍增的情况,这里不再重复。

图 7.3 给出了国家 1 在技术进步发生前以及仅在 X 生产或仅在 Y 生产(虚线)中资本和劳动的效率倍增时的生产可能性曲线。

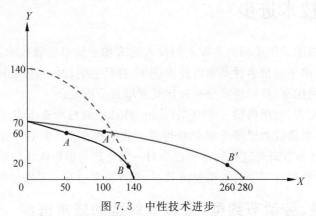

图 7.3 中性技术进步

图中给出了国家 1 技术进步发生前以及技术进步仅在 X 和仅在 Y 的生产(虚线)中发生时的生产可能性曲线。注意,如果国家 1 把所有资源用在劳动和资本的生产效率倍增的商品生产上,则该商品的产量也增加一倍。相反,如果国家 1 把所有资源用于无技术进步的商品生产,则这种商品的产量保持不变。

当仅有商品 X 的资本和劳动生产效率倍增时,对每一产出水平的 Y 来说,X 的产出都增加一倍。例如,$60Y$ 始终不变的条件下,X 从技术进步前的 $50X$ 上升为技术进步后的 $100X$(图中的 A 点及 A' 点)。类似的,$20Y$ 始终不变的条件下,X 的产量由 $130X$ 上升为 $260X$(图中的 B 点及 B' 点)。当所有资源都用于生产 X 时,X 的产量也会倍增(由 $140X$ 到 $280X$)。注意:当所有资源都用于生产 Y 时,Y 的产量仍保持 $70Y$ 不变,技术进步仅发生在 X 的生产过程中。

类似的解释可用于仅在 Y 生产中劳动和资本效率加倍的情况(见图 7.3 中的虚线)。读者应仔细研究图 7.3 与图 7.1 右图的区别。

最后,必须指出,在无贸易的条件下,所有类型的技术进步都会增加一国的福利,其原因在于有了较高水平的生产可能性曲线,而劳动和总人口不变,在合理的再分配政策下,每个人都可以比以前更富有。有关增长对贸易和福利的影响将在本章其余部分讨论。案例研究 7.1 考察了长期内一些国家工人人均资本存量的增长。

案例研究 7.1

一些国家工人人均资本存量的增长

表 7.1 给出了 1979 年、1997 年、2006 年和 2011 年工人人均资本存量的增长情况（按 2005 年的美元国际价格计算），计算的对象是案例研究 5.2 中表 5.2 包括的国家。如表 7.1 所示，1979 年（在此之前没有可比较的数据）至 2011 年，美国和加拿大的工人人均资本存量的增长要快于表中的其他发达国家。中国工人人均资本存量的增长远远快于表中的其他发展中国家。

表 7.1　1979 年、1997 年、2006 年和 2011 年一些国家的资本/劳动比率变化 （按 2005 年的美元国际价格）				
国家	1979 年/美元	1997 年/美元	2006 年/美元	2011 年/美元	2006 年/1979 年
美国	64 618	80 413	117 309	132 707	2.05
日本	67 871	81 833	117 963	123 272	1.82
加拿大	46 605	63 048	92 247	122 103	2.62
意大利	65 004	72 507	109 578	122 102	1.88
德国	51 992	63 511	90 005	102 165	1.97
法国	57 085	63 123	90 124	102 164	1.79
西班牙	56 261	74 475	99 207	111 799	1.99
英国	45 269	50 601	74 573	85 608	1.89
韩国	26 202	53 675	91 158	107 360	4.10
泰国	12 317	31 757	45 790	59 718	4.85
土耳其	15 842	19 026	36 141	46 813	2.96
俄罗斯	13 112	14 298	36 926	44 492	3.55
墨西哥	20 697	21 225	36 189	41 849	2.02
中国	2 672	7 722	17 955	33 436	12.51
巴西	6 258	15 023	17 944	23 386	3.74
印度	3 231	4 682	8 883	14 774	4.57

资料来源：*PENN World Table*（Various Issues）.

根据表 7.1 可得出这样的结论：美国在 1979—2011 年资本密集型商品的比较优势与除加拿大以外的发达国家相比上升了。同时，美国在资本密集型商品上的比较优势与所有的发展中国家相比大幅下降。

7.4　经济增长与贸易：小国的情形

现在我们将在前两节的基础上讨论和分析当一国小到不能影响其贸易商品相对价格（因而该国的贸易条件保持不变）时，经济增长对该国的生产、消费、贸易和福利的影响。在 7.4A

小节,我们讨论一般经济增长问题,并定义产生贸易、反贸易以及中性生产和消费。运用这些定义,我们将在 7.4B 小节说明一种类型的要素增长的效应,在 7.4C 小节分析技术进步的效应,然后在 7.5 节考察一国通过贸易可影响相对商品价格的更加现实的情况。

7.4A　增长对贸易的效应

迄今为止,我们已看到要素增长和技术进步的结果是生产可能性曲线外移。对贸易量的影响取决于一国可用于进出口商品量增长的比率,还取决于通过增长和贸易,国民收入增长后一国消费方式的变化情况。

在相对商品价格不变的条件下,如果一国可出口商品的增长快于可进口商品的增长,则增长会带来贸易规模的扩大,这被称为 **产生贸易**(protrade)。如果相反,则称为 **反贸易**(antitrade)或 **中性**(neutral)贸易。中性贸易条件下产量扩张会带来贸易的同比例扩张。而如果一国可进口商品消费的增长快于可出口商品消费的增长,则消费效应将带来更大比率的贸易扩张,这也是产生贸易。如果相反,则是反贸易或中性贸易。

如此看来,生产和消费可以是产生贸易的(如果在相对商品价格不变的条件下,它们导致贸易以更大的比率增加)、反贸易的或中性的。对于一国的生产来说,如果可出口商品产出的增长快于可进口商品产出的增长,则是产生贸易的。对于一国的消费来说,如果可进口商品消费的增长快于可出口商品消费的增长,则是产生贸易的。

贸易量在增长过程中的实际变化取决于这些生产和消费影响的净效应。如果生产和消费都是产生贸易的,则贸易量的扩大要快于产量的扩大;如果生产和消费都是反贸易的,则贸易量的扩大慢于产量的扩大,甚至有可能下降。如果生产是产生贸易的,消费是反贸易的,或者相反,此时的贸易量取决于两种相反力量的净效应。不大可能出现的情况是生产与消费都是中性的,这种情况下,贸易与生产同比例扩张。

由于要素增长和技术进步可以有不同的类型和速度,并且生产和消费可以是产生贸易的、反贸易的或中性的,因而增长对贸易和福利的影响也就是各种各样的。因此,有必要使用分类学的分析方法(也就是说,采用"如果情况是这样的,则结果会是这样的"方法)。所以说,我们所能做的就是给定一些例证,指明必须分析的各种因素,以确定在任何特定情形下可能发生的情况。

7.4B　要素增长、贸易与福利的图示

图 7.4 的上图为 7.2 图的再现,它说明国家 1 的劳动加倍,但贸易条件并不随着增长与贸易而变化。也就是说,在增长之前,国家 1 在 B 点生产,以 $P_B=1$ 的价格用 60X 交换 60Y,并达到无差异曲线Ⅲ(如前面章节所述)。当国家 1 的劳动加倍时,其生产可能性曲线如 7.2A 小节说明的那样外移。如果国家 1 太小以至不能影响相对商品价格,它将在 M 点生产,新的扩张的生产无差异曲线在该点与 $P_M=P_B=1$ 线相切。如雷布津斯基定理所假设的,在 M 点,国家 1 商品 X 的产量是 B 点的 2 倍,但是商品 Y 的产量将减少。$P_M=P_B=1$ 时,国家 1 以 150X 交换 150Y 并在无差异曲线Ⅶ上的 Z 点消费。

由于 X(国家 1 的可出口商品)的产量增加而 Y 的产量下降,因此增长是产生贸易的。类似的,由于商品 Y(国家 1 的可进口商品)的消费增长快于 X 的消费增长(即 Z 点位于发自原点通过 E 点左边的射线上),因而消费的增长也是产生贸易的。由于生产与消费都是产生贸易的,因而贸易量的增长也快于商品 X 产量的增长。

　　注意，由于增长和贸易，国家 1 的消费可能性曲线由与新的扩大的生产可能性曲线切于 M 点的直线 P_M 给定。两种商品的消费均随增长和贸易而增加，因而两种商品均是**正常品**（**normal goods**）。仅当商品 Y 是**劣等品**（**inferior goods**）时，国家 1 将会减少 Y 的消费（即 P_M 线上右下方的 E' 点）。类似的，仅当 X 为劣等品时，国家 1 将减少 X 的消费（即 P_M 线上左上方的 E'' 点）。

　　图 7.4 的下图利用提供曲线表示国家 1 在不变的贸易条件下相同的贸易增长。也就是说，在增长前的自由贸易条件下，国家 1 以 $P_X/P_Y=P_B=1$ 的价格，用 $60X$ 交换 $60Y$；在增长后的自由贸易条件下，国家 1 以 $P_X/P_Y=P_B=1$ 的价格，用 $150X$ 交换 $150Y$。图中表示贸易条件不变的直线，也代表国家 2（或世界其余各国）提供曲线的直线部分。这是因为国家 1 非常小，因而要素增长前后它的提供曲线均相交于国家 2（大国）提供曲线的直线部分，同时贸易条件保持不变。

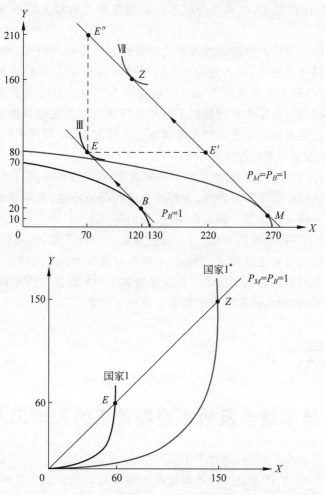

图 7.4　要素增长与贸易：小国的情形

　　上图表明劳动增加一倍后，国家 1 以 $P_M=P_B=1$ 的价格用 $150X$ 交换 $150Y$，达到无差异曲线 Ⅶ。X 和 Y 的消费都随要素增长而增加，因而两种商品都是正常品。由于劳动加倍而消费的增加不足一倍（比较 Z 点与 E 点），国家 1 的社会福利下降了。下图表明要素增长前的自由贸易状态下，国家 1 以 $P_X/P_Y=P_B=1$ 的价格用 $60X$ 交换 $60Y$。要素增长后的自由贸易下，国家 1 以 $P_X/P_Y=P_B=1$ 的价格用 $150X$ 交换 $150Y$。

注意:国家1增长后,由于其劳动力(和人口)增加一倍而总消费量的增加却不足一倍,因而情况恶化(比较增长后的 Z 点是 120X 和 160Y 而增长前的 E 点是 70X 和 80Y)。因此,作为这种增长的结果,国家1的代表性公民的消费和福利有所下降。代表性公民是指一国中具有相同偏好和消费模式但数量在总人数中按比例减少的一群人。

7.4C 技术进步、贸易与福利

我们已经在7.3B小节看到,两种商品生产中相同速度的中性技术进步使两种商品的产出在相对商品价格不变的条件下以相同的比例增长。如果每种商品的消费也成比例增加,那么在贸易条件不变时,贸易量也将以不变的比率增加。也就是说,生产和消费的中性增长带来贸易的同比例增长。在中性生产和产生贸易消费的条件下,贸易量的增长将快于产出的增长。在中性生产和反贸易消费的条件下,贸易量的增长将慢于产出的增长。然而,无论贸易量发生什么变化,代表性公民的福利都将在劳动和人口不变、贸易条件不变的情况下增长。

仅发生在可出口商品生产中的中性技术进步是产生贸易的。例如,如果国家1仅在商品 X 的生产中发生中性技术进步,那么它的生产可能性曲线会仅沿 X 轴增长(如图7.3所示)。在不变的贸易条件下,国家1的商品 X 的产量将比图7.4中所示增加更多,而商品 Y 的产量将下降(如图7.4所示)。国家1将达到比无差异曲线Ⅶ更高的无差异曲线,并且贸易量也比图7.4中增长更多。更重要的是在人口和劳动不变的情况下,现在代表性公民的福利提高了(与图7.4中仅劳动增加的情况相反)。

相反,如果只有 Y(可进口商品)发生中性技术进步,国家1的生产可能性曲线将仅沿 Y 轴扩张(图7.3中的虚线)。如果贸易条件、偏好和人口都保持不变,贸易量将下降,但国家的福利将上升。这类似于国家1仅资本增长的情况,我们将在7.5C小节讨论。因此,在两种商品生产中,中性技术发生不同速度的变化,会引起贸易量上升或下降,但福利却总是增加的。非中性的技术进步的情况通常也是如此。因此,不同类型的技术进步会增加或减少贸易量,但总是会增加小国的社会福利。案例研究7.2检验了劳动生产率提高对资本积累与技术变化的贡献,检验的对象是一定时期内的某些发达国家和发展中国家。

案例研究 7.2

资本增加、技术进步及效率提高带来的人均工人产量增加

表7.2按照经济规模的顺序,给出了1965—1990年部分发达国家和发展中国家人均工人产量的增加以及资本增加、技术进步和效率提高在其中的贡献。该表显示工人产量增长最快的是韩国(425%),其次是日本(209%)和泰国(195%)。美国是该表所列国家中增长最慢的(31%)。从该表中还可以看出工人产量的增长大部分来自资本的增加。受技术进步影响最大的国家是法国,其次是印度、日本、德国和泰国。受效率提高影响最大的国家是韩国、意大利和泰国。阿根廷、智利、墨西哥、西班牙和英国的效率则是下降的。

国家	工人产量变化	对工人产量变化的影响		
		资本增加	技术进步	效率提高
美国	31.1	19.3	9.9	0.0
日本	208.5	159.9	15.2	3.1
德国	70.7	31.8	14.4	13.3
法国	78.3	47.2	16.3	4.1
英国	60.7	64.9	1.4	−3.8
意大利	117.4	45.5	13.3	31.9
加拿大	54.6	18.6	11.7	16.7
西班牙	111.7	125.5	7.1	−12.3
墨西哥	47.5	66.7	2.1	−13.3
印度	80.5	38.9	15.7	12.4
韩国	424.5	259.7	2.9	41.7
阿根廷	4.6	59.3	1.8	−35.5
土耳其	129.3	95.6	6.6	9.9
泰国	194.7	104.1	12.6	28.3
菲律宾	43.8	20.9	7.9	10.3
智利	16.6	50.2	1.9	−23.9

表 7.2 资本增加、技术进步及效率提高带来的工人产量增加,1965—1990 年 %

资料来源:S. Kumar and R. R. Russell, "Technological Changes, Technological Catch-up, and Capital Deepening: Relative Contributions to Growth and Convergence," *American Economic Review*, June 2002, pp. 527-548.

7.5 经济增长与贸易:大国的情形

我们将以 7.4 节为基础,分析增长对一个可以影响其贸易商品相对价格的大国的生产、消费、贸易和福利的影响(大国情况下贸易条件可变)。在 7.5A 小节,我们将研究增长对贸易条件和福利的影响。在 7.5B 小节,我们将讨论一国增长本身可能使国家福利得以改进,但它会使贸易条件恶化以至于经济增长后的国家状况不如增长以前。最后,在 7.5C 小节,我们将考察经济增长使一国贸易和福利都改进的情况。

7.5A 增长与一国的贸易条件和福利

如果不考虑增长的原因和类型,只要增长在不变价格下增加一国的贸易量,那么它会使贸易条件恶化。反之,在不变价格下,如果增长减少一国的贸易量,则贸易条件会改善。这就是经济增长的**贸易条件效应**(**terms-of-trade effect**)。

经济增长对一国福利的效应取决于其对贸易条件效应和财富效应的净效应。所谓**财富效应**(**wealth effect**),是指增长改变了每个工人或每个人的产出量。正财富效应增加一国福利,非正财富效应使一国福利下降或不变。如果财富效应是正向的,而且增长和贸易的结果是该国贸易条件的改善,一国的福利无疑会增加。如果增长和贸易条件都不尽如人意,一国的福利无疑会减少。如果财富效应和贸易条件效应变动方向相反,那么一国的福利由两种相反力量的相对强度决定是恶化、改善还是保持不变。

例如,如果国家 1 仅劳动增加一倍,财富效应本身会降低国家 1 的福利,这就是图 7.4 的情况。进一步说,由于在 $P_M = P_B = 1$ 的价格下,这种类型的增长会增加国家 1 的贸易量,但它的贸易条件会恶化,因此,国家 1 的福利由于这两种原因而下降。图 7.5 解释了这种情况。

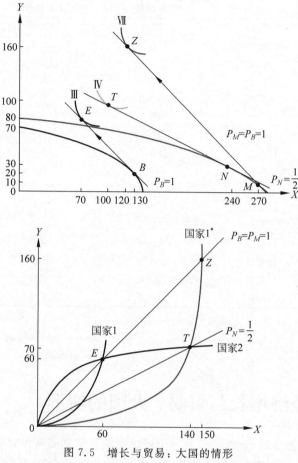

图 7.5　增长与贸易:大国的情形

　　图 7.5 与图 7.4 类似,只是现在假设国家 1 是能影响贸易条件的大国。随着经济增长和贸易,贸易条件从 $P_M = P_B = 1$ 恶化到 $P_N = 1/2$,国家 1 在 N 点生产,以 140X 换取国家 2 的 70Y,在无差异曲线 Ⅳ 上的 T 点消费(见上图)。由于无差异曲线 Ⅳ 低于无差异曲线 Ⅶ,现在国家 1 的福利降低更多。下图中的两条提供曲线分别为国家 1 可以影响贸易条件和不能影响贸易条件时,这种类型的经济增长对贸易量和贸易条件的影响。

　　图 7.5 与图 7.4 类似,只是现在假设国家 1 为可影响相对商品价格的大国。伴随着经济增长和贸易,贸易条件从 $P_M = P_B = 1$ 恶化到 $P_N = 1/2$ 时,国家 1 在 N 点生产,以 140X 与国家 2 交换 70Y,在无差异曲线 Ⅳ 上的 T 点消费(见图 7.5 的上图)。由于国家 1 即便是小到不能影响贸易条件时福利也会下降(即财富效应为负),现在它的贸易条件也恶化了,所以它的福利下降得更多。无差异曲线 Ⅳ 低于无差异曲线 Ⅶ 就反映了这一点。

　　图 7.5 的下图用提供曲线反映国家 1 不影响自己的贸易条件(与图 7.4 的下图相同)及国家 1 影响自己的贸易条件时这类增长对贸易量与贸易条件的影响。

7.5B　不幸的增长

　　即使财富效应自身可以增加一国福利,贸易条件仍有可能下降很多,以至于使该国福利出现净下降。这种情况就是杰格迪什·巴格瓦蒂(Jagdish Bhagwati)所说的**不幸的增长**(**immisering growth**),我们将在图 7.6 中予以解释。

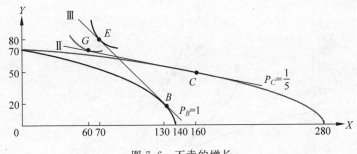

图 7.6　不幸的增长

此图由图 7.3 而来,反映仅在 X 的生产中提高劳动与资本的生产力时,发生技术进步前后的生产可能性曲线。伴随这种技术进步,财富效应自身会增加国家 1 的福利。然而,一国贸易条件由 $P_B=1$ 剧烈恶化到 $P_C=1/5$,所以国家 1 在 C 点生产,出口 100X 仅换来 20Y,在无差异曲线 Ⅱ (低于增长前自由贸易下的无差异曲线 Ⅲ)上的 G 点消费。

图 7.6 由图 7.3 而来。如图所示,国家 1 仅在商品 X 的生产中使资本和劳动增加一倍,两条生产可能性曲线分别为中性技术进步发生前后的情况。由于国家 1 在劳动和人口不变时产量上升,财富效应会在不变价格下增加国家 1 的福利。然而,由于这种类型的技术进步会增加贸易量,因此国家 1 的贸易条件会恶化。随着贸易条件的急剧恶化,例如,从 $P_B=1$ 到 $P_C=1/5$,国家 1 将在 C 点生产,出口 100X 仅换来 20Y,在无差异曲线 Ⅱ (低于国家 1 在经济增长前自由贸易时的无差异曲线 Ⅲ)上的 G 点消费。

不幸的增长更有可能在国家 1 的下述情况下发生:(1)增长使国家 1 的出口在贸易条件不变时大大增加;(2)国家 1 是大国,出口增加过大会导致贸易条件恶化;(3)国家 2(或世界其他国家)对国家 1 的出口商品的需求的收入弹性非常低,因而国家 1 的贸易条件会大大恶化;(4)国家 1 对贸易的依赖程度很强,以至于贸易条件的恶化将引起国家 1 的福利的减少。

不幸的增长理论在现实世界中似乎并不十分常见,更可能发生在发展中国家而不是发达国家。即使发展中国家的贸易条件似乎在长期内有所恶化,但生产的增长有可能弥补这一点,因而各国的真实人均收入和福利一般仍会提高。如果发展中国家的人口在近几十年没有增长这么快的话,它们的真实人均收入增长会比现在快得多。这些问题和其他一些问题将在研究国际贸易和经济发展的第 11 章做充分的分析。

7.5C　有助于经济增长与贸易的图示

我们现在分析当国家 1 仅资本(稀有要素)增加一倍,因而财富效应使国家福利增加的情况。结果与仅商品 Y(资本密集型商品)发生中性技术进步时类似。由于在不变价格下,这种类型的经济增长倾向于减少贸易量,国家 1 的贸易条件可能会改善。由于财富效应和贸易条件效应都是有利的,国家 1 的福利肯定会改善,见图 7.7。

图 7.7 的上图给出了国家 1 在经济增长前的生产可能性曲线及仅资本倍增后的生产可能性曲线(图 7.1 右图中的虚线)。在 $P_B=1$ 的不变相对商品价格下,国家 1 生产 110X 和 105Y (见图 7.7 上图中的 R 点),用 15X 换取国家 2 的 15Y,在无差异曲线 Ⅴ 上的 U 点消费。由于劳动和人口未变,这种经济增长会增加国家 1 的福利。

进一步看,由于国家 1 在不变价格下贸易量下降(E 点为增长前自由贸易时的情况),国家 1 的贸易条件也改进了,从 $P_R=P_B=1$ 到 $P_S=2$。$P_S=2$ 时,国家 1 在 S 点生产 120X 和 90Y,用 20X 换取 40Y,从而在无差异曲线 Ⅵ 上的 W 点消费。这样,由于财富和贸易条件两种效应,国家 1 的福利有所增加。

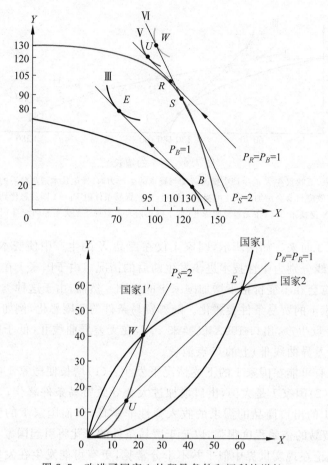

图 7.7　改进了国家 1 的贸易条件和福利的增长

　　如果资本(国家 1 的稀有要素)增加一倍,国家 1 将以 $P_R = P_B = 1$ 的不变的贸易条件在 R 点生产(见上图)。它以 15X 换取国家 2 的 15Y,在无差异曲线 V 上的 U 点消费。但如果国家 1 是大国,因为它愿意在 $P_R = P_B = 1$ 时出口较少的 X,贸易条件会改善。$P_S = 2$ 时,国家 1 在 S 点生产,以 20X 换取国家 2 的 40Y,在无差异曲线 Ⅵ 上的 W 点消费。由于有利的财富和贸易条件效应,国家 1 的福利将会增加。下图用两条提供曲线分别表明当国家 1 不影响贸易条件和影响贸易条件时,这种类型的增长对贸易量和贸易条件的影响。请与图 7.5 比较。

　　图 7.7 的下图用提供曲线表明,国家 1 在影响和不影响贸易条件时这种类型的增长对贸易量和贸易条件的影响。读者应仔细比较图 7.7 和图 7.5,前者的财富和贸易条件效应都是有利的(因而国家 1 的福利由于这两种因素的共同作用而上升),后者的两种效应均是不利的,国家 1 的福利也因两种因素而下降。案例研究 7.3 研究了增长与新的经济大国的崛起。

案例研究 7.3

增长与新的经济大国的崛起

　　新的经济大国正从发展中国家中涌现出来,如巴西、俄罗斯、印度、中国和南非(BRICS)。中国已经是经济大国了,印度紧随其后,其次是巴西和俄罗斯,2011 年在中国的资助下跨入这一行列的南非则小得多。表 7.3 给出了与美国、欧盟和日本等传统的经济大国相比，新的经济大国的规模和经济重要性方面的数据。

衡量一国经济规模的最重要的指标是其在购买力平价（PPP）下的国民收入总额（GNI）。该指标考虑了与发达国家相比，会导致发展中国家的真实 GNI 被严重低估的所有原因（如低估的汇率、非市场化生产等，将在 15.2 节介绍）。

如表 7.3 所示，从购买力平价（PPP）来看，最大的经济体是欧盟 28 国（将在第 11 章介绍）、中国和美国，其次是印度和日本。俄罗斯和巴西的规模较小，南非的规模则更是小得多。从人均国民收入（购买力平价下的人均国民收入作为衡量生活水平的指标）来看，美国显然排在第一位，其次是日本和欧盟 28 国，俄罗斯、巴西、中国、南非和印度的人均国民收入则低得多，特别是印度。然而，与传统的经济大国相比，中国和印度的增长速度要快得多，俄罗斯、巴西和南非的增长速度也较快。2014 年，中国的经济规模（购买力平价下的国民收入总额）超过了美国。不过如果按照人均国民收入衡量的话，各国间的差异仍然很大。

然而，比经济规模和增长率更为重要的是新的经济大国给传统经济大国带来的日益增长的竞争压力，这既反映在世界市场上，也反映在传统经济大国的国内市场上，而且所涉及的尖端产品（特别是中国）和服务（特别是印度）的种类也在不断扩大。

	表 7.3	2014 年新的经济大国与传统的经济大国的相对经济规模			
国　家	人口 /百万人	地理面积 /km²	GNI[a] /10 亿美元	人均 GNI /美元[a]	2000—2014 年年均 增长速度/%
中国	1 364	9 563	17 919	13 130	10.1
印度	1 267	3 287	7 303	5 760	7.3
巴西	202	8 516	3 213	15 900	3.3
俄罗斯	144	17 098	3 610	24 710	4.1
南非	54	1 219	686	12 700	3.2
美国	319	9 832	17 813	55 860	1.7
欧盟 28 国	512	4 423	18 509	36 150	0.9
日本	127	378	4 821	37 920	0.8

[a] 购买力平价（PPP）

资料来源：World Bank，*World Development Indicators*，2015.

7.6　两国的增长、偏好改变与贸易

迄今为止，我们一直假设经济增长仅在国家 1 发生。这样一来，仅有国家 1 的生产可能性曲线和提供曲线会移动。我们现在将增长的分析扩展到两国，此时两国的生产可能性曲线和提供曲线都会移动。我们现在运用提供曲线来分析两国均发生经济增长和偏好改变的效应。

7.6A　两国的经济增长与贸易

图 7.8 表明各类型的经济增长对一国或两国贸易量和贸易条件的影响。我们假设两国都是大国，标有"1"和"2"的提供曲线分别是国家 1 和国家 2 最初（经济增长前）的提供曲线。标

有"1*"和"2*"的提供曲线分别是国家 1 和国家 2 在各种类型经济增长后的提供曲线。为使图不致太乱,图中没有标出穿过各平衡点的相对商品价格线。然而,国家 1 在各平衡点的贸易条件(即 P_X/P_Y)可由该点处 Y 的贸易量除以 X 的贸易量得出。要得到国家 2 在各点的贸易条件,只需取上述结果的倒数即可。

根据增长前的提供曲线 1 和曲线 2,在 $P_B=1$ 时,国家 1 用 $60X$ 换取国家 2 的 $60Y$(见均衡点 E_1)。如果国家 1 的劳动增加一倍(见图 7.5),它的提供曲线沿顺时针方向从曲线 1 转到曲线 1*,出口 $140X$ 换取 $70Y$(E_2点)。在这种情况下,国家 1 的贸易条件恶化到 $P_X/P_Y = 70Y/140X = 1/2$,国家 2 的贸易条件改善到 $P_Y/P_X = 2$。

如果经济增长仅在国家 2 发生,并且它的提供曲线从曲线 2 逆时针旋转到曲线 2*,我们得到均衡点 E_3。例如,如果国家 2 的资本(充裕要素)增加一倍,即可得到这种结果。在 E_3 点,国家 2 以 $140Y$ 换取国家 1 的 $70X$。这样一来,国家 2 的贸易条件就会恶化到 $P_Y/P_X=1/2$,而国家 1 的贸易条件将改善到 $P_X/P_Y=2$。在两国发生经济增长的条件下,由提供曲线 1* 和 2*,我们得到了均衡点 E_4。

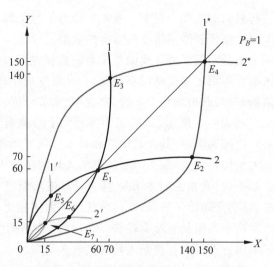

图 7.8 发生在两国的经济增长和贸易

如果劳动(国家 1 的充裕要素)增加一倍,其提供曲线由 1 旋转到 1*,得到均衡点 E_2,随之而来的是国家 1 的贸易增加而贸易条件恶化。如果国家 2 的资本(国家 2 的充裕要素)增加,其提供曲线从 2 旋转到 2*,得到均衡点 E_3,此时国家 2 的贸易量增加而贸易条件恶化。如果相反,国家 1 的资本增加,提供曲线旋转到 1',则贸易量减少,但国家 1 的贸易条件会改善。如果国家 2 的劳动增加,提供曲线旋转到 2',则在 E_6 点达到均衡,国家 2 的贸易量下降而贸易条件改善。如果两条提供曲线分别转到 1' 和 2',贸易量的下降会更多(见 E_7 点),而两国的贸易条件都不变。

贸易量扩大为 $140X$ 换取 $140Y$,但两国的贸易条件仍均为 1。

相反,如果国家 1 的资本增加一倍(见图 7.7),其提供曲线将逆时针由 1 转到 1',得到均衡点 E_5,国家 1 会用 $20X$ 换取国家 2 的 $40Y$,因而国家 1 的贸易条件上升为 2 而国家 2 的贸易条件则下降到 1/2。如果相反,国家 2 的劳动增加一倍,提供曲线顺时针转到 2',我们得到均衡点 E_6。这种结果是可能出现的,例如,国家 2 的劳动(国家 2 的稀有要素)增加一倍时就是这样。国家 2 会用 $20Y$ 交换国家 1 的 $40X$,国家 2 的贸易条件因而会增加到 2,而国家 1 的贸易条件会降低到 1/2。如果两国都发生这种形式的经济增长,提供曲线分别由 1 和 2 旋转到 1' 和 2',那么贸易量仅仅是用 $15X$ 交换 $15Y$,两国的贸易条件都保持在 1 的水平不变(见均衡点 E_7)。

随着两国商品生产中的均衡增长或中性技术进步,两国的提供曲线都会外移,并且更接近测度可出口商品的 X 轴。这种情况下,贸易量会增加,贸易条件不变或一国改善而另一国则恶化,这取决于各国提供曲线的形状(即曲率)及每条曲线旋转的程度。

7.6B 两国偏好的变化与贸易

随着时间的推移,不仅经济会增长,一国的偏好也会发生变化。正如我们所看到的,经济增长通过影响生产可能性曲线而影响提供曲线。类似的,偏好的变化会通过影响无差异曲线图来影响提供曲线。

　　如果国家 1 对 Y（国家 2 的可出口商品）的偏好增加，国家 1 将愿意为进口的每单位 Y 提供更多的 X（国家 1 的可出口商品）。也就是说，国家 1 对任意给定的 X 出口量愿意接受更少的 Y。这就造成了国家 1 的提供曲线如图 7.8 所示从 1 顺时针旋转到 1*，从而引起贸易量的增加和国家 1 贸易条件的恶化。

　　相反，如果国家 2 对 X 的偏好增加，其提供曲线会逆时针从 2 旋转到 2*，从而引起贸易量的增加和国家 2 贸易条件的恶化。如果偏好向相反的方向改变，提供曲线会向相反的方向变动。如果两国的偏好均变化，那么两条提供曲线均会旋转。贸易量和贸易条件的变化取决于两国偏好的变化类型和程度，与经济增长的情况一样。

　　总之，我们可以说，随着两国发生经济增长和偏好的改变，两国的提供曲线均会变化，从而改变贸易量及贸易条件。不论原因如何，只要提供曲线转向一国可出口商品的轴，就会在不变价格下扩大贸易并恶化该国的贸易条件。提供曲线向相反的轴旋转，会在不变价格下减少贸易量并改善该国的贸易条件。如果某国提供曲线的变化已定，其贸易伙伴国提供曲线的曲率越大，该国贸易条件的改变也越大。

　　案例研究 7.4 检验了 7 国集团产量、贸易和福利的增长情况（发展中国家的增长与贸易将在第 11 章研究）。

案例研究 7.4

主要工业国的增长、贸易和福利

　　表 7.4 给出了 1990—2014 年 7 国集团（主要工业国）的实际国内生产总值、出口、贸易条件和人均收入的平均年增长率。该表显示实际国内生产总值的平均年增长率的范围从美国的 2.7% 到意大利的 0.6%，所有 7 个国家的未加权平均是 1.7%。出口额的平均增长率的范围从法国的 6.0% 到日本的 2.4%，7 个国家的未加权平均是 4.3%。可见，出口的增长是国内生产总值的增长的 2.5 倍。

表 7.4　国内生产总值、出口和贸易条件的增长，1990—2014 年				%
国　　家	平均年增长率			
	实际 GDP	出口额	贸易条件	人均 GDP
美国	2.7	5.2	−0.3	1.6
日本	1.0	2.4	−1.5	0.8
德国	1.4	5.8	−0.3	1.2
英国	2.1	3.4	0.0	1.8
法国	1.4	6.0	0.0	1.0
意大利	0.6	2.7	0.4	−0.1
加拿大	2.5	4.4	1.0	1.4
未加权平均	1.7	4.3	0.0	1.1

　　资料来源：IMF, *International Financial Statistics*（Washington, D. C., IMF Various Issues）; OECD, *Economic Outlook*（Paris, Various Issues）, and World Bank, *World Development Indicators*（Washington, D. C., Various Issues）.

贸易条件的变化范围从日本的平均年下降率 1.5% 到加拿大的平均年增长率 1.0%（主要归功于其石油和矿产品出口价格的大幅提高），而 7 个国家的平均年增长率为 0。表 7.4 的最后一列显示实际人均 GDP 的年增长率（大致反映平均生活水平的提高）的范围从美国的 1.6% 到意大利的 -0.1%，所有 7 个国家的未加权平均年增长率为 1.1%。尽管实际人均 GDP 的增加是由许多因素引起的，出口的增长显然是其中之一。

本章小结

1. 前几章讨论的贸易理论主要是静态的，也就是说，给定要素禀赋、技术和偏好，我们着手确定一国的比较优势和贸易所得。然而，要素禀赋随时间变化，技术通常在改进，偏好也可能改变。本章我们考察了这些变化对均衡状态的影响。这就是所谓的比较静态分析。

2. 在规模报酬和价格不变的条件下，如果劳动和资本同比例增长（平衡增长），一国的生产可能性曲线将以与要素增长相同的比例均匀地向各个方向移动，而每个工人的产量保持不变。如果劳动比资本增长快，生产可能性曲线将以更大的比例朝劳动密集型商品方向移动，且每个工人的产量下降。如果资本的增长超过劳动，则情况相反。雷布津斯基定理假定，在商品价格不变的条件下，一种要素禀赋的增长将导致要素密集型商品的产量以更大比例增长而其他商品的产量减少。

3. 所有类型的技术进步都会减少任何给定产量所要求的劳动与资本的数量，使生产可能性曲线外移，增加国家的福利。希克斯的中性技术进步使劳动和资本的生产力以相同的比例增长且对国家的生产可能性曲线的效应与平衡要素增长相同。结果，在相对要素价格（工资率/利率比率）不变条件下资本/劳动比率保持不变。劳动节约型技术进步使资本生产效率的增长超过劳动生产效率的增长。结果是以资本替代劳动，在工资率/利率比率不变的条件下资本/劳动比率上升。资本节约型的技术进步与劳动节约型的技术进步结果相反。

4. 生产和消费可以是产生贸易的（如果它们导致贸易在不变价格下以更大比例增加）、反贸易的或中性的。如果一国出口商品的增加快于进口商品的增加，则生产是产生贸易的。如果进口商品消费的增加快于出口商品消费的增加，则消费是产生贸易的。增长过程中对贸易量的影响取决于生产和消费的净效应。

5. 不考虑增长的原因和类型，如果贸易量在不变价格下会增加，则该国的贸易条件会恶化。否则，贸易条件将保持不变或改善。经济增长对一国福利的影响还取决于财富效应。这表现为增长后每个工人或人均产出的变化。如果增长的贸易条件效应和财富效应都是有利的，则该国的福利肯定会改善；否则，福利不变或恶化，这取决于两种效应的净效应。不利的贸易条件效应超过有利的财富效应并导致国家福利下降的情况被称为"不幸的增长"。

6. 随着两国中增长和/或偏好的改变，两国的提供曲线将移动，贸易量和/或贸易条件将会改变。无论原因是什么，提供曲线如果朝着测度可出口商品轴线方向移动，则在不变价格下贸易量扩大而贸易条件恶化。提供曲线相反方向的移动则会在不变价格下减少贸易量而改善贸易条件。已知一国提供曲线的变动，其贸易伙伴提供曲线的曲率越大，则该国贸易条件的变化越大。

关键术语

antitrade production and consumption	反贸易的生产和消费
balanced growth	平衡增长
capital-saving technical progress	资本节约型技术进步
comparative statics	比较静态法
dynamic analysis	动态分析法
immiserizing growth	不幸的增长
inferior goods	劣等品
labor-saving technical progress	劳动节约型技术进步
neutral production and consumption	中性的生产和消费
neutral technical progress	中性技术进步
normal goods	正常品
protrade production and consumption	产生贸易的生产和消费
Rybczynski theorem	雷布津斯基定理
terms-of-trade effect	贸易条件效应
wealth effect	财富效应

复习题

1. 我们说在前几章讨论的贸易理论是静态的,这意味着什么? 什么是比较静态?

2. 前几章的贸易理论可以如何扩展以体现要素禀赋、技术和偏好发生变化的情况? 我们所得出的贸易理论是动态的国际贸易理论吗? 为什么?

3. 各种类型的要素增长对一国的生产可能性曲线有何影响? 什么是平衡增长?

4. 雷布津斯基定理的假设是什么?

5. 解释中性的、劳动节约型的、资本节约型的技术进步。

6. 一种或两种商品生产中的中性技术进步是如何影响一国的生产可能性曲线的? 就增长对一国生产可能性曲线的效应而言,何种类型的技术进步相当于要素平衡增长的效应?

7. 什么是产生贸易的、反贸易的、中性的生产和/或消费?

8. 哪种原因引起的增长最有可能是产生贸易的? 哪种可能是反贸易的? 哪种类型的商品最有可能导致产生贸易的或反贸易的消费?

9. 什么是增长的贸易条件效应和财富效应? 当国家太小以至不能影响相对商品价格时,我们如何确定增长和贸易的结果对福利变化的影响? 当国家大到可影响商品相对价格时又该如何确定这种影响?

10. 何种类型的经济增长最可能导致国家福利的下降? 什么是不幸的增长? 哪种类型的经济增长最可能导致国家福利的改善?

11. 如果一国的提供曲线朝着测度其可出口类商品的轴线方向变化或旋转,其对贸易量和贸易条件的影响是什么? 哪种类型的增长和/或偏好的变化将导致提供曲线发生这种变化?

12. 对给定的一国提供曲线的转变来说,其贸易伙伴的提供曲线的形状是如何影响该国的贸易条件的?

1. 以前面章节中国家 2 在发生增长之前的生产可能性曲线为基础,画出符合下列条件的新的生产可能性曲线:

(1) 国家 2 的资本与劳动均增加一倍。

(2) 仅资本增加一倍。

(3) 仅劳动增加一倍。

2. 以前面章节中国家 2 在发生增长之前的生产可能性曲线为基础,画出新的生产可能性曲线,使其能说明仅当资本增加一倍时的雷布津斯基定理。

3. 以国家 2 增长之前的生产可能性曲线为基础,画出国家 2 发生中性技术进步使劳动与资本的生产效率均增加一倍后符合下列条件的新的生产可能线:

(1) 在 X 和 Y 两种商品中发生。

(2) 仅在商品 X 中发生。

(3) 仅在商品 Y 中发生。

4. 将第 3 题中的图与第 1 题和第 2 题中的图进行比较。

*5. 画出国家 2 的图形,要求与图 7.4 的上图相似并符合下列假设:

(1) 仅国家 2 的资本增加一倍。

(2) 自由贸易均衡相对价格为 $P_X/P_Y = 1$。

(3) 国家 2 太小不能影响增长前与增长后的贸易均衡相对价格。

*6. 画出国家 2 的图形,要求与图 7.4 的下图相似并符合第 5 题的假设。

7. 画出国家 2 的图形,要求与图 7.5 的上图相似并符合下列假设:

(1) 国家 2 为可以影响贸易均衡相对价格的大国。

(2) 增长前自由贸易下国家 2 的贸易条件为 $P_X/P_Y = 1$,增长后自由贸易下恶化到 $P_X/P_Y = 1/2$。

(3) 国家 2 在增长和自由贸易下,出口 140Y。

8. 画出与第 7 题假设相同的类似图 7.5 的下图的国家 2 的图形。

*9. 画出与图 7.6 相似的图形,但国家 2 经历了只在商品 Y 的生产中资本和劳动都增加一倍后的不幸增长。

10. 画出与图 7.6 类似的图形,但一国经历了人口和劳动增加时的不幸增长。

11. 在下列假设下,画出国家 2 类似图 7.7 的上图的图形:

(1) 国家 2 仅劳动增加一倍。

带 * 号练习题的答案

(2) 国家 2 的贸易条件由增长前自由贸易下的 $P_Y/P_X = 1$ 改善到增长后自由贸易下的 $P_Y/P_X = 2$。

(3) 国家 2 在增长和自由贸易下出口 20Y。

12. 画出类似图 7.7 的下图的国家 2 的图形,其假设条件与第 11 题相同。

13. 表 7.2 的数据表明美国每个工人的产量增加最小,效率没有改善,与表中其他发达国家相比,技术只有很小的进步。这与表 6.5 中的信息是矛盾的,应当如何解释这个矛盾?

附录

本附录的 A7.1 节将给出雷布津斯基定理的证明；A7.2 节将考察某一要素在国内不能流动时的增长；A7.3 节将给出希克斯中性技术进步、劳动节约型技术进步与资本节约型技术进步的图解。

A7.1 关于雷布津斯基定理的证明

在 7.2B 小节中提出的雷布津斯基定理假设,在相对商品价格不变的条件下,一种要素禀赋的增加将引起密集使用该要素的商品产量以更大比例增长,同时减少另一种商品的产量。

这里对雷布津斯基定理的正式证明与 A3.3 节从埃奇沃思盒形图导出的一国提供曲线的分析紧密相连。从图 3.10 开始,我们给出国家 1 仅劳动增加一倍时的雷布津斯基定理的严格证明。

该定理的证明既可以从自由贸易生产点 B(见图 7.2)开始,也可以从自给自足或无贸易时生产与消费的均衡点 A(见前几章)开始。从何处开始无关紧要,只要增长后的新生产点与选择的特定起点可比,且商品价格与初始均衡点的商品价格保持一致即可。我们将从 A 点开始,因为这样我们可以考察在无贸易情况下雷布津斯基定理与相对商品价格的关系。

图 7.9 给出了证明过程。国家 1 的生产可能线曲线上的 A 点(见图 7.9 的下图)是由国家 1 劳动数量倍增前该国的埃奇沃思盒形图(图 7.9 的上图)中的 A 点得到的。这与图 3.9 是一样的。在劳动增加一倍后,国家 1 的埃奇沃思盒形图长度加倍但高度保持不变(因为资本数量不变)。

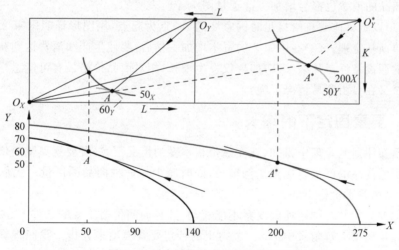

图 7.9 雷布津斯基定理的几何证明

国家 1 的生产可能性曲线上的 A 点(下图)由国家 1 的埃奇沃思盒形图中的 A 点(上图)得出。这与图 3.9 是一样的。将劳动增加一倍,整个盒形图扩张一倍。为使 P_X 和 P_Y 保持不变,工资率和利率必须保持不变。但是仅当两种商品的生产中资本/劳动比率均保持不变时,工资率和利率才能保持不变。上下图中的 A^* 点是唯一可能做到这些并将增加的劳动全部吸收的点。在 A^* 点两种商品生产的资本/劳动比率与 A 点相同。在该点,X(劳动密集型商品)产量的增加超过一倍,而 Y 的产量则下降,这与雷布津斯基定理的假设相符。

为使商品价格不变,要素价格必须不变。但只有在两种商品生产中的资本/劳动比率以及劳动与资本的生产力都保持不变的条件下,相对要素价格才能保持不变。使资本/劳动比率不变,同时在劳动加倍后仍使劳动与资本达到充分就业的唯一方法,是在上图的埃奇沃思盒形图中使国家 1 的生产点从 A 点移动到 A^* 点。在 A 点和 A^* 点,生产商品 X 的资本/劳动比率是相同的,这是因为 A^* 点与 A 点都位于发自原点的 O_X 射线上。类似的,商品 Y 生产中的资本/劳动比率在 A^* 点与在 A 点也是相同的,因为发自 O_Y^* 到 A^* 点的虚线与发自 O_Y 到 A 点的射线具有相同的斜率。在埃奇沃思盒形图中,A^* 点是劳动增加一倍而且两种商品生产中资本/劳动比率都不变时,保证所有资源均充分就业的唯一点。注意等产量线在 A 点和 A^* 点具有相同的斜率,说明工资率/利率在这两点是相同的。

在埃奇沃思盒形图中,由于 A^* 点离 O_X 比 A 点离 O_X 要远很多,所以国家 1 的 X 的产量增加了。而由于 A^* 点离 O_Y^* 比 A 点离 O_Y 近,所以国家 1 的 Y 的产量下降了。由国家 1 的生产可能性曲线在劳动增加一倍前的 A 点到劳动增加一倍后的生产可能性曲线上的 A^* 点的移动反映了这些情况。也就是说,$P_A/P_{A^*} = 1/4$ 时,在增长前的 A 点,国家 1 生产 $50X$ 和 $60Y$,而在增长后的 A^* 点,国家 1 生产 $200X$ 和仅 $50Y$。劳动增加一倍,X 的产量的增加将超过一倍(这里实际上是 4 倍)。即劳动的增加对于商品 X(劳动密集型)的产量的增加具有放大效应。我们对雷布津斯基定理的证明到此完毕。

证明了 Y 在 P_X/P_Y 不变时产量下降后,我们必须立即提出除非商品 Y 为劣等品,否则 P_X/P_Y 不会不变。因为只有当 Y 为劣等品时,国家 1 在真实国民收入增长和无贸易情况下对 Y 的消费才会绝对减少。如果 Y 不是劣等品,P_X/P_Y 必然降低(P_Y/P_X 提高),这样在增长之后和无贸易情况下,Y 的生产和消费才会绝对增加。如此看来,保持商品相对价格不变仅仅是我们假定如果商品相对价格不变,则每种商品产量会怎样的一种分析方法。然而,除非 Y 是劣等品,或除非存在自由贸易但国家 1 太小以至不能影响贸易商品相对价格,否则相对商品价格就不能保持不变。在这种情况下,甚至当相对商品价格不变且 Y 并非劣等品时国家 1 在增长后对两种商品的消费也都会增加。这正是图 7.4 所表明的。

问题　(1)以贸易前或自给自足时国家 2 的 A^* 点为起点,用图形证明国家 2 资本增加一倍时的雷布津斯基定理。(2)在国家 2 的资本增加一倍后,要使生产和消费达到新的均衡点所要求的严格的假设条件是什么?(3)如果仅发生增长,相对商品价格最有可能怎样变化? 如果是既发生增长又在自由贸易情况下呢?

A7.2　要素固定下的增长

我们从雷布津斯基定理中得知,在商品价格不变的情况下,一种要素禀赋的增长将引起该要素密集使用的商品的产量以更大比例增长,同时减少另一种商品的产量。我们还知道如果商品价格不变,则要素价格不变。

现在我们要分析在一国产业间要素不能流动,并且商品价格不变的条件下,要素增长的效应。我们可以运用第 5 章附录中 A5.4 节得出的特定要素模型来分析。我们将看到得出的结论与雷布津斯基定理预测的结果不同,而是取决于在一国固定的要素是增长的还是非增长的。

图 7.10 的左图为劳动(国家 1 相对充裕和可变的要素)供给的增加,右图为资本(国家 1 稀缺和不变的要素)供给的增加。与图 5.8 一样,我们以图 7.10 左右两图中劳动的总供给相当于 OO' 的增加为起点。在两个产业中均衡的工资为 ED,由 VMPL_X 和 VMPL_Y 两条曲线的交点决定。OD 的劳动被用在 X 的生产上,而 DO' 的劳动被用于 Y 的生产上。

现在让我们集中研究图 7.10 的左图,这里劳动供给增加,且劳动是可变的,而资本是不变的。如果劳动供给从 OO' 增加 $O'O^* = EF = DG$ 到 OO^*,两个产业的均衡工资都是 $E'D'$,由 VMPL_X 和 VMPL_Y 两条曲线的交点决定。增加的劳动供给 DG 中,DD' 用于 X 的生产,$D'G'$ 用于 Y 的生产。由于每一产业中的资本量均未发生变化而劳动量增加了,因而两种商品的产

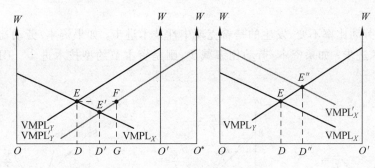

图 7.10　特定要素模型下的增长

在增长前,劳动可变动,资本不能变动时,$w=ED$,并且在两图中均是 OD 的劳动用于生产 X,DO' 的劳动用于生产 Y。左图中,$O'O^*=EF=DG$ 的劳动的增加,导致工资下降到 $E'D'$,并且增加的劳动中,DD' 用于 X 的生产,$D'G$ 用于 Y 的生产。X 与 Y 的产量均有所增加,两种产业中的利率均上升。在右图,资本的增加仅仅发生在 X 的生产中。这导致 $VMPL_X$ 曲线向上旋转到 $VMPL'_X$。工资率上升到 $w=E''D''$,DD'' 的劳动从 Y 的生产转向 X 的生产。X 的产量增加,而 Y 的产量下降。在商品价格不变的条件下,两种产业中的 r 均有所下降。

量都会增加。然而由于 X 为劳动密集型商品,并且增加的劳动更多地被用于 X 的生产,所以 X 的增加比 Y 多。此外,由于每一产业中不变的资本量结合了更多的劳动量,VMPK 和资本的回报(r)在两个产业中都上升了。

因此,在劳动的供给增加并且劳动可变而资本不变时,两种商品的产量都将增加,在价格不变的条件下,两种产业中都发生工资率下降而利率上升的情况。从长期看(劳动和资本在一国均可变时),劳动供给的增长会引起 X 的更大比例的增长,而 Y 的产量将减少,结果是在商品价格不变的条件下,工资率和利率不变(雷布津斯基定理)。

让我们转向图 7.10 的右图,这里资本(国家 1 中稀缺和不变的要素)供给的增加只发生在商品 X 的生产中。由于 X 的生产中,每一单位的劳动都将有更多的资本相匹配,所以 $VMPL_X$ 曲线会上移到 $VMPL'_X$。$VMPL'_X$ 和 $VMPL_Y$ 两条曲线的交点决定了两个产业中新的更高水平的均衡工资 $E''D''$,并且 DD'' 量的劳动现在被从 Y 的生产中转向 X 的生产中。由于两个产业中的工资率都上升,为使商品价格保持不变(如假设的一样),两个产业的利率必须下降。此外,由于更多的资本和更多的劳动被用于 X 的生产,X 的产量必然上升。而由于同样数量的资本和更少的劳动用于商品 Y 的生产,Y 的产量必然下降。因此,在这种情况下,产量的改变与雷布津斯基定理的假设非常相似。

然而,上述所有结果都是以商品价格不变这一假设为前提的。由于 X 的产量上升而 Y 的产量下降(或 Y 的增加小于 X 的增加),P_X/P_Y 有可能下降,这会使该国的贸易条件恶化(除非国家 1 很小),从而改变了我们在上面(基于不变的商品价格)得到的要素价格增长的结果。

问题　如果国家 1 只在商品 Y 的生产中增加资本的供给会发生什么情况?

A7.3　希克斯技术进步的图解分析

本节我们将给出希克斯运用等产量线(参见 A3.1 节和 A3.2 节)的中性、劳动节约型、资本节约型技术进步分类的图形解释。我们还将考察各种类型的技术进步对相对要素价格的影响。

所有的创新,无论何种类型,都可以用等产量线从原点到任一给定产出水平的移动来表示。这表明在技术进步后,任意给定产量水平都可以用比以前更少的投入或要素生产出来。不同类型技术进步的差别取决于相对要素价格(工资率/利率)不变时,其对资本/劳动比率产生的效应。

如果资本/劳动比率不变,发生的是希克斯中性技术进步;如果资本/劳动比率增长,则是劳动节约型技术进步;如果资本/劳动比率减少,则是资本节约型技术进步。图 7.11 说明了这些区别。

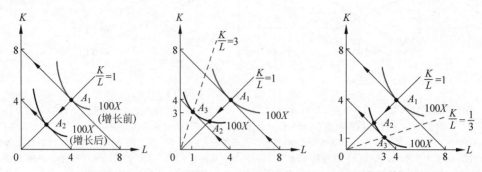

图 7.11　希克斯的中性、劳动节约型、资本节约型技术进步

在三个图中,我们均从 A_1 点开始,即在技术进步前使用 4 单位劳动和 4 单位资本可生产 100X。发生中性技术进步后,同样的 100X 只需用 2 单位资本和 2 单位劳动(左图中的 A_2 点)即可生产出来,在 $w/r=1$(等成本线的斜率绝对值)的不变条件下,$K/L=1$。发生劳动节约型技术进步后,同样的 100X 只需用 3 单位资本和 1 单位劳动(中间图中的 A_3 点)即可生产出来,在 $w/r=1$ 的不变条件下,$K/L=3$。最后,发生资本节约型技术进步后,同样的 100X 只需用 1 单位资本和 3 单位劳动(右图中的 A_3 点)即可生产出来,在 $w/r=1$ 的不变条件下,$K/L=1/3$。

三个图中,我们均从 A_1 点开始,即在技术进步前使用 4 单位劳动和 4 单位资本可生产 100X。发生中性技术进步后,同样的 100X 只需用 2 单位资本和 2 单位劳动(左图中的 A_2 点)即可生产出来,在 $w/r=1$(等成本线的斜率绝对值)的不变条件下,$K/L=1$。发生劳动节约型技术进步后,同样的 100X 只需用 3 单位资本和 1 单位劳动(中间图中的 A_3 点)即可生产出来,在 $w/r=1$ 的不变条件下,$K/L=3$。最后,发生资本节约型技术进步后,同样的 100X 只需 1 单位资本和 3 单位劳动(右图中的 A_3 点)即可生产出来,在 $w/r=1$ 的不变条件下,$K/L=1/3$。

在中间图中的 A_2 点,资本对利率的边际生产率(即 MPK/r)超过 MPL/w,因此在商品 X 的生产中用资本替代劳动。随着用资本替代劳动,利率/工资率比率将上升,从而缓和了资本/劳动比率上升的趋势。发生节约劳动的创新后,任何情况下利率都有可能相对于工资率上升。

在右图中的 A_2 点,MPL/w 超过 MPK/r,因此在 X 的生产中用劳动替代资本。随着用劳动替代资本,工资率/利率比率将上升,从而缓和了资本/劳动比率的下降(即劳动/资本比率的上升)趋势。发生节约资本的创新后,任何情况下工资率都有可能相对于利率上升。

因此,带来节约更多数量的劳动和/或节约更多数量的资本的创新倾向于降低资本/劳动比率和工资率/利率比率。如果节约资本的创新发生在劳动密集型商品的生产上,这一趋势将更强。这是因为对劳动需求的增长会更多。国内增长对工资率/利率比率的影响还要加上国际贸易的影响才能确定国内增长和国际贸易对工资率/利率比率的净效应。本章已对此作过讨论。

问题　运用本章的分析方法,详细评论下列论述:发生技术进步时,资本投入对真实工资的影响取决于这种技术进步的类型,即真实工资有可能增加也有可能减少。

第 2 部分

国际贸易政策

第 2 部分（第 8 章至第 12 章）研究的是国际贸易或商业政策。第 8 章研究历史上最重要的贸易壁垒——关税；第 9 章考察其他一些贸易壁垒，对有关贸易壁垒的常见理由做出了评价，并对贸易壁垒的发展史进行了简要的回顾；第 10 章论述经济一体化问题；第 11 章研究国际贸易对经济发展的影响；第 12 章研究国际资源流动与跨国公司。

国际经济学
International Economics

第**8**章

贸易壁垒：关税

8.1 引言

在第 1 部分,我们看到自由贸易可以使世界产出最大化并且对所有国家都有利。然而,实际上所有的国家都会给国际贸易的自由流动增设一些限制。由于这些限制和法规与一国的贸易或商业有关,它们通常被称为**贸易或商业政策**(trade or commercial policies)。尽管贸易壁垒从国家福利的角度总是被认为是合理的,但在现实生活中极力地赞成它们的通常是那些受益于贸易壁垒的一些特殊利益集团。

历史上最重要的一类贸易壁垒就是关税。关税是对通过一国国境的贸易商品课征的税收。本章我们讨论关税壁垒,下一章将讨论其他贸易壁垒。**进口关税**(import tariff)是对进口商品课征的税收,而**出口关税**(export tariff)是对出口商品课征的税收。进口关税比出口关税更重要,我们的讨论也主要关注进口关税。《美国宪法》禁止出口关税,但是发展中国家却经常对其传统出口产品征收出口关税(如加纳的可可和巴西的咖啡),以得到更有利的价格并增加收入。发展中国家之所以在很大程度上依赖出口关税来增加收入,是因为这种关税征集起来很方便。相反,工业国总是通过增设关税或其他贸易壁垒来保护一些产业(通常是劳动密集型产业),而收入的增加主要是通过征收收入所得税。

关税可以是从价的、从量的或混合的。**从价关税**(ad valorem tariff)表示为贸易商品价值的一个固定百分比。**从量关税**(specific tariff)的含义是对每单位贸易商品征收某一固定税额。而**混合关税**(compound tariff)是从价和从量关税的结合。例如,对自行车征收 10％的从价税,意味着每进口 100 美元自行车需要支付 10 美元关税,每进口 200 美元自行车需要支付

20 美元关税。而对进口自行车征收 10 美元的从量关税意味着无论自行车的价格水平如何，海关人员都会对每辆进口自行车征收 10 美元的固定关税。对进口自行车征收 5％的从价税和 10 美元的从量税，则每进口一辆单价为 100 美元的自行车须缴纳 15 美元关税，每进口一辆单价为 200 美元的自行车须缴纳 20 美元关税。美国使用从价税与从量税的场合基本持平，而欧洲国家主要依赖从价税。本章的讨论以从价进口关税为主。

自第二次世界大战结束以来关税水平有明显的下降，现在发达国家工业制成品的关税平均为 3％（参见案例研究 8.1），而在发展中国家这一比例则高很多（参见案例研究 8.2）。农产品贸易仍然一直受制于相对较高的贸易壁垒的限制。我们将在下一章讨论。

本章将分析关税对征税国及其贸易伙伴国的产出、消费、贸易和福利的影响。我们先用局部均衡分析法（即需求和供给曲线）来研究，然后再应用更复杂的一般均衡分析法。一般均衡分析法的主要分析工具是生产可能性曲线、社会无差异曲线，或提供曲线。

8.2 节分析关税在一个不能通过贸易影响世界价格的小国中的局部均衡作用；8.3 节研究关税结构理论；8.4 节转向更复杂的一般均衡分析并研究关税在小国中的影响；8.5 节研究关税对大国的影响；最后，8.6 节讨论最优关税概念。本章附录将讨论关税在大国中的局部均衡效应，并推导有效保护率的公式；然后用图表分析斯托尔帕—萨缪尔森（Stolper-Samuelson）定理及其例外情况，讨论关税对要素收入的短期效应并给出关税最优化的测度。

案例研究 8.1

主要发达国家非农产品的平均关税

表 8.1 列出了 2014 年美国、欧盟、日本和加拿大（即主要发达国家和欧盟国家）对各种非农产品征收的平均关税税率。如表所示，进口关税税率最高的产品包括服装和纺织品、皮革制品（还包括欧盟和日本的鱼及鱼类产品，以及欧盟和加拿大的运输设备），不过所有非农产品的平均税率低于 5％。某些规模较小的发达国家的税率甚至更低。

表 8.1　2014 年美国、欧盟、日本、加拿大的非农产品关税税率				％
产　　品	美国	欧盟	日本	加拿大
鱼及鱼类产品	0.8	12.0	5.7	0.9
矿物和铁	1.8	2.0	1.0	1.0
石油	1.3	2.5	0.6	0.9
化学品	2.8	4.5	2.2	0.8
木材、纸张等	0.5	0.9	0.8	0.9
纺织品	7.9	6.5	5.4	2.6
服装	12.0	11.4	9.0	16.5
皮革、鞋	3.8	4.1	9.4	3.8
非电子机械	1.2	1.9	0.0	0.4
电子机械	1.7	2.8	0.1	1.1
运输设备	3.1	4.3	0.0	5.8
其他制造品	2.5	2.6	1.2	2.5
平均	3.2	4.2	2.5	2.2

资料来源：WTO, *Statistics Data Base*（Geneva：WTO，2015）.

案例研究 8.2

主要发展中国家非农产品的平均关税

表 8.2 给出了 2014 年中国、印度、巴西、俄罗斯、韩国和墨西哥各种非农产品的关税。如表所示,平均关税最低的是墨西哥(5.9%),其他国家的平均关税介于 6.8%(韩国)和 14.1%(巴西)之间。然而,所有 6 国的税率都比发达国家高得多。

表 8.2	2014 年中国、印度、巴西、俄罗斯、韩国和墨西哥的非农产品关税税率					%
产　品	中国	印度	巴西	俄罗斯	韩国	墨西哥
鱼及鱼类产品	10.5	29.9	10.3	9.9	16.4	17.0
矿物和铁	7.2	7.6	10.0	8.8	4.5	2.8
石油	4.5	4.9	0.1	4.3	4.4	0.1
化学品	6.5	7.9	8.2	5.7	5.7	2.4
木材、纸张等	4.3	9.0	10.6	11.4	2.2	4.4
纺织品	9.5	12.0	23.3	9.9	9.0	9.8
服装	16.0	12.5	34.9	11.5	12.5	21.1
皮革、鞋等	12.8	10.1	16.0	7.5	7.5	6.2
非电子机械	7.8	7.1	12.9	3.2	6.0	2.8
电子机械	8.1	7.3	14.1	6.4	6.2	3.5
运输设备	11.3	21.7	18.6	9.2	5.5	8.5
其他制造品	11.6	8.8	15.2	9.4	6.7	5.2
平均	8.6	10.2	14.1	7.9	6.8	5.9

资料来源:WTO,*Statistics Data Base*(Geneva:WTO,2015)。

8.2 关税的局部均衡分析

关税的局部均衡分析最适合分析小国对与本国产业规模很小的产品相竞争的进口货物征收关税的情况。这种关税既不影响世界价格(因为国家很小),也不影响经济的其他部门(因为产业规模很小)。

8.2A 关税的局部均衡效应

关税的局部均衡效应可以利用图 8.1 来分析。图中 D_X 为国家 2 商品 X 的需求曲线,S_X 为商品 X 的供给曲线。对国家 1 进行的类似分析见章末练习题。假设国家 2 很小,其 X 行业也很小。在没有贸易时,D_X 和 S_X 相交于均衡点 E,在该点,国家 2 需要 30 单位 X,供应价格为 $P_X=3$ 美元。而通过自由贸易,商品 X 的世界价格为 $P_X=1$ 美元,国家 2 将消费 70 单位 $X(AB)$,其中 10 单位(AC)在国内生产,其余 60 单位(CB)进口(与图 3.4 的右图类似)。水平虚线 S_F 代表在自由贸易下供给弹性无限大时外国对国家 2 的商品 X 的供给曲线。

如果国家 2 对进口商品 X 征收 100% 的从价税,国家 2 的商品 X 的价格 P_X 升至 2 美元。

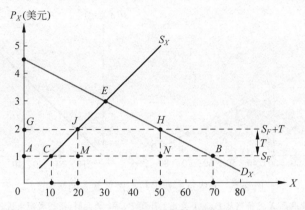

图 8.1　关税的局部均衡效应

　　D_X 和 S_X 代表国家 2 商品 X 的需求曲线与供给曲线。自由贸易下价格 $P_X=1$ 美元时，国家 2 消费 70X(AB)，其中 10X(AC) 在国内生产，60X(CB) 进口。对商品 X 征收 100% 的进口关税时，国家 2 的价格上升为 $P_X=2$ 美元。$P_X=2$ 美元时，国家 2 消费 50X(GH)，其中 20X(GJ) 在国内生产，30X(JH) 进口。因此，关税的消费效应为 (−)20X(BN)，生产效应为 10X(CM)，贸易效应为 (−)30X(BN+CM)，收入效应为 30 美元(MJHN)。

　　$P_X=2$ 美元时，国家 2 将消费 50X(GH)，其中 20X(GJ) 在国内生产，其余的 30X(JH) 进口。水平虚线 S_F+T 代表新的包含关税的情况下外国对国家 2 的商品 X 的供给曲线。因此，**关税的消费效应**（consumption effect of a tariff），即由关税带来的国内消费的减少等于 20X(BN)；**关税的生产效应**（production effect of a tariff），即由于关税导致的国内产量增加等于 10X(CM)；**关税的贸易效应**（trade effect of a tariff），即由关税导致的进口的减少等于 30X(BN+CM)；**关税的收入效应**（revenue effect of a tariff），即政府从关税中所得收入等于 30 美元（进口的 30X 每单位 1 美元，或 MJHN）。

　　注意，当由于关税原因，国家 2 的价格 P_X 每增加 1 美元，D_X 的弹性越大越平坦时，消费效应越大（如图所示）。类似的，S_X 的弹性越大，关税的生产效应就越大。因此，国家 2 的 D_X 和 S_X 弹性越大，关税的贸易效应就越大（即国家 2 对商品 X 进口的减少越多），并且关税的收入效应越小。

8.2B　关税对消费者和生产者剩余的影响

　　由于国家 2 对商品 X 的进口征收 100% 的关税，使商品 X 的价格从 $P_X=1$ 美元上升到 $P_X=2$ 美元，导致了消费者剩余的减少和生产者剩余的增加。我们将在图 8.2 中对此进行讨论并在 8.2C 小节用它们来度量关税的成本和收益。

　　图 8.2 的左图表明，关税造成的消费者剩余的损失等于图中阴影部分的面积，即 AGHB=60 美元。原因如下：在征收关税前，国家 2 的消费者以 $P_X=1$ 美元的价格消费 70X，消费者在 1 美元价格下所愿意购买的最大量是 70X（由 D_X 上的 B 点给出）。然而，消费者从此前所购买的商品 X 中得到了更多的满足，因此愿意支付更高的价格。事实上，需求曲线的高度表示消费者愿意为每单位商品支付的最高价格，即他们宁愿在这一价格下购买而不愿意放弃对该商品的消费。消费者对每单位商品愿意支付的价格（由 D_X 在该点的高度表示）与其实际支付的价格（最后购买的一单位 D_X 的高度）的差即为消费者剩余。因此，**消费者剩余**（consumer surplus）就是消费者愿意为每单位商品支付的价格与实际支付价格的差。从图形上看，它是位于实际购买价格水平线之上需求曲线之下的面积。

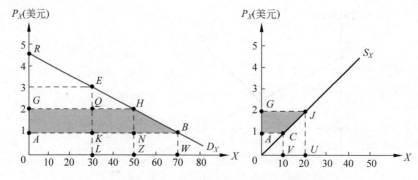

图 8.2 关税对消费者与生产者剩余的影响

左图显示当关税使商品 X 的价格从 $P_X=1$ 美元上升到 $P_X=2$ 美元时,消费者剩余从 $ARB=122.50$ 美元减少到 $GRH=62.50$ 美元,或者说使图中的阴影部分减少了 $AGHB=60$ 美元。右图表明关税增加了生产者剩余,即增加了阴影部分 $AGJC=15$ 美元。

例如,图 8.2 的左图说明国家 2 的消费者愿意对第 30 单位的商品 X 支付的价格为 $LE=3$ 美元。由于他们实际只支付 1 美元,因此,他们在购买第 30 单位商品上获得的消费者剩余为 $E=2$ 美元。类似的,消费者对第 50 单位商品 X 愿意支付的价格为 $ZH=2$ 美元,由于实际只支付 $ZN=1$ 美元,他们在第 50 单位商品 X 上获得的消费者剩余为 $NH=1$ 美元。对第 70 单位商品 X,消费者愿意支付的价格为 $WB=1$ 美元。由于这个价格等于他们实际支付的价格,购买第 70 单位所得到的消费者剩余就是零。在没有进口关税的条件下,所有 70 单位的商品 X 均以 $P_X=1$ 美元的价格购买时,国家 2 总的消费者剩余等于 $ARB=122.50$ 美元(3.50 美元乘以 70 除以 2)。这就是消费者为 70 单位的 X 所愿意支付的金额($ORBW=192.50$ 美元)和他们实际支付的金额($OABW=70$ 美元)的差额。

当国家 2 征收 100% 的进口关税后,X 的价格从 $P_X=1$ 美元升至 $P_X=2$ 美元,对 X 的购买从 70 单位降到 50 单位。由于关税,消费者为 50 单位 X 支付 $OGHZ=1.00$ 美元。这导致消费者剩余从 $ARB=122.50$ 美元(征收关税前 $P_X=1$ 美元)减少至 $GRH=62.50$ 美元(征收关税后 $P_X=2$ 美元),或为 $AGHB=60$ 美元(即图 8.2 的左图中阴影部分的面积)。国家 2 征收 100% 的进口关税导致了消费者剩余的减少。

如图 8.2 的右图所示,由关税带来的租金或生产者剩余的增加由阴影部分给出,即 $AGJC=15$ 美元。原因如下:自由贸易下 $P_X=1$ 美元时,国内生产者生产 $10X$,获得 $OACV=10$ 美元的收入。征收关税后 $P_X=2$ 美元时,他们生产 $20X$,获得 $OGJU=40$ 美元的收入,生产者所得的这 30 美元收入的增加($AGJC+VCJU$)中,$VCJU=15$ 美元(位于 S_X 曲线下 $10X$ 和 $20X$ 间的非阴影部分)代表生产者生产成本的增加量,余下的部分(阴影部分 $AGJC=15$ 美元)代表**租金(rent)或生产者剩余(producer surplus)**的增加量。这个增加量被定义为:从长期看,为了引导国内生产者提供由于关税所增加的额外 $10X$ 商品而不必兑现的支出。由于关税而导致的租金或生产者剩余的增加有时也被称为关税的补贴效应。

8.2C 关税的成本和收益

消费者剩余和生产者剩余的概念和度量方法也可用来度量关税的成本和收益。如图 8.3 所示,它总结并补充了图 8.1 和图 8.2 所提供的信息。

图 8.3 表明,当国家 2 对商品 X 征收 100% 的进口关税时,商品 X 的价格从 $P_X=1$ 美元

升至 $P_X=2$ 美元,消费量从 $AB=70X$ 减少至 $GH=50X$,生产量从 $AC=10X$ 增加至 $GJ=20X$,进口从 $CB=60X$ 减少至 $JH=30X$,国家 2 的政府征得进口税 $MJHN=30$ 美元(与图 8.1 相同)。另外,消费者剩余减少了 $AGHB=60$ 美元(见图 8.2 的左图),生产者剩余增加了 $AGJC=15$ 美元(见图 8.2 的右图)。

图 8.3 还表明,消费者剩余减少的 $AGHB=a+b+c+d=60$ 美元中,$MJHN=c=30$ 美元作为政府的关税收入,$AGJC=a=15$ 美元以增加了的租金或生产者剩余的形式再分配给国内商品 X 的生产者,而剩余的 15 美元(三角形 $CJM=b=5$ 美元和 $BHN=d=10$ 美元之和)代表了对经济的保护成本或称重负损失。

保护成本(protection cost)或称**重负损失**(deadweight loss)中的生产部分($CJM=b=5$ 美元)会上升是因为征收关税后,一些国内资源从更有效的出口商品 Y 的生产部门转向较低效的进口商品 X 的生产部门。保护成本或重负损失中的消费部分($BHN=d=10$ 美元)

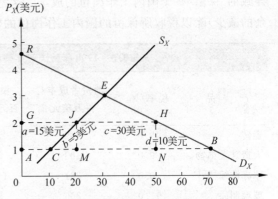

图 8.3　关税成本和收益的局部均衡

当对商品 X 征收 100% 的进口关税时,国家 2 的 P_X 从 1 美元上升至 2 美元。这使消费者剩余减少了 $AGHB=a+b+c+d=15$ 美元 +5 美元 +30 美元 +10 美元 =60 美元。其中,$MJHN=c=30$ 美元是政府的关税收入,$AGJC=a=15$ 美元以增加的租金或生产者剩余的形式再分配给国内商品 X 的生产者,剩下的 15 美元(三角形 $CJM=b=5$ 美元和 $BHN=d=10$ 美元的面积之和)称为经济的保护成本,或称重负损失。

也会上升是因为由于关税,P_X 被人为地提高到了 P_Y,从而扭曲了国家 2 的消费模式。

因此,由于关税,收入被进行了再分配:从国内消费者(支付更高价格者)转移到国内商品生产者(获得更高价格者),从一国充裕要素部门(生产出口商品的部门)转移到稀缺要素部门(生产进口商品的部门)。这就导致了低效率,即关税造成的保护成本或重负损失。用消费者剩余减少的量除以由于关税而"保留"的工作岗位的数量(或等价的保护比率),可计算保留的每一国内工作岗位的成本(见案例研究 8.3 和案例研究 8.4)。(关税也有平衡收支的效应,这一点我们将在考察了国际收支的概念和度量方法后,在 18.6 节讨论。)

以上就是关税对小国的局部均衡效应(小国是指不影响贸易商品价格的国家)。关税对大国的局部均衡效应分析起来更复杂,我们将在附录 A8.1 节为学有余力的学生讲解。

案例研究 8.3

美国一些产品实行贸易自由化所带来的福利效应

1990 年,尽管就平均水平来说美国的关税已经很低,但美国对某些产品的贸易保护程度仍然很高。表 8.3 给出了取消这些产品的贸易保护(关税或与之相当的形式,表示为产品世界价格的一个百分比)后的福利效应。消费者成本是指由于税收导致的消费者剩余的减少(图 8.3 中的 $AGHB=a+b+c+d$);税收是指由美国政府征收的进口产品税的收入(图 8.3 中的 $MJHN=c$);生产者所得是指由于税收导致的生产者剩余的增加(图 8.3 中的 $AGJC=a$);

重负损失是指由于税收导致的生产成本(图 8.3 中的 $CJM+BHN$)。从该表也可看出税收所导致的"保留"每个国内工作岗位的成本。这是通过用税收所导致的消费者成本(即消费者剩余的减少)除以税收所保留的国内工作岗位的数量得出的。

表 8.3　1990 年美国对某些产品征收进口关税的经济影响

产　品	税率/%	消费者成本/ 百万美元	税收/ 百万美元	生产者所得/ 百万美元	重负损失/ 百万美元	每一工作岗位的消费者成本/千美元
瓷砖	19.0	139	92	45	2	401
人造珠宝饰物	9.0	103	51	46	5	97
冰冻浓缩橘汁	30.0	281	145	101	35	57
玻璃制品	11.0	266	95	162	9	180
行李	16.5	211	169	16	26	934
橡胶鞋	20.0	208	141	55	12	122
女鞋	10.0	376	295	70	11	102
女式提包	13.5	148	119	16	13	191

资料来源：G. C. Hufbauer and K. A. Elliott, *Measuring the Cost of Protection in the United States*(Washington, D. C.：Institute for International Economics,1994),pp. 8-13.

例如,表 8.3 表明,美国对进口橡胶鞋征收 20% 的关税(表 8.3 倒数第三行)导致美国产生 2.08 亿美元的消费者成本,美国政府得到 1.41 亿美元的税收收入、0.55 亿美元的生产者所得和 0.12 亿美元的重负损失。该表也显示,与自由贸易的情形相比,美国保留每个生产橡胶鞋的工作岗位的成本大约是 122 000 美元(2.08 亿美元除以 1 705 个工作岗位)。值得注意的是,对美国来说,即使是那些相对不重要的产品的税收保护也产生了高成本,并且,为保住每一个进口竞争产业的工作机会都付出了很高的成本。

表 8.4 给出了如果美国取消表 8.3 中的一些产品的进口税后以 2012—2017 年为基线的逐年变化。虽然美国的进口税非常低,但取消进口税对美国产出和就业的影响仍然十分明显。福利所得(见表的最后一列)也很大,特别是香烟、陶瓷和玻璃制品,因为保护这些产业的就业机会的成本很高。美国国际贸易委员会(USITC)估计,如果美国取消对所有产品的所有类型的进口保护(不仅仅是关税),则美国的福利所得将达约 11 亿美元。

表 8.4　大幅取消进口限制后美国的变化预测

产　品	美国关税率/%	2011 年就业水平	产出/%	就业率/%	福利所得/百万美元
陶瓷和玻璃制品	4.6	75 032	−2.2	−2.3	52.5
香烟	7.3	7 309	−0.4	−0.5	139.5
人造珠宝	7.2	4 862	−3.3	−3.6	5.3
手工工具	4.3	26 490	−2.2	−2.5	7.1

资料来源：United States International Trade Commission (USITC), *The Economic Effects of Significant U. S. Import Restraints* (Washington,D. C.：USITC,December 2013).

案例研究 8.4

欧盟部分产品实行贸易自由化后的福利效应

欧盟对某些产品仍有很强的贸易保护（尽管总体来说，欧盟的平均关税税率很低），表 8.5 显示 1990 年取消这些贸易保护（关税或与之相当的形式，表示为占产品世界价格的百分比）后的福利效应。对该表的解释和美国的例子是一样的，唯一的区别是这里收益和成本是以欧元计算的。欧元是欧盟 15 个成员国中 12 个国家使用的新货币（这将在本书的金融部分讨论）。由于在写本书时，1 欧元大约相当于 1.30 美元，表 8.5 中等价的美元值也比欧元值高大约 30％。

例如，由表 8.5 可以看出，欧盟对进口化学纤维（表中第一行）征收 22.9％的关税（或与之相当的形式）使欧盟消费者付出成本 5.8 亿欧元（大约 7.54 亿美元），欧盟政府获得关税收入 3.62 亿欧元（4.71 亿美元），生产者收益为 1.39 亿欧元（1.81 亿美元），重负损失为 0.79 亿欧元（1.03 亿美元）。该表还显示，欧盟所保住的每一个生产化学纤维的工作岗位的成本（与自由贸易的情形相比）大约是 526 000 欧元或 683 800 美元（5.8 亿欧元除以所保住的 1 103 个工作岗位）。注意，即使是相对不重要的产品也会给消费者带来很高的关税保护成本，而保留欧盟进口竞争型产业每一工作岗位所付出的成本也相当高。

	表 8.5 1990 年欧盟保护部分产品的经济影响				
产　品	关税税率/％	消费者成本/百万欧元	关税收入/百万欧元	生产者收益/百万欧元	重负损失/百万欧元	每一工作岗位的消费者成本/千欧元
化学纤维	22.9	580	362	139	79	526
录像带	30.2	313	165	82	67	420
集成电路	47.6	2 187	548	139	564	366
复印机	33.7	314	242	5	66	3 483
钢	21.9	1 626	229	397	333	316
轿车	17.1	2 101	979	278	276	569
纺织品	21.4	7 096	1 742	2 678	668	180
布料	31.3	7 103	1 696	1 712	1 079	214

资料来源：P. A. Messerlin, *Measuring the Cost of Protection in Europe* (Washington, D. C. : Institute for International Economics, 2001), pp. 46-47, 54-55.

8.3 关税结构理论

至此，我们讨论了进口最终商品的**名义关税**（**nominal tariff**），我们将进一步把上一节的局部均衡分析运用到定义、测度和考察有效保护率的重要性上。这是一个 20 世纪 60 年代才发展起来的，但在今天却已广泛应用的相对较新的概念。

8.3A　有效保护率

各国通常对原料进口免税,或只征收比用进口原料才能生产的最终商品低的关税。这样做的目的是鼓励国内生产和增加就业。例如,一国可能对进口羊毛免税却对服装的进口征税,以刺激国内服装的生产并增加国内就业。

这种情况下,**有效保护率**(**rate of effective protection**)(按国内增加值或发生在国内的生产加工值来计算)大于名义关税税率(按最终商品的市场价格计算)。**国内增加值**(**domestic value added**)等于最终商品价格减去为生产这种商品投入的进口生产要素的成本。名义关税税率对消费者来说很重要(因为它表明了关税导致的最终商品价格的增加量),而有效关税税率对生产者很重要(因为它表明了对与进口商品竞争的国内生产的商品提供保护的程度)。我们将用一个例子来说明名义关税税率和有效关税税率的区别。

假定 80 美元的进口羊毛进入国内服装生产领域。同时假定服装的自由贸易价格为 100 美元,该国对进口服装征收 10% 的名义关税。这样国内服装消费者面对的价格将是 110 美元。其中,80 美元是进口羊毛,20 美元是国内增加值,10 美元是关税。对每件进口服装征收的 10 美元关税代表了 10% 的名义关税税率,因为名义关税是根据最终商品价格计算的(即 10 美元/100 美元=10%)。但相应的有效关税税率却是 50%,因为有效关税税率是根据国内服装增加值计算的(即 10 美元/20 美元=50%)。

消费者关心的只是 10 美元的关税使他们所购买的服装价格增加了 10 美元或 10% 这样一个事实,而生产者认为这 10 美元关税是国内生产服装 20 美元的增加部分的 50%。对他们而言,10 美元的关税相当于国内生产价值的 50%。它代表比看上去是 10% 的名义关税税率大得多的保护程度(超出 5 倍多)。在激励国内服装生产与进口服装竞争方面,有效保护率对生产者来说是极为重要的。如果进口要素是免税的,或者对其只征收比用进口要素生产的最终商品低的关税,有效保护率就会超过名义关税税率。

有效保护率通常用下面的公式来计算(相关的推导参见附录):

$$g = \frac{t - a_i t_i}{1 - a_i} \tag{8-1}$$

其中,g=对最终商品生产者的有效保护率

t=最终商品消费者的名义关税税率

a_i=无关税时进口要素成本与最终商品价格之比

t_i=进口要素的名义关税税率

在上述有关服装的例子中,t=10% 或 0.1,a_i=80 美元/100 美元=0.8,t_i=0,因此

$$g = \frac{0.1 - (0.8)(0)}{1.0 - 0.8} = \frac{0.1 - 0}{0.2} = \frac{0.1}{0.2} = 0.5 \text{ 或 } 50\% \text{(与上面相同)}$$

如果进口要素的名义关税税率为 5%(即 t_i=0.05),则

$$g = \frac{0.1 - (0.8)(0.05)}{1.0 - 0.8} = \frac{0.1 - 0.04}{0.2} = \frac{0.06}{0.2} = 0.3 \text{ 或 } 30\%$$

如果 t_i=10%,则

$$g = \frac{0.1 - (0.8)(0.1)}{1.0 - 0.8} = \frac{0.1 - 0.08}{0.2} = \frac{0.02}{0.2} = 0.1 \text{ 或 } 10\% \text{(并等于 } t\text{)}$$

如果 t_i=20%,则

$$g = \frac{0.1 - (0.8)(0.2)}{1.0 - 0.8} = \frac{0.1 - 0.16}{0.2} = \frac{-0.06}{0.2} = -0.3 \text{ 或} -30\%$$

8.3B　有效保护理论的一般化及评价

从对式(8-1)的检验及其结果可以得出以下关于有效保护率(g)和最终商品的名义关税税率(t)之间关系的重要结论：

1. 如果 $a_i = 0$，则 $g = t$。
2. 对给定的 a_i 和 t_i，t 越大，g 越大。
3. 对给定的 t 和 t_i，a_i 越大，g 越大。
4. 当 g 小于、等于或大于 t 时，t_i 大于、等于或小于 t（见上面的前三例）。
5. 当 a_i，t_i 大于 t 时，有效保护率是负的（见最后一例）。

注意：进口要素的关税会增加国内生产者的生产成本，给定最终商品的名义关税，它将减少有效保护率，从而对国内生产起抑制作用。在某些情况下（见结论5），即使最终商品的名义关税税率是正的，国内生产的商品也要比自由贸易下少。

很明显，名义关税税率具有欺骗性，人们甚至不能根据它对与进口商品竞争的国内生产者所提供的实际保护程度做出一个粗略的估计。而且，许多工业国都有一个"瀑布式"的关税结构，对原材料制定非常低或者为零的名义关税税率，随着加工过程越来越深，名义关税税率会越来越高。这样的"关税升级"使得用进口要素生产的最终商品的有效保护率比名义关税税率所显示的大得多。正如案例研究8.5所显示的，工业国税率最高的商品经常是那些简单的劳动密集型商品，如纺织品，而发展中国家对这些商品拥有相对优势，这些商品对发展中国家的发展是至关重要的。大部分发展中国家如今也在采用"关税升级"的做法（见案例研究8.6）。这些问题将在第11章详细分析。

案例研究 8.5

美国、欧盟、日本和加拿大工业产品的关税结构

表8.6给出了乌拉圭回合后美国、欧盟、日本和加拿大进口原材料、半成品和最终产品的关税水平。运输设备、非电子机械、电子机械和其他制成品征收表8.1中所列的单一关税（与加工阶段无关），因而不包括在表8.6中。从该表可以看出主要发达国家进口的许多工业产品的"瀑布式"关税结构。随着加工阶段的不断加深，进口关税增长最快的是纺织品和布料、皮革、橡胶以及旅游用品。这在金属、鱼及鱼类产品（日本除外）以及矿产品（加拿大除外）中也很明显。化学品、木材、纸浆、纸和家具的情形是混合的。其他发达国家的关税结构与此类似。

	美　国			欧　盟		
表 8.6　2000 年美国、欧盟、日本和加拿大进口工业产品的"瀑布式"关税结构　　%						
产　　品	原材料	半成品	最终产品	原材料	半成品	最终产品
木材、纸浆、纸张、家具	0.0	0.7	0.7	0.0	1.0	0.5
纺织品、布料	2.8	9.1	9.1	2.6	6.6	9.7

续表

产　品	美　国			欧　盟		
	原材料	半成品	最终产品	原材料	半成品	最终产品
皮革、橡胶、旅游用品	0.0	2.3	11.7	0.1	2.4	7.0
金属	0.8	1.1	2.9	0.0	1.2	2.8
化学品、摄影器材	0.0	4.1	2.3	0.0	5.2	3.4
矿产品	0.6	1.3	5.3	0.0	2.4	3.7
鱼及鱼类产品	0.7	1.7	4.0	11.2	13.3	14.1

产　品	日　本			加拿大		
	原材料	半成品	最终产品	原材料	半成品	最终产品
木材、纸浆、纸张、家具	0.1	1.9	0.6	0.2	0.9	1.9
纺织品、布料	2.6	5.9	8.3	2.5	11.1	14.5
皮革、橡胶、旅游用品	0.1	10.4	20.7	0.3	5.7	10.3
金属	0.0	1.0	0.9	0.1	1.7	5.2
化学品、摄影器材	0.0	2.9	1.0	0.0	4.7	3.9
矿产品	0.2	0.5	1.8	2.7	1.0	4.4
鱼及鱼类产品	5.2	10.4	7.9	0.6	0.3	4.6

资料来源：World Trade Organization,*Market Access*：*Unfinished Business*（Geneva：WTO,2001）,pp. 36-39.

案例研究 8.6

发达国家与发展中国家的关税升级

如表 8.7 所示,2010 年发达国家和发展中国家对初级产品(农产品与工业品)征收的进口关税都远低于对最终产品征收的关税,而且发达国家的关税率都远低于发展中国家的关税税率。

表 8.7　2010 年发达国家和发展中国家对农产品和工业品中的初级产品和最终产品的关税税率　　%

国　家	农产品		工业品	
	初级产品	最终产品	初级产品	最终产品
发达国家				
美国	1.1	2.2	1.6	2.7
欧盟	2.3	3.8	0.2	1.8
日本	4.4	8.9	0.5	1.7
加拿大	1.1	2.7	0.5	1.2
澳大利亚	0.4	1.5	0.3	2.5
平均值	1.9	3.8	0.6	2.0
发展中国家				
中国	10.7	13.6	4.1	6.8
印度	36.9	41.3	8.2	8.7
巴西	6.3	10.5	4.2	11.0

续表

国　　家	农产品		工业品	
	初级产品	最终产品	初级产品	最终产品
俄罗斯	4.8	6.0	4.1	7.5
南非	2.8	8.0	1.6	4.5
平均值	12.3	15.9	4.4	7.7

资料来源：World Bank，*World Development Indicators*，2014.

然而，由于局部均衡的特点，应谨慎使用有效保护的概念。具体而言，该理论假定商品和进口要素的国际价格不受关税影响，并且假定投入生产中的要素比例是固定不变的。这两个假设的正确性都值得怀疑。例如，当进口关税使国内生产者使用的进口要素价格上涨时，他们可能用更便宜的国内要素或进口要素来替代。尽管有这些缺点，在评价与进口商品竞争的国内生产者所获得的保护程度上，有效保护率的概念无疑要优于名义关税税率的概念。有效保护率在乌拉圭回合的贸易谈判中发挥了重要作用（这些将在 9.6B 小节讨论）。

式(8-1)可以很容易地扩展到具有不同名义关税税率的多个进口要素的情况。这是通过在公式分子中使用每一进口要素的 $a_i t_i$ 值，在公式分母中使用每一进口要素的 a_i 值实现的。（这个更一般化的公式将在附录中进行推导，上面讨论的单一进口要素的情况只是它的一个简单化了的特例。）

8.4　小国关税的一般均衡分析

本节用一般均衡分析法研究当一国由于太小而不能通过贸易影响世界价格时，关税对其生产、消费、贸易及福利的影响。下一节将取消这个假设，分析一国很大，大到足以通过贸易影响世界价格这样一种更具现实性和复杂性的情况。

8.4A　小国关税的一般均衡效应

一个非常小的国家征收关税不会影响世界市场的价格，然而，该国单个生产者和消费者面对的该国可进口商品的国内价格却会增加与关税相同的金额。

尽管对单个生产者和消费者来说，可进口商品的国内价格会增加与关税相同的金额，但对小国作为一个整体来说，价格是不变的，因为是这个国家自己征收关税。例如，如果可进口商品 X 的国际价格是 1 美元，该国对其征收 100% 的从价税，则只要国内生产者能以不高于 2 美元的价格生产和销售商品 X，就可以与进口商品竞争。消费者将不得不对每单位商品 X 支付 2 美元。然而，无论是进口的还是国内生产的（我们始终假设进口商品与国内生产的商品是完全同质的），因为该国自己对进口商品 X 征收每单位 1 美元的关税，就其作为一个整体而言，商品 X 的价格仍为 1 美元。

进口商品价格对单个生产者和消费者（包含关税）与对国家作为一个整体（不包含关税且与世界价格相同）的区别对于 8.4B 小节中的图形分析是至关重要的。我们进一步假定，征收关税的小国政府用关税收入资助公共消费部门（如学校、警察等），而且（或者）实施一般所得税减免。也就是说，小国政府可以减少国内的税收而利用关税收入来支持国内基础服务部门。

8.4B 小国关税效应的说明

我们将继续用国家 1 和国家 2 来说明关税的一般均衡效应。我们从国家 2 的生产可能性曲线开始,因为这对于现在需要进行的分析更加方便。对国家 1 的类似分析留作章末练习题。我们从前面章节中所需要记住的唯一结论就是国家 2 是专业化生产商品 Y 的资本充裕国(Y 是资本密集型商品),通过出口来换取货币以进口商品 X。

由图 8.4 可见,如果世界市场上 $P_X/P_Y=1$ 并且国家 2 很小,不能影响世界价格,该国将在 B 点生产,用 $60Y$ 与世界其余国家交换 $60X$,在自由贸易下的无差异曲线 Ⅲ 上的 E 点消费(为方便起见,我们现在略去在前面各章国家 2 的图中曾标出的一些字母)。

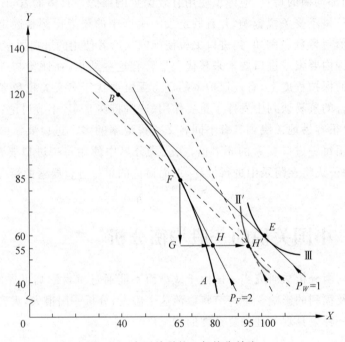

图 8.4 小国关税的一般均衡效应

当世界市场上 $P_X/P_Y=1$ 时,小国在 B 点生产,在 E 点消费(与图 3.4 的右图相同),对进口的商品 X 征收 100% 的从价税后,对该国的个人而言,$P_X/P_Y=2$,生产发生在 F 点,该国出口 $30Y$(FG)换取 $30X$,其中 $15X$(HH')是政府征收的关税。因为我们假定政府将把全部关税收入重新分配给国民,收税后消费发生在无差异曲线 Ⅱ′ 上的 H' 点,即两条虚线相交的点。因此,自由贸易时的消费和福利(E 点)优于含关税时的消费和福利(H' 点)。

如果国家 2 现在对商品 X 征收 100% 的从价税,对国内生产者和消费者而言,X 的相对价格上升到 $P_X/P_Y=2$,但对世界市场和国家 2 作为一个整体而言,依然是 $P_X/P_Y=1$(因为国家 2 自己征收了关税)。$P_X/P_Y=2$ 时,国内生产者将在 F 点生产,即价格线 $P_F=2$ 与该国生产可能性曲线的切点。因此,国家 2 在征收关税后,要比自由贸易下多生产可进口商品 X,少生产可出口商品 Y(比较 F 点和 B 点)。由图中也可看出,每出口 FG 或 $30Y$,国家 2 需进口 GH' 或 $30X$,其中 GH 或 $15X$ 直接进入消费,另外 HH'(即剩余的 $15X$)由政府以对商品 X 的 100% 进口关税的形式征收了。

注意:无差异曲线 Ⅱ′ 与平行于 $P_F=2$ 的虚线相切,这是因为国内单个消费者面对的是含关税的价格 $P_X/P_Y=2$。然而,由于政府征收关税后,又以公共消费和(或)减税的形式再分配关税,无差异曲线 Ⅱ′ 必定也位于与 $P_W=1$ 平行的虚线上(因为整个国家作为一个整体而言,

面对的仍然是 $P_X/P_Y=1$ 的世界价格）。因此，新的消费点 H' 由两条虚线的交点决定（因此它位于两条线上）。两条虚线间的夹角（也等于价格 $P_W=1$ 和 $P_F=2$ 的夹角）等于 100% 的关税税率。当生产位于 F 点，消费位于 H' 点时，该国在征收关税后出口 30Y 以换取 30X（而征收关税前是 60Y 换 60X）。

概括地说，自由贸易下国家 2 在 B 点生产，并在 $P_W=1$ 时出口 60Y 换取 60X。对商品 X 征收 100% 的进口关税后，对国内单个生产者和消费者而言 $P_X/P_Y=2$，但对世界市场和整个国家作为一个整体而言 $P_W=1$。生产发生在 F 点，因此，与自由贸易时相比，征收关税后在国内生产的可进口商品 X 增加了。30Y 交换 30X，其中 15X 是由政府以对商品 X 征收 100% 的关税的形式收到的。征收关税后的消费发生在无差异曲线 II' 上的 H' 点。这低于自由贸易下无差异曲线 III 上的消费点 E，因为征收关税后，生产的专业化降低了，贸易的收益也减少了。

当对商品 X 征收 300% 的进口关税后，对国内生产者和消费者而言 $P_X/P_Y=4$，国家 2 的生产与消费将回到自给自足的 A 点（见图 8.4），这种进口关税被称为**禁止性关税**（prohibitive tariff）。在本例中，对商品 X 征收的 300% 的进口关税是本例中禁止性关税的最低从价税，更高的关税依然是禁止性的，该国将继续在 A 点生产和消费。

8.4C　斯托尔帕—萨缪尔森定理

斯托尔帕—萨缪尔森定理（Stolper-Samuelson theorem）假定：商品相对价格上升（例如由于关税造成价格上升）会使在商品生产中密集使用的要素的回报率或收益率上升。因此，该国生产所用的稀缺要素的真实回报率会随着关税而上升。例如，当国家 2（资本充裕国）对 X（劳动密集型商品）征收进口关税时，对国内生产者和消费者而言 P_X/P_Y 上升，劳动力（国家 2 的稀缺要素）的实际工资也将上升。

产生这种情况的原因在于，由于国家 2 对商品 X 征收关税，从而 P_X/P_Y 上升，国家 2 将生产更多的 X 和更少的 Y（比较图 8.4 中的 F 点和 B 点）。X（劳动密集型商品）的增加要求劳动/资本比率比 Y（资本密集型商品）的减少而释放的比值大。结果 w/r 上升，资本代替劳动使两种商品生产的资本/劳动比率都上升（见附录 A8.3 节的图解）。由于每单位劳动结合了更多的资本，劳动的生产力上升了，因此工资上升。所以国家 2 对商品 X 征收进口关税使国内 P_X/P_Y 上升，也使劳动（国家 2 的稀缺要素）的收入增加。

由于两种商品生产中劳动的生产力都提高了，因此国家 2 不仅货币工资增加了，实际工资也增加了。征收关税前后劳动力都是充分就业的，这就意味着劳动力的总收入及其占国民收入的比例都变大了。由于关税减少了国民收入（比较图 8.4 中的 H' 点和 E 点），劳动力在总收入中所占份额更高，国家 2 的利率和资本的总所得都降低了。因此，关税使整个国家受到损失，但其稀缺资源在以充裕资源受损的代价下受益（参见 5.5C 小节）。

例如，当一个资本充裕的小工业国（如瑞士），对劳动密集型商品征收进口关税时，工资会上升。这就是工业国的工会通常青睐进口关税的原因。然而，由于资本所有者收入的减少大于劳动力收益的增加，因此整个国家遭到了损失。斯托尔帕—萨缪尔森定理对小国总是正确的，对大国通常也是正确的。然而，由于大国能通过其贸易影响世界价格，所以分析起来更为复杂。

8.5　大国关税的一般均衡分析

本节把对关税的生产、消费、贸易和福利效应的一般均衡分析扩展到能通过其贸易影响国际价格的大国。

8.5A 大国关税的一般均衡效应

分析大国关税的一般均衡效应时,使用提供曲线更为方便。当一国征收关税时,其提供曲线沿着衡量其可进口商品的轴的方向转变或旋转一个相当于进口关税的量。因为对任何数量的出口商品,进口商如今需要有足够多的进口商品 X 来覆盖(即支付)关税。一国很大这一事实反映在其贸易伙伴(或世界其余国家)的提供曲线上就是,它并非一条直线,而是有一定的曲率。

在这些情况下,大国征收关税将减少其贸易量,但会改善其贸易条件。贸易量的减少会减少该国的福利,但贸易条件的改善却会增加该国的福利,一国福利的增减实际上取决于这两种相反作用的净效应。这与小国征收关税的情况不同,小国的贸易量减少而贸易条件依然不变,因此小国的福利总是减少的。

8.5B 大国关税效应的说明

国家 2 对其进口商品 X 征收 100% 的从价关税反映在图 8.5 上就是国家 2 的提供曲线旋转至提供曲线 2′。注意,关税扭曲的提供曲线 2′ 上,每一点距 Y 轴都是提供曲线 2 的 1 倍或 2 倍(例如,比较 H' 点和 H 点及 E' 点和 D 点)。

征收关税前,提供曲线 2 和提供曲线 1 的交点给出了均衡点 E。在该点,国家 2 以 $P_X/P_Y = P_W = 1$ 的比例用 60Y 交换 60X。征收关税后,提供曲线 2′ 和提供曲线 1 的交点给出了新的均衡点 E'。在该点,国家 2 以新的世界价格 $P_X/P_Y = P_W' = 0.8$ 用 40Y 交换 50X。这样,国家 1(或世界其余国家)的贸易条件从 $P_X/P_Y = P_W = 1$ 恶化为 $P_X/P_Y = P_W' = 0.8$。国家 2 的贸易条件则从 $P_Y/P_X = 1/P_W = 1$ 改善为 $P_Y/P_X = 1/P_W' = 1/0.8 = 1.25$。注意:对于任何关税税率,国家 1(或世界其余国家)的提供曲线越陡或弹性越小,其贸易条件恶化得就越厉害,而国家 2 的改善程度则越大。

因此,当身为大国的国家 2 征收关税时,贸易量将减少,但其贸易条件将改善。根据这两种相反作用的净效应,国家 2 的福利可能增加,也可能减少或不变。这与前面将国家 2 假设为一个小国,不能通过贸易影响世界价格的情况是相反的。在小国的情形下,国家 1(或世界其他全部国家)的提供曲线可以用图 8.5 中的直线 $P_W = 1$ 来代表。国家 2 对商品 X 征收 100% 的进口关税,则使其贸易以不变的价格 $P_W = 1$(比较图 8.5 和图 8.4 中的 E 点和 H' 点)从自由贸易下的 60Y 交换 60X 减少至征收关税下的 30Y 交换 30X。结果,国家 2(小国)的福利在征收关税的情况下总是下

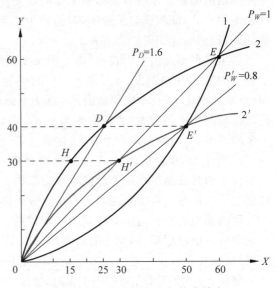

图 8.5 大国关税的一般均衡效应

自由贸易的提供曲线 1 和提供曲线 2 决定了均衡点 E 和国家 2 的 $P_X/P_Y = 1$。国家 2 征收 100% 的从价关税使其提供曲线旋转至 2′,新的均衡点为 E' 点。在 E' 点,贸易量比在自由贸易下小而且 $P_X/P_Y = 0.8$。这意味着国家 2 的贸易条件提高到 $P_Y/P_X = 1.25$。国家 2 的福利的变化取决于贸易条件改善和贸易量减少所产生的净效应。然而,由于政府将进口商品 X 的一半征收作为关税,对国家 2 中的个体而言,自由贸易下的 $P_X/P_Y = 1$ 上升至征收关税下的 $P_X/P_Y = P_D = 1.6$。

降的。

回到我们目前国家 2 是大国的假设，从图 8.5 中由于关税原因而扭曲的提供曲线 2′可以看出，国家 2 现处于用 40Y 交换 50X 的均衡点 E'，因此，对世界市场以及国家 2 整体而言，$P_Y/P_X = P'_W = 0.8$，然而，在均衡点 E'，国家 2 进口的 50X 中，25X 由国家 2 的政府征收作为商品 X 的 100% 的进口关税，只有余下的 25X 直接进入个人消费。结果，对国家 2 的单个消费者和生产者而言，$P_X/P_Y = P_D = 1.6$，或者说，是世界市场和整个国家作为一个整体的两倍（见图 8.5）。

由于国家 2 的可进口商品 X 对单个消费者和生产者的相对价格上升，当我们假设国家 2 是大国时，斯托尔帕—萨缪尔森定理仍然成立（并且工资上升）。只有在征收关税后，P_X/P_Y 对单个消费者和生产者而言下降的特殊情况下，该定理才不成立，国家 2 的工资也会下降。这就是著名的**梅茨勒悖论（Metzler paradox）**，我们将在 A8.4 节讨论这个理论。

同样需要指出的是，斯托尔帕—萨缪尔森定理在长期内全部要素在工业国之间都可流动的情况下才成立。如果两种要素中有一种（如资本）是不可流动的（即处于短期），关税对要素收入的效应将与斯托尔帕—萨缪尔森定理的假定不同，这将在附录 A8.5 节的特定要素模型中讨论。

8.6 最优关税

本节考察一个大国如何在自由贸易下，通过征收所谓的最优关税来增加其福利。然而，由于一国所得即是他国所失，受损失国极有可能施以报复，结果，通常是所有国家都遭受损失。

8.6A 最优关税和报复关税的含义

正如我们在 8.5B 小节和图 8.5 中所见的那样，大国征收关税后，其贸易量减少，但贸易条件却改善了。贸易量的减少会降低该国的福利，贸易条件的改善则会增加该国的福利。

最优关税（optimum tariff）是指这样一种税率，它使一国贸易条件的改善相对于贸易量减少的负面影响的净所得最大化。也就是说，以自由贸易为起点，当一国提高其关税税率时，其福利逐渐增加到最大值（最优关税税率），然后当关税税率超过最优关税税率时，其福利又逐渐下降。最终该国将通过禁止性关税回到自给自足的生产点。

然而，随着关税的征收，一国的贸易条件改善了，而其贸易伙伴的贸易条件却恶化了，因为它们的贸易条件是征税国的贸易条件的倒数。面临更低的贸易量和恶化的贸易条件，贸易伙伴的福利无疑会下降。结果其贸易伙伴极有可能采取报复行动，也对自己的进口产品征收最优关税。当该国贸易条件的改善使其挽回大部分损失后，它的报复关税无疑会进一步减少贸易量。此时第一个国家也会采取报复行动。如果这个过程持续下去，最终的结果通常是所有国家损失全部或大部分贸易所得。

注意：甚至当一国征收最优关税，其贸易伙伴并不采取报复行动时，征收关税国家的所得也要小于贸易伙伴所受的损失。因此，对整个世界总体而言，征收关税要比在自由贸易下情况糟糕。正是从这个意义考虑，自由贸易使世界福利最大化。

8.6B 最优关税和报复关税的说明

图 8.6 中自由贸易下的提供曲线 1 和提供曲线 2 与图 8.5 中的相同，$P_W = 1$ 时均衡点为

E 点。假定征收最优关税后,国家 2 的提供曲线旋转至 2* (我们将在 A8.6 节解释为什么与提供曲线 2* 有关的关税是最优关税)。如果国家 1 不报复,在 $P_W = 1$ 时提供曲线 2* 与提供曲线 1 的交点给出了新的均衡点 E^*。在该点,国家 2 用 25Y 交换 40X,这样对于世界市场及国家 2 作为一个整体,$P_X/P_Y = P_W^* = 0.625$,结果国家 1(世界其余国家)的贸易条件从 $P_X/P_Y = P_W = 1$ 恶化为 $P_X/P_Y = P_W^* = 0.625$,国家 2 的贸易条件则改善为 $P_Y/P_X = 1/P_W^* = 1/0.625 = 1.6$。

由于征收了与提供曲线 2* 有关的关税,不仅使国家 2 由于贸易条件的改善而增加的福利超过了由于贸易量的减少而减少的福利,而且这一关税代表了国家 2 通过征收关税所能获得的最大福利(超过自由贸易条件下的福利)。(为什么与提供曲线 2* 有关的关税是最优关税,我们将在 A8.6 节用从第 4 章附录 A4.1 节得出的贸易无差异曲线来解释。)这里只简单分析最优关税对征收国及其贸易伙伴的影响。

然而,由于贸易条件恶化和贸易量减少,国家 1 的福利与自由贸易下相比肯定恶化了。这样一来,国家 1 可能会采取报复行动,也对其进口商品征收最优关税,如提供曲线 1* 所示。提供曲线 1* 和 2* 使均衡点移至 E^{**} 点。与自由贸易下相比,现在国家 1 的贸易条件改善,而国家 2 的贸易条件恶化,贸易量则大大减少。在该点,国家 2 也可能采取报复行动。最终两国以回到图 8.6 的初始状态而结束,意味着两国都独立生产,自给自足。结果使全部贸易所得都丧失了。

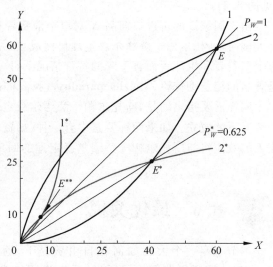

图 8.6 最优关税与报复关税

与图 8.5 一样,提供曲线 1 和 2 决定了自由贸易均衡点 E 和 $P_X/P_Y = 1$。如果国家 2 的最优关税使其提供曲线旋转到 2*,国家 2 的贸易条件改善为 $P_Y/P_X = 1/P_W^* = 1/0.625 = 1.6$。在均衡点 E^*,国家 2 的可能福利最大,而且优于自由贸易下的均衡点 E。然而,由于国家 1 的福利减少了,它可能也会采取对其进口商品征收最优关税的报复行动,见图中的提供曲线 1* 和均衡点 E^{**}。然后国家 2 也可能再采取报复行动,最终两国都可能失去全部或大部分的贸易所得。

注意:迄今为止我们只简单讨论了最优进口关税。更深入的探讨表明,最优进口关税等同于最优出口关税。最后请注意,小国的最优关税是零,因为关税不会影响其贸易条件,而只会导致贸易量的减少(见图 8.5 中的 E 点和 H' 点)。因此,即使贸易伙伴不会报复,也没有任何关税能使小国的福利优于自由贸易时。最后,Broda、Limao 和 Weinsten(2008)近期的经验研究显示,各国对于出口弹性较低的商品(也就是本国具有较高市场支配力的商品)所征收的关税较高。

本章小结

1. 尽管自由贸易能使世界福利最大化,但大多数国家为使某些特殊集团受益,总要设置一些贸易壁垒。历史上最重要的贸易壁垒形式就是关税,即对进口或出口的商品征税。从价关税表示为贸易商品价值的一个百分比,而从量关税表示为每单位商品固定的税收额。这两种关税有时结合为一种混合关税。最普通的关税是从价进口关税。最近 50 年以来这些关税一般都降低了,工业国的制成品进口关税平均仅为 3%。

2. 关税局部均衡分析利用了一国可进口商品的需求曲线与供给曲线,并假定国内可进口商品的价格上涨相当于关税额。它衡量了由于关税带来的国内消费减少,国内生产量增加,进口减少,征收的收入以及收入从国内消费者(商品更高价格的支付者)转移到国内生产者(商品更高价格的受益者)的再分配效应。由于保护成本和重负损失,关税会导致无效率。

3. 衡量真正给予国内生产者保护程度的合理方式是有效保护率(g)。这与名义关税税率(t)有很大的不同,t 为正值时,g 甚至可能为负值。二者只有在进口要素名义关税税率等于最终商品名义关税税率或没有进口要素的情况下才相等。工业国的有效保护率一般比相应的名义关税税率高得多,而且生产过程越深化,有效保护率与名义保护率相比越高。然而,由于局部均衡性质,应谨慎使用这些计算结果。

4. 小国征收进口关税后,可进口商品的国内价格上升,对征税国的个人而言,价格上升的量就是征收关税的量。结果,可进口商品的国内生产扩大了,而国内消费和进口却减少了。然而对整个国家整体而言,由于是它自己征收的关税,它面临的仍是不变的世界价格。利用第 1 部分介绍的贸易模型并假定国家把关税收入以支持公共消费和(或)减轻收入所得税的形式全部再分配给国民,我们可以分析关税的这些一般均衡效应。

5. 根据斯托尔帕—萨缪尔森定理,商品相对价格的增加(例如,由于关税),会使那些在生产中密集使用的要素的回报率或收入增加。例如,当一个资本充裕的国家对劳动密集型商品征收进口关税时,该国的工资水平会上升。

6. 当一个大国征收进口关税时,其提供曲线朝着衡量可进口商品量的轴旋转,幅度为关税额,这使该国贸易量减少,而贸易条件改善。最优关税是这样一种关税,它使得由关税带来的贸易条件改善和贸易量减少这两种效应相抵后净所得最大。然而,由于一国的所得是以其他国家的损失为代价的,后者可能报复,最终所有的国家通常都会遭受损失。

关键术语

ad valorem tariff	从价关税
compound tariff	混合关税
consumer surplus	消费者剩余
consumption effect of a tariff	关税的消费效应
domestic value added	国内增加值
export tariff	出口关税
import tariff	进口关税
Metzler paradox	梅茨勒悖论
nominal tariff	名义关税
optimum tariff	最优关税
production effect of a tariff	关税的生产效应
prohibitive tariff	禁止性关税
protection cost or deadweight loss of a tariff	关税的保护成本或称重负损失

rate of effective protection	有效保护率
rent or producer surplus	租金或生产者剩余
revenue effect of a tariff	关税的收入效应
specific tariff	从量关税
Stolper-Samuelson theorem	斯托尔帕—萨缪尔森定理
trade effect of a tariff	关税的贸易效应
trade or commercial polices	贸易或商业政策

复习题

1. 从价关税、从量关税和混合关税各是指什么？在工业国家，是进口关税，还是出口关税更常见？发展中国家的情况呢？

2. 在工业国家，关税的首要作用是什么？发展中国家的情况呢？

3. 什么条件下关税的局部均衡分析是合理的？它是如何实现的？

4. 关税的消费、生产、贸易、收入和再分配效应是指什么？

5. 关税的保护成本或重负损失是指什么？它是如何测度的？

6. 名义关税和有效关税的区别是什么？有效保护概念的作用是什么？有效保护率是如何测度的？

7. 工业国家的关税结构是怎样的？为什么这种关税结构对发展中国家有很大影响？有效保护概念及其测度的最大缺点是什么？

8. 使用一般均衡分析，说明小国征收关税后，可进口商品相对价格对国内个人和整个国家整体的影响。

9. 在一个小国家内，关税对生产专业化程度有何影响？对贸易量的影响呢？对国家福利的影响呢？对国内相对充裕要素和相对稀缺要素间的收入分配的影响呢？

10. 使用一般均衡分析的方法，并假定一个国家很大，说明进口关税对该国提供曲线、贸易条件、贸易量、国家福利、国内相对充裕要素和相对稀缺要素间的收入分配分别有何影响。

11. 最优关税是指什么？它与一国的贸易条件和贸易量的变化有什么关系？

12. 当一国征收最优关税时(或其他进口关税)，为什么其他国家可能会报复？这种报复的最终结果可能是什么？

练习题

1. 为国家 1 画一幅与图 8.1 相似的图，要求以商品 Y 的量为横轴，以其价格为纵轴。画出国家 1 与图 8.1 中国家 2 的 S_X 曲线相似的 S_Y 曲线。画出国家 1 的 D_Y 曲线，与纵轴相交于 $P_Y=8$ 美元，与横轴相交于 $80Y$。最后，假设自由贸易下 $P_Y=1$ 美元，国家 1 对商品 Y 征收 100% 的从价关税。根据你所画的图，说明：

(1) 在自由贸易价格 $P_Y=1$ 美元下商品 Y 的消费、生产及进口量。

(2) 国家 1 对商品 Y 征收 100% 的从价关税后，其商品 Y 的消费、生产和进口量。

(3) 关税的消费、生产、贸易和收入效应如何？

2. 根据第 1 题：

(1) 计算征收关税前后的消费者剩余。

(2) 在征收关税后生产者收入的增加值中(与自由贸易下的收入相比)，多少代表增加的生产成本？多少代表增加的租金或生产者剩余？

(3) 关税的保护成本或重负损失的价值是多少？

3. 假设一国减少原材料和半成品的进口关税，但不减少最终商品的关税，这对该国的有效保护率有何影响？

*4. 计算有效保护率：当 t(最终商品的名义关税税率)为 40%，a_i(无关税时进口要素成本与最终商品价格之比)为 0.5，t_i(进口要素的名义关税税率)为 40% 时，有效保护率为多少？

5. 对于第 4 题中给定的条件，根据下列 t_i 的值重新计算 g：

(1) $t_i = 20\%$；(2) $t_i = 0$；(3) $t_i = 80\%$；(4) $t_i = 100\%$。

6. 对于第 4 题中给定的条件：

(1) 如果 $t_i = 20\%$，$a_i = 0.6$，重新计算 g。

(2) 根据第 3 章的第 4 题和上面的第 6 题(1)，对于 g 和 t 之间的关系，你能得出什么样的结论？

*7. 用图 3.4 中国家 1 的贸易模型，假定国家 1 是个小国，画出与图 8.4 相类似的图，说明当国家 1 由自由贸易转而对商品 Y 征收 100% 的从价进口关税时的一般均衡效应(提示：同图 4.3，但假定征收关税后，是用 $30X$ 交换 $15Y$，而不是用 $40X$ 交换 $20Y$)。

*8. 用斯托尔帕—萨缪尔森定理说明当国家 1(假定是个小国)对商品 Y 征收进口关税后，在劳动和资本之间的收入分配效应。

9. 说明第 8 题答案中导致收入再分配的原因，用我们在 8.4C 小节中研究国家 2 对商品 X 征收关税时收入再分配的方法来分析。

10. 如果国家 1 是一个大国，对第 8 题的结果会有何影响？

11. 印度更倾向于限制进口劳动密集型商品还是资本密集型商品？为什么？这对于印度劳动和资本的收入分配有何影响？

12. 根据图 8.5 中国家 1 和国家 2 的自由贸易提供曲线及你在第 1 题中的计算结果，画出与图 8.5 相类似的图，说明假设国家 1 为大国时，它对商品 Y 征收 100% 的从价进口税的一般均衡效应。

13. 画一幅与图 8.6 相类似的图，反映当国家 1 征收最优关税时用 $25X$ 交换 $40Y$ 的情形，并反映国家 2 也对进口商品征收报复性最优关税的情形。

带 * 号练习题的答案

14. 如果两个国家都对对方的最优关税实施若干次报复，情况将会如何？

附录

本附录将检验关税在大国中的局部均衡效应，推导有效保护率的公式，用图形分析斯托尔帕—萨缪尔森定理及其例外情况，检验关税对要素收入的短期效应，并给出最优关税的测度方法。

A8.1 大国关税的局部均衡效应

8.2 节讨论了小国(即其贸易不影响世界价格的国家)的关税局部均衡效应,现在我们把分析扩展到大国。我们用图 8.7 来分析,该图与图 8.3 相似,但更加复杂。

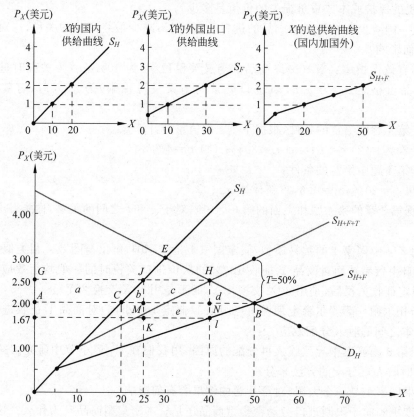

图 8.7 关税在大国的局部均衡效应

在上图中,S_H 是一国商品 X 的国内供给曲线,S_F 是一国商品 X 的外国供给曲线,S_{H+F} 是一国商品 X 的总供给曲线。自由贸易下,D_H(商品 X 的国内需求曲线)与 S_{H+F} 在(下图的)B 点相交,所以 $P_X=2$ 美元,$Q_X=AB=50$(国内供给为 $AC=20$,外国供给为 $CB=30X$)。征收 50% 的从价进口税后,S_{H+F} 向上移动到 S_{H+F+T}。D_H 与 S_{H+F+T} 相交于 H 点,$P_X=2.5$ 美元,$Q_X=GH=40$(国内供给为 $GJ=25X$,外国供给为 $JH=15X$)。消费者剩余的损失为 $a+b+c+d=22.5$ 美元,其中 $a=11.25$ 美元是国内生产者缴纳的更高的租金,$c=7.5$ 美元是从国内消费者身上得到的关税收益,$b+d=3.75$ 美元是国家的保护成本或重负损失。由于国家从出口商身上得到 $MNIK=e=4.95$ 美元,国家从关税中得到的净所得为 1.2 美元。

在图 8.7 的上图,S_H 是大国商品 X 的国内供给曲线,S_F 是外国对该商品 X 的出口供给曲线,S_{H+F} 是对该国商品 X 的总供给曲线。S_{H+F} 是将国内对商品 X 的供给曲线和外国对该国的商品 X 的出口供给曲线相加得到的。例如,当 $P_X=1$ 美元时,$10X$ 由国内供给,还有 $10X$ 从外国进口,总共为 $20X$。当 $P_X=2$ 美元时,$20X$ 由国内供给,还有 $30X$ 从外国进口,总共为 $50X$。S_F 的斜率为正(而不是像图 8.1 中小国情形下的水平直线)。因为大国必须支付更高的价格以说服外国出口商供应更多的商品 X。

在图 8.7 的下图,我们可以看出自由贸易下,D_H(国内商品 X 的需求曲线)与 S_{H+F}(与上图中的 S_{H+F} 相同,只是比例更大)相交于 B 点,因此 $P_X=2$ 美元,$Q_X=AB=50$(其中

$AC=20X$ 由国内提供,$CB=30X$ 由外国出口商提供)。如果该国对商品 X 征收 50% 的从价进口关税(T),总供给曲线将向上移 50%,成为 S_{H+F+T}。现在 D_H 与 S_{H+F+T} 相交于 H 点,此时,$P_X=2.50$ 美元,$Q_X=GH=40$(其中 $GJ=25X$ 由国内提供,$JH=15X$ 由外国出口商提供)。

关税造成的消费者剩余损失等于 $a+b+c+d=22.50$ 美元,其中 $a=11.25$ 美元是国内生产者缴纳的较高租金,$c=7.50$ 美元是政府从消费者手中得到的关税收入,其余的(三角形 $b+d=3.75$ 美元)是该国的贸易保护成本或重负损失。

然而,该国政府也从外国出口商那里得到了 $IKMN=e=0.33\times1.5=4.95$ 美元,原因是 P_X 提高后,关税减少了国内对商品 X 的消费和进口,由于该国很大,更少数量的出口将以更低的价格供给。特别地,征收关税后,国内消费者支付 2.50 美元(自由贸易下 $P_X=2.00$ 美元),而外国出口商只得到 $P_X=1.67$ 美元(而不是自由贸易下的 2 美元)。因此,外国出口商和国内消费者共同承担了关税。由于这个国家很大,对整个国家而言,关税会降低进口价格(即国家从关税中得到了贸易条件改善的好处)。

该国由于征收关税付出的保护成本或重负损失现在应当与该国从贸易条件改善中获得的利益相权衡。在这种情况下,该国从贸易条件改善中获得的 4.95 美元(e)超过了关税保护成本的 3.75 美元($b+d$),因此该国从关税中获得净收益 1.20 美元($e-b-d$)。如果贸易条件改善的收益等于保护成本,关税对该国来说则既没有带来所得,也没有造成损失。最后,如果贸易条件改善的收益小于保护成本,该国将遭受损失。注意:小国总是有一个净损失,其值等于保护成本或重负损失,因为小国不能影响出口和世界价格(因此 $e=0$)。

上例中,该国虽然从关税中获得了收益,但该国贸易条件的改善意味着另一国家的损失。结果,另一国家可能也会采取征收关税的报复行动,最终可能使两国由于贸易量减少和国际专业化水平下降而遭受损失(见 8.6 节中最优关税的讨论)。

问题 在自由贸易下与征收特定关税的情况下,S_H 和 S_F 的价格弹性与商品价格之间的关系分别是怎样的?

A8.2 有效保护率公式的推导

有效保护率测度了关税使国内增加值增长的百分比,它可以表示为

$$g = \frac{V'-V}{V} \tag{8A-1}$$

式中,g 代表有效保护率,V 是自由贸易下的国内增加值,V' 等于对最终商品征收进口税条件下的国内增加值和/或对用于国内商品生产的进口要素征税后的国内增加值。

我们现在从式(8A-1)推导 8.3A 小节中的式(8-1)。假定 V 和 V' 分别代表自由贸易下和关税下最终商品的国际价格,把这些值代入式(8A-1),化简后得到式(8-1)。

假设某种商品(如服装)固定的国际自由贸易价格为 P(我们讨论的是小国的情形)。同时假定国内服装生产所使用的一些进口要素(如羊毛、纽扣等)的世界市场价格也是固定的。在自由贸易下,这些国内服装生产中所使用的进口要素的成本总和为

$$a_1p + a_2p + \cdots + a_np = \sum a_ip \tag{8A-2}$$

式中,i 代表 n 种进口要素中的任何一种,$a_i p$ 是国内生产一套服装所用进口要素 i 的成本。

因此,在自由贸易下,该国生产一套服装的国内增加值等于自由贸易下生产一套服装的国际固定价格减去自由贸易下国际固定价格中的进口要素成本。即

$$V = p - p\sum a_i = p\left(1 - \sum a_i\right) \tag{8A-3}$$

对进口服装和国内服装生产所用的进口要素征收关税后,国内增加值(V')为

$$V' = p(1+t) - p\sum a_i(1+t_i) \tag{8A-4}$$

式中,t 为进口服装的名义从价关税税率,t_i 为国内服装生产所用进口要素 i 的名义从价关税税率。注意:对于不同的进口要素,t_i 可能是不同的。

将式(8A-3)和式(8A-4)代入式(8A-1),得到

$$g = \frac{V' - V}{V} = \frac{p(1+t) - p\sum a_i(1+t_i) - p\left(1 - \sum a_i\right)}{p\left(1 - \sum a_i\right)}$$

由于分母和每项分子中都有 p,如果都消去 p,得到

$$g = \frac{1 + t - \sum a_i - \sum a_i t_i - 1 + \sum a_i}{1 - \sum a_i}$$

对分子作简化,得到

$$g = \frac{t - \sum a_i t_i}{1 - \sum a_i} \tag{8A-5}$$

如果国内商品生产所用的进口要素只有一种,式(8A-5)分子和分母中的 $\sum$ 符号即可去掉,从而得出 8.3 节中的式(8-1)。

有效保护理论的一个缺点是,它从技术上假定生产系数是固定的(即没有要素替代),并假定进口商品和进口要素的国际价格不受关税影响(即假定为小国)。

问题　(1)对国内生产所用的进口要素征收关税将会对最终商品的消费、生产、贸易、收入和关税再分配效应产生什么影响?(2)对关税的保护成本或重负损失会产生什么影响?(提示:对进口要素征收关税将使图 8.1 中的哪条曲线向哪个方向移动?)

A8.3　斯托尔帕—萨缪尔森定理的图解

根据斯托尔帕—萨缪尔森定理(见 8.4C 小节),征收关税后,该国稀缺生产要素的真实回报率将会上升。例如,当国家 2(资本充裕国)对商品 X(劳动密集型商品)征收进口关税后,对国内生产者和消费者而言,P_X/P_Y 上升,劳动(国家 2 的稀缺要素)的实际工资也将上升。

我们可以从图 8.5 中清楚地看到,国家 2 对商品 X 征收进口关税后 P_X/P_Y 上升及由此带来的商品 X 产出的扩大和商品 Y 产出的减少。这里我们想指出的是,关税也会导致两种商品生产中的资本/劳动比率的上升和劳动(该国的稀缺要素)报酬的上涨,正如斯托尔帕—萨缪尔森定理所推断的那样。

我们将在图 8.8(源于图 3.10 和图 5.6,但略去一些字母)中用埃奇沃思盒形图来分析国家 2 的情形。在图 8.8 中,A 点是自给自足生产点,B 点是自由贸易生产点,F 点是对商品 X

征收 100% 关税后的生产点。注意：F 点比 B 点离原点 O_X 更远，离 O_Y 更近，这表明对商品 X 征收进口关税使 P_X/P_Y 上升后，国家 2 生产更多的 X、更少的 Y。

从原点 O_X 到 B 点的实线的斜率表示自由贸易下商品 X 生产中的资本/劳动比率，而从原点 O_X 到 B 点的实线的斜率表示商品 Y 生产中的资本/劳动比率。在 F 点生产时（对商品 X 征收进口关税后），商品 X 和 Y 的资本/劳动比率的值是用各自由原点 O_X 和 O_Y 到 F 点的虚线的斜率表示的。由于虚线的斜率比实线的大（如图 8.8 所示），对商品 X 征收进口关税后的资本/劳动比率要高于自由贸易下两种商品生产的资本/劳动比率。

对商品 X 征收关税后，两种商品生产中每单位劳动结合了更多的资本，劳动的生产力提高了，因此，两种商品生产中的工资率都提高了。这反映在通过 F 点的短实线的绝对斜率（测度 w/r 的值）要比通过 B 点的短实线的绝对斜率大。当假设要素市场完全竞争时，生产两种商品的劳动的工资将相等。

问题　在图 3.9 的上图和图 5.6 中，运用埃奇沃思盒形图，说明国家 1 对商品 Y 征收 100% 进口关税后，将使生产点从 B 点移至 F 点，使两种商品生产中的资本/劳动比率都下降，从而提高了国家 1 的资本的生产力和收入。

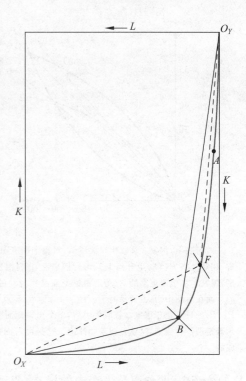

图 8.8　斯托尔帕—萨缪尔森定理图解

国家 2 对商品 X 征收进口关税后，P_X/P_Y 上升，国家 2 从自由贸易下生产契约曲线上的 B 点移至 F 点，生产更多的 X、更少的 Y。由于从原点到 F 点的虚线的斜率要比到 B 点的实线的斜率大，因此在两种商品生产中，征收关税后的资本/劳动比率高于自由贸易下的资本/劳动比率。由于每单位劳动使用更多的资本，劳动的生产力提高。因此，征收关税后，劳动的收入提高。正如定理所推断的那样。

A8.4　斯托尔帕—萨缪尔森定理的例外情况——梅茨勒悖论

在一些特殊情况下，关税将降低而不是提高国内个人购买可进口商品的相对价格，该国稀缺要素的收入也将下降，斯托尔帕—萨缪尔森定理不再成立。为了检验（由梅茨勒发现的）这种情况，我们首先看图 8.9 的左图，在这种情况下，定理不成立。除了我们现在讨论的是出口关税而不是进口关税外，它与图 8.5 是相同的。我们用出口关税是因为这将使图示分析更为直接。

图 8.9 的左图表明国家 2 的单个出口商必须出口 55Y，其中 $15Y(D'E')$ 由政府以出口关税的形式获得，余下的 40Y 用于与外商交换 50X。因此，征收关税后，对国家 2 的单个出口商而言，$P_X/P_Y = P_{D'} = 1.1$，而自由贸易下 $P_X/P_Y = P_W = 1$。

注意：当 P_X/P_Y 对国家 2 的单个出口商而言上升时，如果由于进口关税而非出口关税，提供曲线从 2 移至 2'，则 P_X/P_Y 将更大（见图 8.5 中的 $P_D = 1.6$）。但要使斯托尔帕—萨缪尔森定理成立，最重要的因素是对国家 2 的单个出口商而言 P_X/P_Y 是上升的。原因在于，当 P_X/P_Y 上升时，不论是由于进口关税还是出口关税，劳动和资本都从商品 Y 的生产中转移至商品

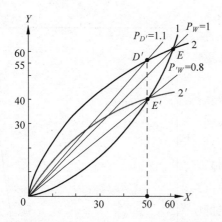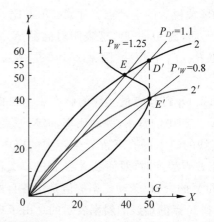

图 8.9　梅茨勒悖论

　　左图表示,国家 2 征收出口关税后,对整个国家而言,商品 X 的相对价格下降到 $P_X/P_Y=0.8$,而对单个出口商而言,相对价格 P_X/P_Y 上升到 1.1,对它们来说,在自由贸易时 $P_X/P_Y=1$。由于对国家 2 的单个出口商来说,P_X/P_Y 上升了,国家 2 将生产更多的 X(劳动密集型商品),劳动的收入上升,因此斯托尔帕—萨缪尔森定理在这种情况下是成立的。而在右图中,自由贸易时 $P_X/P_Y=1.25$(在 E 点)。国家 2 征收同样的出口关税,对国家 2 的单个出口商而言,$P_X/P_Y=1.1$,由于国家 2 征收关税后,单个出口面对的 P_X/P_Y 下降了,劳动的收入也将下降。因此,斯托尔帕—萨缪尔森定理不再成立,这就是梅茨勒悖论。这是由右图中国家 1 的提供曲线向后倾斜或提供曲线过 E 点后缺乏弹性造成的。

X 的生产中,两种商品生产中的资本/劳动比率都将上升,劳动的生产力和收入也都将上升(正如 A8.3 节所描述的那样)。

　　只有在特殊的情况下,国家 1(或世界其余国家)的提供曲线向后倾斜,且在负倾斜或缺乏弹性时(见图 8.9 的右图),对国家 2 的单个出口商而言 P_X/P_Y 可能下降而不是上升(与自由贸易的均衡价格相比)。在这种情况下,斯托尔帕—萨缪尔森定理不再成立。特别地,图 8.9 的右图给出了自由贸易均衡点 E(提供曲线 1 和 2 的交点),$P_W=1.25$。国家 2 征收出口关税后,提供曲线 2 移至 2′,均衡点变为 E′,对国家 2 整体及整个世界而言,$P'_W=0.8$。然而,国家 2 的单个出口商必须支付出口关税 15Y($D'E'$),这样,对它们而言,$P_X/P_Y=P_{D'}=1.1$。

　　由于出口关税使得对国家 2 的单个出口商而言,P_X/P_Y 下降(从自由贸易下的 $P_X/P_Y=1.25$ 变为出口关税后的 $P_X/P_Y=1.1$),斯托尔帕—萨缪尔森定理不再成立。也就是说,国家 2 征收关税后 P_X/P_Y 的下降导致国家 1 生产更少的商品 X 和更多的商品 Y。由于商品 Y 是资本密集型商品,两种商品生产中的资本/劳动比率都会下降,劳动(国家 2 的稀缺要素)的生产力和收入也将下降,这与斯托尔帕—萨缪尔森定理的推断是完全相反的,这就是梅茨勒悖论。

　　然而,梅茨勒悖论并不常见。它发生的充要条件是另一个国家(或世界其余国家)的提供曲线在关税范围内是向后倾斜的,或者说是无弹性的,并且要求政府征收的全部出口关税都用于可进口商品的消费。

　　问题　画出国家 1 征收出口关税后,与图 8.9 左图中斯托尔帕—萨缪尔森定理成立的情况相同的图,并画出与反映梅茨勒悖论的右图相同的图。

A8.5　关税对要素收入的短期影响

　　斯托尔帕—萨缪尔森定理适用于全部要素在工业部门内可流动的长期情形。然而,我们假定劳动是可流动的,但资本却有一部分限定在商品 X 的生产上,一部分限定在商品 Y 的生产上,这样,我们就处于短期状态。关税对要素收入的短期影响与斯托尔帕—萨缪尔森定理所描述的长期影响是不同的,它可以用 A5.4 节中的特定要素模型来分析。

假设我们考察的是国家 2(资本充裕国)出口商品 Y(资本密集型商品)并进口商品 X 的情形。在图 8.10 中,OO' 表示国家 2 可获得的劳动总供给,纵轴表示工资率。在自由贸易下,国家 2 两个产业的均衡工资率都是 ED,它由 $VMPL_X$ 和 $VMPL_Y$ 曲线的交点决定。OD 的劳动用于商品 X 的生产,DO' 的劳动用于 Y 的生产。

如果国家 2 现在对商品 X 征收进口关税,使得 P_X 上升,$VMPL_X$ 曲线也相应地向上移至 $VMPL_X'$。这使工资率由 ED 上升至 $E'D'$,DD' 单位的劳动从商品 Y 的生产中转移到商品 X 的生产中。由于工资的上升小于 P_X 的上升,工资对 X 来说是下降的,而对 Y 来说是上升的(因为 P_Y 没有变化)。

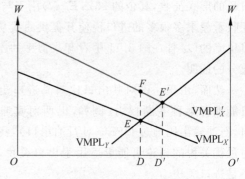

图 8.10　关税对要素收入的短期影响

国家 2(资本充裕国)征收的进口关税通常使 P_X 上升,并使 $VMPL_X$ 曲线上移至 $VMPL_X'$。工资的上升比例小于 P_X 的上升比例。DD' 的劳动(该国的流动要素)从 Y 的生产中转移到 X 的生产中。真实的工资对于 X 是下降的,而对 Y 来说是上升的。资本(该国的不流动要素)的真实回报率对 X 来说是上升的,而对 Y 来说是下降的。

由于商品 X 生产中的特定资本混合了更多的劳动,真实的 $VMPK_X$ 和利率对商品 X 和 Y 来说都是上升的。同时,由于更少的劳动用在固定于商品 Y 的资本上,$VMPK_Y$ 和利率对商品 X 来说是下降的,对商品 Y 来说也是下降的。

因此,国家 2(资本充裕国)对商品 X 征收的进口关税导致国家 2 两个产业的劳动(流动要素)的真实收入对 X 来说是下降的,对 Y 来说是上升的。这也导致了资本(非流动要素)的真实收入和回报率在 X 的生产中是上升的,在 Y 的生产中是下降的。这些结果与当劳动和资本流动时根据斯托尔帕—萨缪尔森定理获得的结论是相反的,斯托尔帕—萨缪尔森定理假设进口关税会使这个资本充裕国的真实工资上升,真实利率减少。

问题　在国家 1(劳动充裕国)的劳动力流动,而资本不流动的情况下,对商品 Y(资本密集型商品)征收进口关税对真实工资和真实利率有何影响?

A8.6　最优关税的测度

在 8.6A 小节,我们将最优关税定义为使一国贸易条件改善所得的收益减去贸易量减少的损失后的净收益最大化的关税。图 8.6 中的提供曲线 2^* 与最优关税相关的原因在于,E^* 点位于征收关税后国家 2 所能达到的最高的贸易无差异曲线上。这在图 8.11 中是用 T I 表示的,它与图 8.6 是相同的。

在 A4.1 节,我们推导了国家 1 的贸易无差异曲线。国家 2 的其他贸易无差异曲线与图 8.11 中 T I 的形状是大致相同的,不同的是,它或是位于 T I 的左边(因此对应于国家 2 较低的福利),或是位于 T I 的右边(这样比 T I 更优,但国家 2 无法达到)。

因此,最优关税就是使该国达到最高的贸易无差异曲线的关税税率。这是与贸易伙伴的提供曲线相切的贸易无差异曲线。因此 T I 与国家 1(或世界其余国家)的提供曲线是相切的。为了达到 T I 和 E^* 点,国家 2 必须征收进口关税或出口关税以使其提供曲线由 2 转至 2^*。

国家 2 可以通过对商品 Y 征收 100% 的从价出口关税使其提供曲线由 2 移至 2^*。具体地说，在均衡点 E^*，国家 2 的出口商将出口 $50Y(JN)$，其中 $25Y(JE^*)$ 由政府以商品 Y 的出口税的形式征收，其余的 $25Y(E^*N)$ 用于与外商交换 $40X$。注意：国家 2 也能通过对商品 X 征收看起来多很多的进口税使其提供曲线从 2 移至 2^*。实际上，最优出口税率是等于最优进口税率的（尽管在图 8.11 中看起来似乎并不是这样）。这在更高级的研究生教材中可以得到充分的证明。

然而，由于一国对其出口比对其进口更有可能拥有某种垄断权力（例如，巴西对咖啡出口，石油输出国通过 OPEC 对石油出口），我们对最优关税的讨论可能更适用于出口关税，而不是进口关税。

最优出口或进口关税税率（t^*）可用下面的公式来计算：

$$t^* = \frac{1}{e-1} \qquad (8A\text{-}6)$$

式中，e 是贸易伙伴的提供曲线的弹性（的绝对值）。因此，当 e 无穷大（即贸易伙伴的提供曲线是一条直线，也意味着国家 2 是一个小国）时，国家 2 的最优关税是零（见公式）。而当国家 1（世界其余国家）的提供曲线有一定曲率（因此 e 并非无穷大）时，t^* 是正值。e 越小（即贸易伙伴的提供曲线的曲率越大），t^* 越大。然而，式（8A-6）的可操作性不大，因为要想用它来计算最优关税，首先需要确定 E^* 的位置（如图 8.11 所示）。

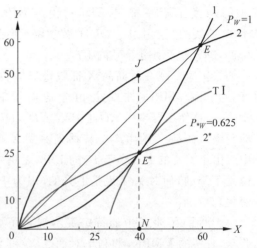

图 8.11　最优关税的测度

提供曲线 2^* 与国家 2 的最优关税税率相关，是因为均衡点 E^* 位于国家 2 可能达到的最高的贸易无差异曲线上。这是由与国家 1 的提供曲线相切的 T I 给定的。国家 2 通过征收 100% 的出口从价关税（由于 $JE^* = E^*N$）能达到 T I 上的均衡点 E^*。而任何 100% 的最优关税税率以外的关税都将使该国的贸易无差异曲线低于 T I。

正如 8.6B 小节中指出的，一国从最优关税中获得的收入是以其贸易伙伴的损失为代价的，因此，其贸易伙伴可能会采取报复行动。这种报复与反报复行动可能会一直持续下去，直至两个国家最终都损失了全部或大部分的贸易所得。贸易量可能萎缩至零，除非在给定贸易伙伴的关税时，两个国家都碰巧同时处于最优关税税率。

问题　（1）画出与图 8.11 类似的显示国家 1 商品 X 的最优出口关税的图（提示：国家 1 的贸易无差异曲线的一般形状参见图 4.8），你可以在同一张图中指出国家 1 已征收了它的最优关税后国家 2 的最优关税吗（提示：参见图 8.6）？（2）在国家 1 已征收了它的最优关税且国家 2 对此征收了对自己而言最优的报复关税后，国家 1 和国家 2 的贸易条件大致会怎样？（3）由于自由贸易，各个国家的福利会有什么变化？

第 **9** 章

非关税贸易壁垒与新保护主义

9.1 引言

尽管关税是历史上最重要的贸易限制形式,但仍存在许多其他类型的贸易壁垒,如进口配额、自动出口限制和反倾销行动。战后经过各种谈判,关税水平逐渐降低,非关税贸易壁垒的重要性却大大加强了。

本章我们将分析非关税贸易壁垒的影响。9.2 节考察进口配额的影响并将其与进口关税的影响进行比较;9.3 节研究其他非关税贸易壁垒,如对自动出口限制和其他手段以及由国际卡特尔、倾销和出口补贴所导致的贸易壁垒的讨论;9.4 节介绍关于贸易保护的各种争论,其中既有显然谬误的,也有看起来还有些经济意义的;9.5 节研究贸易策略与产业政策;9.6 节简要回顾 1934 年至今美国的商业或贸易政策史;9.7 节总结乌拉圭回合贸易谈判的结果,讨论多哈回合的启动,指出今天世界面临的突出的贸易问题。附录用图形分析了集中化的卡特尔的运作、国际价格歧视以及运用国内税收和补贴代替关税来纠正国内的贸易扭曲。

9.2 进口配额

配额(**quota**)是最重要的非关税贸易壁垒,它是一国允许进口或出口一种商品的直接数量限制。本节我们将考察进口配额。出口配额(以自动出口限制的形式存在)将在 9.3A 小节讨论。我们将运用8.2节在分析进口关税的影响时曾经用过的局部均衡方法来分析进口配额。我们还会指出进口配额与等效的进口关税之间的类似之处。

9.2A 进口配额的影响

进口配额可以用来保护国内的工农业,也可以用来调节国际收支平衡。进口配额制在"二战"后不久即盛行于西欧国家。此后,它实际上被所有工业国采用以保护它们的农业,被发展中国家采用以刺激制成品的进口替代或保持国际收支平衡。

进口配额的局部均衡效应可以用与图8.1几乎完全一样的图9.1来表示。图9.1中,D_X是该国对商品 X 的需求曲线,S_X 是供给曲线。在自由贸易下,X 的世界均衡价格是 $P_X=1$ 美元,该国消费 $70X(AB)$,其中 $10X(AC)$ 由国内生产,剩下 $60X(CB)$ 进口。进口配额 $30X(JH)$会将国内价格提高至 $P_X=2$ 美元。这和对商品 X 征收 100% 的从价进口关税的效果相同(见图8.1)。原因是只有当 $P_X=2$ 美元时,需求数量 $50X(GH)$ 才等于国内生产的 $20X(GJ)$ 加上进口配额所允许的 $30X(JH)$。这样,消费减少了 $20X(BN)$,国内生产增加了 $10X(CM)$,这是由 $30X(JH)$ 的进口配额产生的,相当于征收了 100% 的进口关税产生的效果(见案例研究9.1)。如果政府在竞争性市场上将进口许可拍卖给最高出价者,收入效应会是30美元(每单位配额1美元,共 $30X$ 进口配额),这由图中的 $JHNM$ 区域给出。$30X$ 的进口配额相当于"隐含的"100% 的进口关税。

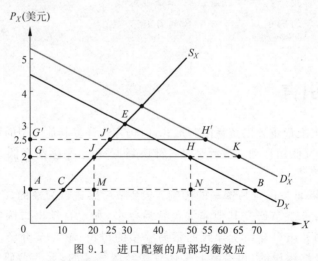

图 9.1 进口配额的局部均衡效应

D_X 和 S_X 分别代表某国对商品 X 的需求曲线与供给曲线。从自由贸易价格 $P_X=1$ 开始,$30X(JH)$ 的进口配额会导致 $P_X=2$ 美元,消费 $50X(GH)$,其中 $20X(GJ)$ 由国内生产。如果政府在一个竞争市场上将进口许可拍卖给最高出价者,收入效应是30美元($JHNM$),相当于 100% 的进口关税。当 D_X 上移到 D_X' 且进口配额为 $30X(J'H')$ 时,消费会从 $50X$ 上升到 $55X(G'H')$,其中 $25X(G'J')$ 由国内生产。

当 D_X 向上移动到 D_X' 时,给定的进口配额 $30X(JH)$ 将会导致国内 X 的价格上升到 $P_X=2.50$ 美元,国内生产增加到 $25X(G'J')$,国内消费从 $50X$ 上升到 $55X(G'H')$。而如果征收 100% 的进口关税(曲线从 D_X 向上移到 D_X'),X 的价格保持为 $P_X=2$ 美元不变,国内仍生产 $20X(GJ)$,但国内消费会上升至 $65X(GK)$,进口量增加 $45X(JK)$。

案例研究 9.1

美国对糖实施进口配额产生的经济效应

2005 年,美国对糖实施 140 万吨/年的进口配额。该配额让美国消费者承受了糖的价格增长超过一倍的代价,每年的消费者剩余损失约为 17 亿美元(相当于图 8.3 中 $a+b+c+d$ 的面积),其中 9 亿美元以生产者剩余的形式分配给了美国的糖生产者(相当于图 8.3 中 a 的面积),4 亿美元以糖价上涨的形式分配给了外国的糖出口者(相当于图 8.3 中 c 的面积),4 亿美元则是该配额使美国的生产和消费出现扭曲而造成的重负损失(相当于图 8.3 中 $b+d$ 的面积)。因此,糖的进口配额的总福利净损失约为 8 亿美元(17 亿美元的消费者剩余损失减去 9 亿美元的生产者剩余增加)。

2005 年居住在美国的人口为 3 亿人,用其去除 17 亿美元的消费者剩余损失总额即可得到对糖实施进口配额后每名美国人每年在糖的消费上要多花大约 6 美元。当然,大多数美国人并不知道糖有进口配额这回事,也不会太在意,因为每个人每年也买不了多少糖。然而,美国规模较大的糖生产商还不到 1 000 个,糖的进口配额使其年利润平均增长了 200 万美元(难怪美国的糖利益集团卖力地游说美国政府继续实施糖的进口配额)。据估计,2005 年如果取消糖的进口配额会造成约 7 000 名美国糖业工人失业,可以推算出美国糖业因此而保住的每个工作岗位带来的消费者成本约为 243 000 美元(美国糖进口配额造成的 17 亿美元的消费者剩余损失除以因此保住的 7 000 个工作岗位)。

2012 年美国糖业工人的数量减少至 11 700 人,当年美国对糖实施 120 万吨的进口配额,再加上 23.1% 的同等(隐形)进口关税(又称为对外国出口者的同等出口关税)。据美国国际贸易委员会(USITC)估计,如果美国取消对糖的所有进口保护,相对于 2012—2017 年,美国国内的糖产出每年将减少 5.3%,就业率将降低 13.8%(相当于 1 615 名工人将失业),而福利将增加 2.766 亿美元。

资料来源:United States International Trade Commission,*The Economic Effects of Significant U. S. Import Restraints*(Washington,D. C.:USITC,February 2007 and December 2013)。

9.2B　进口配额与进口关税的比较

图 9.1 中的 D_X 上移到 D_X',表明了进口配额与等效(隐含)的进口关税的一个重要的不同之处。也就是说,给定进口配额,需求增加会比等效的进口关税导致更高的国内价格和更多的国内生产量;而给定进口关税,需求增加对国内价格和国内生产量没有什么影响,但会比等效的进口配额导致更高的消费量和进口量(见图 9.1)。D_X 向下平移,以及 S_X 的移动可以进行类似的分析,这些留作章末练习题。通过调节进口配额可以有效地移动 D_X 和 S_X 以调节国内价格,而不用通过关税来影响进口。因此,进口配额完全可以取代市场机制,而不是(像进口关税那样)简单地改变它。

进口配额与进口关税之间的第二个重要区别是配额制涉及进口许可的发放。如果政府不是在一个竞争性市场上拍卖这些许可,得到这些许可的公司便可攫取垄断利润。在这种情况下，政府必须决定在这种商品的潜在进口者中分配许可的基准。这些决定可能出于官员的随意判断，而不是对效率的考虑，他们即使面对不断变化的实际情况和潜在的商品进口者也可能无动于衷。更严重的是，由于进口许可可以带来垄断利润，潜在的进口者可能花费大量精力来游说甚至贿赂政府官员以获得许可（即所谓的寻租行为）。因此，进口配额不仅取代了市场机制，从整个经济来看还造成了浪费，埋下了腐败的种子。

最后，进口配额可以将进口限定在一个确定的水平，而进口关税的贸易效果则可能不确定。原因是 D_X 和 S_X 的弹性或形状常常未知，从而很难估计可将进口限定在要求水平上的进口关税。再者，外国出口者可以通过提高效率或忍受利润降低来全部或部分消化吸收关税。结果是进口的实际减少额比预期的少。而有进口配额限制时，进口者不能这样做，因为允许进口到该国的数量由配额明确限定。由于这个原因，以及进口配额更加"不可见"，相对于进口关税，国内生产者明显更青睐进口配额制。然而，由于进口配额比等效的进口关税更具限制性，全社会应抵制配额制的蔓延。正如我们将在 9.7A 小节中看到的，乌拉圭回合的成果之一就是将进口配额和其他的非关税贸易壁垒改变为等价的关税（这一过程被称为"关税化"）。

9.3　其他非关税贸易壁垒与新保护主义

本节我们研究除进口关税和配额之外的贸易壁垒，包括自动出口限制以及技术的、行政的和其他限制手段。贸易限制也由于国际卡特尔、倾销和出口补贴的存在而产生。近 20 年来，这些**非关税贸易壁垒**（nontariff trade barriers，NTBS）或**新保护主义**（new protectionism）在阻塞国际贸易流动方面已比进口关税更加重要，并成为世界贸易体系的主要威胁。本节我们从自动出口限制入手考察非关税贸易壁垒和新保护主义。

9.3A　自动出口限制

最重要的非关税贸易壁垒之一是**自动出口限制**（voluntary export restraints，VERs）。它是指这样一种情况，即当一国出口威胁到进口国整个国内经济时，进口国以全面贸易限制相威胁，引导该国"自愿"地减少某种商品的出口。自动出口限制是 20 世纪 50 年代美国、欧共体和其他一些工业国为了限制日本、韩国、中国和其他国家对其出口纺织品、钢铁、电子产品、汽车和其他产品而与这些国家协商议定的。限制的这些行业均是过去 30 年发达国家就业急剧下降的成熟行业。这些自动出口限制有时也称为"有序销售安排"，美国和其他一些工业国至少可以利用它来维护自己支持自由贸易原则的颜面。乌拉圭回合要求在 1999 年年底前分阶段取消所有自动出口限制并禁止产生新的自动出口限制。

当自动出口限制成功实行时，它们具有所有与等效的进口配额一样的经济效应（因此可以用相同的方法分析），只是它们由出口国执行，因而收入效应或垄断利润由出口者获得。1981年达成的日本对美国的汽车"自动"出口限制便是其中一例（见案例研究 9.2），美国 1982 年还与主要钢铁供应国议定自动出口限制以将进口量限定为约占美国钢铁市场的 20%。据估计，这些协议挽救了 2 万个就业机会，但使美国钢铁价格上涨了 20%～30%。这些自动进口限制于 1992 年期满，但立刻被工业界要求对外国钢铁出口者征收的反倾销税所取代（参见 9.3D小节），这引起了美国、日本、欧共体及其他国家之间的激烈争吵。

由于出口国只是勉强同意控制其出口，所以自动出口限制在限制进口方面不如进口配额制有效。外国出口者在长期内往往会把配额全用于高质量、高价格的产品。这种"产品升级"

可以很清楚地从日本对美国的汽车自动出口限制案例中看出。此外,由于这些规定只针对主要供应国,所以为其他国家取代部分主要供应国的出口和由第三国转口打开了方便之门。

案例研究 9.2

日本汽车业对美国和欧洲的自动出口限制

1977—1981 年,美国的汽车产量大约下降了 1/3,进口份额从 18％上升到 29％,造成近 3 万名美国汽车工人失业。1980 年美国三大汽车公司(通用、福特和克莱斯勒)共损失了 40 亿美元。结果美国与日本签署协议限制日本的汽车出口到美国,1981—1983 年每年出口量为 168 万辆,1984 年和 1985 年为 185 万辆。由于害怕美国采取更加严厉的进口限制,日本"同意"了这个限制汽车出口的协议。

美国的汽车产业 1981—1985 年缩减开支,改善汽车的质量,不过成本的降低并未使消费者受益,底特律的盈利在 1983 年、1984 年和 1985 年分别达到 60 亿美元、100 亿美元和 80 亿美元。日本通过出口高价汽车赢得了更多利润。大输家自然是美国公众,1984 年,协议导致国内制造的汽车价格上升了 660 美元,日本车的价格上涨了 1 300 美元。1981—1984 年,协议为美国消费者带来的总成本是 157 亿美元,44 000 位美国汽车工人保住了工作,其代价是每人超过 10 万美元的成本。

1985 年起,美国并未提出修改自动出口限制协议的要求,但日本为避免与美国发生更多的贸易摩擦,单方面限制了汽车出口(1986—1991 年为 230 万辆,此后为 165 万辆)。20 世纪 80 年代后期起,日本以所谓的移植工厂之名在美国大规模投资汽车业。1996 年日本在美国生产了 200 多万辆汽车,市场占有率达 23％。到 2009 年,日本汽车制造商在美国所占的市场份额已经达到 35％(既包括在美国本土生产的日本车也包括进口车),而所有外国汽车制造商在美国所占的市场份额总计为 46％。

继美国之后,加拿大和德国也与日本签署了出口限制协议(法国和意大利已经有了非常严格的配额)。1999 年年底,1991 年签署的将日本在欧盟汽车市场份额定为 16％的协议到期,当时日本汽车在欧洲的市场占有率为 11.4％(既包括欧洲进口的汽车也包括在欧洲生产的日本车)。这一份额在 2008 年超过了 13％,并且仍在增长。

在美国,外国汽车制造商销售的汽车数量(既包括在美国本土生产的汽车也包括进口车)超过了底特律汽车三巨头。2009 年,通用汽车提出破产申请,在美国政府投入纳税者的 495 亿美元收购其 61％的股权后才得以幸存。克莱斯勒也在美国政府的帮助下幸存,后来被意大利的菲亚特收购。2010 年以来,美国汽车制造商的产量和销量有所上升,甚至从日本汽车制造商手中夺回了一些市场。2010 年,通用企业在中国生产的汽车甚至超过了在美国本土生产的汽车。

资料来源：U. S. International Trade Commission,*A Review of Recent Developments in the U. S. Automobile Industry Including an Assessment of the Japanese Voluntary Restraint Agreements* (Washington, D. C. ：February 1985)；"Japanese Cars Set Europe Sales Record," *The Japan Times*, January 16, 2005, p. 1; "America's Other Auto Industry," *The Wall Street Journal*, December 1, 2008, p. A22; "The Medicine Starts to Work," *The Economist*, May 22, 2010, p. 69; and "U. S. Automakers Getting Back on Track at Just the Right Time," *Money Morning*, October 11, 2011, p. 1.

9.3B 技术的、行政的和其他法规

国际贸易还受到大量**技术的、行政的和其他法规**（technical, administrative, and other regulations）的阻碍。这包括针对汽车和电子设备的安全法规，针对进口食物生产和包装卫生的健康法规，显示产地和成分的标签要求。这其中许多法规是出于法律目的，而另一些只是限制进口的伪装（诸如法国禁止苏格兰威士忌的广告，英国限制在电视上放映外国电影）。

其他贸易限制来自要求政府从国内供应商购货的法律（所谓的政府采购政策）。例如，根据 1933 年通过的《购买美国货法案》，美国政府代理人给国内供应商最多可提高价格 12% 的好处（国防合同提高 50%），作为自由贸易谈判东京回合的一部分（见 9.6D 小节），美国和其他国家达成一项政府"采购"法规以使这些行为和规则对外开放并给外国供应商一个平等的机会。

近年来"边境税"引起了广泛的关注。这是对一种商品的出口者减免国内间接税而对一种商品的进口者征收国内间接税（除了关税以外）。间接税在美国的例子是国内货物税和销售税，在欧洲是增值税。由于美国大部分政府收入是从直接税（如所得税）获得的，而欧洲大部分政府收入是从间接税（如增值税）获得的，所以美国出口者比欧洲出口者得到的减免税少得多（甚至没有），从而在竞争中处于劣势。

国际商品协定和多重汇率也会限制贸易，然而，由于前者与发展中国家密切相关而后者与国际金融有关，所以它们将分别在第 11 章和第 18 章讨论。

9.3C 国际卡特尔

国际卡特尔（international cartel）是一个由不同国家的某种商品供应商组成的组织（或由一些政府组成），它们达成协议限制某种商品的产量和出口以使组织的总利润最大化或有所增加。尽管国内卡特尔在美国是违法的，在欧洲是受限制的，但国际卡特尔的能量却不能小视，因为它们不受任何国家的法律约束。

目前最为知名的国际卡特尔是石油输出国组织（OPEC），它通过限制产量和出口，在 1973 年和 1974 年间成功地使石油价格上涨了 4 倍。另一个例子是国际航空运输组织，它是由主要的国际航空公司组成的卡特尔，2007 年以前一直每年开会决定航空运费和政策。

对于没有相近替近品的某种基本商品而言，如果国际上只有很少的供应商，则国际卡特尔很容易取得成功。石油输出国组织在 20 世纪 70 年代极为符合这些要求。然而，如果存在很多国际供应商，则很难把它们组织成为一个有效的卡特尔。同样，当某种商品有了很好的替代品时，国际卡特尔想限制产量和出口以提高价格和利润的企图只会使购买者转向替代商品。这就解释了除石油和锡之外的矿产以及除了糖、咖啡、可可和橡胶之外的农业组织卡特尔总是失败或无效的原因。

既然卡特尔的能量在于它能限制产量和出口，这就使供应商有置身其外或通过比卡特尔稍低的价格无限制地销售来"欺骗"它的动机。20 世纪 80 年代石油输出国组织在这方面有惨痛的教训。当时，高石油价格大大刺激了非成员国（如英国、挪威和墨西哥）的石油开发和生产。由此导致的供给增加再加上抑制石油产品需求上升的保护措施，造成与 20 世纪 70 年代相比，80 年代及 90 年代大多数时候石油价格大幅下跌。还可以看到，正如经济理论所预测的那样，卡特尔所具有的不稳定性导致其经常崩溃或失败。然而如果成功的话，一个卡特尔在使其总利润最大化方面会成为垄断者——**集中化的卡特尔**（centralized cartel）（参见 A9.1 节）。

9.3D 倾销

贸易壁垒也可能来自倾销。**倾销**（dumping）是指以低于成本或至少以低于国内价格的价格出口一种商品。倾销可分为持续性的、掠夺性的和偶然性的三种。**持续性倾销**（persistent dumping），或国际价格歧视，是指国内垄断者持续在国内市场上以高价出售商品（在一定程度上可通过运输成本和贸易壁垒避免外国竞争者进入），而在国际市场上以低价出售（必须面对外国生产者的竞争）。A9.2 节将说明国内垄断者如何在持续倾销或国际价格歧视的条件下决定国内和国际市场上的价格从而使总利润最大化。

掠夺性倾销（predatory dumping）是指某种商品以低于成本的价格或低于国外价格的价格进行销售以将外国生产者赶出市场，然后提高价格，从新获得的国外垄断市场中获利。**偶然性倾销**（sporadic dumping）是指偶尔以低于成本或低于国内价格的价格销售某种商品，其目的是在避免降低国内价格的前提下卖掉预期会暂时剩余的商品。

用于抵制掠夺性倾销的贸易限制被认为是正当的，并被允许用来保护本国工业以避免遭受来自国外的不公平竞争。这些限制通常采用反倾销税的形式，或威胁征收这种税来抵消价格差异。不过因为很难确定倾销的类型，国内的生产者又总是要求保护以避免受到任何形式的倾销。这样一来，它们抑制了进口，从而增加了自己的产量和利润（租金）。在持续性和偶然性倾销中，消费者从低价中得到的好处实际上或许已经超过了国内生产者可能的生产损失。

过去 40 年，日本被指控向美国倾销钢铁和电视机，向欧洲国家倾销汽车、钢铁和其他产品。许多发达国家，特别是欧盟的成员国则倾向于持续倾销来自农业支持计划的农产品。如果倾销被证实，实施倾销的国家或公司通常选择提高价格（就像大众公司 1976 年所为，以及日本 1977 年的电视出口一样），而不愿承担反倾销税。2007 年，29 个国家（欧盟作为一个整体）制定了反倾销法，其中包括许多发展中国家。

1978 年，美国联邦政府引入**触发价格机制**（trigger-price mechanism）。根据这项机制，美国进口的钢铁如果价格低于国外生产者的最低成本（20 世纪 80 年代后期韩国的情况），将立刻受到反倾销调查。如果倾销被证实，美国政府会立刻对国内钢铁工业免税，以使国内钢铁的价格等于国外最低成本国家的价格，自 1992 年对钢铁出口的自动出口限制期满以来，美国钢铁生产者已提交了几百份针对外国钢铁生产者的反倾销要求，引起了激烈的争吵。

1985 年，美国生产者针对日本计算机芯片（计算机的大脑，最现代化的产品）出口递交了反倾销申请。根据 1986 年达成的协议，日本停止向美国和世界倾销芯片。然而，美国于 1987 年针对继之而来的倾销向日本对美国价值 3 亿美元的出口额征收了 100％的关税。日本与美国重新谈判半导体协议，据此，日本同意帮助外国（美国）提高其在日本市场上的份额，从 1986 年的 8％到 1992 的 20％。然而，当美国芯片生产者于 1994 年仍未能在日本市场上占到 20％的份额时，双方的争议仍旧存在。1996 年达成了新的协议，但美国和日本计算机芯片产业只能在没有市场份额要求的前提下监督对方的市场。

1998 年和 1999 年，美国对从欧盟、日本、韩国、巴西和俄罗斯进口的钢铁征收反倾销税；2002 年 3 月，美国对从俄罗斯、巴西、日本和中国进口的钢铁征收 30％的高额关税（由于世界贸易组织裁定其违法，美国于 2003 年 12 月废除了这一反倾销税）。近年来，由于世界市场长期供应过剩，钢铁业对于反倾销调查的呼声较为频繁，这在美国尤为突出。

2005 年，美国与中国达成协议，要求其在 2008 年以前将对美国的纺织品和服装出口的年增长率控制在 7.5％以内（欧盟也与中国达成了类似的协议，要求其在 2008 年以前将对欧盟的纺织品和服装出口的年增长率控制在10%以内)。这些国家之所以要对中国的纺织品和服装出口予以限制,是因为2004年贯彻多哈回合取消对纺织品和服装出口的所有配额的要求后,中国开始向美国和欧盟大规模出口纺织品和服装。旷日持久的香蕉贸易争端,即美国指责欧盟对从中美洲和加勒比海地区(美国所有的种植园)进口香蕉予以限制,也在2010年以对美国有利的方式获得了解决。

2011年,美国要求世界贸易组织否决中国对美国禽产品课征的高额反倾销税;美国和欧盟对中国的铜版纸(用于印制高档产品目录和杂志)征收反倾销税和反补贴税;美国要求世界贸易组织调查中国限制美国电子支付服务供应商进入该国市场的举措;中国对美国向其出口的SUV车征收高达22%的惩罚性关税。

2012年3月,美国、日本和欧盟要求在争端解决体系下与中国协商其对于各种形态的稀土、钨和钼的出口施加的限制。2012年5月,美国商务部指控几家中国太阳能光伏电池板公司有倾销行为,对其出口课征31%的关税。

实施的反倾销措施从1998年1月的880件上升到2011年9月的1683件。平均而言,约一半的反倾销调查不了了之,其余的最终会征税,还有少数出口商会提高出口商品的价格。案例研究9.3介绍了2012年和2014年20国集团(G20)成员国发起的反倾销调查。

案例研究 9.3

20 国集团成员国的反倾销调查

表9.1给出了2013年10月1日到2015年4月30日20国集团成员国(最重要的发达国家和发展中国家以及欧盟)发起的反倾销调查。从该表可以看出所发起的反倾销调查从2013年10月到2014年4月的118起减少到2014年10月到2015年4月的115起。2015年,印度发起的反倾销调查最多(28起),其次为土耳其(16起)、美国(12起)、澳大利亚(12起)、巴西和墨西哥(均为10起)。欧盟作为一个整体发起的反倾销调查为6起。2013—2015年,20国集团中的其他国家(法国、德国、意大利、日本、英国和沙特阿拉伯)未发起任何反倾销调查。2014年10月到2015年4月,反倾销调查涉及的产品主要有金属、化学品、塑料、纸浆/纸张和机械。

表 9.1　2013—2015 年 20 国集团成员国发起的反倾销调查

国　　家	2013 年 10 月 1 日到 2014 年 4 月 30 日	2014 年 10 月 1 日到 2015 年 4 月 30 日	国　　家	2013 年 10 月 1 日到 2014 年 4 月 30 日	2014 年 10 月 1 日到 2015 年 4 月 30 日
印度	15	28	阿根廷	4	5
土耳其	4	16	中国	2	3
美国	23	14	韩国	6	2
澳大利亚	15	12	俄罗斯	4	2
巴西	35	10	加拿大	0	1
墨西哥	2	10	南非	5	0
欧盟	2	6	日本	1	0
印度尼西亚	0	6	总计	118	115

资料来源:WTO,*Report on G20 Trade Measures*(Geneva:WTO,June 12,2015),Table 3.5.

9.3E　出口补贴

出口补贴(export subsidies)是指对本国出口者或潜在出口者给予直接支付(减免税或补贴贷款)或向外国购买者提供低息贷款,以此来刺激本国出口。因而,出口补贴可以被看作倾销的一种形式。尽管根据国际协定出口补贴并不合法,但许多国家仍以隐蔽的或不很隐蔽的形式提供这种补贴。

例如,所有主要的工业国都向外国购买者提供低息贷款,使其具有购买能力。这种贷款是通过政府的代理机构如美国的**进出口银行**(Export-Import Bank)进行的。这些低息信贷约占美国出口额的 2%,而在日本、德国和法国,这一比率要高得多。实际上,这是美国对其他工业国抱怨最多的一个问题。补贴的数量可以通过本应支付商业贷款的利息和实际支付的补贴利息间的利差来测度。美国进出口银行的特许经营权于 2014 年 6 月 30 日到期,并未立即获批延长。

另一个例子是美国税收法规中的"治外法权收入"或称**国外销售公司**(Foreign Sales Corporations,FSC)条款。1971 年以来该条款已经被大约 3 600 家美国公司(包括波音、微软和卡特皮勒)采用,它们设立海外附属公司,以享受来自美国出口的部分免税。该条款每年为美国公司节约了大约 40 亿美元税款。1999 年,世界贸易组织裁定这种减税是一种出口补贴,在世贸规则下是违法的,要求美国取消这些条款。美国提出上诉,但被驳回,因此 2004 年美国面对高达 40 亿美元的处罚,废除了 FSC 计划。然而,由于美国并未取消所有的出口补贴,因此世界贸易组织 2005 年授权欧盟各国对美国贸易处以 3 亿美元的制裁。

令人尤为头疼的是欧盟为保证农民的收入,根据共同农业政策(CAP)向农民提供的高额的农产品支持价格。这些高额农业补贴导致巨量农业剩余和补贴出口,抢走了美国和其他国家的市场,这一政策造成了美国和欧盟之间最尖锐的贸易冲突(参见案例研究 9.4)。

案例研究 9.4

OECD 国家的农业补贴

表 9.2 给出了 OECD 国家在 2005 年和 2014 年对农业提供的财政补贴。从表中可以看出,2014 年欧盟对农业的补贴花费最多(1 069 亿美元),其次是日本(443 亿美元)和美国(415 亿美元)。日本的生产者津贴估值(PSE)是欧盟的 2.7 倍,是美国的 4.9 倍。挪威、瑞士、韩国和日本的 PSE 最高。农业补贴是(并且将继续是)当今世界上一些尖锐的贸易冲突的起因,也是乌拉圭回合迟迟无法达成和多哈回合破裂的原因(见 9.7 节)。

农业补贴方面最为尖锐的国际贸易冲突之一是 2002 年巴西指控美国对其棉花种植者提供 30 亿美元补贴。2004 年,世界贸易组织裁定这些补贴与世贸规则不符(也就是不合法)。出于对美国在取消补贴方面所采取的行动的不满,巴西 2009 年宣布针对每种产品征收 82 930 万美元的报复性关税。然而,2010 年巴西决定推迟实施,条件是美国提供 14 730 万美元的基金,为巴西的棉花产业提供技术支持,并承诺在 2014 年的农业法案中取消棉花补贴。美国照做了,但 2015 年年初巴西仍未对该措施表示认可。

表 9.2　2005 年和 2014 年 OECD 国家的农业补贴与生产者津贴

国　　家	农业补贴/10 亿美元		生产者津贴占农产品产出的百分比/％	
	2005 年	2014 年	2005 年	2014 年
美国	41.0	41.5	15	10
欧盟	130.8	106.9	32	18
日本	44.6	44.3	54	49
加拿大	6.5	4.6	22	9
澳大利亚	1.4	1.1	4	2
挪威	3.1	3.9	67	58
瑞士	5.6	6.7	68	57
墨西哥	5.0	8.4	13	13
韩国	23.5	22.0	62	51
土耳其	12.6	15.6	25	23
所有工业国	272.1	239.0	28	29

资料来源：OECD, *Agricultural Policies in OECD Countries：Monitoring and Evaluation*(Paris：OECD,2015), Tables A1; and R. Schnepf, *Brazil's WTO Case Against U. S. Cotton Program* (Washington D. C.：Congressional Research Service,February,2014).

　　同样严重的冲突起因于欧盟对飞机(空中客车)工业的补贴以及日本通产省对计算机和其他高科技产业方面的帮助。2010 年世界贸易组织裁定空中客车和波音在过去 10 年间对新飞机的开发的补贴都是非法的,不过空中客车的行径更为恶劣,从而要受到更重的处罚。2011年空中客车宣布已经废除了对飞机的所有不合法补贴,但是波音却对此持有异议。

　　反补贴税(**countervailing duties,CVDs**)通常对进口商品征收,以抵消外国政府对其出口产品的补贴。案例研究 9.5 考察了美国、欧盟、日本、加拿大的非关税贸易壁垒对进口影响的程度。

案例研究 9.5

非关税贸易壁垒的普遍性

　　表 9.3 给出了 1996 年在美国、欧盟、日本和加拿大发生的所有非关税贸易壁垒的形式(自动出口限制、反倾销措施、技术与其他方面的管制、反补贴税)的普遍程度。非关税贸易壁垒的普遍程度是以受到其影响的关税细目所占百分比衡量的。例如,美国 2.8％的食品、饮料和烟草贸易在 1996 年受到了某种程度的非关税贸易壁垒的影响,而欧盟的这个数字是 17.2％,日本与加拿大的数字分别为 5.9％和 0.4％。从表中可以看出,到目前为止,所有国家中最受保护的部门是纺织业和服装业。总的来说,所有制造业产品的非关税贸易壁垒的贸易加权百分比在美国是 17.9％,在欧盟是 13.4％,在日本是 10.3％,在加拿大是 7.8％。

产　　品	关税影响百分比			
	美国	欧盟	日本	加拿大
食品、饮料、烟草	2.8	17.2	5.9	0.4
纺织品、服装	67.5	75.2	31.9	42.9
木材、木制品	0.6	0.0	0.0	3.2
纸张、纸制品	1.1	0.7	0.0	0.4
化工、石油产品	3.3	2.9	0.9	0.6
非金属矿产品	3.6	0.0	0.0	0.0
基础性金属产品	30.4	0.6	5.1	1.7
组装的金属产品	5.9	0.0	0.0	2.2
其他制造业	1.7	0.0	0.0	0.9
制造业平均	17.9	13.4	10.3	7.8

表 9.3　1996 年大的发达国家的非关税贸易壁垒的普遍性　　%

资料来源：World Trade Organization，*Market Access：Unfinished Business*（Geneva：WTO，2004）.

　　图 9.2 给出了反映关税与非关税贸易限制的普遍性的更为近期的宏观数据。如图 9.2 所示，2012 年低收入国家的总体贸易限制性指数（OTRI）的百分比合计要高于中高收入国家。制造品的情况与此类似，而农产品的情况则刚好相反。从图 9.2 还可以看出，在中高收入国家，OTRI 的非关税成分要远高于关税成分，特别是在农产品方面。对于所有三种类型的国家，农产品的 OTRI 要高于制造品的 OTRI 和总体 OTRI（这是因为制造品进口远远超过农产品进口）。

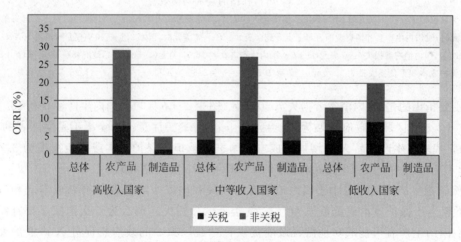

图 9.2　总体贸易限制性指数（OTRI）

　　图中给出了总体贸易限制性指数的百分比合计、关税和非关税成分。低收入国家的 OTRI 要高于中高收入国家的 OTRI。制造品的情况与此类似，农产品的情况则刚好相反。

　　资料来源：UNCTAD，*Non-Tariff Measures to Trade：Economic and Policies Issues for Developing Countries*（New York：UNCTAD，2013）.

9.3F　出口补贴分析

　　图 9.3 对出口补贴进行了分析，这与图 8.1 的分析很类似。在图 9.3 中，D_X 和 S_X 代表国

家 2 对商品 X 的需求曲线和供给曲线。如果自由贸易的世界价格是 3.50 美元(而不是图 8.1 中的 1 美元),国家 2 生产 $35X(A'C')$,消费 $20X(A'B')$,出口剩下的 $15X(B'C')$。这样,国家 2 以高于 3 美元(图中 E 点)的价格成为商品 X 的出口者而不是进口者。

如果国家 2(假设是个小国)的政府现在对每单位出口商品 X 给予 0.50 美元的补贴(相当于 16.7% 的从价补贴),对国内 X 的生产者和消费者而言,价格上升到 4 美元。$P_X=4$ 美元时,国家 2 生产 $40X(G'J')$,消费 $10X(G'H')$,出口 $30X(H'J')$,商品 X 的高价格使生产者受益而消费者受损。国家 2 还要承受补贴的成本。

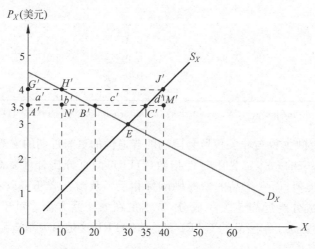

图 9.3　出口补贴的局部均衡效应

自由贸易价格 $P_X=350$ 美元时,小国国家 2 生产 $35X(A'C')$,消费 $20X(A'B')$,出口 $15X(B'C')$。对出口的每单位 X 补贴 0.5 美元时,对国内生产者和消费者而言,P_X 上升到 4 美元。$P_X=4$ 美元时,国家 2 生产 $40X(G'J')$,消费 $10X(G'H')$,出口 $30X(H'J')$,国内消费者损失 7.50 美元($a'+b'$),国内生产者获利 18.75 美元($a'+b'+c'$),政府补贴 15 美元($b'+c'+d'$)。国家 2 的保护成本和重负损失是 3.75 美元(三角形 $B'H'N'=b'=2.50$ 美元和 $C'J'M'=d'=1.25$ 美元之和)。

特别要指出的是,国内消费者损失 7.50 美元(图中 $a'+b'$ 区域),国内生产者获利 18.75 美元(图中 $a'+b'+c'$ 区域),政府补贴为 15 美元($b'+c'+d'$)。注意:区域 d' 不是生产者的获利部分,因为它代表多生产商品 X 而增加的成本。国家 2 承担的保护成本或重负损失为 3.75 美元(三角形 $B'H'N'=b'=2.50$ 美元和 $C'J'M'=d'=1.25$ 美元之和)。

既然国内生产者的所得小于国内消费者的损失和国家 2 纳税者的补贴成本之和(即国家 2 承担了相当于保护成本或重负损失为 3.75 美元的净损失),那么为什么国家 2 要补贴出口?答案是:国内生产者可能成功地游说政府提供补贴或国家 2 的政府想促进 X 产业的发展,如果 X 是迫切需要发展的高科技产业(将在 9.5 节讨论)。注意:获益的是国外消费者,因为他们以包括补贴的 $P_X=3.50$ 美元获得 $30X$ 而不是 $15X$。如果国家 2 不是一个小国,它也会面临贸易条件的恶化,因为需要降低 P_X 以出口更多的商品 X。

9.4　保护主义的政治经济

本节我们将分析关于保护主义的不同论点。从显然谬误的提法到在一定限定条件下经得起严密的经济审查的观点均包括在内。

9.4A　关于保护的谬误的与有问题的观点

一个错误观点认为需要贸易限制来保护国内劳动力不受国外廉价劳动力的冲击。这种观点的错误在于即使国内工资比国外高，如果国内劳动力的生产力比国外足够高的话，国内劳动力成本也可以降下来。即使不是如此，也可以在比较优势的基础上建立互惠贸易，拥有廉价劳动力的国家专业化生产和出口劳动密集型商品，拥有昂贵劳动力的国家专业化生产和出口资本密集型商品（参见 2.4 节）。

另一个关于保护主义的错误观点是**科学关税**（**scientific tariff**）。这种观点认为应征收使进口商品的价格等于国内价格的关税，从而允许国内生产者对抗国外竞争。然而，这会消除所有采用这种"科学的"关税的商品的国际间价格差和贸易。

两个值得推敲的观点是需要通过保护来：(1)减少国内失业；(2)消除国际收支赤字（即一国在海外的支出超过其海外收入）。通过引导国内产品取代进口，保护措施会减少国内失业和收支赤字。然而，这是"以邻为壑"的观点，因为它们是以其他国家的损失为代价的。尤其当保护是用来减少国内失业和国际收支赤字时，会导致外国更严重的失业和失衡。结果其他国家很可能以牙还牙，最终两败俱伤。国内的失业和国际收支赤字应当用适当的货币、财政和贸易政策（这些将在第 18 章和第 19 章讨论）而不是贸易限制来弥补。

9.4B　幼稚产业与关于保护的其他有限制条件的观点

一种经得起严密的经济审查（然而必须有限制条件）的关于保护的观点是**幼稚产业保护论**。该观点认为一国的某种商品可能有潜在的比较优势，但是由于缺乏专有技术且最初的投入较少，该产业难以建立；或者虽已启动，但难以与很多有根基的外国公司进行成功的竞争。对幼稚产业进行暂时的贸易保护，直至它能够对抗外国竞争，具有经济规模并形成长期的竞争优势为止，那时就可以取消保护了。然而，这一观点成立的前提是，这项产业成熟后的回报率必须足够高，以致可以抵消在其"幼稚期间"国内消费者为其支付的高价格。

要使保护幼稚产业的观点合理，有几条重要的限制条件，从而会极大地削弱其重要性。第一，这种观点显然在发展中国家（资本市场还不能正常发挥功能）比在工业国更适用。第二，很难确定哪个产业或潜在的产业符合这些要求，经验表明，一旦给予保护就很难取消。第三，也是最重要的，相比贸易保护（以进口关税的形式）所能做的，采用对幼稚产业给予等价的生产补贴能做得更好。原因在于，单纯的国内价格扭曲应当用单纯的国内政策（如对幼稚产业的直接生产补贴）来解决，而不是采用扭曲相对价格和国内消费的贸易政策。与进口关税相比，生产补贴是更直接的帮助形式，也更容易取消。一个实际操作困难是补贴需要收入，而不像关税那样产生收入，但原则是一样的。

同样的普遍原则也适用于其他类型的国内扭曲。例如，如果某一产业出现了外部经济（即让整个社会受益，如经过培训的员工到其他产业工作），该产业就会投资不足（因为它没有从它投资中得到全部的好处）。一种促进该产业发展并协调所产生的对社会更大的外部经济的办法是限制进口。这种政策将刺激该产业，但提高了国内消费者购买该产品的价格。更好的政策是对该产业给予直接的补贴。这样既能刺激该产业，又不会因贸易限制而导致消费者的消费扭曲和损失。类似的，直接税收可以比关税更好地限制外部不经济（如污染）的行为（如自驾游),因为这种税收没有扭曲相对价格和消费。纠正国内价格扭曲的最佳原则是采用国内政策,而不是附录 A9.3 节中图示的贸易政策。

一般主张对国防至关重要的国内产业也应通过贸易限制来加以保护。但即使是国防工业,直接的生产补贴通常也比关税保护好。有些关税可以看作"互惠协定关税",它是用来引导其他国家同意互相减少关税的。在这方面,政治家们可能更有资格判断它在达到预期目的方面的有效性。关于保护,最接近真正正确的经济观点是"最优关税",这在 8.6 节讨论过。该观点认为,如果一个国家大到可以影响它的贸易条件的话,它就可以运用最优关税来挖掘市场潜力并改进贸易条件和福利。然而,其他国家也可能以牙还牙,最终将导致两败俱伤。尽管如此,Broda,Limao 和 Weinstein(2009)提出证据显示,各国对出口供给弹性较低的商品所定的关税高于出口供给弹性较高的商品。

9.4C 谁得到了保护?

通过提高商品价格,贸易保护将使生产者受益而使消费者受损(通常也损害了整个国家)。然而,既然生产者人数很少并坚持从保护中大量获利,他们就有很强烈的动机游说政府采取保护手段。而既然损失被众多的消费者分担了,每个消费者因为贸易保护所受的损失很少,不可能有效地组织起来抵制保护手段。这样,就形成了支持保护主义的偏见。美国对糖征收的进口配额就是一个例子(参见案例研究 9.1)。

近些年来,经济学家们发展了很多种关于保护哪些组织与产业的理论,其中一些已获得经验的支持。工业国更倾向于保护劳动密集型产业,这些产业雇用无技术、低工资的那些如果失去当前工作将很难再找到工作的工人。一些经验检验也支持"压力集团"和"利益集团"理论(参见 Hilmann,1989;Grosman and Helpman,1994),该理论假定高度组织的产业(如汽车产业)比低度组织的产业得到了更多的贸易保护。一个产业如果只由几家公司组成,则组织程度较高。另外,生产消费品的产业一般比生产作为其他产业原料的中间产品的产业能得到更多的保护,因为前者会运用反补贴权阻碍后者得到保护(因为这会提高原料的价格)。

另外,地理上分散而且雇用大量工人的产业似乎比仅在几个地区经营,雇用相对较少工人的产业更容易得到保护。大量的工人在选举上有很强大的力量,可以选举支持保护的官员,而分散化则保证了从许多地区选举出来的官员都支持保护。另一种理论认为,贸易政策应倾向于维持现状。也就是说,如果一个产业过去受保护,现在就更有可能被保护。不管谁得谁失,政府似乎也愿意采取会导致收入分配有很大变化的贸易政策。最后,保护看起来更容易被那些与来自发展中国家产品竞争的公司得到,因为这些国家的经济和政治力量比发达国家差很多,难以成功地抵制对其出口的限制。

上面提及的理论有些相互重复,有些相互冲突,而且它们仅部分地被经验证实。关税、配额或补贴等形式的贸易保护也被用来减少或避免外包或海外生产,以便保住国内的就业机会。然而,正如案例研究 1.1、案例研究 3.3 和案例研究 6.2 所展示的,这么做会提高国内消费者要支付的价格,减少国内生产者的国际竞争力,根本无法由保住国内就业机会带来的好处所弥补。如今美国受保护最多的产业是纺织业和服装业。案例研究 9.6 提供了对完全贸易自由化所带来的世界经济福利的估计。

案例研究 9.6

完全贸易自由化给世界经济带来的福利

表 9.4 给出了完全贸易自由化给高收入国家、发展中国家以及整个世界带来的经济福利，分别来自农产品、纺织品及其他制成品的完全贸易自由化，单位分别为 10 亿美元、美元/人以及占 GDP 的百分比。所有福利都累加到 2015 年。因此，表中第一行给出的是截至 2015 年，农产品的完全贸易自由化所带来的累计福利在高收入国家是 1 260 亿美元，在发展中国家是 560 亿美元，在整个世界是 1 820 亿美元。纺织品和其他制成品的完全贸易自由化所带来的福利相对较低。

表中第一列显示，高收入国家将由于所有部门的完全贸易自由化而享受 1 970 亿美元的总福利（相当于人均 194.63 美元），占高收入国家 GDP 的 0.60%。而发展中国家享受的总福利为 900 亿美元（相当于人均 17.59 美元），占发展中国家 GDP 的 0.80%。整个世界享受的总福利为 2 870 亿美元（相当于人均 46.84 美元），占全世界 GDP 的 0.70%。可见，一半的福利将来自农产品的自由贸易，而 2/3 的福利则被高收入国家所享受（但从福利占 GDP 的百分比这一指标来看，发展中国家获益更多）。

表 9.4 完全贸易自由化给世界经济带来的福利			
自由化部门	高收入国家	发展中国家	全世界
	总额，10 亿美元		
农产品	126	56	182
纺织品	14	24	38
其他	57	10	67
总计	197	90	287
	人均，美元/人		
农产品	124.48	10.95	29.70
纺织品	13.83	4.69	6.20
其他	56.31	1.95	10.93
总计	194.63	17.59	46.84
	占 GDP 的百分比/%		
农产品	0.38	0.50	0.44
纺织品	0.04	0.21	0.09
其他	0.17	0.09	0.16
总计	0.60	0.80	0.70

资料来源：K. Anderson and W. Martin, ed., *Agricultural Reform and the Doha Development Agenda* (Washington, D. C., World Bank, 2006), Chapter 12.

9.5　战略性贸易和产业政策

本节研究战略与产业政策的问题,先在 9.5A 小节作一般性的论述,然后在 9.5B 小节运用博弈论进行研究。9.5C 小节讨论美国对外国产业目标和战略性贸易政策的反应。

9.5A　战略性贸易政策

战略性贸易政策(strategic trade policy)是相对近期提出的一种支持积极贸易政策和保护主义的观点。根据这种观点,一个国家可以(通过临时性贸易保护、补贴、税收优惠以及政府与工业部门的合作计划)在半导体、计算机、电信和其他被认为对该国至关重要的领域创造比较优势。这些高科技产业有很高的风险,要求大规模生产以形成规模经济,当其成功时便可带来外部经济。战略性贸易政策认为,通过鼓励这样的产业,国家可以从中得到很大的外部经济,并加强未来增长的前景。该观点与发展中国家的幼稚产业的观点很相似,只是它是针对发达国家提出的,以帮助它们在重要的高科技产业中获得比较优势。大部分国家或多或少是按照这种观点做的。一些经济学家则更进一步指出,战后日本工业和技术上的成功均在很大程度上归功于战略性贸易和产业政策。

战略性贸易和产业政策(industrial policy)的例证可在日本 20 世纪 50 年代的钢铁工业、七八十年代的半导体工业,欧洲 70 年代协和式超音速飞机的研发和空中客车的研发中找到。日本的半导体工业通常被用作成功的案例,编入战略性贸易和产业政策的教科书。20 世纪 70 年代,半导体市场(如可用于许多新产品的计算机芯片)由美国控制。20 世纪 70 年代中期开始,日本强有力的通产省瞄准了这项产业的发展,它提供研发资金,为这项产业的投资提供税收优惠,促成政府与工业部门的合作,还注意保护国内市场不受其他国家(特别是美国)的冲击。

20 世纪 80 年代中期,日本成功从美国手中夺得半导体市场的控制权应归功于这些政策。然而,大多数经济学家对此表示怀疑,认为日本在这一领域的惊人表现首先应归功于其他因素,例如,更加重视科学和数学的教育,更高的投资率,用长远眼光看待投资而不是像美国那样重视短期利润。钢铁业是日本另一个战略产业,其战后的回报率低于日本战后所有产业的平均回报率。在欧洲,协和飞机是一大技术成果,但却是一次商业灾难,而空中客车工业公司如果没有持续而大量的政府补贴将难以生存。

尽管战略性贸易政策从理论上看,由于存在广泛的外部经济,能提高寡头垄断市场的产出,并能促进国家的经济增长和福利,然而就连该理论的倡导者和拥护者也认识到它在实行上面临重重的困难。首先,很难选择赢家(即将来能提供大量外部经济的产业)并设计合适的政策来成功地培育它们。其次,由于大部分发达国家同时实行战略性贸易政策,其努力的效果会相互抵消,从而各国的潜在收益会很小。最后,当一个国家采用战略性贸易政策取得实际的成功时,这是以其他国家的损失为代价的(即"以邻为壑"),其他国家很可能会报复。面对所有这些实际困难,就连战略性贸易政策的支持者也不得不承认"自由贸易仍然是最好的政策"。也就是说,自由贸易在理论上可能是次优的,但在实践中仍是最优的。

9.5B　用博弈论分析战略性贸易和产业政策

我们可以运用博弈论(game theory)来研究战略性贸易和产业政策,下面举例说明。假定波音和空中客车都要决定是否生产一种新型飞机,还假定由于开发新飞机的成本巨大,单个的生产者必须占领整个世界市场才能赚取利润,假设利润额为 1 亿美元。如果两家公司均生产这种飞机,则各损失 1 000 万美元。这一情况参见表 9.5 中的第一行第一列(左上角)。如果只有波音生产,则波音赚取 1 亿美元利润,空中客车没有利润(表中第一行第二列,右上角)。反过来,如果波音不生产而空中客车生产,则波音没有利润而空中客车赚 1 亿美元利润(表中第二行第一列,左下角)。最后,如果两家公司均不生产,则都不赚钱(表中第二行第二列,右下角)。

表 9.5　两家公司竞争与战略性贸易政策　　　　　　　　　　单位:美元

		空中客车	
		生产	不生产
波音	生产	－1 000 万,－1 000 万	1 亿,0
	不生产	0,1 亿	0,0

假定由于某种原因波音首先进入市场赚取了 1 亿美元利润,空中客车由于不能赚得利润而被排除在市场之外,这种情况在表中第一行第二列(右上角)显示。如果空中客车进入市场则两家公司均遭受损失(见表中第一行第一列,左上角)。现在假定欧洲政府每年给空中客车 1 500 万美元的补贴,这样,由于 1 500 万美元的补贴使 1 000 万美元的亏损变为 500 万美元的利润,虽然波音公司已经生产,空中客车仍会生产这种飞机。然而,波音由于没有得到相应的补贴,将从赚取 1 亿美元(空中客车不在市场中)转而变成损失 1 000 万美元(我们仍在第一行第一列,表中左上角,但空中客车从没有补贴的－1 000 万变为有补贴的＋500 万)。波音由于没有得到补贴而蒙受损失,会停止生产飞机,最终将整个市场留给空中客车,后者不用任何进一步的补贴就可赚取 1 亿美元的利润(表中第二行第一列,左下角)。

美国政府当然也可以报复性地向波音提供补贴以保证波音继续生产飞机。然而,除了国防方面,美国政府不像欧洲政府那样愿意给公司补贴。尽管实际情况比这复杂得多,我们还是能看出一国可以如何通过运用战略性贸易和产业政策来克服市场劣势,在高技术领域获得战略性的比较优势。实际上,2000 年空中客车决定在 2006 年前以超过 100 亿美元的开发成本研制能够搭载 550 名乘客的 A380 超大型喷气客机,从而直接与波音 747 竞争(波音 747 自 1969 年起投入使用,能够搭载 475 名乘客)。

面对空中客车研制 A380 的决定,波音在 2001 年的计划中宣布将研制新的"音速巡航者客机",到 2008 年,该机能够搭载 250 名乘客以接近音速不间断地到达地球上的任何地点。波音相信乘客更愿意在更短的时间到达目的地,避免中途转机的拥堵和麻烦。2005 年,出乎空中客车的意料之外,波音宣布将于 2009 年推出波音 747 的新型超大客机(747-8)。作为回应,空中客车宣布凭借数十亿美元的可偿还性政府贷款研制空中客车 A350 以直接与新型的波音 787 竞争。这导致波音向世界贸易组织递交了申诉函。

A380 于 2008 年投入使用,比计划晚了 2 年多,成本严重超支;第一架波音 787 于 2011 年完工下线,比计划晚了 3 年,成本也严重超支。正如我们在 9.3E 小节提到的,2010 年世界贸易组织裁定空中客车和波音在过去 10 年间对新飞机的开发补贴都是非法的,不过空中客车的行径更为恶劣,从而要受到更重的处罚。2011 年空中客车宣布已经废除了对飞机的所有不合法补贴,但是波音却对此持有异议,从而争议仍然没有解决。

这种分析最早是由詹姆斯·布兰德(James Brander)和巴巴拉·斯潘塞(Barbara

Spencer, 1985）引入国际贸易中的。这种分析的不足之处是通常很难实际预测政府的产业与贸易政策的结果（也就是获得类似表 9.5 中的数据）。表中即使有一个微小的变化也会彻底改变结果。例如，假定空中客车和波音均生产飞机，空中客车遭受了 1 000 万美元的损失（和以前一样），但波音由于提高了效率，现在赚取了 1 000 万美元的利润（无任何补贴）。这时，即使空中客车有补贴来生产飞机，波音公司也会留在市场上，因为它没有补贴也能赚取利润。这样为了继续生产飞机，空中客车就会年复一年地需要补贴。在这种情况下，给空中客车补贴就未必是个好主意了。因而，很难正确地进行这种分析。我们需要正确地预测不同战略的精确结果，而这是很难做到的。这就是为什么大多数经济学家认为自由贸易仍是最好的政策。

9.5C 美国对外国扶持目标产业与战略性贸易政策的反应

在美国国内普遍反对实施扶持目标产业和战略性贸易政策的同时，美国也采取措施报复那些采用战略性贸易政策并损害了美国经济利益的国家。最能体现美国联邦政府对民用技术的直接支持的例子是半导体研发协会（Sematech）。这是一个位于得克萨斯州奥斯汀的由美国 14 家主要的半导体生产者组成的非营利性协会，成立于 1987 年，年预算是 2.25 亿美元（1 亿美元来自政府，其余的来自 14 家成员公司）。半导体研发协会的目标是帮助其成员开发计算机芯片的尖端生产技术，帮助生产用于制造计算机芯片设备的公司开发和测试先进设备，以更有效地与日本公司竞争。到 1991 年，半导体研发协会声称在计算机芯片生产技术方面已赶上了日本竞争者，此后，半导体研发协会完全以私有方式经营（即不再享受美国政府的财政支持）。1998 年成立了半导体研发协会国际公司，这是一个由 12 家大型计算机公司（包括几家总部位于纽约州阿尔伯尼的外国计算机芯片公司）的全资控股子公司。

美国还采取单方面的措施迫使外国市场更大程度地向美国的出口敞开大门，并通过自我限制来报复未这么做的国家。一个例子是 1991 年议定的半导体协议，根据该协议，日本同意帮助美国计算机芯片生产者获得日本芯片市场 20% 的份额。1996 年该协议重新签署，规定美日的计算机芯片产业只需要互相监督对方的市场，而并无市场份额的要求。从那以后，美国的计算机芯片企业重新夺取了该领域的领先地位，该协议也就名存实亡了。

20 世纪 90 年代初，美国与日本签订协议开放日本建筑市场，让美国公司参与投标，否则威胁向日本建筑公司关闭美国市场。20 世纪 90 年代中期，美国和日本还在一个更广泛的范围内（即所谓的日美构造协议）进行谈判，除了其他一些目标以外，主要目标是对美国公司更广泛地开放整个日本的分销系统。此外，美国还要求其他国家（如巴西、中国和印度）不要专门针对美国的出口进行过度的限制，并要求这些国家保护其知识产权（如专利材料），使之不被无授权和无补偿地使用。

9.6 美国的商业政策史

本节将研究美国的商业政策史。我们的考察自《1934 年贸易协定法》开始，然后讨论关税与贸易总协定（GATT）的重要性。接下来考察《1962 年贸易扩大法》和肯尼迪回合贸易谈判的结果。之后讨论《1974 年贸易改革法》和东京回合贸易谈判的结果。最后研究 1984 年和 1988 年的贸易法。

9.6A　《1934 年贸易协定法》

20 世纪 30 年代初,整个世界贸易和美国的出口迅速下降,这是因为:(1)由大萧条引起的世界范围的经济活动的大幅减少;(2)1930 年美国国会通过了《斯穆特—霍利关税法》(Smoot-Hawley Tariff Act),据此,美国的平均进口关税于 1932 年达到历史最高的 59%,引起了其他国家的报复。

推出《斯穆特—霍利关税法》最初是为了帮助美国农业,但经过国会的反复争论,也开始对制成品征收高额进口关税。通过限制进口以刺激国内就业显然是"以邻为壑"的做法。尽管 36 个国家提出反对,声称会受到该关税的严重伤害并会采取报复行动,该法案仍然获得通过。尽管 1 000 多名美国经济学家联名请愿,敦促胡佛总统否决该法案,他却仍然签署了。结果是灾难性的。1932 年,面对日益加深的世界经济危机,60 个国家大幅提高本国的进口关税予以报复。结果造成了世界贸易的崩溃(美国 1932 年的进口量仅是 1929 年的 31%,出口下降得更多),这一结果极大地扩展和加深了席卷全球的危机。

为了扭转世界贸易锐减的趋势,美国国会在罗斯福新政府的倡导下通过了《**1934 年贸易协定法**》(**Trade Agreements Act of 1934**)。这项法律所体现的一般原则成为美国此后贸易立法的基础。这项法律将贸易政策的制定权由更加关心政治的国会移交给总统,授权总统与其他国家谈判,互相减少根据《斯穆特—霍利关税法》设置的高达 50% 的关税。该法于 1962 年被《贸易扩大法》代替之前共修订了 11 次。到 1947 年,美国的平均进口关税比 1934 年下降了 50%。

《1934 年贸易协定法》及以后的所有贸易立法都是以**最惠国原则**(**most-favored-nation principle**)为基础的。这项非歧视性原则使美国的所有贸易伙伴都可以分享美国与任何一个贸易伙伴达成的关税互减的好处。美国也可以从贸易最惠伙伴国与其他任何一国签署的双边减税协议中获益。然而,这种**双边贸易**(**bilateral trade**)的方式存在严重缺陷:大部分减税只针对在双边贸易中具有重要地位的商品,这是为了避免那些"免费搭车"国家不直接参与谈判,也不做出任何关税让步(减少),却可以从任何其他两个国家互减关税的协议中获益。

9.6B　关贸总协定(GATT)

关贸总协定(**General Agreement on Tariff and Trade,GATT**)是一个国际性组织,成立于 1947 年,总部设在瑞士日内瓦。成立该组织的目的是通过**多边贸易谈判**(**multilateral trade negotiations**)促进更自由的贸易。起初,人们以为关贸总协定会成为**国际贸易组织**(**International Trade Organization,ITO**)的一部分。国际贸易组织的宪章于 1948 年在哈瓦那通过,其职责是调节国际贸易。虽然美国参院和其他国家的政府没有批准该宪章,(野心小于国际贸易组织的)关贸总协定还是幸存下来了。

关贸总协定遵循下列三个基本原则。

1. 非歧视原则。即无条件接受以上提及的最惠国原则。这项原则的唯一例外是不适用于经济一体化国家间的贸易,例如关税同盟(将在第 10 章讨论),也不适用于一国与它以前的殖民地和领地之间的贸易。

2. 消除非关税贸易壁垒(如配额)。关于农产品的及因一国的国际收支平衡困难造成的非关税贸易壁垒除外。

3. 在关贸总协定框架内协商解决国家间的贸易纠纷。

到 1993 年,关贸总协定的签约国已有超过 123 个国家(包括美国和所有主要国家,除了苏联和中国外),另有 24 个国家正在申请加入。超过 90% 的国际贸易是根据关贸总协定的规则进行的。

在 1947—1962 年的五轮贸易谈判中,在关贸总协定的主导下,共降低关税达 35%。1965 年,关贸总协定做了扩展,允许发展中国家享受特惠贸易待遇,使它们可以从发达国家之间谈成的减让关税中获益而不用提供互惠(这将在第 11 章讨论)。

在 1962 年以前并未实现关税减让的更大成功,这是因为关税减让的谈判是在产品对产品的基础上进行的,还因为 20 世纪 50 年代美国国会对贸易协定法进行周期性的修订时,所采取的严格的保护主义措施。这些保护主义措施包括:

1. **危险点条款**(**peril-point provisions**),该条款具有防止总统签署任何会导致对一种国内产业造成严重破坏的关税减让协议的作用。

2. **豁免条款**(**escape clause**),它允许任何受到进口损害的国内产业向国际贸易调查委员会(1975 年前为美国关税调查委员会)申述。该委员会将会建议总统废除已谈成的关税减让协议。一个产业日益增长的进口份额足以"证明"它已造成损害。

3. **国家安全条款**(**national security clause**)。当有关的关税减让协议(即使已谈成)会伤害对国防至关重要的产业时,该条款要求中止这一协议。

既然有效的关税减让不可避免地会伤害一些产业(那些本国处于比较劣势的产业),这些贸易限制,特别是豁免条款,代表了对更大规模关税减让的严重阻碍。

9.6C 《1962 年贸易扩大法》与肯尼迪回合

美国国会通过《**1962 年贸易扩大法**》(**Trade Expansion Act of 1962**)以取代《1934 年贸易协定法》,主要是为了应对欧洲共同市场形成后的新形势。

《1962 年贸易扩大法》授权美国总统可进行跨国界的关税减让谈判,最多可达成在 1962 年的水平上再减让 50% 关税的协议(甚至可以完全取消 1962 年税率为 5% 或更低的关税)。这取代了《1934 年贸易协定法》规定的产品到产品的谈判方式。另外,《1962 年贸易扩大法》为那些由于关税减让而受损害的工人和公司提供**贸易调整援助**(**trade adjustment assistance, TAA**)。这取代了"不会造成损害"的空谈,对工人进行再培训,帮助他们找到新的工作,向受损害的公司提供减免税收、低息贷款和技术援助等形式的帮助。

贸易调整援助的原则是《1962 年贸易扩大法》最重要的方面,因为它使社会(由于关税减让获得了贸易扩张的好处)在很大程度上承担或至少分担了调整的负担。然而,直到 20 世纪 70 年代早期,贸易调整援助的原则被放宽时,仍很少有工人或公司符合援助条件。1980 年是贸易调整援助计划的高峰年,超过 50 万名工人从中得到了 16 亿美元的援助。然而此后,该计划极大地萎缩了,以致每年只有 3 万~4 万名工人得到总计 2 亿~4 亿美元的援助。《2002 年贸易调整改革法》将援助金额大幅提高到每年 20 亿美元。2010 年,大约 14 万名工人得到了总计 10 亿美元的贸易调整援助。

根据《1962 年贸易扩大法》的授权,美国在关贸总协定的主导下发起了更广泛的多边贸易谈判。这就是著名的**肯尼迪回合**(**Kennedy Round**)。肯尼迪回合的谈判于 1967 年结束,达成了一项减让工业品的平均关税税率的协议,在 1962 年关税基础上分 5 年共降低 35%。到 1972 年年底,该协议获得了完全的执行,工业国对工业品征收的平均关税税率已低于 10%。

然而,仍有许多严重的非关税贸易壁垒,尤其是在农业领域。

9.6D 《1974 年贸易改革法》与东京回合

《**1974 年贸易改革法**》(Trade Reform Act of 1974)取代了《1962 年贸易扩大法》,它授权美国总统:(1)通过谈判可减让关税最多达 60％,并有权取消现行 5％或更低的关税;(2)谈判减让非关税贸易壁垒。这法案还放宽了获得贸易调整援助的标准。

根据该法案的授权,美国参加了**东京回合**(Tokyo Round)的多边关税谈判(实际上只有开幕式在东京,谈判是在日内瓦举行的),这一谈判于 1979 年结束。协议规定,从 1980 年开始,分 8 年分阶段减让关税,美国平均减让 31％,欧盟平均减让 27％,日本平均减让 28％。协议还明确提出要采取措施,使坚持采用非关税贸易壁垒的国家减少这些壁垒的限制性效应。这些措施包括:(1)达成一项政府间的协议;(2)统一运用关税来反补贴和反倾销;(3)为发展中国家的制成品、半制成品和其他一些出口商品提供"普惠制"(然而,纺织品、鞋、电子消费品、钢铁和其他许多对发展中国家很重要的产品不包括在内)。

据估计,由东京回合带来的贸易自由化所产生的静态收益每年约为 17 亿美元。由于经济规模、更全面的效率和创新所带来的动态收益可能使这个数字上升到每年 80 亿美元。然而,这些数字只是粗略的"猜测"。尽管从整体上看,美国是东京回合关税减让谈判的受益者,但是劳动(美国相对稀缺的要素)和那些拥有相对较多的小企业的产业(在美国受到更多保护)却遭受了一些损失。

9.6E 1984 年与 1988 年的贸易法

继《1974 年贸易改革法》之后出台了《**1984 年贸易与关税法**》(Trade and Tariff Act of 1984)。该法案包括三个主要条款:(1)授权美国总统谈判并签约以保护知识产权,以及降低服务业、高技术产品和直接投资的贸易壁垒;(2)扩展了普惠制,1993 年 7 月前发展中国家可通过该途径向美国出口(参见 11.6 节),但发展中国家中的新兴工业国或地区(如韩国与中国台湾地区)已经"毕业",不能利用这一途径出口;(3)授权与以色列进行自由贸易协议的谈判。美国根据这项法律的有关条款呼吁进行的新的多边贸易谈判(乌拉圭回合)于 1986 年开始(参见 9.7A 小节)。

《**1988 年综合贸易与竞争法**》(Omnibus Trade and Competitiveness Act of 1988)包括一项超级 301 条款。该条款:(1)要求美国特别贸易代表按严重程度提出保持大量的和普遍的贸易壁垒的国家名单;(2)制订一个严格的计划来进行旨在消除这些壁垒的谈判;(3)如果谈判失败,要求通过控制这些国家的进口进行报复。1989 年 5 月,美国称日本、巴西和印度是最不公平的贸易者。日本被指控是因为它拒绝公共部门购买美国的人造卫星和超大型计算机,排斥美国生产的森林产品。巴西被指控是因为它实际上对所有进口都要求有许可,印度是因为它限制外国投资和控制外国保险公司。根据《1988 年贸易与竞争法》的超级 301 条款,如果这些国家不放松贸易限制,它们对美国的某些出口将被征收 100％的关税。

图 9.4 总结了美国 1900—2015 年应征税的进口品的平均关税税率的变化历史。其他主要发达国家的关税情况呈现了相似的下降并且现在也与美国的税率不相上下(参见表 8.1)。注意:图 9.4 显示的平均关税税率在低关税进口品的保护增加情况下是一直下降的,甚至关税表没有变化时也是如此,这是由于低关税进口的比例上升了。例如,1972 年以后平均关税税率的下降主要是由于美国的低关税商品石油进口的剧增带来的。

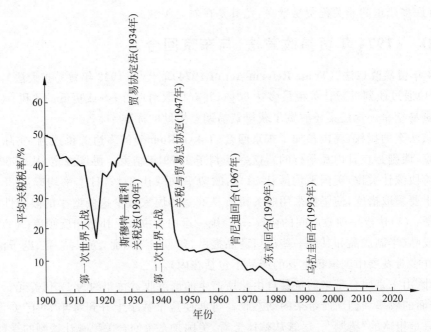

图 9.4　1900—2015 年美国应税进口品的平均关税税率

美国应税进口品的平均关税税率在 1930 年《斯穆特—霍利关税法》实施后,于 1932 年达到最高的 59%,而 2005 年美国的平均关税税率低于 5%。当低关税进口的保护增加时,平均关税税率一直下降,甚至当关税表没有变化时也是如此(例如 1972 以后,低关税商品石油进口的剧增就导致了这一现象)。

资料来源: *Historical Abstract of the United States*(Washington D. C.：U. S. Government Printing Office,1972); and *Statistical Abstract of the United States*(Washington, D. C.：U. S. Government Printing Office,2012) for years since 1971.

 # 9.7　乌拉圭回合、尚未解决的贸易问题与多哈回合

1993 年 12 月,乌拉圭回合多边贸易谈判结束了,但许多贸易问题依然没有解决。本节先介绍乌拉圭回合的条款,然后讨论当今世界面临的主要贸易问题,这些问题属于多哈回合的解决范畴。

9.7A　乌拉圭回合

1993 年 12 月,**乌拉圭回合**(Uruguay Round),历史上第八次也是最雄心勃勃的由 123 个国家参加的多边贸易谈判经过 7 年曲折的谈判终于结束了。这一回合的谈判于 1986 年 9 月在乌拉圭的埃斯特开幕,计划于 1990 年 12 月结束,但美国与欧共体尤其是与法国之间关于减少农业补贴方面的分歧将其推迟了 3 年。乌拉圭回合的目的是建立规则以阻止新保护主义的激增并扭转这一趋势;将服务、农业和外国投资引入谈判;谈判制定国际规则以保护知识产权;通过更及时的决策和遵循关贸总协定的规则以改进调解争议的机制。1994 年 4 月 15 日乌拉圭回合的协议由美国和多数参加国签字,于 1995 年 7 月 1 日生效。

协议的主要条款如下:

1. 关税。对工业品的关税从平均 4.7% 减让到 3%,零关税货物的比例从 20%～22% 增加到 40%～45%,取消了医药、建筑设备、医用设备、纸制品和钢铁的关税。

2. 配额。有关国家将在 1999 年年底前以较少限制的关税代替对农业进口的配额,在 2004 年年底前代替对纺织品及服装(根据多种纤维协议)进口的配额;发展中国家的农产品关税减少 24%,发达国家减少 36%;纺织品的关税减让 25%。

3. 反倾销。协议提供了更有力、更迅速的行动,以解决由于运用反倾销法引起的争端,但协议并不禁止它们的运用。

4. 补贴。农业出口补贴的数量将在 6 年内减让 21%,政府对产业研究的补贴限制在应用型科学研究费用的 50% 以内。

5. 防护措施。各国可以暂时提高关税或使用其他限制来阻止严重损害国内产业的进口狂潮,但禁止各国制定健康与安全标准,除非基于科学证据,不得单纯地限制贸易。例如,一国只有通过显示用荷尔蒙刺激生长的方式饲养的牛的肉对人类消费不安全,才能禁止进口用这种方式饲养的牛的肉。

6. 知识产权。协议为专利、商标和版权提供了 20 年的保护期,但允许发展中国家的药品专利有 10 年的分阶段保护期。

7. 服务。美国未能为它的银行和保险公司打开通向日本、韩国和许多发展中国家的有效进入途径,未能使法国和欧共体放松在欧洲放映美国电影和电视节目的限制。

8. 其他产业条款。美国和欧洲同意就进一步限制政府对民营飞机制造业的补贴、开放长途电话市场和限制欧洲补贴钢铁厂商做深入的讨论。美国也表示乐于就进一步开放日本计算机芯片市场进行谈判。

9. 与贸易相联系的投资手段。协议要求外国投资者(如汽车制造厂商)逐步购买当地原料或增加出口,其数量应与进口数量相当。

10. 世界贸易组织。协议还号召用位于日内瓦的**世界贸易组织**(**World Trade Organization,WTO**)取代关贸总协定的秘书处,并授权它除工业品贸易外还负责农产品和服务方面的贸易。贸易争端由 2/3 或 3/4 多数的投票来解决,而不是根据关贸总协定的一致通过原则(这意味着有错的国家可以阻挠反对自己的行动)。

虽然乌拉圭回合的结束本身就是一大成就,但它的目标仅实现了一部分,许多贸易问题依然没有解决(参见 9.7B 小节)。据估计,乌拉圭回合协议的执行到 2005 年比没有乌拉圭回合时给世界福利增加了 730 亿美元的收益,其中 583 亿美元由发达国家享有,192 亿美元由发展中国家享有(见案例研究 9.7)。然而,乌拉圭回合的失败很可能是心理上的灾难,有可能导致无限制的贸易限制和破坏性的贸易战。

案例研究 9.7

乌拉圭回合的收益

表 9.6 给出了到 2005 年乌拉圭回合达成的协议彻底实施给各国与地区带来的收益的估算,既有美元值,也有占 GDP 的百分比,还有真实工资的增长率。如表所示,全世界的福利增长了 730 亿美元,其中 538 亿美元或 74% 由发达国家享有,其余的则由发展中国家享有。欧盟和欧洲自由贸易区(EFTA)得到最多的福利收益(237 亿美元),其次是美国(198 亿美元)和

日本(69 亿美元)。在发展中国家中,印度获益最丰(28 亿美元),其次是南亚其他地区(27 亿美元)、马来西亚(26 亿美元)、韩国和菲律宾(各 25 亿美元)。中国内地得到了 13 亿美元的收益。只有中国香港地区有所损失(1 亿美元)。从占 GDP 和真实工资的百分比来看,发达国家的收益不到 0.4%,而南亚其他地区、新加坡、马来西亚和菲律宾等发展中国家的获益则超过GDP 的 2%(不过新加坡的收益占真实工资的百分比仅为 1.92%)。

表 9.6　乌拉圭回合的实际收入所得

国家或地区	福利收益/10 亿美元	福利收益占 GDP 的百分比/%	实际工资收益的百分比/%
发达国家或地区			
美国	19.8	0.22	0.21
欧盟和欧洲自由贸易区	23.7	0.22	0.21
日本	6.9	0.11	0.09
加拿大	1.6	0.22	0.20
澳大利亚和新西兰	1.8	0.34	0.36
发展中国家或地区			
亚洲			
印度	2.8	0.68	0.54
斯里兰卡	0.1	0.70	0.54
南亚其他地区	2.7	2.29	2.43
中国内地	1.3	0.14	0.23
中国香港地区	−0.1	−0.11	0.47
韩国	2.5	0.45	0.45
新加坡	1.6	2.11	1.92
印度尼西亚	0.6	0.24	0.32
马来西亚	2.6	2.19	2.56
菲律宾	2.5	2.82	3.91
泰国	0.8	0.40	0.76
其他国家或地区			
墨西哥	0.1	0.01	0.03
土耳其	0.2	0.11	0.09
中欧	1.2	0.33	0.34
中美洲和南美洲	0.3	0.02	0.04
全世界	73.0		

资料来源: D. K. Brown, A. V. Deardorff, and R. Stern, "Computational Analysis of Multilateral Trade Liberalization in the Uruguay Round," *Discussion Paper No. 489*, School of Public Affairs, University of Michigan, December 8, 2002.

　　1996 年和 1997 年,达成了关于开放电信、金融和信息技术贸易的多边协议(这些协议在乌拉圭回合中未能达成)。随着时间的推移,这些协议将比整个乌拉圭回合条款在贸易额上提供更大的收益。1999 年,欧盟和墨西哥达成了一项自由贸易协议(2000 年 7 月生效),规定 2007 年以前取消所有双边贸易关税。2001 年 12 月,中国成为世界贸易组织第 144 个成员;2012 年,俄罗斯成为世界贸易组织第 156 个成员。2015 年年初,世界贸易组织共有 260 个成员。

　　2002 年 8 月,美国国会批准了总统的贸易促进权,即原先的"快车道",它规定大范围的贸易协议谈判不必再通过修正案,只需最后经国会投票决定批准或拒绝协议。这一法规的目的是向外国政府保证,国会将迅速对它们和美国政府谈判的任何协议做出反应。该法规还要求总统在谈判中考虑环境保护、劳工权利和反倾销法,每年向失业工人提供 12 亿美元的健康保险和其他福利,农民和农场主也包括在内。然而,"快车道"自 2007 年期满以来尚未恢复。

2001 年以来,美国与澳大利亚、巴林、智利、约旦、摩洛哥、阿曼、秘鲁和新加坡达成了自由贸易协定(FTAs),与哥斯达黎加、萨尔瓦多、危地马拉、洪都拉斯、尼加拉瓜和多米尼加共和国签订了多米尼加共和国—中美洲自由贸易协定(DRCAFTA)。2011 年 10 月,美国认可了与韩国、哥伦比亚和巴拿马之间的自由贸易协定(欧盟也于 2011 年 7 月与韩国签订了自由贸易协定)。案例研究 9.8 总结了 1947 年以来在关贸总协定框架下进行的八轮多边贸易谈判,以及由世界贸易组织发起的新的多哈回合(第九回合)。多哈回合是 2001 年 11 月在卡塔尔首都多哈宣布开始的,却于 2008 年 7 月陷入僵局,迄今为止重启多哈回合谈判的所有努力均宣告失败。

案例研究 9.8

贸易谈判的多边回合

表 9.7 总结了贸易谈判回合的年份、地点、名称、参加的国家数、所涉及议题以及所达成的削减关税的百分比。从表中可以看出关贸总协定下最重要的回合是 1947 年、1964—1967 年(肯尼迪回合)、1973—1979 年(东京回合)及 1986—1993 年(乌拉圭回合)。世界贸易组织发起的新的多哈回合(2001—)有可能是最大、最艰难的一个,但是看起来它几乎不可能成功达成。

年份	地点/名称	参加国数	涉及议题	关税削减百分比/%
1947	日内瓦	23	关税	21
1949	安纳西	13	关税	2
1951	托基	38	关税	3
1956	日内瓦	26	关税	4
1960—1961	日内瓦(狄龙回合)	26	关税	2
1964—1967	日内瓦(肯尼迪回合)	62	关税和反倾销措施	35
1973—1979	日内瓦(东京回合)	99	关税、非关税措施、多边协议	33
1986—1993	日内瓦(乌拉圭回合)	125	关税、非关税措施、农业、服务业、纺织品、知识产权、争端解决、创建世界贸易组织	34
2001—	多哈(多哈回合)	150	全球农业、工业产品和服务贸易自由化	待定

表 9.7　关贸总协定贸易回合与世界贸易组织回合

资料来源:World Trade Organization,*Annual Report*(Geneva:WTO,2011).

9.7B　尚未解决的贸易问题与多哈回合

尽管乌拉圭回合的成功完成带来了巨大的利益,但仍然存在很多严重的贸易问题。第一个问题是持续而广泛的贸易保护主义。正如 9.3 节到 9.5 节所讨论的,发达国家总是设法保护国内的生产和工作岗位免受国外竞争的影响,并使用战略性贸易和产业政策鼓励新的高科技产业的发展,新兴市场经济国家也是如此。欧洲因为担心会沦为产业废墟,加大了对多个产业的保护力度。俄罗斯提高了二手车的进口关税,印度对中国的玩具下了禁令,阿根廷则加大了对汽车零部件、纺织品和皮革制品的进口许可的限制条件。美国及欧洲的一些国家则为其四面楚歌的汽车制造商和交易商、农场主和银行等提供补贴。

第二个问题是农产品的补贴和关税依然非常高;反倾销行动和防护措施仍可能发生,因此仍然存在爆发激烈的贸易争端的可能。第三个问题是存在世界分裂成三大贸易板块的趋势:欧盟、北美自由贸易区和(定义较不明确的)亚洲板块(贸易板块问题将在第 10 章和第 11 章讨论)。虽然这些贸易板块的形成可能是建立自由贸易体系的基石,但它们也可能导致更多的双边交易、保护主义和板块间的贸易冲突。

第四个问题是一些发达国家(如美国和法国)呼吁建立劳工和环境标准。这些标准是为了保障发达国家和发展中国家有"相同的工作条件",以免后者的"社会倾销"(即发展中国家通过否认工人的基本权利、适当的工资和工作条件进行不正当竞争)。但建立劳工和环境标准很容易被贸易保护力量所主导。环境标准的情形也是这样(见 6.6C 小节)。此外,还需要比乌拉圭回合更充分地处理与贸易相关的竞争政策(如补贴和管制)和投资措施(TRIMs)。

1999 年 12 月在西雅图召开的世界贸易组织贸易会议上,人们试图策划举办一个"千年回合"的贸易谈判。但是该策划未能成功,因为:(1)发展中国家坚决反对将劳工和环境标准列入新的回合的议程;(2)欧盟和日本反对美国将农产品贸易的完全自由化列入议程的企图;(3)美国反对讨论欧盟所希望的竞争和投资政策。所有这些最终面对的都是反全球化运动组织发起的大规模游行,它们指责全球化在世界范围带来了许多人类和环境问题,为了跨国公司的利润牺牲人类和环境的利益。

2001 年 11 月,多哈回合在卡塔尔的多哈开始。该回合的议程包括:(1)农产品、工业品和服务的生产和贸易的进一步自由化;(2)进一步加强对反倾销措施和保护的限制规定,以及投资和竞争方面的政策(案例研究 9.9 估计了多哈回合如果成功能够给发达国家和发展中国家带来的福利增进)。从多哈回合开始以来,发展中国家就不愿意做出让步,因为它们觉得乌拉圭回合对它们承诺的许多条件都没有兑现,因此坚持将多哈回合打造成真正的"发展中国家回合"。多哈回合原本预计在 2004 年年底结束,然而经过 5 年多的谈判之后,该回合由于发达国家和发展中国家间以及发达国家内部在农产品补贴方面的分歧于 2008 年 7 月陷入僵局。2015 年,重启多哈回合谈判的所有努力均宣告失败。世界贸易组织如今已经开始讨论 B 计划,希望就多哈回合中有望达成一致的事项签署协议,例如减少世界各地边境通关时的繁文缛节。

案例研究 9.9

多哈回合如果成功能带来的好处

表 9.8 给出了到 2015 年,多哈回合如果成功,可能给发达国家和发展中国家带来的预计收益(单位分别为总额、人均、占 GDP 的百分比)。多哈回合希望达成的目标包括农产品关税

在发达国家减让 45%～75%,在发展中国家减让 35%～60%(最不发达国家除外,这些国家无须在农产品关税方面采取任何减让措施)。对于非农产品关税而言,多哈回合希望达成的目标是发达国家减让 50%,发展中国家减让 35%(最不发达国家无须采取减让措施)。

如表 9.8 所示,多哈回合如果成功,所能带来的预期总收益是 960 亿美元(相当于完全自由化的预计收益的约 1/3,参见案例研究 9.6 中的表 9.4),其中 800 亿美元将由发达国家享有(人均 79.04 美元,占其 GDP 的 0.24%),160 亿美元将由发展中国家享有(人均 3.13 美元,占其 GDP 的 0.14%)。

表 9.8　多哈回合如果成功能够带来的好处

项　　目	发达国家	发展中国家	全世界
总额,10 亿美元	80	16	90
人均,美元/人	79.04	3.13	15.67
占 GDP 的百分比/%	0.24	0.14	0.23

资料来源: K. Anderson and W. Martin, ed., *Agricultural Reform and the Doha Development Agenda* (Washington, D. C., World Bank, 2006), Ch. 12.

本章小结

1. 配额是对进口或出口的直接数量限制。一项进口配额与(等效的)进口关税具有相同的消费和生产效应。如果政府在一个竞争性市场上将进口许可拍卖给最高的出价者,其收入效应也是相同的。需求曲线和供给曲线的平移在存在进口配额时会引起国内价格的调节,在存在关税时会引起进口数量的调节。如果进口许可采取拍卖以外的方式,就会导致垄断利润和可能的腐败。进口配额通常比等效的进口关税更具限制性。

2. 自动出口限制是指进口国以更严厉的全面贸易限制相威胁,迫使另一国"自动"控制其商品出口。当成功实施这一限制时,其经济影响与等效的进口配额相同,只是现在由外国供应者获得其收入效应所带来的收益。然而,自动出口限制在限制进口方面不可能完全成功,1999 年年底,乌拉圭回合逐渐废止了大部分自动出口限制。过去的 30 年间自动出口限制成为比关税更大的国际贸易流的障碍。

3. 国际卡特尔是不同国家(或一批政府)同种商品供应商的垄断组织,它们共同限制这种商品的产量和出口以使组织的总利润最大化或不断增加。如果某种基础商品没有很好的替代品,只有很少几家国际供应商存在,则国际卡特尔更容易成功。卡特尔中也存在希望置身卡特尔之外或欺骗卡特尔的动机。贸易壁垒也可能来自倾销和出口补贴。倾销是指以低于成本或国内价格的价格出口一种商品。倾销分持续性的、掠夺性的和偶然性的。反补贴税是指为抵消外国政府的补贴而征收的进口关税。

4. 需要关税来保护国内劳动不受国外廉价劳动冲击和"科学关税"的观点显然是荒谬的。两种有争议的以邻为壑的观点是:需要保护来减少国内失业和国际收支赤字。与之相比较为正确的关于保护的观点是幼稚产业保护论。然而,在解决单纯的国内扭曲方面,贸易保护所能做的,直接的补贴和税收能做得更好。这也适用于对国防很重要的产业。关于保护最接近正确的经济观点是最优关税(然而会招致报复)和战略性贸易政策(很难实施)的观点。美国的贸易保护通常给予低工资的工人和组织良好的生产消费品的大型产业。

5. 战略性贸易和产业政策是另一个有争议的限制性贸易保护措施。它认为通过鼓励高技术产业,一国可以获得大量的外部经济,从而实现未来的经济增长。但战略性贸易和产业政策面临很大的困难,这是由于它会招致报复且很难确定哪些部门是能产生大量外部经济的部门。因此,自由贸易可能仍然是最佳政策。

6. 《1930年斯穆特—霍利关税法》导致1932年全年美国进口平均关税高达59%,招致了其他国家的报复。《1934年贸易协定法》授权美国总统可在最惠国原则下谈判互相减让关税,减让幅度最高可达50%。它的主要缺陷是只有双边谈判的途径。关贸总协定有利于自由贸易,因为它倡导非歧视、协商和取消非关税贸易壁垒,农业方面的非关税贸易壁垒及在一国国际收支发生困难时可以例外。直到1962年,关税减让仍受到产品谈判和美国保护主义措施,特别是危险点条款、豁免条款和国家安全条款的严重限制。根据《1962年贸易扩大法》的授权,在1967年结束的肯尼迪回合中,美国平均减让工业品关税的幅度为35%。《1962年贸易扩大法》还用贸易调整援助取代了不伤害原则。根据《1974年贸易改革法》的授权,在1979年结束的东京回合中,美国平均减让关税31%,并接受了关于限制非关税贸易壁垒的措施。《1988年贸易法》加强了美国对严重限制美国出口的国家的报复程序。

7. 乌拉圭回合的贸易谈判于1993年12月结束。它要求将工业品的平均关税从4.7%减让到3%,以关税代替配额,收紧反倾销和保护措施。协议还要求削减农业出口补贴和工业补贴,保护知识产权。1996年和1997年,达成了开放在电信、金融业和信息技术领域的贸易的协议。2000年7月,欧盟—墨西哥自由贸易协议生效;2001年11月启动多哈回合;中国于2001年12月成为世界贸易组织第144个成员,俄罗斯于2012年成为第156个成员;2002年8月,美国国会批准了总统的贸易促进权或称"快车道"。由于各国未能在2001年11月贸易会谈中达成协议致使试图发动新一轮"千年回合"的愿望失败。世界正在分裂成几个大的贸易板块,反全球化运动风起云涌,而发达国家与发展中国家间以及发达国家内部仍存在大量严重的贸易争端。人们原本寄希望于多哈回合能够解决上述问题,然而该回合却于2008年因为在农产品补贴方面无法达成协议而宣告失败。

关键术语

bilateral trade	双边贸易
centralized cartel	集中化的卡特尔
countervailing duties,CVDs	反补贴税
Doha Round	多哈回合
dumping	倾销
escape clause	豁免条款
Export-Import Bank	进出口银行
export subsidies	出口补贴
Foreign Sales Corporations,FSC	外国销售公司
game theory	博弈论
General Agreement on Tariffs and Trade,GATT	关贸总协定
industrial policy	产业政策
international cartel	国际卡特尔

International Trade Organization，ITO	国际贸易组织
Kennedy Round	肯尼迪回合
most-favored-nation principle	最惠国原则
multilateral trade negotiations	多边贸易谈判
national security clause	国家安全条款
new protectionism	新保护主义
nontariff trade barriers，NTBs	非关税贸易壁垒
Omnibus Trade and Competitiveness Act of 1988	《1988 年综合贸易与竞争法》
peril-point provisions	危险点条款
persistent dumping	持续性倾销
predatory dumping	掠夺性倾销
quota	配额
scientific tariff	科学关税
Smoot-Hawley Tariff Act of 1930	《1930 年斯穆特—霍利关税法》
sporadic dumping	偶然性倾销
strategic trade policy	战略性贸易政策
technical，administrative，and other regulations	技术的、行政的和其他法规
Tokyo Round	东京回合
Trade Adjustment Assistance，TAA	贸易调整援助
Trade Agreements Act of 1934	《1934 年贸易协定法》
Trade and Tariff Act of 1984	《1984 年贸易与关税法》
Trade Expansion Act of 1962	《1962 年贸易扩大法》
Trade Reform Act of 1974	《1974 年贸易改革法》
trigger-price mechanism	触发价格机制
Uruguay Round	乌拉圭回合
voluntary export restraints，VERs	自动出口限制
World Trade Organization，WTO	世界贸易组织

复习题

1. 什么是进口配额？如今它大多被用在何处？进口配额的局部均衡效应有哪些？它们与等价的进口关税有何异同？

2. 什么是自动出口限制？美国是如何利用它们的？

3. 什么是技术、管理和其他非关税贸易壁垒？它们是如何限制贸易的？这些非关税贸易壁垒相对于今天的关税壁垒有何重要性？

4. 什么是国际卡特尔？它们是如何限制贸易的？20 世纪 70 年代最成功的国际卡特尔是哪一个？为什么 80 年代其权力迅速下降？

5. 倾销意味着什么？倾销有哪些类型？为什么采取倾销？什么条件使倾销成为可能？为什么倾销通常会导致贸易限制？

6. 为什么国家要补贴出口？这些补贴引起了哪些问题？

7. 关于保护的错误的和有争议的观点是什么？为什么它们是错误的和有争议的？

8. 什么是幼稚产业保护论？为什么这一观点必须是有限制的？

9. 关于保护的其他有限制条件的观点是什么？为什么它们必须有限制条件？

10. 什么是战略性产业贸易政策？它的关键是什么？

11. 《1934 年贸易协定法》的重要性是什么？什么是关贸总协定的规定原则？

12. 肯尼迪回合的主要成就是什么？东京回合的主要成就是什么？1984 年和 1988 年的贸易法提供了什么？

13. 乌拉圭回合取得了哪些成就？

14. 今天世界面临的突出的贸易问题是什么？

15. 我们为什么需要多哈回合？

练习题

1. 请解释：如果自由贸易是最佳政策，为什么各国还要实施贸易限制？

*2. 在图 9.1 中的自由贸易条件下，起始情况为 D_X 和 S_X 及 $P_X = 1$ 美元，如果 D_X 向下平移到 D''_X，与 S_X 相交于 $P_X = 2.50$ 美元，试分析 $30X$ 的进口配额的局部均衡效应。

*3. 在图 9.1 中的自由贸易条件下，起始情况为 D_X 和 S_X 及 $P_X = 1$ 美元，如果 S_X 向上平移到 S'_X，与 D_X 相交于 $P_X = 3.50$ 美元，试分析 $30X$ 的进口配额的局部均衡效应。

4. 在图 9.1 中的自由贸易条件下，起始情况为 D_X 和 S_X 及 $P_X = 1$ 美元，如果 S_X 向下平移到 S''_X，与 D_X 相交于 $P_X = 2.50$ 美元，试分析 $30X$ 的进口配额的局部均衡效应。

5. 在图 9.1 中的自由贸易条件下，起始情况为 D_X 和 S_X 及 $P_X = 1$ 美元，如果 S_X 向下平移到 S^*_X，与 D_X 相交于 $P_X = 2.00$ 美元，试分析 $30X$ 的进口配额的局部均衡效应。

6. 在图 9.1 中的自由贸易条件下，起始情况为 D_X 和 S_X 及 $P_X = 4.50$ 美元，分析 $30X$ 的协议出口配额的局部均衡效应。

7. 解释第 6 题中 $30X$ 协议出口配额的效应与等效的进口关税或进口配额的效应有何异同。

8. 画出一条通过原点及与它相对应的边际收益曲线(位于纵轴和需求曲线之间)的某种商品的笔直的需求曲线。在同一张图中，画出这种商品与需求曲线及其边际收益曲线相交的供给曲线。如果需求曲线和供给曲线反映的是完全竞争市场上的商品出口，判断这种商品出口的均衡价格和数量。

9. 与第 8 题条件相同，判断如果供给曲线反映的是一个出口商卡特尔垄断出口的情况，判断这种商品出口的均衡价格和数量。

10. 比较第 8 题与第 9 题的结果。(提示：复习经济学原理课本或笔记中的完全竞争和垄断模型)

*11. 依次画出三张价格－数量坐标图，在第一张坐标图中，画出一条陡峭而笔直的需求曲线 (D_1)，从高价位开始，表示国内市场；在同一张坐标图中，画出相应的边际收益曲线 (MR_1)。在第二张图中，画出一条低且平缓而笔直的需求曲线 (D_2)，表示国际市场；在同一张坐标图中，画出相应的 MR_2 曲线。在第三张图中，垂直叠加 MR_1 和 MR_2 曲线 $\left(\sum \text{MR}\right)$，在第三张图中画出一条边际成本曲线(MC)从下面与 $\sum \text{MR}$ 曲线相交；然后画一条水平延长线并延伸

到第二张图和第一张图中。水平延长线与 MR_1 相交的点指明国内垄断者应在国内市场上销售多少。水平延长线与 MR_2 曲线相交的点指明应在国际市场上销售多少。

(1) 垄断者在国内市场上按什么价格收费(P_1)? 在国外市场上呢(P_2)?

(2) 为什么这代表了在两个市场上最好或最优的销售配置?

12. 在一个纵轴测度生产成本、横轴测度产出的坐标图中,通过画一家面临不变的规模收益的有效率的外国公司的长期平均成本曲线和发展中国家一家随着成长比已有外国公司更有效的幼稚产业的长期成本曲线,来说明幼稚产业保论论。

13. 如果我们将表 9.5 中左上角的数字换成

(1) +1 000 万,+1 000 万;

(2) +1 000 万,0;

(3) +500 万,-1 000 万。

请指出需要实施哪种战略性贸易政策。

14. 假定在图 8.5 中的自由贸易生产点 B,一国希望生产 $65X$(F 点),请表明:

(1) 该国会怎样使用关税或补贴来达到这一目的?

(2) 为什么使用补贴效果更好?

带 * 号练习题的答案

附录

本附录用图示分析了集中化的卡特尔、国际价格歧视、以税收和补贴代替关税来纠正国内扭曲的机制。本附录还运用博弈论更正式地研究了战略性贸易和产业政策。

A9.1 集中化的卡特尔

图 9.5 中,D_X 是世界对商品 X 出口的需求曲线,MR_X 是相应的边际收益曲线。注意:MR_X 曲线上的每一点恰好落在纵轴和 D_X 的中点上。S_X 是卡特尔对商品 X 的供给曲线。S_X

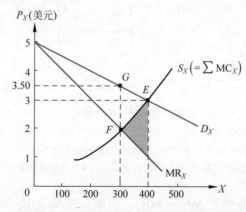

图 9.5 国际卡特尔总利润的最大化

D_X 是商品 X 的出口总需求,S_X 是出口总供给。在完全竞争条件下,均衡点是 E 点,$P_X = 3$ 美元时,贸易量为 $400X$。商品 X 的所有出口者组成的卡特尔作为垄断者会通过将出口限定在 $300X$,使总利润最大(由 MR_X 与 S_X 或 $\sum MC_X$ 的交点 F 给出),价格为 $P_X = 3.50$ 美元(由 D_X 上的 G 点给出)。卡特尔的总利润由图中阴影区域表明是增加的。

是所有卡特尔成员的边际成本曲线的水平加总 $\left(\sum \text{MC}_X\right)$。在完全竞争条件下,国际均衡点为 E 点,在该点,贸易量为 $400X$,价格为 $P_X=3$ 美元。

作为垄断者(或集中化的卡特尔)的商品 X 的出口者,国际卡特尔会通过将出口量限定在 $300X$,使总利润最大 $\left(\text{由 }S_X\text{ 或 }\sum\text{MC}_X\text{ 与 MR}_X\text{ 的交点 }F\text{ 给出}\right)$,并且决定了价格为 $P_X=3.50$ 美元(由 D_X 上的 G 点给出)。商品 X 的一组出口者(即卡特尔)的总利润的增加由图中的阴影区域给出。这一增加的原因是将商品 X 的总出口限定在 $300X$,国际卡特尔取消了所有 MC_X 超过 MR_X 的出口,这样总利润就增加了。

问题   由图 9.5 中的 D_X 和 S_X 开始,如果市场上的商品 X 只有两个出口者,当他们同意均分市场时,画图表示垄断的结果。这是市场分配卡特尔。

A9.2   国际价格歧视

图 9.6 描述了持续性的倾销或国际价格歧视。图中,国内市场上的边际收益曲线(MR_d)与国外市场上的边际收益曲线(MR_f)的水平加总组成了 $\sum\text{MR}$。MC 曲线从下面与 $\sum\text{MR}$ 曲线相交于 E 点,说明国内垄断者应销售 $300X$ 以使其总利润最大。在国外市场和国内市场上,销售额的分配由从 E 点开始的水平线与 MR_f 和 MR_d 的交点给出。这样,国内垄断者应在国外市场上以 $P_X=3$ 美元的价格销售 $200X$,在国内市场上以 $P_X=4$ 美元的价格销售 $100X$。P_X 在国内市场(由运输成本和贸易壁垒隔离)上的价格比国外市场(国内垄断者面临国外竞争)上的价格高。

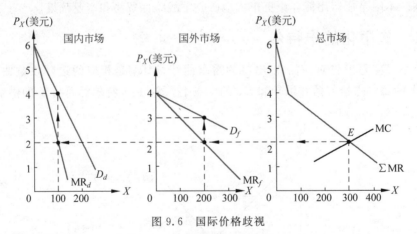

图 9.6   国际价格歧视

使总利润最大化的总产出是 $300X$,由 E 点给出,在该点,$\sum\text{MR}(=\text{MR}_d+\text{MR}_f)$ 与 MC 相交。在 $300X$ 中,$200X$ 应在国外市场上以 $P_X=3$ 美元的价格销售(由从 E 点引出的水平线与 MR_f 的交点给出),$100X$ 以 $P_X=4$ 美元的价格在国内市场上销售(由从 E 点引出的水平线与 MR_d 的交点给出)。使总利润最大化的原则是 $\text{MR}_d=\text{MR}_f$。

使总利润最大的一般原则是 $\text{MR}_d=\text{MR}_f$。如果 $\text{MR}_d\neq\text{MR}_f$,可以通过将销售从 MR 较低的市场转移到 MR 较高的市场,直至 MR 在两个市场上相等,这样会提高总利润。$P_f<P_d$ 是因为 D_f 比 D_d 在相关范围内更有弹性。D_f 比 D_d 更有弹性是由于国际市场上近似替代品的可获得程度与国内市场不同。

问题   如果国内市场需求的价格弹性(e_d)的绝对值是 2,国外市场上 e_f 的绝对值是 3,

$\sum$MR = MC = 10 美元,计算实行国际价格歧视的国内垄断者应在国内市场上卖什么价(P_d),在国外市场上卖什么价(P_f),以使总利润最大化。[提示:运用微观经济理论的公式 MR = $P(1-1/e)$。]

A9.3 关税、补贴和国内目标

本节我们将用图示表明补贴比关税更有利于达到纯粹的国内目标。图 9.7(取自图 8.4)表明,在自由贸易情况下一国在 B 点(40X,120Y)生产,在无差异曲线Ⅲ($P_X/P_Y = P_w = 1$)上的 E 点(100X,60Y)消费。如果现在该国想生产 65X(图中的 F 点),它可以对商品 X 征收 100% 的进口关税,或者对国内商品 X 的生产者提供 100% 的补贴。通过对商品 X 征收 100% 的进口关税(从而 $P_X/P_Y = P_F = 2$),该国将在 F 点(65X,85Y)生产,在无差异曲线Ⅱ′上的 H′ 点消费(假设政府重新分配关税收入作为对消费者的一般补贴)。到目前为止和图 8.4 一样。

如果对国内商品 X 的生产者提供 100% 的补贴,消费者所支付的价格保持在 $P_X/P_Y = 1$(在自由贸易情况下),该国将达到无差异曲线Ⅱ″(比无差异曲线Ⅱ′高)。因此,对于能够为国内生产者提供相同保护的补贴和关税,补贴要优于关税,因为前者不扭曲消费者支付的价格。

问题 指出如果商品 X 生产的外部不经济使该国在自由贸易价格 $P_X/P_Y = P_w = 1$ 时在 F 点生产,图 9.7 中该国可以如何实现在 B 点的生产。

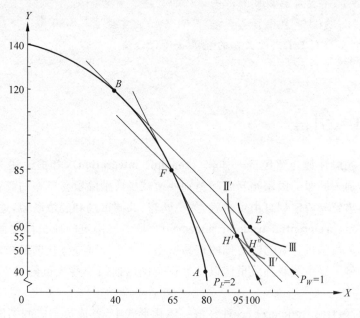

图 9.7 达到国内目标:税收与补贴

自由贸易情况下,一国在 B 点(40X,120Y)生产,在 E 点消费,$P_X/P_Y = P_w = 1$。对商品 X 征收 100% 的进口关税,则 $P_X/P_Y = P_F = 2$,此时该国生产 65X(F 点),在无差异曲线Ⅱ′上的 H′ 点消费(与图 8.4 一样)。如果是对国内生产 X 的厂商给予 100% 的补贴,消费者支付的价格仍为 $P_X/P_Y = 1$(与自由贸易情况下一样)并且该国可达到无差异曲线Ⅱ″的水平(Ⅱ″的水平高于Ⅱ′)。

第 **10** 章

经济一体化：关税同盟与自由贸易区

学习目的

学习完本章后,你应当能够:

- 理解贸易创造、贸易转移以及经济一体化的动态收益的含义
- 描述欧盟(EU)和北美自由贸易协定(NAFTA)的重要性和影响
- 描述发展中国家以及中东欧国家的经济一体化尝试

10.1 引言

本章我们将一般性地介绍**经济一体化**(economic integration),着重论述关税同盟。经济一体化理论是指加入同盟的国家相互之间差别性地减少或消除贸易壁垒的商业政策。经济一体化的程度从特惠贸易协定到自由贸易区、关税同盟、共同市场和经济联盟,逐渐深入。

特惠贸易协定(preferential trade arrangements)是参加协定的成员国之间在进行贸易时相互提供比与非成员国进行贸易时更低的贸易壁垒。这是经济一体化的最松散的形式。特惠贸易协定最好的例子是由英联邦成员国以及大英帝国以前的一些成员国建立于 1932 年的英联邦优惠计划。

在**自由贸易区**(free trade area)这种经济一体化形式中,各成员国之间消除了所有的贸易壁垒,但是每个成员国对非成员国则保留壁垒。最典型的例子是 1960 年由英国、奥地利、丹麦、挪威、葡萄牙、瑞典、瑞士组建的欧洲自由贸易联盟(EFTA),1993 年美国、加拿大、墨西哥之间达成的北美自由贸易协定(NAFTA),以及 1991 年由阿根廷、巴西、巴拉圭和乌拉圭组建的南美洲共同市场。

关税同盟(customs union)要求进行贸易的各成员国之间就像在自由贸易区内一样不得有关税或其他壁垒。另外,它还协调同盟与世界其他国家的贸易政策(如设定共同税率)。最著名的例子是 1957 年由联邦德国、法国、意大利、比利时、荷兰和卢森堡组成的欧洲共同市场。另一个例子是 Zollverein(德文的关税同盟),该组织成立于 1834 年,是 1870 年比斯麦时代

的重要德国联盟，参加者是具有主权的德国各州政府。

共同市场（common market）比关税同盟更进一步，它也允许参加国之间资本和劳动力自由流动。欧盟于 1993 年年初实现了共同市场。

经济联盟（economic union）比共同市场又进一步，它协调甚至统一成员国之间的货币和财政政策。这是经济一体化的最高级形式。例子之一就是由比利时、荷兰、卢森堡于"二战"后形成的比、荷、卢经济联盟（现为欧盟的一部分）。一个彻底的经济和货币联盟的例子就是美国。

近来出现的**免税区**（duty-free zones）或**自由经济区**（free economic zone）可以使用与分析关税同盟时用到的相同的概念进行分析。这些区域通过允许原材料和中间产品免税的形式来吸引国外投资。

本章讨论的问题一般来说是指关税同盟，其中大部分也涉及地区经济组织的其他形式。10.2 节考察贸易创造关税同盟；10.3 节考察贸易转移关税同盟；10.4 节考察次优理论；10.5 节讨论关税同盟的动态收益；10.6 节简单介绍经济一体化进程中曾进行过的各种尝试。附录将说明贸易转移关税同盟静态效应的一般均衡分析并介绍当今仍在生效的区域贸易协定（RTAs）。

10.2　贸易创造关税同盟

本节首先解释贸易创造的过程，然后举例阐明贸易创造关税同盟的效应。

10.2A　贸易创造

关税同盟静态的、局部的均衡效应可以用贸易创造和贸易转移来衡量。当关税同盟中一个国家的一些国内产品被来自同盟的另一国家的生产成本较低的进口产品替代时，就产生了**贸易创造**（trade creation）。假定关税同盟建立前后，全部经济资源都得到充分利用，贸易创造就增加了成员国的福利，因为它带来在比较优势基础之上的更大程度的产品专业化生产。**贸易创造关税同盟**（trade-creating custom union）同样增加了非成员国的福利，因为某一成员国真实收入增加（由于生产的专业化程度增加）的同时也将增加从世界其他国家的进口。

10.2B　贸易创造关税同盟的说明

图 10.1 说明了贸易创造关税同盟的效应，该图是由图 8.3 改画的。图 10.1 中的 D_X 和 S_X 分别表示国家 2 对商品 X 的国内需求曲线和供给曲线。假定国家 1 的商品 X 的自由贸易价格 $P_X = 1$ 美元，国家 3（或世界上其他国家）的商品 X 的自由贸易价格 $P_X = 1.5$ 美元，并且假定国家 2 是小国，不能影响这些商品的价格。如果国家 2 首先对进口的所有商品 X 施加一个非歧视性的 100% 的从价税，那么国家 2 将以 $P_X = 2$ 美元的价格从国家 1 进口商品 X，在这一价格下，国家 2 消费 50X（GH），其中 20X 由国内生产（GJ），另外 30X（JH）从国家 1 进口。国家 2 还获得 30 美元（MJHN）的关税收入。图中，S_1 是自由贸易下国家 1 对国家 2 的商品 X 具有完全弹性的供给曲线。$S_1 + T$ 代表包含关税的供给曲线。国家 2 不会从国家 3 进口 X，因为从该国进口的 X 的含税价格是 $P_X = 3$ 美元。

如果国家 2 现在与国家 1 建立关税同盟（即仅仅取消从国家 1 进口商品的关税），国家 2 的商品 X 的价格 $P_X = 1$ 美元。在该价格下，国家 2 消费 70X（AB），其中国内生产 10X（AC），另外 60X（CB）从国家 1 进口，此时国家 2 没有税收收入。国家 2 的消费者由于关税同盟的建

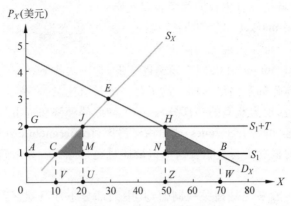

图 10.1   贸易创造关税同盟

D_X 和 S_X 分别代表国家 2 对商品 X 的国内需求曲线和供给曲线。在关税同盟形成以前,国家 2 在含税价格 P_X = 2 美元时,消费 $50X(GH)$,其中国内生产 $20X(GJ)$,从国家 1 进口 $30X(JH)$。国家 2 还获得 30 美元的税收($MJHN$)。国家 2 不会从国家 3 进口商品 X 是因为从该国进口的 X 的含税价格 $P_X > 2$ 美元。在国家 2 与国家 1 形成关税同盟之后,国家 2 消费 $70X(AB)$,其中 $10X(AC)$ 由国内生产,另外 $60X(CB)$ 从国家 1 以 $P_X = 1$ 美元的价格进口。关税收入消失了,$AGJC$ 代表福利从国内生产者向国内消费者的转移。这样留给国家 2 的全部静态净收入等于 15 美元,即阴影部分的三角形 CJM 和 BHN 之和。

立获得的福利等于 $AGHB$(8.2B 小节所定义的消费者剩余的增加)。然而从整体来看,这其中仅有一部分是国家 2 作为一个整体的净所得。也就是说,$AGJC$ 代表了租金或者说生产者剩余的减少,$MJHN$ 代表了税收损失,剩下的阴影三角形 CJM 和 BHN 面积之和共 15 美元才是国家 2 静态的净福利所得。

三角形 CJM 代表了贸易创造的福利所得中的生产者剩余部分,它来自将 $10X(CM)$ 的生产从生产效率较低的国家 2(成本为 $VUJC$)转变为从生产效率较高的国家 1 进口(成本为 $VUMC$)。三角形 BHN 是贸易创造的福利所得中的消费者剩余部分,它来自国家 2 增加 $20X$ 的消费(NB),仅耗费 $ZWBN$ 就获得 $ZWBH$ 的收益。

维纳(Viner)于 1950 年率先倡导发展关税同盟理论,他的研究集中于贸易创造的生产效应而忽视了消费效应。米德于 1955 年发展了关税同盟理论并且首次提出考虑它的消费效应。后来约翰逊的研究将两个三角形的面积相加,从而得到了关税同盟的全部福利所得。

10.3   贸易转移关税同盟

本节首先解释贸易转移的含义,然后说明贸易转移关税同盟的效应。

10.3A   贸易转移

当一国的进口从一个非关税同盟的低成本国家转移到关税同盟中的高成本国家时,就发生了**贸易转移**(trade diversion)。它的产生是因为各成员国之间签订了优惠贸易协定。贸易转移就其本身而言,是减少福利的,因为它把生产从效率较高的非同盟国转移到效率较低的同盟国。因此,贸易转移使国际资源分配恶化,使生产背离了比较优势的原则。

贸易转移关税同盟(trade-diverting customs union)既导致了贸易创造又造成了贸易转移,既可能增加也可能减少各成员国的福利,具体取决于两种相反的力量的相对强弱。可以预计,非成员国的福利将减少,因为它们的经济资源利用率低于未发生贸易转移时。贸易创造关税同盟只导致贸易创造并且肯定将增加成员国和非成员国的福利,而贸易转移关税同盟不仅导致贸易创造而且导致贸易转移,它可能增加也可能减少成员国的福利(并将减少世界其他国家的福利)。

10.3B 贸易转移关税同盟的说明

图 10.2 说明了贸易转移关税同盟的效应。图中,D_X 和 S_X 分别代表国家 2 对商品 X 的国内需求曲线和供给曲线。S_1 和 S_3 分别代表国家 1 和国家 3 在自由贸易条件下具有完全弹性的供给曲线。对商品 X 征收非歧视性的 100% 的关税后,国家 2 从国家 1 按 $P_X = 2$ 美元的价格沿 $S_1 + T$ 线进口商品 X(与图 10.1 完全一样)。如前所述,$P_X = 2$ 美元时,国家 2 消费 $50X(GH)$,其中 $20X(GJ)$ 在国内生产,另外 $30X(JH)$ 从国家 1 进口,国家 2 获得 30 美元 $(JMNH)$ 的关税收入。

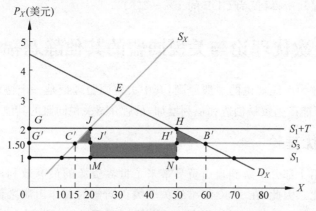

图 10.2 贸易转移关税同盟

D_X 和 S_X 分别代表国家 2 对商品 X 的国内需求曲线和供给曲线。S_1 和 S_3 分别代表国家 1 和国家 3 在自由贸易下具有完全弹性的供给曲线。征收非歧视性的 100% 的关税后,国家 2 从国家 1 以 $P_X = 2$ 美元的价格进口 $30X(JH)$。当仅与国家 3 建立关税同盟以后,国家 2 从国家 3 以 $P_X = 1.5$ 美元的价格进口 $45X(C'B')$,国家 2 从纯粹的贸易创造中获得福利 3.75 美元(两个阴影三角形的面积之和)。贸易转移的福利损失正好是 15 美元(阴影矩形的面积),因此,贸易转移关税同盟导致国家 2 遭受 11.25 美元的净福利损失。

如果国家 2 现在仅与国家 3 建立关税同盟(也就是说,仅取消对国家 3 的进口关税),国家 2 将发现可从国家 3 以 $P_X = 1.50$ 美元的比较便宜的价格进口 X。在 $P_X = 1.50$ 美元的价格下,国家 2 消费 $60X(G'B')$,其中国内生产 $15X(G'C')$,另外 $45X(C'B')$ 从国家 3 进口。在这种情况下,国家 2 未获得关税收入。国家 2 的商品 X 的进口现在从生产效率较高的国家 1 转移到生产效率较低的国家 3,这是因为针对国家 1 收取的歧视性进口关税(国家 1 不在同盟国之内)。注意:国家 2 的进口量在关税同盟建立之前是 $30X$,建立以后则是 $45X$。这样,贸易转移关税同盟也引起了某种程度的贸易创造。

国家 2 由于与国家 3 建立关税同盟所得到的静态福利效应可以通过图 10.2 的阴影部分计算。阴影三角形 $C'JJ'$ 和 $B'HH'$ 之和(3.75 美元)的福利所得仅仅来源于贸易创造,而阴影矩形 $MNH'J'$(15 美元)的福利损失是由于将 $30X$ 的进口从成本较低的国家 1 转移到了成本较高的国家 3 所造成的。特别需要指出的是,$G'GHB'$ 的消费者剩余是由关税同盟产生的,$G'GJC'$ 代表国家 2 的剩余由生产者转移到消费者的部分,这样一来,就扯平了(即国家 2 作为一个整体既没有净所得也没有净损失)。矩形 $JMNH$(30 美元)是国家 2 与国家 3 建立关税同盟前的关税收入,矩形 $J'JHH'$ 是国家 2 由于关税同盟的建立导致 X 的价格下降从而转移到消费者的所得部分。这样仅仅留下阴影三角形 $C'JJ'$ 和 $B'HH'$ 作为国家 2 的净所得,阴影矩形 $MNH'J'$ 为其仍未计算的关税收入的损失。

由于度量国家 2 在贸易转移中的损失的阴影矩形的面积(15 美元)超过度量从纯粹的贸易创造中获得的福利所得的阴影三角形的面积(3.75 美元),该关税同盟导致国家 2 的净损失为 11.25 美元。然而情况并非总是如此,从图 10.2 中可以看到,S_X 曲线与 D_X 曲线越平缓(即在相关的范围内弹性越大),并且 S_3 越靠近 S_1,则阴影三角形的面积越大,阴影矩形的面积就越小。这样一来,即使对于一个参加纯粹的贸易转移关税同盟的国家来说,它获得净福利所得的机会也会增加(图示对此的说明留作章末练习题)。贸易转移关税同盟的静态福利效应留在本章附录中更高深的一般均衡理论中讨论。

曾有过几次测度(沿着以上论述的思路)欧盟形成的静态福利效应的尝试,其结果无一不是低得惊人的静态福利所得(仅为 GDP 的 1%~2%)。

10.4 次优理论与关税同盟的其他静态福利效应

我们先讨论被称为次优理论的一般原则,其中关税同盟理论是一个特例,然后研究在什么条件下关税同盟更可能产生贸易创造和福利增加,最后介绍关税同盟的其他一些静态福利效应。

10.4A 次优理论

我们在本书的第 1 部分了解到自由贸易带来了世界资源的最有效利用,并因此使世界产量和福利达到最大化。因此,在 1950 年维纳关于关税同盟的著作出版之前,人们普遍认为任何使贸易更加自由化的行动都将增加福利。在关税同盟不增加对世界上其他国家贸易壁垒的限度内,成员国之间贸易壁垒的消除代表贸易向更加自由化的方向发展。因此,关税同盟被认为既增加了成员国的福利,也增加了非成员国的福利。

然而,维纳认为关税同盟的建立既可能增加也可能减少成员国和世界其他国家的福利,这取决于关税同盟所处的环境。这就是**次优理论**(theory of the second best)的一个例子。该理论认为,如果福利最大化或者帕累托最优所需要的条件不能全部满足,那么尽量满足尽可能多的条件是没有必要的,并且这样做通常会导致次优情况的发生。因此,建立关税同盟并仅在成员国之间消除贸易壁垒,并不必然产生次优的福利状态(福利可升可降就是证明)。这个让人略感吃惊的推论无论对国际经济学领域(这个学说正源于此)还是对一般经济学的研究均有非常重要的意义。关税同盟的理论只是这个推论在国际贸易中的一个例子。这个次优理论始于维纳著作中多少有些模糊的论述,1955 年米德使其充分发展,1956 年利普西(Lipsey)和兰开斯特(Lancaster)将其推广。

10.4B 更有可能导致福利增加的条件

在下列条件下关税同盟更可能产生贸易创造和福利增加。

1. 成员国之间原有的贸易壁垒较高。这种情况下关税同盟的建立更可能在成员国之间创造贸易而不是将贸易从非成员国向成员国转移。

2. 关税同盟成员国与世界上其他国家的贸易壁垒较低。这种情况下关税同盟的建立不太可能导致代价高昂的贸易转移。

3．建立关税同盟的国家数量较多、规模较大。在这样的环境中，在同盟国范围内产生低成本生产者的可能性就较大。

4．同盟国间经济竞争的程度高于互补的程度。这样，在同盟国中就有更多的机会实现专业化生产和贸易创造。因此，由两个相互竞争的工业国组成的关税同盟比由一个工业国和一个农业国（互补性的）组成的关税同盟更有可能增加福利。

5．关税同盟成员国之间的地理位置较靠近。这样，运输成本就不太可能成为各成员国之间贸易创造的障碍。

6．关税同盟潜在成员国之间的贸易和经济交往较多。这样随着关税同盟的成立就有较大的机会获得大量的福利。

欧盟比欧洲自由贸易联盟更成功的原因就是，欧盟的成员国更具有竞争性而不是互补性，所在地理位置更接近，并且比欧洲自由贸易联盟在加盟前的贸易程度更高（上述第 4～6 条原因）

10.4C　关税同盟的其他静态福利效应

关税同盟的建立还产生了其他静态的福利效应。首先，各成员国的海关人员、边界巡逻人员等减少引起的行政费用的节约。这个好处在贸易创造关税同盟和贸易转移关税同盟中都会出现。

其次，贸易转移关税同盟通过减少对同盟国之外的世界上其他国家的进口需求和出口供给，有可能使同盟国共同的贸易条件得到改善。这一点可以从关税同盟的提供曲线向内移动中看出。然而，对于一个贸易创造关税同盟来说，也可能发生相反的情况，因为一部分源于关税同盟建立而导致的真实收入的增加可能引发从世界上其他国家进口的需求。某个成员国的贸易条件究竟是改善、恶化还是不变取决于所处的环境。

最后，任何一个关税同盟在国际贸易谈判中以一个整体行动，较之任何一个独立行动的国家来说，都可能具有更强大的讨价还价的能力。这是毫无疑问的，欧盟就是其中一例。

10.5　关税同盟的动态收益

除了前面讨论的静态福利效应以外，组成关税同盟还有可能得到一些重要的动态收益。这是由于竞争的加剧、规模经济、投资的增加以及经济资源的有效利用而产生的，我们将在下面依次介绍。

最大的动态收益是可能出现的竞争的加强，也就是说，在没有关税同盟的条件下，生产者（特别是垄断者和寡头垄断者）在贸易壁垒保护下很可能变得懒惰和自满。但是当建立关税同盟且同盟国之间的贸易壁垒消除后，各国的生产者必须提高效率以对抗同盟国内其他生产者的竞争、合并，以免出局。水平渐高的竞争也可能刺激新技术的开发和利用。所有这些努力都将减少生产成本从而有利于增加消费者的福利。当然，关税同盟必须确保（靠通过并强制实施反垄断法）在早期会限制国内竞争的勾结和共享市场协定等形式的垄断实践，在关税同盟建立之后，不会被同盟范围内类似的做法所取代，这也正是欧盟企图做到的。

建立关税同盟可能产生的另一个利益是由于市场扩大而带来的规模经济。然而必须指出，甚至不属于任何一个关税同盟的小国也能通过向世界其他国家出口商品而克服国内市场的狭小在生产中实现规模经济。例如，像比利时和荷兰这样相对很小的国家，在加入欧盟之前其许多主要工业部门的工厂规模已经可以与美国的工厂相比，已经能够通过为国内市场生产及提供出口而享有规模经济的好处。然而,在成立欧盟之后,对成员国的每个工厂来说,由于能够减少各工厂范围内所制造产品的差别和提高产量,因而取得了巨大的经济效益(参见6.4A小节)。

另一个可能获得的利益是利用市场扩大的优势来刺激投资和应对越来越激烈的竞争。进一步说,关税同盟的建立有可能刺激非成员国在关税同盟的成员国内建立生产设施,以避免强加在非同盟国产品上的(歧视性)贸易壁垒。这就是所谓的**关税工厂**(**tariff factories**)。美国公司于1955年第一次,1986年第二次在欧洲的巨额投资,就是因为不愿被这种迅速增长的市场排除在外。

最后,就一个关税同盟内部来说,其本身也是一个共同市场,在其范围内的劳动力和资本的自由流动,可以使经济资源得到更好的利用。

关税同盟建立所产生的这些动态收益被认为比前面研究的静态收益大得多,而且非常重要。事实上,英国主要是因为这些动态收益才在1973年加入欧盟。近年来的实证研究表明,这些动态收益比静态收益大5～6倍。关于建立关税同盟的金融方面的研究将在20.4节"最佳货币区"的标题下讨论。

然而,需要指出的是,为获得关税同盟提供的静态和动态收益而加入同盟仅仅是次优的解决办法。对于一个国家来说,最好的政策是单方面消除所有的贸易壁垒。但是美国这样一个足以影响贸易条件的大国必须在单方面消除贸易壁垒产生的效率增进与所造成的贸易条件的恶化之间进行权衡。单方面消除所有贸易壁垒也会有政治上的困难,因为这会遭到那些在消除贸易壁垒过程中会受到伤害的有影响的少数人的强烈反对。一个相关的问题是区域联盟对于多边自由贸易究竟是起促进作用还是阻碍作用,对此有许多不同意见。一些经济学家相信区域联盟可以带来更迅速的(即使是部分的)贸易自由化。另一些人,例如巴格沃蒂(Bhagwati,2008),则认为区域联盟阻碍了多边贸易自由化,并可能导致内部冲突。如果贸易联盟能够做到既努力减少外部的贸易壁垒,又努力减少内部的贸易壁垒,容易接纳新成员,或许可以让联盟内外都获得最大的好处(Salvatore,2009)。

10.6　经济一体化的尝试历史

本节简要介绍经济一体化的尝试历史,以欧盟、欧洲自由贸易联盟、北美自由贸易区和南方共同市场的建立为开端,然后讨论发展中国家和苏联的经济一体化尝试。

10.6A　欧盟

欧盟(European Union,EU)曾被称为欧洲共同市场,是根据联邦德国、法国、意大利、比利时、荷兰、卢森堡1957年3月签订的罗马条约于1958年1月1日正式成立的。其共同的对外关税是根据上述六国1957年的平均关税确定的。1968年工业品在成员国之间实行自由贸易并达成农产品的统一价格,1970年减少了对劳动力和资本自由流动的限制。英国、丹麦、爱尔兰1973年加入后,成员国增加到15个。希腊于1981年加入,西班牙和葡萄牙于1986年加入,奥地利、芬兰和瑞典于1995年加入。1993年1月1日,欧盟取消了所有成员国之间产品、服务和资源(包括劳动力)自由流动的限制,成为一个单一的统一市场。2008年,欧盟的成员国增加到27个,成为世界上最大的贸易集团(参见案例研究10.1)。克罗地亚于2013年7月1日加入,成为第28个成员国。据估计,欧盟内部的贸易比不实行一体化时增加了一倍。半数以上的贸易扩张是产业内贸易(参见 6.4A 小节)。

欧盟的建立有效地扩大了与非成员国的工业品贸易。这是因为：(1)欧盟的迅速成长增加了从联盟以外国家进口工业品的需要；(2)肯尼迪与东京回合(由美国发起,因为其害怕贸易转移)将进口工业品的平均关税降到了一个很低的水平。同时,欧盟的建立引起农产品(特别是温带农作物,如从美国进口的谷物)的贸易转移。

案例研究 10.1

欧盟、北美自由贸易区和日本的经济状况

表 10.1 给出了 2014 年欧盟 28 国、北美自由贸易区和日本的经济状况。如表所示,与北美自由贸易区相比,欧盟 28 国的人口相当于它的 106%,国民收入相当于它的 88%,人均国民总收入的加权平均是它的 82%。欧盟 28 国的商品总出口与欧盟 28 国外部商品出口(即向世界其他国家的出口)分别为北美自由贸易区总出口的 239% 和 91%。欧盟 28 国的商品总进口与外部商品进口则分别是北美自由贸易区的 183% 和 68%。与欧盟 28 国相比,日本的人口是它的 25%,国民收入是它的 30%,人均国民收入是它的 118%,出口相当于欧盟 28 国外部出口的 30%,进口相当于欧盟 28 国外部进口的 37%。与北美自由贸易区相比,日本的人口是它的 27%,国民收入是它的 26%,出口和进口分别是它的 30% 和 37%。

表 10.1　欧盟、北美自由贸易区和日本				
国家	人口/百万人	国民总收入/10 亿美元	人均国民总收入/美元	出口/10 亿美元	进口/10 亿美元
欧盟(15 国)	402.9	16 665.7	41 401	5 257.4	5 202.6
德国	80.9	3 853.5	47 640	1 510.9	1 217.4
法国	66.2	2 851.7	43 080	583.2	679.2
英国	64.5	2 754.1	42 690	528.7	682.9
意大利	61.3	2 102.8	34 280	506.8	471.7
西班牙	46.0	1 395.9	29 940	322.8	356.0
新加入国家	105.0	1 425.6	13 574	703.9	816.2
波兰	38.0	521.8	13 730	216.7	218.1
欧盟(28 国)总计	507.9	18 091.3	35 648	5 961.3	6 018.8
欧盟(28 国)对外总计	—	—	—	2 262.1	2 232.4
加拿大	35.5	1 836.9	51 690	474.3	474.4
墨西哥	123.8	1 235.7	9 980	397.5	411.6
美国	318.9	17 601.1	55 200	1 623.2	2 409.4
北美自由贸易区总计	478.2	20 673.7	43 233	2 495.0	3 295.9
日本	127.1	5 339.1	42 000	683.9	822.3

　　欧盟(15 国)包括奥地利、比利时、丹麦、芬兰、法国、德国、希腊、爱尔兰、意大利、卢森堡、荷兰、葡萄牙、西班牙、瑞典和英国。新加入的 13 国包括保加利亚、克罗地亚、塞浦路斯、捷克共和国、爱沙尼亚、匈牙利、拉脱维亚、立陶宛、马耳他、波兰、罗马尼亚、斯洛伐克共和国和斯洛文尼亚。

　　资料来源：World Bank,*World Development Report* 2015 (Washington D. C.：World Bank, 2015) and WTO, *International Trade Statistics* (Geneva：WTO, 2015)。

共同农业政策(CAP)的发展对欧盟来说尤其麻烦。相对高昂的农产品价格维护了欧盟农民,特别是法国农民的福利而牺牲了消费者的福利。其过程如下:首先,欧盟决定农业的共同价格,然后强加关税,使进口的农产品价格总是等于欧盟制定的高价。这些就是所谓的**差价关税**(**variable import levies**)。支持农业的高价格也导致欧盟内部的巨量农业剩余、高额储藏成本和补贴性出口(见 9.3E 小节关于出口补贴的内容和案例研究 9.4)。这项农业政策是英国进入欧盟的主要障碍,因为英国保持低农业价格,并通过支付"差额补贴"帮助农民将收入提高到期望的水平。这项农业政策也是造成欧盟同美国在乌拉圭回合和多哈回合中最尖锐的贸易争端的主要因素之一(参见 9.7 节)。

在 1975 年洛美会议上,欧盟取消了曾经是欧盟国家的殖民地的非洲、加勒比海、太平洋地区的 46 个发展中国家进口的大部分贸易壁垒。条约每 5 年(1980 年、1985 年、1990 年和 1995 年)重新修订一次,并把相关国家增加到 71 个。早在 1971 年,欧盟就对从发展中国家进口的制成品和半制成品给予普遍关税特惠,但是纺织品、钢铁、家用电器、鞋和其他许多对发展中国家来说意义重大的产品则被排除在外。在 1979 年的东京回合中,特惠扩展到热带产品贸易。然而,这些特惠并没有完全取消针对原殖民地的贸易壁垒,因贸易转移一事又引起了一场更为激烈的争论。作为 1994 年 12 月结束的乌拉圭回合的成果,对发展中国家出口的配额限制和税收正在逐渐减少(参见 9.7 节)。2000 年 2 月,洛美四次会议修订的条约到期,被 2000 年 6 月在贝宁的科托努签署的科托努协议取代。新协议的基本目标与洛美会议相同。2008 年 1 月欧盟用与所涉及的划分为 6 个区域集团的 79 个国家的"基于互惠主义的新伙伴协议(NPAs)"取代了科托努协议。

如前所述,因欧盟建立而产生的静态福利效应估计为国内生产总值的 1‰～2‰,而动态收益则大得多(参见案例研究 10.2)。最大的收获可能在于政治方面,比如曾经相互敌对的德国和法国如今却结合成了统一的经济实体。美国在欧盟问题上有两种意向,既想支持联盟又害怕丧失影响。1986 年,欧盟用单一欧洲法令修改《罗马协定》,取消了成员国之间所有产品、服务和资源自由流动的障碍。这事实上是依靠《欧盟 1992 年计划》(以下简称欧盟 92 计划)实现的,欧盟在 1993 年年初成为一个统一市场。这引发了国外直接投资的大量涌入,因为投资者害怕该计划会导致反对外部世界的保护主义重新抬头。

在欧盟的运行中,其他重要内容还有:(1)成员国采用统一的增值税制,在这种税制下,税金按产品在各个生产阶段的增加值征收并转嫁给消费者;(2)委员会(欧盟的行政执行部门,设在布鲁塞尔)负责制定法律,以条约形式监督执行,实施统一政策(如反托拉斯政策);(3)部长理事会(其成员代表本国政府)仅在受委员会委托时作最后决议,还有一个欧洲议会(由 751 名成员组成,每 5 年由成员国直接选举产生,但目前并无很大的立法权力)和法院(有权确保委员会和理事会的决议符合宪法);(4)已起草包括协调货币和财政政策的全面货币联盟计划,并最终实现全面政治联盟(参见 20.4B 小节)。

案例研究 10.2

统一欧盟市场的所得

1993 年年初,欧盟成员国内部取消了对产品、服务、资本和劳动力自由流动的一切限制,欧盟变成一个统一的、一体化的市场。欧盟希望长期内可由此获得显著的高效率和其他好处。表 10.2 说明欧盟国内生产总值因取消非关税贸易壁垒增加了 0.2%，因取消产品壁垒增加了 2.2%，因经济规模的扩大增加了 1.65%，因竞争的增强增加了 1.25%，总的（一次性的）增加值相当于 1988 年欧盟的国内生产总值的 5.3%，约为 2650 亿美元。此外，有望使通货膨胀率降低 6.1 个百分点，增加 180 万个就业机会从而使平均失业率下降 1.5 个百分点。因预期欧盟将增强针对外部世界的保护措施，欧盟 92 计划还大量吸引了来自美国和日本的直接投资。2003 年，欧洲委员会实际上将欧盟 92 计划的所得定为欧盟 GDP 的大约 2%。

表 10.2　欧盟充分一体化内部市场的潜在好处

所得来源	占 1988 年欧盟 GDP 的百分比/%
取消非关税贸易壁垒	0.20
取消生产壁垒	2.20
规模经济	1.65
竞争的加强	1.25
总所得	5.30

资料来源：P. Cecchini, *The European Challenge*：1992（Aldershot, England：Wildwood House, 1988）.

2004 年 5 月，10 个国家，其中多为前社会主义国家和中东欧国家，成为欧盟新成员，它们是：波兰、匈牙利、捷克共和国、斯洛伐克、斯洛文尼亚、爱沙尼亚、立陶宛、拉脱维亚、马耳他和塞浦路斯。保加利亚和罗马尼亚于 2008 年加入，克罗地亚于 2013 年加入，土耳其等其他国家正在协商加入。加上 13 个新成员，欧盟 28 国的规模如今可以与北美自由贸易区相媲美（见表 10.1）。

10.6B　欧洲自由贸易联盟

1960 年，欧共体的"外围 7 国"建立了名为**欧洲自由贸易联盟**（European Free Trade Association，EFTA）的贸易区，这 7 国是：英国、奥地利、丹麦、挪威、葡萄牙、瑞典和瑞士。1961 年芬兰成为准成员。欧洲自由贸易联盟于 1967 年实现了工业品的自由贸易，但是在农产品贸易方面仅制定了几条减少壁垒的特别条款。

各国维护本国对非成员国的贸易壁垒的做法会导致**贸易偏差**（**trade deflection**）的产生。这是指为规避其他成员国较高的税收，进口品进入低税的成员国。为了应对贸易偏差，需要检查所有进口品的最初来源国及最后到达国。当然，这种问题在关税同盟内部不会出现，因为成员国实行共同的对外关税；这种问题在特惠贸易安排中也不严重，因为成员国中只享受少量的税收优惠。

1970 年冰岛同意加入欧洲自由贸易联盟，1986 年芬兰成为成员国，1991 年瑞士的一个关税区列支敦士登也加入了。但 1973 年英国和丹麦退出欧洲自由贸易联盟，与爱尔兰一起加入了欧盟。1986 年葡萄牙也加入这一行列。这样一来，1991 年欧洲自由贸易联盟的成员变成了 7 个（奥地利、芬兰、冰岛、列支敦士登、挪威、瑞典和瑞士），总部设在日内瓦。1994 年 1 月 1 日，欧洲自由贸易联盟与欧盟联合组成了**欧洲经济区**（**European Economic Area，EEA**）。欧洲经济区最终将允许大部分产品、服务、资本和人员在 17 个成员之间自由流动（瑞士和列支敦士登 1992 年 12 月否决了条约，并且列支敦士登不能脱离瑞士单独加入该组织）。欧盟共有 3.85 亿人口。奥地利、芬兰和瑞典也在 1995 年成为欧盟成员国。这样一来，欧洲自由贸易区就只剩下四个成员,即瑞士、挪威、冰岛和列支敦士登。

10.6C 北美自由贸易协定及其他自由贸易协定

1985年9月,美国同以色列谈判签订了一个自由贸易协议,这是美国的第一个双边贸易协定。协议规定两国在商品贸易中削减关税和非关税贸易壁垒。服务贸易也被放开了,而且通过了保护知识产权的若干条款。

虽然美国和加拿大早在1965年就有了汽车的自由贸易协议,但涉及广泛经济领域的自由贸易协议却历时一个多世纪也未达成。1988年,这样一个自由贸易协定最终谈判成功。1989年1月美加自由贸易协定生效时,加拿大已成为美国的最大贸易伙伴,每年两国间的贸易额达1500亿美元(其中75%免税)。协定呼吁在1998年消除大部分保留的关税及非关税贸易壁垒。据估计,由于协定的签署,加拿大的经济增长速度加快了5%,美国的经济增长速度加快了1%,在两国都创造了成千上万个新的就业机会。

美加自由贸易协定还首次建立了一整套服务贸易的管理协定。规定每个国家对另一个国家的服务部门应与对待本国的服务部门相同。同时减少会计、律师、工程师、其他专业人员过境的繁文缛节。协定还规定,终止所有现存的两国之间能源运输的限制,减少各自在对方国家市场投资的限制。

1993年9月,美国、加拿大、墨西哥签署了**北美自由贸易协定**(**North American Free Agreement,NAFTA**),于1994年1月1日起正式生效。该协定的宗旨是最终在整个北美地区实现产品和服务的自由贸易。北美自由贸易协定将逐步消除许多贸易壁垒,并减少三国间跨国投资的限制。1993年墨西哥从美国的进口达410亿美元,出口400亿美元,协定生效时已经是仅次于加拿大、日本的美国的第三大贸易伙伴。北美自由贸易协定的主要作用就体现在美国与墨西哥之间的贸易上(加拿大加入北美自由贸易协定只是为了确保自己的利益得到保护)。

通过增强产品和资源市场的竞争与降低美国消费者所面对的大量商品的价格这两条途径,北美自由贸易协定的实施使美国受益。事实上,1994—2008年,美国和墨西哥的双边贸易增长超过了2倍。因为美国的经济规模比墨西哥高15倍,美国从北美自由贸易协定中获得的福利占其GDP的份额比墨西哥小得多。而且,美国的工资比墨西哥高6倍多,北美自由贸易协定预期会减少非技术性工作岗位,而增加技术性工作岗位,使美国净增加9万~16万个就业机会(参见Inter-American Development Bank,2002)。然而,豪夫鲍尔(Hufbauer)和肖特(2005年)近期的研究显示,美国因为北美自由贸易协定而增加的净就业机会可能少很多(甚至可能会有少许净损失)。在美国,低工资的地区会受损失(如亚拉巴马州和阿肯色州),而高工资地区将受益。但是通过一项为期15年、用以帮助被替代工人的阶段性计划,美国低收入地区工人的损失将被降到最低。

与墨西哥进行自由贸易可使美国工业从墨西哥进口劳动密集型零部件,然后在本国完成其他工序,而不至于使所有的工作岗位都流失到低工资国家。实际上,近期墨西哥新增的工作岗位可能不是来自美国,而是来自其他国家,例如马来西亚,该国的工资水平如今与墨西哥大体相当。作为国会批准北美自由贸易协定的条件,美国也与墨西哥签订了一系列管理工作场所及环境标准的补充协议(用来预防美国公司将经营业务转到墨西哥以利用其宽松得多的税收和环境管制),并保护美国的某些产业免受进口暴增的冲击。

北美自由贸易协定的实施,也使墨西哥由于不断进入美国的巨大市场带来的更多的出口增长,以及不断增加的外国资本流入而受益。墨西哥的农业遭受了工作岗位和收入的净损失,但在工业上的净增加足以弥补这些损失。随着时间的推移,人们预计在工业中增加的就业机会和提高的工资将减少墨西哥人移民到美国的压力。然而,由于墨西哥薄弱的经济制度基础和不充分的经济结构改革,墨西哥从北美自由贸易协定中获益的能力是有限的(参见案例研究 10.3)。

案例研究 10.3

墨西哥从北美自由贸易协定所获收益——期望与结果

表 10.3 显示了到 2005 年北美自由贸易协定对墨西哥长期影响的模拟研究的结果并与实际结果进行了对比。1995—2005 年的 10 年间,在该协定下,墨西哥的实际国内生产总值估计以每年 5.2% 的速度增长,而如果没有该协定则年增长速度将为 3.8%。人们还预计北美自由贸易协定会带来以下影响:(1)墨西哥的通货膨胀率从每年 14.5% 降至 9.7%,短期利率从 18.3% 降至 13.0%;(2)国外直接投资从每年 60 亿美元增至 92 亿美元,出口增长从每年 8.3% 增至 10.4%;(3)贸易逆差从每年 97 亿美元增至 149 亿美元,资本流入从每年 106 亿美元增至 147 亿美元。

1994—2005 年实际的年平均值如下:实际 GDP 的年增长率为 2.8%,通货膨胀率为 13.9%,短期利率为 18.7%,国外直接投资的净流入为 169 亿美元,出口的增长率为 9.2%,贸易赤字为 77 亿美元而资本净流入为 168 亿美元。1994—2008 年的实际结果与 1994—2005 年类似(见表 10.3 的最后一列)。由此可见,墨西哥并未获得预期能够从北美自由贸易协定中得到的大部分好处,这是因为 1995 年墨西哥严重的经济危机和 2001—2002 年美国经济的缓慢增长,更重要的因素是其薄弱的经济基础和不适宜的结构改革。如果将 1995 年(这一年墨西哥经济萧条)和 2000—2002 年(这几年美国经济衰退,增长缓慢,减少了美国从墨西哥的进口)的数据移除,墨西哥的实际 GDP 年均增长率 1994—2005 年为 4.5%,1994—2008 年为 4.1%。

表 10.3　北美自由贸易协定对墨西哥经济的影响(1994—2005 年及 1994—2008 年的年平均值)

项　　目	有北美自由贸易协定时的估值	没有北美自由贸易协定时的估值	差异	1994—2005 年实际结果	1994—2008 年实际结果
实际国内生产总值增长率/%	5.2	3.8	1.4	2.8	2.9
通货膨胀率/%	9.7	14.5	−4.8	13.9	12.0
短期利率/%	13.0	18.3	−5.3	18.7	16.5
国外直接投资/10 亿美元	9.2	6.0	3.2	16.9	18.2
出口增长率/%	10.4	8.3	2.1	9.2	8.4
贸易逆差/10 亿美元	14.9	9.7	5.2	7.7	9.6
金融资本净流入/10 亿美元	14.7	10.6	4.1	16.8	16.2

资料来源:L. Klein and D. Salvatore,"Welfare Effects of the NAFTA,"*Journal of Policy Modeling*,April 1995,pp. 163-176;G. C. Hufbauer and J. J. Schott,*NAFTA Revisited*(Washington,D. C.:Institute for International Development,2005);and "Measuring the Economic Effects of NAFTA on Mexico,"*CEFifo Forum*,No. 4 Winter 2010,pp. 31-37.

1993 年美国还发起了美洲初创计划(EAI),最终导致了 1998 年美洲自由贸易区的形成,其最终目标是成立南北美 34 个国家的自由贸易区。然而,谈判中困难重重,预计最终成功仍要耗费很多时日。2001 年以来,美国与澳大利亚、巴林、智利、约旦、摩洛哥、阿曼、秘鲁和新加坡签订了自由贸易协定(FTAs),与多米尼加共和国、哥斯达黎加、萨尔瓦多、危地马拉、洪都拉斯和尼加拉瓜签订了美国—多米尼加共和国—中美洲自由贸易协定(US-DR-CAFTA)。2011 年美国与韩国、巴拿马和哥伦比亚的自由贸易协定获得了批准。2013 年以来,美国在与环太平洋 12 国(澳大利亚、文莱、加拿大、智利、马来西亚、日本、墨西哥、新西兰、秘鲁、新加坡、美国、越南)协商跨太平洋伙伴关系(TPP),在与欧盟协商跨大西洋贸易及投资伙伴关系。美国正在与其他国家就自由贸易协定进行谈判。

近年来,欧盟和其他国家也在积极进行自由贸易协定谈判。欧盟与阿尔及利亚、埃及、以色列、约旦、黎巴嫩、摩洛哥、突尼斯和土耳其进行了自由贸易协定谈判,作为创建欧洲—地中海自由贸易区(EMFTA)的努力的一部分。欧盟还与挪威和瑞士;南非和韩国;智利、哥伦比亚、墨西哥和秘鲁;以及 15 个其他小国缔结了自由贸易协定。欧盟正在与加拿大、南方共同市场、海湾阿拉伯国家合作委员会(包括巴林、科威特、阿曼、卡塔尔、沙特阿拉伯、阿联酋)进行自由贸易协定谈判。

日本与东盟自由贸易区(ASEAN)以及文莱、智利、印度、印度尼西亚、马来西亚、墨西哥、秘鲁、菲律宾、新加坡、瑞士、泰国和越南缔结了自由贸易协定。加拿大与美国和墨西哥(NAFTA)、欧洲自由贸易联盟(EFTA)、欧盟[综合性经济贸易协议(CETA)]以及智利、哥伦比亚、哥斯达黎加、以色列、约旦、巴拿马和秘鲁缔结了自由贸易协定,并且仍在与其他很多国家进行谈判。截至 2014 年 6 月,自由贸易协定的数量已经由 1990 年的仅 50 余个增加到 379 个。如今,大多数国家都属于多个自由贸易协定。有些人认为,这种双边的和区域性的自由贸易协定的大杂烩般的繁荣是通向更加自由的多边贸易体系的重重阻碍。

10.6D　发展中国家的经济一体化尝试

欧盟的成功激励了许多发展中国家也采取一体化的方式来提高经济的发展速度。然而其中的大多数尝试仅获得了有限的成功或遭到了失败。下面给出几个例子(区域贸易协定的完整列表见附录 A10.2):

1. 安第斯共同体(CAN),由玻利维亚、哥伦比亚、厄瓜多尔和秘鲁于 1988 年建立。

2. 中美洲统一市场(CACM),由哥斯达黎加、萨尔瓦多、危地马拉、洪都拉斯和尼加拉瓜共建于 1960 年。该组织于 1969 年解散,1990 年重新恢复。2006 年达成了多米尼加共和国—中美洲自由贸易协定。

3. 拉美自由贸易协定(LAFTA),由墨西哥和南美洲大多数国家于 1960 年建立,包括一个分支机构(安第斯国家共同体,1969 年由玻利维亚、智利、哥伦比亚、厄瓜多尔、秘鲁和委内瑞拉建立),该组织希望加速一体化进程并建立共同市场,1980 年拉美自由贸易协定被拉美一体化协定(LAIA)所取代。

4. **南方共同市场(Southern Common Market,Mercosur)**,由阿根廷、巴西、巴拉圭和乌拉圭于 1991 年建立。委内瑞拉 2012 年成为正式成员国。玻利维亚、智利、秘鲁、哥伦比亚和厄瓜多尔为准成员国。

5. 加勒比海自由贸易协定(CARIFTA),成立于 1968 年,1973 年形成共同大市场(CARICOM)。成员国有安提瓜岛和巴布达岛、巴哈马、巴巴多斯、伯利兹、多米尼加、格林纳达、圭亚那、海地、牙买加、蒙特塞拉特岛、圣基茨和尼维斯、圣路西亚、圣文森特、格林纳丁斯群岛、苏里南、特立尼达岛和多巴哥岛。

　　6. 东非经济共同体(EAC)，1967 年由肯尼亚、坦桑尼亚、乌干达建立。

　　7. 西非经济共同体和货币联盟(WAEMU)，包括贝宁、布基纳法索、科特迪瓦、几内亚比绍、马里、尼日尔、塞内加尔和多哥。

　　8. 由 14 个成员国组成的南非发展共同体(SADC)，包括安哥拉、博茨瓦纳、刚果民主共和国、莱索托、马达加斯加、马拉维、毛里求斯、莫桑比克、纳米比亚、南非、斯威士兰、坦桑尼亚、赞比亚和津巴布韦。

　　9. 东南亚国家联盟(ASEAN)，包括文莱、柬埔寨、印度尼西亚、老挝、马来西亚、缅甸、菲律宾、新加坡、泰国和越南。1992 年，东南亚国家联盟组建了东盟自由贸易区(AFTA)。

　　10. 太平洋联盟(PA)，2014 年 2 月由墨西哥、哥伦比亚、秘鲁和智利组建，目的是创建一个自由贸易区。

　　这些关税同盟在很大程度上造成贸易转移，鼓励产业发展。也许各组发展中国家经济一体化最大的障碍是各成员间利益分配不平均。利益往往主要归于一组中最发达的国家，这导致落后的国家退出，经济一体化的努力随之宣告失败。克服这个困难的一个办法是通过产业计划提供投资帮助(即向每个成员国分配若干产业)。虽然这个策略曾经在中美洲共同市场进行过试验，但最终以失败告终，该联盟于 1969 年解体(不过如前所述，1990 年又得以恢复)。

　　另一个困难是许多发展中国家不愿意将它们刚刚获得的领导权让出一部分给一个超国家的共同体组织，而这一点正是成功的经济一体化所需要的。其他困难还有，在成员国中缺乏良好的运输和通信条件，相距遥远使各成员国之间缺少交流，各国经济中基本的互补性和农产品出口争夺同一个世界市场。由于这些原因，发展中国家的经济一体化在大多数情况下还不能说是成功的。案例研究 10.4 给出了南方共同市场的经济概况。

案例研究 10.4

南方共同市场的经济概况

　　表 10.4 给出了南方共同市场的经济概况，该组织于 1991 年由阿根廷、巴西、巴拉圭和乌拉圭共同创立。委内瑞拉于 2012 年成为正式成员国。巴拉圭 2012 年因为违反了南方共同市场的民主条款而被暂时除名，不过 2013 年 7 月选举了新总统后又恢复了成员资格。玻利维亚、智利、哥伦比亚、厄瓜多尔、新西兰、墨西哥和秘鲁是准成员国。南方共同市场原计划 1995 年建成关税同盟，但 2015 年年初仍未实现该计划。如表 10.4 所示，2014 年南方共同市场的人口为 2.85 亿，国民生产总值为 34 641 亿美元，人均国民生产总值为 12 156 美元，商品总出口为 3 964 亿美元，总进口为 3 723 亿美元。

　　南方共同市场各国间的贸易从 1990 年的 41 亿美元(占全部贸易的 8.9%)增至 2005 年的 211 亿美元(占全部贸易的 12.9%)。但是根据世界银行的一项研究(耶茨，1998)，其中很大一部分是来自同盟国以外效率较高的生产者的贸易转移。1999 年 1 月，巴西遭到严重的经济和金融危机，该国货币(真实汇率)迅速贬值。这鼓励了阿根廷从巴西进口，抑制了阿根廷的出口,使阿根廷的衰退更加严重。2002年1月,阿根廷面对经济、金融和政治的全面崩溃,被迫进行了货币贬值。所有这些都使南方共同市场两个主要成员国之间关系紧张,甚至让人担心联盟会崩溃。不过到2003年,由于经济增长的复苏,南非共同市场重新上了轨道,直到受2008年全球金融危机的影响该进程被终止了。

国　　家	人口/百万人	国内生产总值/10亿美元	人均国民生产总值/美元	出口/10亿美元	进口/10亿美元
阿根廷	41.8	608.6	14 560	71.9	65.2
巴西	202.0	2 375.3	11 760	225.1	239.1
巴拉圭	6.9	28.7	4 150	9.7	12.2
乌拉圭	3.4	55.9	16 360	9.2	11.5
委内瑞拉	30.9	395.6	12 820	80.5	44.5
南方共同市场	285.0	3 464.1	12 156	396.4	372.3
美国	318.9	17 601.1	55 200	1 623.2	2 409.4
北美自由贸易协定	478.2	20 673.7	43 233	2 495.0	3 295.9
欧盟(28国)	507.9	18 091.3	35 648	5 961.3	6 018.8
欧盟(28国)外部	—	—	—	2 262.1	232.4
日本	127.1	5 339.1	42 000	683.9	822.3

表 10.4　南方共同市场

资料来源:World Bank, *World Development Report* 2015(Washington, D. C.:World Bank,2015); and WTO, *International Trade Statistics*(Geneva:WTO,2015).

　　从2003年开始,南方共同市场在巴西的领导下,开始寻求与安第斯国家共同体以及其他南美国家达成自由贸易协定,以增加各自与美国在建立美洲自由贸易区时的谈判力量。案例研究10.5给出了随经济一体化而改变了的贸易模式。

案例研究 10.5

经济一体化下的贸易模式变化

　　表10.5给出了1990年、1995年、2000年、2005年、2010年和2014年欧盟、北美自由贸易协定和南方共同市场的出口总额、联盟内出口额及联盟内出口额占出口总额的百分比。该表显示欧盟的内部贸易额所占比例最大,南方共同市场最小。南方共同市场1990—1995年(即1991年成立后的4年)联盟内贸易增长较快,北美自由贸易协定1995—2000年(在其1994年成立之后)联盟内贸易增长较快。2000—2005年南方共同市场的内部贸易额在总贸易额中所占比重大幅下降,这主要是因为2001—2002年阿根廷和巴西发生了经济危机。2010年欧盟和北美自由贸易协定的内部贸易额在总贸易额中所占比重也因为2008年爆发的全球金融危机而下降了。东南亚国家联盟2014年与表10.5中相对应的各项值为12 730亿美元、3 340亿美元和26.2%。安第斯共同市场2014年与表10.5中相对应的各项值为1 370亿美元、100亿美元和7.3%。

表 10.5　1990 年、1995 年、2000 年、2005 年、2010 年和 2014 年欧盟、北美自由贸易协定和南方共同市场联盟内及联盟间贸易额（10 亿美元，百分比）

欧盟/10 亿美元			
年度	总额	欧盟内	欧盟内占总额的%
1990(15 国)	1 482	980	66.1
1995(15 国)	1 937	1 295	66.9
2000(15 国)	2 251	1 392	61.8
2005(27 国)	4 065	2 756	67.8
2010(27 国)	5 153	3 365	65.3
2014(28 国)	5 961	3 900	65.4

北美自由贸易协定出口/10 亿美元			
年度	总额	北美自由贸易协定内	该联盟内占总额的%
1990	562	240	42.7
1995	857	394	46.0
2000	1 225	682	55.7
2005	1 476	825	55.9
2010	1 965	956	48.7
2014	2 495	1 251	50.1

南方共同市场出口/10 亿美元			
年度	总额	南方共同市场内	该联盟内占总额的%
1990	46	4	8.7
1995	71	15	21.1
2000	85	18	21.2
2005	164	21	12.8
2010	281	44	15.7
2014	316	44	13.9

资料来源：WTO, *International Trade Statistics*（Geneva：WTO, 2015）.

10.6E　中东欧及原苏联地区的经济一体化

　　1949 年，苏联与东欧共产主义集团的国家（保加利亚、捷克斯洛伐克、民主德国、匈牙利、波兰、罗马尼亚）及蒙古（古巴、朝鲜、越南后来加入）共同成立了**经济互助委员会**（Council of Mutual Economic Assistance，CMEA 或 COMECON），简称经互会。该组织成立的宗旨是将以前对西方国家的贸易转移出来以实现共产主义国家内部更大程度上的自给自足。在这种安排下，大多数成员国用工业品和农产品交换苏联的石油和天然气。

　　在经互会成员国中，国家通过若干个**国家贸易公司**（state trading companies）来决定和控制所有的国际间交易，每个公司负责某些产品线。在这种体制下，进口的物品的种类和数量完全由各国根据国家计划需要超出仅依靠国内生产所不能满足的水平决定（例如消除"物质平衡"中的缺口）。然后由国家决定出口哪种产品以换取所需要的进口产品。在这种贸易中，政治因素至少与经济因素同样重要,比较优势和商品相对价格则没有任何直接的作用。实际上,这些**中央计划经济**(centrally planned economies)(即经济中价格不是由市场力量决定而是由政府直接决定)一般都强调自给自足,并倾向于把国际贸易看作弥补物质平衡缺口、获得本国或经互会无法提供的产品与服务(如高科技产品)的"必要之恶"。

经互会成员国之间的贸易一般是以双边协定和大量采购为基础的。**双边协定**(bilateral agreements)通常包括易货贸易和反向贸易,这里指一物与另一物直接进行交换,或者至少尽力去平衡本国的贸易。理由是:任何"可兑换"卢布(经互会贸易账户的货币单位)的剩余,不能花费在从任何国家进口产品和服务上,除非这个国家是积累卢布的来源。例如,如果波兰对苏联的出口多于进口,它只能用盈余的卢布购买苏联的产品。**大宗采购**(bulk purchasing)是一种协议,指一国的贸易公司从另一国的贸易公司购买一年或几年的特定量的某种商品。

1989 年年底以来,整个东欧和苏联共产主义政权瓦解,德国统一,南斯拉夫分裂,苏联解体。这些重大的政治变化至少有一部分与中央计划经济的失败有关。所有 12 个**中东欧国家**(Central and Eastern European Countries,CEEC)以及 15 个**新独立国家**(Newly Independent States,NIS)现在正奋力在市场的轨道上重建经济和国际贸易。在几十年的中央计划经济和产品严重缺乏情况下,这是个十分艰巨的任务。建立市场经济需要满足以下几方面的要求:(1)摆脱政府控制,实行自由的价格和工资制度(这样市场的供求力量可自由配置资源);(2)生产性资源由政府手中转移到私人业主手中(即经济私有化);(3)实行竞争和国际贸易自由化的开放经济(即以市场原则为基础的贸易取代国家贸易);(4)建立发挥市场经济功能所必需的法律和执行机构(如财产权、西方式银行体制、资本市场、成本会计、商法等)。

在大多数国家,伴随传统的中央计划经济的垮台,存在严重的经济混乱:不断上升的失业率、飞奔的通货膨胀、巨额的财政赤字、难以为继的国际债务和濒临崩溃的贸易关系。到目前为止,波兰、匈牙利和捷克共和国(1992 年捷克斯洛伐克分裂为捷克和斯洛伐克共和国)、斯洛文尼亚(1991 年由前南斯拉夫分裂出来)和爱沙尼亚(波罗的海国家,原属于苏联)是在经济重组中进步最快、增长最迅速的国家。其他中东欧国家则有些落后。最为困难的是大工业的私有化以及民主社会与市场经济机制的建立。1989 年以后,中东欧国家和新独立国家的贸易方向发生转折。1980 年,中东欧国家和新独立国家出口的 51% 是出口到其他中东欧国家和新独立的国家,28% 出口到其他工业国,21% 到发展中国家。2008 年,这些数据分别变成了 20%、63% 和 7%。

1991 年年底,苏联正式解体,在俄罗斯的领导下,大多数原苏联加盟共和国(现在称为新独立国家或 NIS)组成了**独联体**(Commonwealth of Independent States,CIS)。1991 年,欧盟与波兰、匈牙利和捷克斯洛伐克签署协议,允许这些国家与欧盟在除钢铁、纺织品和农产品等重要产品之外实行自由贸易。截至 1996 年,共有 10 个中东欧国家加入协议。1992 年,波兰、匈牙利、捷克共和国和斯洛伐克组成**中欧自由贸易联盟**(Central European Free Trade Association,CEFTA),波罗的海国家爱沙尼亚、拉脱维亚和立陶宛达成**波罗的海自由贸易协定**(Baltic Free Trade Agreement),这些国家如今都是欧盟成员国。

2004 年,10 个中东欧国家(波兰、匈牙利、捷克共和国、斯洛伐克、斯洛文尼亚、爱沙尼亚、立陶宛、拉脱维亚、马耳他和塞浦路斯)成为欧盟成员,保加利亚和罗马尼亚在 2008 年加入,克罗地亚在 2013 年加入。阿尔巴尼亚、前南斯拉夫的其他国家(波斯尼亚、黑塞哥维那、塞尔维亚和黑山、马其顿)和土耳其正在就加入欧盟事宜进行磋商。2009 年,原苏联加盟共和国(亚美尼亚、阿塞拜疆、白俄罗斯、格鲁吉亚、哈萨克斯坦、吉尔吉斯斯坦、摩尔多瓦、塔吉克斯坦、土库曼斯坦、乌克兰和乌兹别克斯坦)组建了一个自由贸易区——独立国家联合体自由贸易协定(CISFTA)。

本章小结

1. 经济一体化是指加入同盟的国家相互之间差别性地减少或消除贸易壁垒的商业政策。在特惠贸易协定(如英联邦特惠制)中,贸易壁垒只在参加国中减少。自由贸易区(如欧洲自由贸易联盟和北美自由贸易区)在成员国之间消除所有贸易壁垒,但是每个成员国对非成员国则保留壁垒。关税同盟(如欧盟)则更进了一步,对同盟外的贸易也采用共同的商业政策。统一市场(如 1993 年以后的欧盟和未来的南部共同市场),允许劳动力和资本在成员之间自由流动,这就又向前进了一步。而经济联盟可以协调(如比、荷、卢经济联盟),甚至可以统一(如美国)各成员的货币和财政政策。

2. 关税同盟静态的、局部的均衡效应用贸易创造和贸易转移来衡量。当一个成员国国内的产品被另一个成员国低成本的进口产品替代时就产生了贸易创造。这可以增加关税同盟国的专业化生产和福利。贸易创造关税同盟也会增加非成员国的福利,这是因为成员国所增加的收入的一部分会被用于从世界其他地区的进口。

3. 当从同盟外某国进口的低成本产品被同盟内某国的高成本产品所替代时,就发生了贸易转移。贸易转移减少了福利,因为它使生产从具有比较优势的地区转移出去。贸易转移关税同盟既导致贸易创造又产生贸易转移,因而它可能增加也可能减少福利,其最终结果取决于两种相反力量的强度。

4. 关税同盟理论是次优理论的特例。次优理论假设当不能满足社会福利最大化或帕累托最优的条件时,尽力满足尽可能多的条件是没有必要的,或者会导致次优福利效应。在成立关税同盟的条件下更有可能产生贸易创造并增加福利,这在理论上是显而易见的。关税同盟其他的静态效应是管理费用的节省和更强的谈判力量。然而,关税同盟对于单个成员的贸易条件的影响是不明显的。

5. 除了静态的福利所得外,形成关税同盟的国家会从竞争加剧、经济规模扩大、投资得到刺激、经济资源得到更好的利用中获得明显的动态收益。

6. 欧盟成立于 1958 年,由联邦德国、法国、意大利、比利时、荷兰、卢森堡组成。1973 年英国、丹麦、爱尔兰加入,1981 年希腊、1986 年西班牙和葡萄牙加入,1995 年奥地利、芬兰和瑞典加入,2004 年波兰、匈牙利、捷克共和国、斯洛伐克共和国、斯洛文尼亚、爱沙尼亚、立陶宛、拉脱维亚、马耳他和塞浦路斯加入,2008 年保加利亚和罗马尼亚加入,2013 年克罗地亚加入。1968 年工业品实现自由贸易,并实行共同的农业政策,而完全的统一市场在 1993 年形成。欧盟的成立导致工业品贸易扩大但农产品贸易发生转移。1993 年美国、加拿大和墨西哥签订了北美自由贸易协定。发展中国家的经济一体化的多次尝试或者收效甚微或者遭到失败,但南方共同市场看来颇为成功。南方共同市场的成员包括巴西、阿根廷、巴拉圭和乌拉圭。过去10 年间,自由贸易协定蓬勃发展。

关键术语

Baltic Free Trade Agreement, BAFTA	波罗的海自由贸易协定
bilateral agreements	双边协定
bulk purchasing	大宗采购
Central and Eastern European Countries, CEEC	中东欧国家
Central European Free Trade Association, CEFTA	中欧自由贸易联盟
centrally planned economies	中央计划经济
common market	共同市场
Commonwealth of Independent States, CIS	独联体
Council of Mutual Economic Assistance, CMEA or COMECON	经济互助委员会
customs union	关税同盟
duty-free zones or free economic zones	免税区或自由经济区
economic integration	经济一体化
economic union	经济联盟
European Economic Area, EEA	欧洲经济区
European Free Trade Association, EFTA	欧洲自由贸易联盟
European Union, EU	欧盟
free trade area	自由贸易区
Newly Independent States, NIS	新独立国家
North American Free Trade Agreement, NAFTA	北美自由贸易协定
preferential trade arrangements	特惠贸易协定
Southern Common Market, Mercosur	南方共同市场
state trading companies	国家贸易公司
tariff factories	关税工厂
theory of the second best	次优理论
trade creation	贸易创造
trade-creating custom union	贸易创造关税同盟
trade deflection	贸易偏差
trade diversion	贸易转移
trade-diverting customs union	贸易转移关税同盟
variable import levies	差价关税

复习题

1. 下列概念的含义是什么? 经济一体化,特惠贸易安排,自由贸易区,关税同盟,共同市场,经济联盟。请分别举例说明。

2. 贸易创造的含义是什么? 贸易创造关税同盟对成员国及非成员国的静态福利效应是什么? 它们是怎样产生的? 如何测度?

3. 贸易转移的含义是什么？贸易转移关税同盟对成员国及非成员国的静态福利效应分别是什么？它们是怎样产生的？如何测度？

4. 什么是次优理论？怎样说明关税同盟理论是次优理论的一例？

5. 在什么情况下关税同盟的形成更可能导致贸易创造和增加福利？

6. 形成关税同盟的国家可能会获得哪些动态效益？它们是如何产生的？程度有多高？

7. 欧盟的形成给它与世界各地在工业和农产品的贸易带来哪些影响？

8. 欧盟的形成为其成员国带来多大程度的静态效应和动态收益？

9. 美国签订了哪些自由贸易协定？什么是北美自由贸易区？

10. 试比较欧洲自由贸易区和欧盟。

11. 为什么发展中国家的经济一体化尝试通常只获得有限的成功甚至遭受失败？

12. 什么是经互会？重建东欧国家和原苏联的经济并使其融入世界经济的一体化所需的条件是什么？

13. 什么是中欧自由贸易联盟和波罗的海自由贸易协定？它们的最终目标是什么？

练习题

*1. 假定自给自足状态下商品 X 的价格在国家 1 是 10 美元，在国家 2 是 8 美元，在国家 3 是 6 美元，并且国家 1 是小国，不能通过贸易影响国家 2 和国家 3 的价格。如果国家 1 最初对从国家 2 和国家 3 进口的商品 X 征收非歧视性的 100％的从价税，那么，国家 1 会在国内生产商品 X 还是从国家 2 或国家 3 进口商品 X？

*2. 以第 1 题为基础：

（1）如果国家 1 后来与国家 2 结成关税同盟，国家 1 是将在国内生产 X 还是从国家 2 或国家 3 进口？

（2）国家 1 与国家 2 建立的关税同盟是贸易创造关税同盟，还是贸易转移关税同盟？还是二者都不是？

*3. 假定国家 1、国家 2 和国家 3 三个国家商品 X 的价格在自给自足情况下与第 1 题是相同的，并且国家 1 是小国，不能通过贸易影响国家 2 和国家 3 的价格。如果国家 1 最初对从国家 2 和国家 3 进口的商品 X 征收 50％（而不是 100％）的非歧视性的从价税，国家 1 是在国内生产商品 X 还是从国家 2 或国家 3 进口？

4. 以第 3 题为基础：

（1）如果国家 1 后来与国家 2 结成关税同盟，国家 1 是将在国内生产商品 X 还是从国家 2 或国家 3 进口？

（2）国家 1 与国家 2 建立的关税同盟是贸易创造关税同盟，还是贸易转移关税同盟？还是二者都不是？

5. 画图说明贸易创造关税同盟的效应。

6. 测度一国加入关税同盟的福利效应。

7. 画图说明贸易转移关税同盟减少其成员国福利的效应。

8. 测度一国加入关税同盟的净福利损失。

9. 画图说明贸易转移关税同盟增加其成员国福利的效应。

10. 测度加入贸易转移关税同盟的国家的净福利增加。

带 * 号练习题的答案

11. 决定贸易转移关税同盟成员国的福利是净增加还是净减少的因素是什么?

12. 画图表示如果国家1仅与国家2结成关税同盟,但国家3的含税价格低于国家2的自由贸易价格,将会发生什么样的情况。

13. 解释为什么1988年的美加自由贸易协定在美国引起的争议要比包括墨西哥在内的北美自由贸易协定引起的争议小得多。

14. 请表明欧盟开始于1993年年初的单一的统一市场给美国带来的潜在的成本与收益。

附录

本附录将给出贸易转移关税同盟静态效应的一般均衡分析,并按照年代顺序介绍战后贸易体系中的地区主义进程以及近年来这一进程加速的情况。

A10.1 贸易转移关税同盟静态效应的一般均衡分析

10.3节分析了贸易转移关税同盟静态的、局部均衡的福利效应。本附录在更高级的一般均衡框架下检验这些效应。这可以使大家了解贸易转移关税同盟在仅做局部均衡分析时不易看到的方面。同时,这种分析也给出了源于建立关税同盟的静态福利效应的完整轮廓。

贸易转移关税同盟的一般均衡分析见图10.3。该图中国家2的生产可能性曲线与图8.4中的相同。在这里为方便起见,我们假设国家2是小国,不能影响国家1和国家3(大国)商品 X 的相对价格。

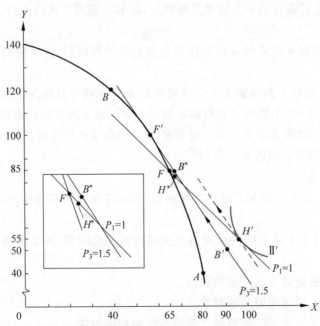

图 10.3 贸易转移关税同盟的一般均衡分析

国家2对 X 征收非歧视性的100%的进口关税时,以 $P_1=1$ 的相对价格在无差异曲线 II' 上的 F 点生产,在 H' 点消费(与在图8.4中一样)。与国家3结成关税同盟以后,国家2以 $P_3=1.5$ 的价格在 F' 点生产,在 $B'<H'$ 点消费。这一贸易转移关税同盟给国家2造成净福利损失。然而在不同的偏好下,国家2在关税同盟形成前后的消耗点完全可能分别是 H^* 点和 B^* 点,从而得到净福利(因为 $B^*>H^*$)。

国家 2 在对进口商品 X 收取非歧视性的 100% 的从价税时，在 F 点生产，该点的边际转换率或转换曲线的斜率与国家 1 含税的商品 X 价格相等，此时 $P_1'=2$（图中未画出）。然而，由于国家 2 征收关税，其消费水平在无差异曲线 II' 上的 H' 点，以 $P_1'=1$ 的价格用 30Y 与国家 1 交换 $30X$，此处的 $P_1'=2$ 与无差异曲线 II' 相切（与图 8.4 完全相同）。

如果现在国家 2 与国家 3 结成关税同盟，它将以 $P_3=1.5$ 的自由贸易价格从国家 3 进口 X。国家 2 有可能在位于沿 $P_3=1.5$ 线上的 B' 点消费。与 H' 点相比，B' 点包含的 X 和 Y 两种商品都更少，所以 B' 点一定位于较低的无差异曲线上（图中未画出）。这就证实了图 10.2 中的局部均衡效应分析，即国家 2 与国家 3 结成关税同盟后遭受了净福利损失。

然而，如果偏好不同，国家 2 也许在结成关税同盟前在 H^* 点消费而在结成关税同盟后在 B^* 点消费。由于 B^* 点较 H^* 点包含的 X 与 Y 的消费更多，因此贸易转移关税同盟为国家 2 带来净福利的增加（为使读者看得更清楚，我们在转换曲线内插入一图，将反映 F 点、B^* 点、H^* 点之间关系的区域扩大了）。因此，贸易转移关税同盟可能带来净福利的增加也可能造成损失，这取决于这个同盟形成的环境。

问题 由图 10.3 中国家 2 在 F 点生产，在 H' 点消费的情况开始，画图证明，相对于国家 1 来说，国家 3 的效率越低，国家 2 与它结成关税同盟后就越有可能获得净福利增加（即使是贸易转移关税同盟也是如此）。

A10.2　世界各地的区域贸易协定

表 10.6 列出了 2014 年 6 月世界各地的区域贸易协定。

表 10.6　2014 年世界各地的区域贸易协定		
非洲和中东		
阿拉伯马格里布联盟	AMU	阿尔及利亚、利比亚、毛里塔尼亚、摩洛哥、突尼斯
东南非共同市场	COMESA	布隆迪、喀麦隆、刚果民主共和国、吉布提、埃及、厄立特里亚、埃塞俄比亚、肯尼亚、利比亚、马达加斯加、马拉维、毛里求斯、卢旺达、塞舌尔、苏丹、斯威士兰、乌干达、赞比亚、津巴布韦
东非共同体	EAC	肯尼亚、坦桑尼亚、乌干达
中部非洲经济与货币共同体	CEMAC	喀麦隆、中非共和国、乍得、刚果、赤道几内亚、加蓬
中非国家经济共同体	ECCAS	安哥拉、布隆迪、喀麦隆、中非共和国、乍得、刚果共和国、赤道几内亚、加蓬、卢旺达、圣多美和普林西比
西非国家经济共同体	ECOWAS	贝宁、布基纳法索、佛得角、科特迪瓦、冈比亚、加纳、几内亚、几内亚比绍、利比亚、马里、尼日尔、尼日利亚、塞内加尔、塞拉利昂、多哥
海湾阿拉伯国家合作委员会	GCC	巴林、科威特、阿曼、卡塔尔、沙特阿拉伯、阿联酋
泛阿拉伯自由贸易区	PAFTA	巴林、埃及、伊拉克、约旦、科威特、黎巴嫩、利比亚、摩洛哥、阿曼、卡塔尔、沙特阿拉伯、苏丹、叙利亚、阿拉伯共和国、突尼斯
南非发展共同体	SADC	安哥拉、博茨瓦纳、刚果共和国、莱索托、马达加斯加、马拉维、毛里求斯、莫桑比克、纳米比亚、南非、斯威士兰、坦桑尼亚、赞比亚、津巴布韦
西非经济和货币联盟	WAEMU	贝宁、布基纳法索、科特迪瓦、几内亚比绍、马里、尼日尔、塞内加尔、多哥

续表

美洲与加勒比海地区

安第斯共同市场	CAN	玻利维亚、哥伦比亚、厄瓜多尔、秘鲁
加勒比共同体和共同市场	CARICOM	安提瓜和巴布达、巴哈马、巴巴多斯、伯利兹、多米尼加、格林纳达、圭亚那、海地、牙买加、蒙特赛拉特、圣基茨和尼维斯、圣卢西亚、圣文森特和格林纳丁斯、苏里南、特立尼达和多巴哥
中美洲共同市场	CACM	哥斯达黎加、萨尔瓦多、危地马拉、洪都拉斯、尼加拉瓜
中美洲自由贸易协定	CAFTA	哥斯达黎加、萨尔瓦多、危地马拉、洪都拉斯、尼加拉瓜；再加上美国和多米尼加共和国则是 US－DR－CAFTA
多米尼加共和国—中美洲自由贸易协定	CAFTA-DR	中美洲共同市场的成员国、多米尼加共和国、美国
拉丁美洲一体化协会	LAIA	阿根廷、玻利维亚、巴西、智利、哥伦比亚、古巴、厄瓜多尔、墨西哥、巴拉圭、秘鲁、乌拉圭、委内瑞拉
北美自由贸易协定	NAFTA	加拿大、墨西哥、美国
太平洋联盟	PA	智利、哥伦比亚、秘鲁、墨西哥
南方共同市场	MERCOSUR	阿根廷、巴西、巴拉圭、乌拉圭

亚洲与太平洋地区

亚太经合组织	APEC	澳大利亚、文莱、加拿大、智利、中国、中国香港、印度尼西亚、日本、韩国、马来西亚、墨西哥、新西兰、巴布亚新几内亚、秘鲁、菲律宾、俄联邦、新加坡、中国台湾、泰国、美国、越南
东盟自由贸易区	AFTA	文莱、柬埔寨、印度尼西亚、老挝、马来西亚、缅甸、菲律宾、新加坡、泰国、越南
亚太贸易协定	APTA	孟加拉国、中国、印度、韩国、老挝、斯里兰卡
太平洋岛国贸易协定	PICTA	14 个论坛岛屿国家
经济合作组织	ECO	阿富汗、阿塞拜疆、伊朗、哈萨克斯坦、吉尔吉斯斯坦、巴基斯坦、塔吉克斯坦、土耳其、土库曼斯坦、乌兹别克
南亚优惠贸易协定	SAFTA	阿富汗、孟加拉国、不丹、印度、马尔代夫、尼泊尔、巴基斯坦、斯里兰卡
南太平洋区域贸易和经济合作协定	SPARTECA	澳大利亚、新西兰、库克群岛、斐济、基里巴斯、马绍尔群岛、密克罗尼西亚、瑙鲁、纽埃、巴布亚新几内亚、所罗门群岛、汤加、图瓦卢、瓦努阿图、西萨摩亚

欧洲

独联体自由贸易区	CISFTA	亚美尼亚、阿塞拜疆、白俄罗斯、格鲁吉亚、哈萨克斯坦、摩尔多瓦、俄联邦、乌克兰、塔吉克斯坦、乌兹别克
欧亚经济共同体	EAEC	白俄罗斯、哈萨克斯坦、吉尔吉斯斯坦、俄联邦、塔吉克斯坦
欧盟(28 国)	EU	奥地利、比利时、保加利亚、克罗地亚、塞浦路斯、捷克共和国、丹麦、爱沙尼亚、芬兰、法国、德国、希腊、匈牙利、爱尔兰、意大利、拉脱维亚、立陶宛、卢森堡、马耳他、波兰、葡萄牙、罗马尼亚、斯洛伐克共和国、斯洛文尼亚、西班牙、瑞典、英国
欧洲经济区	EEA	欧盟、冰岛、列支敦士登、挪威
欧洲自由贸易联盟	EFTA	冰岛、列支敦士登、挪威、瑞典

第 **11** 章

国际贸易与经济发展

11.1 引言

除北美、西欧、日本、澳大利亚、新西兰等少数一些国家以外,世界上大多数国家被划分为不发达国家,或者从积极一点的意义上说,称为发展中国家。相对于发达国家来说,发展中国家的共同特点是:低(有些极端地低)人均真实国民收入、在农业及其他初级产品生产部门(如采矿业)中的高劳动力比例、低预期寿命、高文盲率、高人口出生率、低人均国民收入增长率。然而实际上发展中国家和发达国家之间并不存在明显的分界线,而是在非常富裕和非常贫困的国家之间存在一系列收入水平依次拉开的国家。

在过去,发达国家与发展中国家的经济关系表现为,发展中国家主要向发达国家出口食品和原材料,以交换后者的制造品。这仍然是最贫困的发展中国家的贸易模式,但对那些较先进的发展中国家来说,情况已有了变化。1980 年,制造品只占发展中国家出口的 25%,到 2013年,这一比率已达约 70%(世界银行,2014)。

虽然发展中国家的经济发展水平和速度基本上取决于自身的国内条件,但当今大多数经济学家仍然认为,国际贸易对于发展进程有重要意义。当然情况也并不总是这样,直到 20 世纪 80 年代,一些颇具影响力的非主流经济学家坚信国际贸易和当今国际经济制度造成了发展中国家长期贸易条件的恶化和出口收入的起伏不定,因而实际上是阻碍而不是促进了经济的发展。这些经济学家认为,建立在比较优势基础上的标准的国际贸易理论与发展中国家及其发展进程毫无关系。因此,他们主张通过进口替代(即在国内生产以前需要进口的制造品)来实现工业化和逐步减少对国际贸易的依赖,他们同时倡议改革现有的国际经济制度以使其更加符合发展中国家的需要。

本章我们将讨论以上所有问题。由于发展经济学的课程和教材对这些问题都有详尽的论述,因此我们的讨论将非常简洁。11.2节将考察国际贸易和经济发展的一般关系;11.3节将讨论贸易条件及其对经济发展的影响;11.4节将考察出口波动问题;11.5节将论述出口及进口替代的发展策略;11.6节将考察当今发展中国家面临的主要问题。

11.2 贸易对发展的重要性

本节首先分析国际贸易理论与发展中国家及其实际发展进程不相符的论点。接下来讨论国际贸易在19世纪所谓的"新定居区"是以何种方式成为"增长动力"的,以及今天的发展中国家为什么不再像从前那么依赖它。最终我们将得出国际贸易仍对今天的经济发展过程起重要作用的结论。

11.2A 贸易理论与经济发展

按照传统的贸易理论,如果各国专业化生产自己具有比较优势的商品,世界的总产出将会增加,通过贸易可使各国均受益。按照目前的要素禀赋和技术在发达国家与发展中国家的分布,根据比较优势理论,发展中国家应当继续专业化生产并出口原料、燃料、矿产品和食品,以换取发达国家的制造品。

发展中国家认为这种专业化的生产和贸易方式虽然可能在短期内使福利最大化,但会把自己降低到仅仅从属于发达国家的位置,并且在长期中无法获得产业的动态收益和福利最大化。这种源于实业生产的动态收益(区别于比较优势产生的静态收益),是指更加训练有素的劳动力、更多的创新、更高且稳定的出口产品价格,以及人民更高的收入水平。伴随着发展中国家初级产品生产的专业化和发达国家制造品生产的专业化,所有或大部分产业和贸易中的动态收益都被发达国家得到了,留给发展中国家的只是贫穷、不发达、从属于他人。观察一下实际情况,更会印证这种信念:所有发达国家都主要是工业化国家,而大多数发展中国家则主要从事农业或采矿业或生产简单的制造品。

发展中国家因此攻击传统贸易理论是静态的,而且与发展进程无关,它们称传统贸易理论注重调整现存的条件,而发展则要求必须改变现存的条件。简言之,传统贸易理论只能在某一时期的某一点上使福利最大化,但不能保证总是如此。

这些确实是严重的指责,如果是真的,确实会使传统贸易理论与经济发展脱钩。然而,如第7章(讨论经济增长与国际贸易)所述,传统贸易理论可以引入要素供给、技术长期内的改变从而加以拓展。这就意味着一国发展模式的制定不是一劳永逸的事情,必须随时间和条件的变化而改变。例如,随着一个发展中国家的资本积累和技术进步,其比较优势会从初级产品和简单的制造品转向更复杂的制造品和服务。在某种程度上,巴西、韩国、墨西哥和其他一些发展中国家已经发生了这种转变。因此,传统的贸易理论对于发展中国家及其发展进程仍然是很有意义的。

此外,产业的动态收益在理论上可以与比较优势的初始计算以及此后发生的比较优势的变化相结合。这也许能说明工业生产的扩张并不总是意味着发展中国家稀缺资源的最有效利用——正如一些国家已经认识到的一样。因此,虽然动态理论的必要性不可否认,但比较静态的方法能使我们将经济中发生的动态变化融入传统贸易理论。结果,传统贸易理论在上述限制条件下重新具有了与发展中国家及其发展进程的相关性。这种看法至少是研究此问题的大多数经济学家所认可的。

11.2B 作为增长动力的贸易

19 世纪,世界上大多数现代工业生产都集中在英国,资源贫乏的英国在工业生产和人口大量增长后,对**新定居区**(**regions of recent settlement**)(美国、加拿大、澳大利亚、新西兰、阿根廷、乌拉圭和南非)的食品和原材料出口需求大幅增长。例如,1815—1913 年,英国的人口增加了 3 倍,真实国民生产总值增加了 10 倍,进口增加了 20 倍。这一增长,通过我们熟悉的乘数—加速数原理传播到其余新定居区的经济中。因此,根据纳克斯(Nurkse,1970)的理论,出口部门成为推动这些地区经济迅速增长和发展的主导部门。也就是说,国际贸易在 19 世纪对这些国家的经济起到了**增长动力**(**engine of growth**)的作用。

新定居区能满足英国食品和原材料的需求(而且是以非常快的速度),这是因为存在一些有利的条件:首先,这些国家资源丰富,有肥沃的可耕地、森林、矿产资源。其次,身怀各种技能的工人从人口过剩的欧洲大量涌入这些空旷地区,同时涌入的还有大量的资本。虽然数据远非准确,但加拿大、阿根廷、澳大利亚的总资本(即投资)中的 30%～50% 是通过这种资本流入形成的。大量资本和工人的流入,使建铁路、开运河、生产能够提供食品与原材料新供给源的其他设施均成为可能。最后,海上运输得到的巨大改进,使这些地区能够比欧洲和其他传统的资源供给地区,以低得多的成本来满足英国对小麦、谷物、棉花、羊毛、皮革和大量其他食品与原材料的不断增长的需求。

这样一来,新定居区迅速增长的各种因素一应俱全:迅速增加的产品需求;大量的未开发自然资源;从欧洲涌入的巨额资本与大量工人。诚然,某些经济学家,如著名的克拉维斯(Kravis)就认为(并提出数据证明),19 世纪新定居区经济的迅速增长主要是因为具有非常优越的内部环境(如丰富的自然资源),而贸易在其中仅起了一个重要的支撑作用。即使如此,人们通常认为,今天发展中国家的增长与发展,对贸易的依赖比过去小得多,这是由于需求与供给条件都今不如昔了。

从需求方面来说,今天对发展中国家食品和原材料的需求的增长,比 19 世纪的新定居区慢得多。这其中有几个原因:(1)发达国家对发展中国家的许多种食品和农业原材料的需求收入弹性小于(有时远远小于)1。因而当发达国家的收入增加时,它们对发展中国家农产品出口的增加要小于收入增加的比率。例如,对咖啡的需求收入弹性是 0.8,可可是 0.5,糖是 0.4,茶叶是 0.1。(2)人工替代品的发展减少了对自然原料的需求。例如,合成橡胶减少了对天然橡胶的需求,尼龙减少了对棉花的需求,塑料制品减少了对兽皮的需求。(3)技术进步减少了许多产品中天然材料的含量,例如,镀锡的罐子和微型电路等。(4)发达国家中服务(比商品需要更少的原材料)产量的增长快于商品产量的增长。(5)发达国家对发展中国家许多产品(如小麦、蔬菜、糖、油等)的出口实行贸易限制。

从供给方面来看,凯恩克罗斯(Cairncross,1962)曾指出,与 19 世纪的新定居区相比,如今大多数发展中国家的自然资源要少得多(石油输出国除外)。此外,大多数发展中国家都人口过剩,所以食品和原材料的增加多被国内自身吸收而难以顾及出口。进一步来看,今天流入发展中国家的国际资本相对于 19 世纪来说也大为减少,而有技能的劳动者则是在流出而不是在流入(这些问题将在第 12 章讨论)。最后,直到 20 世纪 90 年代仍然存在的一个问题是,发展中国家更倾向于追求迅速的工业化而在某种程度上忽视了农业,因而也阻碍了它们的出口(和发展)前景。

11.2C   贸易对发展的贡献

即使在国际贸易一般不能被称为"经济增长动力"的今天,它也能从多个方面(除比较优势的静态所得以外)对发展中国家的经济做出贡献。哈伯勒和其他经济学家指出,国际贸易可以对经济发展产生以下重要的有益影响:(1)贸易可以充分利用未开发的国内资源。也就是说,通过贸易,发展中国家能够把由于不充分的国内需求造成的未被利用的资源转到贸易上,这样,本来在生产可能性曲线之内的低效率的生产点就可以外移到生产可能性曲线上。对于这样做的国家来说,贸易代表一个**剩余出口**(vent for surplus),或者说是一个农产品和生产资料剩余的潜在出路。这是发生在许多发展中国家的真实情况,特别是在东南亚和西非地区的国家。(2)通过市场规模的扩大,贸易可以促进劳动分工和规模经济。这在较小规模的经济体的轻工业早期的生产过程中尤为重要。(3)国际贸易是新观念、新技术、新管理和其他技能的传播媒介。(4)贸易也刺激和便利了国际资本由发达国家向发展中国家的流动。在国外直接投资的情况下,外国公司保留对投资的控制,因而,具有操作资本技能的人员很可能连同外国资本一同进入发展中国家。(5)在巴西、印度等几个大的发展中国家,新工业产品的进口刺激了国内需求并带动了国内这类产品的有效生产。(6)国际贸易是反垄断的有效武器。因为它刺激国内生产者提高效率以迎接竞争。这一点对于保持用于其他产品制造的中间品和半成品的低成本与低价格特别重要。

认为国际贸易有害,对它持批评态度的论述也可以列出同样多的理由。但是由于发展中国家如果从贸易活动中得不到收益或有损失,可以拒绝进行贸易。因而我们假设,进行贸易必有所得。实际情况是,当大多数贸易所得发生在发达国家时,就会有许多人感到不满、不公,要求改变现状。但这并不意味着贸易有害。当然人们总是能找到国际贸易阻碍经济发展的例子。然而多数情况下,国际贸易能为经济发展提供非常宝贵的帮助。这已被许多实证研究者所证实。甚至由于安全和意识形态方面的原因在战后大多数时期实行自给自足政策的中国,20世纪90年代也意识到贸易对经济增长和发展的贡献,并且从国际贸易中获益颇丰。

11.2D   国际贸易和内生性增长理论

最近由罗莫(Romer,1986)和卢卡斯(Lucas,1988)发起的**内生性增长理论**(**endogenous growth theory**)的发展,为国际贸易与经济的长期增长和发展的关系提供了更加令人信服、更严格的理论基础。特别是,该理论假设,减少贸易壁垒将在长期取得加快经济增长和发展的效应。这是通过下列途径做到的,即减少贸易壁垒可以:(1)允许发展中国家以更快的速度吸收发达国家的先进技术;(2)增加从研发(R&D)中得到的利益;(3)提高生产的规模经济;(4)减少价格的扭曲,提高国内资源的利用效率;(5)鼓励更专业化、更有效率地利用中间投入品;(6)更快地推出新产品和新的服务。

诚然,自由贸易促进增长和发展的这些途径中有许多以前人们就知道(参见11.2C小节),但以前的理论在很大程度上是非正式的,也不够严格。内生性经济增长理论要探索低贸易壁垒在长期中刺激经济增长的实际途径和方式。内生性经济增长理论尤其要寻求解释内生性技术变化产生的客观性是如何抵消资本积累的收益递减倾向的(正如新古典经济增长理论假定的那样)。即当其他投入固定不变时,每增加一单位可变投入,收益都将有所递减。

尽管该理论有上述优点,但由于缺乏详细数据,很难对其进行检验。事实上,正如爱德华(Edwards,1993)和派克(Pack,1994)指出的,迄今为止的大多数经验检验是基于按国家分组的涉及内容广泛的横截面数据,与以前的经验研究并无太大差别。也就是说,这些新的检验一般能够说明开放可导致更快的增长,但不能详细验证贸易引起持续增长的特殊方式,而这种方式正是内生性增长理论的主要贡献。因此有必要进行改革、贸易和增长三者关系的专门研究(见案例研究 11.1)。

案例研究 11.1

东亚经济增长的奇迹与贸易

表 11.1 给出了**高成长型的亚洲经济体**(high-performance Asian economies,HPAEs)的贸易与实际国内生产总值的平均增长率。这些国家和地区包括韩国、新加坡、中国香港和台湾地区(即 20 世纪 60 年代开始迅速发展的"亚洲四小龙")、马来西亚、印度尼西亚、泰国和中国内地。特别值得一提的是中国内地,其经济沿着这些国家和地区 20 世纪七八十年代的道路高速增长。由于中国内地的发展引人注目,它被单独归为一类。中国台湾地区的数据未能得到。

该表显示高成长型的亚洲经济体实际国内生产总值的平均增长率 1980—1990 年为6.9%,1990—1995 年为 7.7%。中国内地的增长更快,分别为 10.2%和 12.8%。以这样的速度,实际国内生产总值的增长在高成长型的亚洲经济体将每 10 年增长一倍,而中国内地则每6~7 年增长一倍。

表 11.1 还显示,出口增长率甚至比国内生产总值增长率还高,二者的增长显然是相互促进的。当然,还有其他因素造就了高成长型的亚洲经济体以及中国内地不同寻常的增长。这些因素包括极高的储蓄和投资、教育和培训的显著进步、对新技术的快速采纳以及从农耕经济向工业经济的转型。必须将这一贸易和经济增长的"东亚奇迹"与所有发展中国家和工业国实际国内生产总值及出口低得多的平均增长率进行比较(见表 11.1)。

表 11.1　1980—1995 年高成长型的亚洲经济体实际国内生产总值和贸易的平均增长率　%				
经　济　体	实际国内生产总值的增长率		出口增长率	
	1980—1990 年	1990—1995 年	1980—1990 年	1990—1995 年
韩国	9.4	7.2	12.0	13.4
中国香港地区	6.9	5.6	14.4	13.5
新加坡	6.4	8.7	10.0	13.3
泰国	7.6	8.4	14.0	14.2
印度尼西亚	6.1	7.6	5.3	21.3
马来西亚	5.2	8.7	10.9	14.4
平均	6.9	7.7	11.1	15.0
中国内地	10.2	12.8	11.5	15.6
发展中国家	2.8	2.1	7.3	5.2
工业国	3.2	2.0	5.2	6.4

资料来源:World Bank,*World Bank Development Report*,1997—2009.

然而,1997 年 7 月,泰国突然陷入了沉重的经济危机,并且危机很快蔓延到高成长型的亚洲经济体(中国内地除外,其仍维持了对经济的严格控制)。这场危机的起因是在国际资本市场上过度借入美元和日元短期资金,并将这些资金大量用于房地产投机和其他非生产性投资。当地银行和企业无法归还贷款,而外国银行拒绝提供新的贷款。当地银行于是停止向当地企业提供贷款,从而引起大量企业倒闭,使各国陷入了严重的萧条。1997—1998 年危机最严重的时候,韩国、中国香港地区、泰国和马来西亚的实际国民生产总值下降了 5% 以上,印度尼西亚的实际国民生产总值则下降了近 15%。不过,到 1998—1999 年,危机最严重的时期已经过去,各经济体重新步入增长的轨道,只是增长速度低于危机前(中国内地除外)。

11.3 贸易条件与经济发展

本节首先定义各类贸易条件,然后分析发展中国家贸易条件恶化的原因,最后公布一些研究成果,它们展示了发展中国家不同时期贸易条件和收入条件的变化。

11.3A 各类贸易条件

在 4.6 节,我们定义了商品或纯物物交换的贸易条件。然而,还有其他类型的贸易条件,如贸易的收入条件、单要素的贸易条件、双要素的贸易条件。我们将通过举例一一给予确定,并解释它们的含义。

我们在 4.6 节定义了商品或纯易货贸易条件(N),它等于一国出口价格指数(P_X)与进口价格指数(P_M)之比乘以 100(用来表示贸易条件的百分比)。即

$$N = (P_X/P_M) \times 100 \tag{11-1}$$

例如,如果我们把 1980 年作为基年($N = 100$),我们发现 2010 年年底一国的 P_X 降低了 5%(为 95),而 P_M 增加了 10%(为 110),则该国商品的贸易条件下降到:

$$N = (95/110) \times 100 = 86.36$$

这意味着 1980—2010 年该国出口价格相对于进口价格降低了 14 个百分点。

一国的**贸易收入条件**(income terms of trade)(I)的计算公式为

$$I = (P_X/P_M)Q_X \tag{11-2}$$

Q_X 是出口量指数。因而贸易收入条件是指一国以出口为基础的进口能力。承前例,如果 Q_X 从 1980 年的 100 上升为 2010 年的 120,则该国的贸易收入条件上升为

$$I = (95/110) \times 120 = 0.863\,6 \times 120 = 103.63$$

这意味着 1980—2010 年,该国的进口量(以出口收入为基础)上升了 3.63%(尽管 P_X/P_M 下降了)。由于发展中国家的发展在很大程度上依赖资本品的进口,因而这项指标的变化对它们来说非常重要。

一国的**单边要素贸易条件**(single factoral terms of trade)(S)的计算公式为

$$S = (P_X/P_M)Z_X \tag{11-3}$$

这里 Z_X 是一国出口部门的生产率指数。因此,单边要素贸易条件计算的是消耗一单位国内生产要素用于出口后,该国从中获得的进口量。例如,如果一国出口部门的生产率从 1980 年的 100 上升为 2010 年的 130,那么该国的这项指标为

$$S = (95/110) \times 130 = 0.863\,6 \times 130 = 112.27$$

这意味着与 1980 年相比,2010 年该国用于出口的一单位国内生产要素增加了 12.27% 的进口,即使该国与其他国家分享出口部门提高生产效率的好处,该国的情况也好于 1980 年(即使贸易条件下降,增加的福利也高于贸易收入条件所显示的)。

单边要素贸易条件的概念可扩展到计算一国的**双边要素贸易条件**(**double factoral terms of trade**)(D),其计算公式为

$$D = (P_X/P_M)(Z_X/Z_M) \times 100 \tag{11-4}$$

Z_M 是进口生产率指数,因此,D 测度的是国外用于本国进口的一单位生产要素可交换多少单位国内用于出口的生产要素。例如,如果 Z_M 从 1980 年的 100 上升到 2010 年的 105,则 D 上升为

$$D = (95/110)(130/105) = 0.863\ 6 \times 1.238\ 1 \times 100 = 106.92$$

在我们所定义的四种贸易条件中,贸易条件、贸易收入条件、单边要素贸易条件是最重要的。双边要素贸易条件对于发展中国家来说意义不大,极少使用(这里列出仅为使概念完整)。对发展中国家来说最重要的贸易条件是贸易收入条件和单边要素贸易条件。但由于贸易条件最容易计算,因此大多数经济学文献使用贸易条件这一概念。商品或纯物物交换的贸易条件经常被简单地称为贸易条件。如上例所示,即使贸易条件下降,贸易收入条件和单边要素贸易条件也可能上升。人们通常认为这对发展中国家有利。当然,最好是贸易条件、贸易收入条件和单边要素贸易条件三项指标均上升。而发展中国家最不希望看到的则是三项指标均恶化,这将引发 7.5B 小节提到的不幸的增长。

11.3B　所宣称的商品贸易条件恶化的原因

根据经济学家普雷维什(Prebisch)、辛格(Singer)和缪尔达尔(Myrdal)的理论,发展中国家的商品贸易条件会不断恶化。他们给出的原因是发达国家生产率的提高全部或大部分转化为工人更高的工资收入,而发展中国家却将生产率的提高全部或大部分转化为更低的价格。这样一来,发达国家从两个世界都获得了最多的好处:自身生产率的提高为工人带来高收入,同时,发展中国家随生产率提高而带来的低价格使发达国家在支付从发展中国家进口的农产品方面占尽好处。

生产率提高在发达国家和发展中国家产生不同效应的原因在于二者国内劳动力市场的巨大差别。特别是,由于劳动力在发达国家相对缺乏,工会组织又很强大,大多数生产率的提高被高工资所分享,从而生产成本和价格几乎没有改变。实际上,发达国家工人工资水平的提高有时甚至快于其生产率的提高。这会提高其出口商品的成本和价格。相反,由于大多数发展中国家劳动力过剩,大量工人失业,工会组织很弱小甚至没有,因此所有或绝大多数生产率的提高都反映到出口农产品成本和价格的降低上了。

如果发达国家与发展中国家生产率的提高都带来低商品价格,发展中国家的贸易条件在长期内将会改善。原因在于农业生产率的提高一般低于工业部门。因而相对于农产品来说,制造品的成本和价格将会下降。由于发达国家多出口制造品,而进口农产品和原材料,它们的贸易条件在这种情况下会恶化,所以发展中国家的贸易条件(按相反的过程)应该改善。正是由于生产率的提高在发达国家反映为收入增加而在发展中国家反映为价格下降,所以按普雷维什(1962)、辛格(1950)和缪尔达尔(1959)的说法,发展中国家的贸易条件最终是恶化的。

造成这种情况的另一个原因是发展中国家对制造品进口需求的增加比发达国家对农产品

进口需求的增加快得多。这是由于制造品的需求收入弹性比农产品的需求收入弹性高得多。这些论述虽然似乎有一定的道理,但仅从理论上对这些论点给予评价有一定困难。而且,过去几十年间很多发展中国家制造品出口占出口总额的比例大幅增长这一事实使计算更为复杂,而其结论也更派不上用场。

11.3C　商品与贸易收入条件的历史变化

普雷维什和辛格以英国的贸易条件从 1870 年的 100 上升为 1938 年的 170 为依据,1949 年在联合国的一项研究中指出,发展中国家(商品)贸易条件具有恶化的趋势。由于英国出口制造品,进口食品和原材料,而发展中国家恰恰相反,两人推断发展中国家的贸易条件(与英国贸易易条件发生变化的过程相反)从 100 下降为 100/170=59。

这一结论从几方面引起激烈争议。首先,由于进出口价格都以英国离岸价计算,大量观察显示英国进口的食品和原材料价格的相对下降是由于同一时期海运成本的大幅度降低而非出口国商品价格的降低。其次,英国出口制造品价格较高是由于出口制造品比初级产品质量提高得更快。例如,今天的打字机或计算机比二三十年前的产品能自动处理许多事情,但今天的一磅咖啡与以前的咖啡则无多大区别。因而相对于初级产品来说,制造品价格上升是很正常的。再次,发达国家也出口一些初级产品(如美国即为农产品出口大国),发展中国家也出口一些制造品。因此,在计算发展中国家贸易条件时不应把贸易的初级产品价格与制造品价格完全分开。最后,该研究终止于初级产品价格异乎寻常低的萧条年份,因此在很大程度上高估了英国贸易条件的改善(和发展中国家贸易条件的恶化)。

这些批评激发了其他的经验研究以克服这项联合国研究的缺点。其中之一是金德尔伯格(Kindleberger)于 1956 年出版的报告,他的结论是 1870—1952 年发展中国家的贸易条件相对于西欧来说仅略微有所恶化。然而他也拿不出具体数据。利普西(Lipsey)1963 年的研究认为,1880—1960 年发展中国家的贸易条件相对于美国来说并没有持续恶化的趋势。它们在"一战"前及"二战"到 1952 年间都是改善的,1952 年以后恶化。更新的研究有,斯普拉奥斯(Spraos,1983)在更正了运输成本和质量变化的数据后证实,发展中国家 1870—1938 年的商品贸易条件确实是恶化的,但远不像联合国研究所说的那么严重。不过,将战后到 1970 年间的数据加上之后,斯普拉奥斯却没有找到贸易条件恶化的证据。格瑞利(Grilli)和杨(Yang,1988)发现,初级产品和制造品(可大致看作发展中国家的贸易条件)1900—1986 年每年大约

恶化 0.6%,该数据不包括 1953 年以后的石油产品。雷因哈特(Reinhart)和惠格姆(Wickham,1994)对 1900—1990 年的数据的研究证实了这个结论。卡辛(Cashin)和麦克德莫特(McDermott,2002)的研究显示,1862—1999 年的 140 年间实际的商品价格每年大约下降 1%。他们还发现有证据表明 20 世纪初开始价格波动的幅度在上升,而 20 世纪 70 年代起价格的波动变得更频繁了。哈维(Harvey,2010)等人的研究证实了这一结论。最后,赞尼阿斯(Zanias,2004)用图 11.1 说明 1900—1998 年,初级

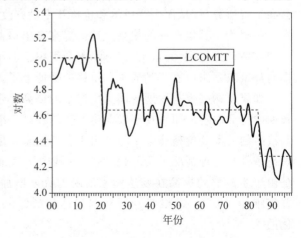

图 11.1　商品贸易条件与结构突变期间,1900—1998 年

商品的价格相对于制造品的价格(在纵轴上以对数衡量,从而以相等的距离代表相等的百分比)下降了将近 1/3,不过这一下跌并非逐渐发生的,而是发生在两个期间或称结构突变期间(1915—1920 年和 1975—1993 年)。

从以上研究中可得出一些重要的结论。第一,估算这种变化不可避免地会遇到许多统计上的困难。例如,时间段的选取及进出口价格指数的计算方式都极易对结论造成影响。第二,全体发展中国家的总贸易条件与单独某一国家无紧密关系。例如,与出口石油的发展中国家相比,出口食品的发展中国家的贸易条件改善要少得多。因此,起决定作用的是一国出口的产品类型以及这些产品在一段时期内的价格变化(参见案例研究 11.2)。第三,大多数研究表明,无论商品贸易条件如何变化,发展中国家总体的贸易收入条件是实实在在的改善了。其原因在于出口量有了巨大增长。例如,格瑞利和杨(1988)发现 1953—1983 年,发展中国家的商品贸易条件恶化了大约 20%,但它们的贸易收入条件则改善了大约 165%(如前所述,对于发展中国家来说,贸易收入条件比商品贸易条件更重要)。第四,生产率的变化很难计算,这又给要素贸易条件的计算造成了极大的困难。

案例研究 11.2

长期内商品价格的变化

表 11.2 给出了 1972—2014 年部分年度的商品价格指数变化。令 2000 年的价格为 100,该表显示非燃料商品价格从 1972 年的 44 增至 2014 年的 203,增长了 129%(请注意,百分比变化是通过期初和期末价格的平均数得出的)。1972—2014 年,食品、饮料、原材料和金属的价格分别增长了 111%、119%、136% 和 143%,而石油的价格增长了 188%。不过,请注意表 11.2 中显示的价格指数长期内有很大波动,如果我们比较其他年度可能会得到差别很大的结果。根据数据还可以得知主要出口商的贸易条件在很大程度上取决于它们所出口的商品(参见表 4.3 中发达国家、发展中国家整体、亚洲、中东和西半球国家贸易条件的变化)。

表 11.2　1972—2014 年部分年度商品价格的变化(2000 年=100)

商品	1972 年	1974 年	1980 年	1986 年	1990 年	1995 年	2000 年	2005 年	2010 年	2014 年	1972—2014 年变化/%
非燃料商品	44	85	114	85	106	125	100	126	202	203	129
食品	59	133	139	90	113	127	100	122	182	206	111
饮料	60	92	191	195	102	154	100	132	233	235	119
原材料	27	44	80	64	94	124	100	102	127	141	136
金属	43	79	110	79	122	122	100	160	323	261	143
石油	10	41	130	50	82	61	100	189	276	333	188

资料来源:International Monetary Fund, *International Financial Statistics* (Washington, D. C. : IMF, Various Issues).

11.4　出口波动与经济发展

除了长期贸易条件的恶化,发展中国家还可能面临出口价格和收入的短期波动,这会严重阻碍它们的经济发展。本节集中讨论短期波动性。首先从理论角度分析发展中国家出口价格和收入短期波动的原因与结果;然后列举测度这些短期波动程度的一些经验研究结论,并研究波动对发展的实际影响;最后,简要讨论旨在稳定和提高发展中国家出口商品价格和收入的国际商品协定。

11.4A　出口波动的原因和结果

发展中国家经常经历初级出口品价格的大幅度波动。这是由于需求和供给既缺乏弹性又不稳定所造成的。在图11.2中,D和S分别代表发展中国家初级出口品因缺乏弹性下降极快的需求曲线和供给曲线。D与S共同决定了均衡价格P。不论何种原因,如果D减少(向左移动)到D',或S增加(向右移动)到S',均衡价格将猛地下跌到P'。如果D和S同时移向D'和S',均衡价格下降更大直到P''。如果D'和S'又移回D和S,均衡价格将很快回到P。因此,发展中国家初级出口品缺乏弹性(即很陡的倾斜)以及不稳定(即移动)的需求曲线和供给曲线引起了这些国家出口品价格的大幅波动。

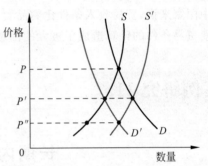

图11.2　发展中国家初级出口品价格的波动

D和S分别代表发展中国家初级出口品的需求曲线和供给曲线,由这两条曲线决定了均衡价格P。如果D移向D'或者S移向S',价格会大幅下降到P'。如果D和S同时移向D'和S',均衡价格会更猛烈地下降到P''。如果随后D'和S'移回D和S,则均衡价格也会回到P。这样,价格缺乏弹性和不稳定的D和S曲线就导致了大幅的价格波动。

但是,为什么发展中国家初级出口品的供给曲线和需求曲线是缺乏弹性和易移动的呢?对于发展中国家很多初级出口品的需求缺乏弹性是由于发达国家中的家庭仅花费收入中很少一部分用于购买咖啡、茶、可可、糖等商品。因此,当这些商品的价格变动时,各家庭很少改变这些商品的需求量。结果就导致缺乏价格弹性的需求。同样,许多矿产品的需求缺乏价格弹性,是由于极少有这些矿产品的替代品。此外,发展中国家初级出口品需求的不稳定也是发达国家商业周期的波动造成的。

再来分析供给,我们发现发展中国家初级出口品的供给是缺乏价格弹性的(即价格发生变动后供给量并没有很明显地随之变动)。这是由于大多数发展中国家的资源使用方式是受到严格限制、不灵活的,特别是林业资源需要很长的养护周期,而气候条件、病虫害等原因则造成了供给的不稳定。

由于出口价格的大幅度波动,发展中国家各年的出口收入也极不稳定。当出口收入增加时,出口商会增加消费、投资和银行存款。通过大家熟悉的乘数加速数作用,这些效应又成倍地转移到经济的其他部门。随后的出口收入下降又导致国民收入、储蓄、投资的成比例缩减。这种激增与速减的交替变换给发展计划(这一计划取决于对机械、燃料和原材料的进口)的实施带来巨大困难。

11.4B　出口波动及其对发展的影响的度量

麦克贝恩(Macbean)在 1966 年发表的一篇著名论文中指出,1946—1958 年的出口收入波动性指数(定义为以美元计算的出口收入的 5 年移动平均值,指数范围为 0~100),45 个发展中国家的指数是 23,18 个发达国家的指数是 18。

这些计算结果表明,发展中国家的**出口波动**(export instability)略高于发达国家,但其波动程度本身用 0~100 的标准来看在绝对意义上并不是很高。麦克贝恩还指出,发展中国家较高的出口收入波动不像以前所认为的那样是由于仅出口少量几种商品或是仅出口到少数几个国家(即贸易的商品集中或区域集中),而主要是由于出口商品的类型。例如,出口橡胶、黄麻、可可等商品的发展中国家的出口收入波动高于出口石油、香蕉、糖和烟草的发展中国家。

麦克贝恩进一步指出,发展中国家的出口收入波动对其国民收入、储蓄和投资的波动并无太大影响,对其经济发展也无太多干扰。这可能是由于波动水平较低,并且外贸乘数较小造成发展中国家的经济与其出口收入波动相脱离。这使麦克贝恩得出结论:发展中国家为了稳定出口收入所要求的成本高昂的国际商品协定是不合理的。同样的资源应投入真正的发展之中,这会比用来稳定其实并非很不稳定的出口收入获得更大的收益。此后,马西尔(Massell,1970,1990)、兰西尔瑞(Lancieri,1978)、洛夫(Love,1986)以及高什和奥斯垂(Ghosh and Ostry,1994)、辛哈(Sinha,1999)也证实了麦克贝恩的结论:出口不稳定性不是很高,也不会阻碍发展。

11.4C　国际商品协定

发展中国家单个厂商出口价格的稳定性可以通过纯粹的国内计划获得,例如,"二战"后成立的**销售委员会**(marketing boards)。委员会按固定牌价购买国内生产的产品,然后在价格波动的国际市场上出售。在好年景,委员会制定的国内牌价低于世界市场价格,委员会可以积累资金;在国内牌价高于国际市场价格的坏年景,这些积累就会被用到对国内生产者的支出上。例如,加纳的可可销售委员会和缅甸的大米销售委员会。然而,由于腐败以及很难预测和确定价格,只有少数这种销售委员会取得了某种程度的成功。

发展中国家最感兴趣的是**国际商品协定**(international commodity agreement),因为它们有可能增加出口价格和收入。国际商品协定有三种基本类型:缓冲库存储备、出口管制和购货合约。

缓冲库存储备(buffer stocks)是指当商品价格低于协定的低限时购买商品(加入贮藏),当高于协定的高限时销售储藏的商品。缓冲库存储备协定也有一些弊端:(1)某些商品的贮藏成本很高;(2)如果最低价格在均衡价格以上,存货就会越来越多。例如,建立于 1956 年的国际锡协定,在几年的成功运行之后于 1985 年崩溃。建立于 1979 年的国际天然橡胶协定于 1998年崩溃,而建立于 2001 年的国际可可协定于 2014 年获得延期。

出口管制(export controls)是指通过规范各国出口商品量来稳定出口商品价格。它最主要的优点是免除了储藏成本,主要缺点(与配额制一样)是导致低效率生产和需要所有主要出口商的参与(各家都面临继续置身事外或违规的巨大诱感)。出口管制的一个例子是国际糖业协定。该协定签订于 1954 年,但由于发达国家甜菜生产能力的增加而未能达到稳定和提高糖价的目的。签订于 1962 年的国际咖啡协定成功地将螺旋式下降的咖啡价格稳定在一个高水平上。该协定在 1989 年随咖啡价格直落而崩溃,1993 年重新恢复。除了 2010—2011 年和

2014 年,由于过度供给,咖啡的价格一直相对较低,咖啡生产国联盟维持全球出口计划并未发挥多少作用。正如 9.3C 小节中指出的,石油输出国组织 20 世纪 80 年代和 90 年代大部分时间也陷于混乱之中,原因在于石油价格在 20 世纪 70 年代的猛涨之后,由于石油产品的过度供给和需求不足而大幅下降。不过过去几年,石油价格有了显著上涨(参见表 11.2),直到 2014 年中期以后又开始大幅下跌。

购货合约(purchase contracts)是长期多边协定,它约定进口国购买特定量商品的最低价格以及出口国销售特定量商品的最高价格。这类协定避免了前两种协定的缺点,但导致了商品价格的双轨制。1949 年签署的国际小麦协定即购货合约之一,然而受此协定影响的主要是美国、加拿大和澳大利亚而并非发展中国家。20 世纪 70 年代初以后苏联大批量购买小麦,使其价格迅速上升超过均衡价格的上限。这一协定 1995 年就终止了。

以上提及的国际商品协定仅仅是"二战"后在各种特定的时期曾经流行过的几种,如上所述,除了国际咖啡协定之外,其余的协定在稳定和提高发展中国家出口商品价格和收入方面均或遭失败或收效甚微。原因之一是运行协定所需要支付的高额开支以及缺乏发达国家的支持,因为建立和运行这些协定的大部分负担要由发达国家承担。需要注意的是,在评价国际商品协定时有一点是非常重要的,即必须首先确定需要稳定的到底是价格还是收入,以及不稳定的原因到底是由于需求曲线的移动还是供给曲线的移动(这一点我们留作章末习题)。

国际货币基金组织 1969 年制订了一项补偿性财政计划,用来帮助在任何一年中出口收入低于前 5 年移动平均值的发展中国家(第 21 章将讨论这个问题)。一个与此相似的稳定出口的计划,是 1975 年由欧洲共同体耗资 40 亿美元为非洲、加勒比海和大西洋地区的 57 个洛美大会国家建立的。然而这些作用有限的计划远远满足不了发展中国家的要求。尽管如此,补偿性财政计划可以提供多方面的利益并避免国际商品协定所带来的大部分问题。

11.5 进口替代与出口导向

我们接下来分析发展中国家渴望实现工业化的原因以及通过进口替代而不是通过出口的策略来实现工业化的优缺点。我们还要评价进口替代策略的效应,大多数发展中国家在 20 世纪 50—70 年代将其作为实现工业化和发展的策略。然后,我们讨论众多发展中国家实行贸易自由化的趋势。

11.5A 是通过进口替代还是通过出口谋求发展

20 世纪 50—70 年代,大多数发展中国家经过深思熟虑后认为,必须实现工业化,而不能如传统贸易理论所说继续走专业化生产初级产品(食品、原材料、矿产品)以供出口的道路。工业化的实现要依靠:(1)更快的技术进步;(2)创造高薪工作岗位,从大多数发展中国家面临的严重失业和未充分就业的困境中解脱出来;(3)使关联生产过程前后的乘数加速数的作用得到更大限度的发挥;(4)改善贸易条件,稳定出口价格和收入;(5)解决发展中国家对制造品需求的增长快于出口收入增长的问题,从由此造成的收支不平衡的困境中解脱出来。所有富裕国家均是工业国,而大多数贫困国家则主要是农业国,从这一事实来看,发展中国家实现工业化的愿望是合乎情理的。

确定了工业化的目标后,发展中国家必须在通过进口替代和出口导向来实现工业化这两条道路之间做出抉择。两种政策都各有优缺点。**进口替代工业化**（**import-substitution industrialization,ISI**）有三种主要优势：（1）工业品市场已经存在，这已被进口商品所证明，从而降低了建立产业以取代进口的风险；（2）对发展中国家来说，保护国内市场以抵制外国竞争，比迫使发达国家降低针对自己的出口制造品的贸易壁垒更容易；（3）国外公司被引导建立了所谓的"关税工厂"以对抗发展中国家的关税壁垒。

这种策略的缺点是：（1）国内工业习惯于无国外竞争的环境从而缺乏提高效率的动力；（2）由于许多发展中国家国内市场狭小不能利用规模经济的优势，致使进口替代导致工业的低效率；（3）在初级制造品被国内生产取代以后，随着更多的资本密集和技术先进的进口必须由国内替代生产，进口替代将变得越来越困难且成本高昂（由于保护程度更高、效率更低的缘故）。

出口导向工业化（**export-oriented industrialization**）策略也有其优缺点。其优势在于：（1）它克服了国内市场狭小的缺陷，允许发展中国家利用规模经济的优势。这对于许多既贫困又弱小的发展中国家尤为重要；（2）为出口而进行的制造品生产，需要并刺激了整个经济的高效率，这在一种工业的产出是另一种国内工业的投入时尤为重要；（3）随着国内市场的成长，出口制造品的扩张是无限的（而进口替代下则是受限制的）。

不过，这种策略也有两个严重缺陷：（1）由于来自发达国家已建成的高效率工业的竞争，发展中国家建立出口工业可能非常困难；（2）发达国家经常采取有效的保守措施以保护自己的劳动密集型产业，而这些产业正是发展中国家已经或可以很快具有比较优势的产业。

20 世纪 50—70 年代，许多发展中国家特别是一些大国，热衷于选择进口替代策略来实现工业化，它们通过有效关税来保护自己的新工业或刺激它的诞生。开始时使用这一政策是为了鼓励简单地组装外国零部件，希望随后有更多的这种产品和中间产品在国内生产（后向联系）。国内工业的强保护性措施也刺激了发展中国家关税工厂的建立。

11.5B　进口替代的经历

通过进口替代实现工业化的政策通常只取得了有限的成功或遭遇失败。20 世纪 50—70 年代，在印度、巴基斯坦、阿根廷和尼日利亚等国，采取 100%～200%甚至更高的有效保护率是很常见的。这导致国内工业生产的极低效率和国内消费品的极高价格。有时，进口投入的国外通货价值甚至高于所产出的国外通货价值（负增加值）。

对工业的高度保护和补贴导致吸收过量的资本而只能吸收极少的劳动。例如，在资本相对匮乏的印度，钢铁行业的资本密度几乎与资本充裕的美国一样。这很快耗尽了发展中国家贫乏的资金，同时仅创造了少量的就业机会。其结果是大多数发展中国家逐年增长的劳动力大军中的大部分不得不进入农业和传统服务部门，从而加重了失业问题。此外，希冀在现代城市部门找到高薪职位使更多的人被吸引到了城市，而他们中很多人却找不到工作，这使失业问题变得越发严重。发展中国家把最大的优先权用于兴建新工厂、购置新设备，结果导致因缺乏资金购买生产资料和燃料而使生产能力大量闲置。发展中国家一班运转的工时制也是造成资本密度过高、劳动岗位过少的原因之一。

进口替代工业化政策也导致发展中国家忽视了农业和其他初级产品部门，引起传统出口部门收入下降，一些国家（如巴西）甚至被迫进口以前出口的食品。此外，进口替代由于需要进口更多的机器、原材料、燃料甚至食品，经常使发展中国家的国际收支趋于恶化。

综合的结论是，实施进口替代政策的国家（如印度、巴基斯坦、阿根廷）与那些早在 20 世纪

50 年代就实行出口导向的国家与地区(如中国香港、韩国、新加坡)相比状况更糟(参见案例研究 11.3),经济增长率也低得多。有人估计,进口替代政策使发展中国家高达 10% 的国民收入被白白浪费了。但也必须指出,进口替代可能会在发展阶段的早期给发展中国家带来一定的好处(特别是大国),而在以后的发展过程中出口导向政策才成为绝对必需的手段。这样看来,发展中国家可根据自己的发展程度轮流使用两种策略,特别是较大的发展中国家可以做到这一点。韩国实际上就是这样做的。

案例研究 11.3

富裕国家、全球化国家和非全球化国家的国内生产总值增长

表 11.3 显示,20 世纪 80 年代初以来,全球化的发展中国家比富裕国家和非全球化的发展中国家经济增长快得多,但此前则不是这样。富裕国家是指经济合作与发展组织的 24 个成员国以及智利、新加坡、韩国、中国香港和台湾等早期全球化(和相对高收入)国家和地区。在其余的 73 个可以得到数据的国家中,在贸易增长占国内生产总值的份额方面和平均关税削减方面排在前 1/3 的 24 个发展中国家被定义为全球化发展中国家,另外 2/3(49 个国家)被定义为非全球化发展中国家。增长是按照实际国内生产总值增长的加权平均计算的。因此,20 世纪 80 年代初以来,全球化意味着更快的增长。

表 11.3 20 世纪 60 年代至 21 世纪富裕国家、全球化国家和非全球化国家实际 GDP 的平均增长					%
分 类	60 年代	70 年代	80 年代	90 年代	2000—2010 年
富裕国家	4.7	3.1	2.3	2.2	1.6
全球化国家	1.4	2.9	3.5	5.0	5.0
非全球化国家	2.4	3.3	0.8	1.4	2.3

资料来源: D. Dollar and A. Kraay, "Trade Growth and Poverty," *World Bank Research Paper*, March 2001, p. 38; D. Salvatore, "Globalization, International Competitiveness, and Growth: Advanced and Emerging Markets, Large and Small Countries," *Journal of International Commerce, Economics and Policy*, April 2010, pp. 21-32.

11.5C 贸易自由化与发展中国家的增长

20 世纪 80 年代开始,许多以前实行进口替代工业化政策的国家转向贸易自由化并实行外向型策略。始于 1982 年的债务危机(见 11.6B 小节)和实行外向型策略的国家的成功刺激了这一改革。表 11.4 给出了 20 世纪 80 年代和 90 年代早期拉美、非洲和亚洲一些发展中国家采纳贸易自由化措施的情况。一般情况下,变革包括平均关税税率以及对进口的数量限额的大幅降低和计算上的简化。以进出口占国内生产总值的比值来计算,这些措施带来开放程度的极大提高,并使制造品在出口总额中所占的百分比有极大的增长(参见案例研究 11.4),从而提升自由化经济体的增长率。大胆的、大范围的并与反通货膨胀措施结合在一起的贸易改革最为成功。

表 11.4　一些发展中国家的贸易改革

国　家	改革内容
阿根廷	1991 年平均关税由 18％降低到 11％，进口许可证限制也大幅放松。1992 年，最高关税税率又被调低了 15 个百分点。
巴西	1990 年 3 月宣布开始的主要贸易变革取消了几乎所有的关税配额。1990 年平均税率从 37％下降到 25％，1992 年下降到 21％，1994 年进一步下降到 14％。
智利	1973 年取消了所有配额，除汽车外，所有进口商品统一征收 10％的关税。20 世纪 80 年代早期因经济危机又上升到 15％。
中国	1992 年签订的协议开始大力推行进口自由化，包括到 1998 年逐步取消将近 90％的各种形式的非关税贸易壁垒。
埃及	所有可贸易商品的进口限额从 1990 年的 37％下降到 1991 年的 23％，再到 1992 年的 10％。1993 年，最高关税税率由 100％下降到 80％。
印度	1992 年取消了涉及所有进口 70％的限制性进口许可，1993 年最高关税税率由 110％下降到 85％。
墨西哥	1985 年起大大减少商品配额。截至 1988 年，关税降低至平均 11％的水平，最高为 20％。
菲律宾	1991 年实施的贸易改革旨在到 1995 年前将平均关税税率由 28％降低到 20％。此外，某些限额也被废除。
土耳其	1980 年起大大减少了配额制和其他非关税贸易壁垒，1992 年大幅降低了关税。

资料来源：D. Rodrik,"The Rush To Free Trade in The Developing World: Why So Late? Why Now? Will It Last?" *NBER Working Paper No. 3947*, January 1992, pp. 3-4; and S. Hickok, "Recent Trade Liberalization in Developing Countries,"*Quarterly Review*, Federal Reserve Bank of New York, Autumn 1993, p. 3.

案例研究 11.4

部分发展中国家总出口中的制造品

表 11.5 列出了 1983 年和 2014 年非洲、亚洲和拉丁美洲的部分发展中国家制造品出口占出口总额的百分比。在考察期内，表中的所有国家的出口结构都发生了巨大的改变，制造品的出口比例大幅上升。埃及的情况尤为明显（增长了 3 倍多），南非、泰国和马来西亚增长了一倍多，阿根廷和墨西哥增长了一倍。因此，发展中国家出口原材料和食品，进口制造品的时代已经一去不复返了。就连发展中国家出口的大部分是劳动密集型的简单产品的结论也过时了，对于马来西亚和巴西这样较为发达的国家来说更是如此。

表 11.5　1983 年和 2014 年部分发展中国家的制造品出口占出口总额的百分比　　　　％

非洲	1983 年	2014 年	亚洲	1983 年	2014 年	拉丁美洲	1983 年	2014 年
埃及	12	52	印度	52	64	阿根廷	16	32
肯尼亚	15	37	马来西亚	25	62	巴西	39	35
南非	18	50	巴基斯坦	63	74	智利	7	14
突尼斯	44	73	泰国	31	76	墨西哥	37	79

资料来源：World Bank,*World Development Indicators*, Various Issues.

世界银行在极力推动一项通过技术援助和贷款促进贸易自由化的计划。20世纪80年代,世界银行开始提供推动有关国家的经济结构调整的贷款,到1995年,世界银行已向60多个国家借出超过200亿美元的资金,帮助其实施经济结构或部门改革。撒哈拉沙漠以南的非洲国家得到的贷款笔数最多,但它们得到的贷款金额较少,更多的贷款给了其他发展中国家。许多实行经济自由化的发展中国家加入关贸总协定(参见9.6B小节),乌拉圭回合取得成功(参见9.7A小节),这些强化了已进行的改革,也鼓励它们做出进一步的改革。而这些改革都极有可能使这些发展中国家在未来10年中继续提高生产力,促进经济持续增长。

11.6 发展中国家目前面临的问题

本节我们将讨论发展中国家当前面临的一些严重问题。这些问题是:(1)许多国家,尤其是撒哈拉沙漠以南的非洲国家普遍存在的极度贫困问题;(2)部分最贫困的发展中国家无法承受的外债问题;(3)发达国家针对发展中国家的出口实行的贸易保护主义问题。我们将简单地讨论这几个问题。

11.6A 发展中国家的贫困问题

表11.6给出了各个国家或国家组2014年的人口、人均国民收入及1990—2014年实际人均国民收入的增长,以及1990年和2013年的新生儿死亡率和人均寿命。如表所示,发展中国家2014年的平均人均国民收入仅为4 263美元(印度为1 610美元,中国为7 380美元),而同期高收入的发达国家则为39 392美元。更糟的是,实际人均收入的增长在撒哈拉沙漠以南的非洲国家(由于干旱、战争、人口增长过快、艾滋病的传播、发展努力的失败)仅为1.2%;在欧洲和中亚的发展中国家(由于原政权解体后的经济重构)仅为2.0%;中东和北非(由于战争、政治骚乱和20世纪90年代的石油价格暴跌)仅为1.8%。

1990—2014年,拉丁美洲和加勒比海地区的经济增长也很缓慢(仅为2.1%),这是因为政治骚乱及发展努力的失败。只有东亚和太平洋经济圈(特别是中国)1990—2014年实际人均收入迅速增长。南亚实际人均收入的增长虽然没有东亚那样突出,也十分显著。从表中也可看出发展中国家的新生儿死亡率明显高于发达国家,而人均寿命明显低于发达国家,但从世界范围来看,1990—2013年这两个指标都有了较大进步。

尽管过去30年来由于快速的全球化,全世界的贫困人口(根据世界银行定义,是指每天的生活费不足1.25美元的人)大幅减少,如今全世界仍然有近10亿的贫困人口,每天因饥饿而死亡的儿童超过2万人(参见Salvatore,2007和2010)。近期食品价格的飞速增长正在对我们降低世界贫困的努力造成威胁,并且将造成世界贫困人口的悲剧。

然而必须指出,使用汇率将其他国家的人均收入换算成美元,而不考虑各国货币购买力的差别,夸大了发达国家与发展中国家人均国民收入之间的差距。当一国的发展水平较低时,这个夸大的程度非常明显。以各国货币购买力为基础的新计算方法则有不同结果,例如,中国2014年实际人均国民收入应为13 130美元而不是7 380美元(见表11.6),印度是5 760美元而不是1 610美元。经货币购买力平价调整过的人均国民收入大大缩小了发达国家与发展中国家生活水平之间的差距,尽管如此,这个差距仍然是非常大的(见本章附录)。此外,收入不平等问题在发展中国家的严重程度远远超过发达国家(参见Campano和Salvatore,2006;Salvatore,2010)。

表 11.6 人口、经济与健康状况,1990—2014 年

地 区	2014 年人口/ 百万人	人均国民收入		新生儿死亡率/ 每千名新生儿		人均寿命/岁	
		2014 年/ 美元	1990—2014 年 增长率/(%/年)	1990 年	2013 年	1990 年	2013 年
中低收入国家	5 812	4 263	3.8	36	22	63	69
撒哈拉沙漠以南国家	961	1 720	1.2	46	31	50	57
东亚和太平洋地区	2 020	6 122	7.7	26	10	68	74
中国	1 364	7 380	9.5	25	8	69	75
南亚	1 692	1 527	4.7	52	30	59	67
印度	1 267	1 610	5.1	51	29	59	66
欧洲和中亚	264	6 894	2.0	22	11	68	72
中东和北非	351	3 486*	1.8	29	14	65	72
拉美和加勒比海地区	592	9 051	2.1	23	9	68	75
发达国家	1 396	38 392	1.6	8	4	74	79
世界	7 208	10 858	1.6	33	20	66	71

* 2013 年的数据

资料来源：World Bank,*World Development Indicators*,Various Issues.

11.6B 发展中国家的国际债务问题

20 世纪 70 年代和 80 年代早期,发展中国家的**外债**(foreign debt)总额累计已超过 1 万亿美元,到了它们发现很难偿还的地步(既需要偿付本金又需要支付利息)。1982 年 8 月,当墨西哥无法偿还外债利息时,整个世界也陷入了"债务危机"。作为重新协商债务负担的条件之一,国际货币基金组织(IMF)要求许多发展中国家实施紧缩措施,进一步减少进口,降低通货膨胀,减少工资上涨和国内项目。到 1994 年,中等收入发展中国家的外债问题在一定程度上得到缓解,但负债最重的最贫困发展中国家(其中大部分是位于撒哈拉沙漠以南的非洲国家)的债务问题仍未解决。1999 年 6 月,7 个主要工业国同意勾销世界上负债最重国家欠其政府的高达 90% 的外债。

由于 1997—1998 年东亚、1998 年俄罗斯、1999 年和 2002 年巴西以及 2000—2002 年土耳其和阿根廷的金融危机,各国的外债大幅上升。国际货币基金组织、世界银行和私营银行对此提供了一系列援助措施,1997 年 7 月至 1998 年 10 月,向韩国提供资金援助 580 亿美元、向印度尼西亚提供 420 亿美元、向巴西提供 410 亿美元、向俄罗斯提供 230 亿美元、向泰国提供 170 亿美元。2002 年 2 月,国际货币基金组织向土耳其提供贷款 160 亿美元以帮助其克服金融危机,但是拒绝向阿根廷提供贷款(该国未按约定于 2001 年 12 月偿还 1 400 亿美元外债)。2002 年 8 月,国际货币基金组织向巴西提供 300 亿美元贷款,以帮助其恢复信心并阻止大批资本外流。然而,2003 年,阿根廷恢复了增长,截至 2005 年,阿根廷对所欠债务做了重新安排,还清了国际货币基金组织的贷款。2005 年 12 月,巴西也还清了国际货币基金组织的贷款。尽管截至 2011 年,大部分发展中国家的外债压力得到缓解,有些国家仍面临严峻的外债问题(参见案例研究 11.5)。

案例研究 11.5

发展中国家的外债负担

表 11.7 给出了所有发展中国家、各地区发展中国家及负债严重国家在 1980 年(1982 年债务危机之前)、1995 年(东亚 1997 年爆发金融危机之前)和 2013 年的外债总额、外债占国民生产总值的百分比以及外债还本付息(利息和分期偿还额)占出口的比例。从表中可以看出,所有发展中国家 1980 年外债总额是 5 800 亿美元(其中最大的部分是拉丁美洲和加勒比海国家的 2 570 亿美元)。1995 年外债总额迅速增加至 18 600 亿美元,2013 年达到 55 060 亿美元。

表 11.7 1980 年、1995 年和 2013 年发展中国家的外债指数

地　区	外债总额/10 亿美元			外债占 GNP 的百分比/%			外债还本付息占出口的百分比/%		
	1980 年	1995 年	2013 年	1980 年	1995 年	2013 年	1980 年	1995 年	2013 年
所有发展中国家	580	1 860	5 506	21	39	23	13	18	11
撒哈拉沙漠以南国家	61	236	368	24	76	24	7	16	6
东亚和太平洋地区	65	456	1 673	16	36	15	27	13	3
南亚	38	152	546	16	32	23	12	30	9
欧洲和中亚	76	246	1 234	8	33	64	7	11	40
中东和北非	83	162	191	22	59	17	6	21	5
拉丁美洲和加勒比海地区	257	609	1 495	36	36	27	36	27	17

资料来源: World Bank, *World Development Indicators*, Various Issues.

表 11.7 还显示 1980—1995 年外债总额占国民生产总值的百分比明显增加,但随后该比例在 2013 年迅速下降,只有欧洲和中亚除外(由于原政权瓦解而导致分裂)。外债还本付息占出口的百分比 1980—1995 年也有所增加(除东亚、太平洋、拉丁美洲和加勒比海国家外),但随后至 2013 年下降,欧洲和中亚除外。尽管 2005 年年底富裕国家勾销了世界上负债最沉重的发展中国家 550 亿美元的外债,但是与 20 世纪八九十年代相比虽然有所缓解,很多发展中国家 2013 年仍面临严重的外债问题。

11.6C　发展中国家的贸易问题

20 世纪 80 年代,发达国家被低增长和高失业率所困扰,增强了对大的产业(如纺织、钢铁、造船、消费电子、电视机、制鞋)的保护,抵制发展中国家的进口,而这些产业正是发展中国家已经获得或者正在获得比较优势的部门。大量新贸易保护主义直接针对**新兴工业化经济体**(**newly industrializing economies, NIEs**)的出口制造业。这些国家与地区(韩国、新加坡,以及中国香港和台湾)以国内生产总值和工业生产及制造业出口的快速增长为主要特征。截至 1993 年,发展中国家将近 1/3 的出口产品受到发达国家的配额制和其他非关税贸易壁垒的限制。

如果这种贸易保护主义的趋势继续下去,将会在发展中国家中导致**出口悲观论**(**export**

pessimism)的复活(或这种论点被证明是正确的),并使它们回到内向型的发展政策中去(Salvatore,2012)。幸运的是,呼吁减少贸易限制和贸易保护主义的乌拉圭回合于 1993 年 12 月取得了成功(参见 9.7A 小节)。尽管作为乌拉圭回合结果的贸易自由化大多发生在发达国家,但发展中国家也会从中受益(参见案例研究 9.7)。2001 年 11 月开始的多哈回合(参见 9.7B 小节)被视为"发展的回合",主要讨论发展中国家的贸易需求。然而由于发达国家与发展中国家之间以及发达国家相互间的分歧非常严重,该回合无法顺利完成。

1974 年 6 月,联合国大会呼吁建立**国际经济新秩序**(**New International Economic Order,NIEO**)。其目的是:(1)重新谈判发展中国家的国际债务问题,降低支付利息;(2)谈判国际商品协定;(3)允许发展中国家的所有出口制造品优先进入发达国家市场;(4)消除发达国家对农产品的贸易壁垒;(5)增加对发展中国家的技术转移并规范跨国公司;(6)增加对发展中国家的外援,达到富裕国家年收入的 0.7%;(7)允许发展中国家在国际事务中有更多的决定权。上述大多数要求已经在 1966 年以来每 4 年召开一次的**联合国贸易发展大会**(**United Nations Conferences on Trade and Development,UNCTAD**)中多次提出过。但是,20 世纪 80 年代和 90 年代初世界经济的增长速度放缓,导致大部分工业国家视线内转,强调自己的缓慢增长和失业问题,国际经济新秩序不再是一个有争议的热门问题。

尽管如此,过去 30 年快速全球化期间,很多发展中国家的发展速度加快了,贫困程度则降低了。如今世界上越来越多的人意识到某些最贫困发展中国家的贫困主要来自内部,是战争、腐败、政权不稳、疾病和自然灾害等造成的。2000 年,世界银行提出了千禧年发展目标,旨在让富裕国家帮助最贫困的国家刺激经济增长、减少贫困和促进可持续发展。

2014 年,发达国家作为一个整体提供的外援只占其 GNP 的 0.2%,美国的外援情况也是如此,而且大部分还是在双边的基础上提供的。然而,乌拉圭回合协议的执行减少了贸易限制和保护主义,这为发展中国家带来了较大的贸易利益(见案例研究 11.6)。

案例研究 11.6

全球化与世界贫困

尽管经常有人指责全球化加剧了世界贫困,实际情况是如果没有全球化,贫困的范围会更广。全球化没有使所有国家受益,一些最贫困国家(特别是那些撒哈拉沙漠以南的非洲国家)似乎被全球化甩在了后面,2000 年它们比 1980 年更加贫困(即实际人均收入更低了)。然而,造成这些国家贫困的原因不是全球化,而是干旱、饥荒、内乱、战争和艾滋病。全球化可以被指责的地方是未能将它所带来的更高效率和开放更平均地分配给所有国家。

据世界银行估计,1981—2005 年,贫困人口(每天生活费低于 1.25 美元的人)减少了大约 6.5 亿(参见 Shaohua 和 Ravillion,2008)。如果没有全球化,这个数字还会更多,而不是更少。但是仍有大约 10 亿人面临极度饥饿,而且他们大部分生活在非全球化国家,每天都有成千上万的儿童死于饥饿。

为了克服这些苦难,2000 年 9 月,189 个国家签署了千禧年宣言,采纳了千禧年发展目标(MDGs),包括截至 2015 年降低收入贫困、解决其他人类问题以及促进可持续发展等 8 个具体的目标。这8个目标是：(1)将极端贫困和饥饿的数量比1990年降低一半；(2)实现普及教育；(3)促进性别平等；(4)降低新生儿死亡率；(5)增进母亲的健康；(6)防治艾滋病、疟疾和其他疾病；(7)确保环境的可持续性；(8)建立全球发展的伙伴关系。

杰弗里·萨克斯(Jeffrey Sachs,2005)指出，如果发达国家按照联合国的要求将其GDP的0.7%(约2 810亿美元,而2009年为1 290亿美元)拿出来援助发展中国家,那么上述大部分目标都是能够实现的。提供其GDP的0.7%或以上用于援助的国家寥寥无几。大多数国家承诺在2010年以前将对外援助提高到GDP的0.5%,在2015年以前提高到0.7%。

资料来源：World Bank,Globalization,*Growth and Poverty*,2002；D. Dollar and A. Aart,"Trade,Growth and Poverty," and "Growth Is Good for the Poor," *World Bank Working Papers*,2002；J. Sachs,*The End of Poverty*(New York：Penguin,2005)；D. Salvatore,"Globalization,Growth,Poverty and Governance," in G. Cipollone,ed.,*Globalization,Growth and Ethics*(Rome：Gregorian University Press,2010),pp. 169-185；and World Bank,*World Development Indicators*,2014.

本章小结

1. 尽管发展中国家的经济发展水平或速度主要取决于国内条件,国际贸易对其发展仍有重要的促进作用。然而某些经济学家,如普雷维什、辛格和缪尔达尔却认为国际贸易和现有国际经济制度的功能是在损害发展中国家利益的前提下使发达国家受益。

2. 尽管仍需要一个真正的动态贸易理论,比较静态理论仍可以扩展传统贸易理论,使之与要素禀赋、技术、偏好等的变化相结合。由于不尽如人意的供求环境,今天的国际贸易对各国而言不能像19世纪的新定居区一样成为其发展动力。然而,贸易对经济发展仍然是很重要的。

3. 商品或纯物物交换贸易条件(N)度量的是一段时间内一国出口价格相对于进口价格的变动。贸易收入条件(I)度量的是基于出口的进口能力。单边要素贸易条件(S)度量的是每单位国内要素体现在出口上的进口量。对发展中国家来说,贸易收入条件和单边要素贸易条件比商品或纯物物交换贸易条件(以下简称贸易条件)更为重要,但大多数的讨论与争辩是围绕贸易条件进行的(因为贸易条件容易计算),在贸易条件下降时,贸易收入条件和单边要素贸易条件也会上升。普雷维什和辛格认为由于发展中国家生产率的提高大多反映在出口农产品价格的下降上,因而它们的贸易条件有下降的趋势。经验研究表明,20世纪发展中国家的贸易条件一直在下降,而贸易收入条件由于出口量的猛增大幅上升。

4. 除了长期贸易条件恶化,发展中国家还面临比发达国家更大的出口价格和收入的短期波动,其原因在于价格缺乏弹性和出口需求的不稳定。然而,出口不稳定的绝对水平不是很高,大多数情况下似乎不会阻碍经济发展。过去发展中国家要求签订国际商品协定以稳定和提高其出口价格和收入。协定的内容包括缓冲库存储备、出口管制、购货合约。但时至今日仅有其中的一小部分仍在运作,并且没有一个取得显著效果。建立和运行商品协定所需的巨额开支很可能并非资源的最有效利用。

5. 20世纪50—70年代,许多发展中国家力图通过进口替代政策实现工业化,结果却引起低效工业、资本密度过强、吸收劳动力不足、忽视农业、加重国际收支失衡等问题。80年代后期以来,许多发展中国家转向出口导向政策并增加了对农业的重视程度。

6. 今天的发展中国家面临的最严重问题是：(1)许多国家,特别是撒哈拉沙漠以南的非洲国家的极度贫困化;(2)许多最贫困发展中国家,特别是撒哈拉沙漠以南的非洲国家难以承受的外债问题;(3)发达国家针对发展中国家的出口制定的保护主义政策。发展中国家在联合国贸易发展大会(UNCTAD)上呼吁建立国际经济新秩序(NIEO)以解决这些问题。全球化不是世界贫困的原因,但全球化确实没有普惠所有国家。世界银行 2000 年提出了千禧年发展目标,旨在让富裕国家帮助最贫困的国家刺激经济增长、减少贫困和促进可持续发展。直到2015 年,这些目标中的大多数都尚未实现。

关键术语

buffer stocks	缓冲库存储备
double factoral terms of trade	双边要素贸易条件
endogenous growth theory	内生性增长理论
engine of growth	增长动力
export controls	出口管制
export instability	出口波动
export-oriented industrialization	出口导向工业化
export pessimism	出口悲观论
foreign debt	外债
high-performance Asian economies,HPAEs	高成长型的亚洲经济体
import-substitution industrialization,ISI	进口替代工业化
income terms of trade	贸易收入条件
international commodity agreements	国际商品协定
marketing boards	销售委员会
New International Economic Order,NIEO	国际经济新秩序
newly industrialized economies,NIEs	新兴工业化经济体
purchase contracts	购货合约
regions of recent settlement	新定居区
single factoral terms of trade	单边要素贸易条件
United Nations Conferences on Trade and Development,UNCTAD	联合国贸易发展大会
vent for surplus	剩余出口

复习题

1. 为什么有些经济学家认为传统贸易理论与发展中国家及其发展进程不符?可以如何回答这一指责?

2. 为什么说国际贸易是 19 世纪新殖民地区的增长动力?

3. 为什么说国际贸易不再能成为今日发展中国家增长的动力?在哪些方面国际贸易对今天的发展中国家仍起着重要的支撑作用?

4. 什么是商品或纯易货贸易条件?什么是贸易收入条件?什么是单边要素贸易条件?

什么是多边要素贸易条件？对发展中国家来说,哪种贸易条件最为重要？为什么？

5. 为什么普雷维什、辛格和缪尔达尔认为发展中国家的商品贸易条件有恶化的趋势？

6. 普雷维什和辛格为印证自己的观点在其著作中引用了对联合国研究的哪些批评？

7. 从 20 世纪特别是"二战"后发展中国家商品和收入贸易条件的大量研究中可以得出哪些结论？

8. 什么是出口的波动性？经济发展过程中出口波动产生的原因与影响是什么？对出口波动及其对经济发展的影响进行的经验研究得出了哪些结论？

9. 什么是国际商品协定？发展中国家为何需要它？缓冲库存储备、出口管制、购货合约的含义各是什么？你能否各举一例予以说明？

10. 为什么发展中国家要实现工业化？进口替代政策、出口导向政策的含义各是什么？这两种政策对发展中国家实现工业化各有哪些优点和不足？

11. 过去数十年中进口替代政策的经验是什么？给人以什么启示？

12. 当今发展中国家面临的主要问题是什么？产生这些问题的原因是什么？

13. 世界哪个地区有最多的最贫困国家？为什么这些国家会如此贫困？

14. 发展中国家希望如何解决它们当今面临的主要问题？近期的前景如何？

15. 全球化增加还是减少了世界的贫困？世界银行对于减少世界的贫困提出了什么议程？

练习题

1. 列举国际贸易可能阻碍经济发展的所有情况。

2. 逐条反驳你在第 1 题答案中列出的国际贸易会阻碍经济发展的论点。

3. 画出发展中国家成本递增情况下假设的生产可能性曲线。用横轴表示初级产品,纵轴表示制造品。在你的图中说明初级产品生产上的技术进步对一国生产可能性曲线的效应。

4. 初级产品生产上的技术进步对发展中国家的贸易条件有何影响？为什么？(提示：参见第 7 章)

5. 画图说明贸易是如何成为剩余出口的。

*6. 假设某发展中国家出口部门 1980 年的出口价格指数、进口价格指数、出口量指数、生产率指数均为 100,那么,到 2010 年：

(1) 如果该国出口价格指数上升了 10%,而进口价格指数上升了 20%,那么该国的商品贸易条件如何？

(2) 如果该国出口量指数在 2010 年上升到 130,则该国的贸易收入条件如何？

(3) 如果该国出口部门生产率指数在 2010 年上升到 140,则该国的单边要素贸易条件如何？

*7. 第 6 题中的国家 2010 年与 1980 年相比,情况改善了还是恶化了？为什么？

*8. 画图解释增长造成的贸易条件恶化是怎样使发展中国家在增长以后比增长前处境更糟糕的。

9. 画图说明当商品供给增加时,商品需求曲线越缺乏弹性,其均衡价格下降的比率越大。

10. 分别画出负斜率的需求曲线和正斜率的供给曲线,显示需求曲线移动比供给曲线移动对生产者收入波动的影响更大。

11. 画图说明缓冲库存储备既可能导致库存失控也可能使当局耗尽储备。

12. 为何发展中国家倡议的国际经济新秩序还未建立起来？为什么它已不再成为热门话题？

13. 乌拉圭回合的实施在哪些方面有助于发展中国家？在哪些方面则不然？

14. 解释为什么在过去 30 年中多数发展中国家似乎并未出现不幸的增长。

15. 富裕国家是否应该勾销最贫困国家欠其政府的所有外债？请解释。

带 ＊ 号练习题的答案

附录

本附录给出了用传统方法和购买力平价法得出的某些发达国家和发展中国家的收入差异表。

A11.1　用传统方法和购买力平价法度量收入的差别

表 11.8 给出了用传统方法（即仅用官方汇率表示各国人均国民收入的美元数）和考虑不同国家货币购买力区别这两种方法计算的人均国民收入。注意：按照传统方法，美国的数值比中国高 7.5 倍，但以购买力平价调整后，下降到 4.3 倍。同时还需注意，按照传统方法，加拿大的人均国民收入（51 690 美元）在表中的排名是第 2 位，但如果考虑到购买力平价法下加拿大的生活成本比德国高，则其排名将下降到第 3 位（位居美国和德国之后）。在两种方法下，美国的生活标准都是最高的。最后要注意，传统的方法使美国的人均收入比布隆迪（世界上最贫困的国家）高 204 倍，但根据购买力平价法则只高 71 倍——差距仍然很大。

表 11.8　2014 年某些国家用传统方法和购买力平价法计算的人均国民收入			
			单位：美元
传 统 方 法		购买力平价法	
美国	55 200	美国	55 860
加拿大	51 690	德国	46 840
德国	47 640	加拿大	43 400
法国	43 080	法国	39 720
英国	42 690	英国	38 370
日本	42 000	日本	37 920
意大利	34 280	意大利	34 710
西班牙	29 940	西班牙	32 860
巴西	11 760	墨西哥	16 710
墨西哥	9 980	巴西	15 900
中国	7 380	中国	13 130
印度	1 610	印度	5 760
布隆迪	270	布隆迪	790

资料来源：World Bank，*World Development Report*，2015.

第 **12** 章

国际资源流动与跨国公司

12.1 引言

至此,我们所论述的商品贸易是在没有国际间资源流动的假定条件下进行的,而事实上资本、劳动力和技术都在穿越国界流动着。从某种意义上说,国际贸易和生产性资源流动可以看作是相互替代的。例如,一个资本相对充裕而劳动稀缺的国家,如美国,既可以出口一些资本密集型商品或直接输出资本,也可以进口一些劳动密集型商品或允许人力资源充裕国家的工人移民过来。就国际贸易而言,生产性资源从相对充裕、低报酬的国家向相对稀缺、高收入的国家流动会导致国际间的要素报酬趋于一致,通常有助于增进各国的福利。

然而,国际贸易与生产要素的流动对所涉及的国家会有不同的经济影响。本章将重点研究国际资源流动的成本和报酬。由于跨国公司是国际间资本、劳动力和技术流动的一座重要桥梁,我们也会对这种相对较新的、组织严密的经济实体保持密切的关注。

对外投资主要有两种形式:组合投资和直接投资。**组合投资**(portfolio investments)是指投资于用一国货币计量的纯金融资产,如股票和债券。对于债券,投资者只是借出其资本以便获得固定的报酬,或者间隔地获得收益并在一个预定的日期收回债券的面值。第一次世界大战以前,大多数外国投资都是这种类型,资金主要从英国流向"新定居区",投资于铁路的修建、土地的开垦和原材料资源的开发。美国政府规定,组合投资购买一个公司的股票的数量应低于该公司有投票权股票的10%(达到或超过10%就变成直接投资了)。对于股票,投资者购买的是权益,或者说得到了对公司净资产的一份所有权。组合投资或金融投资主要通过一些金

融机构(如银行和投资基金)完成。国际组合投资在第一次世界大战后垮掉了,直到 20 世纪
60 年代以后才又开始复兴。

　　直接投资(direct investments)是对工厂、资本品、土地和存货的直接投资,资本和管理都由
投资者一手安排,投资者保留着对已投资资本使用的控制权。直接投资通常以一家公司成立
分公司或接管另一家公司的形式出现(例如,购买另一家公司绝大多数股权)。不过,美国政府
的规定是购买任何一家公司的股票超过 10% 就视为直接投资。在国际环境中,直接投资通常
被一些跨国公司用来介入制造、原料提取、服务等行业。直接投资和组合投资一样,是当前国
际私人资本流动的主要形式或渠道。

　　12.2 节提供了有关国际资本流动的一些数据;12.3 节考察对外组合投资和直接投资的
动机;12.4 节分析国际资本流动对投资国和流入国的福利影响;12.5 节探讨跨国公司问
题——讨论它存在的原因及所产生的一些问题;12.6 节分别讨论一般意义上的国际劳动力
流动和特殊意义上的熟练工人流动的产生原因及福利影响。附录讨论与国际资本流动相联系
的所谓的"转移问题"。

12.2　关于国际资本流动的一些数据

　　下面给出 1980—2014 年关于美国对外资本投资以及其他国家对美国资本投资规模和配
置方面的一些数据。

　　从表 12.1 中可以清楚地看到,1980—2014 年,无论是美国私人持有的国外长期证券(股
票和债券),还是国外私人持有的美国长期证券都增长迅速,2014 年年底,国外私人持有美国
长期证券额比美国持有国外长期证券额稍多。表 12.1 还显示了不同年份年底时美国对外直
接投资额和外国对美直接投资额。外国直接投资分别以历史成本、现行或替换成本、市场价值
(如股票市场价格)测算估价。对外国直接投资用现行成本计价的数据从 1976 年才开始有。
对外国直接投资用现行成本和市场价值代替其历史价值的做法是必要的,因为美国对外直接
投资多数发生于 20 世纪六七十年代,而外国对美国的直接投资多数发生于 80 年代,所以非常

表 12.1　美国 1980—2014 年某些年度的对外长期私人投资
(单位:10 亿美元,分别以历史成本、现行成本及市场价值计算,年末值)

项　　目	1980 年	1985 年	1990 年	1995 年	2000 年	2005 年	2010 年	2014 年
美国在国外的资产								
所持外国证券	62.5	119.4	342.3	1 203.9	2 425.5	4 329.3	6 222.9	9 572.5
对外直接投资								
历史成本	214.5	230.3	421.5	711.6	1 316.2	2 241.7	3 741.9	4 920.7
现行成本	388.1	371.0	616.7	885.5	1 531.6	2 651.7	4 273.6	5 576.0
市场价值	—	386.4	731.8	1 363.8	2 694.0	3 638.0	4 809.6	6 285.3
外国在美国的资产								
所持美国证券	74.1	207.9	460.6	969.8	2 623.6	4 353.0	5 860.1	16 917.1
对美直接投资								
历史成本	83.0	184.6	403.7	560.1	1 256.6	1 634.1	2 280.0	2 901.1
现行成本	127.1	247.2	505.3	680.1	1 421.0	1 906.0	2 623.6	3 356.5
市场价值	—	220.0	539.6	1 005.7	2 783.2	2 810.0	3 422.3	5 390.1

　　资料来源: U. S. Department of Commerce, *Survey of Current Business* (Washington, D. C. : U. S. Government Printing
Office, Various Issues).

有必要对前者的通货膨胀累积效应作很大的调整。表 12.1 显示 1980—2014 年,美国对外直接投资和外国对美直接投资的增长都非常迅速,以市场价值估算要高于以历史成本估算。

表 12.2 显示 1980—2014 年美国对欧洲直接投资的增长比美国对加拿大和拉丁美洲直接投资的增长迅速得多。这主要是由于欧盟的迅速发展以及美国躲避欧盟对进口商品所征收的统一对外关税的缘故。值得注意的是,美国对拉美国家的直接投资 1985 年反而比 1980 年少,这是由于拉美国家存在的国际债务问题(参见 11.6B 小节)。还应注意:20 世纪 90 年代,由于日本的经济停滞,美国在日本的直接投资增长低于对其他地区直接投资的增长。

表 12.2　1980—2014 年按地区划分的美国对外直接投资
(单位:10 亿美元,历史成本,年末值)

年度	总计	加拿大	欧洲	拉美	亚太地区	日本	其他
1980	215.6	45.0	96.5	38.9	25.3	6.2	9.9
1985	230.3	46.9	105.2	28.3	35.3	9.2	14.6
1990	421.5	68.4	204.2	72.5	63.6	21.0	12.8
1995	711.6	81.4	363.5	122.8	126.0	39.2	17.9
2000	1 316.2	132.5	687.3	266.6	207.1	57.1	22.7
2005	2 241.7	233.5	1 110.0	365.9	380.5	79.3	45.6
2010	3 741.9	295.2	2 034.3	752.8	570.1	113.5	89.5
2014	4 920.7	386.1	2 781.7	897.7	738.8	108.1	116.4

资料来源: U. S. Department of Commerce, *Survey of Current Business* (Washington, D. C.: U. S. Government Printing Office, Various Issues).

表 12.3 将美国对外投资和外国在美投资细分为制造业、金融(包括储蓄机构和保险)和其他(多数为非金融服务)。金融的数据从 1985 年开始。该表显示 1985 年以后,对金融和其他领域的直接投资增长迅速,超过了对制造业的直接投资。案例研究 12.1 列出了 1980—2014 年外国对美国的直接投资。

表 12.3　美国 1980—2014 年对外长期私人国际投资地位分析
(单位:10 亿美元,历史成本,年末值)

项目	1980 年	1985 年	1990 年	1995 年	2000 年	2005 年	2010 年	2014 年
美国对外投资								
制造业	89.3	94.7	168.0	250.3	343.9	449.2	585.8	662.6
金融[a]	—	22.5	109.4	228.7	257.2	518.5	803.0	708.9
其他	126.1	113.1	149.6	238.5	715.1	1 167.8	2 519.4	3 549.2
总计	215.4	230.3	427.0	717.5	1 316.2	2 135.5	3 908.2	4 920.7
外国对美投资								
制造业	33.0	59.6	152.8	214.5	480.6	513.6	748.3	1 045.5
金融	—	35.5	70.4	115.6	217.0	346.5	356.8	355.2
其他	50.0	89.5	171.7	205.5	559.0	734.4	1 237.7	1 500.4
总计	83.0	184.6	394.9	535.6	1 256.9	1 594.5	2 342.8	2 901.1

[a] 包括保险,但不包括储蓄机构。

资料来源: U. S. Department of Commerce, *Survey of Current Business* (Washington, D. C.: U. S. Government Prining Office, Various Issues).

案例研究 12.1

外国对美国直接投资的波动

表 12.4 显示了 1980 年外国对美国的直接投资(FDI)为 169 亿美元,1983 年曾下降到 104 亿美元(经济萧条年),1988 年上升至 683 亿美元。此后,又于 1992 年降至 198 亿美元(另一个经济萧条年),而 2000 年出现历史最高值 3 213 亿美元。接下来,2003 年跌到 638 亿美元(继 2001 年经济萧条后缓慢增长的一年),2008 年上升至 3 101 亿美元后因为经济衰退于 2009 年下降至 1 504 亿美元,2014 年为 1 066 亿美元。可以看出,外国对美国的直接投资流量呈周期变化,在经济高增长时期上升,经济衰退或增长缓慢时下降。

表 12.4　1980—2014 年外国对美国的直接投资		单位:10 亿美元	
年度	直接投资	年度	直接投资
1980	16.9	1998	179.0
1981	25.2	1999	289.4
1982	12.6	2000	321.3
1983	10.4	2001	167.0
1984	24.5	2002	84.4
1985	19.7	2003	63.8
1986	35.4	2004	146.0
1987	58.5	2005	112.6
1988	57.7	2006	243.2
1989	68.3	2007	221.2
1990	48.5	2008	310.1
1991	23.2	2009	150.4
1992	19.8	2010	205.9
1993	51.4	2011	236.1
1994	46.1	2012	175.2
1995	57.8	2013	211.5
1996	86.5	2014	106.6
1997	105.6		

资料来源: U. S. Department of Commerce, *Survey of Current Business* (Washington, D. C. : U. S. Government Printing Office, Various Issues).

20 世纪 80 年代后半期,许多美国人都担心外国人,特别是日本人会"买下"美国。这种恐慌在 90 年代初期消退了,因为经济增长缓慢和衰退使外国对美国的直接投资低于美国对外国的直接投资。到了 1993 年,外国对美国的直接投资再次迅猛增长,出现比 80 年代末更高的水平,但由于美国在国际竞争中的表现也大大优于 80 年代末期(参见案例研究 6.6),所以外国对美国直接投资的新的增长并没有引起人们的忧虑,反而有助于美国经济的快速增长。然而,近年来中国等国家对美国高科技企业的收购引发了人们的忧虑,担心会削弱美国的国际竞争力并威胁国家安全。

12.3 国际资本流动的动机

本节我们将考察在国外进行组合投资与直接投资的动机。虽然这两种类型的对外投资的动机基本相同,但对外直接投资的动机需要比用于解释国际组合投资的基本模型更多的解释。

12.3A 国际组合投资的动机

国际组合投资的基本动机是获取国外更高的收益。如果一国债券的报酬率高于其他国家债券的报酬率,那么其他国家的居民就会购买该国的债券。这是追求收益最大化非常简单明了的结果,它会导致世界各国的报酬率趋同。根据基本的(两国)赫—俄模型,资本报酬率高的国家的资本/劳动比率较低。如果一个国家的居民预期另一个国家的公司的未来获利能力比国内公司高,他们也会购买这家外国公司的股票(为了简化分析,我们忽略了通常存在的持有外国证券所涉及的交易成本和其他费用)。

国际组合投资是为了追求国外高收益的解释无疑是正确的,问题是它还遗留了一个重要的事实没有解释。它不能说明现实中存在的双向资本流动问题。也就是说,如果一国证券的报酬率低于另一国证券的报酬率,它能够解释从前一国家向后一国家的资本流动,但是无法解释同时存在的相反方向的资本流动。而这在现实世界是经常可以看到的(参见表12.1和表12.3)。

要解释这种双向国际资本流动问题,首先要了解风险因素。也就是说,投资者不仅对报酬率的高低感兴趣,而且很关注与每项具体投资相联系的风险。债券的风险包括破产风险和市场价值的波动风险。股票的风险包括破产风险、市值更大的波动及收益低于预期收益率的风险。因此,投资者追求的是在既定风险水平下,收益的最大化。一般来说,只有在收益率更高的情况下,投资者才会接受更高的风险。

让我们以股票为例,用平均收益率的方差来测度风险。例如,假设股票 A 和股票 B 的平均收益率都是 30%,但股票 A 的收益率为 20% 和 40% 的机会各有 50%,而股票 B 的收益率为 10% 和 50% 的机会各有 50%。显然,股票 B 的风险比股票 A 高。尽管两种股票的平均收益率相同,投资者仍然可能选择股票 A 来降低风险。

然而,如果股票 B 的收益率上升时股票 A 的收益率下降,或股票 B 的收益率下降时股票 A 的收益率上升(即两种股票收益率的长期变动负相关),那么同时持有两种股票的投资者仍能获得 30% 的平均收益率,而且风险更低。也就是说,在任何时点,股票 A 的收益率低于平均收益率的风险刚好与同时存在的股票 B 的收益率高于其平均收益率的趋势相抵消。这样一来,同时包括这两种股票的资产组合的风险将大大降低。

因此,**资产组合理论**(**portfolio theory**)告诉我们,投资收益负相关的多种证券,在给定收益水平时有较小的风险,在给定风险水平时可以获得更大的收益。由于国外证券的收益率(基于国外不同的经济环境)很可能与国内证券的收益率负相关,因此构建一个既包括国内证券又包括国外证券的资产组合可以比只包含国内证券的资产组合获得更高的平均收益率和/或具有更低的风险水平。

要想得到这样一种平衡的组合,需要双向的资本流动。举例来说,如果股票 A(与股票 B 有相同的收益率但风险较低)可以在国家 1 得到,而股票 B(收益率与股票 A 负相关)可以在国家 2 得到,那么国家 1 的投资者一定会购买股票 B(即投资于国家 2),国家 2 的投资者也一定会购买国家 1 的股票 A(即投资于国家 1),从而获得平衡的资产组合。所以可以用**风险分散**

化（risk diversification）解释这种双向的国际组合投资。

在前面的讨论中暗含了这样一条假定，即投资者能够准确知道股票的平均收益率及其风险程度。而事实上，这很难预先知道。因此投资者必须根据自己对市场的了解和直觉来判断所要购买的股票的平均收益率和风险。由于不同的人对同一种股票可能有不同的预期，因此很可能每个国家都有一些投资者觉得另一个国家的股票更好，这为双向国际组合投资提供了另一种解释。

12.3B　对外直接投资的动机

对外直接投资的动机基本上与组合投资的动机一样，是为了获得更高的收益（可能是因为国外更高的经济增长率、更吸引人的税收优待政策，或是更优越的基础设施）和分散风险。事实上，那些有大量国际业务的公司（或通过出口，或利用国外的生产销售设施），比完全在国内发展的公司有更多的盈利，而且收益的波动更小。

这些原因已经足够解释为什么有国际组合投资，然而，对于对外直接投资还有一个基本问题没有回答。即它们还不能解释为什么一国的居民不从其他国家借钱并自己对本国进行实际投资，而偏偏要接受来自国外的直接投资。毕竟，本国的居民比外国投资者更熟悉当地的情况，因而具有比较优势。对此有几种可能的解释。最重要的原因是，许多大公司（通常对市场具有垄断和寡头垄断能力）往往具有一些独特的生产知识和管理技能，可以很容易在国外经营获利，而且这些公司也希望保留直接控制权。在这种情况下，这些公司就会对国外直接投资。这涉及**横向一体化**（horizontal integration）的问题或者说在国内外都生产差别产品的问题。

例如，IBM 有一项特殊的计算机技术，它想对此保留直接的控制权，但这项技术很容易被国外复制，（通过利用当地条件）在当地生产能比出口更好地服务于国外市场。IBM 不想授权外国厂家生产，因为它想保留对商业秘密和专利的完全控制，以便保证质量和服务的一体化。即使 IBM 愿意与外国生产厂家磋商许可协议，从这一领域技术迅速更新的观点来看，也会遇到许多障碍。对于通用电气、诺基亚、丰田及其他许多跨国公司来说，它们面对的形势基本上是一样的。这就是发达国家制造业对海外的大多数直接投资背后的动机。

直接投资的另一个重要原因是为了获得一种所需原材料的控制权，以保证按尽可能低的成本得到不间断的供给。这被称为**纵向一体化**（vertical integration），它是在发展中国家和一些矿产丰富的发达国家大多数外国直接投资形成的原因。因此，美国和其他外国公司拥有了加拿大、牙买加、委内瑞拉、澳大利亚及其他国家的矿井，一些外国公司拥有了美国的煤矿。跨国公司的纵向一体化也能向前延伸到拥有国外的运输和销售网络。世界上大多数主要的汽车制造商都是这样做的。

对外直接投资还有其他一些原因，比如避开关税和国家对进口商品的其他限制，或是获得政府的各种鼓励外国直接投资的补贴。前者的例子是美国公司对欧盟国家所进行的大规模直接投资，以及在发展中国家制造业中的一些直接投资。后者的例子是在发展中国家和一些发达国家的经济衰退地区的对外直接投资。对外直接投资的其他可能的原因是进入国外的一个寡头市场以求分享利润、购买一个有前景的外国公司以避免未来的竞争及在出口市场上可能的损失，或者仅仅是因为只有大型跨国公司才能获得进入市场所必需的融资。

双向直接投资也可以这样解释：一国的某些行业比较先进（如美国的计算机工业），而另一国的其他行业效率更高（如日本的汽车工业），这也会促进双向投资。第二次世界大战以后交通（如喷气式飞机旅行）和通信（如国际电话网和国际信息传输与处理）获得了飞速的发展，这也为双向直接投资创造了便利的条件。跨国公司的总部可以对世界各地的下属机构的运营实现即时的直接控制,从而方便和鼓励了对外直接投资活动。

全世界对外直接投资的地区分布似乎也取决于地理上的接近或已建立的贸易联系。例如,美国是拉丁美洲、孟加拉国、巴基斯坦、菲律宾和沙特阿拉伯最主要的直接投资者;欧盟的对外直接投资主要流向非洲的加纳和摩洛哥,拉丁美洲的巴西,亚洲的印度、斯里兰卡和越南;日本是韩国、新加坡、泰国和中国台湾地区的主要直接投资者。案例研究12.2显示了不同地区的一些国家在不同年份直接投资的流入和流出的情况。

案例研究 12.2

全球直接投资额

表12.5显示了1990年、2000年和2014年部分国家和地区外国直接投资的流入、流出情况(即进行的或得到的对外直接投资额)。该表显示2014年美国的对外投资的流入、流出额均最高。对外直接投资流入额仅次于美国的分别是英国、德国、法国、瑞士、西班牙、荷兰、加拿大、意大利和日本。外国直接投资的流出额在美国之后的是英国、德国、法国、日本、瑞士、荷兰、加拿大、西班牙和意大利。

表 12.5 1990 年、2000 年和 2014 年部分国家和地区的对外直接投资额

单位:10亿美元

国家或地区	流 入			流 出		
	1990 年	2000 年	2014 年	1990 年	2000 年	2014 年
发达国家	1 688	5 477	17 004	2 115	6 536	20 555
美国[a]	540	2 783	5 410	732	2 694	6 319
英国	204	463	1 663	229	923	1 584
德国	227	272	744	309	542	1 583
法国	104	184	729	120	366	1 279
瑞士	34	87	682	66	232	1 131
西班牙	66	156	722	16	129	674
荷兰	72	244	664	110	305	985
加拿大	113	213	631	85	238	715
意大利	60	123	374	60	170	548
日本	10	50	171	201	278	1 193
发展中国家或地区	510	1 670	8 311	139	741	4 833
亚洲	340	1 053	5 680	67	597	3 949
中国香港地区	202	435	1 550	12	379	1 460
中国内地	21	193	1 085	5	28	730
新加坡	30	111	912	8	57	576
拉丁美洲和加勒比海地区	107	461	1 894	52	106	664
巴西	37	122	755	41	52	316
墨西哥	22	122	338	3	8	131

续表

国家或地区	流　入			流　出		
	1990 年	2000 年	2014 年	1990 年	2000 年	2014 年
西南欧洲和独联体	0	56	725	0	21	487
俄罗斯	—	32	379	—	20	432
非洲	61	154	709	20	39	213
南非	9	43	145	15	27	134
全球	2 198	7 202	26 039	2 254	7 298	25 875

a 由于数据采集方法不同,美国的数据与表 12.1、表 12.2 和表 12.3 略有差异。

资料来源:United Nations Conference on Trade and Development,*World Investment Report* (Geneva: United Nations, 2015).

2014 年发展中国家的国外直接投资流入额大约为发达国家的 49%,而其对外直接投资流出额约为发达国家的 24%。所有发展中国家(地区)得到的外国直接投资的大约 68% 在亚洲(中国香港地区所占份额最大),23% 流入了拉丁美洲。非洲、中东欧和独联体的外国直接投资流入额则很小(见表 12.5)。

12.4　国际资本流动的福利影响

本节我们将讨论国际资本流动对于输出国与输入国的福利效应。其中有些作用可以用图表来表示,我们先考察它们。然后,我们将考察那些不能用图表表示的作用。为了区别资本流动的效应,我们在这里假定没有商品贸易。

12.4A　对资本输入国与输出国的作用

在图 12.1 中,我们考虑只有两个国家(国家 1 和国家 2)的情况,资本总量为 OO',其中 OA 属于国家 1,$O'A$ 属于国家 2。$VMPK_1$ 和 $VMPK_2$ 两条直线是根据不同水平的投资分别给出的国家 1 与国家 2 的资本边际产值。在竞争条件下,资本边际产值代表资本的报酬或收益。

无贸易时,国家 1 将全部资本 OA 都投于本国,可获得 OC 的收益。总产出(可以由其边际产量曲线下的区域给出)为 $OFGA$,其中 $OCGA$ 是由国家 1 的资本所有者的投资带来的,其余的 CFG 是由其他要素(如劳动和土地)带来的。类似的,国家 2 将全部资本 $O'A$ 投入国内获得收益 $O'H$,总产出是 $O'JMA$,其中 $O'HMA$ 归因于国家 2 的资本所有者,其余的 HJM 归因于其他要素。

假设允许国际资本自由流动。由于国家 2 的资本报酬($O'H$)比国家 1 的资本报酬(OC)高,因此资本 AB 从国家 1 流入国家 2,使两国的资本报酬均等于 $BE(=ON=O'T)$。国家 1 的国内产出现在为 $OFEB$,加上对外投资的总报酬 $ABER$,于是得到国民总收入 $OFERA$(其中 ERG 是高于未开展对外投资时的收益部分)。由于国际资本的自由流动,国家 1 中资本的总报酬增加到 $ONRA$,而其他要素的总报酬下降到 NFE。

资本 AB 输出到国家 2,使其资本收益率由 $O'H$ 减少到 $O'T$。国家 2 的国内总产出由 $O'JMA$ 增长到 $O'JEB$。在增长部分 $ABEM$ 中,$ABER$ 归因于外国投资者,余下的 ERM 是国家 2 总产出的净增长部分,国内资本拥有者的总报酬从 $O'HMA$ 降为 $O'TRA$,而其他要素的

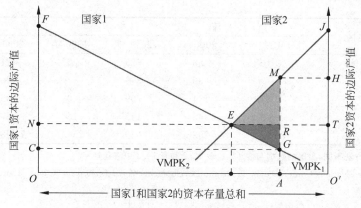

图 12.1　国际资本转移的产出与福利效应

总资本存量为 OO'，国家 1 拥有 OA，其总产出为 $OFGA$，国家 2 拥有 $O'A$，其总产出为 $O'JMA$。资本 AB 从国家 1 转移到国家 2，使两国的资本收益均为 BE。这使世界的总产出增加了 EGM（图中阴影部分），其中国家 1 得到了 EGR，国家 2 得到了 ERM。国家 2 的国内总产出增加了 $ABEM$，其中外国投资者得到 $ABER$，剩下的 ERM 作为国家 2 的国内净所得。

总报酬则从 HJM 上升到 TJE。

从全球作为一个整体（即两国加在一起）的角度来看，总产品从 $OFGA+O'JMA$ 增加到 $OFEB+O'JEB$，增加了 $ERG+ERM=EGM$（图中的阴影部分）。所以，国际资本流动增加了国际间资源分配的效率，从而增加了世界的产出和福利。请注意，VMPK$_1$ 和 VMPK$_2$ 两条线中较为陡峭的一条从国际资本流动中获利较大。

12.4B　对于资本输入国与输出国的其他影响

假设产量只受两个因素（资本和劳动）的影响，而二者在资本转移前后都得到了充分的使用。从图 12.1 中可以看到，对于投资国来说，总的和平均的资本报酬都增长了，而总的和平均的劳动报酬却都降低了。因而，当投资国因对外投资而整体受益时，在劳动和资本之间存在国内收入的重新分配问题。因此美国的工会比较反对美国对外投资。而对于从吸收外国投资中受益的资本输入国来说，这些投资也导致了资本和劳动的国内收入的重新分配。如果我们允许非充分就业的存在，对外投资会降低投资国的就业水平而增加被投资国的就业水平，可以想象，这又会招致前者国内劳动力的反对而对后者的国内劳动力有益。

国际资本流动也会影响资本输出国与输入国的国际收支平衡表。一国的国际收支平衡表是用来测度它从世界其他国家获得的收入及它对其他国家的支出情况的。在对外投资发生的当年，资本输出国的对外支付增加，会带来国际收支逆差（对外支付超过外来收入），这就是美国 20 世纪 60 年代产生巨额国际收支逆差的主要原因，它导致了美国 1965—1974 年对海外投资活动严加限制。当然与资本输出国国际收支恶化相对应的是资本输入国在接受外国投资的当年国际收支将会改善。

资本输出国最初的资本转移和对外激增的支付活动对国际收支的影响也有可能被输出国资本品、零部件和其他产品的大量出口及随后引发的利润汇回带来的收入所抵消。人们一般认为初始资本转移的"返还期"平均为 5～10 年。在得到报酬前的相当长一个时期内还应考虑另一种影响，即对外投资是否会导致资本输出国出口商品的替换，甚至是否会导致以前出口商品的进口。因此，资本的输出入对国际收支的即时作用在输出国是负的，在输入国是正的；但是,其长期作用是不确定的。

　　由于许多发达国家的对外投资都是双向的(参见 12.2 节),它们的短期和长期国际收支平衡作用大部分被中和了。但也有例外,如英国、美国、德国和日本,它们的对外投资远远大于它们所获得的外来投资,而主要依靠外来投资发展的发展中国家却面临非常严重的国际收支逆差(参见案例研究 12.2)。

　　对外投资对资本输出国和输入国的另一个重要的福利影响是由于不同国家有不同的税率和投资收益,因此,如果美国的公司所得税税率为 40%,而在英国只有 30%,很自然美国公司会投资于英国或是利用那里的分支机构进行对外销售,以享受较低的税率。因为很多国家,包括美国在内,都是避免双重征税协定的签约国,美国会在美国公司的国外收益汇回国内时对其按国外收益的 10% 征税(国内 40% 的税率与国外 30% 的税率的差额)。结果,资本输出国的税基与所纳税额都减少了,而资本输入国的税基与所纳税额却都相应提高了。

　　对外投资通过影响资本输出国与输入国的产出和贸易量,也很可能影响两国的贸易条件。然而,贸易条件怎么变化还要依两国的条件而定,不能一概而论。对外投资也会影响资本输出国的技术领先地位以及输入国对自己经济的控制和执行独立的经济政策的能力。由于国际资本转移的上述作用及其他作用都是由跨国公司的运营造成的,下一节将讨论跨国公司的情况。

12.5　跨国公司

　　战后世界经济发展的一个重要的特征是**跨国公司**(multinational corporations,MNCs)的产生和蓬勃发展。它们是在多个国家拥有、控制和管理生产设施的公司。今天跨国公司提供了世界产量的大约 25%,仅制造业中的公司内贸易(即母公司与其国外子公司间的贸易)就占了世界贸易量的大约 1/3。有些跨国公司(如通用汽车公司和埃克森石油公司)是真正的巨人,其年销售额都是以百亿美元计,甚至超过了一些国家的国民收入。而且,现今的多数国际直接投资都是由跨国公司完成的。在这一过程中,母公司通常向国外子公司提供管理技能、技术、部件和销售渠道,以获得子公司的部分产品和收益。本节我们将讨论跨国公司存在的原因以及它们给其母国和东道国带来的一些问题。

12.5A　跨国公司存在的原因

　　跨国公司存在的基本原因是其全球生产和销售网络具有竞争优势。这种竞争优势部分来自与国外子公司的横向和纵向的一体化。通过纵向一体化,多数跨国公司能确保国外原材料与半成品的供给,(通过更有效的公司内贸易)可以避开国外市场的不完善。通过横向一体化,跨国公司能更好地保护和利用它们的垄断权,使产品适合当地的环境与偏好,并能保证产品质量的一致性。

　　跨国公司的竞争优势也来自在生产、融资、研发、市场信息收集等方面的规模经济。跨国公司的巨大产量允许它们比那些较小型的国内公司更深入地进行劳动分工与生产的专业化。只需要非熟练工人生产的产品部件可以放在一些低收入国家生产,然后运到其他地方组装。而且,跨国公司及其子公司通常比国内公司更有机会进入国际资本市场,这使跨国公司在对大项目融资时拥有优势。它们也能把研发集中在一个或几个最合适的发达国家,在这里,它们比较容易获得必要的技术人员和试验条件。最后,与国内公司相比,国外的子公司可以把信息从世界各地传送到母公司那里,可使其在评估、参与和利用比较成本、消费者偏好和市场条件的变化方面处于更佳的位置。

当大公司对国外同行业追加投资的预期收益高于国内投资时，它就会向国外投资。由于公司通常只对自己所在产业了解最深且具有竞争优势，因此它在决定对国外投资前通常不考虑在国内其他产业有较高收益率的可能性。也就是说，国内所在产业的预期收益率与国外该产业的预期收益率之间的差异对一家大公司的对外投资决策是极为重要的。这就解释了，例如，日本丰田汽车公司对美国的汽车投资和 IBM 对日本的计算机投资的原因。事实上，它还解释了日本几家电子业跨国公司为什么要对美国进行投资，试图闯入它的计算机市场。所有这些都揭示了跨国公司是大部分差别产品的市场垄断者，它往往走一条由技术差距论与产品周期理论来说明的发展道路，并且在极强的规模经济下生产（参见 6.5 节）。跨国公司所销售的产品主要是汽车、石油产品、电子产品、金属、办公设备、化学品与食品等。

跨国公司在依据其优势控制和改变运营环境方面也比那些单纯的国内公司更有利。例如，在决定在何地设厂生产某种部件时，跨国公司可以选择那些工资很低并提供免税、补贴及其他税收和贸易优惠或便利的国家设厂。鉴于跨国公司的巨大规模，它们也能比国内公司更多地影响地方政府的政策，以攫取利润。而且，跨国公司能兼并地方上前景不错的公司以避免未来的竞争，同时它们还可以通过其他行动限制当地的交易，增加自己的利润。通过分散化经营，跨国公司可以降低自己的风险，这也有助于获取比单纯的国内公司更高的利润。

最后，通过人为地提高运往高税率国家的子公司的部件价格，压低运出高税率国家的子公司的部件价格的关联交易方式，跨国公司可以降低纳税额。这被称为**转移定价**（**transfer pricing**），它只能出现在公司内部的交易中，在独立公司之间是不可能出现这种交易的。

由于以上众多因素的综合作用，才使跨国公司比单纯的国内公司更具竞争优势，这也解释了当今跨国公司在世界经济中举足轻重的原因。总之，通过与国外子公司的横向一体化或纵向一体化，利用规模经济，运用其控制运营环境的优势地位，跨国公司已经成长为当今最突出的私人国际经济组织形式。案例研究 12.3 考察了世界最大的跨国公司的情况。

案例研究 12.3

世界最大的非石油工业跨国公司

表 12.6 列举了 2014 年销售额超过 900 亿美元的世界最大的非石油工业跨国公司及其母公司东道国、主要产业、年销售额和对外销售占比的情况。从表中我们可以看到，14 家跨国公司中有 5 家的总部设在美国，4 家在德国，3 家在日本，1 家在韩国，1 家在英国。在这些跨国公司中，有 8 家汽车公司、6 家电子公司。三星公司的对外销售比率最高（为 89.3%），所有 14 家公司对外销售的简单平均比率为 72.3%。

表 12.6			2014 年世界最大的非石油工业跨国公司		
排名	公　　司	总部所在国	产业	年销售额/10 亿美元	对外销售占比/%
1	大众汽车公司	德国	汽车	268.8	80.5
2	丰田汽车公司	日本	汽车	247.8	69.4
3	三星公司	韩国	电子	196.3	89.9

续表

排名	公　　司	总部所在国	产业	年销售额/10亿美元	对外销售占比/%
4	苹果公司	美国	电子	182.8	62.3
5	戴姆勒公司	德国	汽车	172.4	84.3
6	通用电气公司	美国	电子	148.6	52.5
7	福特汽车公司	美国	汽车	144.1	42.6
8	菲亚特—克莱斯勒公司	英国	汽车	127.6	92.7
9	本田汽车公司	日本	汽车	115.1	83.0
10	惠普公司	美国	电子	111.5	65.2
11	宝马集团	德国	汽车	106.7	84.5
12	尼桑汽车公司	日本	汽车	103.5	77.6
13	西门子公司	德国	电子	97.6	74.1
14	IBM	美国	电子	92.8	55.1

资料来源：UNCTAD，*World Investment Report* 2015（New York and Geneva：UNCTAD，2015）.

12.5B 跨国公司给母国带来的问题

跨国公司通过有效地在世界范围内组织生产和销售来增加世界产出与福利,同时它们也给其母国和东道国带来了严重的问题。跨国公司对其母国最有争议的损害就是其对外直接投资使本国的就业机会减少了。减少的很可能是本国处于竞争劣势的非熟练或半熟练工作岗位。由此,美国和其他一些主要的母国中的工会组织强烈反对跨国公司的直接对外投资活动。当然,直接对外投资很可能也要求跨国公司总部中相应地增加一些文秘、管理和技术方面的工作。然而,即使失去的工作机会比增加的多,如果没有对外直接投资,很可能母国的这些工作岗位也会被国外竞争者抢走,而且在国内也不会产生新的就业机会。当然,具体情况取决于对外直接投资的类型和投资发生的环境。案例研究 12.4 考察了美国跨国公司的海外雇工情况。

案例研究 12.4

美国跨国公司海外雇工

表 12.7 给出了 2012 年美国跨国公司在不同国家雇佣工人的人数和比例。该表显示 2012 年美国跨国公司雇佣的海外劳工超过 1 400 万人,欧洲占 33.6%,亚太地区占 34.4%,拉美和其他西半球国家占 20.6%。工业国家中中国、英国、墨西哥和加拿大是数目最大的(分别占总数的 11.1%、10.3%、9.8% 和 8.4%)。2011 年外国的跨国公司在美国雇佣 560 万工人,所以正如 8.8 节中指出的,并非美国跨国公司在海外创造的所有就业机会都是以美国国内工作岗位的减少为代价的。

	表 12.7 2012 年美国跨国公司雇佣的外国劳工数	
地区/国家	雇工数/千人	所占比例/%
加拿大	1 179	8.4
欧洲	713	33.6
英国	1 447	10.3
德国	683	4.9
法国	488	3.5
亚太地区	4 834	34.4
中国	1 567	11.1
日本	522	3.7
印度	975	6.9
拉美和其他西半球国家	2 886	20.6
墨西哥	1 379	9.8
巴西	644	4.6
非洲	287	2.0
中东	144	1.0
所有国家总计	14 043	100.0

资料来源：U. S. Department of Commerce, *Survey of Current Business*, August 2014.

　　一个相关的问题是出口先进技术与利用国外便宜的其他要素,以使公司的利润最大化的战略,这一做法被认为会损害母国的技术领先地位与未来利益。然而,为防止可能的损害,跨国公司总是把它们的研发工作集中于本国,以保持技术领先的趋势。跨国公司是否有损其母国的技术领先地位,仍然是一个充满争议的问题,还没有明确的答案。

　　跨国公司的另一种可能的有害作用是由转移定价及其他类似活动带来的。跨国公司把它们的经营活动转移到低税率国家,从而减少了东道国的税收收入并侵蚀了它的税基。这一结果的根源是国际税务实践。具体地说,子公司的东道国将首先对子公司征税,为避免双重征税,母国通常只对汇回国内的利润征收两国税率的税差(这里假设母国的税率比东道国的税率高)。

　　举例来说,假设母国的公司所得税税率为 50%,而在子公司的东道国这一税率为 40%,税前风险调整后利润率在国外是 20%,而国内只有 16%。那么一家跨国公司将进行海外投资。如果它在国外得到的利润率为 20%,子公司东道国得到 8% 的税收,跨国公司保留了 12% 的利润。当跨国公司把这笔收益全部汇回国内时,其母国将征收 10%(国内外公司所得税税率之差)的税。这样,跨国公司的母国只有当子公司把利润汇回时才能征到 1.2% 的税。如果跨国公司用利润对国外子公司进行再投资,就等于从母国拿了一笔无息贷款。如果母国与东道国的公司所得税税率是相等的,当跨国公司将其税后利润汇回国内时,母国就不能对此再征税了。如果跨国公司投资于其母国,哪怕只有 16% 的利润率,母国也能收到 8% 的税(以 50% 的税率计算)。所以,跨国公司的海外投资减少了母国的税收收入,侵蚀了它的税基。

　　最后,由于跨国公司能够进入国际资本市场,所以它能绕过国内的货币政策,从而增加了本国政府调控经济的难度。以上论及的跨国公司的有害作用对美国影响最大,因为它是超过 1/3 的最大跨国公司的母国。总的来说,或者是出于国际收支平衡的原因,或者最近出于对就业问题的考虑,跨国公司的母国确实加强了对跨国公司活动的限制。

12.5C　跨国公司给东道国带来的问题

跨国公司的东道国有时会比其母国抱怨得更强烈。首先,而且是最重要的,跨国公司操纵了东道国的经济活动。对于加拿大来说,这是毫无疑问的。因为该国 60% 的制造业资本为外国人(40% 是美国人)所拥有或控制。同样,对一些小的发展中国家来说也是如此。外国人对东道国经济的干预有多种途径,其中包括:(1)不愿让当地的子公司向那些被认为是对母国不友好的国家或母国法律禁止出口的国家出口产品;(2)当东道国金融政策紧缩时从国外借款,当母国利率低时向海外贷款;(3)针对可口可乐、牛仔裤等产品大规模投放广告,以影响全国的消费偏好。

跨国公司对东道国有害的另一个理由是这些跨国公司将研发基金吸收到自己的母国。这一行为从跨国公司以及世界整体来看可能更有效率,然而它确实造成了东道国在技术上不得不持续地依赖跨国公司母国的局面。这对于发展中国家来说的确是一个很现实、很严重的问题。跨国公司也可能会吸纳当地的储蓄及企业的高级人才,从而阻碍民族企业的建立,而这对发展中国家的经济发展是更重要的。不过这种情况的严重程度目前尚不清楚。跨国公司通过它们的投资,从税收或关税优惠抑或通过避税从东道国攫取了几乎所有的收益。在发展中国家,跨国公司在采矿业及原材料产业的直接投资屡遭批评。人们越来越多地抱怨跨国公司以低价收购产品,对劳动力资源丰富的发展中国家不恰当地使用高资本密集度的生产技术,不重视当地劳动力的培训,过度开采自然资源及造成高度二元性的"飞地"经济。

大部分的这类抱怨在某种程度上是确实存在的,特别是在发展中国家。这些抱怨促使许多东道国去规范、调整外国的投资活动,使之减少危害,增加可能的收益。为此,加拿大对加拿大股权低于 25% 的外国子公司征收更高的税。印度对外国可以开展投资与经营活动的部门予以限制。许多发展中国家只允许合资企业(有本地资本的参与)的存在,并就技术转让和培训国内劳动力制定了规则,限制使用进口部件,限制利润汇回,并制定了环境方面的法规等。在极端情形下,东道国可以把外国的生产设施收归国有。但是,这很可能严重影响将来外国对该国的直接投资。

甚至在美国这个约 1/3 的最大的跨国公司的母国,20 世纪 80 年代后期也曾对高额的外国直接投资流入带来的外国对经济的控制表示了极大的关注。到了 90 年代前期,由于外国的直接投资锐减,这种担心才消失(参见案例研究 12.1)。欧盟、经济合作与发展组织、联合国、联合国贸易发展大会目前都在为制定跨国公司的国际性协议而努力。然而,由于母国与东道国的利益总是有所冲突的,在实践中很难达成一个非常适合各方的国际性协议。因此,采用严格限制的方法来解决由跨国公司在母国与东道国间制造的问题以及由此引发的相互指责是不可能成功的。乌拉圭回合仅仅消除了一部分针对国外直接投资的国内限制和管制。

 # 12.6　国际劳动力迁移的原因及其福利效应

一般来说,劳动在国际上的流动性低于资本。然而 19 世纪,欧洲出现了到新大陆的大规模移民潮。这减轻了欧洲的人口压力,并且极大地推动了新大陆,特别是美国的迅速成长与发展。本节我们将探讨国际劳动力迁移的原因并分析它对劳动力迁出国和迁入国的福利效应。我们先探讨这些效应中能用图表来描述的,然后考察那些不能明显地用图表来分析的效应。

12.6A   国际劳动力迁移的动机

国际劳动力迁移既有非经济原因也有经济原因。可以肯定地说,许多发生在 19 世纪以及更早年代的国际移民是为了逃避欧洲的政治、宗教迫害。然而,大多数的国际劳动力迁移,特别是"二战"后,是由于受到了国外更高的实际工资和收入的美好前景的吸引。

对出于经济原因而移民的决定可以采取与其他投资决策一样的方法和工具进行分析。具体来说,移民就如同其他任何一种投资一样,都涉及成本与收益。其成本包括交通费用的支出,在新的国家安置与重新寻找工作期间的工资损失。另外,还有许多难以量化的成本,例如与亲戚、朋友、熟悉环境的分离,要熟悉新的风俗习惯以及学习一门新的语言所需的花费,在新的土地上寻找工作、住房及其他的东西所涉及的风险。由于移民往往呈波浪状和链状出现,许多移民都共同流动,或迁到一个已有一定数量来自同一地方的早期移民聚居的区域,因而许多非经济因素的成本可以大大地减少。

国际移民的经济收益可以通过他们在剩余工作寿命内从国外所能获得的,相比他们在国内所得更高的工资、收入来衡量。其他的好处是移民的子女可以享有更好的教育与工作机会。从收益超出成本的角度出发,移民决策的内部收益率可以像其他类型的投资一样加以估算。假如该内部收益率明显很高,并且可以覆盖与移民相关的非经济成本,那么他就会移民。当然,在真实世界中很少能明确给出这种成本/收益分析的信息。不管怎么说,他们就仿佛是这么行动的。移民不断地从低收入国家迁移到高收入国家的事实证明了这一点。进一步看,年轻的劳动力比年老的劳动力更愿意移民,除了其他原因之外,还因为他们有更长的剩余工作寿命可以从国外的高收入中获利。

12.6B   国际劳动力迁移的福利效应

国际劳动力迁移对迁出国和迁入国的福利效应也能像其他国际资本移动对社会福利的影响一样使用图表技术来分析。在图 12.2 中,劳动在国家 1 和国家 2 的供给分别以 OA、$O'A$ 表示。$VMPL_1$ 和 $VMPL_2$ 曲线给出了国家 1 和国家 2 劳动的边际产品收益。在竞争的条件下,$VMPL$ 代表劳动的真实工资。

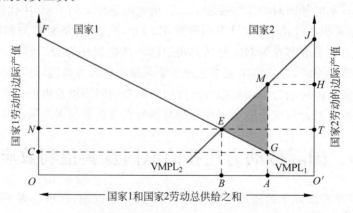

图 12.2   国际劳动力迁移的产出与福利效应

劳动供给为 OA 时,国家 1 的真实工资率为 OC,总产出为 $OFGA$。劳动供给为 $O'A$ 时,国家 1 的真实工资率为 $O'H$,总产出为 $O'JMA$。从国家 1 移民 AB 段的劳动力到国家 2 使两国的工资率在 BE 处相等。这使国家 1 的总产出减少到 $OFEB$,国家 2 的总产出增加到 $O'JEB$,世界总产出的净增加为 EGM(图中的阴影部分)。

移民前,在国家 1,工资率为 OC,总产出为 $OFGA$;在国家 2,工资率为 $O'H$,总产出为 $O'JMA$。现在假定国际劳动力可以自由迁移。由于国家 2 的工资率($O'H$)高于国家 1 的工资率(OC),AB 段的劳动会从国家 1 移向国家 2,使两国的工资在 $BE(=ON=O'T)$ 处相等。因而国家 1 的工资上升而国家 2 的工资下降(因此,工会通常反对移民的迁入)。同时,国家 1 的总产出从 $OFGA$ 下降到 $OFEB$,而国家 2 的总产出则从 $O'JMA$ 上升到 $O'JEB$,世界产出净增加了 EGM(图中的阴影部分)。注意:对于国家 1(移民迁出国)的劳动与国家 2 的非劳动资源都存在国民收入的再分配。国家 1 还可能会收到移民汇回的侨汇。还应注意的是,假如 AB 区间的劳工在移民前在国家 1 已处于失业状态,那么无论在国家 1 是否有移民,其工资率均为 ON,总产出均为 $OFEB$。移民后,世界产出的净增加将为 $ABEM$(所有的产出增加均发生在国家 2)。

12.6C　国际劳动力迁移的其他福利影响

迄今为止,我们都隐含地假定所有的劳动力都是不熟练工人。然而,对真实世界的随机观测显示,体现在不同的工人与工人小组中的(由教育、培训及健康因素决定的)人力资本的质量与数量的差别是非常大的。因此,高技能员工的迁入与迁出对有关国家所产生的福利效应是一个问题。这一效应很可能明显不同于那些由非熟练工人迁移所引发的效应。这一问题在 20 世纪五六十年代变得更为突出,大量的科学家、技术人员、医生、护士及其他高技术人员从发展中国家移向发达国家,从欧洲移向美国。例如,20 世纪 80 年代有 870 万人从世界各地涌入美国,其中的 150 万人受过大学教育。美国电话电报公司贝尔实验室通信科学研究组的 200 名研究人员中的 40% 是在国外出生的。如今美国各大学颁发的计算机科学博士学位有超过 50% 由国外出生的学生获得——他们当中的很多人都留在了美国。实际情况是,美国越来越多的高科技产业,从半导体到生物技术都依赖移民来的科学家与工程师,以保持其日益增长的全球市场上的竞争力。高技能员工的流动问题可以用 **人才流失(brain drain)** 来形象地表达。

高技能移民的来源国指责说,自己为教育和培训这些人花费了巨额成本,结果却只能眼睁睁地看着他们离去,让接收国坐享其利。可以肯定地说,这些高技能移民中的许多人在母国通常都不能被有效地利用——譬如,在许多发展中国家,医生往往只能从事护理服务的工作,工程师被作为技师使用。无论如何,事实就是这样,高技能移民的来源国花费大量资金培训这些人,到头来却获利甚微,即使有,也只不过是一些移民侨汇而已(不过,2013 年的侨汇收入约为 4 000 亿美元,而国外援助总额是 1 350 亿美元)。越有生机、越机敏、越年轻的移民可能使这些优秀的劳动储备减少的越多。

各国(如美国、英国及其他发达国家)的移民法通常鼓励脑力的流入。这些国家的移民法倾向于鼓励高技能人才的移入而通常为非熟练工人的移入设置重重阻碍。这导致了有必要在高技能人才移民时向其征税或者对他们其后在迁入国的高额收入征税,以弥补迁出国为培训他们所花费的部分成本。尽管这些想法看起来是合理的,但必须记住的是,在涉及移民的能力时要考虑个人自由这个重要因素。因此,如果移民的迁入国通过增加对移民迁出国,特别是发展中国家的援助或其他形式的财政支持来补偿培训费用,那么从个人角度来看是可以接受的,从经济角度来看也是有效率的。

从上述对高技能人才与非熟练工人移民的讨论中,我们隐含地假定了移民的决定或多或少是具有永久性的。然而,大量的劳动力移民,特别是对欧盟的移民,则呈现暂时性。例如,德国等国家在需要时允许外国工人暂时性地移入(即所谓的"客工"),但当国内经济滑坡,不再需要外国工人时则拒绝续签工作许可证。通过这种做法,德国或多或少地把它的经济与经济滑坡时的劳动需求隔离开,并把这些调整问题推给诸如土耳其、阿尔及利亚和埃及等较穷与缺少有效应付失业的能力的移民迁出国。

2010年,澳大利亚的劳动力中有近26.5%由移民组成,瑞士的这一比率为26.3%,加拿大为19.6%,西班牙为14.3%,德国为12.9%,美国为12.5%,法国为11.6%,而英国为11.3%。近些年来,在许多工业国,特别是在欧洲,高失业率使暂时性的移民越来越不受欢迎,越来越遭到歧视,即便在以往欢迎他们的法国、英国也是如此。他们的工作许可证已不再被续签,而是鼓动他们回国。尽管如此,他们的数量及占总劳动力的比率在大多数接收国仍在上升。

还有非法移民的问题。在美国这已经成为热点问题,有数百万的非法移民在所谓的"地下经济"工作,他们的工资极低,社会福利即使有,也是微乎其微的。非法移民由于压低了美国低技能工人的工资而明显地影响了美国收入的分配。这也引发了美国国内关于如何解决这类问题,如何停止或减缓非法移民潮水般涌入的激烈讨论。据估计,2013年美国有1 170万名非法移民。其中,大约700万人是工人,占当今美国劳动人口的大约4.5%。2009—2011年的经济危机和失业率居高不下,才使非法移民潮水般涌入美国的热潮有所减缓。

1986年,美国通过了《1986年移民改革与控制法》,其中的条款有:(1)对那些能够证明其在1982年1月1日以前就持续居留美国的非法外国人予以特赦,他们拥有获得合法居留权以至最终的公民身份的机会;(2)雇主每雇用一名非法居留的外国人处以250~10 000美元的罚款。截至2010年,近250万名外国人申请了合法的身份。2004年,美国总统布什提出了一项计划,允许数以百万计的非法工人获得临时性的合法居留权及很多公民权益。经过十多年的努力,2014年秋天,美国已经近乎彻底修订了整个移民体系。案例研究12.5提供了美国移民的历史数据,并总结了移民政策方面的争论。

案例研究 12.5

美国移民及对移民政策的争论

表12.8显示了1901—2013年每10年移民美国的人数及占美国人口的百分比。如表所示,1901—1910年移民美国的人数近900万,占美国人口的比率超过10%。1931—1940年由于大萧条和"二战"的爆发,这个比率急剧下降。"二战"后移民再次增长,2000—2010年,移民美国的人数达1 050万(但由于美国人口在过去一个世纪的快速增长,移民占美国人口的比率只有3.5%)。

2013年,在美国本土以外出生的美国人有4 130万人,占当年美国出生人口总数的12.9%,该比例比"二战"后的任何一年都要高(历史最高值是1910年的14.7%)。非法移民(1 170万人)占移民总数的28.3%。近年来(合法的和非法的)移民的迅速增长已引发了美国国内对移民政策的激烈辩论。

表 12.8 1901—2013 年的美国移民

年度	总额		年度	总额	
	数量/千人	比率[a]		数量/千人	比率[a]
1901—1910	8 795	10.4	1961—1970	3 322	1.7
1911—1920	5 736	5.7	1971—1980	4 499	2.0
1921—1930	4 107	3.5	1981—1990	7 256	3.0
1931—1940	528	0.4	1991—2000	9 081	3.4
1941—1950	1 035	0.7	2001—2010	10 501	3.5
1951—1960	2 515	1.5	2011—2013	3 084	3.2

[a] 在每千名美国人口中所占比率。

资料来源：*U. S. Statistical Abstract*，2005.

高技术人才和优秀学生移民到美国深造并留在美国，这明显会给美国带来巨大的好处。争论不清的是另一种情形，即未受教育或无技术人群的移民。美国人口调查数据表明超过 25 岁的新移民中具有学士学位的人占 21%（而美国本土人口的这个比率只有 15%），但是 31% 没有高中文凭（美国出生的人口中这一比例为 8%）。因此，最近移民中的多数不是受过高等教育就是文化程度很低。

总的来看，移民入境对国家是有好处的。但是，至少在短期，本土的工人会比没有移民时的薪酬降低，雇主支付的工资减少，这可以解释为什么工人一般会反对移民而企业会支持。博杰斯（Borjas）近期的一项研究表明，估计国外工人供给每增长 10%，与之竞争的国内工人的工资会降低 3% 或 4%。

1990 年设立的 H1-B 签证计划允许每年有最多 6.5 万名受过教育的外国人到美国从事高科技的专业工作，在雇主向美国移民归化局提出申请的情况下，他们可以获得 6 年期的工作许可（但需要在最初 3 年后再申请）。1998 年升至 11.5 万人，2001 年再升至 19.5 万人，2004 年则重新降至 6.5 万人。从那时起，美国国会一直在考虑进一步提高这种签证的数量。针对在美国取得硕士或更高学位的申请人的高学历项目又增加了 2 万个名额。

资料来源：S. A. Camarota，*Immigrants in the United States*，2007（Washington，D. C.：Center for Immigration Studies，November 2007）；G. J. Borjas，"The Labor Market Impact of High Skill Immigration，"*American Economic Review*，May 2005，pp. 56-60；J-C. Dumont and G. Lemaitre，"Counting Immigrants and Expatriates in OECD Countries，"*OECD Social*，*Employment*，*and Migration*，*Working Paper No. 25*，2004；"Talent Shortage Prompts US Calls for Visa Reforms，"*Financial Times*，May 11，2007，p. 5；and U. S. Citizenship and Immigration Services，U. S. Department of Homeland Security，*H-1B Fiscal Year 2015*.

本章小结

1. 本章着重考察了资本、劳动与技术的国际流动所造成的影响。从某些方面来说，这些都是国际商品贸易的替代品。资产组合投资，如购买股票与债券，是纯粹的金融资产投资，主要通过银行和投资基金进行。而直接投资是对工厂、资本品、土地和存货的实际投入。它关系到资本与管理，投资者拥有运用投资的控制权。国际直接投资通常是由跨国公司进行的。

2. 1980—2014 年，美国私人持有的长期外国证券（股票与债券）和外国私人持有的美国证券大幅增长。对外直接投资的情况也是如此。1980—2014 年,美国在欧洲的直接投资增幅比美国在加拿大和拉丁美洲的直接投资增幅更大。美国在制造业、金融和服务业的对外直接投资及外国对美国在这些领域的直接投资都比各自对石油行业的直接投资增长得更快。公众对 20 世纪 90 年代后半期外国在美国的直接投资浪潮并没有像 80 年代后半期及过去 10 年间出现的对美国的直接投资浪潮那样关注。

3. 国际证券组合投资的基本目的是追求收益最大化与分散风险。后一目的也是解释双向资本流动所需要的。对外直接投资的动机需加以详尽说明。具体地说:(1)为了利用外国的一些独特的生产知识与管理技能(横向一体化);(2)为了获得外国拥有的原料的供应以及对外国市场的控制权(纵向一体化);(3)为了避免进口关税及其他贸易壁垒,或者是为了利用生产补贴;(4)为了进入外国的寡头垄断市场;(5)为了避免将来的竞争而收购外国的企业;(6)为了获得独一无二的融资能力。

4. 国际资本转移增加了投资国与东道国的国民收入,但投资国资本的相对收入上升,劳动的相对收入减少;东道国的情况正好相反。因此投资国的就业状况趋于恶化,而东道国的就业状况将改善。短期之内,投资国的国际收支趋于恶化,而东道国的国际收支将改善。在长期,国外的直接投资对国际收支的影响则并不明确。企业所得税税率过高的国家会促使企业对外投资,从而使该国税收收入下降。对外投资还会影响一国的贸易条件。

5. 跨国公司已经成长为今天私有国际经济组织最重要的形式。它们存在的一个基本原因是其在全球生产与销售网络方面的竞争优势。从母国的角度看,跨国公司的主要问题是国内工作岗位的流失、对母国技术优势的侵蚀、通过转移定价逃避国内的税收,减弱了政府对国内经济的控制。而东道国也抱怨海外直接投资削弱了主权、减弱了国内研究能力,导致逃税、不适用技术的应用及大部分收益流向母国的后果。这导致大多数东道国调整政策以减少上述有害影响,增加可能的收益。

6. 国际劳动力迁移的原因可能是经济的,也可能是非经济的。当移民决策是出于经济原因时,可以像对人力资本与实际资本的其他投资一样,通过成本/收益分析的方法对其进行评价。国际移民减少了移出国的总产出,但提高了该国的真实工资水平;对移入国来说,则是总产出的增加与真实工资水平的降低。带来这些变化的同时,全世界的产出也会有净增加。高技能、受过培训的人员的流动给移入国带来了特殊的收益,但同时以沉没成本与重置成本的形式给移出国增加了沉重的负担。这个问题被称为脑力流失。

关键术语

brain drain	脑力流失
direct investments	直接投资
horizontal integration	横向一体化
multinational corporations,MNCs	跨国公司
portfolio investments	组合投资
portfolio theory	资产组合理论
risk diversification	风险分散化
transfer pricing	转移定价
vertical integration	纵向一体化

复习题

1. 在什么意义上国际生产资源的流动可以替代国际商品贸易？

2. 什么是组合投资？它通常通过什么机构来操作？

3. 什么是直接投资？在国际间它通常通过什么组织来实现？

4. 1980—2014 年，美国对外直接投资和私人持有外国长期证券的数量是多少？

5. 2014 年，美国对欧洲、加拿大、拉丁美洲和其他地方直接投资的份额各是多少？美国 2014 年的对外直接投资中，在制造业、金融业、石油业及其他产业的投资各是多少？外国在美国的相应投资各是多少？

6. 国际资产组合投资的基本动机是什么？对外直接投资的原因还有哪些？

7. 如何解释双向的国际资本投资？风险分散化意味着什么？横向一体化意味着什么？纵向一体化呢？

8. 对外投资对于母国与东道国的国民收入有何影响？对其国民收入中资本与劳动的相应收入有何影响？

9. 在短期及长期，对外投资对投资国与东道国的国际收支平衡分别有何影响？征收高额公司税的国家面临什么问题？

10. 今天，跨国公司的重要性何在？它们存在的原因是什么？

11. 对母国来说，跨国公司会带来什么样的问题？对东道国呢？

12. 东道国是如何设法限制跨国公司的有害作用，并增进其有益作用的？

13. 国际劳工迁徙的动机是什么？在移出国与移入国，劳动移民对真实工资、总产出及国民收入中劳动的收入的影响分别是什么？

14. 脑力流失意味着什么？这为什么会成为问题？可以怎样解决？

练习题

1. 在价格—数量坐标图上标出资本流出对投资国的影响。

2. 在价格—数量坐标图上标出资本流入对东道国的影响。

3. 用可获得的最近一年的数据更新表 12.1。

4. 用可获得的最近一年的数据更新表 12.2。

5. 用可获得的最近一年的数据更新表 12.3。

6. 用可获得的最近一年的数据更新表 12.4。

*7. 判断下列说法的正误，并解释原因："许多证券组合的获利性不可能超出证券组合中收益最高证券的收益，但其风险可能低于最低风险的证券。"

8. 画出类似图 12.2 的图表示从国家 1 到国家 2 的资本转移所带来的所得在两国相等。

9. 图出类似图 12.2 的图表示从国家 1 到国家 2 的资本转移为国家 1 所带来的所得大于为国家 2 所带来的所得。

10. 你从前两题的答案及图 12.1 中推理出国际资本转移为投资国与东道国带来的总收入在两国分配的一般性的规律是什么？

11. 解释为什么美国在发展中国家的直接投资的收益率常常会超过美国在发达国家直接投资的收益率。

＊12. 用图 12.2 解释为什么美国工会会反对美国的对外投资。

＊13. 用图 12.2 解释为什么发展中国家的劳动力会从外国资本流入中获得好处。

14. 用可获得的最近一年的数据更新表 12.6。2014 年以来世界最大的跨国公司的排序有何变化？

附录

A12.1　转移问题

为了取得成功,任何国际长期资本移动都必然伴随着从投资国或借出国向东道国或接收国的实际资源的移动。例如,假设一个国家投资 1 亿美元于另一个国家,那么投资国必须使国内实际资源可以自由流动,向东道国或接收国增加出口 1 亿美元的物品,以便真正地发生国际资本的转移。在 A17.2 节,我们将结合国际收支失衡的收入调节机制,详细讨论这种实际资源转移是如何发生的。这里需要记住的是实际资源的转移必须伴随着金融资源的国际转移。这就是转移问题。

转移问题不仅在国际资本移动的情况下发生,而且与弥补战争破坏的赔款有关。例如,1870—1871 年的普法战争以后,法国向普鲁士的赔款及"一战"后德国向法国的赔款。更近的一个例子是 20 世纪 70 年代由于石油价格的飞涨而引发的转移问题。大多数石油输出国,特别是沙特阿拉伯、利比亚和科威特,并没有把全部石油收入用来购买石油进口国的出口产品。大部分没有用掉的收入被用来在发达国家,尤其是美国购买组合证券。由于石油输出国的超额收入没有全部用掉,而石油进口国设法减少进口,这在某种程度上加强了世界经济萧条的趋势。因此,转移问题是 20 世纪 70 年代石油危机的核心问题。

20 世纪 80 年代外国对美国的巨额净投资所带来的转移问题更为引人关注,因为美国在 1985 年以后沦为债务国,这是美国自 1914 年以来首次成为债务国。与这种巨额资本流入对应的是与之相伴随的反映实际资源转移的美国高额贸易赤字(参见 13.6 节与 A17.2 节)。

问题　利用 1973—1980 年(石油危机时期)的数据,编制一个表,列出:(1)从沙特阿拉伯输出的每桶石油的美元价格;(2)石油输出国组织成员国的石油总输出的美元价值;(3)石油输出国组织成员国的总进口的美元价值;(4)美国石油进口的美元价值(提示:可参考 1981 年国际货币基金组织出版的《国际金融统计》)。

第3部分

国际收支平衡表、外汇市场和汇率

第 3 部分（第 13～15 章）涉及国际收支平衡表、外汇市场和汇率决定的内容。对这三章内容的清楚把握有助于理解第 4 部分，即对国际收支失衡的调节、开放经济宏观经济学以及当前国际货币制度的功能。第 13 章考察了国际收支平衡的含义、功能与度量，并定义了一国国际收支赤字与盈余的概念。第 14 章除了介绍理论外，还考察了外汇市场的实际运作，该章内容与国际经济学专业的学生尤其是主修工商管理课程的学生有很强的实际相关性。第 15 章讨论了基于国际收支平衡的货币和资产市场方法的现代汇率理论和汇率决定理论。

国际经济学
International Economics

第 **13** 章

国际收支平衡表

学习完本章后,你应当能够:

- 理解什么是国际收支平衡表以及它测量的是什么
- 描述美国历年国际收支平衡表的变化
- 理解近年来美国贸易余额严重恶化的重要性及美国的国际投资净头寸

13.1 引言

在第1部分和第2部分,我们研究了经济中与货币相对的"实物"部分。货币没有直接考虑在内,讨论的是相对的商品价格。现在,我们开始讨论国际经济或国际金融中的货币问题。这里,货币被直接考虑在内,商品价格用本币和外币的形式表示。我们在开始讨论国际金融前,先来考察国际收支平衡表。

国际收支平衡表(balance of payments)是一个扼要的表述。原则上,它应记录一国居民与其他国家居民在一段特定的时间内(通常是一年)发生的所有交易。美国和其他一些国家也有以季度为时间单位的国际收支记录。国际收支平衡表的主要目的在于让政府了解国家的状况,以帮助政府制定货币、财政和贸易政策。政府在制定决策时,也常常会参考重要贸易伙伴国的国际收支平衡表。同样,对于那些直接或间接地参与国际贸易与金融活动的银行、公司和个人而言,国际收支平衡表中包含的信息也具有重要的意义。

对国际收支平衡表所做的定义,需要做以下解释。首先,非常明显,一国居民与其他国家的成千上万的交易不可能一一出现在国际收支平衡表中。作为一种扼要的表述,国际收支平衡表把所有的商品交易划分成几大类。同样,对于国际资本项目来说,也只有每类国际资本流动的净余额才能包括在国际收支平衡表中。此外,国际收支平衡表中还包含一些并不直接涉及其他国家居民的交易。例如,一国中央银行将它持有的一部分外汇卖给本国商业银行的行为。

国际交易是指商品、服务或资产在不同国家居民间的交换(对此通常会发生相应的支付要求)。然而,国际收支平衡表中也包括馈赠和其他某些转移支付(这些通常并不伴随支付行为)。对于一国"居民"这个概念也需要做些澄清。外交官、外国驻军、游客和临时移居的工人是其国籍所在国的居民。同样,一个公司是其创立所在国的居民,但其国外的分支机构和子公司则不是。当然,有些区分是很主观的,可能会引起一些麻烦。例如,一个工人可能开始时只打算短期移民,后来却决定永久地定居国外。此外,联合国、国际货币基金组织、世界银行和世贸组织等国际机构并不是其所在国的居民。另外应牢记的是,国际收支平衡表有一个时间范围,因此,它记录的是一段特定的时间内,商品、服务、馈赠和资产在不同国家居民间的流动。通常,这段时间为一年。

本章我们将考察美国与其他国家的国际交易。13.2 节将讨论在国际收支平衡表中使用的一些会计准则;13.3 节将说明并分析美国在 2014 年的国际交易;13.4 节将考察一些会计余额以及国际收支失衡的概念和度量;13.5 节将简要地回顾美国战后的国际收支平衡状况史;13.6 节将说明经常项目余额的重要性;13.7 节将讨论美国的国际投资状况。附录将考察所有国家在向国际货币基金组织汇报时必须采用的度量国际收支平衡表的方法。这样可以保证不同国家的国际收支平衡表的统一性,并为比较提供依据。

13.2　国际收支平衡表会计

本节考察国际收支平衡表的会计准则,或者说国际交易在一国的国际收支平衡表中是如何记录的。2014 年 6 月,美国经济分析局(BEA)综合重组了国际经济账户。随之推出的 2014 年美国国际收支平衡表反映了这些新的会计准则。我们先给出国际收支平衡表中的三个主要账户:经常项目、资本项目和金融项目。

13.2A　经常项目与资本项目

经常项目(current account)交易包括商品和服务的进出口,从外国居民处获得的初次(投资)收入及对外国居民的支付,支付给国外的二次收入(经常性转移,如工人的退休金)和得自国外的二次收入。**资本项目**(capital account)交易(通常金额较小)则是指非生产性的非金融资产的取得和处置以及应收和应付国外资本转移。商品和服务的出口,以及应收国外的初次收入、二次收入与资本转移被归为**贷方交易**(credit transaction);商品和服务的进口,以及应付国外的初次收入、二次收入与资本转移被归为**借方交易**(debit transaction)。

如果一国的经常项目和资本项目的贷方总额超过借方总额,则发生了**经常项目和资本项目交易的净贷款(十)**(net lending (十) from current and capital-account transaction)。我们称之为净贷款是因为该国相当于向其他国家提供信贷(也就是说,接受其他国家承诺今后偿付其借方总额超过贷方总额的部分)。成为净贷款国就意味着该国在经常项目和资本项目交易中从国外的收入超过了支出。如果一国的经常项目和资本项目的借方总额超过贷方总额,则发生了**经常项目和资本项目交易的净借款(一)**(net borrowing (一) from current and capital-account transaction)。我们称之为净借款是因为该国向其他国家承诺今后会偿付借方总额超过贷方总额的部分。因此,成为净借款国就意味着该国在经常项目和资本项目交易中向国外的支出超过了收入。

13.2B　金融项目

金融项目(financial account)交易包括金融资产的净购入、国外负债净额、衍生金融工具交易净额(除储备资产外)。**金融资产的净购入**(net acquisition of financial assets)包括直接投资资产、(短期和长期)组合投资资产及其他投资资产(如货币和存款、贷款、贸易信贷及预付款),以及官方储备资产(将在后文介绍)。**国外负债净额**(net incurrence of liabilities)包括直接投资负债、组合投资负债及其他投资负债(如货币和存款、贷款、贸易信贷及预付款)。**金融衍生工具**(financial derivatives)也包括在金融项目中,是指复杂性远超股票和债券但其价值可以取决于股票和债券的价值的金融资产。

如果一国的金融资产的净购入超过国外负债净额,则发生了**金融项目交易的净贷款(十)**(net lending(十) from financial-account transaction)。如果一国的国外负债净额超过金融资产的净购入,则发生了**金融项目交易的净借款(一)**(net borrowing(一) from financial-account transaction)。

官方储备资产(official reserve assets)包括一国货币当局持有的黄金、一国的特别提款权、在国际货币基金组织的储备头寸及货币当局持有的官方外汇储备。特别提款权(SDRs)又称纸黄金,是由国际货币基金组织创造的国际储备,按照成员国在国际贸易中的重要性进行分配。在国际货币基金组织中的储备头寸是指成员国在加入时交纳的黄金储备,成员国可以在需要时无条件自动提取。成员国在遵守国际货币基金组织规定的条件的前提下也可以进一步提款(关于特别提款权和成员国在国际货币基金组织的头寸的详细情况将在第 21 章介绍)。

13.2C　国际交易中的复式簿记

在记录一国的国际交易时,我们使用**复式簿记**(double-entry bookkeeping)。这意味着每笔国际交易都被等额地记录两次。这是因为通常每笔交易都有两个方面,我们卖东西就能收钱,买东西就得付款。因此,每笔交易会记录两次,一次在销售或购买东西时记录,另一次在收到付款或支付货款时记录。

第一个例子,假设一家公司出口 100 美元的商品,进口商承诺将在 90 天内付款。100 美元的出口信贷将记入该国的经常项目,出口商获得 100 美元的国外资产将记入该国的金融项目。由于同意等待 90 天再收款,出口商为进口商提供了 3 个月 100 美元的贷款(借出或取得国外资产)。如果进口商当即支付 100 美元,则该笔交易的记录方式不变,只不过出口商获得了 100 美元的付款,可购买外国的商品、服务或投资(仍然是取得了国外资产)。从国外进口商品或服务采用类似的方式记录,只不过方向相反:100 美元的商品(或服务,如在国外的旅游支出)的进口记入经常项目;由此产生的 100 美元负债(付款或承诺付款)记入金融项目。

第二个例子,假定美国政府给一个贫困国家提供了价值 100 美元的食品援助。这笔交易的两个方面都记入美国的经常项目。给贫困国家提供的价值 100 美元的食品在美国的经常项目中记录为 100 美元的出口信贷,这项食品援助的价值则作为二次收入(经常性转移)支付予以记录。

第三个例子,假定某国的一位居民在外国银行借款 100 美元购买了 100 美元的外国股票。这笔交易都被记入该国的金融项目:金融资产的购入(购买 100 美元的股票)和国外负债(银行为其贷款 100 美元供其购买股票)。

第四个例子稍微复杂些,假定一位外国居民购买了 200 美元的美国国库券,并用他在美国的银行存款付款。在美国的国际收支平衡表中,这笔交易记录如下:这位外国居民购买 200 美元的美国国库券将作为 200 美元负债记入美国的金融项目,同时作为金融资产的购入(这位外国居民从美国的银行取款 200 美元)记入。在该居民所在国的国际收支平衡表中,这笔交易的记录刚好相反:记录金融资产的购入,同时记录相等金额的国外负债。

由于采用复式簿记,经常项目和资本项目交易的净贷款(＋)或净借款(－)必须等于金融项目交易的净贷款(＋)或净借款(－)。即

$$经常项目＋资本项目＝金融项目 \tag{13-1}$$

具体来说,因为复式簿记,一国经常项目和资本项目的余额必须等于金融项目的余额。然而,大多数时候,由于错误和遗漏,现实世界中该等式并不成立。记录错误产生的原因可能是不同的报告要求、不同的报告收取机构、对某些交易的错误估计等。遗漏更有可能发生在服务而不是贸易交易中,其产生的原因包括疏忽大意或避税。经常项目、资本项目和金融项目的借方总额与贷方总额的差别在一国的国际收支平衡表中作为**统计误差**(**statistical discrepancy**)予以记录。

 # 13.3　美国的国际交易

表 13.1 显示了根据前面所介绍的会计格式和准则给出的美国 2014 年国际交易的总体情况。在少数情况下,各项加总的和与总和略有出入,这是由于四舍五入带来的误差。

表 13.1　2014 年美国的国际交易	单位:10 亿美元
经 常 项 目	
商品和服务的出口与收入(贷方)	3 307
商品和服务的出口	2 343
商品	1 633
服务	711
初次收入	823
二次收入(经常性转移)	140
商品和服务的进口与收入支付(借方)	3 696
商品和服务的进口	2 852
商品	2 374
服务	477
初次收入支付	585
二次收入(经常性转移)支付	259
资 本 项 目	
资本转移收入及其他贷项	0
资本转移支付及其他借项	0
金 融 项 目	
美国净购入的金融资产,不包括金融衍生工具	
(资产/金融流出的净增加(＋))	792
直接投资资产	357
组合投资资产	538
其他投资资产	−100
官方储备资产	−4

续表

美国的国外负债净额,不包括金融衍生工具	
（负债/金融流入的净增加(＋)）	977
直接投资负债	132
组合投资负债	705
其他投资负债	141
除储备资产外的金融衍生工具交易净值	−54
统计误差	150

余　额

经常项目余额	−390
商品和服务贸易余额	−508
商品贸易余额	−741
服务贸易余额	233
初次收入余额	238
二次收入余额	−119
经常项目余额	0
经常项目和资本项目交易的净贷款(＋)或净借款(−)	−390
金融项目交易的净贷款(＋)或净借款(−)	−240

资料来源：U. S. Department of Commerce,*Survey of Current Business* (Washington,D. C. ,July 2015),and Borga,M. and K. L. Howell,"The Comprehensive Restructuring of the International Economic Accounts：Changes in Definitions,Classifications,and Presentations," *Survey of Current Business* ,March 2014,pp. 1-19.

如表 13.1 中美国经常项目所示,2014 年美国商品和服务的出口与收入为 33 070 亿美元,其中 16 330 亿美元为商品出口、7 110 亿美元为服务出口、8 230 亿美元为初次收入(主要是国外投资的收益)、1 400 亿美元为二次收入(经常性转移,主要是工人的退休金及出境移民汇款)。美国的商品出口主要包括石油制品、汽车、农产品和化学制品(参见案例研究 13.1)。美国的服务出口包括为外国人提供的旅游和交通服务、保险和金融服务。

案例研究 13.1

美国的主要出口品和进口品

表 13.2 列出了 2014 年美国的主要出口品和进口品的金额。美国的出口品主要是石油制品、汽车、农产品和化学制品。美国的进口品主要是石油、汽车、家用电器、服装和家居用品。如表 13.2 所示,美国在化学制品、民用飞机、农产品、石油钻探和建筑设备、科学设备上有出口盈余。这些是美国具有(显性)比较优势的产品。美国有进口盈余(相对劣势)的产品包括石油制品、汽车、家用电器、服装和家居用品、医疗用品、发电机、计算机、电信设备、半导体。

美国 2014 年的经常项目中,商品与服务进口及收入支付(借方)为 36 960 亿美元,其中 23 740 亿美元为商品进口,4 770 亿美元为服务进口,5 850 亿美元为初次收入支付,2 590 亿美元为二次收入(经常性转移)支付。资本项目中没有资本转移收入及其他贷方,资本转移支付及其他借方为 0(四舍五入为 0 亿美元)。

表 13.2　2014 年美国的主要出口品和进口品		单位：10 亿美元	
出　口　品	价值	进　口　品	价值
石油制品	161.2	石油制品	350.9
汽车	159.7	汽车	328.5
农产品	134.1	家用电器	164.8
化学制品	119.3	服装和家居用品	135.9
民用飞机	58.2	农产品	98.2
发电机	57.3	医疗用品	91.9
医疗用品	51.0	化学制品	80.7
科学设备	46.2	发电机	71.3
半导体	43.7	计算机	63.7
电信设备	40.7	电信设备	58.7
家用电器	40.2	半导体	44.0
石油钻探和建筑设备	29.6	科学设备	40.2

资料来源：U. S. Department of Commerce, *Survey of Current Business* (Washington, D. C.：U. S. Government Printing Office, July 2015).

美国金融项目的第一部分显示, 2014 年美国除金融衍生工具外的金融资产的净购入(资产/金融流出(＋)净增加)为 7 920 亿美元, 其中 3 570 亿美元为直接投资资产, 5 380 亿美元为组合投资资产(股票和债券), (－)1 000 亿美元为其他投资资产的减少, (－)40 亿美元为美国官方储备资产的减少。

美国金融项目的第二部分显示, 2014 年美国除金融衍生工具外的国外负债净额(负债/金融流入(＋)的净增加)为 9 770 亿美元, 其中 1 320 亿美元为直接投资负债, 7 050 亿美元为组合投资负债, 1 410 亿美元为其他投资负债。2014 年除储备资产外的金融衍生工具交易净值为(－)540 亿美元。

如表 13.1 所示, 金融项目之后列出美国 2014 年有 1 500 亿美元的统计误差, 这是用来平衡美国经常项目和资本项目交易净借款与美国金融项目交易净借款, 正如我们将在接下来的章节看到的。

13.4　会计余额与美国的国际收支

表 13.1 的底部列出了各种余额。如表所示, 2014 年美国经常项目余额总计为(－)3 900 亿美元。这意味着美国商品与服务出口、初次与二次收入(贷方)比美国商品与服务进口、初次与二次收入支付(借方)少 3 900 亿美元。这得自 5 080 亿美元的商品与服务贸易赤字(7 410 亿美元的商品贸易赤字与 2 330 亿美元的服务贸易盈余之和)、2 380 亿美元的初次收入余额盈余、1 190 亿美元的二次收入余额赤字。

资本项目的余额为 0, 经常项目和资本项目净借款(－)为(－)3 900 亿美元, 这意味着 2014 年美国经常项目和资本项目的国外支出比国外收入多 3 900 亿美元。

表 13.1 的最后一行显示金融项目交易净借款(－)为(－)2 400 亿美元。这意味着 2014 年美国从国外的借款比向国外的贷款多 2 400 亿美元。根据复式簿记, 经常项目和资本项目交易的净贷款或净借款之和应当等于金融项目交易的净贷款或净借款之和, 在表 13.1 的金融衍生工具之后列出了 1 500 亿美元(－2 400 亿美元－3 900 亿美元＝＋1 500 亿美元)的统计误差。

要注意的是, 美国(－)2 400 亿美元的金融项目交易净借款中, (－)40 亿美元由美国官方储备资产的减少或亏损所弥补（见表 13.1）。如果是在"二战"后直至 1971 年固定汇率制度占主导的时期，我们会说 2014 年美国**官方结算余额**（official settlements balance）的国际收支赤字为 40 亿美元。然而在当前有管制的浮动汇率制度下，我们只能说 2014 年美国损失了 40 亿美元的国际储备资产。我们将在 14.3C 小节做进一步的阐述。

13.5　美国战后国际收支状况

本节我们通过表 13.3 中的数据简要介绍美国战后的国际收支状况史。如表 13.3 所示，美国 20 世纪 60 年代商品的贸易余额（第 4 列）为正，到 70 年代出现商品贸易逆差（50 多年里头一次，70 年代仅 1970 年和 1975 年有贸易顺差），并且 1982 年以后逆差额迅速变大。在很大程度上，这是 70 年代石油进口价格急剧上升、美元在 80 年代的高国际价值以及美国在 20 世纪 90 年代和 21 世纪头 10 年远高于欧洲与日本的发展速度的一个反映。案例研究 13.2 介绍了过去 30 年间美国对中国的贸易赤字及两国的贸易争端。

表 13.3　1960—2014 年美国国际贸易概况 单位：10 亿美元					
年份	商品贸易余额	服务贸易余额	商品与服务贸易余额	初次收入余额	二次收入余额	经常项目余额
1960	5	−1	4	3	−4	3
1965	5	0	5	5	−5	5
1970	2	0	2	6	−6	2
1975	9	4	12	13	−7	18
1980	−26	6	−19	30	−8	2
1985	−122	0	−122	26	−22	−118
1990	−111	30	−81	29	−27	−79
1995	−174	78	−96	21	−38	−114
2000	−446	70	−377	19	−58	−416
2005	−783	76	−708	68	−100	−740
2006	−836	86	−752	43	−89	−798
2007	−821	124	−699	101	−115	−713
2008	−833	132	−702	146	−125	−681
2009	−510	127	−384	124	−122	−382
2010	−650	151	−499	178	−128	−449
2011	−744	187	−557	233	−134	−457
2012	−741	204	−538	203	−126	−461
2014	−741	233	−508	238	−119	−390

资料来源：U. S. Department of Commerce, *Survey of Current Business* （Washington, D. C. : U. S. Government Printing Office, July 2015 and Previous Issues）.

案例研究 13.2

美中贸易赤字迅速增加

图 13.1 显示了 1985—2014 年美国对中国的商品进出口额。美国从中国的进口增长

要远快于出口增长,这导致美国在与中国的贸易中出现较大且快速增长的贸易赤字(2014年为 3 432 亿美元)。事实上,2000 年中国取代日本成为美国最大的贸易赤字国,2014 年美国对中国的赤字是对日本的 5 倍。虽然像中国这样迅速发展的大型发展中国家出现贸易盈余是正常的,但出现如此数量且急剧扩大的贸易赤字给美中贸易关系发展造成了很大困难。

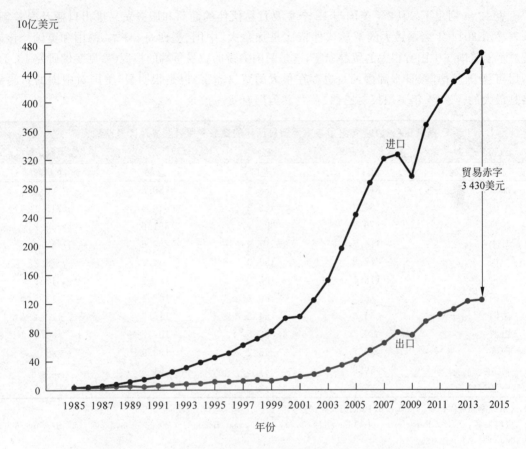

图 13.1　1985—2014 年美中商品进出口及净贸易差额(10 亿美元)

美国从中国的进口增长远快于其出口增长,这导致了巨大的贸易赤字。

资料来源:U. S. Department of Commerce,*Survey of Current Business*(Washington,D. C.:U. S. Government Printing Office,Various Issues).

20 世纪 80 年代以来,由于美国服务贸易顺差不断增大,美国商品与服务贸易余额的赤字少于商品贸易余额的赤字(案例研究 13.3 介绍了美国与主要贸易伙伴的商品和服务贸易余额)。美国初次收入的余额为正且逐年增加,二次收入的余额则通常为负且逐年增加。将商品和服务贸易与初次收入和二次收入的余额相加,即可得到美国的经常项目余额。20 世纪 60年代美国的经常项目余额为正,但之后变为负的且逐年增大到很高的程度。美国的年均经常项目赤字 20 世纪 80 年代为(一)780 亿美元,90 年代为(一)1 160 亿美元,21 世纪头 10 年为(一)5 730 亿美元,2010—2014 年则减少到(一)4 240 亿美元。

案例研究 13.3

美国的主要贸易伙伴

表 13.4 列出了 2014 年美国与 12 个主要贸易伙伴的商品和服务贸易进出口额及净差额。该表显示 2014 年美国最大的贸易伙伴依次是加拿大、中国、墨西哥、日本、德国和英国。该表还显示了美国与中国有很大的贸易赤字,这是两国尖锐的贸易争端的根源(参见案例研究 13.2)。2014 年美国与德国、日本和墨西哥也存在很大的贸易赤字,但是很明显,美国对中国的贸易赤字是最大的。2014 年美国仅对巴西、荷兰和英国有贸易盈余。

表 13.4　2014 年美国与主要贸易伙伴的商品和服务贸易及其净差额

单位:10 亿美元

国家或地区	出口	进口	总额	净差额[a]
加拿大	374.9	384.4	759.3	−9.7
中国	167.2	482.3	649.5	−315.1
墨西哥	270.7	320.9	591.6	−50.2
日本	114.7	167.9	282.6	−53.2
德国	77.8	157.0	234.8	−79.2
英国	118.1	105.2	223.3	12.9
韩国	66.8	80.3	147.1	−13.5
法国	51.3	64.2	115.5	−12.9
巴西	70.7	38.5	109.2	32.1
印度	37.7	66.2	103.9	−28.5
荷兰	59.9	31.1	91.0	28.8
中国台湾地区	39.9	48.2	88.1	−8.2

[a] 有些净差额因四舍五入而存在 10 亿美元的误差。

资料来源:U. S. Department of Commerce, *Survey of Current Business* (Washington, D. C.:U. S. Government Printing Office,July 2015).

在考察一国的国际收支时必须注意以下几点。第一,人们通常对商品贸易余额(商品出口减进口)投入了太多的关注,当一国的贸易余额为赤字时尤其如此。这可能是因为这些商品的月度和季度贸易余额的数据是可以在第一时间得到的。商品贸易余额为负是不利的这种看法多多少少是带有误导性的,因为负的贸易余额意味着一国在国内有更多的商品可供消费。此外,较大且持续的贸易赤字(超过 GDP2~3 个百分点)对工业国来说并不会长期持续下去。这一点将在下一节解释。

第二,在当今“零散化生产”的全球化世界里,就连贸易平衡这个概念本身都让人怀疑,因为出口某种产品的国家可能在自己所出口的产品的生产中只出了部分力。在某些情况下,一国可能只是对从其他国家进口的零部件进行了组装。例如,中国对美国出口 iPad 的全部价值都记入了中国的出口,然而这些 iPad 所采用的零部件中超过 1/3 是中国从其他国家进口的。

第三,应当记住各国的国际贸易有很强的相关性而不是彼此独立的。举例来说,美国削减对外援助额也会降低其受援国从美国进口商品的能力,所以美国国际收支余额的增加可能会小于其对外援助的减少额,特别是当该援助是以购买美国商品为条件时。

第四,努力降低美国与一些国家(如中国)的贸易赤字可能会降低美国对巴西的贸易盈余,因为巴西为美国产品支付的价款部分是通过向中国出口自然资源得到的。在多边贸易的世界中,各方之间存在紧密的相互依赖的关系,一国国际贸易立场的确定必须很谨慎,特别是在试图确定各种因素的因果关系时。

13.6 经常项目的重要性

表 13.3 显示美国过去十年不断增长的经常项目赤字主要是由于其巨额且不断增加的货物或商品贸易中的**贸易赤字**(**trade deficits**)(进口超出出口的部分)。很多人都认为巨额贸易赤字是美国数万人失业及从国外大量借款,进而使美国沦为世界上最大的债务国的罪魁祸首。接下来我们就来看看这一指控是否站得住脚。

首先,并非所有的借款都是为了弥补经常项目和贸易赤字而被动地借入的。美国的一些借款是因为外国人希望在美国投资以便抓住更为诱人的投资机会,而这也在美国创造了更多的就业岗位。其次,一部分从国外的借款是源于美国自身希望在美国进行一些有利可图的投资却苦于无法通过(有限的)国内储蓄来融资。最后,美国政府出于弥补预算赤字(政府支出超过税收的部分)的目的可能需要从国外借款。

因此,一国的经常项目余额代表了或者说可以被视为该国国民损益表的底线。特别地,经常项目赤字($M-X$)或从国外的净借款等于政府(公共)净借款超出预算赤字的部分($G-T$,或政府支出减税收 T)加私人部门净借款或私人投资(I)超出私人储蓄(S)的部分。即

$$(M-X) \quad = (G-T) + \quad (I-S)$$

经常项目赤字　＝　政府赤字＋私人投资减私人储蓄　　　　　　(13-2)

(从国外的净借款)　＝　(公共借款)

因此,为了减少经常项目赤字(从国外的借款),一国将不得不减少(1)公共部门借款(也就是减少预算赤字)或者减少(2)私人部门借款(通过减少私人投资或增加私人储蓄来实现),或者是同时减少(1)和(2),而这做起来并不容易,在短期内更是如此。减少预算赤字需要增加税收或减少政府支出。增加税收是不得人心的,而减少政府支出(特别是在医疗、教育等方面的支出)则可能更难。刺激私人储蓄或减少私人投资同样如此。在收入不变的条件下,要增加私人储蓄就必须减少私人消费,而减少私人投资(比如说通过课税或加强管制)则会影响一国的经济增长和就业。

我们还必须牢记,我们生活在相互高度依存的世界上,一国的经常项目赤字正是世界其他国家的经常项目盈余。赤字国要想减少经常项目赤字就意味着盈余国不能采取措施维持其经常项目盈余。事实上,盈余国可以(也应当)采取措施减少自己的盈余,让赤字国可以更为容易地减少赤字,从而帮助世界回归国际宏观经济均衡。我们将在第 18 章探讨这一问题,该章主要介绍调整政策或开放经济宏观经济学。

当然,一国拥有经常项目盈余意味着该国是外部世界的净贷款人。也就是说,该国由于拥有预算盈余或私人储蓄超过私人投资,支出少于收入。这样一来,该国借出的金额就相当于该国的国外净投资。

13.7 美国的国际投资状况

一国的国际收支平衡表反映了其商品、服务及资本在一年内的流量。而**国际投资头寸**(**international investment position**)度量的是年末本国在国外资产及外国在本国资产的总额及分布,因此,国际收支平衡表反映的是一个流量的概念,而国际投资头寸(通常称为国际负债余额)则是一个存量。

一国的国际投资头寸表可以用来预测本国在国外投资的未来收益及因为外国在本国的投资将发生的支付。此外,在不存在统计误差时,如果美国在国外的直接投资和外国在美国的直接投资的存量能够被重新估价,以反映本年的汇率及价格变动,则将本年的资本流动和上年年末的国际投资头寸相加可以得到本年年末的国际投资头寸。

表 13.5 显示了美国在 1980 年、1990 年、2000 年、2005 年、2010 年和 2014 年年底的国际投资头寸状况,外国在美国的直接投资用当前成本(即重置成本)估价。如表所示,美国的国际投资净头寸从 1980 年年底的(+)3 660 亿美元下跌到 2014 年年底的(−)70 200 亿美元。表13.5 还显示,美国在国外的资产从 1980 年的 9 300 亿美元增长到 2014 年的 245 960 亿美元,增长了 26 倍。美国的负债(在美国的外国资产)增长得更快(达 56 倍),从 1980 年的 5 690 亿美元增长到 2014 年的 316 150 亿美元。图 13.2 显示了 1997 年以后经常项目赤字的急剧增加,以及 1999 年以后美国的国际投资净头寸的恶化。其结果是,美国在 20 世纪 90 年代成为大债务国(事实上是最大的)(参见案例研究 13.4)。

表 13.5 1980—2014 年部分年度美国国际投资头寸(按当前成本估价,年)						
单位:10 亿美元						
项　　目	1980 年	1990 年	2000 年	2005 年	2010 年	2014 年
美国国际投资净头寸	360	−230	−1 337	−1 932	−2 474	−7 020
国际投资净头寸,不包括金融衍生工具	360	−230	−1 337	−1 990	−2 584	−7 094
美国的资产	930	2 179	6 239	11 962	20 298	24 596
除金融衍生工具外的美国资产	930	2 179	6 239	10 772	16 646	21 371
按功能分类:						
直接投资(市值)	388	617	1 532	2 652	4 307	7 124
组合投资	62	342	2 426	4 329	6 337	9 573
储备资产	171	175	128	188	489	434
其他投资	309	1 045	2 153	3 603	5 513	4 240
美国的负债	569	2 409	7 576	13 894	22 772	31 615
除金融衍生工具外的美国负债	569	2 409	7 576	12 762	19 230	28 465
按功能分类:						
直接投资(市值)	127	505	1 421	1 906	2 598	6 229
组合投资	290	1 057	4 247	7 590	12 290	16 917
其他投资	151	847	1 908	3 266	4 342	5 319

资料来源:U. S. Department of Commerce,*Survey of Current Business*(Washington,D. C.:U. S. Government Printing Office,July 2015 and Previous Issues).

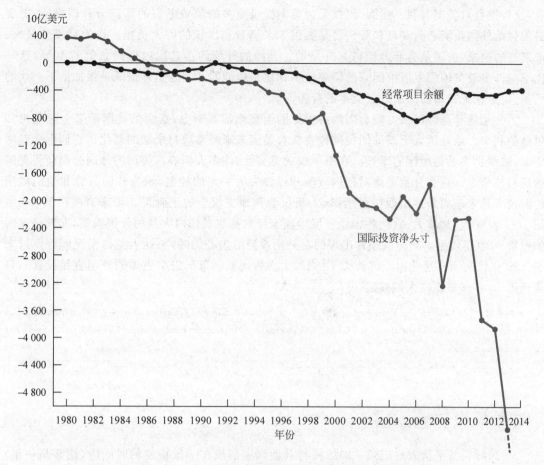

图 13.2　1980—2014 年美国经常项目余额与国际投资净头寸

除 1980 年、1981 年和 1991 年外,美国每一年都存在经常项目赤字。1997 年以后美国的经常项目赤字变得非常巨大且快速增长。1980—1985 年,美国的国际投资净头寸是正的,此后一直是负的,且 1999 年以后大幅增长(2012 年以后跌出了图外)。

资料来源:U. S. Department of Commerce, *Survey of Current Business* (Washington, D. C.: U. S. Government Printing Office, July 2015 and Previous Issues)。

案例研究 13.4

作为债务国的美国

美国 1986 年从债权国变为债务国,在经济学家、政治家和政府官员中引起了一场关于这一发展的利弊的激烈争论。认为有益的方面是,大量的外国投资使美国得以弥补近一半的财政赤字而无须提高利率以"挤出"更多的私人投资。部分外国投资也进入了商业、农场、房地产和其他产业并使美国可以更快发展。据估计,20 世纪 80 年代外国投资为美国创造了额外的 250 万个就业机会,而且使一些国外高效的新管理技术得到推广。

外资直接进入生产领域,因此投资回报比外国投资者获得的利息和股利回报高,从这一点看,这种投资对美国有利。然而,仅仅是为美国提供更多的消费融资的那部分外国投资,需要美国付给外国投资者的利息和股利将是美国未来消费和增长的巨大负担。作为世界上最大、最富有的国家,美国是有能力偿付其外债的。美国的外债约占其国内生产总值的40%,这一比率与许多较贫困的发展中国家的债务负担相比是较低的。问题是外债既是强加给下一代的负担,也是从更贫困的国家虹吸资本的行为。

另一个危险是外国人可能会因为各种原因而突然抽回资金,这会给美国带来金融危机和更高的利率。给外国人更高的回报同样意味着美国未来经常项目余额的恶化。它们也会耗尽资源,减缓世界其他地区的增长。在更一般的意义上,许多人担心在美国的外国公司会将美国的高科技带走。这会导致美国对国内政治和经济失去一定的控制,因为外国高管和他们派来的游说者越来越频繁地出现在美国国会、州议会和地方议会的走廊里。说来有些可笑,20世纪50—70年代,加拿大、欧洲各国及发展中国家经常抱怨其国内大量的外国投资,尤其是美国的投资。80年代后半期美国经常出现的对外国投资的担心的呼声,让人觉得情况刚好倒过来了。90年代初所有这些担心都消失了(当时大多数国家都急于吸引更多的外国直接投资),只是最近10年又重新被人们提起。

资料来源:"A Note on the United States as a Debtor Nation," *Survey of Current Business* (Washington, D. C.: Government Printing Office, June 1985), p. 28, and "The International Investment Position of the United States," *Survey of Current Business* (July 2008-2015).

本章小结

1. 国际收支平衡表是记录一国居民与其他国家居民在一段特定的时间内(通常是一年)发生的所有交易的一个简要总结。它的主要目的是让货币当局了解国家的国际头寸,并帮助参与国际贸易与金融的银行、公司和个人做出商业决策。

2. 国际收支具体分为经常项目、资本项目和金融项目。经常项目交易包括商品与服务的出口和进口、初次(投资)收入(贷方)和支付(借方)、二次(经常性转移)收入(贷方)和支付(借方)。资本项目交易是指非生产性的非金融资产的购入或处置、应收资金转移(贷方)或应付资金转移(借方)。当贷方总额超过借方总额时就是净贷款。当借方总额超过贷方总额时则是净借款。金融项目交易包括金融资产的净购入、国外负债净增加。当金融资产的净购入超过国外负债净增加时就是净贷款,反之则是净借款。官方储备资产包括黄金、特别提款权及在国际货币基金组织的净头寸、一国货币当局所持有的外国货币。

3. 2014年美国的商品与服务出口以及初次收入和二次收入为33 070亿美元,商品与服务进口以及初次收入和二次收入支付为(一)36 960亿美元。因此,2014年美国的经常项目赤字为3 900亿美元。资本项目余额为0。2014年,美国购买了7 920亿美元的金融资产,发生的金融负债为9 770亿美元,金融衍生工具的净余额为(一)540亿美元。美国金融项目显示有2 390亿美元的净借款。为了达到复式簿记借贷两方相等的要求,需要加上一项金额为1 500亿美元的统计误差。

4. 国际收支的重要平衡是商品、服务、商品与服务、初次收入与二次收入的平衡,最后三项的总和就是经常项目的余额。经常项目和资本项目的余额反映了一国究竟是经常项目和资本项目交易的净贷款国还是净借款国。金融项目的余额则反映了一国究竟是金融项目交易的净贷款国还是净借款国。

5. 美国 20 世纪 60 年代正的经常项目余额在 20 世纪 70 年代变成负的,1982 年以后更是金额巨大。美国的年均国际收支赤字 20 世纪 80 年代为(一)780 亿美元,90 年代为(一)1 160 亿美元,21 世纪最初 10 年为(一)5 730 亿美元,此后减少到 2010—2014 年的(一)4 240 亿美元。

6. 一国的国际收支之所以非常重要,是因为它代表了一国国民损益表的底线。特别地,经常项目赤字或从国外的净借款等于用来弥补预算赤字(政府支出 G 减税收 T)的政府(公共)借款加私人部门净借款或私人投资(I)超过私人储蓄(S)的部分。

7. 国际投资头寸度量的是年末本国在国外的资产及外国在本国的资产的总额和分布。它的用处在于预测美国从对外投资中得到的收益及对外国在美国的投资的支付。1986 年,美国自 1914 年以来第一次成为债务国,如今是世界上最大的债务国。

关键术语

balance of payments	国际收支平衡表
budget deficit(G-T)	预算赤字
capital account	资本项目
capital account deficit (M-X)	经常项目赤字
credit transaction	贷方交易
current account	经常项目
debit transaction	借方交易
double-entry bookkeeping	复式簿记
financial account	金融项目
financial derivatives	金融衍生工具
international investment position	国际投资头寸
net acquisition of financial assets	金融资产的净购入
net borrowing (一) from current and capital-account transaction	经常项目和资本项目交易的净借款(一)
net borrowing (一) from financial-account transaction	金融项目交易的净借款(一)
net incurrence of liabilities	国外负债净额
net lending (十) from current and capital-account transaction	经常项目和资本项目交易的净贷款(十)
net lending (十) from financial-account transaction	金融项目交易的净贷款(十)
official reserve assets	官方储备资产
official settlements balance	官方结算余额
private investment (I)	私人投资
private saving (S)	私人储蓄
statistical discrepancy	统计误差
trade deficit	贸易赤字

复习题

1. 什么是国际收支平衡表? 为什么说国际收支平衡表是一种扼要的表述? 什么是国际交易? 如何定义一国居民? 为什么说国际收支平衡表中包括时间因素?

2. 经常项目中包括哪些国际交易? 资本项目中包括哪些国际交易? 什么是经常项目和资本项目中的贷方交易和借方交易? 什么是经常项目和资本项目中的净贷款和净借款?

3. 金融项目中包括哪些国际交易? 什么是金融资产的净购入? 什么是国外负债净额? 什么是金融项目中的净贷款和净借款?

4. 为什么国际收支作为一个整体必须总是平衡的? 什么是复式簿记? 为什么复式簿记中通常包括统计误差这一项目? 统计误差是怎么造成的?

5. 2014 年美国经常项目是净贷款还是净借款? 其规模有多大?

6. 2014 年美国金融项目是净贷款还是净借款? 其规模有多大?

7. 2014 年美国国际收支平衡表中 1 500 亿美元的统计误差是怎么造成的?

8. "经常项目是一国国民损益表的底线"指的是什么?

9. 经常项目赤字、预算赤字与私人投资和储蓄之间的关系是什么?

10. 在分析国际收支平衡表和国际交易表时,应避免的最大的陷阱是什么?

11. 战后美国大的贸易失衡的原因与影响是什么?

12. 一国的国际投资头寸指的是什么? 一国的国际负债余额的含义是什么? 它与国际收支平衡表是什么关系?

13. 一国国际投资头寸表最重要的用途是什么?

14. 美国成为净债务国的益处与风险是什么?

练习题

请说明在复式簿记下,下列国际交易应如何记入美国国际收支平衡表。

*1. 一位美国居民从一位英国居民那里进口了价值 500 美元的商品,并同意 3 个月后付款。

2. 作为美国援外计划的一部分,美国政府给予某个发展中国家 100 美元的援助,支付的方式是增加该国在美国银行的活期存款余额。

3. 美国政府援助价值 100 美元的食品给某个发展中国家。

4. 一位美国居民购买 1 000 美元的外国股票,并用他在国外银行的存款付款。

5. 一位美国居民从外国股票投资中获得了 100 美元的红利,并将其存入他在国外银行的账户。

*6. 一位外国投资者购买了 400 美元的美国国库券,并用他在美国银行的存款支付。

*7. 同年,当国库券到期时,第 6 题中的投资者得到本利和 410 美元,并存入他在自己国家的银行账户。

8. 假设一国的经常项目赤字为 1 000 亿美元,预算赤字为 800 亿美元,该国的私人储蓄为 200 亿美元。该国的私人投资是多少?

9. 用最近年份的数据更新表 13.1。
10. 用最近年份的数据更新表 13.2。
11. 用最近年份的数据更新表 13.3。
12. 用最近年份的数据更新表 13.4。
13. 用最近年份的数据更新表 13.5。

带 ＊ 号练习题的答案

附录

A13.1　向国际货币基金组织汇报国际交易的方式

本附录介绍了所有国家在向国际货币基金组织汇报时必须采用的度量国际收支平衡表的方法。这种标准化的汇报方法很有用,因为它保证了连续性并且可以用于比较不同国家的国际收支平衡表。

表 13.6 概括了 2013 年美国、日本、德国、英国、法国、意大利和加拿大根据国际货币基金组织要求编制的标准国际收支平衡表的内容。表 13.7 概括了西班牙、韩国、中国、印度、巴西、俄罗斯和墨西哥的国际收支平衡表的内容。

表 13.6　2013 年的国际收支平衡表汇总：美国、日本、德国、英国、法国、意大利和加拿大[a]

单位：10 亿美元

	美国	日本	德国	英国	法国	意大利	加拿大
A. 经常项目	**−400.3**	**34.1**	**256.0**	**−114.2**	**−40.2**	**20.9**	**−58.6**
商品：贷方(出口)	1 592.8	694.9	1 440.1	476.2	580.8	501.7	465.5
商品：借方(进口)	2 294.5	784.6	1 160.7	645.4	637.3	453.6	472.5
商品余额	*−701.7*	*−89.7*	*279.5*	*−168.7*	*−56.5*	*48.1*	*−7.0*
服务：贷方	687.4	135.4	261.0	297.5	255.0	113.2	84.0
服务：借方	462.1	170.9	324.5	182.7	230.7	108.4	107.8
商品与服务余额	*−476.4*	*−125.1*	*216.0*	*−53.9*	*−32.2*	*53.0*	*−30.8*
初次收入：贷方	780.1	222.2	276.8	230.2	205.3	65.5	69.8
初次收入：借方	580.5	53.0	179.1	247.3	153.3	78.5	95.3
商品、服务与初次收入余额	*−276.7*	*44.2*	*313.6*	*−71.0*	*19.8*	*40.0*	*−56.3*
二次收入：贷方	118.4	15.9	68.6	25.4	16.2	26.5	11.1
二次收入：借方	241.9	26.0	126.3	68.7	76.2	45.7	13.4
B. 资本项目[b]	**−0.4**	**−7.7**	**2.7**	**8.5**	**2.4**	**−0.1**	**−0.1**
资本项目：贷方	—	1.2	16.6	12.4	3.1	8.8	0.3
资本项目：借方	0.4	8.9	14.0	4.0	0.7	8.9	0.3
经常项目与资本项目总计	*−400.7*	*26.4*	*258.7*	*−105.8*	*−37.8*	*20.8*	*−58.6*
C. 金融项目[b]	**−367.6**	**−55.3**	**325.7**	**−121.2**	**−172.2**	**31.0**	**−61.4**
直接投资：资产	408.3	136.4	80.9	7.1	−0.4	28.6	45.5
股权及投资基金份额	352.1	125.5	56.9	−18.7	12.2	23.7	45.5
债务证券	56.1	11.0	24.0	25.8	−12.6	5.0	—
直接投资：负债	295.0	3.7	51.3	48.3	6.5	13.1	67.6

续表

	美国	日本	德国	英国	法国	意大利	加拿大
股权及投资基金份额	226.8	3.4	8.1	47.6	23.3	19.7	67.6
债务证券	68.1	0.3	43.2	0.7	−16.8	−6.6	—
组合投资：资产	489.9	−78.7	186.7	−16.0	86.9	27.2	26.6
股权及投资基金份额	275.2	−69.7	66.9	−43.5	65.2	63.0	4.4
债务证券	214.6	−9.0	119.8	27.5	21.7	−35.8	22.2
组合投资：负债	491.0	185.0	−32.1	46.7	180.9	47.5	41.5
股权及投资基金份额	−85.4	169.8	15.3	27.5	35.0	17.5	17.9
债务证券	576.4	15.3	−47.4	19.2	145.9	30.1	23.6
金融衍生工具与员工认股权：净值	2.3	58.2	24.1	23.2	−22.4	4.0	
金融衍生工具与员工认股权：资产	—	−208.5	24.1	—	−287.3	−3.7	
金融衍生工具与员工认股权：负债	—	−266.7	—	−23.2	−265.0	−7.6	
其他投资：资产	−250.3	174.2	−244.1	−296.9	−8.2	−37.3	−8.8
其他股权	—	1.4	13.6	—	8.4	—	—
债务证券	−250.3	172.8	−257.7	−296.9	−16.6	−37.3	−8.8
其他投资：负债	231.8	156.7	−297.3	−256.6	−114.3	−69.2	15.7
其他股权	—	—	—	—	−0.1	—	—
债务证券	231.8	156.7	−297.3	−256.6	−114.2	−69.2	15.7
经常项目＋资本项目－金融项目余额	−33.1	81.9	−67.1	15.4	−20.6	−10.2	2.8
D. 误差与遗漏净值	**30.0**	**−42.9**	**68.2**	**−8.5**	**18.6**	**12.2**	**1.9**
E. 储备与相关项目	**−3.1**	**38.8**	**1.2**	**6.9**	**−2.0**	**2.0**	**4.8**
储备资产	−3.1	38.8	1.2	6.9	−2.0	2.0	4.8
国际货币基金组织特殊融资的信贷和贷款	—	—	—	—	—	—	—
额外融资	—	—	—	—	—	—	—
兑换美元的汇率	**1.000 0**	**97.60**	**0.753 2**	**0.639 66**	**0.753 2**	**0.753 2**	**1.029 8**

[a] 表中存在四舍五入产生的误差。美国的值与表 11.1 由于数据更正的原因存在些许差异。

[b] 不包括分类于 E 的成分。

资料来源：International Monetary Fund, *Balance of Payments Statistic Yearbook*（Washington, D. C.：IMF, 2014）.

表 13.7   2013 年的国际收支平衡表汇总：西班牙、韩国、中国、印度、巴西、俄罗斯和墨西哥[a]

单位：10 亿美元

	西班牙	韩国	中国	印度	巴西	俄罗斯	墨西哥
A. 经常项目	**10.7**	**79.9**	**182.8**	**−49.2**	**−81.1**	**34.1**	**−26.3**
商品：贷方（出口）	311.4	617.1	2 147.5	319.1	242.2	523.3	380.7
商品：借方（进口）	326.5	536.6	1 795.8	433.8	239.6	341.3	381.6
商品余额	−15.1	80.6	351.8	−114.7	2.6	181.9	−0.9
服务：贷方	145.4	101.5	215.1	148.6	39.1	70.1	20.1
服务：借方	91.7	109.4	331.5	126.3	86.3	128.4	32.1
商品与服务余额	38.7	72.6	235.4	−92.3	−44.7	123.7	−12.9
初次收入：贷方	49.0	31.2	185.5	11.2	10.1	42.3	9.7
初次收入：借方	69.3	19.8	229.3	33.0	49.8	122.6	45.1
商品、服务与初次收入余额	18.4	84.1	191.5	−114.0	−84.4	43.4	−48.4
二次收入：贷方	26.1	9.1	53.2	69.4	5.5	17.3	22.2
二次收入：借方	33.8	13.3	61.9	4.6	2.1	26.6	0.1

续表

	西班牙	韩国	中国	印度	巴西	俄罗斯	墨西哥
B. 资本项目[b]	**10.4**	**—**	**3.1**	**1.0**	**1.2**	**−0.4**	**—**
资本项目：贷方	13.6	0.1	4.5	2.1	1.6	0.5	—
资本项目：借方	3.2	0.1	1.4	1.2	0.4	0.9	—
经常项目与资本项目总计	*21.1*	*79.9*	*185.9*	*−48.3*	*−79.9*	*33.7*	*−26.3*
C. 金融项目[b]	**32.9**	**62.4**	**−323.3**	**−59.2**	**−72.9**	**45.0**	**−61.0**
直接投资：资产	32.0	29.2	162.9	1.8	13.4	86.7	13.2
股权及投资基金份额	26.9	26.1	127.2	−1.3	14.8	91.1	9.6
债务证券	5.1	3.1	35.6	3.1	−1.4	−4.4	3.6
直接投资：负债	44.9	12.2	347.8	28.2	80.8	70.7	39.2
股权及投资基金份额	41.3	10.1	273.2	26.7	41.6	33.8	30.8
债务证券	3.6	2.1	74.7	1.4	39.2	36.9	8.4
组合投资：资产	−24.8	26.8	5.4	0.2	9.0	11.8	1.6
股权及投资基金份额	17.3	13.3	2.5	0.2	1.5	−0.9	—
债务证券	−42.1	13.6	2.8	—	7.5	12.7	1.6
组合投资：负债	43.5	18.6	65.9	7.0	34.7	0.7	51.1
股权及投资基金份额	9.6	4.2	32.6	19.9	11.6	−7.6	−0.9
债务证券	33.9	14.3	33.3	−12.9	23.0	8.4	52.0
金融衍生工具与员工认股权：净值	−4.6	−3.8	—	2.3	−0.1	0.3	0.5
金融衍生工具与员工认股权：资产	−4.6	−31.5	—	8.1	−0.4	−8.5	—
金融衍生工具与员工认股权：负债	—	−27.6	—	5.8	−0.3	−8.8	−0.5
其他投资：资产	−70.0	36.2	136.5	22.8	40.0	80.8	27.3
其他股权	—	0.2	—	—	—	0.7	—
债务证券	−70.0	35.9	136.5	22.8	40.0	80.1	27.3
其他投资：负债	−188.8	−4.8	214.2	51.0	19.7	63.3	13.3
其他股权	—	0.1	—	—	—	—	—
债务证券	−188.8	−4.9	214.2	51.0	19.7	63.3	13.3
经常项目＋资本项目−金融项目余额	*−11.9*	*17.5*	*509.0*	*10.9*	*−6.9*	*−11.2*	*34.7*
D. 误差与遗漏净值	**12.5**	**−3.0**	**−77.6**	**—**	**1.0**	**−10.8**	**−16.9**
E. 储备与相关项目	**0.6**	**14.5**	**431.4**	**10.9**	**−5.9**	**−22.1**	**17.8**
储备资产	0.6	14.5	431.4	10.9	−5.9	−22.1	17.8
国际货币基金组织特殊融资的信贷和贷款	—	—	—	—	—	—	—
额外融资	—	—	—	—	—	—	—
兑换美元的汇率	**0.753 2**	**1 094.9**	**6.195 8**	**58.598**	**2.156 09**	**31.837**	**12.772 0**

[a] 表中存在四舍五入产生的误差。美国的值与表 11.1 由于数据更正的原因存在些许差异。

[b] 不包括分类于 E 的成分。

资料来源：International Monetary Fund, *Balance of Payments Statistic Yearbook* (Washington, D. C.：IMF, 2014).

从表 13.6 的 A 部分我们看到，2013 年美国经常项目中有（−）4 003 亿美元的借方净余额，而日本则有（＋）341 亿美元的贷方净余额。其他 5 个国家的经常项目余额的情况是：德国为（＋）2 560 亿美元，英国为（−）1 142 亿美元，法国为（−）402 亿美元，意大利为（＋）209 亿美元，加拿大为（−）586 亿美元。

表 13.6 的 B 部分给出了资本项目的情况,它测度了资本转移和非生产性的非金融资产的获得和处置情况。资本转移包括固定资产所有权的转移以及与固定资产的获得和处置相联系的基金的转移。非生产性的非金融资产的获得或处置则涵盖了专利、租约等无形资产及其他可转移的合约。从表 13.6 中可见,所有 7 个国家 2013 年的资本项目余额都很小。

表 13.6 的 C 部分给出了有关金融项目的内容。它测度了一国的直接投资资产和负债(股权和投资基金份额与债务证券)、组合投资资产和负债(股权和投资基金份额与债务证券)、金融衍生工具与员工认股权(ESO)(净资产和负债)、其他投资(资产和负债,其他股权和债务证券)。2013 年,金融项目下,美国有(-)3 676 亿美元的余额,日本有(-)553 亿美元的余额,德国有 3 257 亿美元的余额,英国有(-)1 212 亿美元的余额,法国有(-)172 亿美元的余额,意大利有 310 亿美元的余额,加拿大有(-)614 亿美元的余额。

将经常项目余额(A 部分)、资本项目余额(B 部分)、金融项目余额(C 部分)和误差与遗漏净值(D 部分)相加即可得到一国的国际收支。如表 13.6 所示,除了日本(388 亿美元)以外,所有国家的国际储备与相关项目(E 部分)的变化都很小。

问题 指出固定汇率制度下,表 13.6 中各国的国际收支赤字或盈余会有何变化。

International **E**conomics

外汇市场与汇率

14.1 引言

外汇市场(**foreign exchange market**)是个人、公司、银行买卖外币或外汇的市场。任何一种外汇(如美元)的市场包括所有以其他货币买卖这种货币的地方(如伦敦、巴黎、苏黎世、法兰克福、新加坡、香港、东京和纽约)。这些不同的货币中心由电子方式连接起来,实时联系,构成一个单一的国际外汇市场。

14.2 节将考察外汇市场的功能;14.3 节将定义汇率与套汇,研究汇率与国际收支的关系;14.4 节将定义即期与远期汇率并研究外汇互换、期货与期权;14.5 节将考察外汇风险、套期保值和投机;14.6 节将研究抛补套利和无抛补套利以及外汇市场的效率;14.7 节将讨论欧洲货币、欧洲债券和欧洲票据市场;附录将推导抛补套利的利率平价公式。

14.2 外汇市场的功能

外汇市场的基本功能是把资金和购买力从一个国家和一种货币转移到另一个国家和另一种货币。它常常通过电汇实现,如今则越来越多地通过互联网实现。通过它,一家国内银行可以指令自己设在某个外币中心的外汇代理行支付一定数额的当地货币给某个人、某个公司或账户。

旅游者出国旅游时,需要把本国货币兑换成所在国的货币;当国内的公司需要从外国进口物资时,当某人想在国外投资时……就产生了对外汇的需求。而一国的外汇供给则来源于外国游客在该国消费、本国商品和服务出口的所得、接受外国投资等。例如,假设一家美国公司向英国出口,获得英镑(英国货币)。美国出口商需要通过商业银行把英镑兑换成美元。商业银行再把这些英镑卖给某位想去英国的美国居民,或者某家想从英国进口货物需要支付英镑的美国公司或是某位想在英国投资的美国投资者,以换回美元。

这样,一国的商业银行便成了由于本国国民的对外交易而产生的外汇供求的清算所。如果没有这一功能,需要英镑的美国进口商就得找到一家美国出口商,跟它兑换英镑,这样很不方便,非常缺乏效率,几乎与易货贸易无异。那些发现自己英镑头寸过多的美国商业银行会(通过外汇经纪商)将其卖给那些为满足客户需要而短缺英镑的商业银行。最后,综合起来说,一个国家要为出国旅游、对外投资、进口等付出外汇,而在外国游客来访、出口和接受外国投资时获得外汇。

如果一国对外贸易的外汇需求超过其外汇所得,汇率将变动,直至外汇供求重新平衡(将在下一节讨论)。如果不允许这样的汇率变动,商业银行就要向本国中央银行借款,中央银行将动用外汇储备,扮演"最后借款人"的角色(国际收支赤字)。相反,如果外汇收入超过外汇支出(并假定汇率不许变动),这部分外汇结余将售予中央银行,以增加本国的外汇储备(国际收支盈余)。

因此,外汇市场的参加者可以分为四个等级。最下层,或第一级,是像旅游者、进口商、出口商、投资者这样的传统外汇使用者,他们是外汇的直接供求者。第二级是商业银行,它们是外汇使用者和获得者的清算所。第三级是外汇经纪人,商业银行通过他们互相调节外汇头寸(即所谓的银行间同业市场或批发市场)。第四级,也就是最高级是中央银行,它是该国外汇收支失衡时的最后买卖人。中央银行会根据情况增加或减少它的外汇储备。

由于美元具有既是美国的本币,又是国际货币的特殊地位,美国进口商和希望在国外投资的居民可以直接使用美元。这样,就得由英国的进口商和投资接受人在英国把美元兑换成英镑。同样,美国出口商和外国投资的美国接受人可能也要求收取美元。这样,就得由英国进口商或投资者在伦敦完成英镑兑换美元的工作。这使外国货币中心的规模大于采取其他支付方式时。

但是美元并不只是国际货币,它是**国际支付货币**(vehicle currency),也就是说,在美国不参与交易时,也用美元做交易手段。例如,巴西的进口商使用美元向日本的出口商付款(见案例研究14.1)。欧洲货币联盟(EMU)或欧元区的货币——欧元的情况也是一样。当美元作为国际支付货币时,美国获得了**铸造利差**(seignorage),这是因为海外持有美元的数量相当于美元的无息贷款。现在超过60%的美元通货由美国以外持有。

案例研究 14.1

主要国际支付货币——美元

目前,美元是最主要的国际支付货币,它不仅在国内交易中使用而且在个人和官方国际交易中作为记账单位、交换媒介和价值储备手段。"二战"以后,美元取代英镑成为主要国际支付货币。原因是美元的币值更稳定,美国有庞大、发达的金融市场以及美国经济规模巨大。欧元(欧盟28国中19个国家的通用货币)1999年年初诞生以来,已成为仅次于美元的第二大重要的国际支付货币(见案例研究 14.2)。

表 14.1 列出了 2013 年世界经济中美元、欧元及其他主要货币的相对重要性。外汇交易中美元占 43.5%,欧元占 16.7%,日元占 11.5%,其他货币占的比例很小。从表中还可以看到,国际银行贷款的 58.7%,国际债券发行的 35.9%,国际贸易票据的 44.6% 都是以美元计价的。在外汇储备中美元占 62.9%,欧元占 22.3%,日元及其他主要货币的比重则小得多。虽然美元已逐渐失去其"二战"末期以后作为单一国际支付货币的地位,但它仍然是当今世界上最主要的国际支付货币。

表 14.1 2013 年主要货币的相对重要性对比					%
货　币	外汇交易[a]	国际银行贷款[a]	国际债券发行[a]	国际贸易票据[b]	外汇储备[c]
美元	43.5	58.7	35.9	44.6	62.9
欧元	16.7	19.6	45.3	28.3	22.3
日元	11.5	3.1	2.2	2.7	4.0
英镑	5.9	5.1	9.3	7.9	3.8
瑞士法郎	2.6	2.4	1.6	1.4	0.3
其他货币	19.8	11.1	5.7	15.7	6.7

[a] Bank of International Settlements, *Triennial Central Bank Survey* (Basel: BIS, February 2014) and BIS data set.

[b] 2014; http://www.swift.com/products_services/renminbi_reports.

[c] 2014; IMF, *Currency Composition of Official Foreign Exchange Reserves* (Washington, D.C.: IMF, March 2015).

位于瑞士巴塞尔的国际支付银行(BIS)估计 2013 年年底全世界每天的外汇交易总额达 5.3 万亿美元,而 2010 年为 4 万亿美元,2007 年为 3.3 万亿美元,2004 年为 1.9 万亿美元,2001 年为 1.2 万亿美元。这大约相当于年均世界贸易量和 2013 年美国国内生产总值的 30%。英国的银行约占外汇市场交易总额的 37%,美国的银行约占外汇市场交易总额的 18%,日本的银行约占外汇市场交易总额的 6%,接下来是新加坡、瑞士和中国香港地区的银行,其占外汇市场交易总额的比例分别为 5% 左右,澳大利亚的银行约占外汇市场交易总额的 4%,其余地区的银行所占外汇市场交易总额比例较小。大多数外汇交易是通过银行账户的借记(减少)或贷记(增加),而不是实际的现金交易完成的。例如,一个美国进口商向欧盟国家的出口产品付款的过程是这样的:首先借记他在美国银行账户上的美元,然后这家美国银行指令自己在欧盟的代理行把这笔美元兑换成欧元,贷记欧盟出口商的账户。

外汇市场的另一个功能是信贷功能。货物运输时,常需要信贷,并且应允许进口商花一定时间卖出货物,以付清货款。一般情况下,出口商允许进口商在 90 日内付款。然而,进口商如果通过商业银行的国外分行付款,出口商常会给予折扣优惠。这样,出口商可以立即得到货款,而到了付款日,则由银行完成收款工作。外汇市场还有一个功能就是提供套期保值和投机的机会(将在 14.5 节讨论)。今天大约 90% 的外汇交易是纯金融交易,只有约 10% 是贸易融资。

随着电子交易的产生,外汇交易市场变得真正具有全球化的意义了,货币交换仅需要几秒钟的时间即可完成,且全天 24 小时营业。旧金山和洛杉矶的银行关门后,新加坡、香港、悉尼和东京的银行又开市了,在它们结束一天的常规业务以后,又轮到伦敦、巴黎、法兰克福、苏黎世和米兰的银行开始营业,后者还没下班,纽约、芝加哥的银行又开始上班了。

案例研究 14.1 探讨了作为主要国际支付货币的美元,案例研究 14.2 则介绍了迅速成为第二大重要国际支付货币的欧元的诞生。

案例研究 14.2

新货币的诞生：欧元

1999 年 1 月 1 日,欧元(euro,€)开始作为欧盟 15 个成员国中的 11 个国家(奥地利、比利时、德国、芬兰、法国、爱尔兰、意大利、卢森堡、西班牙、葡萄牙和荷兰)的单一货币。希腊于 2001 年年初加入,斯洛文尼亚于 2007 年加入,塞浦路斯和马耳他于 2008 年加入,斯洛伐克于 2009 年加入,爱沙尼亚于 2011 年加入,拉脱维亚于 2014 年加入,立陶宛于 2015 年加入,从而使欧洲货币联盟或 EMU 的成员数达到 19 个(包括在 2015 年欧盟 28 个成员国之内)。英国、瑞典和丹麦没有加入,但保留了未来加入联盟的权利。这是第一次由一批独立主权国家自愿放弃其各自的货币去支持一种统一货币,被视为战后最重要的经济事件。

欧元一问世就成为一种重要的国际货币。其原因在于欧洲货币联盟:(1)是一个和美国差不多大的经济贸易实体;(2)具有一个巨大的、发达的、成长着的金融市场且独立性日益增强;(3)可以找到应对通货膨胀的好办法以保持欧元稳定。同时也有很多原因使欧元很难在短时间内取代美元成为主要的国际支付货币,这些原因有:(1)大多数初级商品用美元标价,这在短时间内很难改变;(2)除了中东欧国家(它们未来可能加入欧盟,并可能在加入之前使用欧元)和中西非原法国殖民地国家外,大多数非欧盟成员国将继续主要使用美元作为国际交易货币;(3)按照惯性原理也更有利于美元的继续使用。

最有可能的情形是未来 10 年,欧元将与美元共同作为主要的国际支付货币,而人民币同样将分一杯羹。尽管目前人民币仍然不能自由兑换,但中国已经开始通过建立人民币的离岸市场及鼓励在国际交易中使用人民币计价和结算来实现人民币的迅速"国际化"。2015 年人民币已成为世界第七大支付货币。世界银行预计 2025 年欧元和人民币将成为新的"多货币"国际货币体系下与美元并驾齐驱的重要国际支付货币。

资料来源:D. Salvatore,"The Euro:Expectations and Performance,"*Eastern Economic Journal*,Winter 2002,pp. 121-136;D. Salvatore,"Euro,"*Princeton Encyclopedia of the World Economy*(Princeton University Press,2008),pp. 350-352;World Bank,*Multipolarity:The New Global Economy*(Washington,D. C. ,2011),pp. 139-142;and D. Salvatore,"Exchange Rate Misalignments and the International Monetary System,"*Journal of Policy Modeling*,July/August 2012,pp. 594-604;"The Future of the Renminbi," *The Financial Times*,September 30,2014,p. 1;and D. Salvatore,"When and How Will the Euro Crises End,"*The Journal of Policy Modeling*,May/June 2015,pp. 416-424.

14.3 汇率

本节首先定义汇率,并说明在浮动汇率制度下汇率是如何决定的。然后,解释不同货币中心的汇率如何通过套利趋于相等。最后,讨论汇率与一国国际收支的关系。

14.3A 均衡汇率

为简单起见,假定只有两个国家:美国与欧盟,美元($)为本币,欧元(€)为外币。两者之间的**汇率**（exchange rate）等于购买 1 欧元所需的美元数，即 R＝美元（＄）/欧元（€）。例如，如果 R＝美元/欧元＝1，则意味着购买 1 欧元需要花 1 美元。

在当今的浮动汇率制度下，欧元的美元价格的决定与普通商品的价格决定一样，即由市场对欧元的需求曲线与供给曲线的交点确定。这显示在图 14.1 上。图中，纵坐标表示欧元的美元价格，或汇率 R＝美元/欧元，横坐标表示欧元的数量。市场对欧元的需求曲线与供给曲线交于 E 点，它决定了均衡汇率为 R＝1，均衡时每日的供求量都是 2 亿欧元。汇率较高时，欧元的供给量大于需求量，汇率将向下变动至均衡点 R＝1。当汇率低于 R＝1 时，欧元的需求超过供给，汇率将向上变动至均衡点 R＝1。假如汇率不允许向上变动至均衡点（如 1973 年 3 月以前的固定汇率情况下），则应该限制美国居民对欧元的需求，否则美国中央银行（美联储）就应该拿出自己的国际储备来满足多出的欧元需求。

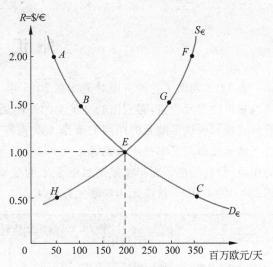

图 14.1　浮动汇率制度下的汇率

纵坐标代表欧元的美元价格（R＝＄/€），横坐标代表欧元数量。在浮动汇率制度下，均衡汇率为 R＝1，这时供给量等于需求量，为每日 2 亿欧元。这在图上由市场对欧元的需求曲线与供给曲线的交点 E 给出。汇率大于 R＝1 时，欧元会有剩余，使汇率下移至均衡水平。汇率小于 R＝1 时，欧元会有短缺，使汇率上移至均衡水平。

美国对欧元的需求曲线是负的斜线，说明汇率 R 越低，美国居民对欧元的需求量越大。原因是汇率越低（即每购买 1 欧元所需的美元越少），美国从欧盟进口和向欧盟投资就越便宜，于是美国居民需要的欧元就越多。相反，美国对欧元的供给曲线是正的斜线（见图 14.1），说明汇率 R 越高，美国居民所赚取并提供给美国的欧元就越多。因为汇率越高，欧盟居民用 1 欧元换得的美元就越多。因此，他们觉得美国产品和美国投资便宜，更具有吸引力，于是更多地把钱花在美国，从而向美国提供了更多的欧元。

如果美国对欧元的需求曲线向上平移（例如，当美国人更喜欢欧盟产品时），并与供给曲线交于 G 点（见图 14.1），均衡汇率将为 R＝1.5，欧元的均衡数量将为每日 3 亿欧元。我们就说美元贬值了，因为现在需要花 1.5 美元（原来是 1 美元）才能买到 1 欧元。因此，（本币）**贬值**（depreciation）是指外币以本币表示的价格上升。相反，如果美国对欧元的需求曲线向下平移，与供给曲线交于 H 点（见图 14.1），均衡汇率将下降为 R＝0.5，此时美元升值（因为购买 1 欧元所需要的美元比以前少了）。因此（本币）**升值**（appreciation）就是国外货币的国内价格下降。国内货币升值就是国外货币贬值，反之亦然。美元供给曲线的平移也会影响均衡汇率和欧元的均衡数量（这些留待章末习题中讨论）。

汇率也可以定义为 1 单位本币的外币价格。这与我们前面的定义正好相反，或者说是倒数。由于在上面的例子中欧元的美元价格为 R＝1，美元的欧元价格也是 1。如果欧元的美元价格是 R＝2，那么美元的欧元价格就是 $1/R$＝1/2，或者说每 1/2 欧元可以购买 1 美元。尽管有时也采用这个定义，但除非特别说明，我们将使用前一个定义，即欧元的美元价格（R）。实际操作中，所采取的汇率的定义常常是特别指明的，以避免混淆（见案例研究 14.3）。

案例研究 14.3

外 汇 行 情

　　表 14.2 列出了各种货币对美元在 2015 年 1 月 21 日星期三的即期汇率——先列出的是外国货币的美元价格，再列出的是美元的外国货币价格。例如，在欧元旁边的一行，我们可以看到直接标价法下欧元的即期汇率是 1 欧元等于 1.161 1 美元。从同一行还可见，间接标价法下欧元的即期汇率是 1 美元等于 0.861 3 欧元。表 14.2 名为"U.S. $ vs. YTD chg（％）"的最后一列，给出了当年度截至目前汇率的变动百分比。例如，由表 14.2 可知，2015 年年初到 2015 年 1 月 21 日美元相对欧元升值 4.2％。

表 14.2　外汇行情表，2015 年 1 月 21 日

Currencies
U.S.-dollar foreign-exchange rates in late New York trading

Country/currency	—Wed— in US $	per US $	US $ vs, YTD chg (％)	Country/currency	—Wed— in US $	per US $	US $ vs, YTD chg (％)
Americas				**Europe**			
Argentina peso	0.116 1	8.613 0	1.8	**Czech Rep.** koruna	0.041 53	24.081	5.3
Brazil real	0.389 6	2.600 2	−2.2	**Denmark** krone	0.156 1	6.404 2	4.0
Canada dollar	0.810 4	1.234 0	6.2	**Euro area** euro	1.161 1	0.861 3	4.2
Chile peso	0.001 592	628.20	3.5	**Hungary** forint	0.003 681	271.67	3.8
Colombia peso	0.000 420 7	2 376.92	unch	**Iceland** krone	0.007 586	131.82	3.3
Ecuador US dollar	1	1	unch	**Norway** krone	0.131 8	7.587 2	1.8
Mexico peso	0.067 8	14.754 6	0.1	**Poland** zloty	0.270 0	3.704 1	4.6
Peru new sol	0.332 6	3.007	0.8	**Russia** ruble	0.015 30	65.352	7.9
Uruguay peso	0.040 65	24.600 0	2.5	**Sweden** krona	0.122 3	8.173 6	4.7
Venezuela b. fuerte	0.158 885	6.293 9	unch	**Switzerland** franc	1.162 9	0.859 9	−13.5
Asia-Pacific				**Turkey** lira	0.425 4	2.350 6	0.7
Australian dollar	0.808 5	1.236 9	1.1	**Ukraine** hryvnia	0.063 3	15.789 5	−0.2
China yuan	0.161 1	6.208 0	unch	**UK** pound	1.514 3	0.660 4	2.9
Hong Kong dollar	0.129 0	7.750 9	−1.1				
India rupee	0.016 22	61.645	−2.2	**Middle East/Africa**			
Indonesia rupiah	0.000 080 1	12 477	0.4	**Bahrain** dinar	2.652 2	0.377 1	unch
Japan yen	0.008 478	117.96	−1.5	**Egypt** pound	0.136 1	7.349 0	2.8
Kazakhstan tenge	0.005 427	184.28	0.8	**Israel** shekel	0.253 7	3.940 9	1.1
Macau pataca	0.125 2	7.986 0	unch	**Kuwait** dinar	3.399 4	0.294 2	0.4
Malaysia ringglt	0.276 6	3.615 9	5.2	**Oman** sur rial	2.597 8	0.384 9	unch
New Zealand dollar	0.755 2	1.324 2	3.2	**Qutar** rial	0.274 6	3.642	unch
Pakistan rupee	0.009 93	100.750	−0.1	**Saudi** Arabia riyal	0.266 2	3.757 1	0.1
Philippines peso	0.022 5	44.408	−0.7	**South** Africa rand	0.086 9	11.513 0	−0.4
Singapore dollar	0.749 1	1.335 0	0.7	**UAE** dirham	0.272 2	3.673 1	unch
South Korea won	0.000 924 0	1 082.30	−1.1				
Sri Lanka rupee	0.007 582 1	131.89	0.5				YTP %
Taiwan dollar	0.031 75	31.494	−0.5		close	Net Chg	% Chg	Chg
Thailand baht	0.030 69	32.580	−1.0	**WSJ Dollar Index**	84.17	−0.16	−0.19	1.39
Vietnam dong	0.000 046 80	21 366	−0.1	资料来源：Tullett Prebon，WSJ Market Data Group			

最后要说明的是,尽管为简单起见我们只用了两种货币,但实际上有许多汇率,任何两种货币间都有汇率。因此,除欧元和美元之间的汇率外,美元与英镑,美元与瑞士法郎,加元与墨西哥比索,英镑与欧元,欧元与瑞士法郎,以及这些货币与日元之间都存在汇率。一旦每两种货币与美元的汇率分别确定下来,那么这些货币任意二者之间的汇率,或称**交叉汇率**(cross-exchange rate)即可很容易地确定。例如,如果美元与英镑的汇率为 $R=2$,美元与欧元的汇率为 1.25,则英镑与欧元的汇率为 1.6(即每 1.6 欧元可以买 1 英镑)。具体来说,

$$R=欧元/英镑=英镑的美元价格/欧元的美元价格=2/1.25=1.60$$

由于随着时间推移,一种货币可能会相对于某些货币贬值,而相对于另一些货币升值,所以需要计算**有效汇率**(effective exchange rate)。它是一国货币相对于该国最重要的一些贸易伙伴国的货币的汇率的加权平均值,权重由这些贸易伙伴国与本国贸易关系的重要程度决定(参见 14.5A 小节)。最后,我们还必须区分名义汇率(迄今为止我们讨论的都是名义汇率)和实际汇率(将在第 15 章研究)。

14.3B 套利

在不同的货币中心之间通过**套利**(arbitrage),任何两种货币间的汇率将趋于相等。套利是指从某种相对便宜的货币中心购买这种货币,然后立即在较贵的另一货币中心卖掉,以赚取利润。

例如,如果欧元的美元汇价在纽约为 0.99 美元,而在法兰克福为 1.01 美元,则套利者(通常为商业银行的外汇交易经纪人)将会在纽约以 0.99 美元/1 欧元购买欧元,然后立即在法兰克福以 1.01 美元/1 欧元卖掉,这样,可以从每欧元中赚得 0.02 美元。尽管每欧元的利润看来很低,但当数额很大时,如 100 万欧元,短短几分钟便可赚得 2 万美元。当然,套利利润还要减去相关的电汇等费用,但由于费用很低,这里可以忽略不计。

由于套利的存在,两种货币间的汇率在不同货币中心之间将趋于相等。继续上面的例子,可以发现套利将增加纽约的欧元需求,这会给纽约的欧元的美元价格施加向上的压力,同时,法兰克福市场上由于欧元卖出,欧元的美元价格将受到向下的压力。这种压力将一直持续,直至两地欧元价格趋于一致(如 1 美元=1 欧元),这样两地之间的套利就无利可图了。

当只有两种货币和两个货币中心时(如上面给出的情形),我们称之为两点套利。当有三种货币和三个货币中心时,称为三点套利或三角套利。三角套利虽然不太常见,它同样可以确保三种货币在三个货币中心的间接汇率或交叉汇率一致。例如,假设汇率如下:

纽约	1 美元 = 1 欧元
法兰克福	1 欧元 = 0.64 英镑
伦敦	0.64 英镑 = 1 美元

则交叉汇率是一致的,因为

$$1 美元=1 欧元=0.64 英镑$$

此时不存在套利机会。然而,如果欧元的美元价格在纽约为 0.96 美元/1 欧元,其余条件不变,那么在纽约可以用 0.96 美元购买 1 欧元,然后用这 1 欧元在法兰克福购买 0.64 英镑,再把这 0.64 英镑在伦敦兑换成 1 美元,这样每欧元可以赚 0.04 美元的利润。如果欧元的美元价格在纽约为 1.04 美元/1 欧元,则与上面的操作正好相反,即在伦敦用 1 美元买 0.64 英镑,然后在法兰克福用 0.64 英镑兑换成 1 欧元,再在纽约用 1 欧元兑换 1.04 美元,这样每欧元仍可以赚 0.04 美元。

与两点套利一样,三点套利会增加货币中心对便宜货币的需求,并增加较贵货币的供给,这样可以很快消除各地交叉汇率的不一致,从而消除套利机会。因此,套利迅速使各种货币在不同地点的汇价趋于相等,使各种交叉汇率也一致起来,从而使各个国际货币中心成为一个单一的市场。

14.3C　汇率和国际收支

我们可以用图 14.2 来说明汇率和国际收支的关系。除了增加一条新的欧元需求曲线 D'_ϵ 外,图 14.2 与图 14.1 完全相同。在第 13 章我们已经说明美国对于欧元的需求(D_ϵ)来源于美国进口欧盟的商品与服务、美国对欧盟的单方面转移支付和美国在欧盟投资的需要(美国的资本流出)。对美国而言,这些都是支付给欧盟的自主性借方交易。

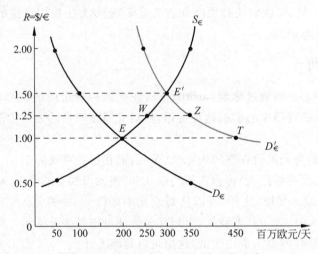

图 14.2　固定汇率与浮动汇率下的失衡

对于 D_ϵ 和 S_ϵ,均衡汇率是图中的 E 点即 $R=\$/\epsilon=1$,此时欧元每天的需求和供给均是 2 亿欧元。如果 D_ϵ 上升到 D'_ϵ,美国可通过动用其官方储备欧元来满足每天多出的 2.5 亿欧元(图中的 TE)需求,以维持 $R=1$ 的汇率。在自由浮动汇率制度下,美国将贬值到 $R=1.5$ 的汇率(图中的 E' 点)。如果美国实行有管制的浮动,要把汇率限定在 $R=1.25$,那么每天将有 1 亿欧元(图中的 WZ)的过度需求从其官方储备中流出。

欧元的供给(S_ϵ)则来源于美国向欧盟出口商品与服务以及欧盟对美国的单方面转移支付和欧盟在美国的投资(美国的资本流入)。对美国而言,这些都是来自欧盟支付的自主性贷方交易(为简单起见,我们假设世界上只有美国和欧盟两个经济实体,它们之间的交易使用欧元)。

对于 D_ϵ 和 S_ϵ,均衡汇率是 $R=\$/\epsilon=1$(图 14.2 中的 E 点),欧元每天的需求和供给均是 2 亿欧元(与图 14.1 完全相同)。现在假定由于某种原因(如美国对欧盟生产的某种商品的喜爱程度增加),美国对欧元的自发需求上升到 D'_ϵ。如果美国希望把汇率保持在 $R=1$,美国货币当局将不得不动用其欧元储备以满足多出来的对欧元的需求 TE(图 14.2 中为每天 2.5 亿欧元),或者由欧盟抛出欧元购买美元(增加其官方美元储备)以防止欧元升值(美元贬值)。在这两种情况下,美国官方结算差额每天都将有 2.5 亿欧元赤字(官方汇率 $R=1$ 时为 2.5 亿美元),即每年 912.5 亿欧元(912.5 亿美元)。

然而,如果美国处于自由浮动汇率制度下,汇率将从 $R=1$ 上升到 $R=1.25$(即美元将贬值),欧元的需求量(每天 3 亿欧元)和供给量相等(即图 14.2 中的 E' 点)。在这种情况下,美国将不会损失其官方储备。确实,在这种体制下完全不需要国际储备。自主性交易中对欧元的过度需求的倾向将被美元相对于欧元的充分贬值抵消。

但是,在 1973 年以来实行的有管制的浮动汇率制度下,美国货币当局能够在外汇市场上进行干预以调节美元的升值或贬值。在上述例子中,美国可能会把美元的贬值限制在 $R=1.25$(而不是在自由浮动汇率制度下美元贬值到 $R=1.5$)。美国可以动用其官方欧元储备来满足外汇市场上对欧元过度的需求 WZ,即每天 1 亿欧元。在这种体制下,美国国际收支中的一部分潜在赤字被美国官方储备资产抵消,一部分以美元贬值的形式反映出来。所以,仅通过度量美国国际储备的损失或美国官方储备账户的贷方净余额来度量美国国际收支赤字是不合适的。在有管制的浮动汇率制度下,官方储备的损失仅仅表示官方干预外汇市场以影响汇率变动及水平的程度,而不反映国际收支赤字情况。

正是出于这个原因,从 1976 年以来美国就不再计算国际收支赤字和盈余。在其目前的有管制的浮动汇率制度下,反映国际交易时甚至不列出官方储备账户的净余额(虽然这很容易计算,见表 13.1),这是为了保持中立,避免过度关注该余额。

然而,国际交易和国际收支的概念和度量仍很重要、很有用。这是因为:(1)正如第 13 章指出的,贸易流动提供了国际交易与国民收入之间的联系(这一联系的细节将在第 17 章讨论);(2)大多数发展中国家仍实行固定汇率制度,把货币与一种重要货币(如美元、欧元或特别提款权)挂钩;(3)国际货币基金组织要求成员国每年提交国际收支平衡表(用 A13.1 节指定的格式);(4)也许最重要的是,官方储备账户的余额虽然不能度量国际收支赤字和盈余,但能显示货币当局为了减少汇率的不稳定性并影响汇率水平而对外汇市场进行的干预程度。

14.4 即期与远期汇率、货币互换、期货与期权

本节先介绍即期与远期汇率并考察其意义,然后讨论外汇互换、期货与期权及其作用。

14.4A 即期与远期汇率

外汇交易中最普通的一种是交易达成后,在成交后两个交易日内完成货币的收付。这两天让交易双方有充足的时间对国内与国外银行发出相应的借记或贷记的指令,登录在适当的账户上。这种交易称为即期交易,交易所采用的汇率就是**即期汇率**(**spot rate**)。图 14.1 中的汇率 $R=$美元/欧元$=1$ 就是即期汇率。

除了即期交易外,还有远期交易。远期交易是当前签订的一份合约,它规定在未来的某一天以今天商定的汇价买或卖某种数量的某种外汇。合约中商定的汇率就是**远期汇率**(**forward rate**)。例如,我可以在今天签订一份在 3 个月后以 1.01 美元$=1$ 欧元的价格买 100 欧元的合约。注意,签订合约时不发生货币的收付(除了预交的通常为 10% 的保证金)。3 个月后,我付出 101 美元,得到 100 欧元,而不管到时的即期汇率如何。典型的远期交易有 1 个月、3 个月或 6 个月的,而以 3 个月的最为常见(参见案例研究 14.3)。期限更长的远期合约则不常见,因为不确定性太大,但远期合约到期后可以续签一期或多期。我们这里主要研究 3 个月期的远期合约及远期汇率,不过对于其他期限的合约,我们的研究也是适用的。

远期汇率的均衡点是由未来交割的市场供给曲线和需求曲线的交点决定的,远期外汇的供求是由套期保值以及投机和抛补套利引发的。这些内容及其与即期和远期汇率的密切联系

将在 14.5 节与 14.6 节讨论。这里要说明的是,在任何时点上,远期汇率可能等于、高于或低于即期汇率。

如果远期汇率低于即期汇率,则称外币对于本币有一个**远期贴水**(**forward discount**)。相反,如果远期汇率高于即期汇率,则称外币对于本币有一个**远期升水**(**forward premium**)。例如,如果即期汇率为 1 美元=1 欧元,3 个月远期汇率为 0.99 美元=1 欧元,则称欧元对美元 3 个月远期贴水 1 美分,或贴水 1%(即年贴水 4%)。如果即期汇率不变,仍为 1 美元=1 欧元,而 3 个月远期汇率为 1.01 美元=1 欧元,则称欧元兑美元 3 个月远期升水 1 美分或升水 1%,或年升水 4%。

远期贴水(FD)或升水(FP)常以相对于即期汇率的年百分率的形式表述,可以由以下公式计算:

$$FD \text{ 或 } FP = \frac{FR - SR}{SR} \times 4 \times 100$$

其中,FR 为远期汇率,SR 为即期汇率(前面我们仅简称为 R)。乘以 4 的目的是把 FD(一)或 FP(+)表述为年率,乘以 100 的目的是把 FD 或 FP 表示为百分数。因此,如果欧元的即期汇率为 SR=1.00 美元,远期汇率为 FR=0.99 美元,则有

$$FD = \frac{0.99 - 1.00}{1.00} \times 4 \times 100 = \frac{-0.01}{1.00} \times 4 \times 100 = -0.01 \times 4 \times 100 = -4\%$$

这与前面不用公式的结果一样。类似的,如果 SR=1 美元,FR=1.01 美元,则有

$$FP = \frac{1.01 - 1.00}{1.00} \times 4 \times 100 = \frac{0.01}{1.00} \times 4 \times 100 = 0.01 \times 4 \times 100 = +4\%$$

14.4B 外汇调期

外汇调期(**foreign exchange swap**)是指一种货币以即期汇率卖出,同时以远期汇率再购回,在一项合约中达成两种交易。例如,假设花旗银行在今天收到 100 万美元的付款,3 个月后要用,但它现在想把这笔资金投资于欧元。花旗银行可以与法兰克福的德意志银行做一笔 100 万美元的 3 个月互换交易,这比它先在即期市场上把美元兑换成欧元,再用欧元购买 3 个月后到期的美元远期合约(进行了两笔交易)节省费用。调期率(常以年为基础表述)为调期中即期和远期的汇价差。

大多数银行间的远期外汇买卖行为不是以远期合约的形式完成的,而是与即期交易结合,构成调期合约。2013 年 4 月,有 22 280 亿美元未结的货币互换,相当于银行间货币交易总额的 42%。38% 的银行间货币交易为即期交易,金额为 20 460 亿美元。因此,可以说,外汇市场的主要部分为外汇调期和即期交易市场。

14.4C 外汇期货与期权

个人、公司和银行还可以买卖外汇期货与期权。外汇期货交易发端于 1972 年的芝加哥商品交易所(CME)的国际货币市场(IMM)。**外汇期货**(**foreign exchange futures**)是指在一个有组织的市场(交易所)中交易的,金额与到期日都标准化的外汇远期合约。国际货币市场(IMM)中交易的货币品种有日元、加元、英镑、瑞士法郎、澳大利亚元、墨西哥比索和欧元。

IMM 的交易合约的金额是标准化的。例如,日元合约为每份 1 250 万日元,加元合约为每份 10 万加元,英镑合约为每份 6.25 万英镑,欧元合约为每份 12.5 万欧元。每年只有 4 天

可以交割：3 月、6 月、9 月和 12 月的第三个星期三。IMM 对合约的每日汇率波动做出了限制,合约的买卖双方都要交纳佣金和保证金(保证金约为合约金额的 4%)。与 IMM 相似的市场还有欧洲交易所(Euronext)和位于法兰克福的欧洲期货交易所(Eurex)。

期货市场与远期市场的不同之处在于,期货市场只交易几种货币,交易是按照标准化合约进行的,只有几个特定的日子可以交割,有每日汇率波动的限制,交易只在几个特定的地点进行,如芝加哥、纽约、伦敦、法兰克福和新加坡。期货合约通常比远期合约金额小,因此,它对于小公司比大公司更有用,但也更贵。期货合约也可以在到期之前在期货市场上卖掉,而远期合约则不行。尽管外汇期货市场相对于外汇远期市场小,但它发展得很快,近年来发展得更快(2013 年 4 月,有大约 6 800 亿美元未平仓的货币期货)。当两个市场价格不一致时,也会发生套利。

1982 年以来,投资者、公司和银行还可以购买外汇期权(交易的货币有日元、加元、英镑、瑞士法郎和欧元),交易场所有费城股票交易所、芝加哥期权交易所(1984 年开始),也可以从银行购买。**外汇期权**(**foreign exchange option**)是这样一份合约,它给购买者一个在事先约定的日期(欧式期权),或在此之前的任意时间(美式期权),按规定的价格(执行期权),买(看涨期权)或卖(看跌期权)一定标准化金额的外汇的权利而不是义务。期权合约的金额是标准化的,与 IMM 期货合约金额相同。期权购买者有权根据是否盈利选择是否执行期权,而出售者则必须满足期权购买者的要求。期权买方购买合约之后要给卖方一定的溢价(作为期权价格),通常为期权价值的 1%~5%,以获得上述权利。2013 年 4 月,约有 3 370 亿美元未平仓的外汇期权。

不过,远期合约和期货合约都不是期权。虽然远期合约可以反向冲销(即可以卖掉一个货币的远期合约抵消原来的购买合约),期货合约可以卖回给期货交易所,但到期时它们都必须执行(即在交割日两种合约的双方当事人都必须兑付)。因此,期权虽不如远期合约有弹性,但某些时候更为有用。例如,有意收购某家欧盟企业的美国公司可能要承诺支付一定数额的欧元。由于美国公司并不确定收购能否成功,它可以购买一份买入欧元的期权合约,从而只需要在收购成功时执行期权。案例研究 14.4 从金融工具、货币及地理分布等方面给出了全球外汇市场日均交易量的情况。

案例研究 14.4

外汇市场的规模、货币和地理分布

表 14.3 给出了 2013 年外汇市场的规模、货币和地理分布情况。如表所示,2013 年整个外汇市场的日平均交易额达 53 450 亿美元,即期交易的日平均交易额为 20 460 亿美元,占整个市场交易量的 38.3%,远期交易的日平均交易额为 6 800 亿美元,占整个市场交易量的 12.7%,外汇互换的日平均交易额为 22 280 亿美元,占整个市场交易量的 41.7%,货币互换(外汇衍生品)的日平均交易额为 540 亿美元,占整个市场交易量的 1.1%,期权及其他产品的日平均交易额为 3 370 亿美元,占整个市场交易量的 6.3%。从表中还可以看出,美元所占份额是欧元的 2.6 倍,是日元的近 4 倍,是英镑的 7 倍多(日元和英镑的使用量仅次于美元和欧

元）。英国（主要是伦敦）占有的市场份额最大，为 40.9%，其次是美国（大部分在纽约、芝加哥和费城），为 18.9%。

表 14.3　2013 年全球外汇市场日均交易量、货币和地理分布

市场交易量[a]		货币分布		地理分布	
交易额/10 亿美元　占比/%		货币	份额/%[b]	国家或地区	份额/%
即期交易	2 046　38.3	美元	87.0	英国	40.9
远期交易	680　12.7	欧元	33.4	美国	18.9
外汇调期	2 228　41.7	日元	23.0	新加坡	5.7
货币互换	54　1.1	英镑	11.8	日本	5.6
期权及其他产品	337　6.3	澳大利亚元	8.6	中国香港	4.1
总计	3 981　100.0	瑞士法郎	5.2	瑞士	3.2
		加元	4.6	法国	2.8
		墨西哥比索	2.5	澳大利亚	2.7
		人民币	2.2	荷兰	1.7
		其他	21.6	其他	14.2
		总计	200.0	总计	100.0

[a] 4 月的日平均额，10 亿美元；加总后因为四舍五入的原因与总计数并不相等。

[b] 市场份额加总后为 200% 而不是 100%，是因为每项交易涉及两种货币。

资料来源：Bank for International Settlements, *Triennial Central Bank Survey* (Basel：BIS, February 2014).

14.5　外汇风险、套期与投机

本节将考察外汇风险的含义，以及主要业务并非投机的个人与公司避免或消除这一风险的方法。然后我们将讨论投机者如何试图通过预测未来汇率的变动而获利。

14.5A　外汇风险

随着时间的推移，一国的外汇供求曲线将会移动，因此即期（和远期）汇率经常变动。一国对外汇的需求曲线和供给曲线随时间而变化是由对本国产品和外国产品的偏好的改变、两国增长率和通货膨胀率的不同、两国利率的相对变化、对两国前景的不同预测等因素引起的。

例如，如果美国消费者对欧盟产品的偏好增加，美国对欧元的需求将增长（需求曲线会上移），引起汇率上升（美元贬值）。如果美国的通货膨胀率低于欧盟，对欧盟来说美国产品越来越便宜，这会使对美国的欧元供给增加（供给曲线右移），使汇率下降（美元升值）。或者仅仅出于对美元坚挺的预期就会导致美元升值。简言之，在一个充满变化的世界中，汇率常常变化，反映出同时作用的多种经济力量在持续不断地变化。

图 14.3 显示了 1971—2014 年美元对日元、欧元、英镑和加元的汇率的剧烈波动。注意，这里的汇率是指从外国人的角度来看的汇率（即美元的外国货币价格），因此汇率上升是指外国货币贬值（购买 1 美元需要使用更多的外国货币），汇率下降则是指外国货币升值（即美元贬值）。

图 14.3 的第一幅显示的是日元对美元大幅升值的情况，从 1971 年的 360 日元兑换 1 美元到 1978 年时 180 日元即可兑换 1 美元。此后，日元汇率上升（即日元贬值），到 1982 年秋和

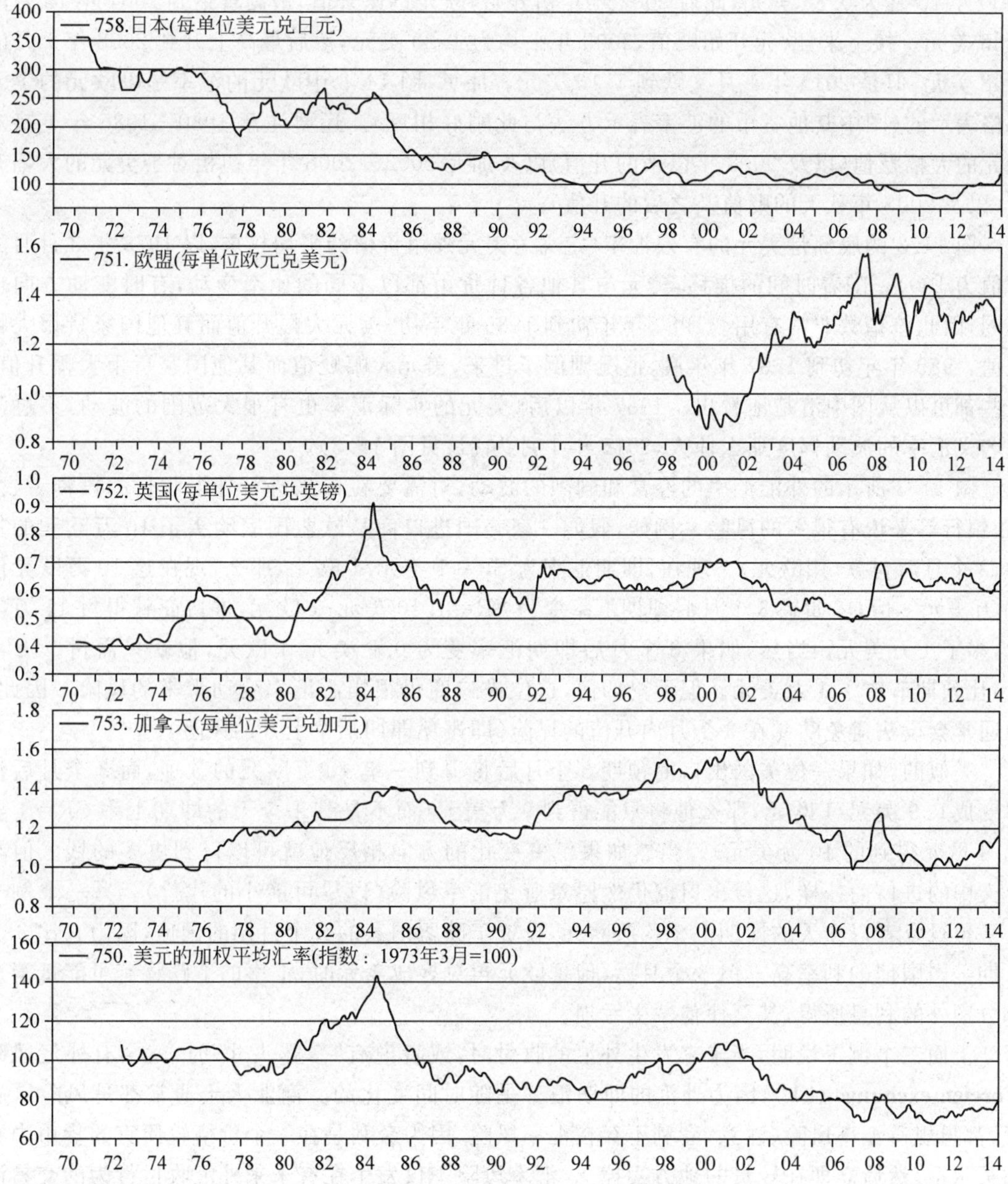

图 14.3 美元对主要货币的有效汇率,1970—2014 年

上面 4 幅图分别显示了 1970—2014 年日元、欧元、英镑和加元对美元的汇率波动(欧元的数据从 1999 年年初其问世以来开始)。除欧元以外,汇率用的是美元的外币价值(汇率增加表示外币贬值、美元升值)。最下面一幅图是美元的有效汇率,定义为美元的外国货币价值的平均权重,以 1973 年 3 月的价值为 100。从该图可看出 1970—2014 年汇率的巨大波动。

资料来源:The Conference Board,*Business Cycle Indicators*,January 2015,p. 23.

1985 年春为 260 日元兑换 1 美元。接下来日元汇率几乎持续下降,1995 年春,80 多日元即可兑换 1 美元。1996—2007 年日元汇率保持在 109～125 日元兑换 1 美元的区间。2015 年 1 月,平均 118 日元换 1 美元。

图 14.3 的第二幅显示的是欧元从 1999 年 1 月 1 日问世之初的 1.17 美元迅速贬值,到

2000 年 10 月为 0.85 美元,此后 2002 年年初开始,欧元迅速升值,最高曾达到 2004 年 12 月的 1.36 美元。接下来,欧元开始贬值,2005 年平均为 1.25 美元,然后最高上升到 2008 年 7 月的 1.58 美元,但是 2015 年 1 月又跌到 1.16 美元。注意,图 14.3 中欧元的汇率是以欧元的美元价格表示的(图中其他货币的汇率表示方法与此刚好相反)。还要注意 1980—1985 年英镑对美元的大幅贬值(以及 2008 年以来的升值)以及加元 2002—2008 年年初相对于美元的大幅升值(以及 2008 年秋天的贬值及之后的升值)。

图 14.3 的底部是美元的有效汇率(定义为美元外币价值的平均权重,以 1973 年 3 月时的价值为 100)。随着时间的推移,美元与其他各种货币都以不同的比率变动,有时变动方向也不同,因此该指数非常有用。1980 年年初到 1985 年年初,美元大幅升值而其他国家货币大幅贬值,1985 年年初到 1987 年年底,情况则倒了过来,美元大幅贬值而其他国家货币大幅升值,这些都可以从图中清楚地看出。1987 年以后,美元的实际汇率也有很大范围的波动,不过没有名义汇率的波动幅度那么惊人,2015 年 1 月为 81(见图 14.3)。

图 14.3 所示的外汇汇率的经常和剧烈的波动,对需要在未来进行外汇收付的投资者、公司、银行等来说有很大的风险。例如,假如一家美国进口商从欧盟国家购买了 10 万欧元的货物,3 个月后付款(用欧元)。现在,即期汇率为 SR=1 美元/1 欧元,那么,现在这 10 万欧元值 10 万美元。但是,如果 3 个月后即期汇率变为 SR=1.10 美元/1 欧元,进口商就得付 11 万美元,多了 1 万美元。当然,如果 3 个月后即期汇率变为 0.9 美元/1 欧元,他就只需付 9 万美元,比预期节省了 1 万美元。但无论如何,这位进口商仍很担心汇率变动带来的风险。因此,他通常会设法避免欧元在 3 个月内升值的风险(即避免即期汇率上升的风险)。

类似的,如果一位美国出口商预期 3 个月后将得到一笔 10 万欧元的款项,而 3 个月后汇率变成 0.9 美元/1 欧元,那么他将只能得到 9 万美元(而不是基于今天的即期汇率 SR=1 美元/1 欧元得到的 10 万美元)。当然如果汇率变化的方向相反他就可以得到更多的钱。但与上文中的进口商一样,这位出口商仍然愿意避免汇率风险(以尽可能小的代价)。另一个例子是一位投资者以今天的即期汇率购买欧元,投资于欧盟国家的 3 个月期的国债,因为它比 3 个月期美国国债的利率高。但 3 个月后,他把欧元再兑换成美元时,汇率的下跌将有可能抵消这部分额外的利息所得,甚至使他蒙受亏损。

上面三个例子说明,当未来发生外汇的收付时,或者说有"暴露头寸"时,就会有**外汇风险**(foreign exchange risk),因为外汇的即期汇率是随时间变化的。商业人士通常都是风险厌恶者,都想规避汇率风险(注意,套利不存在汇率风险,因为套利是在一个价格较便宜的货币中心购买货币,然后立即在较贵的地方卖掉)。汇率风险不仅发生在有未来外汇收付行为的交易活动中(交易暴露),也发生在为了编制合并财务报表,以本币折算在国外的存货和资产时(折算暴露或会计暴露)。当估算本币未来的盈利能力时也会发生汇率风险(经济暴露)。下面,我们重点讨论交易暴露或风险。

14.5B 套期保值

套期保值(hedging)是指覆盖暴露的头寸和避免外汇风险的交易。例如,前面例子中的美国进口商可以按当前汇率 SR=1 美元/1 欧元借 10 万欧元,然后存入银行 3 个月(赚取利息),到期正好付款。这样,他避免了由于 3 个月后即期汇率上升而多付款的风险。这样做的代价是借 10 万欧元的利息支出与存 10 万欧元的利息收入之差。类似的,进口商也可以借 10 万欧元,以当前即期汇率兑换成 10 万美元,然后存入银行 3 个月赚取利息。3 个月后他收到 10 万欧元后正好用于还债。这样做的代价仍是借款与存款的利息之差。

然而,像上面那样用即期市场避免汇率变动风险有一个很严重的缺陷:公司或投资者必须占用自己的一部分资金达 3 个月之久。为了克服这一缺陷,套期保值通常通过远期市场进行,从而既不需要占用资金,也不用借款。进口商可以购买 3 个月欧元远期用于交割(和付款),汇率为当前 3 个月远期价格。如果远期升水率为每年 4%,则进口商需要在 3 个月后支付 10.1 万美元以得到用于进口支付的 10 万欧元。因此,他的保值费用为 1 000 美元(以3 个月为期,为 10 万美元的 1%)。同样,国外出口商可以卖 3 个月远期欧元用于交割(和付款),汇率为当前 3 个月远期汇率,他预计 3 个月后可以收到美国进口商的 10 万欧元的付款。因为 3 个月当中没有付款问题,因此他不用占压资金或借款。如果欧元 3 个月远期贴水率为 4%/年,则出口商 3 个月后用 10 万欧元将只能兑得 9.9 万美元。如果欧元 3 个月远期升水率为 4%/年,则出口商 3 个月后得 10.1 万美元,这一数额通过套期保值可以确定下来。

套期或覆盖暴露头寸还可以通过期货或期权市场来完成。例如,假如美国进口商知道 3 个月后须支付 10 万欧元,3 个月远期欧元汇率为 FR=1 美元/1 欧元。进口商可以买 10 万欧元的 3 个月远期合约,这样,3 个月后他需要花 10 万美元购得 10 万欧元;也可以购买 3 个月后到期的期权,执行价格可以选择,如选 1 美元/1 欧元,这样,现在需要支付期权费,假定是 1%,即 1 000 美元。如果 3 个月后即期汇率为 SR=0.98 美元/1 欧元,则这个进口商按照远期合约需要支付 10 万美元,而如果他选择的保值方式是期权,则可以不执行期权,而在即期市场上只付 9.8 万美元即可得到这 10 万欧元。这个例子中,这 1 000 美元期权费可以视为保险费,比采取远期方式节省 2 000 美元。

在充满汇率风险的现实中,由于交易者和投资者能进行套期保值,国际贸易和投资活动得到了很大的促进。如果没有套期保值,国际资本流动将减少很多,生产专业化及贸易所得也会少很多。注意,一家会面临未来发生的在同一时间以同一货币进行的大量外汇收付的大公司,例如一家跨国公司,只需对净暴露头寸套期保值便可以了。同样,一家银行的暴露头寸也只是它在未来每一天的每种外币的净外汇收付额。银行会尽量(通过外汇经纪商)在同业之间把暴露的头寸覆盖掉,余下的部分通过即期、期货或期权市场覆盖掉。

14.5C　投机

投机(**speculation**)与套期保值相反。套期保值者希望避免汇率的风险,而投机者则愿意接受甚至寻找汇率风险或者暴露头寸以期望盈利。如果投机者准确预测了汇率走势,他便能盈利;否则,便会亏损。与套期保值一样,投机可以发生于即期、远期、期货与期权市场——通常是在远期市场。我们先从即期市场的投机活动开始讨论。

如果投机者预计某种货币未来的汇率会上升,他可以现在先买下这种货币,存入银行,留待将来卖出。如果汇率果然上升,他便赚得利润,每单位外币的利润为卖出时的高汇率和当前购买时的低汇率的差额。如果预测错误,到时候即期汇率下跌了,那么他将亏损,因为他只能以低于买入价的价格卖出外币。

如果是另一种情况,即投机者确信即期汇率将下跌,他将借外币 3 个月,并立即以现行汇率兑换为本币,存入银行获取利息。3 个月后,如果即期汇率降低,他将由于以较低的价格买回外币(用于偿还外币贷款)而获利(当然,为保证投机者获利,新汇率要比先前的汇率下降得足够多,能够补偿由于外币比本币的利息高而造成的损失)。如果 3 个月后汇率不降反升,投机者就会亏损。

在上面两个例子中,投机者都是在即期市场上操作,因此他必须占用自己的资金,或者借入资金。为了避免这一缺陷,像套期保值一样,投机也多在远期市场上进行。例如,如果投机者确信某种货币3个月后的即期汇率高于现行的3个月远期汇率,他将买入一定数额的3个月远期的这种货币,到时交割。3个月后,如果他判断正确,他会以较低的合约价格获得这种货币,然后立即以较高的即期汇率卖出,赚取利润。当然,如果他判断错误,即期汇率低于合约时的远期汇率,便会亏损。但不论如何,在3个月到期前不发生货币的转手(合约订立时所交的10%的保证金除外)。

另一个例子是,假如欧元的3个月远期汇率为FR=1.01美元/1欧元,投机者确信3个月后即期欧元汇率为SR=0.99美元/1欧元,他会卖出3个月远期欧元。3个月后,如果预测正确,他将在即期市场上以SR=0.99美元/1欧元的价格买入欧元,然后立即在远期市场上以1.01美元/1欧元的价格进行交割,每欧元他可以赚得2美分。如果3个月后汇率为SR=1.00美元/1欧元,投机者每欧元便只能赚得1美分。如果3个月后汇率为SR=1.01美元/1欧元,他不亏不赚。最后,如果即期汇率3个月后比合约时的远期汇率还高,投机者就会亏损,每欧元亏损的数额等于两个汇率的差。

上例中(预计欧元贬值)的投机者还可以购买欧元的看跌期权(3个月后到期,执行价格可以选择,如1.01美元/1欧元)。如果他是正确的,3个月后即期汇率果然变为0.99美元/1欧元,他就会执行期权,在即期市场上以0.99美元/1欧元买入欧元,执行期权能够以1.01美元/1欧元卖出。因此,他每欧元可赚2美分(再扣除期权价格就是他的净利润)。这样,结果与使用远期合约相同,只是期权价格可能比订立远期合约的费用高,从而净利润少一些。相反,如果投机者预测错误,3个月后的欧元即期汇率要比他预计的高许多,他将不执行期权,损失的只是期权价格。而如果采用远期方式,他必须履行合约,损失会大得多。

当投机者在即期、远期或期货市场上买入一种货币,或买入一种货币的看涨期权,期待将来以较高的价格卖出时,就称他持有这种货币的多头。而如果他借入或卖出一种货币的远期,期待将来以较低的价格偿还债务,或是用于执行远期卖出或看跌期权合约时,就称他持有这种货币的空头(即他现在没有,却卖出)。

投机可以分为"稳定性"的和"不稳定性"的。**稳定性的投机**(stabilizing speculation)是指当外币的本币价格(即汇率)下跌或很低时买入外币,期待汇率在不久后上升而获利。或者当汇率上升或较高时卖出外币,期待它会很快降下来。稳定性的投机可以抑制汇率的过度波动,作用是较大的。

不稳定性的投机(destabilizing speculation)则是指汇率下跌或较低时仍卖出外币,期待它降得更低,或者当汇率上升或较高时仍买入外币,期望它升得更高。因此,不稳定性的投机会加剧汇率的变动,对国际贸易和投资产生破坏性的影响。投机究竟是稳定性的还是不稳定性的是一个重要问题。我们将于第16章较深入地分析浮动汇率制度的运行,并在第20章比较固定汇率制度和浮动汇率制度时重新探讨这个问题。总之,一般认为,在"通常"情况下投机都是稳定性的,我们也这样假设。

投机者常常是富裕的个人或公司,而不是银行。然而,任何将来要以外币付款的人如果预测汇率上升则可以做加速付款的投机;如果预测汇率下降,则可以做延迟付款的投机。而在未来将收款的人则可以采取相反的策略。例如,一名预测汇率很快会上升的进口商愿意马上订货,马上付款。相反,预测汇率将很快上升的出口商则愿意延迟发货,延长付款期限。这些做法被称为提前或滞后,也是投机的一种形式。

近几年,外汇投机给外汇市场造成了很大的损失。一个典型的例子是日本的昭和壳牌石油公司,皇家荷兰壳牌石油公司拥有其 50% 的股权。1989—1992 年,昭和壳牌石油公司的财务部门拿出 64.4 亿美元赌美元升值。但后来美元贬值(日元升值,见图 14.3),结果昭和壳牌石油公司损失了 13.7 亿美元。最近,爱尔兰最大的银行联合爱尔兰银行的美国分行全冠银行的外汇交易员约翰·鲁斯纳克(John Runsnak)5 年间累计给银行造成了 7.5 亿美元损失。鲁斯纳克主要是进行日元/美元交易,结果在 2002 年 2 月东窗事发。2004 年 1 月,澳大利亚国民银行的 4 名外汇交易员在 3 个月的未授权外汇交易中造成了 3.6 亿美元的亏损。的确,投机外汇的风险很大,容易造成巨额亏损。

14.6　套利和外汇市场的效率

套利(interest arbitrage)是指短期流动资本在国际间流动,以便在国外获得较高的报酬。套利可以是抛补的,也可以是无抛补的。我们将依次讨论它们,然后讨论外汇市场的效率。

14.6A　无抛补套利

由于将资金用于国外以获得较高的利率时,先要把本币兑换成外币,之后在到期时还要把资金(加上利息所得)从外币兑换成本币,所以存在投资期间本币贬值的汇率风险。如果采取措施覆盖掉这部分风险,则称之为抛补套利,否则就是无抛补套利。尽管套利通常是抛补的,我们还是先讨论比较简单的**无抛补套利**(uncovered interest arbitrage)。

假如纽约的 3 个月期美国国库券的年利率为 6%,而法兰克福的国库券的年利率为 8%。美国投资者将愿意按照当前汇率把美元兑换成欧元,购买欧盟国债,多赚每年 2% 的利息。欧盟国债到期时,美国投资者可能会愿意把欧元本息兑回美元。然而,到时欧元可能会贬值,与当初相比,投资者每欧元只能换回较少的美元。如果欧元在 3 个月的投资期内贬值了,贬值幅度相当于每年 1%,则美国投资者只能从这次海外投资中赚得年率 1% 的收益(额外的 2% 减去欧元贬值的 1 个百分点)。如果欧元贬值了 2%(按年计),则美国投资者将无利可图;而如果欧元贬值超过 2%(按年计),美国投资者将有损失。当然,如果欧元升值,美国投资者可以同时从高利率和欧元升值中获益。

与无抛补套利相关的一个概念是套利交易。**套利交易**(carry trade)是指投资者借入低利率的货币,然后借出(投资于)高利率的货币。也就是说,投资者借入利率较低的货币,然后用这笔资金购买另一种利率较高的货币。然而,如果在投资期内利率较高的货币贬值了,投资者就会面临损失(参见案例研究 14.5)。

案例研究 14.5

套　利　交　易

如前所述,套利交易是指投资者借入低利率的货币,然后借出(投资于)高利率的货币。套利交易的风险是在投资期内,利率较高的货币相对于利率较低的货币贬值,且贬值幅度高于两种货币的利差,从而导致投资者蒙受损失。

例如,假设在日元套利交易中,投资者以 1% 的利率从某家日本银行借入日元,然后按照当时的美元/日元汇率将其兑换成美元,并购买了利率为 4% 的美国债券。只要投资期内美元/日元汇率不变,投资者就可以从这一投资中净赚 3%。如果美元相对日元升值,那么投资者可以赚到更多。然而,如果投资期内美元相对日元贬值,那么投资者的收益会下降,有可能不赔不赚,甚至可能亏损。具体来说,如果投资期内美元相对日元的贬值幅度低于 3%,投资者的收益也会下降相同的比例;如果投资期内美元相对日元的贬值幅度恰好等于 3%,那么投资者将不赔不赚(假设不存在交易成本);如果投资期内美元相对日元的贬值幅度超过 3%,那么投资者的损失将相当于美元贬值的幅度减去美元相对日元的利率差。由此可见,套利交易的风险是汇率的不确定性。

实际上,套利交易的收益或损失远远高于上面的分析,这是因为财务杠杆作用(也就是说,因为投资者是以保证金的形式购买美国的债券,仅支付债券价格的一个很低的比例,通常为 10%)。这种情况下,收益或损失都会被放大 10 倍。

在理论上,根据无抛补套利,套利交易的预期利润应当为零,因为两国之间的利率之差应该等于低利率货币相对于高利率货币的预期升值率。然而,套利交易往往会削弱被借入的货币,因为投资者将该货币兑换为其他货币,相当于将其售出。事实上,很多人指责套利交易造成低利率货币的迅速贬值和高利率货币的迅速升值,从而加剧了汇率波动。

20 世纪 90 年代以来,美元和日元就成为套利交易中最常使用的货币,其中日元是低利率货币,而美元则是高利率货币。据估计,在其高峰期,也就是 2007 年年初,日元的套利交易约为 1 万亿美元。2008 年,由于日元快速升值,大多数这种套利交易都垮掉了。为了抵偿用日元计价的债务,需要将其他货币兑换成日元,而这进一步加剧了日元的升值。汇率波动往往会造成套利交易的解除,最为严重的一次发生在 2008 年,这可以说是导致引发 2008 年全球金融危机的信贷紧缩的罪魁祸首。

资料来源:C. Burnside, M. Eichenbaum, and S. Rebelo, "Carry Trade and Momentum in Currency Markets," *Annual Review of Financial Economics*, December 2011, pp. 511-535; and "Fumbling the Carry Trade," *The Wall Street Journal*, March 12, 2015, p. C1.

14.6B 抛补套利

把短期资金投资于国外的人通常都希望规避汇率风险。因此,套利通常是抛补的。投资者在即期市场上购得外汇,以购买外国国库券,同时他还会卖出本金与利息的外汇远期,与到期时的金额匹配。因此,**抛补套利**(covered interest arbitrage)是指在即期市场上买入准备投资的外币,同时卖出外汇远期(相当于互换)以避免汇率风险。当国库券到期时,投资者得到与到期时外币本息等值的本币,而不必承担汇率风险。因为高利率货币远期通常为贴水,所以投资的净回报约等于利差减去远期贴水值。这个收益上减去的值可以被视为避免汇率风险的保险费。

我们继续看前面的例子。纽约 3 个月期的国库券年利率为 6%,法兰克福的这一比率为 8%,假设欧元的远期贴水率为年率 1%。为了进行抛补套利,美国投资者必须按当前汇率把美元兑换为欧元(为了购买欧盟的国库券),同时,卖出到期时可得的欧元本息的远期,汇率是当前的远期汇率。因为欧元的年贴水率为 1%,所以美国投资者 3 个月间以损失 1% 的代价换得了汇率风险的消除。3 个月中,他的净收益为多出的 2% 减去 1%,即年率 1%(3 个月或一个季度投资的收益是 1% 的 1/4)。注意:这里是以每一年为基础表示利差和远期贴水的,然后除以 4 即可得到 3 个月或一个季度的投资净收益。

　　然而,随着抛补套利的进行,获利的可能性将逐渐减小,直至完全消失。这里有两个原因。首先,由于资金不断地由纽约转向法兰克福,纽约的利率将会上升(因为纽约资金供应不足),而法兰克福的利率将会下降(因为法兰克福资金供应不断增加)。因此,两种货币的利差将会减小。其次,即期市场上欧元的买入会抬高欧元的即期汇率,远期市场上欧元的卖出会降低欧元的远期汇率。因此,欧元远期贴水会增加(即欧元远期汇率与即期汇率之差会增加)。随着两种货币利差的减少和欧元贴水的增加,净利润将不断减少,直至为 0。这时欧元便处于**抛补套利平价**(covered interest arbitrage parity,CIAP)状态。此时,有利的外国货币中心的正利差等于外国货币的远期贴水(两者都表示为年率)。在实际生活中,抛补套利要求至少每年有 0.25% 的净利润,才会发生资金的国际转移。这样,在前面的例子中,将 3 个月的转移成本或者 0.187 5% 考虑进来以后,每年的净所得应为 1% 的 3/4。

　　如果欧元远期升水,美国投资者的净利润等于净利差加上欧元的远期升水值。然而,随着抛补套利的进行,法兰克福的有利的利差将减少(如前所述),欧元的远期升水也一样,直至变为贴水,获利的机会将消失。所以即期汇率和远期汇率是通过套利紧密地联系在一起的。

14.6C　抛补套利平价

　　图 14.4 以一种更为一般性且更严格的方式说明了通过抛补套利两国间的利差与外汇远期升贴水之间的密切关系。纵坐标是用百分比表示的年率,代表本国利率(i)与外国利率之差(i^*),即($i-i^*$)。负值表示外国利率高,正值表示本国利率高。横坐标表示外汇远期贴水(一)或升水(+),也是用百分比表示的年率。

　　实对角线表示抛补套利平价线(CIAP)的各个点。这样,当 $i-i^*=-1$ 时,外国货币的年贴水率为 1%;如果正利差为 1,则有 1% 的升水;如果利差为 0,则外币既不升水也不贴水(外国货币的远期汇率等于即期汇率),此时处于抛补套利平价线(CIAP)的原点。

　　在抛补套利平价线的下方,要么负的年利差(对外国货币中心有利)超过外汇远期贴水率,要么远期升水超过正的年利差(见图 14.4)。不论哪种情况,从抛补套利的流出都能获得净收益。例如,在 A 点,有利于外国货币中心的年利差为 -2%,远期贴水率为 -1%,所以外国便有一个可以获得 1% 利润的机会,它会使资本外流。而 A' 点处外币有 2% 的升水,国内较之外国有 1% 的年利差,由于向外投资会获得 2% 的升水而只损失 1% 的年利差,因此投资者将愿意在国外进行投资。投资者每年将有 1% 或 3 个月将有 0.25% 的净利润。

　　随着套利的进行,净收益将逐渐减小,直至趋于消失。从 A 点开始,资金向国外转移会使国内与国外的利差减小(如从 -2% 变为 -1.5%),并增加远期贴水(如从 -1% 变为 -1.5%),正如在前面解释的那样,从而达到利率平价线。从 A' 点开始,资金向国外转移会使国内与国外的利差增加(如从 1% 变为 1.5%),并减少远期升水(如从 2% 变为 1.5%),仍会达到利率平价线。特别地,随着资金向国外转移,国内利率将上升,而外国利率将下降。由于国内利率本来就比较高,国内外的正利差会增加。另外,随着投资者购买外币用于对外投资,即期汇率将升高。而随着投资者对外出售远期汇率来避免外汇汇率风险,远期汇率将下降。这样,远期升水(远期汇率高于即期汇率的部分)将减小。随着正利差的增加和远期升水的减小,从套利中获得的净利润将减少,直至为 0,即回到利率平价线上。这时,套利才会结束。

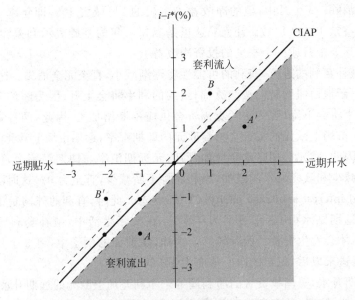

图 14.4　抛补套利

纵坐标表示本国(i)与外国(i^*)的年利差。横坐标表示远期汇率，负号表示外币是远期贴水，正号表示外币是远期升水，数值均以每年的百分比为单位。实对角线表示利率平价线(CIAP)。在利率平价线的下方，要么负的年利差超过外汇远期贴水，要么远期升水超过正的年利差。不论哪种情况，都会有资本流出的抛补套利；在利率平价线的上方，情况正好相反，有资本流入的抛补套利。

在利率平价线的上方，要么正的年利差超过外汇远期升水(图中 B 点)，要么负的年利差小于远期贴水(图中 B' 点)。不论哪种情况，外国投资者向国内投资都会有利可图，这将会产生套利流入。但是随着套利流入的继续，净收益将减小，而到达利率平价线时则会消失。实际上，套利(套利流入和套利流出)将在年净利润率降至 0.25% 时结束(3 个月利润率为0.0625%)。这个范围在图中为两条虚对角线之间的区域。

14.6D　抛补套利利润率

我们已经知道利率平价线上的点表示负利率(对外国货币中心有利)与远期贴水(FD)相等或正利差(对本国货币中心有利)与远期升水(FP)相等。这可表示为

如果 $i < i^*$，则 $i - i^* = $ FD；或

如果 $i > i^*$，则 $i - i^* = $ FP。

由于远期贴水(如果 SR > FR)或远期升水(如果 SR < FR)可以用远期汇率与即期汇率之差除以即期汇率表示［即(FR−SR)/SR］，前面的公式可以表示为

$$i - i^* = (\text{FR} - \text{SR})/\text{SR} \qquad (14\text{-}1)$$

我们定义**抛补套利利润率**(**covered interest arbitrage margin**,**CIAM**)或从抛补套利中得到的利润率为

$$\text{CIAM} = (i - i^*) - \text{FD 或 FP}$$

或更精确地表示为

$$\text{CIAM} = (i - i^*)/(1 + i^*) - (\text{FR} - \text{SR})/\text{SR} \qquad (14\text{-}2)$$

式中，$(1 + i^*)$ 是一个权重因子。这个公式的推导见本章附录。

我们举个例子来看公式的应用。有一张 3 个月期的国库券，在纽约的年利率为 6%，在法

兰克福的年利率为 8%,欧元即期汇率为 1 美元＝1 欧元,3 个月欧元远期汇率为 0.99 美元＝1 欧元,应用上面的公式,可得

$$CIAM = (0.06 - 0.08)/(1 + 0.08) - (0.99 \text{ 美元} - 1 \text{ 美元})/1 \text{ 美元}$$
$$= (-0.02)/1.08 - (-0.01 \text{ 美元})/1 \text{ 美元}$$
$$= -0.018\,52 + 0.01$$
$$= -0.008\,52$$

抛补套利利润率中的负号表明套利流出或是在法兰克福的投资。抛补套利利润率的绝对值表明每年每美元投资于法兰克福的额外收益为 0.852% 或每季度 0.213%(这和前面章节未使用权重因子计算的近似值相差不多)。这意味着将 1 000 万美元投资于 3 个月期欧盟国库券并避免外汇汇率风险时的超额利润为 21 300 美元。我们还应从这一额外收益中减掉交易成本。如果成本是每年 0.25% 或每季度 0.062 5%,可以得出交易成本为 1 000 万美元的 0.062 5%,即 6 250 美元。这样,考虑交易成本后,在抛补套利下将 1 000 万美元投资于法兰克福 3 个月期国库券的净收益为 21 300 美元减去 6 250 美元,即 15 050 美元。

在实际生活中,有时候可以看到很高的抛补套利利润率。原因并非抛补套利不起作用,而是有其他因素在起作用。例如,外国的高税率可能超过有利于外国货币中心的抛补套利利润率,这样就没有套利流出发生。类似的,投资者如果害怕外国政府违约或对利润流出和资本投资进行限制,可能也不会利用有利于外国货币中心的抛补套利利润率。或者简单地说,由于发展中国家的金融市场上缺少国外投资机会方面的信息,可能会存在大的、持续的抛补套利利润率。

14.6E 外汇市场的效率

如果价格能反映所有的信息,则称市场是有效率的。如果远期汇率精确地预测了未来的即期汇率,则称这个外汇市场是有效率的。换句话说,如果远期汇率反映了所有可利用的信息,并能及时地依据任何新的信息进行调整,使投资者仅仅利用已知信息无法赚得长期持续的超额利润,那么它就是有效率的。

市场的效率是一个十分重要的问题,因为只有当市场有效率的时候,价格才能准确反映不同资源的稀缺性,并实现资源的有效配置。例如,由于某种原因,一种商品的价格对顾客来说比其实际价值高,那么过多的资源就会用于这种商品而不是顾客更喜欢的其他商品的生产。

但是,很难用公式测定市场的效率或对其做出解释,这是由其特性决定的。即使外汇市场是有效率的,我们也不能保证某种货币的远期汇率就等于它将来的即期汇率,因为后者常受许多无法预见的因素的影响。但是,如果远期汇率超过未来即期汇率的次数与低于其的次数不相上下,我们便可以说市场是有效的,因为在市场上找不到保证投资者一定连续获利的机会。

利维奇(Levich,1985)等人对**外汇市场的效率**(efficiency of foreign exchange markets)做过实证研究。多数结果看来都说明根据上述定义,外汇市场是有效率的。例如,有不少实证研究表明,几乎不存在无风险套利的机会,与利率平价偏离的程度也大都小于交易成本。此外,投机者有时获利,有时亏损,而很少获得能赚得确定的较大的利润的机会。弗兰克尔和麦克阿瑟(MacArthur,1988)则证明说,抛补套利在大的发达国家间进行效果较好,但在小国间则不然;而刘易斯(Lewis,1995)证明,在发展中国家这一理论并没有什么适用性。然而,克拉里达(Clarida,2003)等人认为远期汇率时间序列包含了尚未得到充分利用的重要信息,这些信息可用来预测即期汇率的未来走势。

因此,尽管很多研究表明外汇市场相当有效率,也有很多研究得出了相反的结论。这些结

论是,汇率似乎会由于新闻的出现而迅速波动,是反复无常、无法精确预测的,汇率波动的方差相对较大,因此即使远期汇率是未来的即期汇率的一个无偏预测指标,也称不上是有效的(参见 Engel,2013)。下一章我们将继续讨论汇率预测这个话题。

随着汇率的波动越来越剧烈,外汇市场成交量的增长速度比国际贸易和资本投资的增长速度快得多。仅 1998—2001 年外汇交易有所下降(从 1998 年的 1.5 万亿美元下降到 2001 年的 1.2 万亿美元),原因在于欧元的问世(几种重要的货币被欧元替代后消除了这些货币之间的转换)以及银行的合并(这消除了大量银行间的外汇市场)。最近几年,外汇交易额继续大幅增长,2013 年 4 月达 53 亿美元。

14.7　欧洲货币和离岸金融市场

本节将介绍欧洲货币和离岸金融市场的操作与作用,并讨论欧洲债券和欧洲票据。

14.7A　欧洲货币市场的情况与规模

欧洲货币(**Eurocurrency**)是指存入货币发行国以外的商业银行的该国货币。例如,在一家英国商业银行(或者美国银行在英国的分行)的美元存款,称为欧洲美元。类似的,在法国银行或英国银行的法国分行中存入的英镑称为欧洲英镑,在瑞士银行存入的欧元(新的欧洲货币)简称为欧洲存款(为了避免啰唆地称之为"欧洲欧元"),依此类推。这些存款通常是由于主要的跨国银行、跨国公司及政府的投资或借贷需要而产生的。发生这些借贷行为的市场就称为**欧洲货币市场**(**Eurocurrency market**)。

最初,只有美元才有这种形式,因此欧洲货币市场当时被称为欧洲美元市场。后来,其他的主要货币(德国马克、日元、英镑、法国法郎、瑞士法郎)也产生了这种形式,于是这一市场便更确切地被称为欧洲货币市场。在存款国存入一种非存款国货币的做法也传到了非欧洲的国际货币中心,如东京、中国香港、新加坡、科威特以及巴哈马群岛、加勒比海中的开曼群岛等。于是,它又更进一步被确切地称为**离岸存款**(**offshore deposits**)。然而,我们运用欧洲存款的概念时通常也包括欧洲以外的这类货币。随着地理的扩展,欧洲货币市场已成为全天 24 小时运作的市场。的确,在一个国家的任何一种外币存款(甚至包括以该国货币形式存在的外币存款)都是欧洲货币,只要该国对此类存款的监管措施有别于对国内存款的监管。

欧洲货币市场的资金通常是短期的,到期日在 6 个月以内。为了衡量欧洲货币市场的大小,我们必须区分其总规模与净规模。总规模包括银行间存款,是指拥有过剩欧洲货币的银行贷给欧洲货币短缺的银行。因此,银行间的存款代表的是欧洲货币在银行间的转移而并非可以贷给非银行客户欧洲货币总规模的净增长。由于银行间市场是欧洲货币市场重要、活跃的一部分,所以用总规模来衡量欧洲货币市场的大小更确切(见案例研究 14.6)。

案例研究 14.6

欧洲货币市场的规模与发展

表 14.4 给出了 1964—2014 年欧洲货币市场存款的总规模与净规模(即以非借款人或贷

款人所在国家货币计价的国际银行存款额)及欧洲美元占总规模的百分比。为了便于比较,表中还给出了同时期的美国货币供给(广义的货币供给,即 M2)。从表中可以看出,欧洲货币市场存款的总规模从 1964 年的 190 亿美元快速增长到 2007 年的 17.9 万亿美元,然后由于全球金融危机的影响减少到 2009 年的 15.8 万亿美元,2014 年为 15.5 万亿美元。欧洲货币市场总存款从 1964 年不到美国货币供给 M2 的 5%,到 2007 年达到其 238%,2014 年为 132%。美国货币供给从 1964 年到 2014 年增长了 28 倍,而欧洲货币市场存款总规模则增长了814 倍。从表中还可以看出,欧洲美元占总规模的百分比从 1968 年的 79% 下降为 1996 年和2007 年的 55%,2014 年为 61%。

表 14.4　欧洲货币市场存款的规模				单位:10 亿美元
年度	总规模	净规模	欧洲美元占总规模的比例/%	美国货币存量(M2)
1964	19	14	无数据	425
1968	46	34	79	567
1972	210	110	78	802
1976	422	199	69	1 152
1980	839	408	71	1 599
1984	1 343	667	78	2 310
1988	2 684	1 083	64	2 994
1992	3 806	1 751	59	3 431
1996	4 985	2 639	55	3 842
2000	6 077	3 532	63	4 949
2004	10 035	6 952	57	6 437
2006	14 168	9 604	59	7 094
2007	17 931	11 966	55	7 522
2008	16 668	10 928	58	8 269
2009	15 817	10 829	57	8 552
2010	16 014	10 983	58	8 849
2011	16 183	10 926	60	9 692
2012	15 776	11 598	57	10 491
2013	15 588	11 639	59	11 052
2014	15 465	11 843	61	11 720

资料来源:Morgan Guaranty, *World Financial Markets*;BIS, *Quarterly Survey*;and IMF, *International Financial Statistics*;Various Issues.

14.7B　欧洲货币市场发展壮大的原因

过去 50 年里,欧洲货币市场发展壮大是有多种原因的。一个原因是国外短期存款的利息通常更高。直至 1986 年 3 月,联邦储备系统的 Q 条款都在限制美联储会员行的利率上限,使其通常比欧洲银行的利率低。结果,短期的美元资金都被吸引到欧洲的银行,成为欧洲美元。另一个重要原因是,跨国公司发现在将要进行投资的国家持有短期存款通常是非常方便的,因为美元是进行国际间款项收付的最为重要的国际货币,因此超过半数的这种货币都是欧洲美元。还有一个原因,就是跨国公司借入欧洲美元可以避开国内对信贷额的限制。

欧洲美元还来自"冷战"时期,社会主义国家由于担心把美元存在美国,一旦发生政治危机会遭到冻结,因而选择把美元存在其他国家。1973 年以后,欧洲美元市场发展尤其迅速,因为石油输出国从石油价格暴涨中得到了大量的美元。这些国家也怕这些美元由于发生政治危机而遭到冻结,因而不愿将美元存在美国。事实上伊朗和伊拉克分别在 20 世纪 70 年代末和 90 年代初由于与美国发生冲突而使其在美国的存款(其中的一小部分)遭到冻结。

欧洲银行愿意接受外币存款,并付出高于美国银行的利率,是因为它们可以把这部分存款以更高的利率贷出去。总的来说,欧洲货币的存贷款利差比美国银行小。因此,欧洲货币常常是以较高的利率吸引存款,而以比美国银行低的利率贷出去。这是因为:(1)欧洲货币借贷市场竞争激烈;(2)由于欧洲货币存款没有法定准备金及其他限制(美国银行的分行除外),因而欧洲货币市场的经营成本较低;(3)巨额借贷的规模效益;(4)风险的分散。由于套利活动的广泛存在,欧洲货币市场一般处于利率平价状态。

14.7C　欧洲货币市场的操作与影响

一个重要的问题是欧洲货币是不是货币。因为欧洲货币在大多数情况下是定期存款而非活期存款,因此它是货币的替代品,或者近似于货币,但本身不是货币。这是根据货币的狭义定义即 M1 而来的(根据这个定义,货币只包括通货和活期存款)。因此,一般来说,欧洲银行不创造货币,它是把借款人和贷款人撮合到一起的基本金融媒介,在经营上也更像国内货币的存、贷款业务(在它们开设所谓的 NOW 业务之前),而与美国的商业银行不同。也许更为重要的是,20 世纪 60 年代以来,快速增长的欧洲货币存款增加了国际资本的流动性,也使国内、国际金融市场更好地结合起来,这加剧了工业国国内银行的竞争,从而提升了它们的效率。

欧洲货币市场的存在、规模及迅速成长也产生了一些问题。其中一个严重问题是它削弱了政府为保持稳定而做的努力。例如,大公司由于信贷的限制不能在国内借款,但可以在欧洲货币市场上借到资金,从而削弱了政府通过限制信贷减轻通货膨胀压力的努力。这对于国内金融交易相对于欧洲货币市场交易的规模小得多的国家来说尤为明显。一个与之密切相关的问题是短期欧洲货币资金由一个货币中心向另一个货币中心的频繁的、大规模的流动会使外汇汇率和国内利率极不稳定。

另一个可能产生的问题是欧洲货币市场在很大程度上是缺乏控制的。其结果是,如果发生一场世界范围的大萧条,可能会使这一制度下的某些银行破产,并产生类似 19 世纪、20 世纪头 30 年以及过去 10 多年席卷资本主义国家的经济危机。通过建立国内中央银行,由中央银行通过存款保险来约束国内银行,并在出现流动性问题时由中央银行扮演最后贷款人的角色,国内银行的破产问题或多或少地得到了解决。然而,任何一个国家要想通过单独立法,对欧洲货币市场进行限制,只能使其活动转向别处。为了更有效地实现对欧洲货币市场的控制,需要各主要国家进行比现在更为密切的合作。然而,考虑到欧洲银行业务竞争激烈,许多国家的多边合作在短期内很难实现。实际上,很多国家为了吸引业务,正在竭尽全力提供必要的基础设施,并消除一些限制。

美国就是一个典型的例子。1981 年 12 月以来,美国开始允许国际银行信贷业务机构(IBFs)的进入。也就是说,允许美国银行从国外接受存款,并把它们投资于国外。这样美国银行可以直接在巨大的欧洲美元市场上竞争。这一新的规定使外国在美国银行中的存款可以从美联储的准备金和保险的要求中分离出来,从这个角度来说,它们可以称为欧洲美元。美国有几个州还通过了补充立法,免征州和地方的国际交易利润所得税。大约有 200 家美国银行加入了欧洲货币市场。它们大都设在纽约,其余的设在芝加哥、迈阿密、新奥尔良和旧金山。

美国大约占据了 20％的欧洲美元市场。这给美国的银行带来了很多就业机会,这些机会约有一半在纽约。

14.7D 欧洲债券与票据市场

欧洲债券(Eurobonds)是由借款人所在国以外的国家发行的长期债券,目的是借入与债券发行地货币不同币种的长期资本。例如,一家美国公司在伦敦发行欧元债券或美元债券。欧洲债券与外国债券的区别在于,外国债券是指债券在国外以债券发行地货币发行。例如,一家美国跨国公司在伦敦发行英镑债券。而欧洲债券是在国外以与债券发行地货币不同币种的货币发行的债券。主要的国际债券市场有伦敦、法兰克福、纽约和东京。欧洲债券与大多数国内债券的不同之处在于前者通常没有安全保证(即它不要求担保)。另一种金融工具是**欧洲票据**(**Euronotes**),它是介于短期的欧洲货币贷款和长期欧洲债券之间的中期金融工具。它是公司、银行或国家在票据出售地筹集另一种中期货币资金时所使用的金融工具。

2010 年,公司、银行和国家共筹集欧洲债券与欧洲票据 14 990 亿美元,这低于 2007 年的 27 840 亿美元(这是由于金融危机),但是高于 1993 年的 2 000 亿美元(2014 年暴跌至 5 000 亿美元)。1993—2007 年出现如此快速的增长是由于法国、德国、日本等国家开放了欧洲债券在资本市场的发行以及美国免征利息调节税。欧洲债券与欧洲票据的吸引力还在于它的成本通常低于其他筹集长期资金的方式。2010 年,欧洲债券与欧洲票据约 72％用美元、22％用欧元、2％用加元、1％用澳大利亚元和英镑发行,剩下的 2％用其他货币发行。

为了给投资者提供多种选择,一些欧洲债券用不止一种货币发行,这样也给投资者提供了汇率保护。因此,投资者乐意接受相对低的利率。大规模的欧洲债券与欧洲票据的发行常由一个银团(称为辛迪加)协商来完成,这是为了把风险分散给多个国家的多个银行。欧洲债券与欧洲票据常为浮动利率。也就是说,利率是按期调整的,通常每 3 个月或 6 个月根据市场变化调整一次。欧洲债券与欧洲票据由辛迪加发行后,出现了债券与票据二级市场,以便投资者卖掉其手中持有的债券或票据(债券最初发行时的市场相应地被称为一级市场)。

欧洲票据的利率常表述为 LIBOR(伦敦银行同业拆借利率)或 EUROBOR(布鲁塞尔协议利率)加上某一数额。LIBOR 或 EUROBOR 是欧洲银行相互间拆借时使用的利率。在 LIBOR 或 EUROBOR 上加的数额因借款者的资信而异,范围从资信较好者的 1％至较差者的 2％。资信较差者可以通过谈判降低这一利率,但要先支付一定的费用。这些费用包括银行或辛迪加成员行收取的管理费、参加银行按其所分担的借出数额而收取的参与费,以及对已承诺但未使用的借款所收取的承诺费。由于欧洲货币、欧洲债券与欧洲票据市场的规模及迅速增长,以及国内外市场的一体化,我们正在走向真正的全球银行系统。

本章小结

1. 外汇市场是个人、公司、银行买卖外币或外汇的市场。任何货币(如美元)的外汇市场由各地的市场组成,如伦敦、巴黎、苏黎世、法兰克福、新加坡、香港、东京及纽约等地的外汇市场。在这些地方,用其他货币来购买美元,或者出售美元,换得其他货币。这些不同的货币中心通过电话线和电脑显示屏连接起来,可以实时联系。

2. 外汇市场的基本功能是把购买力由一国、一种货币转移到另一国、另一种货币。对外汇的需求是当一国想要进口商品、服务或是对外投资时产生的。外汇供给来自出口商品或服务及外国对本国的投资。今天,大约90%的外汇交易是由外汇交易商或投机商完成的。一国的商业银行扮演外汇供求的清算者的角色。银行通过外汇经纪人把多余的外汇卖给其他银行。中央银行则是最后的借款人或贷款人。

3. 汇率(R)定义为外币以本币表示的价格。1973年实行浮动汇率制度以来,均衡汇率由一国的外汇的总供给曲线与总需求曲线的交点决定。如果外币以本币表示的价格上升,则称本币贬值;反之,则称本币升值(外币贬值)。套利是指买入一种较便宜的货币,然后立即在这种货币价格较高的地方卖出去,以赚得利润。这可以使汇率达到平衡,并使各货币中心的交叉汇率一致,把它们统一为一个市场。在有管理浮动的汇率制度(即当前运行的汇率制度)下,官方储备的减少仅意味着官方为影响汇率的水平和运动的方向而对外汇市场进行干预的程度,并不意味着国际收支的逆差。

4. 即期交易是指在两个交易日内完成交割的外汇交易。远期交易是在未来某日(通常为1个月、3个月、6个月后)以当前接受的汇率(远期汇率)交易特定数量某种货币的合约。如果远期汇率低于即期汇率,则称这种货币是远期贴水(通常用年率来表示);反之,则称这种货币是远期升水。货币互换是即期卖出一种货币与远期购回这种货币的组合。外汇期货是一种交易金额和交割期标准化的远期合约,它在有组织的市场(交易所)上交易。外汇期权也是一种合约,它规定合约的买者在确定的未来某日或某日之前有权但不是有义务执行这一合约。

5. 因为汇率常常随时间而变,所以准备在未来收付外汇的个人或公司会面临汇率风险。避免这种风险的方法是套期保值。投机与套期保值正好相反,投机是暴露头寸,利用预测来盈利。投机分为稳定性的和非稳定性的。套期保值与投机可以发生在即期、远期、期货和期权市场,通常是在远期市场。

6. 套利是指短期资本在国际间流动,以赚取更高利润的行为。套利交易是其中的一个方面。抛补套利是指即期买入外汇进行投资,同时卖出这种外汇的远期,以规避汇率风险。抛补套利的净收益通常等于利差减去外币的贴水。随着抛补套利的进行,这一净收益将逐渐减少,直至消失。当净收益为0时,这种货币便处于利率平价状态。如果外汇市场的远期汇率准确地预测了未来的即期汇率,则称它是有效率的。

7. 欧洲货币是在发行货币国家以外的地方的该种货币的商业银行存款,如果受到不同于国内存款的监管,它甚至可以发生在发行货币的国家。过去30年间,欧洲货币市场发展得十分迅速,其主要原因是:(1)欧洲货币存款可以获得更高的利率;(2)为跨国公司提供了资金调度的便利;(3)可以摆脱各国货币监管当局的监管。一般来说,欧洲货币银行并不创造货币,但它们起到了将借贷双方拉到一起的金融中介的作用。欧洲货币市场可以使外汇和其他金融市场更加不稳定。欧洲债券是一种在非借款国出售的以非出售地所在国货币发行的长期债券。欧洲票据是介于欧洲货币和欧洲债券之间的中期金融工具。

关键术语

appreciation	升值
arbitrage	套利
carry trade	套利交易
covered interest arbitrage	抛补套利
covered interest arbitrage margin, CIAM	抛补套利利润率

covered interest arbitrage parity，CIAP	抛补套利平价
cross-exchange rate	交叉汇率
depreciation	贬值
destabilizing speculation	不稳定性的投机
effective exchange rate	有效汇率
efficiency of foreign exchange markets	外汇市场的效率
Euro	欧元
Eurobonds	欧洲债券
Eurocurrency	欧洲货币
Eurocurrency market	欧洲货币市场
Euronotes	欧洲票据
exchange rate	汇率
foreign exchange futures	外汇期货
foreign exchange market	外汇市场
foreign exchange option	外汇期权
foreign exchange risk	外汇风险
foreign exchange swap	外汇调期
forward discount	远期贴水
forward premium	远期升水
forward rate	远期汇率
hedging	套期保值
interest arbitrage	套利
offshore deposits	离岸存款
seignorage	铸造利差
speculation	投机
spot rate	即期汇率
stabilizing speculation	稳定性的投机
uncovered interest arbitrage	无抛补套利
vehicle currency	国际支付货币

复习题

1. 什么是外汇市场？它最重要的功能是什么？这个功能是如何实现的？

2. 外汇市场的 4 级参与者是什么？它们各自的功能是什么？

3. 汇率的意义是什么？浮动汇率制度下汇率的均衡点是如何决定的？

4. 本币贬值是什么意思？本币升值呢？什么是有效汇率？

5. 什么是套利？其结果是什么？什么是交叉汇率？

6. 为什么在浮动汇率制度下国际收支逆差或顺差的测度并不是十分适当的？

7. 即期交易和即期汇率是什么意思？远期交易和远期汇率呢？什么是远期贴水？什么是外汇调期？什么是外汇期货与期权？

8. 什么是汇率风险？如何在即期、远期、期货与期权市场上规避这一风险？为什么通常不在即期市场上进行套期保值？

9. 什么是投机？投机如何在即期、远期、期货与期权市场上进行？为什么通常不在即期市场上做投机？什么是稳定性投机和不稳定性投机？

10. 什么是利率套利？什么是抛补套利和无抛补套利？利率套利如何在远期市场上抛补？为什么随着抛补套利的进行，获利的机会将减为0？

11. 货币处于抛补套利平价(CIAP)状态是指什么？什么力量可以阻止抛补套利平价的获得？

12. (1)什么是欧洲货币？(2)为什么离岸存款是一个更恰当的概念？(3)为什么欧洲货币的借贷利差比美国的商业银行美元存款利率还低？

13. (1)欧洲货币是货币吗？(2)欧洲银行创造货币吗？(3)欧洲货币的存在带来的最严重的问题是什么？

14. 欧洲货币与欧洲债券及欧洲票据的差别是什么？

练习题

1. 根据下图确定：(1)浮动汇率制度下供给曲线为 $S_£$ 和 $S'_£$ 时美元和英镑的均衡汇率以及英镑的均衡数量；(2)如果美国要在供给曲线为 $S_£$ 时保持汇率为3美元＝1英镑，美国中央银行每天将会获得或损失多少英镑储备？

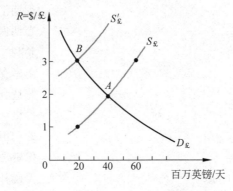

2. (1)重画第1题中的英镑供求曲线，使英镑的供给曲线 $S^*_£$ 与英镑的需求曲线 $D_£$ 相交于1美元＝1英镑(即相交于 C 点)。(2)假设现有汇率制度为浮动汇率制度，在英镑供给曲线为 $S^*_£$ 时确定均衡汇率和均衡英镑数量。(3)如果美国要保持 $S^*_£$ 下固定汇率 $R=1.5$，请指出美国中央银行每天获得或损失的英镑储备的数量。

3. 假设汇率如下：

纽约：2美元＝1英镑；伦敦：410日元＝1英镑；东京：200日元＝1美元。

指出如何进行三点(三角)套利。

4. (1)指出第3题所描述的货币套利中促使交叉汇率一致的力量。

(2)第3题中稳定的交叉汇率是多少？

*5. 根据下面的即期和3个月远期汇率计算远期升贴水率：

(1) $SR=2.00$ 美元/英镑，$FR=2.01$ 美元/英镑

(2) $SR=2.00$ 美元/英镑，$FR=1.96$ 美元/英镑

6. 根据下面的即期和 3 个月远期汇率计算远期升贴水率:

(1) SR＝2.00 法国法郎/欧元,FR＝2.02 法国法郎/欧元

(2) SR＝200 日元/美元,FR＝190 日元/美元

7. 假定 SR＝2 美元/英镑,3 个月远期 FR＝1.96 美元/英镑,3 个月后将付款 1 万英镑的进口商应如何避免汇率风险?

8. 由第 7 题的条件,指出 3 个月后将收款 100 万英镑的出口商如何用套期保值避免汇率风险。

*9. 假设 3 个月期 FR＝2.00 美元/英镑,投机者相信 3 个月后的即期汇率将为 SR＝2.05 美元/英镑,他该如何在市场上投机? 如果他预测正确,他将获利多少?

10. 如果第 9 题中的投机者认为 3 个月后的即期汇率将变为 SR＝1.95 美元/英镑,他应该如何在远期市场上投机? 如果他预测正确,他将获利多少? 如果到时汇率为 SR＝2.05 美元/英镑,结果将如何?

*11. 如果一个外国货币中心的年利率比本国高 4 个百分点,而这种外币的远期贴水率为每年 2％,一个套利者做抛补套利,购买外国的国库券(3 个月期),他将获利多少?

12. 由第 11 题的条件,计算:

(1) 如果这种外币的年升水率为 1％,套利者的利润为多少?

(2) 如果外币的年贴水率为 6％,结果又如何?

题解14

带 * 号练习题的答案

13. 参考图 14.4,请解释:(1)为什么在 B 点和 B′点将有套利流入; (2)随着套利流入的持续,倾向于消除这一套利的力量是什么?

14. 请说明为什么在抛补套利平价下,不同货币中心的投资者并不一定会获得相同的金融投资收益。

附录

A14.1　抛补套利利润率公式的推导

本附录将推导计算抛补套利利润率的公式,我们的推导由式(14A-1)开始。

$$K(1 + i/4) \underset{<}{\overset{>}{=}} K/SR(1 + i^*/4)FR \qquad (14A\text{-}1)$$

其中,$K＝$投资额

$i＝$国内年利率

$i^*＝$国外年利率

SR＝即期汇率

FR＝远期汇率

式(14A-1)的左边给出了金额为 K 的资本投资于国内 3 个月时的价值(本金加利息)。右边给出了相同金额的资本投资于国外 3 个月,并且不存在外汇风险,这一投资以本币表示的价值(本金加利息)。也就是说,公式右边给出了这一投资以外币表示的价值乘以 1 加国外 3 个月期的利率,再乘以远期汇率(以便把投资的本金连同利息转换为本币)。如果左边大于右边,投资者将投资于国内;而如果右边大于左边,投资者将投资于国外;两边相等时,投资于国内还是投资于国外将没有差别。

根据抛补套利理论,套利流出或套利流入将一直持续,直至净利润消失(即直至利率平价状态)。这样,式(14A-1)的左右两边最后应该相等。通过对式(14A-1)作代数变换,可以得到计算抛补套利利润率的公式。把两边均除以 K,且先不把 i^* 与 i 除以 4。这将得出每一美元每年的 CIAM。这时,把这个 CIAM 乘以投资额(K),并除以 4,即可得出这 3 个月中避免汇率风险后投资所获得的以百分率表示的超额利润。

取式(14-1)中的等式,两边均除以 K,且先不把 i^* 与 i 除以 4,得到

$$1 + i = (FR/SR)(1 + i^*) \qquad (14A\text{-}2)$$

把式(14A-2)变形,可得

$$(1 + i)/(1 + i^*) = FR/SR$$
$$[(1 + i)/(1 + i^*)] - 1 = [FR/SR] - 1$$
$$(1 + i - 1 - i^*)/(1 + i^*) = (FR - SR)/SR$$
$$(i - i^*)/(1 + i^*) = (FR - SR)/SR$$

求解 FR,得到式(14A-3),来计算利率平价时的远期汇率:

$$FR = [(i - i^*)/(1 + i^*)]SR + SR \qquad (14A\text{-}3)$$

这样,抛补套利利润率(CIAM)为

$$CIAM = (i - i^*)/(1 + i^*) - (FR - SR)/SR \qquad (14A\text{-}4)$$

这就是 14.6D 小节中的式(14-2)。式(14A-4)右边的第一项是外国与国内的利率差除以 1 加外国的利率。第二项为外汇的远期贴水率除以即期汇率。在利率平价状态下,两项数值应该相等,因此 CIAM 应该等于 0。因为式(14A-4)指的是 1 年的情况,所以套利期间的利润应为 CIAM/4。

问题 运用以上的 i 与 i^*、SR 与 FR 的值,计算一名美国投资者将 10 万美元投资 3 个月可得到的美元额(本利和),如果他在规避外汇风险的情况下:(1)投资于美国国库券;(2)投资于欧盟国库券。你在(2)中得到的答案与用 14.6B 小节的方法估计的 CIAM 有何不同?

第 **15** 章

汇率的决定

15.1 引言

　　本章将考察现代汇率理论。这些理论是建立在 20 世纪 60 年代后期发展起来的货币分析法以及针对国际收支的资产市场或资产组合平衡理论的基础上的。这些理论多把汇率视为纯金融现象,也试图解释汇率短期大的波动和超出长期均衡水平的趋势,这是过去 50 年间人们非常关注的问题。

　　这些现代汇率理论与传统汇率理论(将在第 16 章和第 17 章讨论)的区别主要在于它们基于贸易流动并只能用于解释汇率在长期或多年内的变动。从 1973 年出现浮动汇率以来,国际资本流动增长迅速,现在已经远远超过贸易流动,所以研究转向汇率决定的货币理论也是很自然的。但传统汇率理论仍很重要,特别是在解释长期汇率时。

　　我们首先在 15.2 节介绍购买力平价理论,该理论为汇率决定的货币分析法和资产市场或资产组合平衡理论提供了长期基本框架;15.3 节讨论国际收支和汇率决定的货币分析法;15.4 节考察影响汇率决定的资产组合平衡理论;15.5 节分析汇率动态变化并试图解释汇率超调偏离长期均衡的趋势;15.6 节介绍货币分析法和资产市场或资产组合平衡理论及汇率预期的经验研究。本章附录将介绍汇率决定的货币分析模型和资产组合平衡模型的规范模型。

15.2　购买力平价理论

本节讨论购买力平价理论（purchasing-power parity，PPP）并评估它在汇率解释中的作用。瑞典经济学家古斯塔夫·卡塞尔（Gustav Cassel）详尽阐述了该理论，并将其应用于"一战"引起的国际贸易崩溃及商品相对价格剧烈变动之后，各国回复金本位的均衡汇率的估计。购买力平价理论有两种形式：绝对形式和相对形式。下面分别予以介绍。

15.2A　绝对购买力平价理论

绝对购买力平价理论（absolute purchasing-power parity theory）假定，两种货币的均衡汇率等于两国的物价水平之比，即

$$R = P/P^* \tag{15-1}$$

其中，R 等于两国货币的汇率或即期汇率，P 和 P^* 分别为本国和外国的总体物价水平。例如，假定在美国 1 蒲式耳小麦的价格为 1 美元，在欧盟为 1 欧元，则美元与欧元的汇率为 $R=1$ 美元/1 欧元＝1。即根据**一价法则**（law of one price），当两个国家都以同一种货币标价时，任何给定商品的价格都应该相等（所以两国的购买力是平价的）。如果在美国 1 蒲式耳小麦的价格为 0.5 美元，在欧盟为 1.5 欧元，厂商会在美国购买小麦再卖给欧盟，以赚取利润。这种商品套利将导致欧盟的小麦价格下降，美国的小麦价格上升，直至在两地小麦的价格相等，如每蒲式耳小麦 1 美元（假定没有贸易流动的阻碍、没有贸易补贴，也没有运费）。因此，商品套利在整个市场中使价格相等的作用与货币套利一样。

购买力平价理论的这种形式可能会有很大的误导，其原因如下：首先，它给出的汇率是使商品和服务贸易均衡的汇率，完全没有考虑资本项目，因此资本流出的国家有国际收支逆差，而资本流入的国家有顺差。其次，由于大量非贸易商品和服务的存在，购买力平价理论的绝对形式其实连使商品和服务贸易均衡的汇率也没有给出。

非贸易商品包括像水泥、红砖这样的产品，它们的运费太高，因而难以列入国际贸易范畴，最多就是在边境地区进行交易。多数服务，包括机械师、美发师、家庭医生等也没有进入国际贸易。国际贸易试图使国家间贸易商品和服务的价格相等，而不是非贸易商品和服务的价格相等。由于每个国家的总体物价水平既包括贸易的又包括非贸易的商品，而国际贸易不能影响非贸易品的价格，所以绝对购买力平价理论肯定推导不出均衡贸易的汇率。而且，绝对购买力平价理论没有考虑运费及其他自由国际贸易的障碍。因此，我们不能太过相信绝对购买力平价理论（参见案例研究 15.1 和案例研究 15.2）。当我们用到购买力平价理论时，通常是指相对购买力平价理论。

案例研究 15.1

现实世界的绝对购买力平价

图 15.1 显示了 1973 年实行浮动汇率以来用美元表示的德国马克的实际汇率（即 DM/＄，以浅灰色线表示）和购买力平价汇率（用德国对美国的消费品物价指数比率测度——黑色线）的

变动曲线(1999 年年初开始,DM/$的波动反映的是欧元对美元的波动)。要使绝对购买力平价理论成立,两条曲线应该重合。但正如我们在图中所见到的,两条曲线有很大程度的偏离。1973—1980 年、1986—2000 年及 2003—2014 年美元被低估(浅灰色线位于黑色线下方)。而1981—1985 年和 2001—2002 年美元则被高估。该图还显示,在峰值(1985 年年初)处美元被高估的程度几乎达到 40%。只有 1981 年年初、1985 年年末、2001 年年初和 2002 年年末曲线是相交在一起的,美元相当于购买力平价。

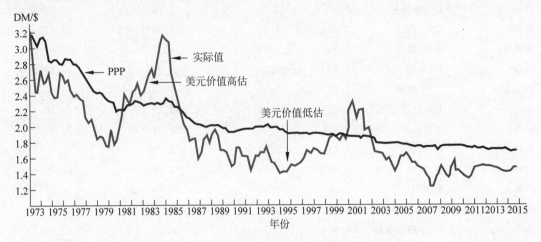

图 15.1　1973—2014 年美元的实际汇率和购买力平价汇率

　　浅灰色线测度了 1973—2014 年市场现行的美元汇率(由 DM/$定义),黑色线测度的是同期购买力平价汇率(以德国对美国的消费品物价指数比率表示)。此图表明,1973—1980 年、1986—2000 年及 2003—2014 年美元被低估,1981—1985年和 2001—2002 年美元被高估(自 1999 年年初起,DM/$的波动反映了欧元对美元的波动)。

　　资料来源:International Monetary Fund,*International Financial Statistics*(Washington,D.C.:IMF,Various Issues).

巨无霸价格与一价法则

　　根据绝对购买力平价理论,如果汇率等于美国与其他国家物价水平之比,那么某一特定产品(如麦当劳的巨无霸汉堡)在世界各地的价格都应该与美国一样。然而从表 15.1 的第二列我们可以看到巨无霸的美元价格在各国差异很大。2014 年 7 月 23 日,挪威的巨无霸最贵(7.76 美元),印度的最便宜(1.75 美元),而美国的巨无霸售价为 4.80 美元。

　　表中第三列测度了美元相对于各种货币的隐含的购买力平价。这是使巨无霸的价格在各个国家与在美国相等的汇率。例如,在欧盟巨无霸的价格为 3.68 欧元,这意味着美元对欧元的隐含汇率为 1.304 3(在表 15.1 中四舍五入为 1.30),从而使巨无霸的价格在两国都等于4.80 美元(3.68 欧元×1.304 3 美元/欧元=4.80 美元)。因此,实际为 1.35 的汇率使欧元相对于美元被高估了约 3.5%[(1.35-1.304 3)/1.35=3.5%]。

	巨无霸美元价格		隐含的美元	实际汇率：2014 年	当地货币相对于
国家			购买力平价[a]	7 月 23 日	美元高估(＋)或
	当地货币	美元			低估(－)百分比/%
美国[b]	4.80 美元	4.80	1.00	1.00	0.00
澳大利亚	5.10 澳元	4.81	1.06	1.06	0.40
巴西	13.00 里尔	5.86	2.71	2.22	22.11
英国[c]	2.89 英镑	4.93	1.67	1.69	2.71
加拿大	5.64 加元	5.25	1.18	1.07	9.51
中国[d]	16.9 元	2.73	3.52	6.20	－43.14
欧元区[e]	3.68 欧元	4.95	1.30	1.35	3.50
印度	105 卢比	1.75	21.90	60.09	－63.56
日本	370 日元	3.64	77.16	101.53	－24.00
墨西哥	42 比索	3.25	8.76	12.93	－32.27
挪威	48 克朗	7.76	10.01	6.19	61.79
俄罗斯	89 卢布	2.55	18.56	34.84	－46.72
南非	24.50 兰特	2.33	5.11	10.51	－51.41
瑞士	6.16 瑞士法郎	6.83	1.28	0.90	42.86
土耳其	9.25 里拉	4.42	1.93	2.09	－7.75

表 15.1　巨无霸价格与汇率，2014 年 7 月 23 日

[a] 购买力平价：美国的价格除以当地价格

[b] 4 个城市的平均价格

[c] 每英镑兑换美元价

[d] 5 个城市的平均价格

[e] 欧元区的加权平均价格

资料来源："The Big Mac Index," *The Economist*，July 26，2014，p.61.

　　2014 年 7 月 23 日，挪威的巨无霸售价为 7.76 美元，美国的巨无霸售价为 4.80 美元，因此挪威克朗相对于美元被高估了 62%(7.76 美元/4.80 美元)。从表中还可以看到，瑞士法郎被高估了 43%，巴西里尔被高估了 22%，英镑被高估了约 3%。相对于美元，土耳其里拉被低估了约 8%、日元被低估了 24%、人民币被低估了 43%、印度卢比被低估了 64%。因此，如果美国人从表 15.1 中选择出游目的地，那么挪威将是消费最高的国家，而印度则是消费最低的国家。

15.2B　相对购买力平价理论

　　更精确的相对购买力平价理论(**relative purchasing-power parity theory**)假定，一段时期内汇率的变化与同一时期两国物价水平的相对变化成正比。如果我们用脚标 0 代表基期，用 1 代表后续时期，则相对购买力平价理论假定

$$R_1 = \frac{P_1/P_0}{P_1^*/P_0^*} \cdot R_0 \tag{15-2}$$

其中，R_1 和 R_0 分别为时期 1 和基期的汇率。

　　例如，如果外国的总体物价水平从基期到时期 1 不变(即 $P_1^*/P_0^* = 1$)，而本国的总体物价

水平增长了 50%,相对购买力平价理论认为货币汇率(定义为每单位外币相当于多少本国货币)在时期 1 相对于基期增长了 50%(即本国货币贬值 50%)。

注意:如果绝对购买力平价有效,则相对购买力平价也有效,但是当相对购买力平价有效时,绝对购买力平价不一定有效。例如,当资本流动、运费、其他对自由国际贸易的阻碍及政府的干涉政策存在时,会导致绝对购买力平价无效,而只有上述因素发生变动时,相对购买力平价才会失效。

然而,相对购买力平价理论还存在其他一些问题。其中的一个问题是(1964 年由巴拉萨和萨缪尔森提出):发达国家非贸易商品和服务与贸易商品和服务的价格之比普遍高于发展中国家。**巴拉萨—萨缪尔森效应**(**Balassa-Samuelson effect**)产生的原因是,许多非贸易的商品和服务(如理发),其生产技术在发达国家与发展中国家是极其相似的。然而,为使发达国家的劳动力停留在这样的职业上,需要付出高于贸易商品和服务生产的报酬。这样一来,发达国家非贸易商品和服务的价格就普遍高于发展中国家。例如,可能在美国理一次发要 10 美元,而在巴西却只要 1 美元。

因为综合物价指数既包括贸易的又包括非贸易的商品与服务,而后者的价格不受国际贸易影响,而且在发达国家相对较高,所以相对购买力平价理论容易高估发达国家的汇率而低估发展中国家的汇率,发展水平差异越大,这一扭曲程度也就越大。这一结论被罗格夫(Rogoff,1996)以及乔德和卡恩(Choudri and Khan,2005)所证实。

一些重大的结构变化也会使相对购买力平价理论产生一些问题。例如,相对购买力平价理论指出,"一战"刚结束时英镑被低估(即英镑汇率过高),然而事实恰恰相反(英镑汇率应该更高些)。原因在于英国在战争期间收回了许多对外投资,而相对购买力平价理论(未考虑从外国投资所得收益的下降)得出的均衡汇率给战后英国的国际收支留下了巨额的逆差。案例研究 15.3 是对相对购买力平价理论的简单检验,更正式和复杂的检验将在下一小节讨论。

案例研究 15.3

现实生活中的购买力平价

图 15.2 反映了 1973—2014 年(浮动汇率制度时期)18 个工业国各国相对物价水平的变动与汇率变动之间的关系。横轴表示各国的平均通货膨胀率与美国的平均通货膨胀率之差(因此正值说明该国的通货膨胀率高于美国)。纵轴衡量的是汇率的变化,这里的汇率用各国货币的美元价格来定义。因此,汇率的升高代表外国货币相对美元贬值,而汇率下降则代表外国货币相对美元升值。

根据相对购买力平价理论,通货膨胀率高于美国的国家的货币应当贬值,而通货膨胀率低于美国的国家的货币应当升值。图中表明在 41 年的考察期内事实确实如此。也就是说,通货膨胀率高于美国的国家的货币相对于美元贬值了,而通货膨胀率低于美国的国家的货币相对于美元升值了。不过,要使理论完全成立,图 15.2 中的每一个点都应当落在一条斜率为正 1 的直线上。由于实际上并非如此,相对购买力平价理论也只是近似成立。

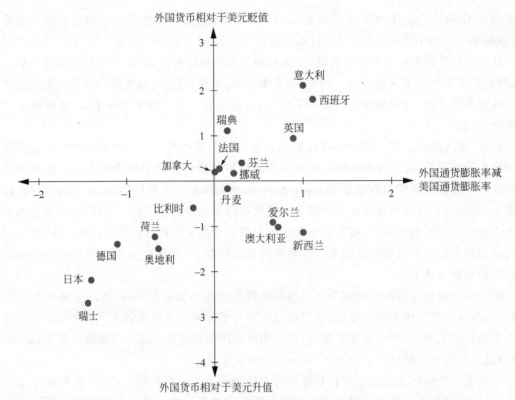

图 15.2　通货膨胀率的差异与汇率，1973—2014 年

横轴上的正值表明该国的通货膨胀率高于美国。纵轴上的正值表明该国货币相对于美元贬值。由于高通货膨胀率的国家通常伴有货币贬值，相对购买力平价理论在长期内似乎大体上得到了证实。1999 年以来，欧盟国家汇率的波动反映的是欧元兑美元汇率的波动。

资料来源：International Monetary Fund，*International Financial Statistics*，Various Issues.

15.2C　购买力平价理论的经验检验

1973 年以后国际货币制度转向浮动汇率制度，极大地激发了人们重新研究购买力平价理论的兴趣，出现了许多关于购买力平价理论效果的经验研究。

一方面，弗伦克尔（Frenkel，1978）提出，根据对 20 世纪 20 年代高通货膨胀时期数据的检验，证明购买力平价理论在长期是有效的；克拉维斯和利普西（Kravis，Lipsey，1978）对 1950—1970 年数据的研究，麦金农（McKinnon，1979）对 1953—1977 年数据的实证研究也得出了相同的结论。但是，另一方面，弗伦克尔（1981）发现，20 世纪 70 年代，尤其是 70 年代后半期，购买力平价理论失效了；利维奇（Levich，1985）和多恩布什（Dornbusch，1987）也发现 20 世纪 80 年代存在同样的问题。

弗伦克尔（1986，1990）建议研究人员应运用跨越数十年的长期数据来检验购买力平价，因为对购买力平价的偏离在长期内才会逐渐消除。弗伦克尔运用 1869—1984 年美元对英镑汇率的年度数据进行检验时发现，4～5 年内购买力平价偏离的 50% 得到了消除，而每年消除的偏离仅为 15%。罗斯安和泰勒（Lothian，Taylor，1996）运用 1790—1990 年美元对英镑和法郎对英镑的汇率数据进行检验，证实了弗伦克尔得出的结论；弗伦克尔和罗斯（Rose，1995）运用

1948—1992 年 150 个国家的汇率数据进行检验,麦克唐纳(MacDonald,1999)运用 1960—1996 年的年度数据进行检验,泰勒(2002)运用 1882—1996 年 20 个国家(包括 G-7 国家和其他 13 个国家)的数据进行检验,卡欣和麦克德莫特(Cashin and McDermott,2002)运用 1973—2002 年 20 个工业国的数据进行检验,均得出了与弗伦克尔一致的结论。泰勒夫妇(2004)重新检视了这一经验证据并支持了上述结果和结论。卡欣和麦克德莫特(2006)运用 1973—2002 年 90 个发达国家和发展中国家的数据进行了扩展检验,证实了自己早前的结论。

为什么对购买力平价的偏离要如此长的时间才能消除?罗格夫(Rogoff,1996,1999)给出的解释是,尽管过去二三十年间发生了全球化,但国际商品市场的一体化程度仍然低于一国内部的商品市场的一体化程度,其原因是存在运费、实际的或威胁采取的贸易保护主义、信息成本以及劳动力在国际间的十分有限的流动。由于各种调节需要成本,其结果就是汇率在没有触发本国相对价格的任何即时的、较大程度的变动的情况下发生变化。

因此,我们可以得出有关购买力平价理论检验的如下结论:(1)我们预期在个别有很大贸易量的商品上购买力平价是十分有效的(即一价法则是有效的),如小麦和特定等级的钢材,但是对所有贸易品整体来说其效用是很有限的,而对于所有商品(包括许多非贸易品)来说,效用则是不明显的。(2)对于任一水平的商品或贸易品的组合来说,有理由认为从长期(数十年)来看购买力平价理论效果不错,但如果只看一二十年,效果并不太好,短期的效果则更差。(3)在货币单纯扰动和严重通货膨胀时期购买力平价理论的效果较好;在货币稳定时期,购买力平价理论的效果不好;在发生重大经济结构变化的时期,它的效果也不好。

这些结论不仅对于购买力平价理论本身十分重要,还具有一般意义上的重要性。我们在本章的余下部分将看到,在关于国际收支和汇率决定的货币分析法和资产市场理论或资产组合平衡理论中购买力平价理论都起着重要的核心作用。

 ## 15.3　国际收支和汇率调节的货币分析法

本节将考察国际收支的货币分析法(**monetary approach to the balance of payments**)。这个方法最初是 20 世纪 60 年代末由罗伯特·蒙代尔(Robert Mundell)和哈里·约翰逊(Harry Johnson)提出的,70 年代得到充分发展。货币分析法是国内货币主义(来自芝加哥学派)的一个扩展,将货币主义运用到国际经济学,认为国际收支从根本上说是一种货币现象。也就是说,从长期看货币对于一国的国际收支的调节或扰动起至关重要的作用。15.3A 小节考察了固定汇率制度下的货币分析法;15.3B 小节考察了浮动汇率制度下的货币分析法;15.3C 小节说明了根据货币分析法汇率是如何决定的;15.3D 小节讨论了预期对汇率的影响。

15.3A　固定汇率制度下的货币分析法

货币分析法首先假定,名义货币余额需求与名义国民收入成正比,在长期是稳定的。因此**货币需求**(demand for money)等式可以写成

$$M_d = kPY \tag{15-3}$$

其中,M_d=名义货币余额的需求数量;

k=名义货币余额对名义国民收入的意愿比率;

P=本国物价水平;

Y=实际产出。

在式(15-3)中,PY 表示名义的国民收入或产出(GDP)。这里假定经济处于充分就业或在长期内趋于充分就业的状态。符号 k 是名义货币余额对名义国民收入的意愿比率,在 V 为货币流通速度或美元一年周转的次数时 k 等于 $1/V$。V(因此也包括 k)取决于制度因素,因此假定它是一个常数。M_d 是一个稳定的、随本国物价水平和真实国民收入正向变化的函数。

例如,如果 GDP $=PY=10$ 亿美元,$V=5$(因此 $k=1/V=1/5$),那么,$M_d=(1/5)PY=(1/5)(10$ 亿美元)$=2$ 亿美元。虽然在式(15-3)中并未包括,但是货币需求还与持有闲置资金(而不是投资于附息证券)的利率(r)或机会成本负相关。因此,M_d 与 PY 正相关,而与利率负相关(更完整的货币需求函数的正式表达参见本章附录)。但为了简化分析,现在假定 M_d 只与 PY 或名义 GDP 有关,我们将在式(15-3)的基础上展开分析。

一国的**货币供给**(**supply of money**)可用下式表示:

$$M_s = m(D+F) \tag{15-4}$$

其中,$M_s=$ 一国的货币总供给量;

$m=$ 货币乘数;

$D=$ 一国基础货币的国内部分;

$F=$ 一国基础货币的国际或者国外部分。

一国基础货币的国内部分(D)是指一国货币当局创造的国内货币信用,或者是支持该国货币供给的国内资产。一国基础货币的国际或者国外部分(F)是指一国的国际储备,其增减变化可通过国际收支的盈余或逆差来决定。$D+F$ 称为一国的**基础货币**(**monetary base**),或称"强力货币"。在部分储备银行体系(这正是我们今天的体制)中,新储存到任何商业银行的1美元 D 或 F,都将导致国家货币供给的一个成倍的扩张,这就是式(15-4)中的货币乘数 m。

例如,如果法定存款准备金(LRR)比率为20%,那么存在商业银行中的1美元将有0.80美元被允许用作贷款(即创造了0.80美元活期支票存款用于借贷)。被第一个银行借出去的0.80美元通常被借款人用来进行支付(即为借款人创造了需求存款),并且最终以存款的形式进入另外一家银行系统,而这家银行仍然可以把这0.80美元的80%用来向外借贷(即0.64美元),而另外的20%(即0.16美元)留作法定准备金。这样的过程将会一直继续下去,直到这1美元变成总计 $1.00+0.80+0.64+\cdots=5$ 美元的需求存款准备金。5美元这个数字是通过把最初的1美元存款除以法定准备金率20%得到的。也就是说,$1/0.20=5=m$。然而,由于超额储备和漏出的存在,实际的货币乘数可能比理论上计算的要小一些。在下面的讨论中为简单起见,我们假定货币乘数(m)是一个固定的常数。

从 $M_d=M_s$ 的均衡条件入手,货币需求的增长(例如,由于国民生产总值的一次性增加所引起的)既可以通过增加国内基础货币(D)来满足,也可以通过国际储备的流入或国际收支盈余(F)来满足。如果货币当局不增加国内基础货币的供给,多余的货币需求将会由国际收支盈余来满足。而一国基础货币的国内部分(D)和货币供给(M_s)的增加,在货币需求(M_d)保持不变的条件下,将会引起货币流出和国际收支盈余的下降(国际收支逆差)。如此推理,国际收支的盈余是由于国家基础货币的国内部分的增长不能满足货币的需求存量而产生的;国际收支逆差是由于货币的供给存量未被货币当局完全吸收,产生国家储备流出而形成的。

例如,国民生产总值从10亿美元增加到11亿美元,将会使货币需求 M_d 从2亿美元(10亿美元的1/5)增加到2.2亿美元(11亿美元的1/5)。如果一国的货币当局保持国内基础货币不变,国际收支盈余最终不得不增长400万美元(国际收支盈余),这样国家的货币供给也增加了0.2亿美元(增加的400万美元的国际收支盈余乘以 $m=5$ 的货币乘数)。这样的国际收支盈余会从一国的经常项目或资本项目的盈余中产生。这个盈余是如何产生的在这里并不重要，重要的是，超额的货币需求将会导致国际收支盈余，这个盈余会使 M_s 增加相同的金额。而超额的货币供给将导致储备的流出（国际收支逆差），直到足以消除国内超额的货币供给为止。

因此，固定汇率制度下一国在长期无法控制货币供给，也就是说，一国的货币供给规模在长期与其均衡的国际收支余额是一致的。只是在储备货币国家，譬如在美国，由于外国人愿意持有美元，在长期美国可以在固定汇率制度下获得对货币供给的控制。

总之，国际收支盈余是由于超额的货币需求未被国内货币当局满足而引起的。国际收支逆差则是由于超额的货币供给未被国内货币当局所消除或修正而引起的。国际收支盈余或逆差是暂时的，从长期来看可以自动修正。也就是说，在超额的货币需求或超额的货币供给被资金的流入或流出消除之后，国际收支盈余或逆差就被修正了，货币国际流动之源枯竭，流动将结束。因此，除了像美国这样的储备货币国家外，在固定汇率制度下，一国无法控制其货币供给。

15.3B 浮动汇率制度下的货币分析法

在浮动汇率制度下，国际收支的失衡会由汇率的自行变动而被及时修正，不会存在任何货币或储备的国际流动。所以，在浮动汇率制度下，国家具有控制货币供给和制定货币政策的能力。伴随汇率的变动，国内价格相应变动，随之完成调整过程。例如，（因超额货币供给而产生的）国际收支逆差将会导致该国货币的自动贬值，这会带来价格及对货币需求的上升，从而吸收超额货币供给并消除国际收支逆差。

相反，国际收支盈余（产生于超额的货币需求）将会自动导致该国货币的升值，这将降低国内价格，从而消除货币的超额需求并抵消国际收支盈余。在固定汇率制度下，国际收支失衡被定义为货币或储备的国际流动，并且其产生也是这种流动的结果（所以国家没有能力控制长期的货币供给和国内货币政策）。而在浮动汇率制度下，国际收支失衡会由于汇率的自动调整而得到及时修正，不会存在任何货币或储备的国际流动（所以国家对于其货币供给和国内货币政策有足够的支配能力）。

一国货币相对于其他国家货币的真实汇率取决于该国的货币供给增长率及真实收入与其他国家的货币供给增长率及真实收入之比。例如，假定真实收入和货币需求为零增长，并且世界其他国家的货币供给保持不变，一国超过其真实收入和货币需求的货币供给增长将导致该国价格的增加和汇率的上涨（通货贬值）。相反，货币供给的增加如少于真实收入和货币需求的增加，将导致该国价格与汇率的下降（通货升值）（货币分析法下汇率的实际决定将在下一小节考察）。

因此，根据货币分析法，一国的持续货币增长将导致货币贬值，而货币升值却是由于不充足的货币供给造成的。换句话说，通货膨胀压力比其他国家大（由于相对于其真实收入和货币需求过快的货币供给）的国家的汇率将上升（其货币贬值，参见图 15.3）。而一国的通货膨胀率低于其他国家将导致其汇率下降（货币升值）。根据全球货币主义理论，20 世纪 70 年代美元的贬值和德国马克的升值，正是由于美国存在持续的货币增长和通货膨胀压力，以及德国的通货膨胀和货币增长却比世界其他国家低得多造成的。

在浮动汇率制度下，在某种程度上避免了世界各国免受某些国家无节制地发行货币的影响。此时，存在过度货币增长和货币贬值的国家主要是通过增加进口（即凯恩斯的外贸乘数），而不是直接输出货币或储备才能把通货膨胀压力传递给其他国家。这要花费一些时间才能实现，并且效果将取决于世界经济的萧条程度和国外的经济结构状况。

在现行的有管制的浮动汇率制度下，一国的货币当局干预外汇市场，通过卖出或买进国际

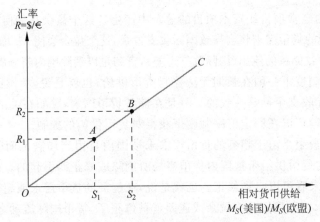

图 15.3　相对货币供给和汇率

直线 OC 表示美国的货币供给相对于欧盟的货币供给的关系[$S=M_S(美国)/M_S(欧盟)$],以及美元对欧元的
汇率($R=\$/€$)之间的关系。所以,直线 OC 表示从 S_1 到 S_2 的改变导致了 R 从 R_1 到 R_2 的一个同比例的改变。

储备来阻止本国货币"过度的"贬值或升值。在这样的制度下,一部分国际收支逆差会由于本国货币的贬值而得到自动的修正,另一部分则会因为国际储备的减少而得到修正(参见上一章的图 14.2)。结果是,一国的货币供给受国际收支逆差影响,并且国内的货币政策失去了某些作用。在有管制的浮动汇率制度下,一国的货币供给同样受到其他国家实行的扩张或紧缩货币政策的影响,虽然此时受到影响的程度要比在固定汇率制度下小。现行的浮动汇率的运行机制将在第 20 章和第 21 章详细讨论。

15.3C　汇率决定的货币分析法

14.3A 小节中把汇率定义为一单位外币的本币价格。如果把美元($\$$)作为本币,而把欧元($€$)作为外币,汇率(R)就被定义为每欧元所对应的美元数,或者说 $R=\$/€$。例如,如果 $R=\$1/€1$,那么要购买 1 欧元,我们就需要 1 美元;如果 $R=\$1.20/€1$,那么要购买 1 欧元,我们就需要 1.20 美元。

如果市场是竞争的且没有关税、运费或其他国际贸易障碍,那么根据购买力平价理论推论的一价法则,同一件商品在美国和欧盟的价格将是相等的。也就是说,$P_X(\$)=RP_X(€)$。例如,如果商品 X 的价格在欧盟是 $P_X=€1$,而汇率 $R=\$1.20/€1$,那么这件商品在美国的价格将是 $P_X=\$1.20$。对于其他每一种贸易商品和所有商品(价格指数),情况也都如此。即

$$P = RP^*$$

和

$$R = \frac{P}{P^*}$$

其中,R 是美元的汇率,P 是美国的美元价格指数,P^* 是欧盟的欧元价格指数。

我们可以利用货币分析法来说明美元和欧元之间的汇率是如何决定的,让我们从美国[M_d,来自式(15-3)]和欧盟(M_d^*)的名义货币需求函数开始:

$$M_d = kPY, \quad M_d^* = k^* P^* Y^*$$

其中,k 是美国名义货币余额与名义国民收入的期望比率,P 是美国的物价水平,Y 是美国的实际产出,而带星号的字母对于欧盟来说具有同样的含义。

均衡状态下,货币需求量等于货币供给量。也就是说,$M_d=M_s$ 且 $M_d^*=M_s^*$。在式(15-3)中,以 M_s 代替 M_d,以 M_s^* 代替 M_d^*,然后用美国的函数除以欧盟的函数,得到如下公式

$$\frac{M_s^*}{M_s} = \frac{k^* P^* Y^*}{kPY} \tag{15-5}$$

接下来，以 P^*/P 和 M_s^*/M_s 除这一公式的两边，得到

$$\frac{P}{P^*} = \frac{M_s k^* Y^*}{M_s^* kY} \tag{15-6}$$

但由于 $P = RP^*$ [来自式(15-1)]，有

$$R = \frac{M_s k^* Y^*}{M_s^* kY} \tag{15-7}$$

由于我们假设 k^* 和 Y^* 在欧盟是不变的，而 k 和 Y 在美国也是不变的，所以只要 M_s 和 M_s^* 保持不变，R 就保持不变。例如，如果 $k^*Y^*/kY = 0.3$ 并且 $M_s/M_s^* = 4$，那么 $R = \$1.20/€1$。此外，$R$ 与 M_s 同比例变化，与 M_s^* 反比例变化。例如，如果 M_s 相对于 M_s^* 增长了 10%，则 R 也会增长 10%（即美元贬值），依此类推。

关于式(15-7)，有几个重要的地方需要注意。第一，它取决于购买力平价理论和一价法则，见式(15-1)。第二，式(15-7)是从式(15-3)中的名义货币余额的需求得来的（该式不包括利率）。15.3D 小节将考察利率与汇率的关系，并将讨论预期问题。第三，汇率调整可以在货币市场上使每一国家结清，而不必有任何储备的流动和变化。这样，对于一个小国（其贸易对世界价格没有影响）来说，在固定汇率制度下，购买力平价理论决定物价水平；在浮动汇率制度下，购买力平价理论决定汇率。案例研究 15.4 显示了货币供给增长与通货膨胀率上升之间的关系[式(15-6)]。案例研究 15.5 说明了名义汇率与实际汇率之间的关系，给出了浮动汇率制度下货币分析法的进一步检验。

案例研究 15.4

货币增长与通货膨胀

表 15.2 给出了 7 国集团（领先的工业国）1973—1985 年、1986—1998 年及 1999—2014 年的货币供给（M1）增长率和消费品价格指数的数据。虽然在实际生活中，价格取决于其他许多因素，根据货币分析法，从长期看价格与货币供给是紧密联系在一起的。如表所示，在第一阶段（1973—1985 年），美国、日本、法国和意大利的货币供给增长率与通货膨胀率非常近似；在第二阶段（1986—1998 年），美国、法国和意大利的货币供给增长率与通货膨胀率非常近似；在第三阶段也是通货膨胀率较低的时期（1999—2014 年），所有国家的货币供给增长率与通货膨胀率的差异都比较大。

表 15.2 货币供给与消费品价格，1973—2014 年（增长百分比）				%
国家	1973—1985 年	1986—1998 年	1999—2014 年	1973—2014 年
美国				
货币供给增长	80.4	40.9	86.3	196.1
通货膨胀率	83.0	39.2	33.2	140.0
日本				
货币供给增长	75.3	74.3	82.4	184.3

续表

国家	1973—1985 年	1986—1998 年	1999—2014 年	1973—2014 年
通货膨胀率	74.0	15.2	0	87.4
德国[a]				
货币供给增长	76.5	96.3	97.3	203.8
通货膨胀率	50.3	26.4	26.9	98.4
英国				
货币供给增长	92.2	100.9	91.6	197.1
通货膨胀率	119.8	50.0	54.4	178.0
法国[a]				
货币供给增长	102.5	35.9	97.6	197.3
通货膨胀率	107.1	27.4	26.6	146.4
意大利[a]				
货币供给增长	146.1	51.5	79.3	199.2
通货膨胀率	139.9	53.1	31.8	181.5
加拿大				
货币供给增长	106.2	76.0	111.1	223.2
通货膨胀率	91.1	32.7	30.2	141.0
上述所有国家的平均				
货币供给增长	97.0	68.0	92.5	200.1
通货膨胀率	95.0	34.9	29.0	139.0

[a]1999—2014 年货币供给增长反映的是欧元的供给增长。

资料来源:International Monetary Fund,*International Financial Statistics*(Washington,D. C.:IMF,Various Issues).

案例研究 15.5

名义汇率、实际汇率与货币分析法

　　图 15.4 显示了 1973—2014 年(以 1973＝100)美元(＄)对德国马克(DM)的名义汇率指数和实际汇率指数。名义汇率被定义为 DM/＄(1999 年年初开始,马克对美元的波动反映的是欧元对美元的波动)。**实际汇率(real exchange rate)** 是名义汇率除以德国相对于美国的消费品价格指数。也就是说,(DM/＄)/(德国价格/美国价格)＝(DM/＄)/(美国价格/德国价格)。

　　如果名义汇率反映了美国和德国的相对价格变化(正如购买力平价理论所认定的那样),那么实际汇率将与名义汇率相同或者保持一定的比例。然而如图所示,尽管名义汇率与实际汇率确实是同步变动的,但 1973—1985 年、1995—2001 年以及 2004—2006 年名义汇率与实际汇率的差异越来越大。因此,货币分析法的重要组成部分(即购买力平价理论)1973—1985 年、1995—2001 年及 2004—2006 年似乎是无效的。然而,1986—1994 年、2002—2003 年及 2007—2014 年,名义汇率与实际汇率(尽管它们之间存在很大的差距)确实是在同步变动。

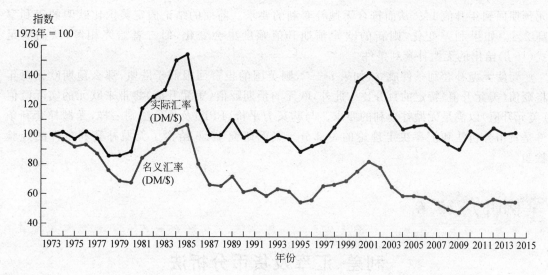

图 15.4 1973—2014 年美元对马克的名义汇率指数和实际汇率指数

本图显示了 1973—2014 年美元对马克的名义汇率指数和实际汇率指数(以 1973＝100)。名义汇率被定义为 DM/＄，实际汇率被定义为(DM/＄)/(美国价格/德国价格)。由于 1973—1985 年、1995—2001 年及 2004—2006 年名义汇率和实际汇率的差异越来越大,作为货币分析法重要组成部分的购买力平价理论在这些年份看来似乎是无效的。然而,1986—1994 年、2002—2003 年及 2007—2014 年,名义汇率与实际汇率确实是在同步变动。

资料来源：International Monetary Fund,*International Financial Statistics*(Washington,D.C.：IMF,Various Issues).

15.3D 预期、利差和汇率

汇率不但取决于货币供给的相对增长及各国的真实收入,而且取决于通货膨胀预期及汇率变化的预期。如果与先前的预期相比,美国相对于欧盟的预期通货膨胀率突然提高了10%,美元将立即相对于欧元贬值 10%。因为根据购买力平价理论及一价法则,只有这样才能保持美国和欧盟的价格相等。因此,一国国内预期通货膨胀率增长将立即引起该国货币相同幅度的贬值。

汇率变化的预期也将导致实际汇率的同比例变化。为了解释这一点,我们回顾一下14.6A 小节中讨论过的无抛补套利(UIA)。由于货币主义者假定国内外的证券是完全的替代品(因此持有外国证券与持有本国证券相比没有额外的风险),两国的利差总是等于两国的预期汇率差。即

$$i - i^* = EA \tag{15-8}$$

其中,i 代表本国利率(如美国),i^* 代表外国利率(如欧盟),EA 代表外币(€)相对于本币(＄)每年预期升值的百分比。

例如,如果 $i=6\%$,$i^*=5\%$,则预期欧元每年将升值 1%,这样才能使投资于美国和欧盟的回报相等,符合无抛补套利的条件。也就是说,欧盟比美国年利率低的 1%,将正好由欧元每年升值 1% 来弥补,从而按照无抛补套利的要求,使投资于美国和欧盟的回报相等。

如果不论什么原因,预期的欧元升值(美元贬值)每年从 1% 上升到 2%。这将使投资于欧盟的回报为每年 7%(5% 来自利率,2% 是欧元的预期升值),相比之下,投资于美国的回报为每年 6%。这将立刻导致从美国到欧盟的资本输出,并使欧元每年的实际升值变为 1%,使欧

元预期回到年升值1%,从而符合无抛补套利的要求。前面的结论假定美国比欧盟的年利率高2%。如果利差变化,则新的欧元预期升值幅度也会变化,但二者始终相等,从而满足式(15-8)给出的无抛补套利条件。

　　要使无抛补套利条件成立,如果$i < i^*$,则美国的投资回报低于欧盟,那么预期欧元每年将贬值(美元升值)特定的百分比。此外,欧元的预期贬值(美元升值)将带来欧元的实际贬值(美元升值)以满足无抛补套利的要求。与购买力平价(PPP)及一价法则一样,无抛补套利条件是货币分析法和汇率决定理论的一部分。案例研究15.6给出了无抛补套利条件的经验检验。

案例研究 15.6

利差、汇率及货币分析法

　　图15.5给出了1973—2014年,美元与德国马克之间的名义汇率指数(与图15.4一样,定义为DM/$)及名义利差。名义利差(用百分比表示)定义为美国国库券的利率减去德国国库券的利率。根据货币分析法,美国利率相对于德国利率的上升将导致美元相对于马克的贬值,而美国利率相对于德国利率的降低将导致美元相对于马克的升值(也就是说,两条线应当向相反的方向运动)。从图中可以看出,在1973—2014年的41年间,大约3/4的时间如此,特别是在前半段时间内。

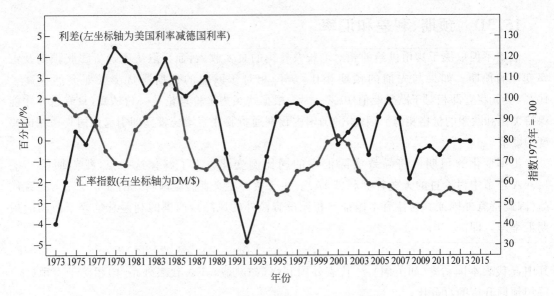

图15.5　1973—2014年名义利差和汇率的运动

　　根据货币分析法,美国相对于德国的利率增长将导致美元相对于马克贬值,美国相对于德国的利率降低将导致美元相对于马克升值(也就是说,两条线应当向相反的方向运动)。在所考察的1973—2014年的41年间,大约有3/4的时间符合这一规律。

资料来源:International Monetary Fund,*International Financial Statistics*(Washington,D.C.:IMF,Various Issues).

15.4　资产组合平衡模型和汇率

本节将讨论国际收支和汇率决定的资产组合平衡分析。15.4A 小节给出一个简单的资产组合平衡模型；15.4B 小节给出一个扩展的资产组合平衡模型，其中包括预期汇率的变化和风险；15.4C 小节运用模型检验资产组合平衡的调整问题。

15.4A　资产组合平衡模型

迄今我们介绍了货币分析法，并将重点放在国内货币的需求和供给上。我们知道当国内货币供给超过本国居民的货币需求时，在固定汇率制度下将有国内货币流出（一国的国际收支赤字），在浮动汇率制度下国内货币将贬值。相反，当本国居民的货币需求超过国内货币供给时，在固定汇率制度下将有资本流入国内（一国的国际收支盈余），在浮动汇率制度下国内货币将升值。货币分析法假设本国债券与外国债券是很好的替代品。

资产组合平衡法（portfolio balance approach），又称资产市场法，与货币分析法的不同之处在于它假定本国债券与外国债券不是很好的替代品，并且汇率取决于每个国家的股票或整个金融资产（货币只是其中之一）的供需平衡。因此，资产组合平衡法可以被看作是货币分析法的更实际、更令人满意的版本。资产组合平衡法发展于 20 世纪 70 年代中期，其基本模型已有了许多变形。

最简单的资产组合平衡模型中，个人和企业以本国货币、本国债券与以外币发行的外国债券相结合的形式持有其财富。持有（国内外）债券的原因在于它们能提供一定的收益或利息。然而，它们也面临违约风险和市场价值随时间而波动的风险。本国债券与国外债券不是完全替代品，外国债券相对于本国债券还面临一些额外风险。持有本国货币则既无风险也没有收益。

因此，持有本国货币的机会成本就是持有债券可以获得的收益。持有债券的收益越高，个人和企业想持有的货币就越少。在任何时候，个人想将其财富多大部分以货币形式持有，多大部分以债券形式持有，取决于他的个人偏好和风险厌恶程度。个人和企业当然希望持有一定比例的货币（而不是债券）以用于交易支付（货币的交易需求）。但持有债券的收益越高，他们想持有的货币就会越少（即他们会最大化地发挥货币的利用率）。

这种选择不仅存在于持有本国货币和债券之间，也存在于本国货币、本国债券和外国债券之间。以外币发行的外国债券存在外币贬值的风险，因而相对于持有本国货币存在资本损失。但持有外国债券也可以使个人分散其风险，因为一国的投资回报比较低时，很少发生另一国的投资回报也比较低的情况（参见 12.3A 小节）。因而，金融资产的组合很可能是本国货币（用于交易支付）、本国债券（获得收益）和外国债券（获得收益和分散风险）。综合考虑持有者的偏好、财富、国内外利率水平、对外币未来价值的预期，以及国内外的通货膨胀率等因素，持有者将选择最令自己满意的资产组合（即最符合其偏好的组合）。

上述因素的任何改变（即持有者的偏好、财富、国内外利率水平、预期等）将立即导致持有者调整其资产组合直至获得新的满意（平衡）的资产组合。例如，本国利率上升将增加对本国债券的需求，减少对本国货币和外国债券的需求。随着投资者出售外国债券，用外币兑换本币以获取更多的本国债券，汇率将下降（即本币相对于外币升值）。相反，外国利率上升将增加对外国债券的需求，减少对本币和本国债券的需求。随着投资者购买外币以投资于外国债券，汇率将上升(即本币贬值)。最后,财富增长将增加对本国货币、本国债券和外国债券的需求。但随着投资者购买外币以获得更多的外国债券,汇率也会因此而上升(即本币贬值)。

根据资产组合平衡法,当每一种金融资产的需求与供给相等时,每一个金融市场将达到平衡。之所以称之为资产组合平衡法,是因为投资者以多样化的平衡的资产组合持有金融资产(根据其个人的观点)。如果投资者需求更多的外国债券,不论这种需求是源于外国利率相对于本国利率提高还是其财富的增长,都会导致外币需求增加,从而使汇率提高(即本币贬值)。相反,如果投资者出售外国债券,不论这是源于外国利率相对于本国利率降低还是由于其财富的减少,都会导致外币供给的增加,这将使汇率降低(即本币升值)。可以看出,汇率是在每一个金融市场达到平衡的过程中决定的。更正式的资产组合平衡分析法及汇率决定的模型参见附录 A15.2 节。

15.4B 扩展的资产组合平衡模型

本节对前面介绍的简单的资产组合平衡模型予以扩展,新模型给出了决定本国居民对货币(M)、本国债券(D)、外国债券(F)的需求的更为完整的一系列变量。从前面介绍的简单的资产组合平衡模型中我们已知 M、D、F 取决于国内外利率(i 和 i^*)。现在要介绍的影响 M、D、F 的其他变量包括**即期利率的预期变化**(**expected change in the spot rate**)(用外币的预期升值或 EA 来表示)、用来补偿本国居民持有外国债券的附加风险的风险溢价(RP)、实际收入或产出水平(Y)、国内物价水平(P)、本国居民财富(W)等。

我们在 15.3C 小节结合货币分析法讨论无抛补套利理论[式(15-8)]时已得出

$$i - i^* = \text{EA} \tag{15-8}$$

即本国(美国)相对于外国(欧盟)正的利差与外币(€)相对于本币($\$$)的预期升值(以年百分比形式表示)相等。EA 目前也包括在资产组合平衡模型中影响 M、D、F 需求的其他解释变量里。

此外,由于假定本国债券与外国债券是不完全替代品,所以持有外国债券相对于持有本国债券有额外的风险。这种额外的风险来自汇率不可预期的变动(货币风险)及外国对于将收入汇回本国的限制(国家风险)。因此,无抛补套利理论[式(15-8)]必须予以扩展,将**风险溢价**(**risk premium,RP**)包括进来,即用来补偿本国居民持有外国债券而面临的附加风险。

这样一来,无抛补套利理论变为

$$i - i^* = \text{EA} - \text{RP}$$

即

$$i = i^* + \text{EA} - \text{RP} \tag{15-9}$$

式(15-9)假定本国利率(i)必须等于外国利率(i^*)加上外币预期升值减去持有外国债券的风险溢价(RP)。

例如,如果 $i=4\%$,$i^*=5\%$,EA=1%,则根据无抛补套利理论,外国债券的 RP=2%(即 4%=5%+1%−2%)。如果 RP 仅为 1%,则本国居民将购买更多的外国债券直到满足利率平价条件,这将在下一节解释。当然,如果本国债券的风险比外国债券更高,则在式(15-9)中RP 将变成正号。

扩展的资产组合平衡模型与货币分析法一样,也包括一国实际收入或国内生产总值(GDP)、物价水平(P)和国家财富(W)。M、D、F 的扩展的需求函数见式(15-10)至式(15-12),等式左边是因变量,右边是自变量,每个自变量上边标着+(指正相关)或−(指负相关)。

$$M = f(\overset{-}{i}, \overset{-}{i^*}, \overset{+}{EA}, \overset{+}{RP}, \overset{+}{Y}, \overset{+}{P}, \overset{+}{W}) \qquad (15\text{-}10)$$

$$D = f(\overset{+}{i}, \overset{-}{i^*}, \overset{-}{EA}, \overset{+}{RP}, \overset{-}{Y}, \overset{-}{P}, \overset{+}{W}) \qquad (15\text{-}11)$$

$$F = f(\overset{-}{i}, \overset{+}{i^*}, \overset{+}{EA}, \overset{-}{RP}, \overset{-}{Y}, \overset{-}{P}, \overset{+}{W}) \qquad (15\text{-}12)$$

式(15-10)假定本国居民对(本国)货币的需求(M)与本国利率(i)、外国利率(i^*)、外币预期升值(EA)负相关，即 i、i^*、EA 越高，M 就越低。较高的国内外利率增加了持有货币的机会成本，因此本国居民将减少对货币的需求。类似的，外币预期升值越多，持有货币的机会成本就越大(这是因为以外币发行的外国债券的预期回报增加)，所以 M 也与 EA 负相关。相反，M 与补偿本国居民持有外国债券的风险溢价(RP)、国内实际收入(Y)、价格(P)、财富(W)正相关，即外国债券的风险溢价、国内实际收入、价格、财富越高或越多，本国居民的货币需求就越高。

式(15-11)假定本国债券的需求(D)与 i、RP 和 W 正相关。也就是说，本国债券回报越高，其需求就越高。类似的，外国债券的风险溢价越高，愿意持有本国债券而不是外国债券的本国居民就越多。此外，本国居民的财富越多，他们愿意持有的国内外债券及货币也就越多。相反，D 与 i^*、EA、Y 和 P 负相关。也就是说，i^* 越高，本国居民将持有更多的外国债券来取代本国债券。类似的，Y 和 P 越高，本国居民的货币需求就越多，对 D 和 F 的需求就越少。本国居民的财富越多，对 M、D、F 的需求就越多。

式(15-12)假定 F 与 i、RP、Y 和 P 负相关，与 i^*、EA 和 W 正相关。也就是说，国内的利率越高，愿意持有外国债券的本国居民就越少。外国债券的风险溢价越高，本国居民愿意持有的外国债券就越少。Y 和 P 越高，本国居民将持有更多的货币，持有较少的外国(和国内)债券。相反，外国债券的利率越高、外币预期升值越高、本国居民的财富越多，本国居民愿意持有的外国债券就越多。

如果假定货币(M)、本国债券(D)和外国债券(F)是外生变量(即在模型外决定)，且对它们的需求等于它们各自的供给，就可以得到货币余额、本国债券和外国债券的均衡数量以及本国和外国的均衡利率、两国货币间的均衡汇率。上述所有的均衡值可以同时获得。此外，由于三种资产(货币、本国债券、外国债券)都能相互替代，所以模型中任一变量值的变动都会引起其他两个变量值的变动。例如，货币余额的变化、本国债券与外国债券的转换都会影响汇率，因为其中都涉及不同货币的兑换。

15.4C　资产组合调整和汇率

本节考察资产组合的调整，来说明扩展的资产组合平衡模型是如何运作的。假设一国货币当局在公开市场上出售政府债券，这将减少货币供给量(人们用货币购买债券)，从而使债券价格下降，同时利率(i)上升，而 i 升高又引起 M 和 F 的减少及 D 的增加[参见式(15-10)至式(15-12)中 i 的符号]。也就是说，本国居民购买的本国债券越多，所持有的货币和外国债券就越少。外国居民(其需求函数在前面的模型中没有说明)购买的本国债券越多，其持有的所在国的债券和货币也就越少。外国债券需求降低将引起其价格下降和外国利率(i^*)上升。资金流向国内也减缓了本国利率(i)的增长。此外，国内和国外居民出售外国债券(F)，购买本国债券(D)的过程中也涉及卖出外币和购买本币，从而在浮动汇率制度下导致本币升值和外币贬值(固定汇率制度下，一国国际收支盈余)。

本币升值(外币贬值)以及 i 和 i^* 的上升，也可能导致更大的外币预期升值(EA)和外国债券的风险溢价的降低,从而持有的外国债券将会减少。然而,最终当所有市场同时再度达到均衡时,无抛补套利条件[式(15-9)]将再次成立。一国的真实 GDP 水平、物价水平和财富(Y、P 和 W)及外国的真实 GDP 水平、物价水平和财富(Y^*、P^* 和 W^*)也可能被 i、i^*、EA 和 RP 的变化所影响;反过来,这些变化又会进一步对模型中其他所有变量产生反馈效应。我们看到,要追踪最初本国利率上升而产生的影响和反馈效应是非常困难的。现实中,模型中每个变量的最终均衡值通常是通过计算机对国内和其他各国经济模型的模拟获得的。该模型现在对于我们的作用在于,它表明了模型中所有变量的关系,促使我们在决定均衡汇率时把经济作为一个整体,用全面、深入的观点去研究。

再看一个有关外生变量变化的例子。假设外币预期升值比此前所预期的高,其影响首先是减少 M 和 D 并增加 F[参见式(15-10)至式(15-12)中 EA 的符号]。M 和 D 的减少倾向于引起本国利率(i)的下降,但随着本国居民购买更多的外国债券产生资金流出,这会减缓 i 的下降并降低 i^*(外国利率)。本国居民购买 F 的增加,也会增加对外币的需求,这将引起外币升值(本币贬值),从而会调节外币预期升值水平(EA)。这些变化可能会影响模型中的其他变量和等式,因为国内、国外居民的购买行为会使所有市场同时重新均衡。如果我们开始假设的是外国债券的风险溢价,而不是 EA 的升高,则其影响与我们前面的讨论正好相反[参见式(15-10)至式(15-12)中 RP 变量的符号]。

最后,考虑一国真实国民收入或 GDP 的自主增长的影响。由式(15-10)至式(15-12)可见,其直接作用是增加 M 并减少 D 和 F。F 的减少在浮动汇率制度下将引起本币升值(外币贬值),在固定汇率制度下将引起该国国际收支盈余。这些变化又会进一步影响模型中其他所有变量,直到所有市场再次同时达到均衡。均衡一旦重新建立,汇率将停止变动和/或国际收支失衡将被消除。也就是说,根据资产组合平衡法,模型中任一变量的外生变化将只是引起暂时的汇率变动或者国际收支失衡。长期中的汇率变动或者国际收支失衡只是意味着向均衡方向的调节速度很慢或者有持续的外生(变量)变化。

15.5 汇率动态化

本节将考察汇率的动态化,即随着时间的变化,在外生变量的作用下,汇率由失衡重新回到新的均衡的过程。15.5A 小节将从直观的角度考察汇率动态化;15.5B 小节将用图形作更规范的分析。

15.5A 汇率超调

如前所述,利率、预期、财富总量等因素会破坏均衡,并导致每位投资者对其金融资产进行重新组合以达到一个新的均衡或平衡的资产组合。调整过程涉及资产组合中各种金融资产存量的改变。由于长期积累,投资者资产组合中的金融资产存量相对于每年通过常规的储蓄及投资所得到的年流量(存量的增加)来说是非常巨大的。不仅投资者资产组合中金融资产的数额在任何时点都非常巨大,而且影响持有各种金融资产的收益与成本的利率、预期值及其他因素的改变,也会使各种金融资产存量发生即时的、迅速的变化,因为此时投资者急于建立资产组合的新平衡。

例如,一国货币供给非预期的增长会导致该国利率的立即下降。如果所有的市场最初都是均衡的,那么如前所述,一国利率的下降会使投资者将资金从本国债券转移到货币和外国债券上。这一存量调整的数量是非常大的,而经历的时间则是很短的。这与一国货币贬值通常会经历很长时间才会使商品贸易的流动逐渐变化恰恰形成鲜明对照(因为以前的合同必须履行,而新订单也许要几个月才能得到满足)。因此,与贸易流动的调整相比,金融资产的存量调整通常规模更大,速度更快。

金融资产存量调整相对于贸易流量调整的规模及速度的差别,对于长期中汇率的决定及变化(动态化)过程有重要的意义。例如,一国货币供给出人意料的增加及本国利率的下降很可能会导致对外国货币需求的大规模快速增加,这是因为投资者会增加外国债券的持有量。这反过来又将使本币发生剧烈且迅速的贬值,结果可能消除了实物市场中较小的且更缓慢的改变(如贸易流方面的改变)所引发的更为缓和、更为缓慢的汇率变动(自然,如果外国的货币供给上升,利率下降,则情况将完全相反)。诚然,在长期,实体市场对汇率改变的影响会占上风,但是在短期或非常短的时间内(如一天、一星期或者一个月),汇率改变很可能主要反映金融资产的存量调整和预期值的改变。如果实体能够像金融部门那样立即做出反应,那么将不会存在**汇率超调**(exchange rate overshooting)。

上述分析也有助于我们理解,为什么在短期,汇率会出现超调,或者说在向长期均衡水平移动的过程中,汇率会偏离长期均衡水平。由于贸易流动是随时间推移逐渐发生的,汇率调整的主要压力在非常短的时间内一定是来自金融市场。因此,为了在金融市场中迅速重新建立均衡,汇率一定会超调或偏离其长期均衡水平。一段时间后,当来自实体部门(如贸易部门)的调整的累积作用被感觉到时,汇率会向相反方向运动,汇率超调现象也就消失了。我们将在下一小节说明这是怎么发生的。

15.5B 通向汇率新均衡的时间路径

鲁迪·多恩布什(Rudi Dornbusch)1976 年提出的模型可以精确地说明汇率出现短期超调后在长期达到均衡的过程,该模型如图 15.6 所示。图 15.6(a)显示在时间 t_0,美联储出乎意料地增加了 10% 的货币供给,货币供给量由 1 000 亿美元增加到 1 100 亿美元,并保持在这个更高的货币供给水平上。图 15.6(b)显示 10% 的货币供给的出乎意料的增长导致美国利率的即时下降,在时间 t_0 立即从 10% 降到了 9%。图 15.6(c)显示美国货币供给 10% 的增加并没有立即影响美国的物价。我们假定美国的物价是"黏性的",它们会随着时间推移逐渐提高直到增长 10%(物价指数从 100% 提高到 110%)。

最后,图 15.6(d)显示随着投资者将资产从国内债券和本国货币转换成外国债券,并增加对外币的需求(以购买更多的外国债券),汇率(R)将上升(美元贬值)。美元将立即贬值,且幅度会超过预期长期会贬值 10% 的程度(因为本国货币增长了 10%)。如图 15.6(d)所示,汇率 R 立即上升(美元贬值)16%,在时间 t_0 从 1 美元/1 欧元升值到 1.16 美元/1 欧元。问题是根据购买力平价理论,货币在长期应该贬值 10%(与美国货币供给量的增幅一致),但是为什么在短期美元贬值的幅度会超过 10%?

为了说明这一点,我们必须回到式(15-8)给出的无抛补套利条件,它假定本国利率(i)等于外国利率(i^*)加上外币的预期升值(EA)。由于我们假定(像在货币分析法中一样)本国债券与外国债券是完全替代的,因此没有风险溢价。如果我们为了简化进一步假定 EA=0,那么无抛补套利条件就意味着在美国货币供给增加前 $i=i^*$。但是,美国货币供给出乎意料的增加导致美国利率的下降,因此,美国利率(i)现在比外国利率高,这必然会造成未来外币(€)会贬值、美元会升值的预期,以便重新满足无抛补套利条件。

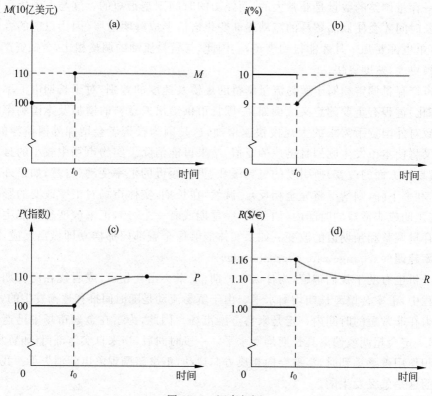

图15.6　汇率超调

图(a)显示在时间 t_0，美国出乎意料地增加了10%的货币供给，货币供给量由1 000亿美元增加到1 100亿美元；图(b)显示美国货币供给的增加立即引起美国利率的下降，从10%降到了9%；图(c)显示美国的物价在长期逐渐增长到10%，物价指数从100%提高到110%；图(d)显示汇率(R)立即上升(美元贬值)16%，从1美元/1欧元升值到1.16美元/1欧元，因此，相对于长期的汇率均衡水平1.10美元/1欧元存在超调，在长期美元会逐渐升值(R下降)。随着美国物价的上涨，在长期美国利率也会逐渐回升到初始的10%的水平。

　　我们可以期望未来美元升值但最终在长期净贬值10%(以匹配美元货币供给和物价增长10%)的唯一方式是美元立即贬值超过10%。图15.6(d)显示在时间 t_0 美元立即贬值(R上升)16%，然后逐渐升值(R下降)6%，最终在长期净贬值10%。也就是说，在初始的过度贬值之后，美元会升值以消除对它的低估。图15.6(b)中需要注意的是，随着美国物价上涨10%，美国的名义利率也逐渐上升，直至在长期达到初始的10%的利率水平。

　　美元在长期升值6%(在时间 t_0 美元突然贬值16%)的同时美国物价出现上涨看上去似乎是矛盾的。但是，如图15.6(d)所示，美元之所以升值是为了消除 t_0 时的过度贬值。观察这个问题的另一个角度是将贸易引入图形，由此可知美元的立即贬值将导致美国的出口逐渐增加，进口逐渐减少，而这些又会造成美元随着时间的推移而升值(其他条件均不变)。由于我们从购买力平价理论知道在长期美元一定会贬值10%，要想预期美元在未来一定会升值，唯一的方法就是美国货币供给出人意料地增长10%导致美元瞬间贬值超过10%。

　　当然，在汇率达到长期均衡水平之前如果出现其他扰动，汇率还会继续波动，总是朝着长期均衡水平运动，但永远无法与之完全相等。这看来与近期各国汇率的实际变化情况基本相符。特别是1971年以来，尤其是1973年以来，汇率经历了大量的波动、超调及随后的修正，但总是围绕其价值在变化(参见案例研究15.7)。

案例研究 15.7

美元汇率的超调

图 15.7 显示了 1961 年到 2015 年 1 月美元对德国马克和日元汇率的波动情况及超调现象。图中表明了相对前一个月外币对美元比价的百分比变动(1999 年年初以来美元对德国马克的波动由美元对欧元的波动取代)。1961—1971 年的固定汇率时期,美元汇率只有很小的变动,而自 1973 年至今实行的浮动汇率或管理浮动汇率体制下,汇率的波动很大并且有很明显的超调。

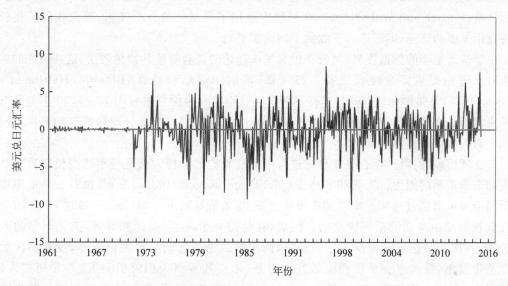

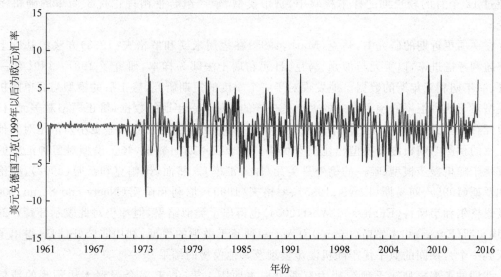

图 15.7　美元汇率的超调

在现行有管制的浮动汇率制度下,1973 年之后美元对德国马克和日元汇率的剧烈波动可以看作美元汇率超调现象的证明。1999 年年初以来美元对德国马克的波动反映的是美元对欧元的波动。

资料来源:International Monetary Fund,*International Financial Statistics*(Washington,D. C.:IMF,Various Issues).

15.6 货币模型、资产组合平衡模型的经验检验和汇率预测

弗伦克尔(Frankel,1976)的一篇有影响的文章表明有很强的证据支持运用货币模型来说明 20 世纪 20 年代德国的恶性通货膨胀;比尔森(Bilson,1978)和多恩布什(1979)的研究则证明货币模型也支持 20 世纪 70 年代的通货膨胀。但从 70 年代后期起的研究却拒绝了这一模型,例如,弗伦克尔(1993)的研究表明德国货币供给的增加并没有像货币模型所预期的那样导致马克贬值,而是导致了马克升值。不过,麦克唐纳和泰勒(1993)、麦克唐纳(1999)以及拉帕克和沃哈(Rapach and Wohar,2002)在研究中运用了更复杂的分析技术,确实找到了在长期支持货币模型的证据(即汇率似乎收敛于均衡水平)。

由于缺乏足够的数据资料,对资产组合平衡理论的经验检验的数量较少,这些研究的结果也未对该理论提供多少经验支持。布兰森、霍尔图尼恩和马森(Branson, Halttunen and Masson,1977)及弗伦克尔(1984)进行了两次经验检验。弗伦克尔对 1973—1979 年美元与德国马克、日元、法国法郎和英镑的汇率进行了估计,发现模型的大部分解释变量的效果(符号)与该理论的假定或预测相反。

对于货币模型、资产组合平衡理论进行经验检验的另一种方法是考察这些模型准确估计或预测未来汇率的能力。米斯和罗格夫(Meese and Rogoff,1983a)发现,没有一个汇率模型的预测能力可以超过远期汇率或随机漫步理论,后者假定对下一期(如下一季度)汇率的最好估计或预测是由本期的汇率决定的。的确,在他们关于马克/美元和日元/美元汇率的六次检验中,四次的结论是随机漫步模型最好,两次的结论是远期汇率理论最好,没有一次的结论是货币模型、资产组合平衡理论最好。但是,米斯和罗格夫(1983b)的进一步研究发现,在超过 12 个月的较长期的样本检验中,货币模型、资产组合平衡理论优于简单的随机漫步理论。

在一项更近期的研究中,马克(Mark,1995)在运用米斯和罗格夫(1983)方法的基础上将汇率超调考虑进来,以美元与加元、马克、日元和瑞士法郎为样本,研究了 1981—1991 年一个季度、一年期和三年期的数据。他发现对于一个季度的短期研究,修正后的模型与简单随机漫步模型对于四种汇率的预测误差的大小是一样的;对于一年期的数据,修正模型对美元/日元和美元/瑞士法郎的汇率预测优于随机漫步模型(即修正模型的预测误差更小),但是对其他两种汇率的预测与随机漫步模型相比没有优势;对于三年期的数据,修正模型对三种汇率的预测都优于随机漫步模型(唯一的例外是美元/加元汇率)。然而,拉帕克和沃哈(2002)、弗伦克尔和罗斯(1995)、刘易斯(Lewis,1995)、罗格夫(1999)、尼利和萨诺(Neely and Sarno,2002)以及恩格尔和韦斯特(Engle and West,2004)也得出了类似结果,但却仍对此表示怀疑。2005 年,埃文斯(Evans)和来昂斯(Lyons)引入了一种基于微观的模型,利用非公开信息,得出了从一天到一个月期间的似乎优于随机漫步模型及其他模型的结果。

我们的汇率模型缺乏预测能力有两个根本原因。第一,汇率会受到无法预测的新信息("新闻")的强烈影响(多恩布什,1980)。第二,外汇市场参与者的预期常常会自我强化和自我满足,至少在一定情况下会导致所谓的投机泡沫。也就是说,有时汇率会沿着预期的方向运动,不管基本面有什么变化它都会沿着这个方向运动。然而泡沫最终会破灭,汇率又将朝相反的方向运动,汇率向相反方向的过度运动会偏离长期均衡水平,继而货币会大幅贬值。20 世

纪 80 年代前半期美元汇率的过分高估是汇率泡沫的一个很好的例子。难以预料的新闻和流行趋势使汇率在短期(短于 1 年)几乎完全无法预测。1999 年 1 月欧元问世后,欧元/美元汇率的变动就是一个典型的例子(参见案例研究 15.8)。

案例研究 15.8

欧元汇率是无法预测的

欧元(欧盟 28 个成员国中 19 个国家的新货币,参见案例研究 14.2)1999 年 1 月 1 日问世时的价值为 1 欧元＝1.17 美元,但是,它的走势让几乎所有的预测(欧元到年底将升值至介于1.25 美元和 1.30 美元之间)都大跌眼镜,它持续下滑,直到 2000 年 10 月底欧元与美元的比价已跌至 0.82 美元兑换 1 欧元的低点(参见图 15.8)。之后在 2001 年年初欧元升值至 0.95 美元,但尽管欧盟国家的利率比美国的利率高,美国正在经历经济衰退和 2001 年 9 月对纽约世贸中心的恐怖袭击,2001 年 7 月初欧元与大多数人的预测相悖,又跌至 0.85 美元。然而,2002 年 2 月以来欧元开始持续升值,到 2002 年中期与美元平价,而到 2004 年年底已升至1.36 美元,2008 年 7 月更是达到历史最高点 1.58 美元,2015 年 1 月欧元兑美元的汇率为1.16 美元。专家们只能在事后"解释"欧元汇率变动的原因。

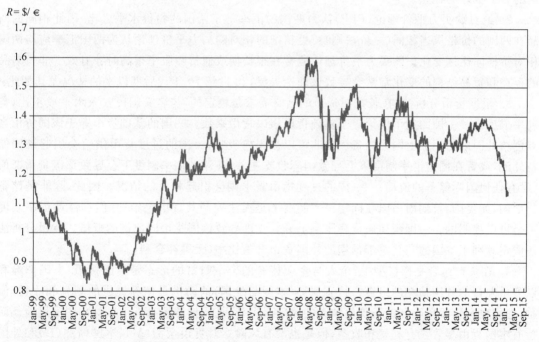

图 15.8 自欧元发行以来的欧元/美元汇率

欧元自 1999 年年初问世到 2000 年 10 月几乎持续贬值,直到 2002 年中期欧元赶上了美元,这与大多数专家的预测相反。2004 年 12 月,欧元达到 1.36 美元,2008 年 7 月为 1.58 美元,2015 年 1 月为 1.16 美元。

资料来源:International Monetary Fund,*International Financial Statistics*(Washington,D.C.:IMF,2015).

更近期的研究中,恩格尔、马克和韦斯特(2007),王和吴(Wang and Wu,2009),黛拉·柯尔特、萨诺和恰卡斯(Della Corte,Sarno and Tsiakas,2009),里姆、萨诺和索杰里(Rime,Sarno,and Sojli,2010),埃文斯(2011)和恩格尔(2013)得出结论,强调泰勒的货币规则及其对预期的影响似乎能够解释某些汇率波动并缩短预期间隔,然而正确预测汇率在很大程度上仍是困难的。

因此,我们可以得出如下结论:与汇率理论模型激动人心的发展相反,除了长期外,经验检验结果并未对这些理论提供更多的支持。这并不意味着这些理论是错误的,或者说它们是无用的,而只表明它们提供的是一个关于汇率决定的不够完全的解释。从直观来看,我们的确预期汇率在长期会趋于它们的购买力平价水平;在考虑汇率变化预期和风险溢价后,我们确实预期无抛补套利成立。然而,我们仍然需要更好的预期模型以及货币模型与实际汇率理论的更充分的综合和整合。我们将在第 16 章和第 17 章考察这些问题。

本章小结

1. 现代汇率理论是建立在货币模型和资产市场或资产组合平衡理论基础上的,通过货币供求或资产供求的调节达到国际收支平衡,并在很大程度上将汇率均衡视为纯金融现象。而传统的汇率理论是在贸易流动和贡献基础上解释长期的汇率变动。随着现在金融流凌驾于贸易流,人们的研究兴趣已转向现代汇率理论,但传统理论仍十分重要,它在长期是现代汇率理论的一个很好的补充。

2. 绝对购买力平价理论(PPP)认为两国的汇率等于两国的物价水平之比,因此相同的商品在两国的价格应当相同(一价法则)。更精细的相对购买力平价理论认为两国汇率应与两国相对价格同比例变化。购买力平价理论通常在很长期或通货膨胀率很高时才有效。非贸易品的存在和贸易结构的变化常常会导致该理论失灵,20 世纪 70 年代后期以来的情况尤其如此。

3. 根据货币分析法,在长期对货币的名义需求是稳定的,与名义国民收入水平成正比,与利率成反比。一国的货币供给等于基础货币乘以货币乘数。一国的基础货币等于该国货币当局创造的国内信用加上国际储备。除非可以被国内吸收,一国的过度货币供给会引起该国储备外流,或者在固定汇率制度下会导致国际收支逆差,在浮动汇率制度下会导致该国货币贬值(没有任何国际储备的流动)。一国的过度货币需求则会引起相反的情况。因此,除非是储备货币国,如美国,长期内一国在固定汇率制度下是无法控制其货币供给的,但在浮动汇率制度下是可以控制的。一国预期通货膨胀率上升会立即导致该国货币同比例的贬值。货币分析法还假定有利于本国的利差等于预期的外国货币升值比率(无抛补套利)。

4. 在资产组合平衡模型中,个人与企业持有的金融财富的形态是本国货币、本国债券和以外币发行的外国债券的组合。持有债券(本国与外国)的动机是债券提供的利息和收益,但是,它们也有信用风险和市场价值波动的风险。另外,外国债券还有货币风险和国家风险。而持有本国货币尽管没有利息和收益,但是也没有风险。对货币余额(M)、本国债券(D)和外国债券(F)的需求是国内外利率(i,i^*)的函数,也取决于外币的预期的升值情况(EA)、持有外国债券的风险溢价(RP)、实际国内生产总值(Y)、价格(P)和一国的财富(W)。令 M、D 和 F 分别等于其供给,我们可以得到均衡的货币余额、本国债券和外国债券的数量,以及均衡的本国与外国的利率和两国货币的汇率。模型中任何变量的变化都会影响模型中其他变量的数值。汇率是在每一个金融市场同时达到均衡的过程中决定的。

5. 经过长期的积累,投资者资产组合中的金融资产是很多的。利率、预期或其他任何影响已持有各种金融资产收益和成本的因素的变化都可能导致投资者立即或很快改变其资产存量,以便重建其资产组合的均衡。由于实体部门的调整(贸易流)是随时间推移逐步进行的,汇率大部分调整的负担一定来自短期或很短期的金融市场变化。因此,汇率一定会出现超调或偏离其长期均衡水平的情况,以便在金融市场上迅速重建均衡。长期中,我们可以感受来自实体(贸易)部门对于调整的积累的贡献,汇率将反向变动,超调也会消失。由于金融市场中各项条件都在不断变化,所以汇率的波动性很大。

6. 除了长期以外,经验检验并没有提供对货币模型、资产组合平衡理论的支持。短期的汇率已经颠覆了几乎所有精确预测的尝试。之所以如此,一个原因是消息在其中扮演了十分重要的角色,而消息是无法预测的;另一个原因是投机泡沫的存在和发展,这常常使汇率偏离基本面。这并不意味着这些理论是错误的或是无用的,而只表明它们提供的是一个关于汇率决定的不够完全的解释。

关键术语

absolute purchasing-power parity theory	绝对购买力平价理论
Balassa-Samuelson effect	巴拉萨—萨缪尔森效应
demand for money	货币需求
exchange rate overshooting	汇率超调
expected change in the spot rate	即期汇率的预期变化
law of one price	一价法则
monetary approach to the balance of payments	国际收支的货币分析法
monetary base	基础货币
portfolio balance approach	资产组合平衡法
purchasing-power parity(PPP)theory	购买力平价理论
real exchange rate	实际汇率
relative purchasing-power parity theory	相对购买力平价理论
risk premium(RP)	风险溢价(RP)
supply of money	货币供给

复习题

1. 现代的汇率理论是什么? 传统的汇率理论是什么? 它们有何区别? 每一种理论的实质是什么? 它们之间的关系是什么?

2. 什么是购买力平价理论? 它有什么用途? 什么是绝对购买力平价理论? 为什么人们不接受它?

3. 什么是相对购买力平价理论? 经验检验是肯定还是拒绝它?

4. 根据国际收支的货币分析法,什么是一国的货币需求? 什么是一国的货币供给? 一国的基础货币的含义是什么? 货币乘数的含义是什么?

5. 根据货币分析法,一国的国际收支逆差或顺差是怎样产生的? 在固定汇率制度下长期内一国为何会失去对货币供给的控制?

6. 货币分析法是如何解释浮动汇率制度下国际收支失衡的调节过程的? 这与在固定汇率制度下的情况有什么区别?

7. 根据货币分析法,在浮动汇率制度下,什么决定了汇率的值及其变动? 从货币分析法的观点出发,与浮动汇率制度和固定汇率制度相比,有管制的浮动汇率制度有什么特点?

8. 在国际收支的货币分析法中预期和无抛补套利的作用是什么?

9. 资产组合平衡分析法的含义是什么? 它在哪些方面与货币分析法不同?

10. 根据资产组合平衡分析法,在短期或在长期,针对汇率变化进行的金融资产的存量调整与贸易流量的调整相比有何相对重要性?

11. 在资产组合平衡分析法中预期和风险溢价有什么作用? 为什么在货币分析法中没有风险溢价?

12. 货币分析法和资产组合平衡分析法是怎样解释在当今外汇市场中经常出现的汇率偏差的?

13. 经验检验是支持还是拒绝货币分析法和资产组合平衡分析法?

14. 我们还需要做哪些理论和经验检验的工作? 在可预见的将来,这种工作的成果将是什么?

练习题

1. 1973 年英国的 GDP 平减指数为 15.6,美国的 GDP 平减指数为 34.3(1995 年＝100),2001 年英国的 GDP 平减指数为 116.1,美国的 GDP 平减指数为 112.1。两国的汇率 1973 年为 0.407 8£/1\$,2001 年为 0.694 4£/1\$。

(1) 计算 1973—2001 年英美两国通货膨胀率之差,比较同期英镑对美元的贬值情况。

(2) 1973—2001 年在英美两国之间,相对购买力平价理论成立吗? 为什么?

2. 1973 年瑞士的 GDP 平减指数为 45.0,美国的 GDP 平减指数为 34.3(1995 年＝100),2001 年瑞士的 GDP 平减指数为 103.2,美国的 GDP 平减指数为 112.1。两国的汇率 1973 年为 3.164 8SFr/1\$,2001 年为 1.687 6SFr/1\$。相对购买力平价理论成立吗? 为什么?

3. 假设货币的流通速度 $V=5$,并且国内总产值为 2 000 亿美元。

(1) 该国的货币需求量是什么?

(2) 如果国内生产总值增长到 2 200 亿美元,货币需求量将会增加到多少?

(3) 如果名义的国内生产总值年增长 10%,该国的货币需求会怎样变化?

4. 假设一国货币当局创造的国内信用为 80 亿美元,国际储备为 20 亿美元。该国商业银行的法定准备金率为 25%。

(1) 该国的货币基础是多少?

(2) 货币乘数是多少?

(3) 该国的总货币供给量是多少?

5. 假定在固定汇率制度下,计算国际收支逆差或盈余的数量:

(1) 根据练习题 3(1)和练习题 4(1)中的描述;

(2) 根据练习题 3(2)和练习题 4(2)中的描述;

(3) 根据练习题 3(3)和练习题 4(3)中的描述。

6. 如果一国的货币当局并不改变该国基础货币的国内部分,请根据下列条件解释国际收支失衡将如何得到修正。

（1）根据练习题 5（2）中的描述；

（2）根据练习题 5（3）中的描述；

（3）如果该国货币当局通过改变本国基础货币的国内部分来使国际收支失衡得到修正或抵消，将发生什么事情？这种情况会持续多久？

*7. 假定一国的名义 GDP＝100，$V＝4$，$M_S＝30$，解释该国为什么会有国际收支逆差。

8. 在一价法则下，一国国际贸易商品的价格在只有两个国家的世界中等于汇率乘以另一国同种商品的价格。假设该法则仍起作用，解释为什么第一个国家在本国没有通货膨胀，而当另外一国有通货膨胀存在时，它不能在长期既保持价格不变，又保持汇率不变。

*9. 假定纽约的利率为 $i＝10\%$，法兰克福的利率为 $i^*＝6\%$，当日的即期汇率为 SR＝\$1/€1，预期 3 个月后的即期汇率为 \$1.01/€1。

（1）请指出为什么无抛补套利的条件是满足的。

（2）如果预期发生变化，预期 3 个月后的即期汇率为 \$1.02/€1，利差保持不变，请解释这时会发生什么情况。

10.（1）汇率的预期变化与外币的远期折扣或远期溢价有什么区别？

（2）何时汇率的预期变化等于外币的远期折扣或远期溢价？

11. 假定一国的个人和企业在开始时都持有自己所期望的比例的外国债券。假设此时出现一次性的汇率下降（即本币升值，外币贬值）。依据 15.4A 小节的简单资产组合平衡理论推论，将会发生怎样的调整？

*12. 运用 15.4B 小节给出的扩展的资产组合平衡模型讨论在浮动汇率制度下预期国内通货膨胀率上升时的资产组合调整。

13. 运用 15.4B 小节给出的扩展的资产组合平衡模型考察由于外国政府预算赤字带来的外国债券供给增加导致的资产组合调整。

14. 请解释当欧盟中央银行出乎意料地增加货币供给时美元的汇率动态变化过程。

题解15

带 * 号练习题的答案

附录

本附录我们将给出国际收支的货币分析法和资产组合平衡法与汇率的正式模型。

A15.1　货币分析法的数学模型

本附录我们将介绍国际收支的货币分析法的常规数学模型，该模型总结了本章给出的描述性分析。

我们首先假定货币的完整的需求函数有如下的形式：

$$M_d = (P^a Y^b u)/(i^c) \qquad (15A\text{-}1)$$

其中，$M_d＝$名义货币平衡的需求量；

　$P＝$国内物价水平；

　$Y＝$实际收入或产出；

　$i＝$利率；

　$a＝$货币需求的价格弹性；

　$b＝$货币需求的收入弹性；

$c=$ 货币需求的利率弹性；

$u=$ 误差项。

式(15A-1)表明 M_d 与 PY 成正比，或者说与国内生产总值成正比，并且与 i 成反比。正如 15.3A 小节中所解释的那样。

一国的货币供给假定为

$$M_s = m(D+F) \qquad (15A\text{-}2)$$

其中，$M_s=$ 一国的总货币供给；

$m=$ 货币乘数；

$D=$ 一国货币基础的国内部分；

$F=$ 一国货币基础的国际或国外部分。

数量 D 由一国的货币当局决定，并且总和 $D+F$ 代表一国的总货币基础，或称高能货币。

在平衡状态下，货币的需求量等于货币的供给量：

$$M_d = M_s \qquad (15A\text{-}3)$$

把式(15A-1)和式(15A-2)代入式(15A-3)，得到

$$(P^a Y^b u)/(i^c) = m(D+F) \qquad (15A\text{-}4)$$

在式(15A-4)的两边取自然对数，得到

$$a\ln P + b\ln Y + \ln u - c\ln i = \ln m + \ln(D+F) \qquad (15A\text{-}5)$$

对式(15A-5)关于时间 T 求微分，得到

$$a(1/P)(\mathrm{d}p/\mathrm{d}t) + b(1/Y)(\mathrm{d}Y/\mathrm{d}t) + (1/u)(\mathrm{d}u/\mathrm{d}t) - c(1/i)(\mathrm{d}i/\mathrm{d}t)$$
$$= (1/m)(\mathrm{d}m/\mathrm{d}t) + [D/(D+F)](1/D)(\mathrm{d}D/\mathrm{d}t) + [F/(D+F)](1/F)(\mathrm{d}F/\mathrm{d}t)$$

$$(15A\text{-}6)$$

简化符号，令 $D+F=H$，$(1/P)(\mathrm{d}P/\mathrm{d}t)=gP$，$(1/Y)(\mathrm{d}Y/\mathrm{d}t)=gY,\cdots$，得到

$$agP + bgY + gu - cgi = gm + (D/H)gD + (F/H)gF \qquad (15A\text{-}7)$$

对式(15A-7)进行移项，使公式右边的最后一项成为公式左边的因变量，就得到了针对国际收支的货币分析法的经验检验公式的通常形式：

$$(F/H)gF = agP + bgY + gu - cgi - gm - (D/H)gD \qquad (15A\text{-}8)$$

根据式(15A-8)，在物价增长率、实际收入增长、利率增长、货币乘数增长等于零的时候，一国的国际储备加权平均增长率 $[(F/H)gF]$ 将等于一国基础货币国内部分 $[(D/H)gD]$ 加权增长率的负数。

这意味着在其他因素不变的情况下，当一国的货币当局改变 D 时，F 将会自动发生与 D 相等但方向相反的改变。因此，一国的货币当局只能决定基础货币（即 $H=D+F$）的组成，而不能决定基础货币本身的大小。也就是说，在固定汇率制度下，一国对于其货币供给及货币政策没有控制能力。

而当 P，i 和 m 不变时，Y 的增长必然伴随着 D 和 F 之一增长或都增长。如果一国的货币当局不增加 D，将会存在一个超额的货币需求，在固定汇率制度下，这将通过货币或储备的流入而得到满足（国际收平衡盈余）。式(15A-8)也可以用来决定公式中其他变量改变对国际收支的影响。

根据式(15A-8)进行的经验检验看起来只导致了对于货币分析法应用于国际收支的复杂的、不确定的支持。因此，需要更多的经验检验和理论实证分析来协调传统分析法和货币分析法。

问题 假设我们估计一国在特定的期限内，式(15A-8)中的参数值为 $a=b=c=1$，并且

$gu=gi=gm=0$；再假设在分析的期初，$D=100$，$F=20$，在分析的过程中，$gP=10\%$，$gY=4\%$，并且该国的货币当局把 D 从 100 增加到 110。在固定汇率制度下，估计该国期末时国际储备的价值(F)。

A15.2 资产组合平衡模型与汇率

本节我们用数学方法描述一个简单的一国正式的资产组合平衡模型，在该模型中，个人和企业以本国货币、国内债券和以外币发行的外国债券的组合方式来持有其金融财富。

基本的模型公式可表述如下

$$M = a(i,i^*)W \tag{15A-9}$$

$$D = b(i,i^*)W \tag{15A-10}$$

$$\mathrm{RF} = c(i,i^*)W \tag{15A-11}$$

$$W = M+D+\mathrm{RF} \tag{15A-12}$$

其中，M 是本国居民的名义货币余额的需求量，D 是对于国内债券的需求，R 是汇率(被定义为每一单位外币的本币价格)，RF 是以本币表示的外国债券的需求，W 表示财富总量，i 表示本国利率，i^* 表示外国利率。

前三个公式假设国内货币余额需求量、国内债券、国民持有的外国债券是本国利率和外国利率的函数，并且占财富的一个特定比例。总和 $a+b+c=1$。也就是说，一国的财富总量(W)等于 $M+D+\mathrm{RF}$[式(A15-12)]。

具体而言，上面的模型假设 M、D 和 RF 占 W 的一个固定比例。此外，M 与 i 和 i^* 成反比；D 与 i 成正比，与 i^* 成反比。RF 与 i 成反比，与 i^* 成正比。i 的增加会提高 D，但会降低 M 和 RF。i^* 的增加会提高 RF，但会降低 M 和 D。通过储蓄，W 在不断增加，并且 W 的增加会提高 M、D 和 F。

根据资产组合平衡法，只有在每一种金融资产的需求量等于其供给量时，每一个金融市场才会平衡。假定每一个金融市场处于平衡状态，我们在式(15A-12)中提取 RF，得到

$$\mathrm{RF} = W-M-D \tag{15A-13}$$

用式(15A-9)代替 M，将式(15A-10)代入式(15A-13)，有

$$\mathrm{RF} = W-a(i,i^*)W-b(i,i^*)W = (1-a-b)W \tag{15A-14}$$

式(15A-14)也可以写成

$$\mathrm{RF} = (1-a-b)W - f(i,i^*)W \tag{15A-15}$$

这样，我们得到

$$R = f(i,i^*)W/F \tag{15A-16}$$

从式(15A-16)中，我们能够推断，汇率与 i^* 和 W 成正比，与 i 和 F 成反比。也就是说，因为储蓄增长而导致的财富的增长，增加了所有这三种金融资产的需求，但是随着居民把本币兑换为外币以购买更多的外国债券，汇率将会上升(本币贬值)。同理，当外国的利率上升时，本国居民将会购买更多的外国债券并导致 R 上升。相反，F 供给的增加将会降低其价格，并且减少本国居民的财富量。当这种情况发生时，他们将会减少所有金融资产的持有量，包括外国债券在内。但是随着以外币计价的外国债券被卖掉，并且外币被兑换为本币，汇率将会下降(本币升值)。如果本国利率上升，将会发生相同的情况。

问题 用上面所描述的资产组合平衡模型，讨论：(1)本币供给增长对汇率的影响；(2)本币的一次性贬值对汇率的影响。

第 4 部分

开放经济宏观经济学与国际货币体系

第 4 部分（第 16 章至第 21 章）阐述开放经济宏观经济学。 第 16 章考察汇率如何影响一国的经常项目。 第 17 章考察经常项目与国内外收入水平变化如何相互影响。 第 18 章和第 19 章阐述开放经济中的货币政策和财政政策。 因此，第 16 章至第 19 章逐步建立了开放经济的完整模式。 第 16 章考察了汇率影响一国经常项目的部分均衡效应。 第 17 章将对商品市场的分析扩展到整个经济。 第 18 章增加了货币市场和国际资本流动，并考察了财政政策和货币政策。 第 19 章将价格和通货膨胀纳入考虑，从而建立了完整的模型。 最后，第 20 章和第 21 章考察了国际货币体系的运作和未来。

国际经济学
International Economics

第 16 章

International Economics

浮动汇率与固定汇率制度下的价格调节机制

学习目的

学习完本章后,你应当能够:

- 理解汇率变动对一国经常项目的影响
- 理解"外汇市场稳定性"的含义和重要性
- 理解汇率"传递"的含义和重要性
- 解释金本位制是如何运作的

16.1 引言

本章我们将考察在浮动汇率制度和固定汇率制度下,价格变动如何影响一国的经常项目。第 17 章将考察国内外收入水平变化如何影响一国的经常项目,以及价格和收入改变对一国经常项目和国民收入水平的综合影响。

为了简单起见,本章我们假设不存在自主的国际间私人资本流动。即国际间私人资本流动是为了弥补(即支付)暂时的贸易失衡才被动发生的。我们还假设一国希望通过变动汇率来削减其经常项目赤字(国际收支)。(经常项目的修正和国际收支盈余通常需要采取相反的方法。)由于这个传统的汇率模式以贸易流为基础,而且调节的速度取决于价格(汇率)的变化如何对进出口(弹性)做出反应,所以它被称为**贸易或弹性方法**(**trade or elasticity approach**)。

正如我们在第 15 章所看到的,目前国际间私人资本流动比贸易流动的规模大得多,因此汇率更多反映了金融流而非贸易流,短期尤其如此。但从长期来看,贸易流却对汇率有很强的影响。为了分离和标识贸易流对汇率的影响及汇率对贸易流的影响,本章我们假定没有自主的国际间私人资本流动。当然,在现实世界中国际间私人资本流动和贸易流共同决定汇率,但尚未提出一个既考虑到了金融流又考虑到了贸易流的完全可接受的理论。最接近的理论是在15.4 节考察的资产组合平衡模型。

380

本章的 16.2 节考察汇率变化对一国经常项目的影响；16.3 节考察汇率变化对国内价格（通货膨胀率）的影响；16.4 节研究一个紧密相关的题目——外汇市场的稳定；16.5 节提出贸易弹性估计并解释经常项目为何经常出现反应时滞并只能部分改变国内汇率；16.6 节描述金本位制下的调节机制（即所谓的价格—黄金流动机制）。附录中用图表描述了汇率变动对国内价格的影响，用数学方法推导了稳定外汇市场的马歇尔—勒纳条件，并通过图表显示，在金本位制下，黄金输送点及国际黄金流动是如何确定的。

16.2　浮动汇率下的调节

本节将考察通过货币跌价或贬值来调节一国经常项目或国际收支逆差的方法。跌价意味着汇率是浮动的。而**贬值**（devaluation）则是指一国货币当局经过深思熟虑（政策）把汇率从一个固定的或钉住的水平提升到另一水平。由于贬值与跌价通常都是对价格进行操作以调节一国的经常项目和国际收支，它们都是价格调节机制，所以这里一并讨论。与它们相区别的是收入调节机制，它依赖于国内外收入的改变，这一内容将在下一章研究。我们先研究调节过程本身，然后说明外汇的供求曲线是如何推导出来的。

16.2A　国际收支调节与汇率变动

一国通过货币的贬值或跌价，调节本国国际收支逆差的过程见图 16.1。图中假设世界上只有美国和欧盟两个经济体，不存在国际资本流动，所以美国对欧元的需求和供给只反映商品及服务的贸易。如图所示，汇率 $R=$ 1 美元/1 欧元时，美国对欧元的需求是每年 120 亿欧元，而供给只有 80 亿欧元，因此美国国际收支中有 40 亿欧元（AB）的逆差。

如果美国对欧元的供求曲线分别是 S_ϵ 和 D_ϵ，美元贬值 20%，从汇率 $R=$ 1 美元/1 欧元变为 $R=$ 1.20 美元/1 欧元，将完全消除美国的逆差。即在 $R=$ 1.20 美元/1 欧元时，供求都等于每年 100 亿欧元（图中的 E 点），美国的国际收支处于均衡状态。然而，如果美国对欧元的供求曲线弹性更小（曲线更陡峭），例如为图中的 D_ϵ^* 和 S_ϵ^*，同样 20% 的贬值只能使逆差缩小到 30 亿欧元（图中的 CF）。只有 100% 的贬值（从 $R=$ 1 美元/1 欧元到 $R=$ 2 美元/1 欧元）才能完全消除逆差

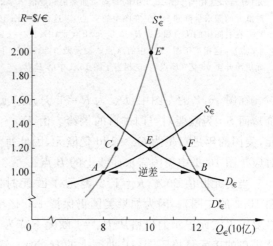

图 16.1　国际收支调节与汇率变动

当 $R=$ 1 美元/1 欧元时，美国每年对欧元的需求为 120 亿欧元，而供给为 80 亿欧元，所以美国的国际收支逆差为 40 亿欧元（AB）。对于曲线 D_ϵ 和 S_ϵ，美元贬值 20% 将完全消除逆差（E 点）。对于曲线 D_ϵ^* 和 S_ϵ^*，要消除逆差，则要求 100% 的贬值（E^* 点）。

（图中的 E^* 点）。但是如此大幅度的贬值或跌价是不可行的（原因将在后面讲述）。

因此，知道美国对欧元的供求曲线的弹性非常重要。有时，逆差国的外汇供给曲线的形状甚至可以使贬值事实上增加，而不是减少或消除其逆差。下面将通过推导一国对外汇的供给曲线来考察这些重要的问题。

16.2B　外汇需求曲线的推导

在图 16.1 中,美国对欧元的需求曲线(D_ϵ)来自以欧元计价的美国进口的供求曲线(见图 16.2 的左图)。而美国对欧元的供给曲线(S_ϵ)来自以欧元计价的美国出口的供求曲线(图 16.2 的右图)。我们首先推导美国对欧元的需求曲线(D_ϵ)。

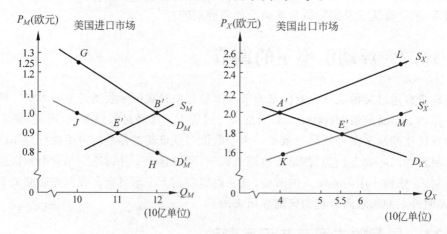

图 16.2　美国对外汇的供求曲线的推导

在左图中的 $D_M(R=1$ 美元/1 欧元)和 S_M 下,$P_M=1$ 欧元而每年 $Q_M=120$ 亿,所以美国对欧元的需求量是 120 亿欧元(B' 点),这相当于图 16.1 中的 B 点。如果美元贬值 20%,D_M 下移至 D_M',则 $P_M=0.9$ 欧元,$Q_M=110$ 亿,所以美国对欧元的需求量降到 99 亿(左图中的 E' 点)。这相当于图 16.1 中的 E 点(99 亿四舍五入为 100 亿)。

在右图中的 D_X 和 $S_X(R=1$ 美元/1 欧元)下,$P_X=2$ 欧元而 $Q_X=40$ 亿,所以对美国的欧元供给是 80 亿欧元(A' 点)。这相当于图 16.1 中的 A 点。美元贬值 20%,S_X 下移至 S_X',则 $P_X=1.8$ 欧元,$Q_X=55$ 亿,所以对美国的欧元供给升至 99 亿(E' 点)。这相当于图 16.1 中的 E 点。

在图 16.2 的左图中,D_M 为 $R=1$ 美元/1 欧元时,美国对从欧盟进口的需求(以欧元计价),而 S_M 为欧盟对美国进口的供给。由 D_M 和 S_M 可得,此时美国的进口价格为 $P_M=1$ 欧元,美国的年进口量为 $Q_M=120$ 亿欧元,因此每年所需欧元为 120 亿(即左图中的 B' 点),该点对应于图 16.1 中美国需求曲线上的 B 点。

当美元贬值 20%,$R=1.2$ 美元/1 欧元时,S_M 保持不变,而 D_M 下降 20% 至 D_M'(参见图 16.2 的左图)。因为如果美国仍保持 120 亿单位的进口需求(图中 D_M 曲线上的 B' 点),势必要求以欧元表示的价格从 $P_M=1$ 欧元下降为 $P_M=0.8$ 欧元,或者要求美元贬值 20%,以保持进口的美元价格不变(D_M' 曲线上的 H 点)。然而,当欧元价格低于 $P_M=1$ 欧元时,欧盟的供给将减少,即在图上沿 S_M 曲线下降,而美国在价格高于 0.8 欧元时,进口需求也将减少(沿 D_M' 曲线上升),直到达到新的均衡点 E'(参见图 16.2 的左图)。请反复观察此图与前图,仔细研究图 16.2 的左图与图 16.1 之间的关系,因为这是国际金融中相当重要,也是最具挑战性的问题之一。

由于汇率以固定百分比变动,D_M' 与 D_M 实际上不是平行的。因而,从 B' 点(1 欧元)减少 20%,价格只下降了 0.20 欧元,而同时相对于 G 点(1.25 欧元)则下降 0.25 欧元。在 D_M' 与 S_M 的交点 E' 处,$P_M=0.9$ 欧元,$Q_M=110$ 亿,这样,美国对于欧元的需求降至 99 亿(图 16.2 左图中的 E' 点),相当于图 16.1 中的 E 点(99 亿欧元四舍五入为 100 亿欧元)。因此,美国对欧元的需求在汇率为 $R=1$ 美元/1 欧元时为 120 亿(由图 16.2 的左图中的 B' 点给出),在汇率 $R=1.2$ 美元/1 欧元时为 100 亿(由 E' 点给出)。这相当于图 16.1 中 B 点沿 D_ϵ 曲线上升

至 E 点。

只有在 D_M 弹性为 0（垂直）这种极少见的情况下，美国对欧元的需求才会在美元贬值时保持不变。因为在这种情况下，D_M 的下降并不能使 D_M 变化（这将留作章末习题）。除此之外，美元的任何贬值都将导致美国对欧元需求的减少，因此 D_ϵ 曲线的斜率为负（参见图 16.1）。之所以对欧元的需求会减少，是因为美国进口品的欧元价格及进口数量都减少了（参见图 16.2 的左图）。

此外，给定了 S_M 后，D_M 的弹性越小（越陡），美国对欧元需求量的变化越小（越陡），即美国对欧元的需求曲线的弹性越小（这也将留作章末习题）。在这种情况下，美元 20% 的贬值可能需要用图 16.1 中曲线 D_ϵ^* 上 B 点至 F 点的变动来表示，而不是用图 16.1 中曲线 D_ϵ 上 B 点至 E 点的变动来表示。

16.2C　外汇供给曲线的推导

在图 16.2 的右图中，D_X 是以欧元计价的欧盟对美国出口的需求，S_X 是美国对欧盟的供给（此时汇率 $R=1$ 美元/1 欧元）。出口价格 $P_X=2$ 欧元，数量 $Q_X=40$ 亿单位，因此美国人可以获得 80 亿欧元的收入（图 16.2 右图中的 A' 点），这相当于图 16.1 中曲线 S_ϵ 上的 A 点。

当美元贬值 20% 至 $R=1.2$ 美元/1 欧元时，D_X 保持不变，而 S_X 下移 20% 至 S_X'（参见图 16.2 的右图）。因为对美国人来说，现在欧元相对于美元升值了 20%（见曲线 S_X' 上的 K 点），他们愿以 $P_X=1.6$ 欧元（即比以前便宜 20%）的价格出口 40 亿单位（和 S_X' 曲线上的 A' 点相同）。不过，在价格低于 $P_X=2$ 欧元时，欧盟对美国出口的需求更大（即沿 D_X 曲线下降），而在价格高于 $P_X=1.6$ 欧元时，美国愿意供给更多（沿 S_X' 曲线上升），这样一来，将在 E' 点达到新的均衡（见图 16.2 的右图）。

同样，曲线 S_X' 与曲线 S_X 也不是平行的，因为汇率是以一个固定的百分比变动的。对于 D_X 与 S_X'，$P_X=1.8$ 欧元，$Q_X=55$ 亿单位，所以对美国的欧元供给增加到 99 亿（1.8×55 亿）。这由图 16.2 的右图中的 E' 点给出，它相当于图 16.1 中曲线 S_ϵ 上的 E 点（99 亿欧元四舍五入为 100 亿欧元）。因此，对美国的欧元供给从 $R=1$ 美元/1 欧元时的 80 亿欧元（由图 16.2 右图中的 A' 点给出）增加到 $R=1.2$ 美元/1 欧元时的 100 亿欧元（由 E' 点给出），从 A' 点到 E' 点的变动相当于沿图 16.1 中曲线 S_ϵ 上从 A 点到 E 点的运动。

美元的贬值导致美国出口品的欧元价格下降，出口数量增多（在图 16.2 的右图中比较 E' 点与 A' 点）。欧元供给数量的变化取决于曲线 D_X 在 A' 点至 E' 点之间的价格弹性。由于此时 Q_X 的增长百分比超过了 P_X 的下跌百分比，D_X 是富于价格弹性的，美国的欧元供给增加了。如果图 16.2 的右图中 D_X 缺乏弹性（更陡峭），同样 20% 的贬值就可能导致如图 16.1 中 S_ϵ^* 上从 A 点到 C 点的运动而不是 S_ϵ 上从 A 点到 E 点的运动。D_X 弹性越小，美国的欧元供给曲线 S_ϵ 的弹性也越小。

如果 D_X 为单位弹性，美元的贬值将使美国的欧元供给完全不变，这样欧元的供给曲线为垂直的，即零弹性（同样，如果 S_X 是垂直的，美元的贬值将使 S_X 不变）。最后，如果 D_X 是对价格缺乏弹性的，美元的贬值事实上减少了欧元的供给，从而欧元的供给曲线斜率为负（这些将留作章末习题）。这样一来，虽然美国对欧元的需求曲线几乎总是负斜率，欧元的供给曲线却可能是正斜率、垂直，甚至是负斜率，分别取决于 D_X 是弹性、单位弹性还是无弹性的。在 16.4 节中，我们将看到这对于决定外汇市场的稳定性是多么重要。

16.3   汇率变动对国内价格及贸易条件的影响

迄今为止,为研究美元贬值对美国国际收支的影响,我们讨论了以外币(欧元)表示的美国进出口的供求曲线。然而,美元的贬值对以美元表示的美国物价同样有重要影响,即美元的贬值刺激了美国进口替代品及出口品的生产,并导致美国国内物价上升。这样,当美元贬值降低了美国进出口的欧元价格时(见图16.2),它增加了美国进口替代品及出口品的美元价格,从而有通货膨胀倾向。在附录A16.1节中将为学有余力的同学提供图示说明。

美元贬值越多,它对美国经济的通货膨胀影响就越大,因而靠提高汇率调节美国国际收支逆差的方法就越不可行。在美国,进口替代品和出口品美元价格的增加,对美国生产商将资源由非贸易或纯国内消费品的生产,转向进口替代品或出口品的生产是一个必要的刺激。但这同时也减小了美元贬值的价格优势,对发展中国家来说更是如此(参见案例研究16.1)。

货币贬值也很可能影响该国的贸易条件。在4.6节,我们把贸易条件定义为一国出口商品与进口商品的价格比。进出口价格要么都以本币,要么都以外币表示。以本币表示时,本币的贬值将导致进出口价格上升,而贸易条件可上升、下降或不变,取决于出口与进口价格上升的相对百分比幅度。

从图16.2中我们已经知道,由美元20%的贬值所引起的美国进出口欧元价格的确切变动,可以使用这些价格来测度美国贸易条件的变化。贬值前,$P_X=2$欧元(图16.2右图中的A'点),$P_M=1$欧元(左图中的B'点),因此$P_X/P_M=2/1=2$,即200%。美元贬值20%后,$P_X=1.8$欧元(右图中的E'点),$P_M=0.9$欧元(左图中的E'点),因此$P_X/P_M=1.8/0.9=2$,即200%。所以,美国的贸易条件不变。如果改用美元标价来测度,结果也是一样的(参见附录中的图16.7)。不过总的来说,当一国货币贬值时其贸易条件多数情况下是会改变的(详见附录A16.2节)。

当一个工业国开始利用一种先前依靠进口的国内自然资源时,就会出现一个有趣的现象。例如,英国1976年在北海大量开采石油,从而不再需要进口。其汇率大幅上升,以至于英国在传统产业部门失去了国际竞争力,这些产业甚至面临崩溃。这就是所谓的**荷兰病(Dutch disease)**。此名来自荷兰开发天然气工业后,荷兰盾升值导致其传统工业部门相对竞争力的丧失,并使荷兰不需要进口天然气。

案例研究 16.1

1997—1998 年东亚危机期间发展中国家的货币贬值和通货膨胀

1997年中期到1999年秋,泰国、韩国、马来西亚和印度尼西亚四个亚洲国家面对严重的金融和经济危机,货币迅速贬值(参见案例研究11.1)。表16.1给出了这些国家的货币贬值率及所导致的通货膨胀率。有些国家在1997年前发展极快,我们称之为"亚洲虎",这四个国家就在其中。该表也提供了三个拉丁美洲国家(巴西、智利和墨西哥)的一些数据,这些国家在同一时期(1997年第二季度到1999年第三季度)也存在较大的货币贬值和通货膨胀压力。

从表 16.1 中可以看出,除印度尼西亚以外,亚洲国家的通货膨胀率不足其货币贬值率的 1/3,换句话说,这些国家从货币贬值中所取得的价格优势中的大约 1/3 又被所导致的通货膨胀抵消了。在印度尼西亚,这一比例为 72.5%(49.0/67.6)。在拉丁美洲,巴西大约为 20%,智利为 46%,而墨西哥的通货膨胀率大约是货币贬值率的两倍。我们在第 18 章和第 19 章中还将提到,通货膨胀并不仅由某国的货币贬值引起,该国的结构性因素和其他因素也在起作用。

表 16.1　亚洲和拉丁美洲某些国家的货币贬值与通货膨胀(1997 年第二季度到 1999 年第三季度)

%

	货币贬值率	通货膨胀率
亚洲国家		
印度尼西亚	67.6	49.0
马来西亚	40.0	8.6
韩国	25.4	8.1
泰国	32.1	9.3
拉丁美洲国家		
巴西	42.6	8.3
智利	19.4	8.9
墨西哥	15.5	27.7

资料来源:International Monetary Fund,*International Financial Statistics*(Washington,D.C.:IMF,2000).

 # 16.4　外汇市场的稳定性

本节我们将考察外汇市场稳定性的意义及条件。当对均衡汇率的扰动能够自动地产生一种力量迫使汇率返回原来的均衡状态时,就认为存在**稳定的外汇市场**(stable foreign exchange market)。当对均衡汇率的扰动使汇率进一步远离原来的均衡状态时,就认为存在**不稳定的外汇市场**(unstable foreign exchange market)。

16.4A　稳定与不稳定的外汇市场

当外汇供给曲线斜率为正,或者斜率为负但是比外汇需求曲线的弹性小(更陡)时,外汇市场就是稳定的。如果供给曲线斜率为负而且比需求曲线的弹性大(更平),则外汇市场不稳定,见图 16.3。

图 16.3 的左图中的 D_{ϵ} 和 S_{ϵ} 与图 16.1 相同。对于 D_{ϵ} 和 S_{ϵ},均衡汇率 $R=1.20$ 美元/1 欧元,欧元的需求和供给每年均为 100 亿(图 16.3 的左图中的 E 点)。如果因为某种原因,汇率跌至 $R=1$ 美元/1 欧元,将产生额外的 40 亿欧元(AB)的需求(美国国际收支逆差),这将自动推动汇率返回 $R=1.20$ 美元/1 欧元。相反,如果汇率上升至 $R=1.40$ 美元/1 欧元,将产生额外的 30 亿欧元(NR)的供给(美国国际收支盈余),这将自动推动汇率返回 $R=1.20$ 美元/1 欧元。因此,图 16.3 左图所示的外汇市场是稳定的。

图 16.3 的中图中的曲线 D_{ϵ} 与左图相同,但曲线 S_{ϵ} 斜率为负但比曲线 D_{ϵ} 陡(弹性小)。均衡汇率仍为 $R=1.20$ 美元/1 欧元(E 点)。$R=1$ 美元/1 欧元时,有 15 亿欧元(UB)的额外需求(美国国际收支逆差),这将自动推动汇率返回 $R=1.20$ 美元/1 欧元。$R=1.40$ 美元/

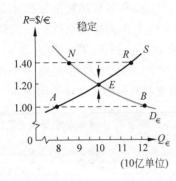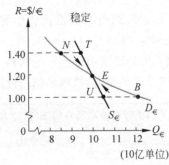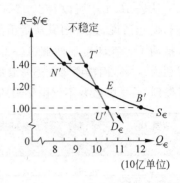

图 16.3   稳定与不稳定的外汇市场

在所有三个图中,均衡汇率为 $R=1.20$ 美元/1 欧元,欧元每年的需求和供给为 100 亿。如果因为某种原因,均衡被破坏,如汇率降到 $R=1$ 美元/1 欧元,在左图和中图,对外汇的额外需求将把汇率推回均衡水平,而右图中对外汇的额外供给将使汇率降得更低。同样,当 $R=1.40$ 美元/1 欧元时,左图和中图中的额外供给将推动汇率降回 $R=1.20$ 美元/1 欧元,但是右图中的额外需求将把汇率推向更高点。因此,左图和中图描绘的是稳定的外汇市场,而右图描绘的是不稳定的外汇市场。

1 欧元时,有 10 亿欧元(NT)额外供给(美国国际收支顺差),这将自动推动汇率返回 $R=1.20$ 美元/1 欧元。在这种情况下,外汇市场同样是稳定的。

图 16.3 的右图与中图形状相似,只是供求曲线互换了位置,S_ϵ 比 D_ϵ 更平坦(弹性大)。均衡汇率为 $R=1.20$ 美元/1 欧元(E 点)。然而现在在任何低于均衡点的汇率水平,都将产生额外的欧元供给,这将驱使汇率进一步下降,更加远离原均衡点。例如,$R=1$ 美元/1 欧元时,额外供给为 15 亿欧元($U'B'$),这将驱使汇率进一步下降,更加远离 $R=1.20$ 美元/1 欧元。相反,$R=1.40$ 美元/1 欧元时,额外需求为 10 亿欧元($N'T'$),将把汇率推向更高水平,更加远离原均衡点。因此,右图中的外汇市场是不稳定的。

当外汇市场不稳定时,浮动汇率制度将增强而不是减弱国际收支的失衡程度。因此,为消除或减少一国逆差,就要求该国货币升值而不是贬值,贬值将用于调节顺差。这些政策与稳定的外汇市场下的政策相反。因此,确定外汇市场稳定与否非常关键。只有在确定外汇市场稳定之后,曲线 D_ϵ 和 S_ϵ 的弹性(因而以贬值调节逆差国国际收支失衡的可行性)才变得重要起来。

16.4B   马歇尔—勒纳条件

如果我们已经预先知道现实世界中的外汇供求曲线的确切形状,就可以很容易(如上所述)确定在特殊情况下外汇市场稳定与否,而且,如果稳定的话,还可以知道为消除国际收支逆差所需的贬值程度。然而事实并非如此。因此,我们仅能从一国进出口的供求来推断外汇市场是否稳定以及外汇供求的弹性大小。

马歇尔—勒纳条件可以帮助我们判断一个外汇市场是否稳定。该条件的一般公式相当复杂,详见附录 A16.2 节。这里我们提出并讨论一个普遍使用的简化公式。当进出口的供给曲线(即 S_M 和 S_X)都是无限弹性,即水平的时候,此公式有效。当进口需求(D_M)弹性与出口需求(D_X)弹性的绝对值之和大于 1 时,由**马歇尔—勒纳条件(Marshall-Lerner condition)**可知这是一个稳定的外汇市场。如果 D_M 和 D_X 的价格弹性的绝对值之和小于 1,外汇市场就是不稳定的。如果这两个需求弹性的绝对值之和等于 1,汇率的变动不影响国际收支。

例如,从图 16.2 的左图中,我们可以想象如果 D_M 是垂直的,而 S_M 是水平的,美元贬值并不改变美国的进口需求,因而美国的欧元需求也完全不变。这样,美国的国际收支也不变。从图 16.2 的右图中,我们可以想象给定一条随美元贬值等比例下降的水平的 S_X 曲线,美元的欧元供给是上升、不变还是下降,分别取决于 D_X 是价格弹性、单位弹性还是缺乏弹性的。因此,D_M 和 D_X 的价格弹性之和等于 D_X 的价格弹性(因为我们假定 D_M 的价格弹性为 0),如果 D_X 的弹性大于 1,美国的国际收支将得到改善。

如果 D_M 是负斜率的,它的数值随美元贬值而下降,美国的欧元需求因此下降,从而改善美国的国际收支状况。欧元需求减少得越多,D_M 的价格弹性就越大。现在即使 D_X 的价格弹性小于 1,以至于美元贬值减小了欧元供给,美国的国际收状况也有可能得到改善,只要满足欧元需求量的减少多于供给量的减少。在这种情况下,D_M 和 D_X 的弹性之和必须大于 1,而且超过 1 越多,国际收支改善得越多。

16.5　现实世界中的弹性

本节将考察如何测度进出口需求的价格弹性,并提出一些现实的估计,还将讨论 J 曲线效应并考察汇率改变国内价格的"传递"机制。

16.5A　弹性估计

如果进出口需求的价格弹性的绝对值之和大于 1,则马歇尔—勒纳条件断定其为稳定的外汇市场。然而,为了使贬值成为调节逆差的可行方法(即不过分引起通货膨胀),要求这两个弹性之和远大于 1,才能使该国外汇供求曲线的弹性足够大。因此,确定进出口需求的价格弹性的实际值非常重要。

"二战"以前,人们普遍认为外汇市场是稳定的,而且外汇的供求也非常有弹性。马歇尔在 1923 年出版的《货币、信用与商业》一书中提出了这个观点,但是并未给出实证支持。

20 世纪 40 年代,学者们进行了许多测度国际贸易中价格弹性的计量经济研究。其中两项有代表性的研究是由常(Chang)完成的。一项是 1945 年对 21 个国家 1924—1938 年的进口需求价格弹性的测度,另一项是 1949 年对上述时期 22 个国家出口需求价格弹性的测度。常发现,需求弹性之和勉强超过 1,所以虽然外汇市场是稳定的,但是外汇供求曲线却相当陡而缺乏弹性(也就是说,更近似于图 16.1 中的 D_ϵ^* 与 S_ϵ^* 而非 D_ϵ 与 S_ϵ)。其他研究也得出了类似的结论,确定了进出口需求弹性的绝对值之和要么小于 1,要么非常近似等于 1。这样一来,战前的弹性乐观主义就被战后的**弹性悲观主义**(elasticity pessimism)所取代。

然而,奥克特(Orcutt)1950 年著书提出了一些令人信服的理由来说明,用于估计弹性的回归技术导致了对国际贸易中真实弹性的总体低估。简言之,很可能是马歇尔是大体正确的,而那些新的计量经济估计,虽然表面看来更精确,却严重地偏离现实。

奥克特提出上述低估的一个理由来自估计中的**识别问题**(indentification problem)。我们借助图 16.4 来解释。该图与图 16.2 的右图相似,当外国需求曲线和美国出口供给曲线以外币(欧元)表示时,它显示了美元贬值对美国出口市场的影响。假设 E 点和 E^* 点分别是美元贬值前后实际观察到的均衡点(而图 16.4 中没有任何一条曲线是实际观察得来的)。曲线 S_X 向 S_X^* 的下移是由于美元的贬值(类似于图 16.2 的右图)。美元的贬值并不影响外国对美国出口的需求。

如果未发生其他变化(如对美国出口偏好的变化),则估计得来的对美国出口的需求曲线是缺乏弹性的,如图 16.4 中的 D_X。然而,假如外国对美国出口的偏好减少了,有弹性的需求曲线 D_X' 下降到 D_X'',均衡点 E 和 E^* 也符合这种变化。回归分析总是测度出需求曲线 D_X 的较低弹性,即便由 D_X' 和 D_X'' 给出的真实的需求是有弹性的(换言之,回归技术未能识别需求曲线 D_X' 和D_X'' 的弹性)。因为偏好的变化或其他不可解释的力量所引起的需求变动长期内时有发生,估计的弹性很可能是对实际弹性的一个很大的低估。

因为 20 世纪 40 年代估计的弹性基于对一年或更短时期价格变动的数量反应,这些估计也测度了短期弹性。琼兹(Junz)和龙伯格(Rhomberg)1973 年提出了识别国际贸易中对价格变动数量反应的五个可能的滞后:价格变动明朗化之前的"认知"滞后;利用价格变动的"决策"滞后;由价格变动引起的新订单的"交货"滞后;新订单取代之前用尽现有存货的"替代"滞后;价格变化导致产品结构变化的"生产"滞后。琼兹和龙伯格估计,大约需要 3 年时间才能完成 50% 最终的长期数量反应,而完成 90% 的反应则需要 5 年。20 世纪 40 年代的这些早期计量经济研究仅仅测度了价格变化当年的数量反应,因而极大地低估了长期弹性。

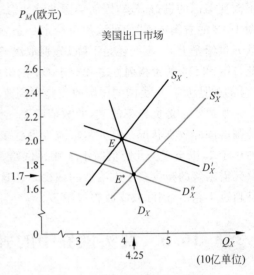

图 16.4 识别问题

观察到的均衡点 E 和 E^* 或者与不移动的无弹性需求曲线 D_X 相符,或者与从 D_X' 移向 D_X'' 的有弹性的需求曲线相符。20 世纪 40 年代所使用的估计技术,测度的是(无弹性的)需求曲线 D_X 的弹性,即便相关的需求曲线是有弹性的 D_X'。

16.5B　J 曲线效应和修正的弹性估计

不仅国际贸易中的短期弹性可能比长期弹性小得多,而且在货币贬值之后,一国的贸易余额在得到改善之前可能反而先要恶化。这是因为贬值之后,进口的本币价格的上升可能快于出口价格的上升,而进出口数量最初变化并不很大。随着时间的推移,出口数量上升而进口数量下降,出口价格赶上了进口价格,该国贸易余额中这种最初的恶化被抑制并扭转。经济学家把一国货币贬值后,其贸易余额先恶化再改善的趋势称为 **J 曲线效应(J-curve effect)**。这是因为当用纵轴表示该国净贸易余额,用横轴表示时间时,贸易余额对应于贬值的反应的曲线形状很像字母"J"(参见图 16.5)。图中假设初始贸易余额为 0。

由哈伯格(Harberger,1957),霍撒克和马吉(Houthakker and Magee,1969),斯特恩、弗朗西斯和舒马赫(Stern, Francis and Schumacher,1976),斯皮泰勒(Spitaeller,1980),阿图斯和奈特(Artus and Kninht,1984)〔由戈尔茨坦(Goldstein)

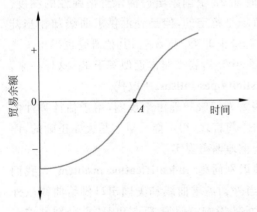

图 16.5 J 曲线

从最初给定的贸易余额开始,一国货币贬值会在贸易余额表现出净提高(时间 A 以后)之前,先导致其恶化。

和卡恩(Khan)于 1985 年总结归纳],马克斯(Marquez,1990),以及胡珀、约翰逊和马克斯(Hooper,Johnson and Marquez,1998)等人进行的实证研究,试图克服奥克特提出的估计问题。这些研究总的来说确认了 J 曲线效应的存在,但也提出了长期弹性值约为 20 世纪 40 年代的那些研究结果的两倍。由此得出结论,现实世界的弹性很可能足够大,可以确保短期外汇市场的稳定,并带来相当有弹性的长期外汇供求。然而,在一个很短的时期内(即最初的 6 个月),所谓的"冲击弹性"很小,以至于刚贬值时,经常项目在改善之前,先会有一个恶化过程(J 曲线效应)。案例研究 16.2 和案例研究 16.3 给出了若干国家的进口和出口价格弹性估计值,案例研究 16.4 和案例研究 16.5 考察了汇率对美国经常项目和贸易平衡的影响,案例研究 16.6 考察了 20 世纪 90 年代初欧洲金融危机期间,汇率对欧洲几个主要国家的经常项目的影响。

案例研究 16.2

国际贸易中估计的价格弹性

表 16.2 给出了 14 个工业国商品和服务进出口的估计的冲击、短期及长期弹性的绝对值。正如冲击弹性所显示的,在 6 个月的调整期或非常短的期间,外汇市场似乎是不稳定的,从而证实了 J 曲线效应。在 1 年的调整期,短期弹性显示大多数国家勉强满足了马歇尔—勒纳条件。在长期(即很多年时间),最大的 7 个工业国进出口弹性之和的未加权平均数是 1.92,较小的工业国的该值为 2.07,所有 14 个国家的该值为 2.00。这显示外汇的供求曲线相对富有弹性。

表 16.2 制成品进出口价格弹性的估计值

国 家	进 口			出 口		
	冲击	短期	长期	冲击	短期	长期
美国	—	1.06	1.06	0.18	0.48	1.67
日本	0.16	0.72	0.97	0.59	1.01	1.61
德国	0.57	0.77	0.77	—	—	1.41
英国	0.60	0.75	0.75	—	—	0.31
法国	—	0.49	0.60	0.20	0.48	1.25
意大利	0.94	0.94	0.94	—	0.56	0.64
加拿大	0.72	0.72	0.72	0.08	0.40	0.71
奥地利	0.03	0.36	0.80	0.39	0.71	1.37
比利时	—	—	0.70	0.18	0.59	1.55
丹麦	0.55	0.93	1.14	0.82	1.13	1.13
荷兰	0.71	1.22	1.22	0.24	0.49	0.89
挪威	—	0.01	0.71	0.40	0.74	1.49
瑞典	—	—	0.94	0.27	0.73	1.59
瑞士	0.25	0.25	0.25	0.28	0.42	0.73

资料来源:J. R. Artus and M. D. Knight, *Issues in the Assessment of Exchange Rates of Industrial Countries*, Occasional Paper 29(Washington,D. C.:International Monetary Fund,July 1984),Table 4,p. 26. "—"表示数据不可得。

案例研究 16.3

国际贸易中的其他估计价格弹性

表 16.3 给出了对 7 国集团各国(美国、日本、德国、英国、法国、意大利和加拿大)商品和服务进出口的估计的短期及长期弹性的绝对值。这些弹性是使用 20 世纪 50 年代中期或 60 年代初期至 1996 年或 1997 年的季度数据估计而来的。结果显示,7 国集团中所有国家的短期价格弹性都很小,外汇市场似乎是不稳定的(也就是说,不满足马歇尔—勒纳条件,从而证实了 J 曲线效应的存在)。然而,长期内(即经过多年时间),7 国集团中的 5 个国家(除德国和法国外)及整个集团(进出口价格弹性之和的未加权平均为 1.26)的进出口需求的价格弹性之和大于 1(从而满足马歇尔—勒纳条件)。如果将石油进口(其价格弹性非常低)从数据中剔除,那么估计的价格弹性会更高。钦(Chinn,2005),克兰、克劳利和奎亚姆(Crane,Crowley and Quayyam,2007),基、尼西塔和奥拉利卡(Kee,Nicita and Olarreaga,2008),英布斯和梅琼(Imbs and Mejean,2009),以及塞门诺瓦克和沃恩(Simonovka and Vaughn,2014)得出的其他估计值却显示国际贸易中的价格弹性普遍高于表 16.3 中的数据。芬斯特拉(Feenstra,2014)等人发现,某些产品的弹性要高于他们所研究的约一半的美国产品的综合弹性。

国 家	进 口		出 口	
	短期	长期	短期	长期
美国	0.1	0.3	0.5	1.5
日本	0.1	0.3	0.5	1.0
德国	0.2	0.6	0.1	0.3
英国	0.0	0.6	0.2	1.6
法国	0.1	0.4	0.1	0.2
意大利	0.0	0.4	0.3	0.9
加拿大	0.1	0.9	0.5	0.9

表 16.3 进出口价格弹性的估计值

资料来源:P. Hooper,K. Johnson,and J. Marquez,"Trade Elasticities for the G-7 Countries," Board of Governors of the Federal Reserve System,*International Finance Discussion Papers No*. 609,April 2008,pp. 1-20.

案例研究 16.4

美元的有效汇率和美国经常项目余额

图 16.6 中,右坐标轴度量的是 1980—2014 年美元的有效汇率指数(定义为每单位美元的外币数量,1995 年为 100),左坐标轴度量的是同期美国经常项目余额(单位为 10 亿美元)。如

图所示,1980—1985 年,贸易加权基础上的美元升值接近 40%,但是美国经常项目余额仅在 1982 年才真正开始恶化。虽然美元从 1985 年就开始严重贬值,美国贸易余额的恶化一直持续到 1987 年。因此美国贸易余额看来对汇率变化的反应是滞后了大约两年。

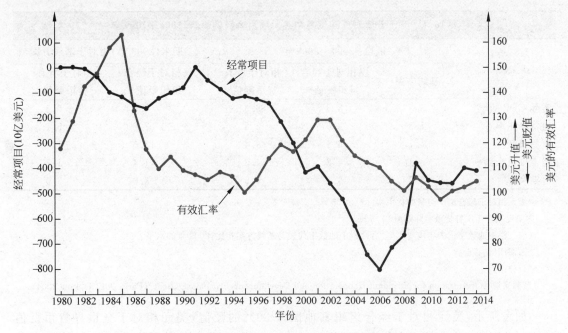

图 16.6 美元有效汇率和美国经常项目余额,1980—2014 年

美国经常项目余额对于汇率变动似乎存在很长的反应时滞(当美元贬值时得到改善,当美元升值时出现恶化),但情况并非总是如此(如 2002—2006 年,当美元贬值以后,美国经常项目余额严重恶化)。

资料来源:International Monetary Fund, *International Financial Statistics* and U. S. Department of Commerce, *Survey of Current Business*, Various Issues.

1987—1991 年,美国经常项目余额有所改善,但其后又出现恶化,一直持续到 1994 年,尽管汇率并没有很大变化。1995—2001 年(1999 年除外)美元升值,美国经常项目余额开始恶化,但尽管 2002—2006 年(2001 年除外)美元出现贬值,美国经常项目余额恶化的状况却更为严重。2009 年及 2012—2014 年,美元升值,美国的经常项目余额则有所改善。

因此,在某些年份,美国经常项目似乎针对美元有效汇率的变动有所反应,只是存在大约两年的时滞,而有些年份则不然,有些年份甚至与美元有效汇率的变动是相悖的。显然,有其他更重要的因素(将在下一章讨论)决定了这一时期美国的经常项目余额。

案例研究 16.5

美元贬值与美国经常项目余额

表 16.4 给出了美元相对于经合组织其他国家(工业国)30% 的贬值或相对于全世界货币 22.5% 的贬值对美国的增长率、通货膨胀率、贸易余额、经常项目余额及短期利率的影响的估

计值。这些影响的估计是基于 2004—2009 年如果美元没有贬值,美国的情况应该如何(基线方案)而测量得出的。表中给出了与美元没有贬值的基线方案相比,2004—2009 年每年的平均影响,以及期末(2009 年)的结果。

表 16.4 美元贬值对美国贸易和经常项目余额的影响,2004—2009 年				%
	年均:2004—2009 年		期末(2009 年)相对于基线方案	
	基线方案	仅相对于经合组织贬值[a]	相对于所有货币贬值[b]	仅相对于经合组织贬值	相对于所有货币贬值
实际 GDP 的增长[c]	3.3	3.3	3.3	−0.5	−0.3
通货膨胀率[c]	1.3	2.6	2.2	7.6	5.1
贸易余额[d]	−4.7	−3.4	−3.4	2.0	1.9
经常项目余额[d]	−5.1	−4.2	−4.3	1.4	1.3
短期利率[e]	3.9	6.9	6.9	3.0	3.0

[a] 美元相对于经合组织国家的货币实际贬值 30%。

[b] 美元相对于所有货币实际贬值 22.5%。

[c] 前三栏中的数字代表年均变化率,后两栏中的数字代表与基线方案相比,2009 年的水平。

[d] 占 GDP 的百分比。

[e] 百分比。

资料来源:Organization for Economic Cooperation and Development,*Economic Outlook* (Paris:OECD,June 2004).

如表所示,美元相对于经合组织其他国家 30% 的贬值(美元相对于全世界货币贬值 22.5% 的影响与此相同或十分类似),使 2004—2009 年实际 GDP 的平均增长率为 3.3%。年均通货膨胀率将为 2.6%,而不是基线方案中假定的 1.3%;平均贸易余额将为 GDP 的 −3.4%,而不是 −4.7%;经常项目平均余额将为 GDP 的 −4.2%,而不是 −5.1%;平均短期利率将为 6.9%,而不是 3.9%。上述影响的方向与人们的预期相符,即美元的贬值除了改善贸易条件和经常项目余额外,还刺激了美国的出口和增长,但其代价是通货膨胀,导致更高的利率,并将因而减缓增长。

表中最后两栏给出了与基线方案相比 2009 年的结果。与基线方案相比,美国的增长仅降低 0.5 个百分点(四舍五入的误差),价格水平将提高 7.6 个百分点,贸易余额将获得 2 个百分点的改善(从 GDP 的 −4.7% 改善为 −3.3%),经常项目余额占 GDP 的百分比将改善 1.4 个百分点(从 GDP 的 −5.1% 改善为 −4.2%),而短期利率将高 3 个百分点(6.9%,而不是 3.9%)。因此我们可以得出结论:要使美国的贸易和经常项目余额稍获改善需要美元大幅贬值。

案例研究 16.6

20 世纪 90 年代初欧洲金融危机期间的汇率和经常项目余额

表 16.5 显示了 20 世纪 90 年代初欧洲金融危机(第 20 章将详细讨论)时,相对于德国和法国的实际有效汇率升值,意大利和英国的货币分别贬值了 22.1% 和 8.0%。该表显示

1992—1995 年四国的经常项目余额都有所改善,但是意大利(货币贬值最严重)的增幅最大。既然德国和法国的经常项目余额也有所增长(尽管它们的货币升值了),一国的经常项目变化一定也有其他因素在起作用,这一点将在下一章得到检验。注意:意大利经常项目的增加大多出现在里拉贬值的年份。

表 16.5　意大利、英国、德国、法国的实际有效汇率和经常项目余额,1992—1995 年

国　家	实际有效汇率指数(1995 年＝100)				经常项目余额(10 亿美元)			
	1992 年	1993 年	1994 年	1995 年	1992 年	1993 年	1994 年	1995 年
意大利	122.1	106.0	107.2	100.0	3.1	32.9	35.4	44.1
英国	108.0	105.0	103.3	100.0	−22.9	−20.0	−17.0	−18.5
德国	83.0	87.6	92.5	100.0	28.2	41.2	50.9	65.1
法国	88.6	92.2	95.6	100.0	2.4	7.2	7.2	11.0

资料来源:Organization for Economic Cooperation and Development,*Economic Outlook*(Paris:OECD,December 2000).

16.5C　货币的传递效应

不仅一国的贸易和经常项目余额对其货币贬值的反应经常出现滞后(某阶段甚至有逆向变化——J 曲线效应),而且即使出现滞后,进口商品国内价格增长也可能小于贬值额,即从贬值到国内价格的**传递**(pass-through)可能不完全。举例来说,某国货币贬值 10％可能导致国内进口商品的本币价格的增长小于 10％。这是因为外国公司已经成功地建立和增加了在该国的市场份额,它们不愿把价格增长传递给消费者从而影响自己的市场占有率,而宁可牺牲利润来消除由贬值引起的大部分价格增长。特别地,如果其他国家的货币贬值(本国货币升值)10％,为了不影响市场份额,该外国公司可能仅将其出口商品涨价 6％而自己承担 4％的利润损失。传递在长期高于短期,工业品的传递效应要高于其他商品。

在美国,估计美元贬值的长期传递效应大约仅为 42％。这意味着美国进口商品的美元价格当美元贬值时仅会涨价 42％,而剩下的 58％都被出口者的利润所吸收(参见案例研究 16.7)。有大量的经验证据显示汇率的"传递"效应根据价格(即企业的定价能力)的变化在过去 20 年低通货膨胀的环境下衰减了,而且初级产品贸易中的衰减少于制造品贸易中的衰减(参见泰勒,1999;麦卡锡,1999;Ihrig,Marazzi 和 Rothenberg,2006;Marquez 和 Schindler,2007;Takhtamanova,2008;米什金,2008;基、尼西塔和奥拉利卡,2008;英布斯和梅琼,2009)。

如果不是确信美元的贬值会持续下去而不会逆转,出口者一般不会以美元贬值的全部数额来进行产品涨价。因为计划、建设或拆除生产设施,以及进入或离开新市场的代价昂贵,它们并不希望因为其出口商品的较大价格增长而失去市场份额,这被称为桥头堡效应。这一效应在美元 1985—1988 年的严重贬值时期表现非常明显,当时日本的汽车厂商为了尽可能保住在美国的市场份额而没有提高其出口到美国的汽车价格。在这一过程中,其利润迅速下降甚至出现了亏损——美国竞争者因而控告其倾销。与此同时,美国的汽车制造商为了重建其利润空间开始涨价而不是保持价格不变,寄希望从日本人那里重新获取市场份额(参见案例研究 9.2)。

案例研究 16.7

汇率对工业国进口价格的传递

表 16.6 给出了 1975—2003 年短期汇率和长期汇率对 7 国集团及其他一些国家进口价格的传递弹性。如表所示,短期汇率的传递弹性在表中给出的 14 个国家中,美国最低(0.23),而荷兰最高(0.79),所有 14 个国家的未加权平均弹性为 0.53。这意味着在短期,10％的美元贬值将使美国的进口价格上升 2.3％,而 10％的荷兰弗罗林贬值将使荷兰的进口价格上升7.9％。表中给出的所有 14 个国家的长期汇率传递弹性的未加权平均值为 0.70,意大利最低(0.35),日本最高(1.13)。

表 16.6　汇率对工业国进口价格的传递弹性		
国　　家	短期弹性	长期弹性
美国	0.23	0.42
日本	0.43	1.13
德国	0.55	0.80
英国	0.36	0.46
法国	0.53	0.98
意大利	0.35	0.35
加拿大	0.75	0.65
澳大利亚	0.56	0.67
匈牙利	0.51	0.77
荷兰	0.79	0.84
波兰	0.56	0.78
西班牙	0.68	0.70
瑞典	0.48	0.38
瑞士	0.68	0.93
未加权平均值	0.53	0.70

资料来源:J. M. Campa and L. S. Goldberg, "Exchange Rate Pass-Through into Import Prices?" *The Review of Economics and Statistics*, November 2005, pp. 679-690.

16.6　金本位制下的调节

在本章的最后一节,我们将研究被称为金本位制的国际货币制度的运作。金本位制同样依靠自动价格机制来调节,但是与浮动汇率制度下的运作不同。

16.6A　金本位制

金本位制(gold standard)的盛行时期是自 1880 年至 1914 年"一战"爆发。战后曾有人想重建金本位制,但是在 1931 年大萧条时期彻底失败了。以后即使会重建金本位制,也极不可能是在最近的将来。虽然如此,理解金本位制运作的优缺点仍是十分重要的。这不仅是由于它本身的原因,还因为这些优缺点(在某种程度上)对产生于"二战"末期、1971 年宣告解体的固定汇率制度(布雷顿森林体系,即金汇兑本位)同样适用。

在金本位制下,各国货币的含金量是确定的,各国必须随时准备按照该价格买卖任意数量的黄金。既然每种货币一单位的含金量是固定的,那么汇率也就固定了。例如,在金本位制下,英国 1 英镑金币含纯金 113.001 6 格令,而美国 1 美元含纯金 23.22 格令。这说明英镑的美元价格,即汇率为 $R=$ 美元/英镑 $=113.001\,6/23.22=4.87$,这一汇率就是**铸币平价**(mint parity)。(由于金本位制的中心是伦敦而非法兰克福,所以我们的讨论基于英镑和美元,而不是欧元和美元。)

由于在纽约与伦敦之间运送价值 1 英镑的黄金需花费 3 美分,因此,美元和英镑之间汇率的波动范围不会超过铸币平价上下 3 美分(即汇率不会高过 4.90,也不会低于 4.84)。因为没有人愿意花超过 4.90 美元的钱来买 1 英镑,因为他随时可以在美国财政部(纽约联邦储备银行 1913 年才成立)买到价值 4.87 美元的黄金,再花 3 美分把它运到伦敦,然后在英格兰银行(英国的中央银行)把它兑换成 1 英镑。因此,美国的英镑供给曲线在汇率 $R=4.90$ 美元/1 英镑处变得具有无限弹性(水平的)。这就是美国的**黄金输出点**(gold export point)。

同样,美元与英镑之间的汇率也不会低于 4.84 美元。这是由于最终想获得美元的人绝不会接受低于 4.84 美元的英镑兑换价格,因为他随时可以在伦敦买到价值 1 英镑的黄金,花 3 美分把它运回纽约,再兑换成 4.87 美元(从而实际收到 4.84 美元)。因此,美国的英镑需求曲线在汇率 $R=4.84$ 美元/1 英镑处变得具有无限弹性(水平的)。这就是美国的**黄金输入点**(gold import point)。

美元与英镑之间的汇率由美国对英镑的供求曲线的交点确定,这一交点位于黄金输送点之间,美国对黄金的买卖阻止了汇率超出黄金输送点的范围。也就是说,美元贬值,汇率上升超过 $R=4.90$ 美元/1 英镑的趋势,将被黄金从美国向外输出所抵消。这些外流的黄金测度了美国国际收支逆差的规模。类似的,美元升值,汇率下跌至低于 $R=4.84$ 美元/1 英镑的趋势,将被美国输入的黄金所抵消。这些黄金流入测度了美国国际收支顺差的大小(有兴趣的读者请参考附录 A16.3 节的图示)。

由于在金本位制下,国际收支逆差要靠黄金的输出来弥补,而各国黄金储备都有限,因此,逆差不可能永久持续下去而必须及时调节。现在我们就来看看金本位制下自动调节国际收支失衡的机制。

16.6B　价格—黄金流动机制

金本位制下的自动调节机制被称为**价格—黄金流动机制**(price-specie-flow mechanism)。它调节国际收支失衡的方法如下:因为每个国家的货币供给由黄金本身,或由以黄金为依托的纸币构成,货币供给在逆差国下降,在顺差国上升。这引起逆差国的国内价格下跌而顺差国的国内价格上涨。结果就鼓励了逆差国的出口,抑制了它的进口,直至其国际收支逆差被消除。

逆差国黄金的流失及货币供给的减少,导致其国内物价下跌,这是由**货币数量论**(quantity theory of money)决定的。货币数量论的公式为

$$MV = PQ \tag{16-1}$$

其中,M 是该国的货币供给,V 是货币周转速度(一年中单位本币的平均周转次数),P 是综合物价指数,Q 是实际产出。古典经济学家认为,V 由制度因素决定,是恒定的。他们还相信,除了短暂的扰动外,在经济中存在自动趋于无通货膨胀充分就业的趋势(基于其所有价格、工资及利息完全且瞬时弹性的假设)。例如,经济中任何失业的趋势都将自动地被工资的充分下跌

所调节。因此,假定 Q 总是充分就业水平的。由于 V 与 Q 不变,M 的变化直接导致 P 成比例的变化,参见式(16-1)。

因此,当逆差国黄金流失时,其货币供给下降并会引起国内物价成比例地下降。例如,一国国际收支逆差及黄金流失使其货币量下降了 10%,则综合物价指数也将下降 10%。这种结果鼓励了逆差国的出口,同时抑制了其进口。在顺差国则发生相反的变化。也就是说,顺差国的货币供给增加(归因于黄金流入),将引起国内物价上涨。这会抑制该国出口而鼓励其进口。这样的过程一直持续到逆差和顺差被消除。

这一调节过程是自动的。只要国际收支出现失衡,这一调节过程就被引发,并一直持续运作到失衡被完全消除为止。调节所依赖的是逆差国和顺差国国内物价的变动。由此可见,浮动汇率制度下的调节取决于该国货币对外价值的变化;而金本位制下的调节则取决于每个国家国内物价的变动。金本位制下的调节还取决于逆差国及顺差国进出口的高的价格弹性,因此进出口数量对价格变动的反应灵敏且显著。

价格黄金流动机制是戴维·休莫(David Hume)于1752年提出的。休莫以此来证明重商主义者那种认为一国可以通过多出口少进口来不断积累黄金的想法是错误的(参见 2.2 节)。休莫指出,当一国积累黄金时,国内价格将上升直至该国出口顺差(导致最初的黄金积累)被消除。他用了一个极好的例子来说明这一点:只要容器是相互连通的(即只要国家之间靠国际贸易相联系),企图抬升容器中的水平面(黄金数量),使其超出自然平面的做法就是徒劳的。

为国际收支均衡考虑而被动地允许一国货币供给的改变,意味着该国不可能利用货币政策来达到没有通货膨胀的充分就业的目的。不过,对于古典经济学家来说,这丝毫不成问题,因为(如前所述)他们相信在经济体系中存在不引起通货膨胀而自动趋向充分就业的趋势。然而,为使调节过程行之有效,各国不能"冻结"(即抵消)其国际收支中逆差或顺差的货币供给的效应。相反,**金本位制的博弈规则**(rules of the game of the gold standard)要求,逆差国必须进一步通过限制信贷,正如顺差国必须进一步扩张信贷一样,来加强调节过程(金本位制下的实际运作将在第 21 章讨论)。

本章小结

1. 本章考察了汇率决定的传统贸易或弹性方法。我们假设没有自主的国际间私人资本流动(即国际间私人资本流动是为了弥补或支付暂时性贸易失衡才被动发生的),并论述了在浮动汇率制度和固定汇率制度下,经常项目(和国际收支)逆差如何通过国内货币贬值自动弥补。经常项目(和国际收支)顺差的情况则相反。

2. 一国通常可以通过使其货币贬值或者允许其贬值,来调节国际收支逆差。外汇供求曲线弹性越大,用以调节固定数额逆差所要求的贬值就越少。一国的外汇需求来自其以外币表示的进口的供求。进口的供求弹性越大,外汇需求弹性也越大。

3. 货币贬值会增加该国出口的本币价格及进口替代品的本币价格,从而导致通货膨胀。

4. 如果外汇供给曲线具有正的斜率,或者供给曲线虽然斜率为负,但比外汇需求曲线更为陡峭(即更缺乏弹性),那么外汇市场是稳定的。根据马歇尔—勒纳条件,如果进出口需求的价格弹性之和(绝对值)大于1,外汇市场就是稳定的。当进出口供给弹性无穷大时,上述条件有效。如果进出口需求价格弹性之和等于1,汇率的变动不会改变国际收支状况。相反,如果进出口需求价格弹性之和小于 1,外汇市场就是不稳定的,贬值不仅不会减少,反而会增加该国的逆差。

5. 开始于 20 世纪 40 年代的国际贸易弹性的经验估计发现,外汇市场要么是不稳定的,要么也只是勉强稳定,引起了所谓的弹性悲观主义。然而,这些计量经济研究严重地低估了真实弹性,这主要是因为难以识别需求变动,而且他们估计的是短期而不是长期弹性。近来的经验研究显示,外汇市场总的来说是稳定的,外汇供求曲线在长期是相当有弹性的。经常项目失衡似乎只对长期滞后做出反应,而对汇率变动的反应不显著。贬值可能使一国贸易余额先恶化再改善(J 曲线效应)。一国货币贬值对进口价格通常只有部分传递效应。

6. 在金本位制下,每个国家货币的含金量是确定的,各国必须随时准备根据该价格买卖任意数量的黄金。这样形成的固定汇率称为铸币平价。汇率由一国对外汇的供求曲线的交点确定,该点位于黄金输送点之间,该国对黄金的买卖会阻止汇率超出黄金输送点的范围。金本位制下的调节机制为价格黄金流动机制。逆差国的黄金流失减少了其货币供给,引起国内物价下降,因而刺激该国出口、抑制进口,直至逆差被消除。顺差时会触发相反的调节过程。

关键术语

devaluation	贬值
Dutch disease	荷兰病
elasticity pessimism	弹性悲观主义
gold export point	黄金输出点
gold import point	黄金输入点
gold standard	金本位制
identification problem	识别问题
J-curve effect	J 曲线效应
Marshall-Lerner condition	马歇尔—勒纳条件
mint parity	铸币平价
pass-through	传递
price-specie-flow mechanism	价格—黄金流动机制
quantity theory of money	货币数量论
rules of the game of the gold standard	金本位制的博弈规则
stable foreign exchange market	稳定的外汇市场
trade or elasticity approach	贸易或弹性方法
unstable foreign exchange market	不稳定的外汇市场

复习题

1. 一国货币贬值如何消除或减小其经常项目或国际收支逆差?

2. 为什么当一国外汇供求曲线缺乏弹性时,依靠货币贬值来消除逆差是不可行的?

3. 一国外汇需求曲线是如何得到的? 决定其弹性的因素是什么?

4. 一国外汇供给曲线是如何得到的？决定其弹性的因素是什么？

5. 贬值为什么会引起通货膨胀？

6. 什么形状的外汇供求曲线能使外汇市场稳定？什么形状的会导致不稳定？

7. 稳定的外汇市场的马歇尔－勒纳条件是什么？不稳定的外汇市场的马歇尔－勒纳条件是什么？贬值后不改变国际收支状况的马歇尔－勒纳条件是什么？

8. 为什么当外汇市场不稳定时,该国货币贬值会增加而非减少国际收支逆差？

9. 弹性悲观主义是什么意思？它是怎么产生的？

10. 什么是J曲线效应？

11. 为什么弹性悲观主义有可能是不必要的？针对外汇市场的稳定性及外汇供求曲线的弹性,目前普遍的观点是什么？

12. 什么是货币传递？它和国际竞争有什么关系？

13. 在金本位制下,汇率是如何决定的？

14. 在金本位制下,贸易逆差和贸易顺差是如何被自动消除的？

练习题

*1. 从一国可进行贸易的商品(即一种在国内生产但也可进出口的商品)有负斜率的需求曲线和正斜率的供给曲线,推导该国可进行贸易的商品低于均衡价格的进口需求曲线。(提示：参考图 4.1)

*2. 条件同第1题,推导可进行贸易的商品高于均衡价格的出口供给曲线。

3. 画一类似于图 16.2 的左图的图,但 D_M 是垂直的。解释为什么 D_e 也是垂直的。

4. 画一类似于图 16.2 的右图的图,但 S_X 是垂直的。解释为什么 S_e 也是垂直的。

5. 画一类似于图 16.2 的左图的图,但 D_M 比图 16.2 中更陡(弹性更小),解释为什么 D_e 比图 16.1 中更陡(弹性更小)。

6. 画一类似于图 16.2 的右图的图,但 S_X 比图 16.2 中更陡(弹性更小),解释为什么当 D_X 在相关范围内是价格弹性的时候,S_e 比图 16.1 中更陡(弹性更小)。

*7. 解释为什么一个小国的 S_M 和 D_X 是水平的。

8. 解释为什么一个小国的货币贬值时,其国际收支状况总能改善。

9. 画一类似于图 16.2 的反映一个不稳定的外汇市场的图。

10. 在什么情况下,可以说美国和日本存在贸易问题？

11. 20 世纪 90 年代,美国对日本的贸易逆差并没有因为美元对日元的大幅贬值而减少,我们是否可以由此认为贸易或弹性方法对国际收支调节不起作用？请解释。

带＊号练习题的答案

12. 假设在金本位制下,1盎司黄金被美国货币当局设定为35美元,而被英国货币当局设定为14欧元。美元与欧元之间关系如何？这被称为什么？

13. 如果在纽约与伦敦之间运送黄金的运费为所运黄金价值的1%,给出美国的黄金输出点,即美元与欧元之间汇率($R＝$美元/欧元)的上限。为什么会这样？

14. 给出美国的黄金输入点,即美元与欧元之间汇率($R＝$美元/欧元)的下限。为什么会这样？

附录

A16.1 节用图表显示了汇率的变动对贸易品本币价格的影响。A16.2 节给出了马歇尔—勒纳条件对外汇市场稳定性的正式推导。A16.3 节用图表显示了在金本位制下,黄金输送点及国际黄金流动是如何决定的。

A16.1　汇率变动对国内价格的影响

我们在 16.3 节曾说过,美元贬值将刺激美国进口替代品及出口品的生产,并导致美国物价上涨,见图 16.7。

在图 16.7 的左图,S'_M 为美国从欧盟进口的供给曲线,以美元表示,汇率为 $R=1$ 美元/1 欧元,D'_M 是以美元表示的美国进口的需求曲线。D'_M 和 S'_M 交于 B' 点,此时,$P_M=1$ 美元,$Q_M=120$ 亿单位。当美元贬值 20%,$R=1.20$ 美元/1 欧元时,以美元表示的美国从欧盟进口的供给曲线下跌(图中向上移动)20% 至 S''_M,因为欧盟出口商现在赚来的美元换成欧元比以前少了 20%。这相当于对欧盟出口商征收了每单位 20% 的税。注意:因为是在固定的百分比下变动,S''_M 与 S'_M 不平行,而 S'_M 是用于计算从 S'_M 上移 20% 的基础。美元贬值并不改变 D'_M。在 D'_M 与 S''_M 的交点,$P'_M=1.125$ 美元,$Q_M=110$ 亿(E 点)。因此,美元贬值 20% 导致美国进口的美元价格从 1.00 美元上升至 1.125 美元,即上升了 12.5%。

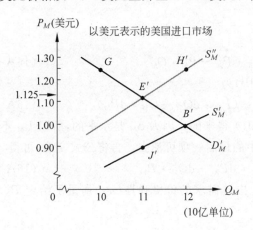
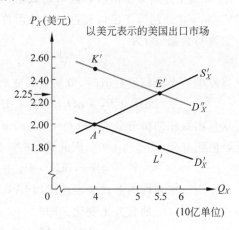

图 16.7　贬值对国内物价的影响

在左图中,D'_M 是在 $R=1$ 美元/1 欧元时,以美元表示的美国进口需求曲线,S'_M 是欧盟对美国进口的供给曲线。对于 D'_M 和 S'_M,$P_M=1$ 美元,$Q_M=120$ 亿单位。当美元贬值 20% 时,S'_M 上移至 S''_M,但 D'_M 保持不变。在 D'_M 和 S''_M 的交点,$P_M=1.125$ 美元,$Q_M=110$ 亿单位。

在右图中,D'_X 是在 $R=1$ 美元/1 欧元时,欧盟对美国出口的需求曲线,S'_X 是美国向欧盟出口的供给曲线,二者均以美元表示。对于 D'_X 和 S'_X,$P_X=2$ 美元,$Q_X=40$ 亿单位。当美元贬值 20%,$R=1.20$ 美元/1 欧元时,D'_X 上升至 D''_X,而 S'_X 保持不变。在 D'_X 和 S'_X 的交点,$P_X=2.25$ 美元,$Q_X=55$ 亿单位。因此,贬值提高了美国的美元价格。

在图 16.7 的右图中,D'_X 是欧盟对美国出口的需求曲线,以美元表示,$R=1$ 美元/1 欧元,S'_X 是以美元表示的美国出口的供给曲线。D'_X 与 S'_X 在 A' 点相交,此时,$P_X=2.00$ 美元,$Q_X=40$ 亿单位。当美元贬值 20%,$R=1.20$ 美元/1 欧元时,欧盟对美国出口的需求曲线上升(在图中向上移动)20% 至 D''_X,因为每个欧元换成美元比以前多了 20%。这相当于给予欧盟购买者每单位 20% 的补助金。注意:因为是以固定的百分比变动,D''_X 与 D'_X 并不平行,D'_X 是用于

计算从 D'_X 上移 20% 的基础。同样，美元贬值并不改变 S'_X。在 D'_X 与 S'_X 的交点处，$P_X = 2.25$ 美元，$Q_X = 55$ 亿单位(E' 点)。因此，美元贬值 20%，导致美国出口的美元价格从 2.00 美元上升至 2.25 美元，即上升了 12.5%。

进口替代品及出口品的美元价格上涨，对吸引美国生产者把生产从非贸易品转向贸易品来说是必要的，但这也缩小了美国由贬值得到的价格优势。因为进口替代品及可出口商品的价格是美国综合物价指数的一部分，而它们都上涨了，所以美元的贬值会引起美国的通货膨胀。因此，为调节给定规模的逆差，所需贬值程度越大，其作为调节逆差的方法就越不可行。当一国货币贬值时，该国的进出口供求弹性是衡量其国内资源从非贸易品向贸易品转化的难易程度以及这一变动的通货膨胀程度的短期指标。

问题 利用图 16.7 计算美元贬值 20% 前后，美国的贸易条件。你所得出的结果与 16.3 节的结果相比有区别吗？

A16.2 马歇尔—勒纳条件的推导

下面用数学推导马歇尔—勒纳条件。进出口需求弹性之和必须大于 1，外汇市场才是稳定的。当进出口供给曲线弹性无穷大，即水平的时候，此条件有效。

为数学推导马歇尔—勒纳条件，令：

P_X 和 P_M 分别等于出口和进口的外币价格；

Q_X 和 Q_M 分别等于出口和进口的数量；

V_X 和 V_M 分别等于出口和进口的外币价值。

则贸易余额(B)为

$$B = V_X - V_M = Q_X \cdot P_X - P_M \cdot Q_M \tag{16A-1}$$

当发生一个小幅度贬值时，贸易余额变动(dB)为

$$dB = P_X \cdot dQ_X + Q_X \cdot dP_X - (P_M \cdot dQ_M + Q_M \cdot dP_M) \tag{16A-2}$$

这是由乘积的微分公式($duv = v \cdot du + u \cdot dv$)得来的。因为 S_M 是水平的，所以 P_M 不随美元贬值而变化(即 $dP_M = 0$)，因此式(16A-2)中的最后一项可消去。再将公式变形，可得

$$dB = dQ_X \cdot P_X + Q_X \cdot dP_X - dQ_M \cdot P_M \tag{16A-3}$$

现在用价格弹性的形式来表达式(16A-3)。出口需求的价格弹性(n_X)衡量了给定 P_X 的百分比变化时，Q_X 的百分比变化。即

$$n_X = -\frac{dQ_X}{Q_X} \div \frac{dP_X}{P_X} = \frac{dQ_X}{Q_X} \div k\left(\frac{P_X}{P_X}\right) = \frac{dQ_X \cdot P_X}{Q_X \cdot k \cdot P_X} \tag{16A-4}$$

其中，$k = -dP_X/P_X$(美元贬值百分比)。

同理，进口需求价格弹性系数(n_M)为

$$n_M = -\frac{dQ_M}{Q_M} \div \frac{dP_M}{P_M} = -\frac{dQ_M \cdot P_M}{Q_M \cdot k \cdot P_M} \tag{16A-5}$$

从式(16A-4)，可得

$$dQ_X \cdot P_X = n_X \cdot Q_X \cdot P_X \cdot k \tag{16A-6}$$

此即式(16A-3)的第一项。我们改写式(16A-3)的第二项如下

$$Q_X \cdot dP_X = Q_X(dP_X/P_X)P_X = Q_X(-k)P_X = -Q_X \cdot k \cdot P_X \tag{16A-7}$$

最后，从式(16A-5)，可得

$$dQ_M \cdot P_M = -n_M \cdot Q_M \cdot dP_M = -n_M \cdot Q_M \cdot P_M \cdot k \tag{16A-8}$$

其中,$k = dP_M / P_M$。请注意,虽然以外币标价时 $dP_M = 0$,但是以本币标价时,它是一个正数。式(16A-8)是式(16A-3)的第三项。

把式(16A-6)、式(16A-7)和式(16A-8)代入式(16A-3),可得

$$dB = n_X \cdot Q_X \cdot P_X \cdot k - Q_X \cdot P_X \cdot k - (-n_M \cdot Q_M \cdot P_M \cdot k) \tag{16A-9}$$

化简可得

$$dB = k[Q_X \cdot P_X (n_X - 1) + n_M \cdot Q_M \cdot P_M] \tag{16A-10}$$

若开始时

$$B = Q_X \cdot P_X - Q_M \cdot P_M = 0 \tag{16A-11}$$

则

$$dB = k[Q_X \cdot P_X (n_X + n_M - 1)] \tag{16A-12}$$

且 $dB > 0$,若

$$n_X + n_M - 1 > 0 \quad \text{或} \quad n_X + n_M > 1 \tag{16A-13}$$

其中,n_X 和 n_M 都是正数。

如果贬值发生于 $V_M > V_X$ 的情况下,n_M 应得到一个比例大于 n_X 的权重,稳定的外汇市场的马歇尔—勒纳条件由下式给出

$$n_X + (V_M / V_X) n_M > 1 \tag{16A-14}$$

如果外国对美国进口的供给的价格弹性(e_M)和美国出口供给的价格弹性(e_X)都不是无穷大的,那么 e_M 和 e_X 越小,外汇市场越可能是稳定的,即使

$$n_X + n_M < 1 \tag{16A-15}$$

当 e_M 和 e_X 不是无穷大时,外汇市场稳定性的马歇尔—勒纳条件由下式给出

$$\frac{e_X(n_X - 1)}{e_X + n_X} + \frac{n_M(e_M + 1)}{e_M + n_M} \tag{16A-16}$$

或通分得

$$\frac{e_M \cdot e_X(n_M + n_X - 1) + n_M \cdot n_X(e_M + e_X + 1)}{(e_X + n_X)(e_M + n_M)} \tag{16A-17}$$

货币贬值究竟会导致外汇市场稳定、不稳定还是不变,在某种程度上分别取决于式(16A-16)或式(16A-17)是大于、小于还是等于 0。式(16A-16)的数学推导是由斯特恩(1973 年)提出的。

斯特恩还给出了货币贬值国家的贸易条件恶化的情况:

$$e_X \cdot e_M > n_X \cdot n_M \tag{16A-18}$$

如果式(16A-18)中的不等号改变方向,则货币贬值国家的贸易条件将改善;若两端相等,则贸易条件不变。

问题　解释为什么一个小国的货币贬值不太可能影响其贸易条件（提示:参考练习题 9）。

A16.3　金本位制下黄金输送点及黄金流动的推导

图 16.8 显示了在金本位制下黄金输送点及黄金的国际流动是如何确定的。图中铸币平价为 4.87 美元＝1 英镑(定义见 16.6A 小节)。美国的英镑供给曲线($S_{\pounds}$)为 *REABCF*,在美国黄金输出点 4.90 美元＝1 英镑(铸币平价加从纽约往伦敦运送价值 1 英镑的黄金所需的运费 3 美分)处变为无限弹性,即水平的。美国的英镑需求曲线($D_{\pounds}$)为 *TEGHJK*,在美国黄金输入点 4.84 美元＝1 英镑(铸币平价减从伦敦往纽约运送价值 1 英镑的黄金所需的运费 3 美

分)处变为无限弹性,即水平的。因为 $S_£$ 和 $D_£$ 在黄金输送点范围之内相交于 E 点,所以均衡汇率 $R=4.88$ 美元/1 英镑,没有国际黄金流动(即美国国际收支均衡)。

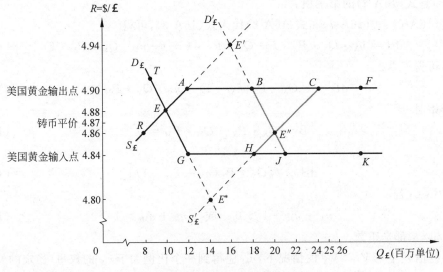

图 16.8　黄金输送点与黄金流动

　　对于 $D_£$ 和 $S_£$,均衡汇率为 $R=4.88$ 美元/1 英镑(E 点),没有国际黄金流动,美国国际收支均衡。对于 $D'_£$ 和 $S_£$,在自由可变汇率制度下,汇率应为 $R=4.94$ 美元,但是在金本位制下汇率上升不会超过 $R=4.90$ 美元(美国的黄金输出点),因为美国可以出口 600 万英镑(AB)的黄金。这意味着金本位制下,美国国际收支逆差。对于 $D_£$ 和 $S'_£$,在完全浮动汇率制度下,汇率应为 $R=4.80$ 美元,但是在金本位制下汇率下降不会超过 $R=4.84$ 美元/1 英镑(美国的黄金输入点),因为美国可以进口 600 万英镑(HG)的黄金。这意味着金本位制下,美国国际收支顺差。

　　如果随后美国对英镑的需求增加(上移)至 $D'_£$,汇率存在上升至 $R=4.94$ 美元/1 英镑(图中 E' 点)的趋势。然而,在金本位制下没有人愿意为 1 英镑付出多于 4.90 美元(即美国的英镑供给曲线在 $R=4.90$ 美元/1 英镑处变为水平的),所以汇率只上升到 $R=4.90$ 美元/1 英镑的 B 点。在 B 点,美国对英镑的需求量是 1 800 万英镑,而美国向欧盟出口商品和服务只能得到 1 200 万英镑(A 点),其余 600 万英镑(AB)由美国向欧盟出口黄金来弥补(这代表美国国际收支逆差)。

　　相反,如果美国对英镑的需求曲线不变,仍由 $D_£$ 表示,而美国对英镑的供给增加(右移)至 $S'_£$,在浮动汇率制度下均衡点可能为 E^* 点(汇率 $R=4.80$ 美元/1 英镑)。然而,因为金本位制下没人愿意接受少于 4.84 美元/1 英镑的汇率(即美国对英镑的需求曲线在 $R=4.84$ 美元/1 英镑处变为水平的),所以汇率只降至 $R=4.84$ 美元/1 英镑的 H 点。在 H 点,美国的英镑供给量为 1 800 万英镑,而需求只有 1 200 万英镑(G 点)。600 万英镑的剩余部分(HG)靠从欧盟进口黄金来抵消,这代表了美国国际收支顺差。

　　金本位制下的价格黄金流动机制将使 $D_£$ 和 $S_£$ 再次移动至黄金输送点范围之内相交,从而起到自动调节两国国际收支失衡的作用。

　　问题　如果图 16.8 中 $D_£$ 与 $S_£$ 同时分别移至 $D'_£$ 与 $S'_£$,确定金本位制下及浮动汇率制度下的汇率和美国国际收支逆差或顺差的大小。

第 **17** 章

收入调节机制与自动调节的综合

学习完本章后,你应当能够:

- 理解开放经济中,均衡的收入水平是如何确定的
- 理解国外反馈效应的含义
- 描述吸收法是如何起作用的
- 理解在开放经济中,所有的自动调节是如何一起运作的

17.1 引言

本章我们将考察自动收入调节机制的运作。它依靠逆差国或顺差国国民收入的变动来影响国际收支状况。自动收入调节机制代表了凯恩斯经济学在开放经济(即参与国际交易的国家)中的应用。它区别于(第 16 章中所述的)依靠价格自动变动来调节国际收支的"古典"调节机制。

与第 16 章一样,我们仍假设一国的逆差或顺差发生在经常项目中。只不过在上一章我们有国民收入不变的隐含假设,自动价格变动带来了国际收支的调节。本章我们假设所有价格保持不变,并考察收入的自动变化是如何调节国际收支的。特别地,为了把收入自动调节机制独立出来,我们先假设一国在固定汇率制度下运行,所有的价格、工资和利率都不变。我们还假设该国在初始时经济处于非充分就业状态。事实上,在现实世界中,国际收支的失衡不仅影响国民收入,对汇率、价格、工资及利息也有影响。因此,从某种意义上说,所有的自动调节可能是同步运作的,它们的综合作用在本章最后两节阐述。

17.2 节(从经济学原理的角度)回顾了封闭经济条件下均衡国民收入的决定与乘数的概念。17.3 节把关于均衡国民收入的决定与乘数的概念和考察扩展到小型开放经济。17.4 节把这一考察进一步扩展到大国,并研究由此产生的反馈效应。之所以会产生反馈效应,是因为一个大国国民收入及贸易的任何变动都会影响其贸易伙伴的国民收入与贸易,这反过来又会

对大国产生反作用。事实上,经济周期就是这样在国际间传递的。17.5节同时考察了价格和收入调节机制。最后,17.6节讨论了货币调节,对所有自动调节机制进行了总结,并指出每种自动调节机制的缺点及调节政策的必要性。附录给出了包括国外反馈效应在内的对外贸易乘数的数学推导,并研究了传递问题(基于第12章附录的讨论)。

 # 17.2   封闭经济中的收入决定

本节我们将回顾**封闭经济**(**closed economy**)(即经济上自给自足,没有国际贸易)中均衡国民收入的决定与乘数。这些概念在经济学原理的课程中都讲过,我们以此作为研究小型开放经济中国民收入均衡水平和乘数的出发点(参见17.3节)。本章我们考察的是自动收入调节机制的作用,该模型中不需考虑政府部门,在下一章讨论财政和其他政策时将在模型中加入政府部门。

17.2A   封闭经济中均衡国民收入的决定

在不包括政府部门的封闭经济中,**均衡国民收入水平**(**equilibrium level of national income**)和产量(Y)等于预期或计划的消费额(C)加上预期或计划的投资支出(I),如式(17-1)所示。

$$Y = C(Y) + I \tag{17-1}$$

预期或计划的投资(**desired or planned investment**)(I)是外生的,即独立于国民收入水平(也就是说,不随其改变)。相反,预期消费支出$C(Y)$是国民收入水平的函数。也就是说,预期消费(C)随收入(Y)上升而上升。收入变动(ΔY)引起的消费变动(ΔC)称为**边际消费倾向**(**marginal propensity to consume,MPC**)。由于消费者储蓄部分收入,消费的增加少于收入的增加,因而MPC$<I$,如图17.1所示。

图17.1的上半部分以消费及投资支出为纵轴,以国民收入为横轴。**消费函数**(**consumption function**)由直线$C(Y)$给出。当收入为0时,预期消费等于100,并随收入上升而上升。收入为0时的正消费水平说明国民动用了储蓄。当收入上升时,预期消费也上升,但是小于收入上升的幅度。例如,收入增加600(从400到1 000,如上图中的AB)伴随着消费增加450(BC)。因此,边际消费倾向MPC$=\Delta C/\Delta Y=450/600=3/4$,即0.75。该线性消费函数的公式为$C=100+0.75Y$,其中100为纵轴截距,0.75为斜率。

把上述消费函数的每一收入水平加上一个假设的预期投资支出150,得到图中的总支出函数$C(Y)+I$。$C(Y)+I$函数与45°线相交于E点。45°线上每个点的横纵坐标相等。因此,在E点,总消费及投资支出1 000(由纵轴给出)等于收入或产量水平1 000(由横轴给出),则$Y_E=1 000$为国民收入均衡水平。

当$Y>1 000$时,预期支出少于产出,企业有非计划的未销售商品存货的累积,因而会削减产量。相反,当$Y<1 000$时,预期支出超过产出,非计划的存货减少,因而会增加产量。所以,无论预期支出超过还是少于产出值,只要在国民收入的其他任何水平上,国民收入水平都会移向$Y_E=1 000$,那么从这种意义上说,国民收入均衡水平$Y_E=1 000$是稳定的。收入的均衡水平不一定是(我们也假设它不是)充分就业水平下的收入水平。

图17.1的下半部分以储蓄和投资水平为纵轴,以国民收入水平为横轴。预期投资水平是外生的,无论收入水平如何,它总为$I=150$。相反,预期储蓄是收入的函数,**储蓄函数**(**saving**

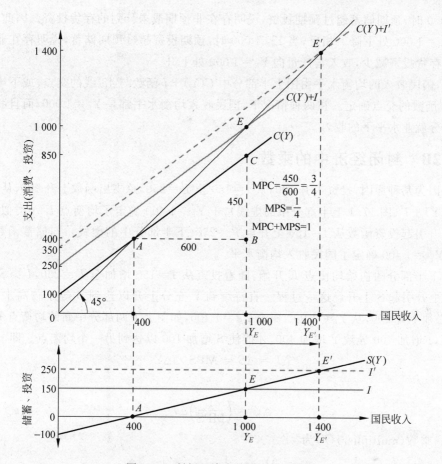

图 17.1　封闭经济中的国民收入均衡

在图的上半部分,$C(Y)$ 是消费函数,$C(Y)+I$ 是由预期或计划的投资和消费函数相加得来的总支出函数。国民收入均衡水平在 E 点实现,该点是 $C(Y)+I$ 函数与 45°线的交点。在图的下半部分,E 点为均衡点,它是储蓄函数 $S(Y)$ 与水平的投资函数的交点。在两图中,收入的均衡水平都是 1 000。如果投资上升到 $I'=250$,国民收入新的均衡水平是 1 400,由 E' 点给出,它是虚线 $C(Y)+I'$ 与 45°线或者虚线 I' 与 $S(Y)$ 的交点。

function)为

$$S(Y) = Y - C(Y) \tag{17-2}$$

因此,当 $Y=0$,$C=100$(见图 17.1 上半部分)时,$S=-100$(见图 17.1 的下半部分)。在 $Y=400$,$C=400$ 处,$S=0$(两图中的 A 点)。在 $Y=1\,000$,$C=850$ 处,$S=150$。注意:当收入增加时,预期储蓄也会增加。收入变动(ΔY)引起的预期储蓄的变动(ΔS)称为**边际储蓄倾向**(**marginal propensity to save,MPS**)。例如,收入增加 600(从 400 到 1 000)伴随着图下半部分中储蓄增加 150。因此,边际储蓄倾向等于 $\Delta S/\Delta Y=150/600=1/4$。因为收入的任何变动($\Delta Y$)总是等于消费变动($\Delta C$)加上储蓄变动($\Delta S$),所以 MPS$=1-$MPC。在上面的例子中,MPC$+MPS=3/4+1/4=1$,MPS$=1-3/4=1/4$。

在图的下半部分,预期投资 150(对系统的注入)在 $Y=1\,000$ 处与预期储蓄(从系统的漏出)相等。投资之所以是对系统的注入,是因为它会增加总支出并刺激生产。储蓄之所以是从系统的漏出,是因为它代表产生了但未被花费的收入。收入的均衡水平为

$$S = I \tag{17-3}$$

从图上看,收入的均衡水平位于储蓄函数与**投资函数**(**investment function**)的交点 E 处。

当 $Y>1\,000$ 时,预期储蓄超过预期投资,说明存在非预期或未计划的存货投资。因此,产量与收入向 $Y_E=1\,000$ 处下降。相反,当 $Y<1\,000$ 时,预期投资超过预期储蓄,说明存在非预期或未计划的存货投资减少,收入与产量向 $Y_E=1\,000$ 处上升。

所以,国民收入的均衡水平由图上半部分中 $C(Y)+I$ 函数与45°线的交点,或下半部分中 $S(Y)$ 与 I 函数的交点确定。在两种情况下,国民收入均衡水平都是 $Y_E=1\,000$,而且我们假设它低于充分就业水平下的收入。

17.2B　封闭经济中的乘数

如果因为某种原因,投资上升100,从 $I=150$ 至 $I'=250$,总支出函数上升100,从 $C(Y)+I$ 变为 $C(Y)+I'$(图17.1上半部分中的虚线),于 $Y_{E'}=1\,400$ 确定了均衡点 E'。类似的,投资的自主上升引起投资函数从 $I=150$ 上升至 $I'=250$(下半部分中的虚线),与储蓄函数相交于 E' 点,于 $Y_{E'}=1\,400$ 确定了国民收入均衡水平。

从图下半部分的初始均衡点 E 开始,随着投资从 $I=150$ 增加至 $I'=250$,$I'>S$ 而 Y 上升。Y 的上升引起 S 上升。这一过程一直持续到 Y 充分上升以达到 S 等于较高水平的 I'。为此,Y 必须上升400,从 $Y_E=1\,000$ 变为 $Y_{E'}=1\,400$,如图上下两部分中新的均衡点 E' 所示。

所以,I 增加100导致 Y 增加400,才能使 S 增加100以达到另一个均衡点。即

$$\Delta I = \Delta S = \text{MPS} \times \Delta Y$$

因此

$$\Delta Y = \left(\frac{1}{\text{MPS}}\right)\Delta I$$

所以,乘数(multiplier)(k) 为

$$k = \frac{\Delta Y}{\Delta I} = \frac{1}{\text{MPS}} = \frac{1}{1-\text{MPC}} \tag{17-4}$$

即封闭经济的凯恩斯**乘数(multiplier)**(k) 等于边际储蓄倾向的倒数,或1减去边际消费倾向的倒数。因为 $0<\text{MPS}<1$,所以乘数大于1。图17.1中,$\text{MPS}=1/4$,则 $k=4$,所以 I 增加100,导致 Y 增加400而 S 上升100。

收入上升超过投资上升的原因如下。当投资支出上升时,生产者扩张生产,雇用更多的工人,并使用更多的资本及其他生产要素。因为生产过程中产生的收入等于产出的价值,所以投资支出增加100的直接效果是使收入也上升同等数量。但是收入增加100的获得者只会花掉其中 3/4(MPC)。因而,收入上升100,消费支出上升75。这将导致生产的进一步扩张,并产生额外收入75。收入的新的增加又会导致消费进一步增加56.25(0.75×75)。

每一步收入都增加一个越来越小的数目,这一过程一直持续到收入增加变为0。因此,第一步收入增加100,第二步75,第三步56.25,依此类推,直至所有收入增加的总和为400。当收入上升400,从 $Y_E=1\,000$ 变为 $Y_{E'}=1\,400$ 时,引起储蓄上升100,$S=I'=250$,这一过程结束。

17.3　小型开放经济中的收入决定

现在我们把有关国民收入均衡水平与乘数的讨论,从封闭经济扩展到小型开放经济(即一国的国际交易并不明显影响其贸易伙伴或世界其他国家的国民收入)。我们首先定

义一国的进口函数；然后用代数与图表的方式显示国民收入均衡水平是如何决定的；最后我们将推导对外贸易乘数。在 17.4 节，我们将放松小国的假设，把讨论进一步扩展到包括国外的反馈效应。为简单起见，我们继续假设没有政府部门参与，经济在低于充分就业水平下运行。

17.3A　进口函数

一国**进口函数**（import function）$M(Y)$反映该国进口与国民收入之间的关系。图 17.2 给出了一个假设的进口函数。注意：当 $Y=0$ 时，$M=150$，并随 Y 上升而上升。当收入为 0 时，该国通过举借外债或动用其国际储备来购买 150 的进口品。此后随着收入上升，进口也将上升。

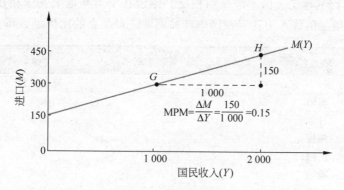

图 17.2　进口函数

进口函数 $M(Y)$ 表明，当收入为 0 时，进口为 150，且随收入上升而上升。进口函数的斜率（给定收入变动引起的进口变动）称为边际进口倾向（MPM）。对于图中所示的进口函数，MPM＝$\Delta M / \Delta Y$＝0.15 且保持不变。

收入变动（ΔY）引起的进口变动（ΔM）称为**边际进口倾向**（**marginal propensity to import，MPM**）。例如，在图 17.2 中的进口函数上，从 G 点到 H 点的运动使进口从 $M=300$ 增至 $M=450$，相应的收入从 $Y=1\,000$ 增至 $Y=2\,000$。因此，MPM＝$\Delta M/\Delta Y$＝$150/1\,000$＝0.15。MPM 等于 $M(Y)$ 的斜率，且固定不变。进口与收入之比则称为**平均进口倾向**（**average propensity to import，APM**），它随收入上升而下降（如果进口函数有正的纵轴截距的话，见图 17.2）。因此，在 G 点，APM＝M/Y＝$300/1\,000$＝0.3，而在 H 点，APM＝M/Y＝$450/2\,000$＝0.225。MPM/APM 为**进口需求的收入弹性**（**income elasticity of demand for imports，n_Y**）。有

$$n_Y = \text{进口变化百分比} / \text{收入变化百分比}$$

$$= \frac{\Delta M/M}{\Delta Y/Y} = \frac{\Delta M/\Delta Y}{M/Y} = \frac{\text{MPM}}{\text{APM}} \tag{17-5}$$

对于图 17-2 中 G 点到 H 点的运动：

$$n_Y = \frac{150/1\,000}{300/1\,000} = \frac{0.15}{0.30} = 0.5$$

作为资源丰富的大国，美国较少依赖国际贸易，因此美国的 APM 和 MPM 低于其他国家。例如，对美国来说，APM＝0.15，MPM＝0.27，所以长期内 n_Y＝1.8；对德国来说，APM＝0.33，MPM＝0.50，所以 n_Y＝1.5；对英国来说，APM＝0.29，MPM＝0.64，所以 n_Y＝2.2。在 7 国集团中，只有日本的 APM 和 MPM 比美国低。案例研究 17.1 给出了美国与其他几个国家的进口需求的收入弹性。

案例研究 17.1

进口需求的收入弹性

表 17.1 给出了用与表 16.3 中用来估计价格弹性的相同的数据集计算得出的美国、日本、德国、法国、英国、意大利、加拿大的商品和服务的进口需求的收入弹性。如表 17.1 所示，美国、德国、法国、意大利和加拿大的进口需求的收入弹性介于 1.4 和 1.8 之间。英国的进口需求的收入弹性为 2.2，日本为 0.9。日本低得异乎寻常的进口需求的收入弹性意味着日本的 MPM 小于 APM，而其他工业国的情况则相反。原因在于与其他工业国相比，日本进口的原材料比例更高，而增加的收入中花费在国内产品而非进口品上的比例也更高。

表 17.1 进口需求的收入弹性	
国　　家	弹　　性
美国	1.8
日本	0.9
德国	1.5
法国	1.6
英国	2.2
意大利	1.4
加拿大	1.4

资料来源：Hooper,Johnson,and Marquez(2008)。

17.3B　小型开放经济下均衡国民收入的决定

对封闭经济均衡国民收入决定的分析，可以轻易地扩展到包括对外贸易的情形。在开放经济中，出口就像投资一样，是对该国收入流的注入，而进口就像储蓄一样，代表收入流的漏出。特别地，出口与投资刺激国内生产，而进口与储蓄构成了未花费在国内产出上的收入。

对一个小型开放经济来说，出口也被看作外生的，即独立于该国的收入水平(就像投资一样)。因此，在画与收入相应的图形时，**出口函数(export function)** 也是水平的。也就是说，一国出口是其贸易伙伴或世界其他国家的进口，因此，一国出口依靠的不是自己的收入水平，而是贸易伙伴或世界其他国家的收入水平。相反，进口(像储蓄一样)是该国收入的函数。记住这一点，我们就可以继续确定小型开放经济下国民收入均衡水平的条件了。

在小型开放经济中，与收入流注入与漏出相关的均衡条件为

$$I+X=S+M \tag{17-6}$$

请注意，上述国民收入均衡水平的条件并不说明贸易差额(及国际收支)是平衡的。只有当 $S=I$ 时，$X=M$ 才成立，贸易差额才平衡。

对式(17-6)移项，我们可以重新描述国民收入均衡水平的条件为

$$X-M=S-I \tag{17-7}$$

上式指出，在国民收入均衡水平上，该国可能有相当于储蓄超过国内投资的部分(国内的

净漏出)的贸易差额顺差(从国外的净注入)。相反,该国贸易差额逆差在国民收入均衡水平下,一定伴随着一个等量的超出储蓄的国内投资。

把 I 从式(17-7)的右边移到左边,我们得到均衡条件的另一个有用的等价形式

$$I + (X - M) = S \qquad (17\text{-}8)$$

在式(17-8)中,$(X-M)$代表对外净投资,因为出口顺差代表对外资产的积累。因而,式(17-8)指出在国民收入均衡水平下,国内投资加上净对外投资等于国内储蓄(见案例研究 17.2)。如果进口超过出口,则$(X-M)$为负,国内投资超过国内储蓄,有一净的对外投资减少(即有一等量的外国人投资)。

案例研究 17.2

私人部门余额与经常项目余额

表 17.2 给出了 1996—2000 年领先的工业国(7 国集团)的平均私人部门余额$(S-I)$和经常项目余额$(X-M)$占其国内生产总值(GDP)的百分比以及 2001 年的值。从表 17.2 中可见,从占 GDP 的百分比来看,美国具有最高的私人部门和经常项目余额赤字,而日本则具有最高的私人部门和经常项目盈余(只不过 2001 年加拿大的经常项目盈余超过日本)。由于政府部门的缺失(将在下一章讨论),式(17-7)并不成立。

	表 17.2 7 国集团的私人部门余额和经常项目余额,1996—2001 年			%
国家	私人部门余额		经常项目余额	
	1996—2000 年平均值	2001 年	1996—2000 年平均值	2001 年
美国	-2.7	-4.7	-2.7	-4.1
日本	7.9	8.5	2.3	2.1
德国	1.2	1.8	-0.6	-0.7
英国	-0.6	-2.9	-1.2	-1.8
法国	4.7	3.0	2.2	1.6
意大利	4.6	1.5	1.6	0.1
加拿大	-0.4	0.9	0.1	3.7

资料来源: Organization for Economic Cooperation and Development, *Economic Outlook* (Paris: OECD, December 2001). p. 134.

17.3C 均衡国民收入的图表决定

以上为小型开放经济中国民收入均衡水平的代数表述,图 17.3 将对其做进一步阐述。图 17.3 的上半部分代表了以式(17-6)的形式表述的国民收入均衡水平的决定,而下半部分代表了以式(17-7)的形式表述的国民收入均衡水平的决定。出口是外生的,假定为 300,两图中$Y_E = 1\,000$。特别地,上半部分中纵轴表示投资加出口及储蓄加进口,横轴为国民收入。投资 $I = 150$(与图 17.1 相同),出口 $X = 300$,投资加出口函数为 $I + X = 150 + 300 = 450$。储蓄加进口函数 $S(Y) + M(Y)$,由图 17-2 中的进口函数与图 17.1 中的储蓄函数相加得到。例如,在

$Y=0$ 处,$S=-100$ 而 $M=150$,因此,$S+M=-100+150=50$。当 $Y=1\,000$ 时,$S+M=150+300=450$。注意:储蓄加进口函数的斜率,等于 MPS(储蓄函数的斜率)加上 MPM(进口函数的斜率)。也就是说,斜率为 $S(Y)+M(Y)=\text{MPS}+\text{MPM}=0.25+0.15=0.40$。

国民收入均衡水平为 $Y_E=1\,000$,由 $I+X$ 函数与 $S(Y)+M(Y)$ 函数的交点决定(上半部分的 E 点)。即均衡处有

$$注入 = 漏出$$
$$I+X = S+M$$
$$150+300 = 150+300$$
$$450 = 450$$

此时,$I=S=150$,所以 $X=M=300$(图中 EJ)。因此,当国民收入均衡水平 $Y_E=1\,000$ 时,贸易差额也是平衡的。如果注入不等于漏出,经济将自动趋于 Y_E,从这种意义讲,Y_E 也是稳定的。

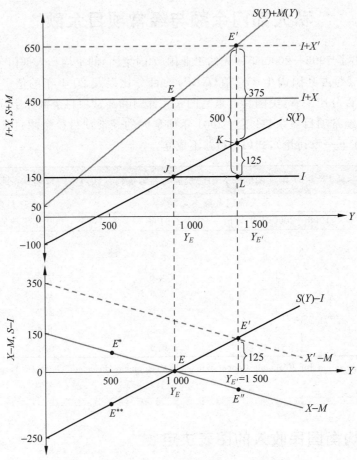

图 17.3 小型开放经济下国民收入的决定

图的上半部分用纵轴表示储蓄加进口以及投资加出口,用横轴表示国民收入。国民收入均衡点由 E 点决定,$Y_E=1\,000$,在该点,$I+X$ 函数与 $S(Y)+M(Y)$ 函数相交。在 $Y_E=1\,000$ 处,$S=I=150$,所以 $X=M=300$。图的下半部分用纵轴表示 $X-M$ 和 $S-I$,用横轴表示 Y。$X-M(Y)$ 随着 Y 的增加而下降是因为我们从常量 X 中减去不断增加的 M。$S(Y)-I$ 函数随着 Y 的上升而上升是因为我们从不断增加的 S 中减去常量 I。$Y_E=1\,000$ 由 E 点决定,在该点,$X-M(Y)$ 函数与 $S(Y)-I$ 函数相交且 $X-M=S-I=0$。X 自动增加 200(上半部分中虚线 $I+X'$ 以及下半部分中虚线 $X'-M(Y)$)使 $Y_{E'}=1\,000$ 且 $X'-M=125$,$S-I=125$。

在图 17.3 的下半部分,纵轴为 $X-M$ 及 $S-I$,横轴为 Y。因为当 $Y=0$ 时,$X=300$,$M=150$,所以,$X-M=300-150=150$。$X-M(Y)$ 函数随 Y 上升而下降,是因为我们从一个固定的 X 中减去不断上升的 M。相反,当 $Y=0$ 时,$S=-100$,$I=150$,所以,$S-I=-100-150=-250$。$S(Y)-I$ 函数随 Y 上升而上升,是因为我们从上升的 S 中减去一个固定的 I。国民收入均衡水平为 $Y_E=1\,000$(与图的上半部分相同),由 $X-M(Y)$ 函数与 $S(Y)-I$ 函数的交点决定(下半部分中的 E 点)。

运用图的下半部分及式(17-7)的优点在于贸易差额可从图中直接读出。因为 $X-M(Y)$ 函数与 $S(Y)-I$ 函数相交于横轴,在 $Y_E=1\,000$ 处,$X-M=S-I=0$。即在国民收入均衡水平下,贸易差额恰好平衡。这是分析一个扰动(如出口或投资的自主变动)如何影响该国收入的均衡水平及自动收入调节机制的运作的一个便利的出发点。

17.3D　对外贸易乘数

从图 17.3 上下两部分的均衡点 E 开始,出口或投资,即式(17-6)的左边的一个自主变动,干扰了该国的均衡收入水平。国民收入均衡水平的变动引起储蓄与进口,即式(17-6)的右边的数量的变化,直至储蓄与进口被动变动的数量等于投资或出口自主变动的数量。即国民收入的另一个均衡水平由下式决定

$$\Delta I + \Delta X = \Delta S + \Delta M \tag{17-9}$$

收入变动引起的储蓄和进口的变化由下列公式给出

$$\Delta S = (\text{MPS})(\Delta Y)$$
$$\Delta M = (\text{MPM})(\Delta Y)$$

用两式替换式(17-9)中的 ΔS 和 ΔM,得

$$\Delta I + \Delta X = (\text{MPS})(\Delta Y) + (\text{MPM})(\Delta Y)$$
$$\Delta I + \Delta X = (\text{MPS} + \text{MPM})(\Delta Y)$$
$$\Delta Y = \frac{1}{\text{MPS} + \text{MPM}}(\Delta I + \Delta X)$$

这里,对外贸易乘数(**foreign trade multiplier**)(k')为

$$k' = \frac{1}{\text{MPS} + \text{MPM}} \tag{17-10}$$

举例来说,从图 17.3 中的均衡点 E 出发,如果出口外生增加 200,从 $X=300$ 变化到 $X'=500$,则

$$k' = \frac{1}{\text{MPS} + \text{MPM}} = \frac{1}{0.25 + 0.15} = \frac{1}{0.40} = 2.5$$
$$\Delta Y = (\Delta X)(k') = 200 \times 2.5 = 500$$
$$Y_{E'} = Y_E + \Delta Y = 1\,000 + 500 = 1\,500$$
$$\Delta S = (\text{MPS})(\Delta Y) = 0.25 \times 500 = 125$$
$$\Delta M = (\text{MPM})(\Delta Y) = 0.15 \times 500 = 75$$

所以,在 $Y_{E'}$

注入变化 = 漏出变化

$\Delta I + \Delta X = \Delta S + \Delta M$

$0 + 200 = 125 + 75$

$200 = 200$

在国民收入新的均衡水平 $Y_{E'}=1\,500$ 处,每段时间出口超过进口125。也就是说,收入的自主变化引起进口上升的程度小于出口的自主增加,所以国际收支的调节是不完全的。以上的对外贸易乘数 $k'=2.5$ 小于17.2B小节相应的封闭经济乘数 $k=4$,因为在开放经济中,国内收入分别流入储蓄和进口。这是宏观开放经济学的一个基本结果。

在图17.3的上半部分,新的较高的(虚线)$I+X'$ 函数与不变的 $S(Y)+M(Y)$ 函数相交于 E' 点。当 $Y_{E'}=1\,500$ 时,$X'=500(E'L)$,$M=375(E'K)$,所以 $X'-M=125(KL)$。由图17.3的下半部分的 E' 点可得同样的结果,其中新的较高的(虚线)$X'-M(Y)$ 函数与不变的 $S(Y)-I$ 函数相交于 $Y_{E'}=1\,500$ 处,它确定了贸易顺差为 $X'-M=125$。

MPS+MPM越小,图17.3的上半部分的 $S(Y)+M(Y)$ 函数越平坦,对外贸易乘数 k' 越大,给定的投资与出口的自主增加引起的收入增加也越大。需要指出的是,X 的外生增加导致 Y 上升,而 I 保持不变(即 $\Delta I=0$)。

如果 I 而不是 X 上升200,则

$$\Delta I+\Delta X=\Delta S+\Delta M$$
$$200+0=125+75$$

该国将面临持续的贸易逆差75,大小等于进口的增加。这种情况也可用图表示,$S(Y)-I$ 函数下移200,与不变的函数 $X-M(Y)$ 交于 E'' 点(见图17.3的下半部分),$Y_{E''}=1\,500$,$X-M=-75$。

相反,从图17.3下半部分的均衡点 E 开始,储蓄自主增加200将使函数 $S(Y)-I$ 上移200,(于 E^* 点)确定 $Y_{E^*}=500$,贸易顺差 $X-M=75$。最后,进口自主增加200将使 $X-M(Y)$ 函数下移200,确定均衡点为 E^{**}(见图17.3的下半部分),此时 $Y^{**}=500$,该国存在贸易逆差 $X-M=-125$。因为进口替代了国内生产,国民收入均衡水平下降。案例研究17.3考察了美国经常项目余额与增长之间的关系,案例研究17.4则考察了几个主要发展中国家这两个参数之间的关系。

案例研究 17.3

美国与全球经济增长及美国经常项目赤字

表17.3显示了1996—2014年美国与全球实际GDP增长的情况及其对美国经常项目(CA)的影响,以及美国经常项目余额占美国GDP的比率(CA/GDP)。由于我们关注的是该时期美国的持续经常项目赤字,因此我们将重点放在CA/GDP而不是美国经常项目赤字的绝对值上。

该表显示2006—2009年及2012—2013年,随着美国经济增长减缓,美国的CA/GDP改善了(这与人们的预期相符),但2010年虽然美国经济增长减缓,美国的CA/GDP却恶化了,2011年则保持不变。这只能说明美国的CA/GDP是美国及国外众多经济力量(如世界其他国家的增长速度、美元汇率的变化、相对通货膨胀率,而不仅仅是美国的增长情况)相互作用的结果,而这些力量经常产生相反的作用(正如本章后面及第16章所讨论的)。由于美国通过资本流入来弥补经常项目赤字,因此需要考虑美国这一时期的持续经常项目赤字问题。外国资本流入的突然撤走或停止供应都可能导致美元大幅贬值和利率大幅提高,这将使美国陷入严

重的衰退。因此,美国必须将其经常项目赤字降到可承受的水平(例如,2009 年以来为 GDP 的 2%～3%)。

表 17.3　1996—2014 年美国与全球经济增长及美国经常项目余额

	1996—2005 年平均值	2006 年	2007 年	2008 年	2009 年	2010 年	2011 年	2012 年	2013 年	2014 年
美国实际 GDP 增长/%	3.4	2.7	1.8	−0.3	−2.8	2.5	1.6	2.3	2.2	2.4
全球实际 GDP 增长/%	3.9	5.6	5.7	3.0	0.0	5.4	4.1	3.4	3.3	3.3
美国经常项目余额/10 亿美元	−394	−807	−719	−687	−381	−449	−459	−461	−400	−411
美国 CA/GDP	−3.9	−5.8	−5.0	−4.7	−2.6	−3.0	−3.0	−2.9	−2.4	−2.4

资料来源:IMF, *International Financial Statistics* (Washington,D.C.:IMF,2015).

案例研究 17.4

发展中国家的经济增长和经常项目余额

表 17.4 给出了 2010—2014 年一些重要的、充满活力的发展中国家的实际 GDP 增长和经常项目余额占 GDP 的百分比。从表中可以看出,2010—2014 年中国、印度、印度尼西亚和土耳其等一些大国经济的平均增长速度很快,其他国家则相对增长缓慢。该表还显示一个经济体的增长与其经常项目余额之间的相关性并不大。例如,中国的高增长伴随着经常项目盈余,印度、印度尼西亚和土耳其却出现了高增长和经常项目赤字并存的情况,韩国和俄罗斯的经济增长相对缓慢且有经常项目盈余,巴西、墨西哥、波兰和南非的经济增长相对缓慢且有经常项目赤字。这再一次表明,尽管国内和国际经济增长会影响一国的经常项目,除此之外还有其他影响因素(如汇率、相对通货膨胀率、结构不平衡等)。

表 17.4　2010—2014 年某些发展中国家的经济增长和经常项目余额　　%

经 济 体	实际 GDP 增长		经常项目余额占 GDP 百分比	
	2006—2013 年平均	2014 年	2010—2013 年平均	2014 年
亚洲				
中国内地	8.8	7.4	2.6	1.8
中国香港	4.0	3.0	4.0	2.1
印度	6.7	5.6	−3.3	−2.1
韩国	3.9	3.7	3.5	5.8
新加坡	6.9	3.0	20.6	17.6
中国台湾	4.7	3.5	10.1	11.9
印度尼西亚	6.2	5.2	−1.3	−3.2
马来西亚	4.6	4.5	8.1	4.3
泰国	4.3	1.0	1.2	2.9

续表

经 济 体	实际 GDP 增长		经常项目余额占 GDP 百分比	
	2006—2013 年平均	2014 年	2010—2013 年平均	2014 年
拉丁美洲				
阿根廷	5.4	−1.7	−0.5	−0.8
巴西	3.4	0.3	−2.6	−3.5
墨西哥	3.6	2.4	−1.2	−1.9
中欧				
捷克共和国	0.6	2.5	−2.4	−0.2
波兰	3.0	3.2	−3.8	−1.5
土耳其	6.0	3.0	−7.5	−5.8
俄罗斯	3.4	0.2	3.7	2.7
非洲				
南非	2.8	1.4	−3.8	−5.7

资料来源：IMF, *International Financial Statistics*（Washington, D. C.：IMF, 2015）.

17.4　国外反馈效应

本节我们放松小国的假设，把分析扩展到考虑**国外反馈效应**（foreign repercussions）。在一个两国（国家 1 和国家 2）的世界里，国家 1 出口的自主增长来自并等于国家 2 进口的自主增长。如果国家 2 进口的自主增长代替了国内生产，国家 2 的收入将下降。这会引起国家 2 的进口下降，因而抵消一部分进口的初始自主增长。这意味着外国对国家 1 的反馈效应抵消了其出口的一部分初始自主增长。因此，国家 1 的对外贸易乘数在存在国外反馈效应的情况下小于不存在国外反馈效应的情况，而贸易差额的增长也是如此。

假设国家 1 出口的所有自主增长代替了国家 2 的国内生产，则存在国外反馈效应的条件下，国家 1 与出口自主增长相对应的对外贸易乘数（k''）为

$$k'' = \frac{\Delta Y_1}{\Delta X_1} = \frac{1}{\mathrm{MPS}_1 + \mathrm{MPM}_1 + \mathrm{MPM}_2(\mathrm{MPS}_1/\mathrm{MPS}_2)} \tag{17-11}$$

其中，下标 1 和 2 分别代表国家 1 和国家 2（该公式及后续公式的推导见附录）。例如，如果国家 1 的 $\mathrm{MPS}_1 = 0.25$，$\mathrm{MPM}_1 = 0.15$（同 17.3 节），则国家 2 的 $\mathrm{MPS}_2 = 0.2$，$\mathrm{MPM}_2 = 0.1$。

$$k'' = \frac{\Delta Y_1}{\Delta X_1} = \frac{1}{0.25 + 0.15 + 0.10(0.25/0.20)} = \frac{1}{0.525} = 1.90$$

因而，国家 1 出口自主增长 200 导致国家 1 在存在国外反馈效应时，均衡国民收入增长 $200 \times 1.90 = 380$，而无国外反馈效应时为 $200 \times 2.5 = 500$。因此，存在国外反馈效应时，$\Delta M_1 = (\Delta Y_1)(\mathrm{MPM}_1) = 380 \times 0.15 = 57$，且 $\Delta S_1 = (\Delta Y_1)(\mathrm{MPS}_1) = 380 \times 0.25 = 95$。

把这些数值代入均衡等式 $\Delta I_1 + \Delta X_1 = \Delta S_1 + \Delta M_1$，可得 $0 + \Delta X_1 = 95 + 57 = 152$。所以，$X_1$ 的净增长在存在国外反馈效应时为 152，国家 1 的贸易顺差在存在国外反馈效应时为 152，不存在国外反馈效应时为 200。因为 M_1 上升 57，国家 1 的贸易顺差在存在国外反馈效应时为 $152 - 57 = 95$，不存在国外反馈效应时为 125（图 17.3 中的 E' 点）。

从国民收入均衡水平及贸易差额平衡状态（图 17.3 下半部分的 E 点）开始，国家 1 的投资（I_1）自主增加，导致其收入（Y_1）上升，并使进口（M_1）也上升，因而使国家 1 的贸易差额出现

逆差(图 17.3 下半部分的均衡点 E'')。不存在国外反馈效应时,这一过程就结束了。然而存在国外反馈效应时,M_1 的增长等于国家 2 出口(X_2)的增长,并引起 Y_2 及 M_2 的增长。M_2 的增长就是 X_1 的增长(国外对国家 1 的反应),缓解了国家 1 初始的贸易逆差。

存在国外反馈效应时,国家 1 与投资自主增长相对应的对外贸易乘数(k^*)为

$$k^* = \frac{\Delta Y_1}{\Delta I_1} = \frac{1 + MPM_2/MPS_2}{MPS_1 + MPM_1 + MPM_2(MPS_1 + MPS_2)} \qquad (17\text{-}12)$$

因为式(17-12)的分母与式(17-11)相同,使用同样的条件可得

$$k^* = \frac{\Delta Y_1}{\Delta I_1} = \frac{1 + 0.10/0.20}{0.525} = \frac{1.50}{0.525} = 2.86$$

因此,$k^* > k' > k''$,I_1 自主增长 200 导致 Y_1 上升 $200 \times 2.86 = 572$,不同于无国外反馈效应时的 500。所以,存在国外反馈效应时,M_1 上升(ΔY_1)(MPM_1)$= 572 \times 0.15 = 85.8$,$\Delta S_1 = (\Delta Y_1)(MPS_1) = 572 \times 0.25 = 143$。

把这些数值代入公式 $\Delta I_1 + \Delta X_1 = \Delta S_1 + \Delta M_1$,可得 $200 + \Delta X_1 = 143 + 85.8 = 228.8$。所以,$X_1$ 相应上升 28.8。因为 M_1 上升 85.8 而 X_1 上升 28.8,所以存在国外反馈效应时,国家 1 的贸易逆差为 $85.8 - 28.8 = 57$,而不存在国外反馈效应时为 75(图 17.3 中的 E'' 点)。因此,国外反馈效应使贸易顺差及逆差都小于无国外反馈效应时的情况。

最后,如果国家 2 的投资自主增长,存在国外反馈效应的条件下,国家 1 与 I_2 自主增长相对应的对外贸易乘数(k^{**})为

$$k^{**} = \frac{\Delta Y_1}{\Delta I_2} = \frac{MPM_2/MPS_2}{MPS_1 + MPM_1 + MPM_2(MPS_1/MPS_2)} \qquad (17\text{-}13)$$

请注意 $k^* = k^{**} + k''$。我们把 I_2 的自主增长对于 Y_1 及国家 1 贸易差额的影响留作章末习题。存在国外反馈效应时,关于对外贸易乘数的式(17-11)、式(17-12)和式(17-13)的数学推导见附录 A17.1 节。

经济周期就是这样在国际间传递的。例如,美国经济活动的扩张推动了进口。因为美国的进口就是其他国家的出口,美国的扩张就这样传递到了其他国家。其他国家出口的上升扩大了其经济活动,并通过从美国进口的增长把这种经济增长反馈回美国。20 世纪 30 年代的大萧条是另外一个例子。20 世纪 30 年代初,美国经济活动急剧收缩,极大地降低了美国的进口需求。这一趋势又由于《斯穆特—霍利关税法》的通过而得到加强,这是美国有史以来最高的关税,它导致了其他国家的报复(见 9.5A 小节)。美国进口的急剧下降对外国有着强烈的通货紧缩效果(通过乘数),这使外国从美国的进口也减少了,从而进一步降低了美国的国民收入。国外反馈效应是使萧条蔓延到全世界的一个重要因素。只有很小的国家才可能安全地忽略其自身经济变动引起的国外反馈效应。案例研究 17.5 通过贸易漏出考察了 1997 年 7 月亚洲金融危机对美国、日本和欧盟的影响。

案例研究 17.5

20 世纪 90 年代末亚洲金融危机对 OECD 成员国的影响

表 17.5 提供了 1997 年 7 月发端于亚洲的金融危机对美国、日本、欧盟、加拿大、澳大利亚

和新西兰的影响的估计,这是经济合作与发展组织(OECD)使用 INTERLINK 模型所做的估计。亚洲金融危机通过贸易联系波及世界上的其他国家和地区,特别是发生危机国家的货币贬值刺激了其出口,然而它们的 GDP 下降又缩减了其对进口的需求。这使未发生危机国家的经济增长减缓并使其经常项目余额恶化。

该表显示亚洲金融危机使美国的实际 GDP 增长在 1998 年和 1999 年分别下降了 0.4 个百分点(1998 年从 4.7%下降到 4.3%,1999 年从 4.2%下降到 3.8%),这造成美国 1998 年和 1999 年 GDP 损失达到 340 亿～350 亿美元。欧盟的增长降幅(百分点)与美国接近,日本、澳大利亚和新西兰降幅更大,加拿大受影响较小。该表还显示了危机使美国的经常项目赤字从 1998 年的 130 亿美元增加到 1999 年的 270 亿美元。日本和欧盟的经常项目受影响程度与美国接近,对加拿大、澳大利亚和新西兰影响稍轻。所以,我们可以看出在某大国和经济区发生的经济危机很容易就会波及贸易链上的其他国家和地区并对其产生巨大影响。2007 年始于美国次贷市场并于 2008 年波及美国整个金融和经济部门以及全球的金融危机则是更有力的证据(将在 21.6E 小节详细介绍)。

表 17.5　1998—1999 年亚洲金融危机对 OECD 成员国增长和经常项目的影响

	实际 GDP 增长/%		经常项目余额/10 亿美元	
	1998 年	1999 年	1998 年	1999 年
美国	−0.4	−0.4	−13	−27
日本	−1.3	−0.7	−12	−22
欧盟	−0.4	−0.2	−19	−28
加拿大	−0.2	−0.3	−2	−3
澳大利亚和新西兰	−0.9	−0.1	−3	−4
OECD	−0.7	−0.4	−26	−55

资料来源: Organization for Economic Cooperation and Development, *OECD Economic Outlook* (Paris: OECD, June 1998),p.17.

17.5　吸收法

本节我们把自动价格调节机制和收入调节机制综合起来,研究所谓的吸收法。我们还将专门考察被动的(自动的)收入变动在通过一国货币贬值调节该国国际收支逆差过程中的作用。第 16 章中略去了这些自动收入变动,是为了把自动价格调节机制分离出来。

在第 16 章中我们看到,一国可以通过货币贬值来调节其国际收支逆差(如果外汇市场是稳定的)。因为该国贸易差额的改善取决于其进出口需求的价格弹性,所以这一调节逆差的方法被称为**弹性法(elasticity approach)**。逆差国贸易差额之所以能改善,是因为贬值刺激了该国出口而抑制了进口(因而鼓励了国内进口替代品的生产)。随之而来的逆差国生产与实际收入的增长,导致进口上升,抵消了部分最初由贬值带来的贸易差额的改善。

然而,如果逆差国已经处于充分就业水平,生产就不可能增加。此时,只有缩减实际国内吸收(即支出),贬值才可能消除或减少该国国际收支逆差。如果不缩减实际国内吸收(要么是自动的要么通过紧缩性财政和货币政策),贬值将导致国内价格的增长,这将完全抵消由贬值带来的竞争优势,却并不减少逆差。

在图 17.3 下半部分的情况下,如果开始时逆差国处于非充分就业状态(且满足马歇尔—勒纳条件),则逆差国货币的贬值使 $X-M(Y)$ 函数上移(因为 X 上升且 M 下降),并且改善其贸易差额。但是,最终该国贸易差额的净改善小于 $X-M(Y)$ 函数的上移,这是因为国内生产上升并引起进口上升,因而抵消了部分贸易差额的最初改善。然而,如果该国处于充分就业状态,贬值将导致国内通货膨胀,使 $X-M(Y)$ 函数向下移回初始位置,贸易差额没有任何改善。只有国内吸收被缩减时,逆差国的贸易差额才可能多少得到些改善(即 $X-M(Y)$ 函数不会完全退回其初始位置)。

上述分析最早由亚历山大(Alexander)于 1952 年提出,他将其命名为**吸收法**(**absorption approach**)。亚历山大的分析是从下面的恒等式开始的:产出或收入(Y)等于消费(C)加国内投资(I)加外国投资即贸易差额($X-M$),其中各项都是实际值。即

$$Y = C + I + (X - M) \tag{17-14}$$

然后令 A 等于国内吸收($C+I$),B 等于贸易差额($X-M$),有

$$Y = A + B \tag{17-15}$$

两边减去 A,得

$$Y - A = B \tag{17-16}$$

也就是说,国内产出或收入减去国内吸收就等于贸易差额。要通过货币贬值改善贸易差额(B),必须使 Y 上升和/或 A 下降。如果该国处于充分就业水平,产出或实际收入(Y)不能上升,那么只有靠自动地或通过紧缩性财政与货币政策使国内吸收(A)下降,货币贬值才可能有效。

如果重新分配收入,减少工资而增加利润,逆差国货币贬值将自动减少国内吸收(因为资本家阶层通常比工薪阶层有更高的边际储蓄倾向)。此外,贬值引起的国内物价上涨降低了公众希望持有的实际现金余额的价值。为恢复实际现金余额的价值,公众必须减少消费支出。最后,上涨的国内价格把人们推入更高的税级,也减少了消费。因为我们不能确定这些自动效果的速度和规模,可能不得不使用紧缩性财政与货币政策来充分削减国内吸收。我们将在下两章中讨论这些问题。

因此,虽然弹性法强调需求一面,并假设经济中存在的闲置要素使出口及进口替代品的额外需求能够得到满足,但吸收法却强调供给一面,并假设该国出口及进口替代品有充足的需求。然而,弹性法与吸收法显然都很重要,必须同时考虑。

自动收入调节机制与吸收法的结合称为转移问题,将在附录 A17.2 节讨论。

17.6　货币调节与自动调节的综合

本节首先考察国际收支失衡的货币调节,然后提出自动的价格、收入与货币调节的综合,接下来考察它们在现实世界中是如何运作的,最后讨论自动调节机制的缺点。

17.6A　货币调节

迄今为止,我们在讨论中一直没有考虑货币调节。然而,当汇率不是自由变动时,国际收支逆差将会减少该国货币供给,因为额外需求的外币是用本币从该国中央银行兑换外汇得来的。在部分储备制下,这一储备损失会导致该国货币供给下降,数量为贸易逆差的一个倍数。除非货币当局冻结或抵消它,否则,货币供给的减少将引起逆差国的利率上升。

逆差国利率上升抑制了国内投资并会减少国民收入（通过乘数过程），引起该国进口下降，这将缩减逆差。而且，利率上升吸引外国资本，从而帮助该国融通逆差资金。顺差国则情况相反。这些国际资本流动与自动收入变动带来的调节，看来确实在金本位制（而不是 16.6B 小节所述的价格—黄金流动机制）下已发生过。

货币供给与收入的减少还将降低逆差国相对于顺差国的物价，这会进一步改善逆差国的贸易顺差。通过国内物价变动的调节，理论上说在金本位制下是最显著、最直接的，但它也出现在其他国际货币制度下。

在第 19 章我们将看到，事实上这种自动货币—价格调节机制本身就能消除贸易逆差与失业，但是要在长期而不是在短期才能实现。下面，我们假设货币供给的变动通过利率与国内物价的变动，在某种程度上影响国际收支。

17.6B　自动调节的综合

我们现在在把一个在收入均衡水平下存在失业与国际收支逆差的国家的自动价格、收入及货币调节综合起来，即提供**自动调节综合**（synthesis of automatic adjustments）。

在自由浮动汇率制度及稳定的外汇市场条件下，该国货币将贬值到逆差被完全消除为止。在有管制的浮动汇率制度下，该国货币当局通常不允许完全消除逆差所要求的充分贬值。在固定汇率制度下（如战后到 1973 年），汇率可能只在所允许的很窄的范围内贬值，从而使大部分国际收支的调节都必须另觅途径。

逆差国的贬值（在允许的程度下）刺激生产与收入，并引起进口上升，因而减少了由贬值带来的贸易差额的部分初始改善。在自由浮动汇率制度下，这只不过意味着如果不存在收入自动变化，消除国际收支逆差所需的贬值幅度会更大。

除了在自由浮动汇率制度下以外，国际收支逆差都将减少该国的货币供给，从而提高其利率。这反过来又减少了逆差国的国内投资与收入，引起进口下降，从而减少逆差。利率的上升还会吸引外国资本，帮助该国融通逆差资金。收入与货币供给的减少还将导致逆差国相对于顺差国的物价下跌，从而进一步改善逆差国的贸易差额。

在固定汇率制度下，多数自动调节归根到底仍来源于上述货币调节，除非该国贬值其货币。相反，在自由浮动汇率制度下，在很大程度上国民经济被认为是与国际收支失衡隔离开来的，而且多数国际收支的调节被看作通过汇率变动起作用的（第 20 章中评价并比较了固定与浮动汇率制度）。

当所有这些自动价格、收入与货币调节都可以进行时，国际收支失衡的调节，甚至在固定汇率制度下也可能或多或少是完全的。问题在于自动调节经常存在严重的缺陷，各国常常使用调节政策来规避这些缺陷。我们将在第 18 章和第 19 章考察这一问题。

在现实世界中，一国自主的扰动（如支出的增加）导致收入、价格、利率、汇率、经常项目及其他变量的改变，而且一国的扰动还会影响其他国家，随后又反作用于该国。在现实世界中很难追溯所有这些效应，因为在不同变量之间存在极为复杂的关系，而且随着时间推移，其他变化和扰动又会发生，再加上各个国家还会采取不同的政策以实现各自的国内与国际目标。

大型计算机开发出来以后，建立了经济的大型模型，它们被用来估计对外贸易乘数，并估计由一国或其他国家支出的自主变动所引起的收入、价格、利率、汇率、经常项目及其他变量的净效应。虽然这些模型非常复杂，根据本章研究的一般原理，它们确实是有效的（见案例研究 17.6）。

案例研究 17.6

相互依赖的世界经济

表 17.6 给出了政府支出的自主增长对该国或国家集团国民生产总值(GNP)、消费价格指数(CPI)、利率、币值及经常项目的影响,以及贸易伙伴的反馈效应,这些模拟结果来自联邦储备局的多国模型。政府支出增长的影响一直要持续很多年,但表 17.6 只给出了政府增加支出后第二年的效应。表中 A 部分显示美国政府支出增加 GNP 的 1%,对美国及 OECD 其他成员国的影响。OECD 是包括世界上所有 24 个最发达国家的经济合作与发展组织。

表 17.6　政府支出增长 GNP 的 1%对第二年经济的预计影响		
A. 美国政府支出增长		
	对美国的效应	对 OECD 其他国家的效应
GNP	1.8%	0.7%
CPI	0.4%	0.4%
利率	1.7%[a]	0.4%
币值	2.8%	—
经常项目	−165 亿美元	89 亿美元
B. OECD 其他国家的政府支出增长		
	对 OCED 其他国家的效应	对美国的效应
GNP	1.4%	0.5%
CPI	0.3%	0.2%
利率	0.6%[a]	0.5%[a]
币值	0.3%	—
经常项目	−72 亿美元	79 亿美元

a＝百分比变化

资料来源: R. Bryant, D. Henderson, G. Holtham, P. Hooper, and S. Symansky, eds., *Empirical Macroeconomics for Interdependent Economics* (Washington, D. C. : Brookings Institution, 1988), p. 21.

表中 A 部分显示了美国政府支出增长 GNP 的 1%(通过乘数过程)会导致美国第二年的 GNP 增长 1.8%。如果时期更长则总效应更大。它同时引起美国物价上涨 0.4%,短期利率上升 1.7 个百分点(如从 4%到 5.7%),美元的国际价格增长 2.8%(升值),美国经常项目余额恶化(−)165 亿美元。美元之所以升值,是因为美国利率上升所导致的资本流入超过了由 GNP 增加导致的进口增加。

表中右上部分显示了因支出与收入增加引起的美国进口增加刺激了 OECD 其他成员国的 GNP 增长 0.7%。这随后导致这些国家物价上涨 0.4%,短期利率上升 0.4 个百分点。美元的升值意味着 OECD 其他成员国货币的贬值,并使其经常项目余额增加了 89 亿美元。OECD 其他成员国的平均贬值未被估计。其经常项目余额的提高小于美国经常项目逆差的增加,是因为美国还有大量进口来自石油输出国组织(OPEC)及欠发达国家(LDCs)。

表中 B 部分显示,OECD 其他成员国政府支出的自主增长导致其平均 GNP 增长 1.4%,物价上涨 0.3%,短期利率上升 0.6 个百分点,货币升值 0.3%,经常项目余额恶化(−)72 亿美元。这些变化对美国也有反馈效应,使其 GNP 增长 0.5%,物价上涨 0.2%,短期利率上升 0.5 个百分点,美国经常项目提高 79 亿美元。世界经济的其他模型也得出了类似的结果(参见 McKibbin,1997;Coeneme et al.,2012)。当今世界各国经济之间强烈的相互依赖还可由美国及其贸易伙伴的其他变化来揭示。

17.6C 自动调节的缺陷

自由浮动汇率的缺陷可能是汇率超调及反复无常的波动。它们干扰了国际贸易的流动(尽管外汇风险经常可以有成本地规避),而且增加了昂贵的调节成本(通过改变国内资源用途及分工模式),这在长期可能是根本不必要的。

在有管制的浮动汇率制度下,可以避免反复无常的汇率波动,但是货币当局可能对汇率进行管理,以保持本币的低估,从而以牺牲他国为代价刺激本国经济(会招致报复)。这种竞争性的贬值("以邻为壑"政策)在两次世界大战之间对国际贸易造成了很大的破坏(参见 21.2B 小节)。

固定汇率制度下贬值的可能性或许会导致不稳定的国际贸易流动,这也是很有破坏性的。固定汇率制度还迫使一国主要依赖货币调节。

自动收入变动也存在严重的缺陷。例如,一个由于收入增加而面临进口自主增长的国家,为了减少贸易逆差,只能降低国民收入。相反,一个处于充分就业水平的国家,面对出口的自主增长,为了消除贸易顺差只能接受国内的通货膨胀。

类似的,为了使自动货币调节起作用,一国的国际收支失衡使其必须被动地允许货币供给变化,从而放弃运用货币政策,以实现无通货膨胀下充分就业这一更重要的目标。基于上述原因,各国宁愿使用调节政策来调节国际收支失衡,而不愿依靠自动机制。

本章小结

1. 收入调节机制依靠逆差国与顺差国国民收入的被动变化来调节国际收支。为了把收入调节机制分离出来,我们首先假设国家在固定汇率制度下运行,所有价格、工资及利率恒定不变。我们还假设国家在非充分就业条件下运行。

2. 在不考虑政府部门的封闭经济中,国民收入均衡水平(Y)等于计划的消费支出(C)加上计划的投资支出(I),即 $Y=C(Y)+I$。等价地,Y_E 存在于 $S=I$ 处。如果 $Y \neq Y_E$,预期支出不等于产出价值,$S \neq I$。结果是非计划的存货投资或负投资,经济趋向 Y_E。I 的增加导致 Y_E 上升,大小为 I 增加量的一个倍数。Y_E 增加量与 I 增加量的比率,称为乘数(k),它是边际储蓄倾向(MPS)的倒数。Y_E 增加引起 S 上升,数量等于 I 的自主增加。

3. 在小型开放经济中,出口(X)与 I 一样,是外生的,即独立于该国收入。相反,进口(M)与 S 一样,依赖于收入。相应于给定的 Y 的变动,M 有一变动,后者与前者之比为边际进口倾向(MPM)。当注入($I+X$)的数量等于漏出($S+M$)时,可决定 Y_E。Y_E 的条件还可改写为 $X-M=S-I$ 或 $I+(X-M)=S$。对外贸易乘数 $k'=1/(\text{MPS}+\text{MPM})$,小于相应的封闭经济乘数($k$)。$I$ 或 X 的自主变动导致 Y_E 变动 k' 倍的 ΔI 或 ΔX。Y_E 的变化引起 S 变动(MPS)(ΔY),M 变动(MPM)(ΔY),但是贸易差额的调节是不完全的。

4. 如果国家不是小型的,则不能忽略国外反馈效应。在一个两国的世界里,国家 1 出口的自主增加来源于并且等于国家 2 进口的自主增加。如果这是以国内产出为代价,它将减少国家 2 的收入与进口,这代表着国家 1 的国外反馈效应,它抵消了部分国家 1 出口的初始自主增长。因此,存在国外反馈效应时,国家 1 的对外贸易乘数和贸易顺差小于无国外反馈效应时的情况,参见式(17-11)。我们还可计算存在国外反馈效应时国家 1 的对外贸易乘数,国家 1 投资自主增加时国家 1 的对外贸易乘数参见式(17-12),国家 2 投资自主增加时国家 1 的对外贸易乘数参见式(17-13)。国外反馈效应解释了经济周期是如何在国际间传递的。

5. 吸收法综合了自动价格和收入调节机制。例如,货币贬值刺激了出口品及进口替代品的国内生产,提高了实际国民收入水平。这引起该国进口增长,抵消了初始贸易差额的部分改善。但是如果该国处于充分就业水平,产出不能增加,那么除非减少实际国内吸收,贬值只会使国内物价上涨,而根本改变不了贸易差额。

6. 当汇率不是自由浮动时,逆差国的货币贬值将调节部分而不是全部逆差。逆差将导致该国货币供给的减少与利率的上升。这会引起投资、收入与进口的下降,从而减少逆差。同时它还会吸引资本流入。另外,货币供给与收入的减少将降低逆差国相对于顺差国的物价,进一步改善前者的贸易差额。所有这些自动调节机制综合在一起,可能会带来完全的国际收支调节,但这种外部平衡是以牺牲内部平衡为代价的。

关键术语

absorption approach	吸收法
average propensity to import, APM	平均进口倾向
closed economy	封闭经济
consumption function	消费函数
desired or planned investment	预期或计划的投资
equilibrium level of national income	均衡国民收入水平
export function	出口函数
foreign repercussions	国外反馈效应
foreign trade multiplier(k')	对外贸易乘数
import function	进口函数
income elasticity of demand for imports(n_Y)	进口需求的收入弹性
investment function	投资函数
marginal propensity to consume, MPC	边际消费倾向
marginal propensity to import, MPM	边际进口倾向
marginal propensity to save, MPS	边际储蓄倾向
multiplier(k)	乘数
saving function	储蓄函数
synthesis of automatic adjustments	自动调节综合

复习题

1. 自动收入调节机制怎样调节一国的国际收支? 为把收入调节机制分离出来,我们令哪些变量保持不变?

2. 什么是封闭经济？什么是预期或计划的投资、消费与储蓄？投资是外生的是什么意思？什么是消费函数、储蓄函数、投资函数？

3. MPC 与 MPS 计算的是什么？

4. 在封闭经济中如何决定国民收入均衡水平？封闭经济中乘数(k)的大小如何决定？

5. 出口是外生的是什么意思？什么是 MPM、APM 及 n_Y？

6. 在小型开放经济中如何决定国民收入均衡水平？对外贸易乘数(k')的值是什么？

7. 当我们说自动收入调节机制带来贸易差额或国际收支的不完全调节时，是什么意思？

8. 外国反馈效应是什么？何时忽略它们是不安全的？

9. 存在外国反馈效应时，国家1出口的自主增长代替了国家2的国内生产，国家1的乘数公式是什么？

10. 国家1投资自主增长的乘数公式是什么？国家2呢？外国反馈效应与国际经济周期有何关系？

11. 什么是弹性法与吸收法？吸收法如何把自动价格与收入调节机制综合起来？

12. 从充分就业开始，如果允许逆差国货币贬值，其贸易差额将会怎样？实际国内吸收如何才能减少？

13. 什么是自动货币调节？它们如何帮助调节国际收支失衡？

14. 在固定或有管制的汇率制度下，如果一国处于非充分就业，所有的自动调节机制如何共同调节其国际收支逆差？每种自动调节机制的缺点是什么？

练习题

1. 给定 $C=100+0.8Y$，自主投资 $I=100$，画图表示国民收入均衡水平。

2. 条件同第1题：

(1) 写出储蓄函数方程。

(2) 以意愿储蓄和投资的形式，画图表示国民收入均衡水平。

3. 根据第1题的条件，并假设自主投资支出从 $I=100$ 增加到 $I'=200$，以总支出的形式，画图表示国民收入新的均衡水平。

4. 根据第2题的条件，并假设自主投资支出从 $I=100$ 增加到 $I'=200$：

(1) 以意愿储蓄和投资的形式，画图表示国民收入新的均衡水平。

(2) 决定乘数值。

*5. 给定 $C=100+0.8Y$，$M=150+0.20Y$，$I=100$，$X=350$：

(1) 用代数方式确定 Y_E。

(2) 用图 17.3 上半部分的形式，画图确定 Y_E。

*6. 条件同第5题，用图 17.3 下半部分的形式表示 Y_E 的确定。

7. 根据第5题和第6题的结果，分别用代数、图表的方式确定有如下自主变化时的均衡 Y_E：

(1) X 增加 200；

(2) I 增加 200；

(3) X 和 I 增加 200。

8. 根据第5题和第6题的结果，分别用代数、图表的方式确定有如下自主变化时的均衡

的 Y_E：

（1）S 减少 100；

（2）M 减少 100；

（3）S 和 M 减少 100。

*9. 假设国家 1 和国家 2 都是大国，从国家 1 国民收入均衡水平及贸易差额平衡开始，给定 $MPS_1 = 0.20$，$MPS_2 = 0.15$，$MPM_1 = 0.20$，$MPM_2 = 0.10$，求在如下条件时国家 1 国民收入的均衡水平及贸易差额的变动。

（1）国家 1 出口自主增长 200，代替国家 2 的国内生产；

（2）国家 1 投资自主增长 200。

10. 国家 2 投资自主增长 200，重复第 9 题的练习。

11. 用 17.4 节例子中的数据重复第 9 题的练习。

12. 根据第 7 题（2）中的结果，画图表示一国从充分就业及贸易逆差状态开始，其货币贬值对于 Y_E 和 $X - M$ 的影响。

13. 在什么条件下，式（17-8）在现实世界中不成立？

14. 说明调节贸易失衡时，自动调节相对于政策调节的优势。

带 * 号练习题的答案

附录

本附录的 A17.1 节给出了存在国外反馈效应时的对外贸易乘数的数学推导，A17.2 节考察了转移问题。

A17.1　有国外反馈效应时对外贸易乘数的推导

为在存在国外反馈效应时推导对外贸易乘数，我们简化符号，令无星号的字母表示国家 1，有星号的字母表示国家 2。另外，令 $s = MPS$，$m = MPM$。

由式（17-9），国家 1 和国家 2 的国民收入均衡水平的变动为

$$\Delta I + \Delta X = \Delta S + \Delta M$$
$$\Delta I^* + \Delta X^* = \Delta S^* + \Delta M^* \tag{17A-1}$$

已知 $\Delta S = s\Delta Y$，$\Delta M = m\Delta Y$，$\Delta S^* = s^* \Delta Y^*$，$\Delta M^* = m^* \Delta Y^*$。我们还知道国家 1 的出口变动（$\Delta X$）等于国家 2 的进口变动（$\Delta M^* = m^* \Delta Y^*$），且国家 2 的出口变动（$\Delta X^*$）等于国家 1 的进口变动（$\Delta M = m\Delta Y$）。将它们代入式（17A-1），可得

$$\Delta I + m^* \Delta Y^* = s\Delta Y + m\Delta Y$$
$$\Delta I^* + m\Delta Y = s^* \Delta Y^* + m^* \Delta Y^* \tag{17A-2}$$

从式（17A-2）可推导出存在国外反馈效应时的对外贸易乘数。我们首先推导国家 1 投资自主增长时，考虑国外反馈效应的情况下，国家 1 的对外贸易乘数，即式（17-12）中的 k^*。因为国家 2 无投资自主增长，$\Delta I^* = 0$。解出式（17A-2）第二个等式中的 Y^*，并代入第一个等式，可得

$$m\Delta Y = s^* \Delta Y^* + m^* \Delta Y^*$$
$$m\Delta Y = (s^* + m^*)\Delta Y^*$$

$$\frac{m\Delta Y}{s^* + m^*} = \Delta Y^*$$

$$\Delta I + m^* \frac{(m\Delta Y)}{s^* + m^*} = s\Delta Y + m\Delta Y$$

$$\Delta I = (s+m)\Delta Y - \frac{(m^* m)}{s^* + m^*}\Delta Y$$

$$\Delta I = \left[(s+m) - \frac{m^* m}{s^* + m^*}\right]\Delta Y$$

$$\Delta I = \left[\frac{(s+m)(s^* + m^*) - m^* m}{s^* + m^*}\right]\Delta Y$$

$$\Delta I = \left[\frac{ss^* + m^* m + ms^* + m^* s - m^* m}{s^* + m^*}\right]\Delta Y$$

$$\frac{\Delta I}{\Delta Y} = \left[\frac{ss^* + ms^* + m^* s}{s^* + m^*}\right]$$

$$\frac{\Delta Y}{\Delta I} = \frac{s^* + m^*}{ss^* + ms^* + m^* s}$$

分子、分母同时除以 s^*，得

$$k^* = \frac{\Delta Y}{\Delta I} = \frac{1 + (m^*/s^*)}{s + m + (m^* s/s^*)}$$

此即 17.4 节中的式(17-12)。

再从式(17A-2)开始，我们可以类似地推导国家 2 有投资自主增长时国家 1 的对外贸易乘数，即式(17-13)中的 k^{**}。因为国家 1 无投资自主增长，$\Delta I = 0$。解出式(17A-2)第一个等式中的 ΔY^*，并代入第二个等式，可得

$$\Delta Y^* = \frac{(s+m)}{m^*}\Delta Y$$

$$\Delta I^* + m\Delta Y = s^* \frac{(s+m)}{m^*}\Delta Y + m^* \frac{(s+m)}{m^*}\Delta Y$$

$$\Delta I^* = \left[s^* \frac{(s+m)}{m^*} + m^* \frac{(s+m)}{m^*} - m\right]\Delta Y$$

$$\Delta I^* = \left[\frac{s^* s + s^* m}{m^*} + \frac{m^* s + m^* m}{m^*} - \frac{mm}{m^*}\right]\Delta Y$$

$$\Delta I^* = \left[\frac{s^* s + s^* m + m^* s}{m^*}\right]\Delta Y$$

$$\frac{\Delta Y}{\Delta I^*} = \frac{m^*}{s^* s + s^* m + m^* s}$$

$$k^{**} = \frac{\Delta Y}{\Delta I^*} = \frac{(m^*/s^*)}{s + m + (m^* s/s^*)}$$

此即 17.4 节中的式(17-13)。

我们现在推导存在国外反馈效应的国家 1 的对外贸易乘数，这是国家 1 出口自主增长取代了国家 2 产出(即在两国总的支出保持不变)时国家 1 的对外贸易乘数。国家 1 出口自主增长与等量的国家 1 投资自主增长，对国家 1 的收入均衡水平有相同的效果，均为式(17-12)中的 $\Delta Y/\Delta I$。国家 2 支出有一等量下降，此下降与国家 2 同等数量的投资减少，对国家 1 的收入均衡水平有相同的效果，均为式(17-13)中的 $-\Delta Y/\Delta I^*$。因此

$$k'' = \frac{\Delta Y}{\Delta X} = \frac{\Delta Y}{\Delta I} - \frac{\Delta Y}{\Delta I^*}$$

也就是说,k''等于式(17-12)减去式(17-13),即式(17-11)。

问题　(1)从式(17A-2)开始,用推导国家 1 的 k^* 与 k^{**} 的方法,推导 k''。(2)存在国外反馈效应时,如果国家 1 的出口自主增长完全等于国家 2 的支出增长,国家 1 的对外贸易乘数是多少?

A17.2　转移问题的再讨论

这里的讨论基于第 12 章附录中转移问题的讨论。在这里重新讨论转移问题,是因为它与自动收入和价格调节机制相关。它所面对的条件是,大而不寻常的资本转移事实上总是伴随付款国的出超及受款国的相等的入超。

人们首次注意到这个问题,是在第一次世界大战后德国准备向法国赔款时,当时在凯恩斯与俄林之间发生了一场关于这个问题的著名争论。更近的一次对转移问题的关注产生于石油进口国与石油出口国之间,原因是 20 世纪 70 年代的石油价格猛增。

为研究转移问题,我们假设付款国与受款国均处于固定汇率制度与充分就业条件下。实际资源的转移仅在付款国或受款国的付款受到影响时才发生。如果财务转移只不过是提出付款国的闲置余额(如闲置银行余额)而存进受款国的闲置余额(储蓄),两个国家的付款都未被改变,因而不存在实际资源的转移。为使实际资源发生转移,付款国的税收必须增加以减少付款,或受款国必须通过减少税收或增加服务来使付款增加。

付款国支出的减少将使其进口下降,而受款国支出的增加将使其进口上升。在一个两国(付款国与受款国)的世界里,这会导致付款国贸易顺差,而受款国有一等量贸易逆差(如果两国在转移之前贸易差额为 0)。只有通过付款国的贸易顺差及受款国相应的贸易逆差,才能发生实际资源的转移。

如果付款国与受款国的 MPM 之和等于 1,则完全的财务转移一定伴随相等的实际资源的转移(通过贸易差额的变动)。在这种情况下,我们说调节是完全的。如果相反,两国 MPM 之和小于 1,则实际资源的转移少于财务转移。在这种情况下,我们说调节是不完全的。如果两国的 MPM 之和大于 1,实际资源的转移(即每个国家贸易差额的净变动)大于财务转移,我们说调节是过度的。最后,如果付款国的贸易差额恶化而非改善(即受款国的贸易差额改善),我们说调节是颠倒的。在这种情况下,实际资源从受款国向付款国转移,而不像要求的那样从付款国向受款国转移。

如果仅靠收入变动的调节是不完全的,则为了完全调节,付款国的贸易条件势必恶化(受款国的贸易条件改善)。付款国的贸易条件恶化将进一步降低其实际国民收入和进口。出口价格相对于进口价格的下降将抑制其进口而鼓励出口,从而进一步完成转移。相反,如果通过收入变动的调节是过度的,付款国的贸易条件一定会改善,才能使调节恰好完全。

例如,假设国家 1 必须转移(即借)1 亿美元给国家 2,在此过程中,国家 1 的收入减少 1 亿美元而国家 2 的收入增加 1 亿美元。如果国家 1 的 MPM＝m＝0.4,而国家 2 的 MPM＝m^*＝0.6,则国家 1 的进口减少 4 000 万美元,而国家 2 的进口(相当于国家 1 的出口)增加 6 000 万美元,国家 1 的贸易差额才能净改善 1 亿美元。因此,转移是完全的,贸易条件无须改变。如果 m＝0.2 而 m^*＝0.5,国家 1 的进口减少 2 000 万美元而国家 2 的进口(国家 1 的出口)增加 5 000 万美元,国家 1 的贸易差额净改善只有 7 000 万美元。国家 1 的国际收支仍有 3 000 万美元逆差(因为资本流出 1 亿美元而贸易顺差 7 000 万美元),我们说转移是不完全的。为完成转移,国家 1 的贸易条件必须恶化,而国家 2 的贸易条件要改善。最后,如果 m＝

0.5 而 $m^* = 0.7$,则国家 1 的贸易差额将提高 1.2 亿美元,调节就过度了。为使调节恰好完全,国家 1 的贸易条件必须充分改善。

在现实世界中,我们可以预期,$m + m^* < 1$,仅靠收入变动的调节是不完全的。调节的"次级负担"落在了贸易条件上;也就是说,为了完成转移,付款国的贸易条件一定会恶化(受款国的贸易条件将改善)。

问题　讨论 20 世纪 70 年代石油价格猛增引起的转移是如何完成的。20 世纪 80 年代发生了什么情况?

第 **18** 章

开放经济宏观经济学：调整政策

学习完本章后,你应当能够:

- 理解在固定汇率和浮动汇率制度下,一国可以如何通过财政政策和货币政策实现内外部均衡
- 理解实现内外部均衡过程中的困难和经验
- 理解通过直接控制实现内外部均衡的缺陷

18.1　引言

　　本章考察旨在实现保持物价稳定和国际收支均衡的同时使社会达到充分就业的调整政策。调整政策的出现是由于前两章所讨论的自动调整机制存在严重的负面影响(见 17.6C 小节)。促使研究重点从自动调整机制转移到政策调整的经济学家是詹姆斯·米德(James Meade)。

　　对于一国政府来说,最重要的经济目标是:(1)内部均衡;(2)外部均衡;(3)合理的经济增长;(4)收入的公平分配;(5)充分的环境保护。**内部均衡**(**internal balance**)是指充分就业或年失业率不高于 4‰～5‰(即在改变工作的过程中出现的摩擦性失业),并且每年的通货膨胀率不高于 2‰或 3‰。**外部均衡**(**external balance**)是指国际收支均衡(或者是意愿的暂时性失衡)。例如,一国政府为了充实其消耗殆尽的外汇储备而需要有些国际收支盈余)。一般情况下,政府优先考虑内部均衡,其次才是外部均衡,但是有时当政府面临持续的、严重的对外失衡时,将不得不优先考虑外部均衡。

　　为了实现上述目标,一国政府有以下政策工具可供支配:(1)支出—改变政策或需求政策;(2)支出—转换政策;(3)直接控制。**支出—改变政策**(**expenditure-changing policy**)包括财政政策和货币政策。财政政策是指调整政府支出或税收,或者两者同时改变,如果政府增加支出或减少税收,财政政策就是扩张性的。这些行为通过乘数效应(与国内投资或出口

增加的情形一样)增加国内产出和收入并导致进口增加(取决于该国的边际进口倾向)。紧缩性的财政政策是指减少政府支出或增加税收,这两者都会减少国内产值和收入并导致进口减少。

引入政府部门意味着式(17-6)[为了方便参照,下面再次列出为式(18-1)]的均衡条件必须被扩展为式(18-2),G 表示政府采购,T 表示税收。

$$I + X = S + M \tag{18-1}$$

$$I + X + G = S + M + T \tag{18-2}$$

政府采购(G)与投资(I)、出口(X)一样是系统的注入,而税收(T)与储蓄(S)、进口(M)一样是系统的输出。式(18-2)也可以写成

$$(G - T) = (S - T) + (M - X) \tag{18-3}$$

这是假设政府预算赤字($G>T$)可以通过储蓄(S)超出投资(I)或进口(M)超出出口(X)的部分来弥补(参见案例研究 18.1)。扩张性的财政政策是指通过增加 G 或减少 T 或者同时采用两种方法来扩大政府预算赤字($G-T$),紧缩性的财政政策与之相反。

案例研究 18.1

7 国集团政府、私人部门和经常项目余额

表 18.1 给出了 1996—2000 年 7 国集团的平均政府余额($G-T$)、私人部门余额($S-I$)及贸易或经常项目余额($X-M$)占 GDP 的百分比以及这些项目在 2001 年的值。从表中可以看出这些数值基本满足式(18-3)(稍微改写过)。举例来说,2001 年美国 $T-G=0.6$(预算盈余)。所以 $G-T=-0.6$ 等于 $S-I=-4.7$ 加上 $M-X$ 或减去 $X-M=-(-4.1)=+4.1$。所以,$-0.6=-4.7+4.1$。该表显示 1996—2001 年日本在 7 国集团中预算赤字、私人部门和经常项目盈余都是最高的,而美国的私人部门和经常项目赤字最高。

表 18.1 1996—2001 年 7 国集团政府、私人部门及经常项目余额占 GDP 的百分比 %					
国家	政府余额		私人部门余额		经常项目余额	
	1996—2000 年平均	2001 年	1996—2000 年平均	2001 年	1996—2000 年平均	2001 年
美国	−0.1	0.6	−2.7	−4.7	−2.7	−4.1
日本	−5.6	−6.4	7.9	8.5	2.3	2.1
德国	−1.7	−2.5	1.2	1.8	−0.6	−0.7
英国	−0.6	1.1	−0.6	−2.9	−1.2	−1.8
法国	−2.6	−1.5	4.7	3.0	2.2	1.6
意大利	−2.9	−1.4	4.6	1.5	1.6	0.1
加拿大	0.5	2.8	−0.4	0.9	0.1	3.7

资料来源:Organization for Economic Cooperation and Development,*Economic Outlook*(Paris:OECD,December 2001). p. 134.

注意,13.6 节中的式(13-2)[$(M-X)=(G-T)+(I-S)$]只不过是式(18-2)的代数重构,($M-X$)被移到了公式的左侧。

货币政策涉及一国货币供给的变化,这将影响国内的利率。如果一国的货币供给增加,利率下降,则货币政策是宽松的。宽松的货币政策会提高该国的投资和收入水平(通过乘数效应),并且使进口增加。同时,利率的降低导致短期资本外流或短期资本流入减少。反之,紧缩的货币政策是指一国货币供给减少,利率上升。这将阻碍投资收入和进口的增长并将引起短期资本流入,或流出减少。

支出—转换政策(expenditure-switching policy)是指汇率调整(如货币贬值或升值)。货币贬值把消费从国外转向国内并可用于调节国际收支中的赤字。但它也使国内产值增长并由此引起进口增加,这将抵消一部分贸易均衡中原本的改善。升值把消费从国内转向国外产品,可用于调节国际收支的盈余。这也将减少国内产值,相应地减少进口,从而抵消一部分升值的影响。

直接控制(direct controls)包括关税、配额及对于国际贸易和资本流动的其他限制,这些也属于支出—转换政策,但它们可用于特别的国际收支项目(与贬值和升值不同,它们是综合政策,可同时应用于所有项目)。当其他政策失效时,表现为价格和工资的直接控制可用于缓解国内通货膨胀。

面对可供支配的多重目标和多种政策工具,政府必须选择合适的政策来完成每一个目标。根据 1969 年诺贝尔经济学奖获得者丁伯根(Tinbergen)的理论,政府需要的有效政策工具的数目通常与其独立的目标的数目大体相同。即如果政府有两个目标,它就需要两个政策工具;如果它有三个目标,就需要三个政策工具,依此类推。有时一个政策工具应用于一个特别的目标时可能有助于政府接近另一个目标,当然,也可能更大地偏离第二个目标。例如,为减少国内失业率而采取的扩张性的财政政策也可以减少国际收支的盈余,但它将增加赤字。

根据蒙代尔(Mundell)的**有效市场分割理论**(principle of effective market classification),既然每一个政策都同时影响一国的内外部均衡,那么每一个政策都应用于它最为有效的目标是非常重要的。我们将在 18.6A 小节看到如果一个国家不遵循这一原则,它将远离内外部均衡。

在 18.2 节中,我们将分析如何运用支出—改变和支出—转换政策实现内外部均衡。18.3 节介绍了用来定义商品市场、货币市场和国际收支的均衡的新的分析工具。18.4 节运用这些新的工具检验在固定汇率制度下实现内外部均衡的方法。18.5 节运用这些新的工具检验在浮动汇率制度下实现内外部均衡的方法。18.6 节提出并评估了所谓的分配问题,即财政政策与货币政策如何必须被用来实现内外部均衡的问题。在 18.6B 小节,我们假设在实现充分就业之前,国内价格保持不变。18.7 节分析了直接控制。在附录中,我们将归纳在商品市场、货币市场和国际收支中实现均衡的条件,并对这些新的分析工具做一个数学的归纳。

18.2 支出—改变与支出—转换政策下的内外部均衡

本节我们将考察一国可以如何通过支出—改变与支出—转换政策同时获得内外部均衡。为简单起见,我们假设国际资本流动为零(这样一国的国际收支就等于该国的贸易差额)。我们还假设在总需求达到充分就业水平的产出之前,价格一直保持不变。下一节我们将放松无国际资本流动的假设,而 18.6B 小节将放松在达到充分就业水平前不会有通货膨胀的假设。

在图 18.1 中,纵轴表示汇率(R)。R 的增长为贬值,R 的下降为升值。横轴表示真实的国内消费,或吸收(D)。除了国内消费与投资外,D 还包括政府支出(这可以通过财政政策进行调节)。

EE 曲线显示了外部均衡状态下,汇率和真实消费或吸收的各种组合。EE 曲线斜率为正,因为 R 上升(由于货币贬值)有助于改善国际贸易差额(如果满足马歇尔—勒纳条件),并且必然伴随真实的国内吸收(D)的增长。这将促使进口充分增长以保持贸易差额的平衡和外部均衡。例如,从 EE 曲线上的 F 点出发,一国要维持外部均衡(EE 曲线上的 J' 点),R 从 R_2 增长到 R_3,必然有 D 从 D_2 增长到 D_3。如果 D 增长过小,将导致国际贸易顺差;如果 D 增长过大,将导致国际贸易逆差。

YY 曲线则显示了内部均衡状态下汇率(R)与国内吸收(D)的各种组合(如充分就业与价格稳定)。YY 曲线向下倾斜,因为 R 下降(由于货币贬值)导致贸易差额恶化,一国要维持内部均衡,必须提高国内消费。例如,从 YY 曲线上的 F 点出发,R 从 R_2 减小到 R_1 必然有 D 从 D_2 增长到 D_3,以维持内部均衡(YY 曲线上的 J 点)。D 的增长过小将导致失业,而增长过大将使需求过大并产生通货膨胀。

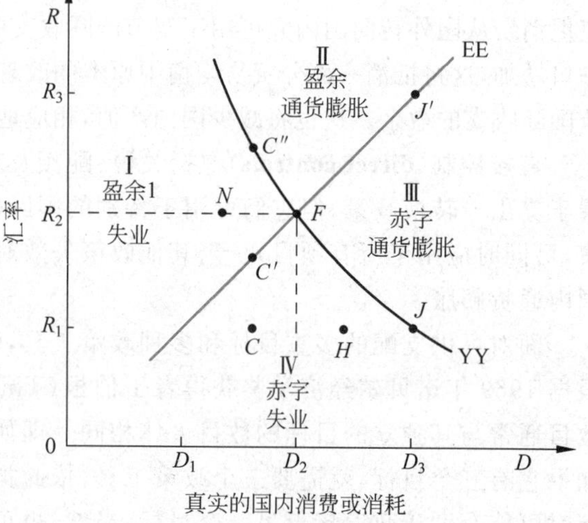

在图 18.1 中,我们看到只有在 F 点(R_2 和 D_2),即 EE 曲线和 YY 曲线的交点,政府可以同时实现内外部均衡。EE 曲线以上的点代表对外盈余,以下的点代表对外赤字;同时,YY 曲线以下的点代表失业,以上的点代表通货膨胀。我们可以定义以下四个区域的内外部不均衡的情况。

图 18.1　斯旺曲线

EE 曲线上的点表示外部均衡,曲线左边的点表示对外顺差,右边的点表示逆差。YY 曲线上的点表示内部均衡,曲线左边的点表示失业,右边的点表示通货膨胀。EE 曲线和 YY 曲线相交构成了内外部不均衡的四个区域,有助于我们探讨可以同时达到内外部均衡 F 点的正确的政策组合。

区域Ⅰ:对外盈余与内部失业;

区域Ⅱ:对外盈余与内部通货膨胀;

区域Ⅲ:对外赤字与内部通货膨胀;

区域Ⅳ:对外赤字与内部失业。

从图形中,我们现在可以确定为达到 F 点而需要的支出—改变和支出—转换政策的组合。例如,从 C 点(赤字和失业)出发,汇率(R)和国内吸收(D)都需要增长到 F 点。如果只有 R 增长,该国可以达到外部均衡(EE 曲线上 C' 点),或者 R 进一步增长达到内部均衡(YY 曲线上的 C'' 点),但它不能同时达到内外部均衡。同样,如果只有国内消费水平增长,该国可以达到内部均衡(YY 曲线上的 J 点),但是这将产生对外赤字,因为该国位于 EE 曲线以下。值得注意的是尽管 C 点和 H 点都位于Ⅳ区域,要达到 F 点(见图 18.1),C 点需要国内吸收增加,而 H 点需要国内吸收减少。

即使该国已经处于内部均衡,即位于 YY 曲线上的 J 点,仅仅通过贬值即可使其达到 EE 曲线上的 J' 点,但是该国会面临通货膨胀问题。因此,要实现两个目标,通常需要两个政策。只有当一国恰巧直接穿过,或者恰好在 F 点的垂直方向上时,该国才可以只通过单一的政策工具就达到 F 点。例如,一国仅仅通过增加国内吸收从 D_1 增长到 D_2,即可从 N 点达到 F 点。理由是国内吸收的增长(在汇率不变的情况下)可以使进口增加一定的数量以消除原有的顺差。但这是比较特殊的情况。对应图 18.1 中的四个区域,支出—改变和支出—转换政策如何正确组合留作章末习题。为了纪念提出它的澳大利亚经济学家特雷弗·斯旺(Trevor

Swan)，图 18.1 被称为斯旺曲线。

在"二战"结束至 1971 年盛行的固定汇率制度下，发达国家一般不愿意使其货币贬值或升值，即使它们处于一种基本的失衡状态时也是如此。顺差国享受盈余的声望和储蓄的增长；逆差国则把贬值看作软弱的表现并且担心它将引起国际资本的动荡（参见第 21 章）。因此，一国只能通过使用支出—改变政策实现内外部均衡。在蒙代尔提出使用财政政策实现内部均衡、使用货币政策获得外部均衡之前，这一直是一个严重的理论问题。因此，即使没有支出—转换政策，一国也可以在理论上同时实现内外部均衡。

18.3　商品市场、货币市场与国际收支均衡

本节介绍蒙代尔—弗莱明模型（**Mundell-Fleming model**），说明在汇率不变的条件下如何运用财政与货币政策实现内外部均衡。为此，我们需要一些新的分析工具。本节对这些分析工具的介绍是直观的，附录中给出了精确推导。这里给出的直观介绍对于我们的目的已经足够了，没有必要深究附录去理解本章以外的东西。本章提出的工具在下一章进一步分析时将继续应用。

新的分析工具可以用三条曲线来表示：IS 曲线，表示商品市场均衡时所有点的连线；LM 曲线，表示货币市场均衡时所有点的连线；BP 曲线，表示国际收支均衡时所有点的连线。现在假定短期资本对国际利差是敏感的。事实上，正是这一假定让我们能够将财政政策与货币政策分割开来，依靠财政政策实现内部均衡，依靠货币政策实现外部均衡。

图 18.2 给出了 IS、LM 和 BP 曲线。**IS 曲线**（**IS curve**）表示商品市场均衡时利率（i）与国民收入（Y）的各种组合。只要商品与服务的需求等于供给，或注入部分等于漏出部分，商品市场就是均衡的，正如式（18-2）所显示的。投资水平（I）现在被认为与利率（i）成反比。即利率越低（借资金投资），投资（与国民收入，通过乘数效应）越大。与第 17 章一样，储蓄（S）和进口（M）是国民收入（Y）的增函数，随 Y 的增加而增加。一国的出口（X）、政府支出（G）和税收（T）被认为是 Y 的外生变量或独立变量。记住这些之后，让我们来分析为什么 IS 曲线的斜率是负的。

利率 $i=5.0\%$ 和国民收入 $Y_E=1\,000$ 决定了商品市场的均衡点（IS 曲线上的 E 点）。IS 曲线斜率为负是因为如果利率降低，投资水平会增加，国民收入水平也会随之提高，从而导致储蓄与进口增长。这样储蓄与进口会再一次与增加的投资（和稳定的出口）相等。在该点，一国的商品市场再次处于均衡状态。出口、政府支出

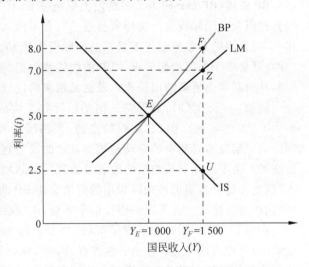

图 18.2　货币市场、商品市场与国际收支均衡

IS、LM 和 BP 曲线分别表示商品市场、货币市场与国际收支处于均衡状态时利率和国民收入的各种组合。IS 曲线斜率为负，是因为降低利率（则投资增加）必然伴随着由于商品与服务需求和供给的增加而导致收入的增加（并且有储蓄和进口的增加）。LM 曲线斜率为正，是因为收入越高（货币的交易需求越大）必然伴随着由于货币的需求数量必须与供给相等，利率升高（货币的投机需求减少）。BP 曲线斜率也为正是因为一国要保持国际收支的平衡，国民收入（与进口）越高，则利率（与资本的流动）也随之升高。所有的市场在 E 点达到均衡，IS、LM 和 BP 曲线在该点相交时，$i=5.0\%$，$Y_E=1\,000$。然而，$Y_E<Y_F$。

和税收由于是外生变量,不受国民收入水平提高的影响,因此,一国的商品市场在 $\Delta I = \Delta S + \Delta M$ 时恢复均衡。例如,当 $i=2.5\%$ 时,投资必须高于 $i=5.0\%$ 的水平,并且国民收入必将处于 $Y_F = 1\,500$(充分就业的收入水平)以保持商品市场的均衡(IS 曲线上的 U 点)。$Y < 1\,500$ ($i=2.5\%$)时,将会出现失业;$Y > 1\,500$ 时,将会出现通货膨胀。

LM 曲线(LM curve)表示利率(i)与国民收入(Y)在货币需求等于既定或固定的货币供给时的各种组合,此时货币市场是均衡的。货币需求的目的是交易与投机。**货币的交易需求(transaction demand for money)**由为支付到期的商业付款而持有的流动余额构成。货币的交易需求与国民收入成正比。也就是说,当国民收入增加时,由于交易量变大,流动的货币余额也随之增加(一般是等比例的)。**货币的投机需求(speculative demand for money)**的出现是由于人们愿意持有货币而不愿意持有生息的证券,因为持有现金可以避免证券价格下跌的风险。进一步说,持有现金可以使持有者享有在将来抓住(金融)投资机遇的好处。然而,利率越高,货币的投机或流动需求就越低,因为持有现金的成本(损失的利息)变高。

$i=5.0\%$,$Y_E = 1\,000$ 时,货币的交易需求加投机需求等于给定的货币供给量,这样,货币市场达到均衡(LM 曲线上的 E 点)。LM 曲线斜率为正是因为利率(i)越高,货币的投机需求就越低。只有国民收入提高才会有更多的可用于交易的货币供给。例如,$i=7.0\%$ 时,国民收入必须为 $Y_F = 1\,500$(在 LM 曲线上的 Z 点),以保证货币市场的均衡。$Y < 1\,500$($i=7.0\%$)时,货币的需求低于货币的供给;而 $Y > 1\,500$ 时,需求高于供给。注意:LM 曲线是在假设货币当局保持该国货币供给不变的条件下推导出来的。

BP 曲线(BP curve)表示在给定汇率条件下,利率(i)与国民收入(Y)处于国际收支均衡时的各种组合。国际收支均衡即贸易逆差与资本流入的数量相等,贸易顺差与资本流出的数量相等,或者零的贸易差额伴随着零的国际资本流动。在 BP 曲线上的 E 点,$i=5.0\%$ 和 $Y_E = 1\,000$ 就是处于外部均衡的点。BP 曲线斜率为正,是因为利率越高,资本流入越多(或流出越少),从而必须由更高的国民收入及由此带来的进口增加来平衡,才能保持国际收支均衡。

例如,$i=8.0\%$ 时,要保持一国的国际收支均衡(BP 曲线上的 F 点),国民收入必须位于 $Y_F = 1\,500$ 的水平。在 BP 曲线的左边,该国国际收支出现顺差,在右边国际收支出现逆差。国际间短期资本对利率的变动越敏感,BP 曲线就越平坦。BP 曲线是基于汇率稳定这一假设绘制的。由于国际贸易差额的改善及为保持国际收支的均衡需要更低的利率和更小的资本流入(或更大的资本流出),一国货币的贬值会使 BP 曲线向下移动。相反,一国货币的升值会使 BP 曲线向上移动。由于我们假设汇率不变,BP 曲线不会变动。

在图 18.2 中,同时处于商品市场、货币市场和国际收支均衡的唯一的点是 E 点,即 IS、LM 和 BP 曲线的交点。注意:在该点,$Y_E = 1\,000$ 低于充分就业的国民收入水平 $Y_F = 1\,500$。值得注意的另一点是,BP 曲线不一定要穿过 IS-LM 的交点。在那种情况下,商品和货币市场同时处于均衡,而国际收支则并非如此。然而,像 E 这样的点,一国同时处于三个市场的均衡状态,是一个很方便的起点,可以用来探讨一国如何通过合适的财政和货币政策组合达到充分就业的国民收入水平(并保持外部均衡),同时保持汇率不变。

18.4 在固定汇率制度下实现内外部均衡的财政和货币政策

本节首先讨论财政政策对 IS 曲线的影响以及货币政策对 LM 曲线的影响,然后从外部均衡与失业(图 18.2 中的 E 点),或者从失业与国际收支逆差的状况出发,并且假设资本流动具有充分弹性，说明如何利用财政和货币政策实现内外部均衡。

18.4A　从外部均衡与失业出发的财政和货币政策

扩张性的财政政策表现为政府支出增加或税收降低（这会使私人消费增加）使 IS 曲线右移，以便在一个更高的国民收入水平下，商品市场在每一利率下都是均衡的。紧缩性的财政政策则使 IS 曲线左移。增加一国的货币供给的宽松的货币政策使 LM 曲线右移，说明在每一利率下，国民收入水平必须提高以吸收货币供给的增加部分。相反，紧缩性的货币政策减少一国的货币供给使 LM 曲线左移。财政和货币政策不会直接影响 BP 曲线，由于我们在这里假设汇率固定，BP 曲线保持不变（即 BP 曲线不发生移动）。

图 18.3 表明图 18.2 所表示的一国通过扩张性的财政政策和紧缩性的货币政策可以达到充分就业的国民收入水平或内部均衡并保持外部均衡。其中扩张性的财政政策使 IS 曲线向右移至 IS′，紧缩性的货币政策使 LM 曲线向左移至 LM′，虚线 IS′ 和 LM′ 与 BP 相交于充分就业的收入水平 $Y_F = 1\ 500, i = 8.0\%$（F 点）。也就是说，当利率上升到 $i = 8.0\%$ 时，由于国民收入增加（引发进口的增长）而恶化的贸易差额可以由相等的资本流入增加（资本流出减少）所抵消以保证国际收支均衡。

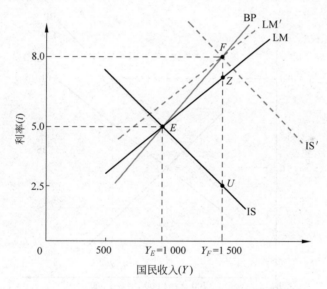

图 18.3　从失业和外部均衡出发的财政和货币政策

从处于失业和对外均衡的 E 点出发，一国通过实施扩张性的财政政策和紧缩性的货币政策并保持汇率固定，能够达到对外均衡和充分就业的国民收入水平 $Y_F = 1\ 500$。扩张性的财政政策使 IS 曲线向右移到 IS′，紧缩性的货币政策使 LM 曲线向左移到 LM′。三个市场在 F 点处于均衡，在该点，IS′、LM′ 曲线与未发生变动的 BP 曲线相交，交点为 $i = 8.0\%$，$Y_F = 1\ 500$。

一国可以通过宽松的货币政策使 LM 曲线右移，在 U 点与 IS 曲线相交，从而达到充分就业的国民收入水平。然而，在 U 点，利率是 $i = 2.5\%$（低于 E 点，$i = 5.0\%$），并且由于收入增长而恶化的贸易差额与由于利率下降而减少的资本流入（或增大的资本流出），将产生巨大的国际收支逆差。作为一种选择，一国可以通过扩张性的财政政策达到充分就业的国民收入水平，IS 曲线右移，在 Z 点与 LM 曲线相交。Z 点的利率高于 E 点，因此恶化的贸易差额将伴随增加的资本流入（或减少的资本流出）。然而这种增加的资本流入或减少的资本流出并不足以避免一国的国际收支逆差（由于 Z 点位于 BP 曲线的右边）。

为了达到 $Y_F = 1\,500$ 的充分就业的国民收入水平,并且实现国际收支均衡,该国应该推行一种更有力的扩张政策,使 IS 曲线移到 BP 曲线上的 F 点,而不是 LM 曲线上的 Z 点(见图 18.3)。图中所示的紧缩性的货币政策使 LM 曲线移到 LM′,然而也抵消了一部分由 IS′曲线所示的扩张性的财政政策的作用,同时使该国利率上升到对外均衡要求的 $i = 8.0\%$。因此,该国要同时实现内外部均衡,需要实行两个抵触的政策(扩张性的财政政策和紧缩性的货币政策)。

18.4B   从对外赤字与失业出发的财政和货币政策

如图 18.4 所示,IS 与 LM 曲线相交于 E 点(与图 18.2 和图 18.3 相同),但 BP 曲线则不过该点。即 $i = 5.0\%$ 和 $Y_E = 1\,000$ 时,国内经济是处于均衡的(非充分就业),但此时由于 E 点位于 BP 曲线上 B 点的右边,该国面临国际收支赤字。也就是说,外部均衡要求国民收入在 $i = 5.0\%$ 时达到 $Y = 700$(BP 曲线上的 B 点)。既然 $Y_E = 1\,000$,则该国在其国际收支账户上的赤字等于国民收入的超出部分 $300(1\,000 - 700)$ 乘以边际进口倾向。如果 $MPM = 0.15$(与第 17 章相同),该国的国际收支赤字就是 $300 \times 0.15 = 45$(假设不存在国外反馈效应;如果存在国外反馈效应,国际收支赤字会低于这个数字)。$Y_E = 1\,000$ 时,利率必须为 $i = 6.5\%$(BP 曲线上的 B' 点),因为为了保持国际收支均衡,资本流入必须大于 45(或资本流出小于 45)。

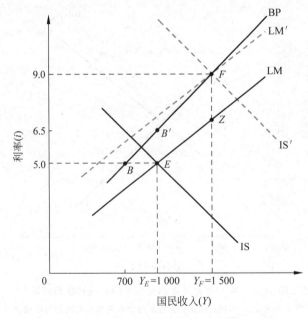

图 18.4   从失业与对外赤字出发的财政和货币政策

从失业与对外赤字的 E 点出发,一国在保持汇率不变的条件下可以通过使 IS 曲线右移到 IS′的扩张性的财政政策和使 LM 曲线左移到 LM′的紧缩性的货币政策达到充分就业的国民收入水平 $Y_F = 1\,500$ 和外部均衡。三个市场在 F 点同时处于均衡,其中 $i = 9.0\%$,$Y_F = 1\,500$。由于原本存在对外赤字,国家现在需要一个比图 18.3 更高的利率来实现外部和内部均衡。

从 E 点出发,在该点国内经济在国内失业和国际收支出现赤字(如果 $MPM = 0.15$,逆差为 45)时处于均衡,一国可以通过扩张性的财政政策和紧缩性的货币政策达到充分就业的产出水平 $Y_E = 1\,500$ 和外部均衡,其中扩张性的财政政策使 IS 曲线右移到 IS′,紧缩性的货币政策使 LM 曲线左移到 LM′,这样虚线 IS′和 LM′在 $i = 8.0\%$、$Y_F = 1\,500$(图中的 F 点)与保持不变的 BP 曲线相交。需要指出的是,在这种情况下,一国要实现外部均衡,利率必须从 $i = 5.0\%$ 上升到 $i = 9.0\%$ 而不是 $i = 8.0\%$(见图 18.3)。

18.4C　弹性资本流动下的财政、货币政策

从前面的讨论中,我们可以知道通过适当的扩张性的财政政策和紧缩性的货币政策可以扭转国内失业和国际收支赤字状况,实现内外部均衡。然而如图 18.4 所示,之所以要采取紧缩性的货币政策是因为 BP 曲线比 LM 曲线陡峭并且在充分就业的国民收入水平(Y_F)处位于 LM 曲线的左边。这表示国际资本流动受国际间利差变化的影响不大。

然而,当前工业国之间消除了全部或大多数国际资本流动的限制,BP 曲线与图 18.4 中相比变得更平坦,并且在充分就业的国民收入水平处位于 LM 曲线的右边(见图 18.5)。在这种情况下,存在国内失业和国际收支逆差(B 点位于 E 点上方)的一国从 E 点出发,应该通过推行扩张性的财政政策使 IS 曲线移至 IS′,推行宽松性的货币政策使 LM 曲线移至 LM′,这样 IS′ 和 LM′ 曲线与保持不变的 BP 曲线相交于 F 点,该点 $i=6.0\%$,$Y_F=1\,500$,此时该国同时处于内外部均衡。与以前相比,目前的国际资本流动更有弹性,因此利率不需从 $i=5.0\%$ 上升到 $i=9.0\%$(见图 18.4)而仅需从 $i=5.0\%$ 上升到 $i=6.0\%$。因此,为了缓解国内失业和对外赤字,一国要根据 BP 曲线在充分就业的国民收入水平处是位于 LM 曲线的左边还是右边(即根据资本流动对利率变化的反应),分别采取扩张性的财政政策和紧缩性或宽松的货币政策组合来实现内外部同时均衡。

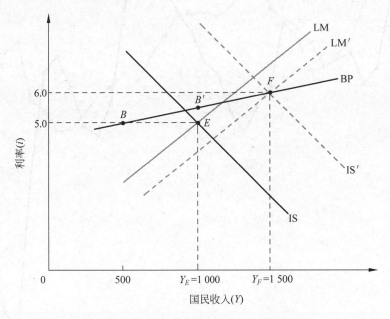

图 18.5　弹性资本流动下的财政和货币政策

从存在国内失业和对外赤字的 E 点出发,通过推行扩张性的财政政策使 IS 曲线向右移至 IS′,推行宽松的货币政策使 LM 曲线向右移至 LM′,能够使该国达到对外部均衡下充分就业的国民收入水平 $Y_F=1\,500$,同时保持汇率固定。在 F 点($i=6.0\%$,$Y_F=1\,500$),即 IS′ 及 LM′ 曲线与保持不变的 BP 曲线的交点,三个市场同时达到均衡。

可以绘制一个类似图 18.4 或图 18.5 的图来表示内部和外部不均衡的其他组合,起点是在外部均衡和固定汇率水平下为达到充分就业和均衡国民收入所需要的正确的财政和货币政策。这种分析方法非常重要,不仅可以用来检验"二战"后到 1971 年盛行的固定汇率制度的运作情况,还可以用来考察欧盟各国在向使用共同货币(1999 年 1 月推出欧元)转变的过程中寻求稳定汇率的经验。对很多仍采用汇率与发达国家货币和特别提款权(SDRs)挂钩的发展中

国家来说,运用这一方法进行分析也是必要的。这种分析对于美国、日本、加拿大及欧盟(采用欧元后)通过减少国际资本流动来管理其外汇也很重要。案例研究 18.2 考察了 1980 年以来美国经常项目与预算赤字之间的关系。

案例研究 18.2

美国经常项目与预算赤字之间的关系

图 18.6 显示了 1980—1989 年(1984 年除外)、2001—2003 年和 2011—2014 年美国经常项目赤字和预算赤字(所有政府支出超过所有税收的部分)以占国内生产总值百分比的形式同

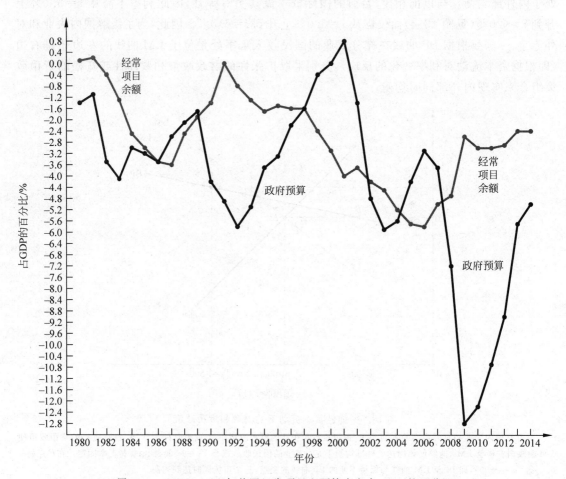

图 18.6　1980—2014 年美国经常项目和预算赤字占 GDP 的百分比

1980—1989 年(1984 年除外)、2001—2003 年和 2011—2014 年,美国经常项目赤字和预算赤字以 GDP 百分比的形式呈现完全类似的变化,但是在其他年份两者变化方向相反。

资料来源:OECD, *Economic Outlook* (Paris:OECD,June 2015);D. Salvatore,"Twin Deficits in the G-7 Countries and Global Structural Imbalances," *Journal of Policy Modeling*, September 2006,pp. 701-712;and D. Salvatore, "Global Imbalances," *Princeton Encyclopedia of the World Economy* (Princeton,N. J.:Princeton University Press, 2008),pp. 536-541.

方向增加或减少(因此它们常被称为双子赤字)。然而,这并不能推出,预算赤字可以充分解释或导致经常项目赤字,因为还有其他因素同时发生作用,如美国与其他国家不同的储蓄率、通货膨胀率和经济增长率以及税收、利率和汇率的不同预期。从式(18-3)我们可以看出仅当$(S-I)$保持不变时,$(X-M)$和$(G-T)$才会同时变化。事实上,1989—2001 年和 2003—2011 年,美国经常项目余额和预算赤字就呈反方向变化,前者上升而后者下降,反之亦然。2009 年美国预算赤字达到历史最高值(GDP 的 12.8%),而 2006 年美国经常项目赤字达到历史最高值(GDP 的 5.8%)。

18.4D　资本完全流动下的财政与货币政策

在图 18.7 中,我们回到三个市场在 E 点同时处于均衡的初始均衡条件(见图 18.2 和图 18.3),但是国际资本流动具有完全弹性(因此 BP 曲线是水平的,在世界市场上 $i=5\%$)。这意味着一个小国在 $i=5.0\%$ 时可以借入或贷出所需的任何数额的货币。这一条件对于西欧的小国尤为重要,因为 20 世纪八九十年代那里的资本市场通过欧洲货币市场被高度一体化了。在这种极特殊的情况下,一个小国通过适当的财政政策而不需要任何货币政策就可以达到充分就业的国民收入水平,并保持国际收支平衡。实际上,在这个具有完全弹性的国际资本流动和固定汇率制度的世界里,货币政策将完全失效,这将在下面证实。

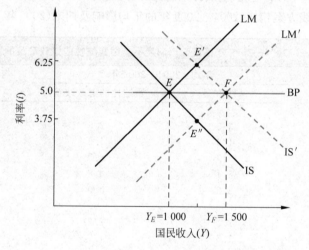

图 18.7　资本完全流动与固定汇率下的财政和货币政策

从国内失业和外部均衡的 E 点出发,在资本完全流动和固定汇率条件下,一国可以通过扩张性的财政政策达到充分就业的国民收入水平 $Y_F=1\,500$,扩张性的财政政策使 IS 曲线向右移到 IS′,并且因为该国无法抵消资本流入,LM 向右移到 LM′。

从图 18.7 中的 E 点出发,一个小国应该推行扩张性的财政政策,这使 IS 曲线向右移至 IS′,使其在 $Y_F=1\,500$ 的 F 点与水平的 BP 曲线相交。虚线 IS′ 与保持不变的 LM 曲线在 E' 点相交表明该国有利率上升至 $i=6.25\%$ 的趋势。然而,因为 $i=5.0\%$ 时,对于这个小国来说,国际资本是完全流动的,国外资本将会涌入该国,这将增加该国的货币供给(随着外币被兑换为本币),使 LM 曲线移至 LM′。结果,IS′ 与 LM′ 曲线在水平的 BP 曲线上相交于 F 点,在该点 $i=5.0\%$,$Y_F=1\,500$,此时该国同时处于内外部均衡。在这种情况下,对于一个小国,在 LM 移到 LM′ 前阻止其货币供给的增长是不可能的。只有在那时资本的流入才会停止,该国的货币供给才会稳定(在给定的 LM′的水平下)。

如果这个小国想要通过宽松的货币政策达到 F 点,将使 LM 曲线向右移到 LM′,利率将会下降至 $i = 3.75\%$(图中的 E″点)。这将导致资本外流,从而使该国的货币供给减少到最初的水平,并且使 LM′移到最初的 LM 的位置。如果该国试图消除资本外流对其货币供给的影响,它不久就会耗光其外汇储备,并且资本的外流会持续到该国的货币供给减少到最初的 LM 的位置。因此,固定汇率下,货币政策在高度弹性的资本流动条件下是完全无效的,这正是现今世界资本市场高度一体化的许多小国所面临的情况。案例研究 18.3 考察了美国财政政策的影响及其对欧盟和日本产生的反馈效应。

案例研究 18.3

美国财政政策对美国及海外的影响

表 18.2 给出了固定汇率制度下,美国相当于 GDP 的 6%的紧缩性财政政策(通过提高税率和减少政府开支相结合的方式)对于美国经济增长、通货膨胀率、贸易差额、经常项目余额和短期利率的影响及其对欧盟和日本的反馈效应。对于影响的测度是对比如果不采取这一紧缩性的财政政策,2004—2009 年美国的情况(基线方案)将如何而进行的。表中给出了与美国不采取该紧缩性的财政政策的基线方案相比,2004—2009 年的年均影响及期末(2009 年)的结果。

表 18.2　2004—2009 年固定汇率制度下美国紧缩性的财政政策的影响

	年均:2004—2009 年		与基线方案相比期末
	基线方案	紧缩性的财政政策[a]	(2009 年)的结果
美国			
实际 GDP 的增长率[b]	3.3	2.6	−4.5
通货膨胀率[b]	1.3	1.6	1.5
贸易余额[c]	−4.7	−3.7	2.1
经常项目余额[c]	−5.1	−3.8	2.6
短期利率[d]	3.9	0.0	−5.4
欧盟			
实际 GDP 的增长率[b]	2.3	2.2	−0.4
通货膨胀率[b]	1.6	1.7	1.0
贸易余额[c]	2.5	1.9	−1.4
经常项目余额[c]	1.0	0.3	−1.5
短期利率[d]	3.6	2.5	−1.5
日本			
实际 GDP 的增长率[b]	1.6	1.3	−2.0
通货膨胀率[b]	−0.2	−0.7	−2.7
贸易余额[c]	2.6	2.2	−1.3
经常项目余额[c]	5.0	4.5	−1.3
短期利率[d]	0.0	0.0	0.0

[a] 相当于美国 GDP 的 6%的紧缩性的财政政策。

[b] 前两列中的数字是指年均变动率;第三列中的数字是指与基线方案相比,2009 年的水平。

[c] 占 GDP 的百分比。

[d] 百分比。

资料来源:Organization for Economic Cooperation and Development,*Economic Outlook*(Paris:OECD,June 2004).

从表中我们可以看出，美国相当于 GDP 的 6% 的紧缩性的财政政策将 2004—2009 年基线方案下相当于实际 GDP 的 3.3% 的年均增长率降到 2.6% 的水平。年均通货膨胀率将为 1.6%，而不是基线方案下的 1.3%；年均贸易差额将为 GDP 的 −3.7%，而不是 −4.7%；年均经常项目余额将为 GDP 的 −3.8%，而不是 −5.1%；年均短期利率将为 0，而不是 3.9%。除了通货膨胀率的增长以外，上述影响的方向都与预测相同（零利率看起来也不太现实）。

表 18.2 的最后一栏给出了与基线方案相比，2009 年的结果。美国的经济增长率将比基线方案低 4.5%，价格水平将比基线方案高 1.5%，贸易差额的状况将有 2.1 个百分点的改善（如从 GDP 的 −5.0% 到 −2.9%），经常项目余额将有相当于 GDP 的 2.6 个百分点的改善，短期利率将比基线方案低 5.4 个百分点（如 7.0%，而不是 1.6%）。美国紧缩性的财政政策将对欧盟和日本产生反馈效应，见表的下半部分。

18.5　浮动汇率制度下的 IS-LM-BP 模型

本节我们使用 IS-LM-BP 模型研究在自由浮动汇率制度（或汇率变动）下如何利用货币政策达到内外部均衡。18.5A 小节研究资本流动不充分的情形，18.5B 小节研究资本流动充分的情形。

18.5A　浮动汇率和资本流动不充分下的 IS-LM-BP 模型

从图 18.8 中的 E 点出发，即三个市场在对外均衡和国内失业的情况下处于均衡（与图 18.2 的情形完全一样），一国可以使用宽松的货币政策使 LM 曲线向右移到 LM′，与 IS 曲线交于 U 点，这时 $Y_F = 1500$，$i = 2.5\%$。由于 U 点位于 BP 曲线的右边，说明该国存在对外逆差（因为与 E 点处的值相比，Y 较高而 i 较低）。

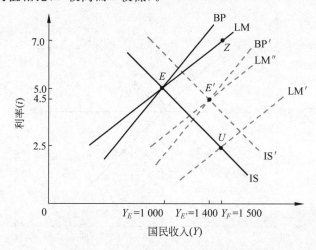

图 18.8　浮动汇率制度下的 IS-LM-BP 模型

从 E 点出发，即三个市场在外部均衡和国内失业的情况下处于均衡，一国可以利用宽松的货币政策使 LM 曲线向右移到 LM′，与 IS 曲线交于 U 点并达到充分就业的国民收入水平 $Y_F = 1500$。然而，由于 U 点位于 BP 曲线的右边，说明该国存在对外逆差。在浮动汇率制度下，该国货币贬值，从而引起 BP 曲线和 IS 曲线向右移动而 LM′ 曲线向左移动，直至 BP、IS′ 与 LM″ 曲线相交（如交在 E' 点），$Y_{E'} = 1400$。这个过程通过宽松的货币政策的不断作用而重复出现，直到三个市场在 $Y_F = 1500$ 时达到均衡。

在浮动汇率制度下,该国货币贬值,BP 曲线向右移动,同时,货币贬值改善了该国的贸易差额(如果满足马歇尔－勒纳条件),IS 曲线将右移;货币贬值也将提高国内物价和货币的交易需求,从而使 LM' 曲线左移(真实的货币供应下降了)。在 IS'、LM' 与 BP 曲线的交点,三个市场的均衡将被重新确立,如在 E' 点,$Y_E=1\,500$,$i=4.5\%$。这个过程通过宽松的货币政策的不断作用而重复出现,直至三个市场在充分就业的国民收入水平 $Y_F=1\,500$ 达到均衡。值得注意的是,在浮动汇率制度下,三个市场的均衡点将始终位于 BP 曲线上,但现在 BP 曲线也将移动。

如果一国从 E 点出发想要达到充分就业的国民收入水平,采用扩张性的财政政策使 IS 曲线右移,与 LM 曲线交于 Z 点,则相关的分析是相似的。由于 Z 点位于 BP 曲线的右边,该国的国际收支将出现逆差。在浮动汇率制度下,该国货币贬值,从而引起 BP 曲线右移。这导致 IS 曲线向右移动而 LM 曲线向左移动,直至 IS 和 LM 曲线在 BP 曲线上相交,使三个市场同时达到均衡。注意:一国可能需要使用额外的扩张性的财政政策来达到充分就业的国民收入水平 $Y_F=1\,500$(练习题 10 要求画出该图)。

如果 BP 曲线一开始就位于 Z 点的右边,则该国的货币将升值,导致 BP、IS、LM 曲线向相反方向移动直到三个市场在充分就业的国民收入水平下同时达到均衡(参见练习题 11)。然而值得注意的是,在任一情况下(即无论 BP 曲线比 LM 曲线陡峭还是平坦),当一国首先采取宽松的货币政策而不是扩张性的财政政策时,其利率最终会下降,这有利于该国的长期经济增长。重要的是,当一国通过使用支出－改变政策(如货币或财政政策)来实现内部均衡时,必须同时允许汇率变动或使用支出－转换政策来达到外部均衡。接下来我们再继续 18.2 节和图 18.1 斯旺曲线的分析。

18.5B   浮动汇率和资本自由流动时的 IS-LM-BP 模型

我们从图 18.9 中的 E 点出发,即处于对外均衡和国内失业、资本完全自由流动和浮动汇率条件下(与图 18.7 类似),假设一国采用扩张性的财政政策使 IS 曲线移到 IS',并与 BP 曲线

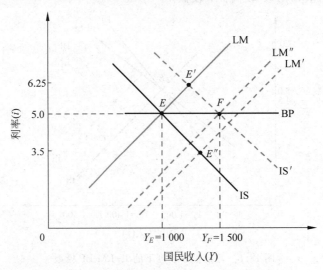

图 18.9   资本自由流动和浮动汇率下的调整政策

从处于对外均衡和国内失业、完全弹性的资本流动和浮动汇率条件下的 E 点出发,一国可以通过利用宽松的货币政策使 LM 曲线移到 LM',达到充分就业的国民收入水平 $Y_F=1\,500$。这导致 IS 曲线右移至 IS'(因为货币贬值趋势会改善一国的贸易差额)以及 LM' 曲线向 LM'' 回移(因为国内物价增长导致实际货币供给减少)。在 IS' 和 LM'' 曲线与 BP 曲线的交点 F 达到最终均衡,$Y_F=1\,500$。

相交于 F 点，$Y_F = 1\,500$。IS′曲线与保持不变的 LM 曲线的交点 E' 表示该国的利率有上升到 $i = 6.25\%$ 的趋势，这会导致该国货币升值及大量资本流入，进而刺激进口阻碍出口，并使 IS′曲线向左移回 IS 曲线的位置。所以在浮动汇率和资本自由流动的情况下，财政政策在影响国民收入水平方面完全无效。

相反，从 E 点开始，使 LM 曲线移至 LM′的宽松的货币政策倾向于降低该国的利率（LM′曲线与 IS 曲线的交点 E''）。这将导致资本流出并造成货币贬值，使 IS 曲线向右移到 IS′（刺激出口，阻碍进口），LM 曲线向左回移至 LM″（因为国内价格上升造成实际货币供给下降）。在这种情况下，IS′和 LM″曲线与 BP 曲线相交于 F 点，$Y_F = 1\,500$，此时，该国仅通过货币政策就达到了内外部均衡。注意：为了反映接下来 LM 曲线左移到 LM″，并显示最终均衡点 F，$Y_F = 1\,500$，我们使 LM′曲线与 BP 曲线相交于 $Y_F = 1\,500$ 的稍右一点的位置。因此，在资本自由流动的情况下，货币政策有效而财政政策无效，在固定汇率条件下情况相反。

过去 40 年间，IS-LM-BP 模型一直是开放经济政策改革最有效率的模型之一。对该模型的一个重要批评是该模型混淆了存量和流量。尤其是，LM 曲线是基于资本的存量，而 BP 曲线是基于资本的流量，二者不能混为一谈。在这种情况下，模型假设国内利率的上调将引起国际资本的持续流入以弥补本国国际收支逆差，然而资本流入并不是一旦发生就会一直持续，投资者将根据国内利率上调而调整其投资组合，这时资本流入就会结束。案例研究 18.4 考察了浮动汇率制度下美国和 OECD 其他成员国的货币政策效应。

案例研究 18.4

美国和 OECD 其他成员国的货币政策效应

表 18.3 给出了美国和 OECD 其他成员国的货币供应量（扩张性的货币政策）增加 4% 对其国民生产总值（GNP）、消费价格指数（CPI）、利率、货币价值及经常项目的影响。OECD 包括研究当期世界上所有的 24 个工业国。这一模拟结果是采用美国联邦储备委员会（以下简称美联储）的多国模型得到的。货币供应增加所带来的影响会滞后几年，表 18.3 中的结果是增加货币供应后第二年所引起的变化。

表 18.3 的 A 部分显示美国货币供应增加 4%（通过乘数效应）将会导致第二年美国 GNP 增长 1.5%。更长时间后带来的总影响会更大。货币供应增加还会导致美国物价上涨 0.4%，短期利率下降 2.2 个百分点（如从 6.2% 下降至 4.0%），美元的国际价值下降 6.0%（贬值），美国经常项目余额减少 31 亿美元（因为较高的 GNP 带来的进口增加趋势超过了美元贬值对经常项目余额的改善作用）。

表 18.3 的右上部分显示美元供应的增加导致 OECD 其他成员国 GNP 增长下降 0.7%，物价下跌 0.6%，短期利率下降 0.5 个百分点，经常项目余额减少 35 亿美元，这里并没有考虑对 OECD 其他成员国汇率的影响。美国进口增加引起其他国家的 GNP 下降看来可能很奇怪，然而美国增加的进口可能是来自世界上其他国家（发展中国家或 OPEC 成员国）而不是来自 OECD 成员国。进一步说，美国扩张性的货币政策带来的反馈效应并不仅仅是通过贸易活动起作用的，而且这种影响十分复杂，不能仅从逻辑上分析。这也是我们需要模型的原因。

表 18.3 的 B 部分显示 OECD 其他成员国的货币供应增加 4%,会导致其平均 GNP 增长 1.5%,物价上涨 0.6%,短期利率下降 2.1 个百分点,货币贬值 5.4%,经常项目余额增加 35 亿美元。这些变化也会给美国带来反馈效应,导致美国物价下跌 0.2%,短期利率下降 0.2 个百分点,经常项目余额增加 1 亿美元,对美国 GNP 的净影响为 0,这里未考虑对美元汇率的影响。

表 18.3 货币供应增加 4%对第二年各项指标的预计影响		
A. 美国货币供应增加		
	对美国的影响	对 OECD 其他国家的影响
GNP	1.5%	−0.7%
CPI	0.4%	−0.6%
利率	−2.2%[a]	−0.5%[a]
货币价值	−6.0%	—
经常项目	−31 亿美元	−35 亿美元
B. OECD 其他成员国货币供应增加		
	对 OECD 其他成员国的影响	对美国的影响
GNP	1.5%	0.0%
CPI	0.6%	−0.2%
利率	−2.1%[a]	−0.2%[a]
货币价值	−5.4%	—
经常项目	35 亿美元	1 亿美元

[a] 百分点变化

资料来源:R. Bryant,D. Henderson,G. Holtham,P. Hooper,and S. Symansky,eds.,*Empirical Macroeconomics for Interdependent Economies*(Washington,D.C.:Brookings Institution,1988),p. 23.

 # 18.6   政策组合与价格变动

本节首先考察利用直接的财政政策实现内部均衡,利用货币政策实现外部均衡的原因,然后评价这种政策组合的有效性和成本推动的通货膨胀所引发的问题,最后总结战后美国与其他发达国家政策组合的历史经验。

18.6A   政策组合与内外部均衡

在图 18.10 中,从原点沿横轴方向运动意味着扩张性的财政政策(即更高的政府支出或更低的税收),而从原点沿纵轴方向运动意味着紧缩性的货币政策(即减少一国货币供给和提高利率)。

图中的 IB 线显示了实现内部均衡(即保持价格稳定和充分就业)的各种财政和货币政策的组合。IB 线向上倾斜是因为扩张性的财政政策必须与具有足够力度的紧缩性的货币政策共同使用来实现内部均衡。例如,从图 18.10 中的 F 点出发,政府支出增长使该国移动至 A 点,导致过度的总需求,或者需求拉动的通货膨胀。这种状况可以通过紧缩性的货币政策和提高利率予以调整或避免,这样国家就处于 IB 线上的 A' 点。使该国利率低于 A' 点的紧缩性的货币政策不能完全消除过度的总需求,还会留下一些通货膨胀压力。而使该国移至 A' 点以上的过度紧缩的货币政策和更高的利率不仅消除了由于政府支出增长产生的通货膨胀,而且导致了失业。在 IB 线的右下方是通货膨胀，左上方是失业。

EB 线显示了实现外部均衡（即国际收支均衡）的财政政策和货币政策的各种组合。从 EB 线上一个外部均衡的点出发，扩张性的财政政策促进国民收入的增加并导致一国经常项目恶化。此时必须同时运用紧缩性的货币政策，大幅提高利率以吸引资本流入（或减少资本流出）来保持该国的外部均衡。例如，从 EB 线上的 F 点出发，扩张性的财政政策使该国移到 A 点，导致对外赤字，消除或避免它的办法是通过紧缩性的货币政策和提高利率使该国移到 EB 线上的 A'' 点。结果，EB 线的斜率也为正。使一国移至 A'' 点以下的货币政策导致对外赤字，而使该国移至 A'' 点以上的过度紧缩的货币政策会导致对外盈余。因此在 EB 线的右下方是对外赤字，左上方是对外盈余。

只有在 IB 和 EB 线的交点 F，一国将同时处于内外部均衡。图 18.10 中 IB 线和 EB 线的交叉确定了内部和外部不均衡的四个区域。注意：EB 线比 IB 线平坦。只要国际资本流动对国际利差较为敏感就会如此。解释如下：扩张性的财政政策提高国民收入，增加该国货币的交易需求。如果货币管理当局提高货币供给以满足增长的需求，则利率将保持不变。在这种情况下，财政政策影响国民收入水平，但不影响该国的利率。同时，货币政策通过改变货币的供给与利率起作用。这种利率的改变会影响投资和国民收入的水平（通过乘数效应），而且会影响国际货币流动。因此在实现外部均衡方面，货币政策比财政政策更有效，这也是 EB 线比 IB 线平坦的原因。

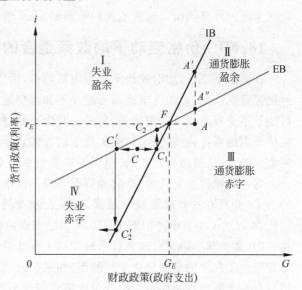

图 18.10　有效的市场分割与政策组合

沿横轴向右运动意味着扩张性的财政政策，而沿纵轴向上运动意味着紧缩性的货币政策和更高的利率。IB 线表示实现内部均衡的各种财政与货币政策的组合，EB 线表示实现外部均衡的组合。EB 线比 IB 线更平坦是因为货币政策也会引起短期资本的流动。从Ⅳ区的 C 点出发，一国可以通过扩张性的财政政策使该国达到 IB 线上的 C_1 点，然后通过紧缩性的货币政策使该国达到 EB 线上的 C_2 点，最终达到 F 点，在该点同时达到内外部均衡。如果该国反向操作，它会移到 IB 线上的 C_1' 点，然后是 EB 线上的 C_2' 点，离 F 点越来越远。

根据有效市场分割原理，货币政策应被用来实现外部均衡，财政政策应被用来实现内部均衡。如果反向操作，一国将会离内外部均衡越来越远。例如，如果从图 18.10 中代表失业与赤字（第Ⅳ区）的 C 点出发，一国使用紧缩性的财政政策来消除对外赤字，移动到 EB 线上的 C_1' 点，然后运用宽松的货币政策来消除失业，移动到 IB 线上的 C_2' 点，该国将离 F 点越来越远。如果该国正确地使用扩张性的财政政策移动到 IB 线上的 C_1 点，然后使用紧缩性的货币政策移动到 EB 线上的 C_2 点，则该国将离 F 点越来越近。实际上该国可以通过扩张性的财政政策和紧缩性的货币政策的正确组合一步就从 C 点达到 F 点（如图 18.3 和图 18.4 中的 IS-LM-BP 模型那样）。同样，一国通过财政政策和货币政策的正确组合可以从其他任何内外部不均衡的点移至 F 点，这留作章末习题。

国际短期资本的流动对于各国的利差越敏感，EB 线相对于 IB 线来说就越平坦。相反，如果短期资本流动与利差不相关，EB 线和 IB 线的斜率将相同，以至于无法如前所述分别运用财政和货币政策来实现相应的政策目标。在这种情况下,一国不可能在不改变其汇率的情况下,同时实现内外部均衡。这就把我们带回到 18.2 节讨论的情形。

18.6B　价格变动下的政策组合的评估

在固定汇率下,用财政政策实现内部均衡,用货币政策实现外部均衡遭到了一些批评。一种批评意见认为,短期资本流动可能并不如预期地那样受国际间利差的影响,并且它们的反应可能是不正确的或是无规则的,只是一时而不是持续的反应(如蒙代尔所假定的)。根据一些经济学家的看法,除非一国长期实施紧缩性的货币政策,使用货币政策只能在短期中为其赤字融资。如 18.2 节所指出的,长期调整需要汇率的变动。

另一种批评意见认为,政府和货币当局不能准确地知道财政和货币政策将会产生什么样的后果,并且在这些政策显示结果之前,在政策的确认、选择和实现过程中有各种滞后效应。因此在 18.6A 小节中使用图 18.10 来描绘实现内外部均衡的过程有些过于简单。进一步讲,在一国(如美国),协调财政和货币政策的工作非常困难,因为财政政策由政府机构实施,而货币政策由半自主的美联储决定。然而,如果财政当局只追求内部均衡而不考虑外部均衡,货币当局只追求外部均衡而不考虑货币政策对内部不均衡的影响,该国仍可以逐步接近内外部均衡或一个循序渐进的目标(如图 18.10 中 C 点的箭头所示)。

放松价格在国民收入达到充分就业水平之前不会变动的假设会引起另一个难题。20 世纪 90 年代以前,价格通常在达到充分就业之前就开始上升,而且经济越接近充分就业时价格上升越快。**菲利浦斯曲线(Philips curve)**总结了失业率和通货膨胀之间的反比或者说替代关系。当价格上升或发生通货膨胀时,即使在低于充分就业水平的情况下,一国至少有三个目标:充分就业、稳定物价和国际收支均衡。因此需要三个政策来实现这三个目标。这样一来,该国不得不需要用财政政策来实现充分就业,用货币政策来稳定价格,通过汇率变动来获得外部均衡。在特殊情况下,当其他政策工具失效时,该国也可能使用直接控制手段实现一个或多个目标。这些将在下一节讨论。20 世纪 90 年代的全球化改变了这一切,由于日益激烈的国际竞争,公司不愿提高商品价格,即使在完全就业时期工人们因为害怕失去工作也不会要求加薪。

现代国家把正常的经济增长率作为第四个目标,这通常需要一个较低的长期利率来实现。一国因此可能会"颠倒"正常的利率结构(即改变短期与长期利率之间通常的关系)。保持长期利率的较低水平(以符合增长目标的要求),并且允许较高的短期利率(这可能有助于价格的稳定和外部均衡)。货币当局可能试图通过公开市场抛售短期国债(以压低它们的价格,使短期利率上升),购买长期国债(以提高它们的价格,使长期利率下降)来实现这一目标。美国在 20 世纪 60 年代初曾试图这样做,但并没有取得什么效果。

18.6C　现实世界中的政策组合

如果研究 20 世纪五六十年代固定汇率时期美国和其他发达国家所推行的政策组合,我们会发现这些国家中的大多数通常利用财政政策和货币政策来实现内部均衡,并且只有在外部不均衡严重到无法忽视时,它们才转换目标。即使这样,这些国家似乎也不愿意利用货币政策来调整外部不均衡,而更倾向于使用直接控制资本流动的手段(将在下一节讨论)。在此期间,英国和法国被迫让英镑和法郎贬值,而德国却被迫让马克升值。加拿大因为无法维持固定的汇率,只能让加元浮动。

1971 年推行有管制的浮动汇率制度以后，发达国家似乎对用汇率调整外部不均衡和通过财政与货币政策实现内部均衡的方法比较满意。20 世纪 70 年代石油危机期间，各国甚至通过管理汇率来缓解国内通货膨胀的压力。然而，由于金融市场受到快速变化的预期的影响，而且比实物市场（即进出口）的调整要快得多，汇率大幅波动，偏离均衡。80 年代前半期，由于通货膨胀压力减弱，发达国家一般继续使用直接的财政和货币政策来实现内部均衡，但是（除了美国）有时它们试图管理汇率，会为了实现外部均衡而调整货币政策。

截至 1985 年，美元的价值被高估已是很明显的事实，并且在纯市场作用下美元汇率没有下降的趋势。美国巨大的预算赤字使美国国内的利率高于国外，吸引了大量资金流入美国，从而导致美元升值和巨额的贸易逆差，进而激发了保护主义（参见 13.9 节）。美国因此组织其他四个发达国家（德国、日本、法国和英国）对外汇市场进行干预，以解决美元升值的问题。1986—1991 年，美国与其他发达国家同时降低了利率而不是通过直接干预贸易和资本市场以刺激经济增长，降低失业率。

1985 年 2 月达到最高值以后，直到 1988 年美元差不多一直在贬值，但是美国的经常项目逆差在 1987 年年底以前并没有改善（参见图 16.6）。1990 年和 1991 年，统一后的德国提高了利率以避免国内通货膨胀，同时刺激国内储蓄，吸引外资流入以资助原民主德国的重建；然而，美国和欧洲其他发达国家却降低了利率以对抗经济的不景气。由此可见，发达国家继续优先关注其内部均衡，通过货币政策实现内部均衡而不是外部均衡。

1992—1997 年，欧洲调低利率，以刺激 90 年代初经济衰退后的持续低迷，而美国则调高利率，以在经济快速增长时抑制通货膨胀压力。1997—2000 年，美国的经济增长和利率都高于欧洲和日本，因此收到了大量的海外金融资本和直接投资，这引起了美元的持续升值和贸易赤字。2001 年，高科技泡沫破裂，美国陷入了经济衰退。2001—2003 年美联储将利率大幅降低到 1%（40 年里的最低水平），布什总统则大力推动巨额财政刺激方案。

2004 年美国经济迅速复苏，2006 年和 2007 年美联储和欧洲中央银行开始上调利率以避免通货膨胀。不过，美联储和欧洲中央银行为应对全球金融危机引发的 2008—2009 年经济大萧条（"二战"后最严重的一次）而改弦易张，大幅降低利率。美国及其他很多国家为了应对经济萧条还推出了巨额的刺激方案。尽管利率已经被降到基本为零（流动性陷阱），经济复苏仍然非常缓慢，美联储和欧洲中央银行为了刺激经济增长也开始采取非传统的货币政策，直接向经济中注入流动性（量化宽松）（这将在 21.6 节进一步探讨）。由于 2002 年以来美元不断贬值，2007 年开始，美国巨额的经常项目赤字减少了（参见图 18.6）。案例研究 18.5 介绍了 2000 年以来美国的财政和货币政策。案例研究 18.6 说明，如果美国政府和美联储不采取强有力的财政和货币政策，那么美国的经济衰退会更严重。

案例研究 18.5

美国的货币与财政政策

表 18.4 列出了 2003—2014 年美国的宏观经济数据，这些数据总结了美国的货币政策（用经济增长率来测度）和财政政策（用预算赤字来测度）的内容以及它们对其他宏观经济变量的

影响。第一行显示 2003—2006 年美国经济增长相对较快。2007 年由于次贷危机经济增长放缓,2008 年甚至是负增长(不过只是稍微低于 0),2009 年更是陷入了严重的衰退,2010—2014 年经济开始缓慢复苏。

第二行显示 2003—2004 年为了应对 2001 年的经济衰退和 2002 年的缓慢增长,货币供给快速增长。接下来由于 2004 年经济出现快速增长,再加上担心 2006 年和 2007 年石油及其他初级产品的价格飞涨会引发通货膨胀,美联储大幅减少了货币供给的增长(2005 年和 2006 年甚至是负增长)。2008 年,为了应对 2007 年开始的金融危机,美联储再次迅速改变策略,飞快增加货币供给。该政策因为 2008—2009 年的衰退和 2010—2014 年的缓慢增长而持续了下来。

第三行显示 2003 年预算赤字高达 GDP 的 5.9%,2006 年则缓慢下降到 GDP 的 3.1%。2008 年预算赤字增加到 GDP 的 7.2%。2009 年因为采取了应对经济萧条的巨额刺激方案,预算赤字飙升到了"二战"后的最高点,占 GDP 的 12.8%。此后,2014 年预算赤字降低到 GDP 的 5.0%。

第四行是利率,正如预料,除了 2007 年、2009 年和 2012—2014 年,利率与货币供给呈反方向变动。在案例研究 16.4 中,我们探讨了经常项目与汇率的关系,在案例研究 18.2 中,我们讨论了预算赤字与经常项目的关系。

表 18.4　美国宏观经济数据,2003—2014 年

项　　目	2003年	2004年	2005年	2006年	2007年	2008年	2009年	2010年	2011年	2012年	2013年	2014年
真实 GDP 的增长(%/年)	2.8	3.8	3.3	2.7	1.8	−0.3	−2.8	2.5	1.6	2.3	2.2	2.4
货币供给增长(%/年)	7.1	5.4	−0.1	−0.5	0.6	16.7	5.7	8.4	17.7	13.4	8.0	9.5
预算赤字(占 GDP 的%)	−5.9	−5.5	−4.2	−3.1	−3.7	−7.2	−12.8	−12.2	−10.7	−9.0	−5.7	−5.0
利率(%/年)	1.2	1.6	3.5	5.2	5.3	3.2	0.9	0.5	0.4	0.4	0.3	0.3
通货膨胀率(%/年)	2.3	2.7	3.4	3.2	2.9	3.8	−0.3	1.6	3.1	2.1	1.5	1.6
有效汇率(每 1 美元的外币数,2000 年=100)	115.8	110.5	107.6	105.9	101.1	97.8	103.9	100.0	95.8	98.6	99.8	103.1
经常项目余额(GDP 的%)	−4.5	−5.2	−5.7	−5.8	−5.0	−4.7	−2.6	−3.0	−3.0	−2.9	−2.4	−2.4

资料来源:OECD, *Economic Outlook*(Paris:OECD, June 2015)and IMF, *International Financial Statistics*(Washington, D. C.:IMF, 2015). See also D. Salvatore, ed., "Rapid Growth or Stagnation in the U. S. and World Economy?" Special Issue of the *Journal of Policy Modeling*, July/August 2014 with papers by Martin Baily, Robert Barro, William Baumol, Martin Feldstein, Dale Jorgenson, and John Taylor, among others.

案例研究 18.6

不采取强有力的财政和货币政策时美国更严重的经济衰退

美国和其他大多数发达国家及新兴市场经济国家实施了强有力的财政和货币政策来应对 2008—2009 年的金融和经济危机。如果不采取这些措施,那么大衰退将更加严重,持续的时间也将更长。

图 18.11 显示了四种情形下美国的实际 GDP:(1)基线情形(最上面的线),包括美国为了应对 2009 年的大衰退而采取的强力刺激方案和强力金融措施(大幅提升流动性)的效果;

(2)仅采取金融措施的情形(从上面数的第二条线)；(3)仅采取刺激方案的情形(从上面数的第三条线)；(4)既不采取刺激方案也不采取金融措施来应对严重的经济衰退的情形(最下面的线)。第(2)和第(3)种情形显示,美国的实际 GDP 会下降得更多更久；第(4)种情形显示,美国的经济衰退不仅会更加严重,而且会持续到 2010 年。

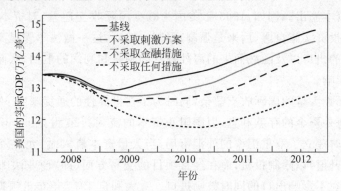

图 18.11　美国经济衰退时的财政与金融措施

最上面的线显示的是为了应对 2008—2009 年的经济衰退而采取了刺激方案和金融措施后,2008—2012 年美国的实际 GDP。从上面数的第二条和第三条线分别显示仅采取金融措施和仅采取刺激方案的情形。最下面的线则显示了不采取任何措施的情形。

资料来源：U.S. Bureau of Economic Analysis,2010.

18.7　直接控制

为影响一国国际收支而进行的直接控制可以细分为**贸易控制**（**trade controls**）（如关税、配额和国际贸易流动方面的其他数量限制）以及金融或**外汇控制**（**exchange controls**）（如国际资本流动方面的限制和多重汇率）及其他手段。一般情况下,贸易控制不如汇率控制那么重要和容易被人们接受。当更一般化的政策失效时,直接控制也可以采用价格和工资控制的形式来抑制国内通货膨胀。

18.7A　贸易控制

进口关税是最重要的贸易或商业控制方式之一。这种方式对国内消费者来说提高了进口商品的价格,同时刺激了国内进口替代品的生产。而出口补贴使国内产品对于外国消费者变得更便宜,从而促进了一国的出口。一般来说,对所有的商品征收进口关税,给予出口补贴,相当于该国货币有同样程度的贬值。然而,进口关税和出口补贴一般被用于特定的项目,而不是全部商品。正如第 9 章所指出的,我们总能找到与进口配额相等的进口关税。与货币贬值一样,这两者都属于支出—转换政策,并且都会刺激国内生产。当前各国一般不能实施新的进口配额和关税,除非面临严重的国际收支问题时作为一种暂时的手段。

另一种贸易控制是要求进口商预先在商业银行存入一笔他要进口的货物所需要的全部或部分资金,期限不定并且没有利息。这种方式如今频繁地被发展中国家使用,在过去也曾被发达国家使用。由于存款没有利息,这种控制使进口商品的价格上涨,从而阻碍了进口。一国对不同商品的存款数额和期限要求可能不同。因此预先存款要求是一种有弹性的工具,但它对管理者来说可能是困难的、代价高昂的。一个有逆差的国家也可以使用限制出国旅游和国外消费的手段。第9章对贸易控制及其福利效应做了进一步的讨论。

18.7B 外汇控制

关于金融或外汇控制,我们发现发达国家国际收支出现逆差时往往会限制资本进入,出现顺差时则会限制资本流出。例如,1963年美国为减少国际收支逆差,对资本出口征收利息均衡税,对直接海外投资实施自愿(后来是强制)限制。然而,这一做法尽管提高了美国的资本余额,却减少了美国的出口以及随之而来的海外投资的利息和利润的汇回,从而对国际收支总额产生了不确定的影响。

德国和瑞士面临大量的国际收支盈余,同时为了在世界性的通货膨胀下保护它们的经济,降低甚至取消了海外资金的存款利息,力图阻止资本的流入。20世纪60年代后期和70年代初期,法国和比利时建立了双重汇率的外汇市场,当大量资本流入时,允许资本的交易汇率下降(即"金融法郎"升值)以限制投机,而在经常项目的交易方面(即"商业法郎")汇率保持在较高的水平,目的是在不影响出口的同时鼓励进口。意大利自1971年布雷顿森林体系崩溃以后一直采用双重汇率,虽然保持两个市场分别管理非常困难,而且成本很高。

另外,面临国际收支盈余和大量资本流入的发达国家经常参与远期出售本币以提高本币远期的折现率并阻止资本的流入。相反,面临逆差的国家经常参与远期购买本币以使本币远期升值并阻止资本的流出。在这样的远期购买中,逆差国所用的资金常常是从盈余国借来的。例如,根据1962年国际货币基金组织内协商的借款总协定(后来修改过几次),10个最重要的发达国家(美国、英国、德国、日本、法国、意大利、加拿大、荷兰、比利时和瑞典)组成的集团同意拿出大约300亿美元的资金借给集团内任何一个面临短期资本外流问题的成员国(参见21.11节)。然而,随着20世纪八九十年代迅速全球化和资本市场一体化,发达国家废除了在国际资本流动方面的大部分限制。

与此相反,绝大多数发展中国家都在使用一些外汇控制手段。其中最为常用的是**多重汇率(multiple exchange rates)**制度:对奢侈品和非必需品的进口实施高汇率,而对必需品(如发展所需的资本设备)的进口实施低汇率。高汇率使奢侈品和非必需品对国内顾客来说价格更加昂贵,从而阻止其进口;低汇率的必需品对国内的顾客来说价格更加便宜,从而促进其进口。外汇控制的一种极端形式是要求出口商和其他外汇所得者把他们所有的外汇收入都上交货币当局,由当局通过进口许可证按不同的汇率把外汇分拨给进口商。然而,这刺激了黑市、转移定价(低于或高于发票价格,参见12.5A小节)和腐败。案例研究18.7总结了2013年国际货币基金组织的成员中普遍采用的外汇控制的情况。

案例研究 18.7

全球对国际交易的直接控制

表18.5给出了2013年各成员采取的各种直接控制方面的数据。从表中可以看出,全世界最常见的对国际交易进行直接控制的形式是对商业银行和其他信用机构的资本交易,担保、有价证券和金融辅助工具,直接投资、资本市场证券、房地产交易及机构投资者的资本控制。

表 18.5 2013 年国际货币基金组织成员对国际交易的直接控制	
限制类型	成员数量
A. 汇率结构	
1. 双重汇率	16
2. 多重汇率	6
B. 支付和接受安排	
1. 双边支付安排	66
2. 拖欠支付	28
C. 对出口和无形交易收入的控制	
1. 要求汇回国内	86
2. 要求让渡	60
D. 资本(金融)交易	
1. 资本(金融)市场证券	151
2. 货币市场工具	127
3. 集合投资证券	127
4. 衍生工具和其他工具	101
5. 商业信贷	85
6. 金融信贷	115
7. 担保和金融支持工具	78
8. 直接投资	151
9. 直接投资的清算	42
10. 房地产交易	144
11. 个人资本(金融)交易	94
12. 商业银行和其他信用机构	170
13. 机构投资者	143

资料来源：International Monetary Fund, *Exchange Arrangements and Exchange Restrictions* (Washington, D. C.：IMF, 2014).

18.7C 其他直接控制与国际合作

当更一般化的政策失效时，政府部门有时会实施直接控制，如通货膨胀控制，来实现纯粹的国内目标。例如，美国 1971 年曾使用价格和工资管制，或者说收入政策来控制通货膨胀，然而这些政策并不成功，后来被废除了。从效率的角度看，货币政策、财政政策和汇率调节在国内经济和国际贸易、金融方面要优于直接控制。这是因为直接控制经常干扰市场机制的运行，而更为一般性的支出－改变和支出－转换政策则通过市场运作。然而，当这些一般化的政策需要太长的时间来运作或其结果不明确，或者要解决的问题只影响经济的一个方面时，一国就可能采用直接控制作为暂时的手段来实现特定的目标。一个例子是 1981 年美国拟定的对日本汽车的"自愿"出口配额。

一般来说，要想使直接控制有效，必须有很好的国际合作关系。例如，一个国家实行进口配额可能会招致其他国家的报复(因此使配额无效)，除非这些国家通过协商，理解并同意这种暂时的处理手段。一国试图维持汇率稳定的情况也是一样的(一个著名的反例是 20 世纪90 年代初，美国不顾日本的反对，令美元对日元大幅贬值，以阻止美国对日本的持续的贸易逆差)。类似的，一国提高利率可以吸引更多的国外资本流入，但如果其他国家也将利率提高相同比率以保持国际利差不变,那么这种手段的效果会被完全抵消。第 21 章将进一步讨论"二战"后在国际货币基金组织和关贸总协定的领导下,发达国家取消大部分直接控制的历程。

本章小结

1. 调整政策是必要的,因为前两章讨论的自动调节机制有不必要的副作用。一国最重要的经济目标是内外部均衡。内部均衡是指价格稳定下的充分就业。外部均衡是指国际收支均衡。为实现这些目标,一国可供支配的政策有支出—改变(如财政和货币政策)和支出—转换政策(货币贬值或升值)。根据有效市场分割理论,每一个政策都应该应用于它最为有效的目标。

2. 在斯旺图中,斜率为正的 EE 曲线表示确保外部均衡的汇率和国内吸收的各种组合。在 EE 曲线的左边,会有对外盈余;在右边,会有对外赤字。斜率为负的 YY 曲线表示确保内部均衡的汇率和国内吸收的各种组合。在 YY 曲线的左边国内会出现失业,在右边会出现通货膨胀。EE 曲线和 YY 曲线的交叉定义了四个可能的内部和外部不均衡的区域组合,有助于我们确定同时达到内外部均衡(由两条曲线的交点给出)所需要的政策组合。

3. 只要商品与服务的需求等于供给,我们就说商品市场是均衡的。如果货币的交易需求和投机需求等于货币供给,货币市场就是均衡的。如果贸易逆差与净资本流入相抵或贸易顺差与净资本流出相抵,那么国际支付就是均衡的。IS、LM 和 BP 曲线分别代表了商品市场、货币市场和国际收支处于均衡时利率和国民收入的各种组合。IS 曲线的斜率为负,而 LM 和 BP 曲线的斜率通常为正。资本流动对利率的变动越敏感,BP 曲线就越平坦。如果三条曲线交于同一点,则三个市场在该点同时达到均衡。

4. 扩张性的财政政策使 IS 曲线右移,紧缩性的货币政策使 LM 曲线左移,但只要汇率不变,BP 曲线就不会移动。从国内失业和外部均衡的状况出发,在汇率不变的条件下,一国通过扩张性的财政政策和紧缩性的货币政策可以同时达到内外部均衡。一国从国内失业和对外赤字出发到内外部均衡也需要相同的一般化的政策组合。但在资本高度流动下要求使用扩张性的财政政策和货币政策。在资本完全流动和 BP 曲线是水平的条件下,货币政策完全无效,在固定汇率制度下,一国仅仅通过正确的财政政策就可以达到内外部均衡。

5. 在浮动汇率制度下,一国仅仅通过货币政策或财政政策就可以达到内外部均衡。使用货币政策将对一国的利率产生较大影响,从而影响经济增长。在国际资本完全流动和浮动汇率条件下,货币政策是有效的,而财政政策则完全无效。

6. IB 线和 EB 线分别表示一国达到内外部均衡所需要的财政政策和货币政策的各种组合。它们的斜率都为正,但 EB 线更为平坦,或者说对外部均衡更有效,因为货币政策还会引起短期国际资本流动。一国应使用财政政策来实现内部均衡,使用货币政策来实现外部均衡(如果反向操作,它将离内外部均衡越来越远)。然而,这种政策组合只在短期内是有效的;在长期,要保持对外均衡,汇率必须变化。非充分就业条件下存在的通货膨胀使价格稳定成为第三个目标,经济增长是第四个目标。因此通常需要四种政策工具。20 世纪 80 年代中期以来,美国在发达国家之间努力推行合作关系来实现这些目标。

7. 直接控制可以细分为贸易控制、外汇控制和其他控制。贸易控制是指关税、配额、进口预先存款以及国际贸易交往中其他有选择性的限制。外汇控制包括国际资本流动限制、远期市场干预和多重汇率制度。当其他更一般化的政策失效时,其他直接控制,如价格和工资管制有时被用来降低通货膨胀。直接控制通常会导致低效率,因为它们经常干扰市场机制的运行。

为使直接控制和其他政策有效，国际合作是非常必要的。

关键术语

BP curve	BP 曲线
direct controls	直接控制
exchange controls	外汇控制
expenditure-changing policies	支出—改变政策
expenditure-switching policies	支出—转换政策
external balance	外部均衡
internal balance	内部均衡
IS curve	IS 曲线
LM curve	LM 曲线
multiple exchange rates	多重汇率
Mundell-Fleming model	蒙代尔—弗莱明模型
Phillips curve	菲利浦斯曲线
principle of effective market classification	市场有效分割理论
speculative demand for money	货币的投机需求
trade controls	贸易控制
transaction demand for money	货币的交易需求

复习题

1. 各国为什么需要政策来调节国际收支失衡？哪些是国家最重要的目标？

2. 各国可以用什么样的政策来实现其目标？这些政策又是如何实现这些目标的？

3. 有效市场分割理论的含义是什么？为什么国家奉行这一理论很重要？

4. 斯旺曲线中的 EE 曲线表示什么意思？YY 曲线表示什么意思？这两条曲线定义的 4 个内部和外部不均衡的区域是什么？EE 和 YY 曲线的交点又表示什么？

5. 如何利用斯旺曲线帮助我们确定使国家同时达到内外部均衡的政策组合？在什么条件下只要一个政策工具就可以使国家同时达到内外部均衡？

6. IS 曲线表示什么？它的斜率为什么为负？LM 曲线表示什么？货币的交易需求和投机需求是什么意思？为什么 LM 曲线通常斜率为正？BP 曲线表示什么？它的斜率为什么通常为正？什么决定 BP 曲线的斜率？在什么条件下货币市场、商品市场和一国的国际收支同时达到均衡？这对于充分就业的国民收入水平是必需的吗？

7. 扩张性与紧缩性的财政政策对 IS 曲线有何影响？宽松的与紧缩的货币政策对 LM 曲线有何影响？财政和货币政策是否直接影响 LM 曲线？什么会使 BP 曲线向下移动？什么会使它向上移动？

8. 在固定汇率制度和有限资本流动情况下如何使用财政和货币政策实现外部均衡和充分就业？在国际资本高度流动时呢？

9. 为什么在固定汇率制度下当国际资本流动是完全弹性时，货币政策完全无效？

10. 在浮动汇率制度和有限资本流动情况下国家应该如何运用财政和货币政策来改善失业和国际收支逆差？在国际资本流动是完全弹性时呢？

11. IB 曲线表示的是什么意思？它的斜率为什么为正？EB 曲线表示什么意思？它的斜率为什么为正？为什么 EB 曲线通常比 IB 曲线平坦？为什么国家通常使用财政政策实现内部均衡,使用货币政策实现外部均衡？如果国家反向操作,会发生什么情况？

12. 对于使用财政政策实现内部均衡,使用货币政策实现外部均衡的政策组合有哪些批评意见？当附加目标价格稳定和经济增长被认同为独立的目标时会发生什么？

13. 直接控制是什么意思？贸易控制和外汇控制又是什么意思？解释最重要的贸易和外汇控制形式是如何影响一国国际收支的。

14. 直接控制的优缺点是什么？为什么直接控制必须在国际合作的前提下才会有效？

练习题

*1. 说明下图(与图 18.1 类似)中的 C_1、C_4、C_7 和 C_{10} 点同时实现内外部均衡所需要的支出—改变和支出—转换政策。

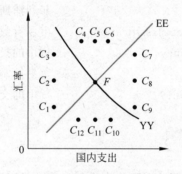

2. 说明第 1 题图中的 C_2、C_5、C_8 和 C_{11} 点同时实现内外部均衡所需要的支出—改变和支出—转换政策。

3. 说明第 1 题图中的 C_3、C_6、C_9 和 C_{12} 点同时实现内外部均衡所需要的支出—改变和支出—转换政策。

4. 用下图(类似于图 18.2):

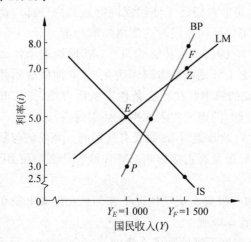

（1）说明如果 $Y_E = 1\,000$，一国的国际收支面临的是赤字还是盈余。

（2）如果 $Y_E = 1\,000$，假设 MPM＝0.15，不存在国外反馈效应，计算该国的赤字或盈余。

5. 指出第 4 题中的国家如何通过适当的财政与货币政策组合在保持外部均衡的条件下实现充分就业。

6. 画一个类似于图 18.4 的图形，但是不画 IS″ 和 LM″ 这两条虚线，假设充分就业的国民收入水平为 $Y_F = 1\,200$。在图中说明固定汇率制度下要同时达到内外部均衡，一国所需要的正确的财政和货币政策组合。

7. 假设充分就业的国民收入水平为 $Y_E = 1\,000$，重新做第 6 题。

8. 画一个类似于图 18.2 的图形，但是 LM 和 BP 曲线互换位置，即 BP 曲线比 LM 曲线平坦。

（1）在你的图上表示一国为达到充分就业和外部均衡所需要的正确的财政和货币政策组合。

（2）这里所需要的政策组合与 18.4 节讨论的图 18.2 所需要的政策组合有何不同？

9. 解释如果国际资本流动是完全弹性的，第 8 题会发生什么变化。

10. 从图 18.8 中的 E 点出发，画图表示在浮动汇率制度下使用扩张性的财政政策而非宽松的货币政策，一国如何达到内外部均衡。

*11. 从图 18.8 中的 E 点出发，画图表示如果资本流动性大、BP 曲线位于图 18.8 中 Z 点的右边，在浮动汇率制度下使用扩张性的财政政策而非宽松的货币政策，一国如何达到内外部均衡。

*12. 说明下图（类似于图 18.10）中的 C_3、C_6、C_9 和 C_{12} 点要达到 F 点需要什么样的财政和货币政策。

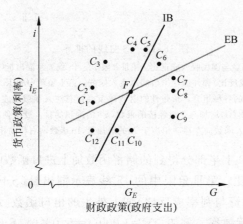

13. 说明在第 12 题的图中，C_1、C_5、C_7 和 C_{11} 点要达到 F 点需要什么样的财政和货币政策。

14. 说明在第 12 题的图中，C_2、C_4、C_8 和 C_{10} 点要达到 F 点需要什么样的财政和货币政策。

带 * 号练习题的答案

附录

在本附录的 A18.1 至 A18.3 小节，我们要说明图 18.2 中的 IS、LM 和 BP 曲线是如何推导出来的，以及它们对于一国财政政策、货币政策和货币贬值的影响。A18.4 小节将用数学方法总结上述分析。

A18.1 IS 曲线的推导

图 18.12 包括按顺时针方向标为 I 至 IV 的四个象限,它们用于推导第 I 象限中的 IS 曲线。IS 曲线表示利率(i)和国民收入水平(Y)在商品市场均衡时的各种组合,即以国内储蓄(S)加进口(M)的形式表示的收入流的漏出量等于以投资(I)加出口(X)的形式表示的收入流的注入量,并假设没有政府部门。

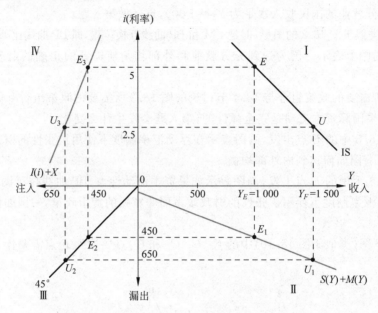

图 18.12 IS 曲线的推导

第Ⅱ象限表示储蓄加进口的漏出量与国民收入成正比。第Ⅲ象限中的 45°线表示漏出量($S+M$)等于注入量($I+X$)的均衡状态。第Ⅳ象限表示投资(与利率成反比)和外源性出口的总注入函数。第 I 象限中的 IS 曲线表示 i 与 Y 在商品市场处于均衡时(由漏出量等于注入量决定)的各种组合。扩张性的财政政策会使总注入函数向左移动相当于政府支出(G)的增加量,IS 曲线向右移动相当于政府支出(G)增加与开放经济的乘数(k')的乘积的量。贬值使总漏出函数在每一个收入水平下向上移动相当于 M 的减少量,总注入函数向左移动相当于 X 的增加量,IS 函数向右移动相当于($X-M$)乘以 k' 的量。

在第Ⅱ象限,从图 17.3 上半部分得到的储蓄函数加上进口函数[$S(Y)+M(Y)$]表示总漏出量与国民收入水平成正比。第Ⅲ象限中的 45°线表示漏出量($S+M$)等于注入量($I+X$)。在第Ⅳ象限以投资函数(投资与利率成反比)加上外生的出口函数[$I(i)+X$]表示总注入量。投资函数一般指投资的边际效率。例如,$Y_E=1\ 000$,$i=5.0\%$时,$S+M=450=I+X$,从而推出第 I 象限中的 E 点。类似的,$Y_F=1\ 500$,$i=2.5\%$时,$S+M=650=I+X$,从而推出第 I 象限中的 U 点。假设 IS 曲线为直线,连接第 I 象限中的 E 点和 U 点即可得到 IS 曲线。这就是图 18.2 中的 IS 曲线。

如果把政府支出(G)也包括进来,将使总注入函数变为 $I(i)+X+G$,它相对于原来的第Ⅳ象限中的总注入函数向左偏了 G,并且 IS 函数相对于原来第 I 象限中的函数向右偏了 G 乘以开放经济乘数(k')。如果把税收(T)包括进来,将使总漏出函数变为 $S(Y)+M(Y)+T$,它相对于第Ⅱ象限中的总漏出函数高了 T,而 IS 函数相对于第 I 象限中的函数向左偏了 T 乘以开放经济税收乘数。因此,总注入等于总漏出的均衡状况就是

$$I+X+G=S+M+T \tag{18A-1}$$

加入政府支出（G）和税收（T）使我们可以用图来分析财政政策对 IS 曲线的影响。不过，在接下来的讨论中，为了简化，我们假设不存在税收，且 G 仅仅是为了财政政策的目的。

该图也可以用来研究货币贬值对 IS 曲线的影响。特别的，一国货币的贬值将会减少每一收入水平下的进口，因此，第Ⅱ象限中的总漏出函数将会向上移动每一个收入水平下进口的减少量。同时，第Ⅳ象限中的总注入函数会向左移动该国的出口增加量。第Ⅰ象限中的 IS 函数将会向右移动，数量为该国的贸易差额的增加量（X－M）乘以该国的开放经济乘数。

问题　在图 18.12 的四个象限中，标出使政府支出从 0 增加到 50 的财政政策的影响。假设政府实行这一扩张性的财政政策时以保持利率不变的方式调整货币的供给。同时假设，该国的开放经济乘数为 $k'=2.5$（这里如同 17.12 节，假设国家非常小从而不会引起国外反馈效应）。

A18.2　LM 曲线的推导

图 18.13 的四个象限用于推导第Ⅰ象限中的 LM 曲线。LM 曲线表示利率（i）与国民收入（Y）在货币市场均衡时的各种组合，货币市场均衡即货币的交易需求与投机需求等于固定的货币供给。

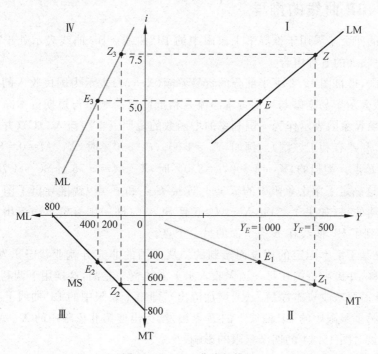

图 18.13　LM 曲线的推导

第Ⅱ象限表示货币的交易需求（MT）与国民收入（Y）的正比关系。第Ⅲ象限表示总货币供给 MS＝800 中，多少被用于交易的目的，多少被用于投机的目的。第Ⅳ象限表示作为利率的减函数的货币的投机或流动需求（ML）。第Ⅰ象限中的 LM 曲线表示 i 与 Y 在货币市场处于均衡时（由货币的固定供给等于货币的总需求决定）的各种组合。为了重新建立货币市场的均衡，宽松的货币政策使第Ⅲ象限中的 MS 曲线向下移动，第Ⅰ象限的 LM 曲线向右移动。货币贬值使第Ⅱ象限中的 MT 曲线向下移动，第Ⅰ象限中的 LM 曲线向左移动。

第Ⅱ象限表示货币的交易需求（MT）与国民收入（MT 为 Y 的一个不变的部分）的正比关系。第Ⅲ象限表示总货币供给 MS＝800 中多少用于交易、多少用于投机。第Ⅳ象限表示作为利率的减函数的货币的投机或流动需求（ML）。也就是说，利率或持有现金的机会成本越高，投机或流动性的货币需求就越小。

例如,$Y_E=1000$,$i=5.0\%$时,$MT=400$,剩下的 400($MS=800$)用于流动性的目的。这就确定了第 I 象限中的 E 点。类似的,$Y_F=1500$,$i=7.5\%$时,$MT=600$,剩下的固定货币供给中的 200 用于流动需求。这就确定了第 I 象限中的 Z 点。连接第 I 象限中的 E 点和 Z 点,就得出了 LM 曲线(假设 LM 为直线)。这就是图 18.2 中的 LM 曲线。

通过宽松的货币政策使货币的供给增加将使第 III 象限中的 MS 曲线向下移动,使第 I 象限中的 LM 曲线向右移动,直到重新确立货币市场的均衡。相反,一国货币的贬值将使国内的价格上升,货币的交易需求(即第 II 象限中的 MT 曲线向下移动)增加,并且使第 I 象限中的 LM 曲线向左移动,直到重新确立货币市场的均衡。

问题 从第 I 象限中的 LM 曲线上的 Z 点出发,标出图 18.13 中每一个象限内以下行为的效应:(1)假设货币供给的增加是为了满足交易需求,一国实施宽松的货币政策,增加货币供给 100;(2)假设货币当局在保持 $MS=800$ 的条件下,使第 II 象限中的 MT 函数向下移动 200 的货币贬值政策;(3)如果货币当局把(2)中的 MS 增加 200,提高到 $1\,000$,会有什么影响?

A18.3　BP 曲线的推导

图 18.14 的四个象限用于推导第 I 象限中的 BP 曲线。BP 曲线表示处于国际收支均衡时,利率和国民收入的各种组合。

在第 II 象限,得自图 17.3 下半部分的贸易差额($X-M$)表示为国民收入的减函数。第 III 象限中的 $45°$ 线表示贸易逆差与短期资本净流入相抵或贸易顺差与短期资本净流出相抵的外部均衡状态。第 IV 象限表示作为一国利率的增函数的短期资本净流入(SC)(并且基于国外利率不变的假设,利差有利于该国)。例如,$Y_E=1\,000$,$i=5.0\%$时,$X-M=0=SC$。这确定了第 I 象限中的 E 点。类似的,$Y_F=1\,500$,$i=8.0\%$时,$X-M=-75$ 且 $SC=+75$(这样有 $X-M+SC=0$)。这确定了第 I 象限中的 F 点。连接 E 点和 F 点,就推导出了图 18.2 中的 BP 曲线。需要说明的是,如果 $Y<Y_E$,$X-M>0$ 且 $SC<0$(即一国有资本净流出),则 $X-M+SC=0$,并且得到了 BP 曲线在 E 点下面的另一个点。

BP 曲线是基于汇率固定的假设而绘制的。从一国的非充分就业状态出发,货币贬值使 $X-M$ 函数上移,并提高该国在每一国民收入水平下的贸易差额,这样用下调利率来保持国际收支均衡时,就需要减少资本净流入(或增加流出),即第 I 象限中的 BP 曲线下移。

问题 从第 I 象限中的 BP 曲线上的 E 点出发,标出使第 II 象限中的 $X-M$ 函数上移 50 的货币贬值政策对图 18.14 的四个象限的影响。

A18.4　数学小结

上述讨论可以用下面三个等式来总结。它们分别代表商品市场、货币市场和国际收支的均衡状态。其中有三个未知数,即国民收入水平(Y)、利率(i)和汇率(R)。

正如附录 A18.1 节指出的,在一个开放的、有政府部门的经济社会里,当注入量即投资(I)加政府支出(G^*,作为财政政策变量)加出口(X)等于漏出量即储蓄(S)加进口(M),并假设税收(T)为零时,商品市场就是均衡的。

$$I(\overset{-}{i})+G^*+X(\overset{+}{R})=S(\overset{+}{Y})+M(\overset{+}{Y},\overset{-}{R})\qquad(18\text{A-}2)$$

括号内的变量表示函数的依赖关系,变量上方的正负号表示变量与函数的正比或反比关

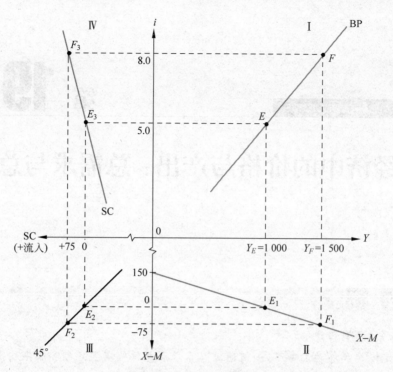

图 18.14 BP 曲线的推导

第Ⅱ象限表示贸易差额($X-M$)与国民收入(得自图 17.3 下半部分)的反比关系。第Ⅲ象限中的 45°线表示贸易逆差与短期资本净流入(SC)相抵的均衡状态。第Ⅳ象限表示 SC 为 i 的增函数。BP 曲线表示 i 和 Y 在外部均衡时的各种组合。货币贬值使每一国民收入水平下的 $X-M$ 函数上移，因此要保持外部均衡，就需要一个更低利率水平下的更小的 SC 来配合(即 BP 曲线向下移动)。

系。例如，$I(\bar{i})$ 是指投资与利率成反比或者说是利率的减函数。

货币市场要达到均衡，货币的交易需求(MT)加货币的投机或流动需求(ML)必须等于货币供给。货币供给由货币当局决定，并充当货币政策变量(MS*)：

$$\mathrm{MT}(\overset{+}{Y},\overset{+}{R}) + \mathrm{ML}(\bar{i}) = \mathrm{MS}^* \tag{18A-3}$$

最后，为使国际收支保持均衡，短期国际资本的净流动(SC)必须等于贸易差额(TB)的绝对值，并与 TB 的符号相反：

$$\mathrm{SC}(\overset{+}{i}) = \mathrm{TB}(\overline{Y},\overset{+}{R}) \tag{18A-4}$$

给定政策变量 G^* 和 MS* 的值，就可以确定 Y、i 和 R 的均衡值。用图形来表示，就是对应图 18.8 中的 E 点，即 IS、LM 与 BP 曲线的交点，此时三个市场同时处于均衡。

因为 G^* 只出现在式(18A-2)中，财政政策只影响商品市场，即仅 IS 曲线会移动。MS* 只出现在式(18A-3)中，货币政策只影响货币市场，仅 LM 曲线会移动。R 出现在三个等式中，因此汇率的变动会同时影响三个市场，使三条曲线移动(如 18.5 节中指出的)。

问题 通过上面三个等式研究以下政策的效果：(1)扩张性的财政政策；(2)紧缩性的货币政策；(3)一国货币的升值或贬值。

第 **19** 章

开放经济中的价格与产出：总需求与总供给

学习完本章后，你应当能够：

- 理解固定汇率和浮动汇率下，如何通过总需求和总供给实现短期和长期均衡
- 理解实际的和货币的冲击以及货币政策和财政政策如何影响一国的总需求和均衡
- 解释开放经济下，可以如何应用货币政策和财政政策针对供给冲击做出调整并刺激经济增长

19.1 引言

迄今为止，我们在对开放经济宏观经济学的讨论中（除了 17.6 节和 18.6 节）通常假设价格在经济扩张与紧缩时保持不变。只有在经济达到充分就业的限制时，价格才开始上升。实际生活中，在经济周期正常的情况下，价格会随着经济的扩张和紧缩而起伏。本章我们将放松价格不变的假设，考察开放经济中价格与产出的关系。我们将利用把国际贸易与国际资本的流动效应纳入考虑的总供求框架来考察这个问题。

19.2 节从复习总需求的概念开始，说明在封闭经济下如何由总供求的交点决定长期和短期的均衡；19.3 节把考察扩展到固定和浮动两种汇率制度下国际交易对总供求的影响；19.4 节继续考察实际的和货币的冲击，以及财政与货币的各种变量对一国总需求的影响；19.5 节讨论在浮动和固定两种汇率制度下，开放经济中的货币和财政政策效应；19.6 节考察在开放经济中，货币和财政政策如何刺激经济的长期增长，及其对供给冲击的调节。

19.2 总供求与封闭经济中的均衡

本节首先定义总需求曲线，并说明它是如何从上一章所讲述的 IS 曲线和 LM 曲线推导出来的；然后研究长期和短期的总供给曲线；最后研究在封闭经济条件下，总供给曲线与总需求曲线如何相互作用以决定短期和长期的均衡状态。

19.2A　封闭经济中的总需求

总需求曲线［aggregate demand（AD）curve］反映了在一国货币供给、政府支出和税收一定的条件下，经济中商品和服务的需求总量与总体物价水平之间的关系。总需求曲线与个人对商品的需求曲线类似，但总需求曲线反映了一国国内对商品和服务需求的总量，它是关于总体物价水平或国内生产总值（GDP）平减指数的函数。总需求曲线向下倾斜，说明物价水平越低，对国内商品和服务的需求量就越高。

图 19.1 说明了如何从上一章讲述的 IS-LM 模型中推导总需求曲线。回顾 18.3 节和图 18.2，IS 曲线反映了商品市场均衡时利率（i）和国民收入（Y）的各种组合（即对商品和服务的总需求等于总供给）。而 LM 曲线则反映了当货币市场达到均衡，即货币的需求等于供给时，利率和国民收入的各种组合。IS 曲线和 LM 曲线都是在给定的物价水平下绘制的。国民收入的均衡水平 Y_E 和利率的均衡水平 i_E 是由 IS 曲线和 LM 曲线的交点决定的（图 19.1 左图中的 E 点）。该点就是图 19.1 右图中的总需求曲线上给定物价水平 P_E 和国民收入水平 Y_E 时的 E 点。两个图的横坐标都是国民收入，但右图的纵坐标是物价水平而左图的纵坐标是利率。

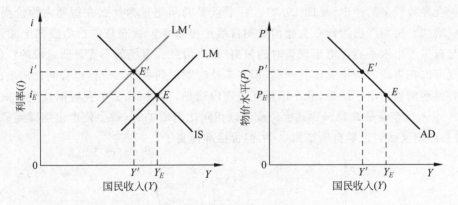

图 19.1　从 IS-LM 曲线推导总需求曲线

　　左图中，在给定的物价水平下，IS 曲线和 LM 曲线的交点 E 决定了利率（i_E）和国民收入（Y_E）的均衡水平。这给出了右图中 AD 曲线上的价格为 P_E、收入为 Y_E 的点。当价格从 P_E 上升到 P' 降低了所供给货币的实际价值时，LM 曲线将向左移动到 LM′，得到与较低的收入水平 Y' 相适应的左图中的 E' 点和右图中 AD 曲线上的 E' 点。

现在假设国内物价由 P_E 上升到 P'。这样就降低了供给货币的实际价值，使 LM 曲线向左移至 LM′。左图中 IS 和 LM′ 曲线的交点 E' 为新的均衡点，利率升高至 i' 而国民收入降低到 Y'。请注意物价的上升并没有直接影响 IS 曲线，这是因为商品市场的均衡是由实际条件度量的。右图中 AD 曲线上的 E' 点是由更高的物价水平和更低的国民收入水平决定的。因此，高物价意味着国民收入降低，从而总需求曲线向下倾斜。IS 和 LM 曲线越陡，总需求曲线就越陡，越缺乏弹性。

如果物价保持不变而货币供给量发生变动，则总需求曲线将整体移动。例如，在一定物价水平下增加货币供给（实行宽松的或扩张性的货币政策）使 LM 曲线向右移动，产生一个更高的国民收入。这可以通过将整条总需求曲线右移以反映给定物价水平下较高国民收入的方法来证明（参见章末练习题 3）。因此，无论是货币供应量一定而物价下降（沿总需求曲线向下移动），还是物价一定而货币供应量增加（总需求曲线向右移动），国民收入都会增长。类似的，当政府增加支出或减少税收（扩张性的财政政策）使 IS 曲线向右移动时，总需求曲线也将向右移动,这表明在每个物价水平下都对应着更高水平的国民收入。相反,紧缩性的货币政策和财政政策会使总需求曲线向左移动。

19.2B　长期与短期的总供给

总供给曲线[aggregate supply（AS）curve]反映了经济中商品和服务的总供给量与总体物价水平之间的关系。这种关系在很大程度上还取决于所要考虑的时间跨度。因此有长期总供给曲线和短期总供给曲线之分。

长期总供给曲线[long-run aggregate supply（LRAS）curve]并不取决于物价,而仅仅由经济中有效的劳动力、资本、自然资源和技术因素所决定。对经济的有效投入决定了一国长期的**自然产出水平**（natural level of output, Y_N）。对经济的有效投入越多,长期产出和收入的自然水平就越高。由于长期总供给曲线与物价无关,物价变动时,长期总供给曲线在自然产出水平上是垂直的,如图 19.2 所示。因此,更高的物价并不影响长期产出量。提高长期产出量的唯一途径是增加对投入和资源的供给。由于这只能在长时期内逐步完成,所以我们至少在目前的分析中假设产出没有增加。

短期总供给曲线[short-run aggregate supply（SRAS）curve]则向上倾斜,表示在短期内较高的物价会导致较多的产出（见图 19.2）。一个重要的问题是为什么在短期内物价提高会使产出相应增加？短期产出为什么会超出长期自然产出水平？短期总供给曲线向上倾斜（使产出水平与自然产出水平有可能出现暂时的偏离）是由信息和市场的不完善所造成的。例如,当企业发现可以按更高的价格卖出其产品,但并未及时意识到其投入价格也会同比例增加时,它可能会暂时地增加产出。结果,总产出量在短期内增加,如图 19.2 中在短期总供给曲线上从 E 点到 A 点。当企业最终意识到其生产成本以相同比例增加时,就会使产出缩减到原来的水平,这样总产出又回到长期自然产出水平,但价格却提高了。

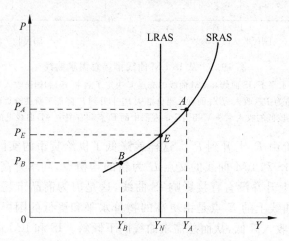

图 19.2　长期与短期的总供给曲线

　　长期总供给曲线与物价无关,并在一国自然产出水平 Y_N 处垂直,它取决于一国有效的劳动力、资本、自然资源和技术的投入。短期总供给曲线向上倾斜,表明一国的产出量会因为信息和市场的不完善而暂时地超过（A 点）或低于（B 点）其自然水平（E 点）。

　　因此,信息或市场的不完善会导致一国的短期产出超过长期自然产出水平。这可以通过雇用更多的工人加班工作或使工厂延长工作时间增加倒班次数来实现。由于按这种方式提高产出会越来越困难,而且代价高昂,短期总供给曲线变得越来越陡,最终垂直(见图 19.2)。从长期来看,企业意识到所有价格(包括成本)都会成比例增加,所以会将产出减少到最初的水平,结果一国的产出量回到较低的长期自然产出水平,但价格却普遍提高了。

同样,相反的情况也成立。也就是说,如果企业发现产品的价格下降,但没有及时意识到所有产品的价格(包括企业自身的投入品价格)也以相同比例下降(其生产成本也同样下降),它们会减少产出,这样一国的总产出会暂时降到其自然产出水平以下(图 19.2 中的 B 点)。然而,在长期,企业意识到错误,将使产出增加到初始的长期自然产出水平(图 19.2 中的 E 点)。这个过程也可以用劳动力市场的不完善来解释(参见章末练习题 5)。

19.2C　封闭经济中的短期与长期均衡

给出了总需求曲线与长期、短期的总供给曲线,我们就可以通过图 19.3 研究封闭经济中的短期与长期均衡。我们从总需求曲线 AD 与长期总供给曲线 LRAS 和短期总供给曲线 SRAS 的交点即均衡点 E 开始,在该点,自然产出为 Y_N,价格为 P_E。在 E 点,经济处于长期均衡状态,因此也处于短期均衡状态。假设现在总需求曲线有一个意料之外的向右移动,从 AD 移到 AD$'$。这将会使价格上涨,但如果企业没有意识到所有价格都同时上涨,却错误地认为只有自己出售的产品涨价,就会增加产出。这样就得到了新的短期均衡点 A,即 AD$'$ 与 SRAS 曲线的交点。在 A 点,价格为 P_A 而产出为超过自然产出水平 Y_N 的 Y_A。

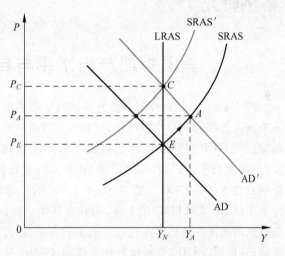

当企业意识到所有的价格(包括它们自己的生产成本)实际都在增长时,SRAS 曲线就会移到 SRAS$'$。AD$'$ 与 SRAS 曲线在 LRAS 曲线上的交点 C 就是新的长期均衡点,C 点对应着更高的物价水平 P_C,产出仍旧保持在自然产出水平 Y_N。现在,物价水平提高了,但产出又回到长期自然产出水平。

图 19.3　封闭经济中的均衡

在 AD、LRAS 和 SRAS 曲线的交点 E,一国同时处于长期和短期的均衡。AD 出乎意料地增长至 AD$'$,在 AD$'$ 和 SRAS 的交点 A 形成新的短期均衡点,其价格和产出分别是 P_A 和 Y_A。Y_A 超过了自然产出水平 Y_N。从长期来看,随着期望价格上升到真实价格,SRAS 曲线将上移到 SRAS$'$,由 AD$'$、LRAS 和 SRAS$'$ 曲线的交点 C 决定了新的长期均衡点,价格和收入分别是 P_C 和 Y_N。

这是由于企业都意识到价格和成本同时成比例增加,因而将产出减回到长期自然产出水平。这样就使信息与市场不完善所引发的产出增加在长期得以完全消除。也就是说,从长期来看,随着**预期价格**(**expected prices**)上升至真实价格,短期总供给曲线会随之上移,而一国产出水平会回落到长期自然产出水平。

这种现象的另一种解释是总需求出乎意料的增加会导致价格意外的上涨和产出暂时的增加。从长期来看随着预期价格上升并达到真实价格,短期总供给曲线会上移到与在长期总供给曲线上新的更高水平的总需求曲线相交,这样经济就会再次同时达到长期和短期均衡,产出仍处于自然产出水平。所以,特定的短期总供给曲线是基于特定的预期价格的。当长期预期价格上升达到真实价格时,短期总供给曲线会随预期价格上升而上移。在长期总供给曲线右侧的点表示真实价格大于预期价格,预期价格上升,这又使短期总供给曲线上移至真实价格,经济返回到其长期均衡的自然产出水平。注意:在任何总需求曲线和短期总供给曲线的交点,经济只是处于短期均衡。只有当总需求曲线和短期总供给曲线交于长期总供给曲线上时,经济才处于长期均衡。

如果信息充分或市场完善(即企业可以立即意识到总需求的增加会使所有产品的价格都上升,所以预期价格总能立即与真实价格相等),则一国就会很快从均衡点 E 移到均衡点 C,而不会经过其中的短期均衡点 A。在这种情况下,一国的产出就不会与其长期自然产出水平出现偏差,短期总供给曲线将与长期总供给曲线重合成为一条垂直线。仅仅由于信息的不充分和市场的不完善才使现实中短期产出水平与长期自然产出水平出现偏离(参见案例研究 19.1)。当然,总需求曲线的下移会导致产出的暂时减少和价格永久性的降低(参见章末练习题 6)。

案例研究 19.1

美国短期产出水平与自然产出水平的偏差

图 19.4 以 1971—2014 年美国国内生产总值(GDP)平减指数为横坐标(1971 年为 100),用来测度价格增长,以 1971—2014 年美国调整后的 GDP 实际增长为纵坐标(1971 年为 100)。调整后的 GDP 实际增长等于将美国每年的国内生产总值实际增长减去美国长期平均的年 2.8% 的增长率。因此,调整后的 GDP 实际增长提供了一个美国每年 GDP 短期实际增长与其长期自然水平(以 100 为起点,每年 2.8% 的长期增长率)的偏差的测度。如图所示,虽然有物价水平(GDP 平减指数)的上涨,而且有其他一些因素的短期干扰,调整后的短期增长量与其长期自然增长量之间仍然存在或多或少的偏差,这与理论是相符的。图 19.4 与图 19.2 和图 19.3 类似,只是它以 GDP 平减指数作为横轴,以调整后的 GDP 实际增长为纵轴,而不是相反。

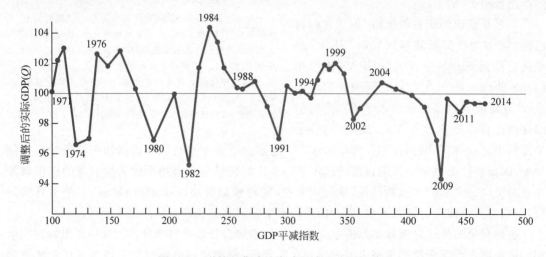

图 19.4　美国短期产出与自然产出水平的偏差

尽管有价格的上涨(GDP 平减指数)及其他短期因素的干扰,美国(以 1971 年为 100)调整后的 GDP 短期实际增长与其长期自然水平(以 100 为起点,每年 2.8% 的长期增长率)存在或多或少的偏差,但这些偏差都是暂时的,这与理论预料的相符。

资料来源:Organization for Economic Cooperation and Development,*Economic Outlook* (Paris,Various Issues).

19.3 固定与浮动汇率制度下开放经济中的总需求

开放经济尽管对长期供给也会产生重要影响，但主要的影响还在于中短期（大多数经济政策的时间跨度）的总需求。本节我们首先在固定汇率制度下，然后在浮动汇率制度下，考察开放经济对总需求的影响。为了反映当今工业国之间高速的（尽管不是完全的）国际资本流动，我们要画出一条 BP 曲线（描述国际收支平衡状况），它也是向上倾斜的，但比 LM 曲线平坦。

19.3A 固定汇率下开放经济的总需求

图 19.5 反映了固定汇率下开放经济的总需求曲线的推导过程，并与图 19.1 得到的封闭经济的总需求曲线做了比较。图 19.5 的左图显示了商品市场、货币市场与国际收支的初始均衡点 E，它对应于图 18.2 中的 i_E 与 Y_E（只是现在的 BP 曲线比 LM 曲线更平坦）。这样就给出了图 19.5 右图中的 E 点。

假设现在一国物价由 P_E 上涨到 P'，这使该国既定的货币供给的实际价值下降，在封闭经济下，LM 曲线一定会向左移至 LM'。而在开放经济下，在得出总需求曲线时必须考虑国际因素的影响。也就是说，国内物价从 P_E 到 P' 的上升带来了出口量的减少和进口量的增加，这使 IS 和 BP 曲线分别向左移至 IS' 和 BP'。IS 曲线向左移动是由于贸易差额的恶化。BP 曲线向左移动是由于较高利率下需要在每一收入水平吸引足够的国外资金来补偿国内物价上涨带来的贸易差额恶化。

图 19.5 的左图中 LM'、BP' 和 IS' 曲线的交点就是新的均衡点 E''。在 E'' 点，利率 i_E 恰好是在该国物价上涨之前初始的均衡点 E 的利率，但价格提高了（由 P_E 上升到 P'），国民收入水平下降了（由 Y_E 下降到 Y''），从而得到了右图中的 E'' 点。连接右图中的 E 点和 E'' 点就得出了开放经济的总需求曲线 AD'。注意：AD' 比以前得到的封闭经济的 AD 曲线更平坦、更富有弹性，这是因为在开放经济下还存在国际贸易和国际资本流动的影响，而这些在封闭经济中是没有的。而且，进出口对国内价格变动越敏感，AD' 曲线与 AD 曲线相比就越富有弹性（自然这是以满足马歇尔—勒纳条件为前提的，参见 16.4B 小节）。

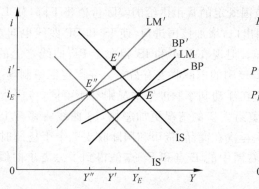
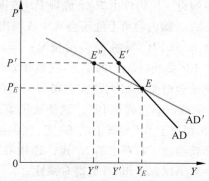

图 19.5 固定汇率制度下一国总需求曲线的推导

在左图中，LM、IS 和 BP 曲线的交点是均衡点 E，此时的均衡价格为 P_E，均衡国民收入为 Y_E，由该点我们可以在右图上相应地找出对应的 E 点。价格上涨到 P'，使 LM、BP 和 IS 曲线分别向左移至 LM'、BP' 和 IS'，其交点是新的均衡点 E''。将右图中的 E 点和 E'' 点相连，就得到了开放经济的总需求曲线 AD'，它比封闭经济的总需求曲线 AD 更平坦、更有弹性。

为什么 LM' 与 IS' 曲线的交点恰好位于 BP' 曲线上（左图中的 E'' 点），使该国在三个市场上能再次同时达到均衡？这是因为，如果 LM' 曲线和 IS' 曲线交于 BP' 曲线上方，该国的利率就会高于国际收支均衡的利率。该国将会出现国际收支盈余。在固定汇率制度下,一国国际收支盈余会引起国际储备向国内流入,造成国内资金供给增加,使 LM′ 曲线向下移动直至与 IS′ 曲线交于 BP′ 曲线上,从而该国可以在商品、货币和国际收支三个市场上同时达到均衡,即 E'' 点。如果 LM′ 与 IS′ 曲线在 BP′ 曲线以下相交,则会发生相反的情况。

19.3B　浮动汇率下开放经济的总需求

图 19.6 显示了浮动汇率下开放经济的总需求曲线的推导过程,并与图 19.1 的封闭经济的总需求曲线和图 19.5 的固定汇率下开放经济的总需求曲线作了比较。图 19.6 中的左图标有与图 19.5 一样的商品、货币、国际收支三个市场同时达到均衡的 E 点及其均衡利率 i_E 和均衡国民收入水平 Y_E。在图 19.6 的右图中给出了相对应的 E 点。

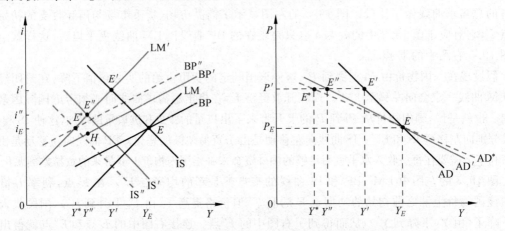

图 19.6　浮动汇率制度下开放经济的总需求曲线的推导

从左右两图中的均衡点 E 出发,物价上升至 P' 使 LM、BP 和 IS 曲线分别向左移至 LM′、BP′ 和 IS′。由于 LM′ 和 IS′ 曲线交于 BP 曲线的上方(E'' 点位于 H 点的上方),该国在国际收支上有盈余,其货币升值(BP′ 曲线向左移至 BP″)。这就使 IS′ 曲线继续向左移至 IS″ 直到 LM′ 和 IS″ 相交于 BP″ 曲线上的 E^* 点,这样就得出了右图中的 E^* 点。连接右图中的 E 点和 E' 点就得到总需求曲线 AD*,它比 AD 和 AD′ 更富有弹性。

现在假设一国物价由 P_E 上涨到 P',该国既定的货币供给的实际价值将下降,使 LM 曲线左移至 LM′。国内物价上涨还会减少该国出口,增加该国进口,使 IS 和 BP 曲线也向左移动,恰好移至 IS′ 和 BP′,与图 19.5 的情况一样。但现在 LM′ 和 IS′ 相交于 BP′ 曲线之上的 E'' 点,该点位于 BP′ 曲线(H 点)的上方,这意味着该国的国际收支有盈余。在固定汇率制度下,该国货币供应量会增加,LM 曲线向右移动。但在浮动利率制度下情况则有所不同,该国货币的升值使 BP′ 曲线又向左移至 BP″。这使该国贸易失衡的情况更加恶化,IS′ 曲线将移至 IS″,直至 LM′ 与 IS″ 相交于 BP″ 曲线上的 E^* 点,该国再次在商品、货币和国际收支三个市场同时达到均衡。这样就给出了右图中的 E^* 点。连接右图中的 E 点和 E^* 点就得到了总需求曲线 AD*,它比 AD 和 AD′ 都平坦,且更富有弹性。

注意:图 19.6 的左图中,均衡点 E^* 处利率等于 i_E(初始的均衡利率),但这只是巧合。也就是说,根据 LM′、BP″ 和 IS″ 曲线交点的不同,i'' 可以比 i_E 高或低。如果 LM′ 和 IS′ 曲线交于 BP 曲线的下方而不是像图 19.6 的左图那样交于上方(例如,如果 E^* 点位于 H 点的下方),则该国会有国际收支赤字。在这种情况下,该国的货币贬值(BP′ 和 IS′ 曲线都会右移)直到 LM′ 和 IS″ 曲线交于 BP″ 曲线上,该国的三个市场同时达到均衡。如果 LM′ 和 IS′ 曲线恰好在 BP′ 线上相交,该国的汇率和 BP′、IS′ 曲线都不会发生变化,从而与固定汇率制度下的结果相同。

19.4　开放经济价格浮动下经济冲击与宏观经济政策对总需求的影响

在现实生活中,任何影响 IS、LM 或 BP 曲线的因素都会根据汇率是固定的还是浮动的,影响一国的总需求。本节将考察开放经济中固定和浮动汇率下价格浮动时实际的和货币的冲击对总需求的影响,以及财政和货币政策对总需求的影响。

19.4A　实际部门冲击与总需求

从图 19.7 左右两图中的均衡点 E 出发,假设由于国外物价上涨或国内外人们偏好的变化,一国出口增加或进口减少。在国内物价不变的条件下,出口的增加或进口的减少都会改善国际贸易差额,使该国的 IS 和 BP 曲线向右移至 IS′ 和 BP′。由于 IS′ 和 BP 曲线的交点 E' 位于 BP′ 曲线的上方,该国国际收支出现盈余。在固定汇率制度下,这会导致国际资本的流入和该国货币供给量的增加,使 LM 曲线向右移至 LM′,从而得到新的均衡点 E''。左图中的 E 点移至 E'' 点,在右图中表现为该国总需求曲线由 AD 移至 AD″。也就是说,在国内物价为 P_E 的条件下,由于该国出口的自发性增加或进口的自发性减少,国家的产出由 Y 变为 Y''。

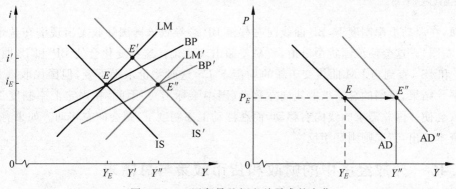

图 19.7　一国贸易差额和总需求的变化

从左右两图中的 E 点出发,在国内物价不变条件下出口的增加或进口的减少使 IS 和 BP 曲线向右移至 IS′ 和 BP′。在汇率固定时,该国国际收支将出现盈余,LM 曲线右移至 LM′,从而得到了新的均衡点 E'',所以总需求曲线会向右移至 AD″。在汇率浮动时,该货币升值,BP′ 和 IS′ 曲线又移回到 BP 和 IS,在两图中得到了初始的均衡点 E。

如果该国的汇率可以浮动,情况会有所不同,但我们仍可以利用图 19.7 进行分析。在浮动汇率制度下,图 19.7 左图中的 E' 点显示该国国际收支存在盈余,这就导致了该国货币升值,BP′ 曲线向左移回其初始位置 BP(而不像在固定汇率制度下,该国货币供给量增加会使 LM 曲线向右移至 LM′)。伴随着该国货币的升值和 BP′ 向左移回 BP,IS′ 曲线也向左移回 IS (正如货币升值使贸易差额又回到初始的水平)。因此,在浮动汇率制度下,国际贸易差额的自发性改善并不能持续地影响该国的产出水平和总需求状况(左图中的均衡点又回到 E 点,右图中的均衡点 E 也返回总需求曲线上)。国际贸易差额的自发性恶化会有相反的效应。

19.4B　货币冲击与总需求

从图 19.8 左右两图中的均衡点 E 出发,假设由于国外利率下降或国内外人们偏好的变化,出现了短期资本流入或者资本流出减少,这使两图中的 BP 曲线都向右移至 BP′。当汇率固定时,E 点位于 BP′ 曲线的上方,说明国际收支盈余(参见图 19.8 左图)。这引起国际资本的流入和国内货币供给的增加,使 LM 曲线向右移至 LM′,从而确定了更高收入水平 Y'' 下的均衡点 E''。由于在更高的国民收入水平下,国内物价没有变化,该国的总需求曲线将向右移动(图中未标出)。

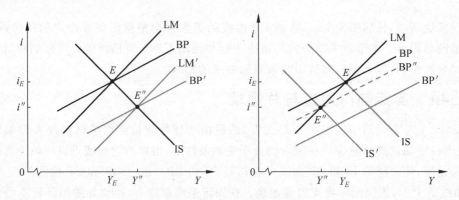

图 19.8 短期资本流动与总需求

从两图中的均衡点 E 出发,在物价不变、汇率固定的条件下,短期的资本流入使 BP 和 LM 曲线分别向右移至 BP′ 和 LM′,因此在左图中得到了更高国民收入水平下的均衡点 E''。因此,该国的总需求曲线(图中未标出)向右移动。在浮动汇率制度下(如右图),该国货币升值,使 BP′ 和 IS 曲线向左移至 BP″ 和 IS′,与初始的 LM 曲线交于新的均衡点 E'',所以总需求曲线向左移动。

然而,在浮动汇率制度下,BP 曲线向右移至 BP′ 会导致该国国际收支出现潜在盈余(参见图 19.8 右图)。这会使该国货币升值,贸易差额出现恶化。这些变化会使 BP′ 和 IS 曲线向左移到 BP″ 和 IS′,直到与 LM 曲线交于新的均衡点 E'',这时物价水平不变,但国民收入 Y'' 位于较低水平。结果,该国的总需求曲线向左移动(图中未标出)。因此,在固定汇率制度下,短期资本流入会使一国总需求曲线向右移动,而在浮动汇率制度下,则会向左移动。如果有短期自发性的资本流出,情况则刚好相反。

19.4C 开放经济中的财政和货币政策与总需求

我们在 18.4C 小节中曾提到当出现高弹性的短期国际资本流动时(BP 曲线比 LM 曲线平坦),财政政策有效而货币政策无效,在浮动汇率制度下,情况则恰恰相反。

特别要指出的是,在固定汇率制度下,出现高弹性的短期国际资本流动时,扩张性的财政政策会导致资本流入,对一国总需求曲线向右移动尤其有效。类似的,紧缩性的财政政策会导致资本流出,对一国总需求曲线向左移动也非常有效。而在固定汇率和国际资本高速流动的条件下,由于一国为降低利率而增加货币供给(即扩张性的货币政策)只是导致资本流出,因而即使对总需求有影响,这个影响也是非常小的。

在浮动汇率制度下,出现高弹性的短期国际资本流动时,情况恰好相反。也就是说,扩张性的货币政策对总需求曲线向右移动非常有效,而紧缩性的货币政策对总需求曲线向左移动也非常有效。由于短期国际资本流动会抵消大部分财政政策的效应,这时财政政策对总需求是无效的。所以,在研究开放经济价格浮动和高弹性的短期国际资本流动条件下的宏观政策的效应时,我们将把重点放在固定汇率制度下的财政政策和浮动汇率制度下的货币政策。

在高弹性的短期国际资本流动和价格浮动的现实条件下,我们将经济波动与宏观政策对总需求的影响总结为以下几点。

1. 任何影响实际经济部门的冲击在固定汇率制度下对一国总需求有影响，而在浮动汇率制度下却没有影响。例如，在固定汇率制度下，一国贸易差额的自发改善会使总需求曲线向右移动，而在浮动汇率制度下则无影响，反过来同样成立。

2. 无论在固定汇率制度还是浮动汇率制度下，任何货币冲击都会影响总需求曲线，只是方向相反。例如，一国短期资本流入的自动增加在固定汇率制度下会使总需求曲线向右移动，在浮动汇率制度下会向左移动，反过来同样成立。

3. 财政政策在固定汇率制度下有效而在浮动汇率制度下无效，货币政策则相反。例如，扩张性的财政政策（而非货币政策）可以在固定汇率制度下使总需求曲线向右移动，而货币政策（而非财政政策）可以在浮动汇率制度下使总需求曲线向右移动。

19.5　开放经济价格浮动下财政与货币政策的效应

我们在上一节看到，在固定汇率制度、短期国际资本流动富有弹性的条件下，财政政策非常有效而货币政策无效。相反，在浮动汇率制度下，货币政策有效而财政政策无效。因此，本节将考察固定汇率制度下的财政政策和浮动汇率制度下的货币政策。

我们先从图 19.9 左图（与图 19.3 相同）中的初始均衡点 E 出发，它是总需求曲线和短期总供给曲线在长期总供给曲线上的交点，其产出 Y_N 是一国的自然产出水平，价格为 P_E。扩张性的财政政策使 AD 曲线向上移至 AD′，在 AD′ 与 SRAS 的交点处产生新的短期均衡点 A，其价格为 P_A，产出 Y_A 大于 Y_N。这种暂时的过度产出 Y_A 是由于在封闭经济中市场和信息的不完善造成的，正如 19.3 节所描述的那样。企业最初以为只有自己产品的价格上涨了，从而使真实价格暂时超过了预期价格。

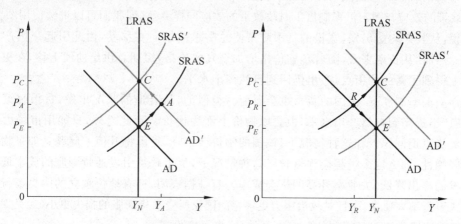

图 19.9　固定汇率制度下的自然产出水平和经济萧条时扩张性的财政政策

从左图中的长期均衡点 E 出发，扩张性的财政政策使 AD 曲线上移到 AD′，得到短期均衡点 A，价格为 P_A，产出 Y_A 大于自然产出水平 Y_N。从长期来看，SRAS 曲线上移至 SRAS′，得到了长期的均衡点 C，价格为 P_C，产出为 Y_N。从右图中价格为 P_R，产出为 $Y_R < Y_N$ 的萧条点 R 出发，一国可以采用扩张性的财政政策使 AD 上移至 AD′，AD′、SRAS 和 LRAS 曲线相交于一点，再次达到长期均衡点 C，价格为 P_C，产出为 Y_N。在经济萧条时，国内价格下降，SRAS 下移到 SRAS′，由此该国也能自动达到均衡点 E，价格为 P_E，产出为自然水平 Y_N。

然而一段时间以后，当企业意识到所有价格（也包括它们自己的生产成本）都上涨了时，短期总供给曲线会上升至 SRAS′。AD′ 与 SRAS′ 曲线的交点恰好位于长期总供给曲线上，这就是新的长期均衡点 C，其价格上升到 P_C，产出仍为自然产出水平 Y_N。价格升高而产出又回到较低的长期自然产出水平。随着预期价格上升到真实价格,从长期来看短期的产出增加被完全抵消了,这与封闭经济下的情况完全一致。唯一不同的是现在考察的是开放经济。但如果我们假设经济开放的影响已经在 AD 和 AD' 曲线中做了考虑,那么该国的产出暂时增加以后又返回其长期自然产出水平,而价格升高,这一过程是相同的。更有趣、更实际的是一国在经济萧条时实行财政政策的情况,如图 19.9 右图中的 R 点,其价格为 P_R,但产出 Y_R 小于 Y_N。从右图中的 R 点出发,扩张性的财政政策使 AD 曲线向右移至 AD',AD' 和 SRAS 曲线交于 LRAS 曲线上,产生了新的长期均衡点 C,价格升高到 P_C,产出回升到自然产出水平 Y_N。从短期均衡点 R 到长期均衡点 C 是沿着 SRAS 曲线移动的。

如果不实行扩张性的财政政策而是让市场自行调节,从长期来看,一国也可能达到均衡点 E,总需求曲线、短期总供给曲线和长期总供给曲线在该点相交。也就是说,因为在 R 点产出 Y_R 低于自然产出水平 Y_N,预计所有的价格(包括企业的成本)都要下降,随着价格的下跌,SRAS 曲线下移到 SRAS',与未变化的 AD 曲线和 LRAS 曲线交于 E 点。该国经济达到了长期和短期的均衡,产出为自然产出水平 Y_N,价格下降到 P_E。均衡点由 R 点沿 AD 曲线移到 E 点,反映了在封闭经济中,国内价格下跌不仅导致对商品和服务需求的增加(如 19.2A 小节所述),而且会导致该国贸易差额的改善(如 19.3 节所述)。

但是,如果萧条可以通过降低物价水平自动消除,为什么一国要采取这种会引起通货膨胀的扩张性财政政策来克服 R 点的萧条呢? 这是因为凭市场力量克服萧条需要很长的时间。如果价格缺乏下降的弹性,这种现象会更明显。一些认为价格非常固定、十分缺乏弹性的经济学家主张利用扩张性的财政政策。而那些认为扩张性的财政政策会导致价格进一步提高和通货膨胀的经济学家则主张凭借市场力量,而不运用扩张性的财政政策来解决经济萧条问题。

如果我们将总需求曲线与浮动汇率制度下的调节措施放在一起研究,那么浮动汇率制度下货币政策的效应与固定汇率制度下财政政策的效应同样奏效(即我们可以继续使用图 19.9)。也就是说,从长期均衡出发,宽松的货币政策使总需求曲线向右移动,由此引起一国产出的暂时增加。然而,从长期来看,随着预期价格增加至真实价格,短期总供给曲线上移,在更高的物价水平上得到了新的均衡点,产出仍回到自然产出水平。

在浮动汇率制度下,该国的货币也会贬值。类似的,从衰退的状况出发,货币政策能加速发展,使产出提高到自然产出水平,但要以物价上涨为代价。除此之外,只能用市场力量自发地解决经济衰退问题。在这种情况下,该国的物价会下降,货币将升值。问题是如果物价坚挺缺乏下降弹性,那么这个过程会很漫长。这种情况下,货币政策引发通货膨胀的成本低于经济衰退引发的产出降低、失业率升高的机会成本。有证据表明,拥有地位独立的中央银行的国家相比中央银行不太独立,而且对政治压力更敏感的国家所受通货膨胀的损失更小(参见案例研究 19.2),而实施通货膨胀目标制的国家也是如此(参见案例研究 19.3)。

案例研究 19.2

工业国中央银行的独立与通货膨胀

图 19.10 显示了 1955—1988 年一些工业国中央银行的独立程度与平均通货膨胀率的关系。如图所示,中央银行较独立的国家(德国、瑞士和美国)相比中央银行不太独立的国家(新

西兰、西班牙、意大利、英国和法国），通货膨胀率要低一些。特别需要指出的是，当过度的扩张性的财政政策推动利率提高，使一国货币升值时，货币当局在选民和财政政策制定者的压力下通过增加货币供给以"满足"日益增加的货币需求来抵消这种效应。如果货币当局未能抵制这些压力（即如果中央银行不够独立），结果就是通货膨胀。在美国，美联储（作为美国的中央银行）是半自治的，其管理支出和税务（财政政策）的业务分支机构在很大程度上是独立的。因此，美国相比中央银行缺乏独立性的英国和法国在通货膨胀方面有较好的表现。在经济萧条时，选举产生的官员和选民受到中央银行独立性降低的威胁，要求实行更宽松的或扩张性更强的货币政策。美国 1991—1992 年经济萧条期间，美联储在强大的压力下实行宽松的货币政策就是一个实例。美联储在 2001 年经济萧条时期连续 6 次降低利率，利率从 6.5% 下降至 1.0%，2008—2009 年的大萧条期间利率甚至降至更低。

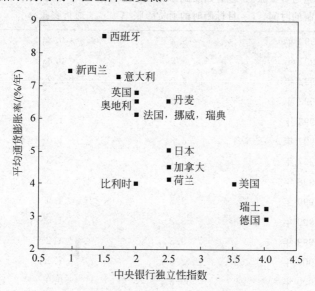

图 19.10　中央银行独立性指数与平均通货膨胀率

德国、瑞士和美国等中央银行独立性较强的国家的通货膨胀率要低于新西兰、西班牙、意大利、英国和法国等中央银行独立性较差的国家。

资料来源：A. Alesina and L. H. Summers, "Central Bank Independence and Macroeconomic Performance: Some Comparative Evidence," *Journal of Money Credit and Banking*, May 1993, p. 155.

案例研究 19.3

通货膨胀目标制——货币政策的新手段

1990 年开始，一些国家将基于实现特定的通货膨胀目标的**通货膨胀目标制**（inflation targeting）作为货币政策的一种新手段。这种方法的新颖和与众不同之处就在于其高透明度和可计量性的对控制通货膨胀的公开承诺。截至 2012 年，有 26 个国家（其中发达国家和发展中国家几乎各占一半）实施了这一政策（参见表 19.1）。此外，美联储、欧洲中央银行、日本银行和瑞士国民银行也采取了通货膨胀目标制中的很多主要元素，另一些国家则正在朝着这一方向努力。一般来说,实施通货膨胀目标制的国家致力于在中期(通常为两三年的时限)而不是一直实现通货膨胀目标。

表 19.1 给出了实施通货膨胀目标制的国家、其开始实施该政策的时间、当时的通货膨胀率、2009 年的平均通货膨胀率,以及目标通货膨胀率(或者是一个范围,或者是某个比率加上或减去一个特定的百分比,通常为 1%)。尽管 1991—2009 年大多数国家的通货膨胀率下降而经济增长率提高了,但实施通货膨胀目标制的国家改善更为明显,与其他国家相比,其通货膨胀率和经济增长率的波动更小,受到全球经济危机的影响也更小。

表 19.1 实施通货膨胀目标制的国家			%
国家	开始实施通货膨胀 目标制的时间	开始实施通货膨胀 目标制时的通货膨胀率	2009 年的平均 通货膨胀率	目标通货膨胀率
新西兰	1990 年	3.3	0.8	1—3
加拿大	1991 年	6.9	0.3	2±1
英国	1992 年	4.0	2.2	2±1
瑞典	1993 年	1.8	−0.3	2±1
澳大利亚	1993 年	2.0	1.9	2—3
捷克共和国	1997 年	6.8	1.0	3±1
以色列	1997 年	8.1	3.3	2±1
波兰	1998 年	10.6	3.8	2.5±1
巴西	1999 年	3.3	4.9	4.5±2
智利	1999 年	3.2	1.5	3±1
哥伦比亚	1999 年	9.3	4.2	2—4
南非	2000 年	2.6	7.1	3—6
泰国	2000 年	0.8	−0.9	0.5—3
韩国	2001 年	2.9	2.8	3±1
墨西哥	2001 年	9.0	5.3	3±1
冰岛	2001 年	4.1	12.0	2.5±1.5
挪威	2001 年	3.6	2.2	2.5±1
匈牙利	2001 年	10.8	4.2	3±1
秘鲁	2002 年	−0.1	2.9	2±1
菲律宾	2002 年	4.5	1.6	4.5±1
危地马拉	2005 年	9.2	1.8	5±1
印度尼西亚	2005 年	7.4	4.6	4—6
罗马尼亚	2005 年	9.3	5.6	3.5±1
土耳其	2006 年	7.7	6.3	6.5±1
塞尔维亚	2006 年	10.8	7.8	4—8
加纳	2007 年	10.5	19.3	14.5±1

资料来源: S. Roger,"Inflation Targeting Turns 20," *Finance & Development*,March 2010,p. 47.

19.6　刺激经济增长与调节供给冲击的宏观经济政策

本节我们要研究财政与货币政策对长期经济增长的刺激作用以及在开放经济浮动价格下对供给冲击的调节作用。

19.6A　促进经济增长的宏观经济政策

虽然财政与货币政策主要用来影响中短期的总需求，但它们也可被用来刺激经济的长期增长（使长期总供给曲线向右移动）。政府可以通过增加教育、基础设施、基础研究方面的开支来刺激长期经济增长和改善市场机能。政府也可以通过税收手段和降低长期利率的办法鼓励私人投资以达到刺激长期增长的目的。必须指出的是，我们还不完全了解长期经济增长的过程。刺激经济长期增长的努力如果取得成功，一国的长期总供给曲线就会向右移动，失业率下降，收入增加，价格下降，并且在长期中货币很可能升值。

我们可以通过图 19.11 来研究扩张性的宏观经济（财政与货币）政策对经济增长的刺激作用。我们以总需求曲线与短期总供给曲线在长期总供给曲线上的交点即长期均衡点 E 作为研究的起点，此时价格为 P_E，产出为 Y_N。假设现在一国利用扩张性的财政或货币政策刺激经济的长期增长。AD 曲线将向右移到 AD′，经济达到新的短期均衡点 A，价格为 P，产出 Y_A 大于 Y_N（迄今为止，与图 19.9 的左图仍一致）。然而，在一定程度上，扩张性的宏观经济政策的确刺激了经济的长期增长，LRAS 和 SRAS′ 曲线分别向右移至 LRAS′ 和 SRAS″，在 LRAS′、SRAS″ 和 AD′ 曲线交点处产生了新的长期均衡点 G，此时价格为 $P_G(=P_E)$，产出 $Y'_N>Y_N$（见图 19.11）。

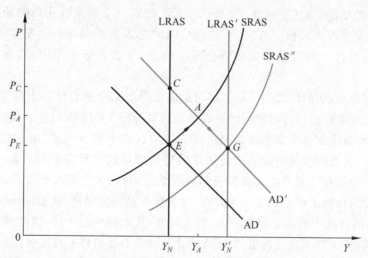

图 19.11　刺激经济长期增长的宏观经济政策

从初始的长期均衡点 E 出发，刺激增长的扩张性的宏观经济政策使 AD 曲线向右移至 AD′，得到了新的短期均衡点 A，价格 $P_A>P_E$，产出 $Y_A>Y_N$。随着经济的长期增长，LRAS 和 SRAS 曲线分别向右移至 LRAS′ 和 SRAS″，得到了新的均衡点 G，此时价格为 $P_G(=P_E)$，产出 $Y'_N>Y_N$。

与初始的均衡点 E 相比，经济增长在物价不变的条件下使自然产出水平提高了。因此，与缺乏增长时扩张性的宏观政策使短期总供给曲线上移、长期中产出不变、价格却上升（即图 19.9 左图中的 C 点）的情况不同，在长期增长的情况下，经济达到了更高的自然产出水平，而价格并没有长期的上涨。不过,随着经济的发展,物价可能比初始的长期均衡水平的物价高或者低,这取决于旨在推动经济增长的扩张性的宏观经济政策所导致的长期总供给曲线和短期总供给曲线相对于总需求曲线向右移动的距离。长期总供给曲线和短期总供给曲线相对于总需求曲线向右移动得越远,一国的自然产出就增长得越多,长期价格也就越有可能比较低。

19.6B 调节供给冲击的宏观经济政策

宏观经济政策也可以用来调节供给冲击。"二战"以后,众所周知的一次供给冲击是1973年秋到1974年年底由石油输出国组织操纵的石油价格飞涨,1979—1981年又发生了一次。石油价格上涨使所有石油进口国的生产成本都随之上涨,其短期和长期供给曲线都向左移动,而对总需求的影响却不很明显。乍一看,石油进口国似乎面临国际收支的失衡,货币将贬值,由此,总需求曲线将向右移动。但进一步观察,发现事实并非一定如此,其原因如下。

因为对石油的需求缺乏弹性,石油价格的上涨使所有非石油生产国为了购买这一重要的进口产品不得不增加支出。但是伴随着石油冲击,自然产出的减少导致其他所有进口产品的减少。因此,石油进口国的贸易差额是恶化还是改善实际上取决于这两种互抵因素哪种更强。但是,还不仅仅如此。BP曲线显示的是整体国际收支平衡,其中包括贸易差额与资本账户差额。因此,尽管一些进口国会由于石油价格上升而使贸易差额恶化,但如果石油输出国组织将其增加的石油收入投资于这些石油进口国,那么它们的资本账户会得到改善。事实上,这正是在美国发生的情况。因此,事先是无法预测石油价格上涨对石油进口国的国际收支的最终影响的。如果我们看一下数据,就会发现两次石油冲击后,某些年份某些国家的国际收支改善了,而另一些国家的国际收支却恶化了。所以,无法得到一个普遍适用的结论。在接下来的分析中,我们假设当石油价格上涨时,石油进口国的总需求曲线保持不变。不过,如果当石油价格上涨时石油进口国的总需求曲线会发生改变,考察起来也不困难,我们把它留作章末习题。

根据上面的论述,我们可以利用总需求与总供给模型来分析石油冲击对工业国的影响以及调节这些冲击所需要的可行的宏观经济政策。这就是图19.12的内容。我们以长期总供给曲线、短期总供给曲线和总需求曲线的交点即长期均衡点 E 作为起点,此时价格为 P_E,产出为 Y_N。石油价格飞涨的直接影响是使经济中的短期总供给曲线由 SRAS 移至 SRAS′,所以在 SRAS′ 和 AD 曲线相交处产生了新的短期均衡点 E',价格 $P' > P_E$,产出 $Y'_N < Y_N$。在 E' 点经济衰退或停滞与价格上涨或通货膨胀并存,这种情况被称为**滞胀(stagflation)**。

然而,Y'_N 处的自然产出水平较低,失业率也较低,从而使价格下降,因此成本降低,SRAS′曲线向右下方移动,但并不是原路返回 SRAS,这是因为石油价格上涨使长期生产成本也随之增加,LRAS 曲线也向左移动到 LRAS′。因此,在 LRAS′、SRAS″ 和 AD 曲线相交处得到了新的长期均衡点 E'',价格 $P'' < P'$,产出 $Y''_N > Y'_N$。在 E'' 点,与石油冲击前的 E 点相比,价格较高,而自然产出水平和就业水平则较低。

如果一国不是等待价格下跌,最后到达长期均衡点 E'',而是采取宽松的或扩张性的货币政策将总需求曲线从 AD 移到 AD′,以加速从 E 点的经济复苏,经济会达到 LRAS′、SRAS′ 和 AD′ 曲线的交点 E^*,此时价格进一步上升。注意,无论在哪种情况下,经济都不会返回供给(石油)冲击之前的自然产出水平 Y_N。意大利、法国等国试图用扩张性的货币政策来解决由

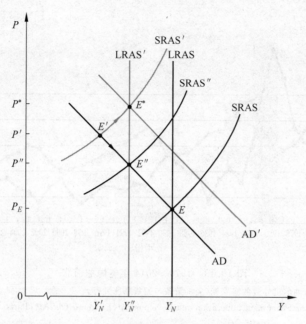

图 19.12 宏观经济政策对供给冲击的调节

从初始的长期均衡点 E 出发，石油价格上涨使 SRAS 上移至 SRAS'，得到短期均衡点 E'，价格 $P'>P_E$，产出 $Y'_N<Y_N$。以后，由于经济衰退，价格回落，在 LRAS'、SRAS" 和 AD 曲线相交处产生了新的长期均衡点 E''，价格 $P''<P'$，产出 $Y''_N>Y'_N$。扩张性的货币政策使 AD 曲线向右移至 AD'，这将导致又一个长期均衡点 E^*，价格 $P^*>P'$，产出也是 Y''_N。

20 世纪 70 年代的石油冲击带来的滞胀问题，最终的结果是它们的通货膨胀率比德国、日本等用紧缩性的政策来解决通货膨胀的国家更高。甚至在德国、日本还面临衰退问题时，也是如此。案例研究 19.4 清楚地显示了两次石油冲击给美国带来的两个滞胀（经济萧条和通货膨胀）期。案例研究 19.5 揭示了石油价格提高 15 美元对美国、日本、欧元区及 OECD 所有成员国造成的冲击的估值。案例研究 19.6 将分析扩展到 1980 年以来美国的实际和自然失业率与通货膨胀率之间的关系。

案例研究 19.4

石油冲击与美国的滞胀

图 19.13 显示了美国 1970—2014 年的通货膨胀率与失业率。1973 年年末到 1975 年中期和 1979 年中期到 1982 年年末这两个高通货膨胀率伴随高失业率的滞胀期（图中用阴影标注）明显与两次石油冲击有关系。1990 年以来，美国通货膨胀率很明显地反映了石油价格变化，与石油价格的上升和下降呈同方向变化，而 1992—2000 年失业率持续下降。2000—2003 年，美国失业率上升，2003—2006 年下降，2007—2010 年由于经济衰退，美国失业率再次上升，至 2014 年则是下降。然而，直到 2007 年，虽然石油价格居高不下，失业率和通货膨胀率仍维持在相对较低的水平。

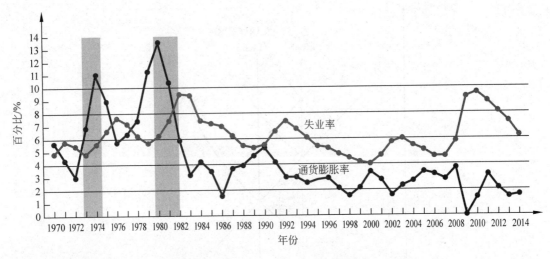

图 19.13　1970—2014 年美国的滞胀

阴影部分是美国由两次石油危机导致的滞胀期(经济萧条与通货膨胀并存)。

资料来源：Organization for Economic Cooperation and Development，*Economic Outlook*(Paris：OECD，Various Issues).

案例研究 19.5

石油价格上涨带来的冲击

　　表 19.2 给出了 2004 年和 2005 年石油价格持续或永久性上涨 15 美元对美国、欧盟、日本和 OECD 整体造成的冲击的估值。对冲击影响的测度是基于对基线方案的偏离，并假设利率不变。如表所示，石油价格 15 美元的持续性上涨使得与石油价格未上涨时相比，2004 年美国的 GDP 将下降 0.15%(大约相当于 1% 的 1/7)，2005 年将下降 0.35%。2004 年美国的通货膨胀率将提高 0.70 个百分点，2005 年将提高 0.45 个百分点。2004 年美国经常项目赤字占 GDP 的百分比将恶化 0.30%，2005 年将恶化 0.25%。如表 19.2 所示，石油价格上涨对欧盟、日本和 OECD 造成的影响是类似的。自 20 世纪 70 年代初和 80 年代的能源危机以来，工业国越来越注重节能，如今其 GDP 中每美元生产所需的能源仅为 70 年代的一半。这一原因及过去 30 年间快速的全球化进程，降低了石油价格上涨带来的通货膨胀冲击效应。

| 表 19.2　石油价格上涨 15 美元对美国、欧盟、日本和 OECD 的冲击估值 | | | | | | | % |
| 美国 | | 欧盟 | | 日本 | | CECD | |
2004 年	2005 年	2004 年	2005 年	2004 年	2005 年	2004 年	2005 年
GDP 水平							
−0.15	−0.35	−0.20	−0.20	−0.35	−0.35	−0.20	−0.25
通货膨胀率(百分点)							
0.70	0.45	0.65	0.30	0.40	0.15	0.65	0.35
经常项目(占 GDP 的%)							
−0.30	−0.25	−0.40	−0.30	−0.30	−0.40	−0.15	−0.15

　　资料来源：Organization for Economic Cooperation and Development，*Economic Outlook* (Paris：OECD，December 2004)，p.135.

案例研究 19.6

美国的实际和自然失业率与通货膨胀率

表 19.3 给出了 1980—2011 年美国的实际失业率和通货膨胀率。20 世纪 90 年代中期以前，人们一直认为美国的自然失业率大约为 6％。低于 6％的失业率被认为会引起通货膨胀率上升。如表所示，1980—1993 年的 14 年中有 6 年(1982 年、1987—1989 年、1991—1992 年)较高的失业率与较低的通货膨胀率相伴。然而，1995—2007 年(除 2003 年以外)，美国的失业率跌到了自然失业率以下，而通货膨胀率却依然较低，1997—1998 年、2001—2002 年和 2006—2007 年甚至下降了。就此现象给出的一个解释是，由于世界经济的快速全球化，企业因为担心被国外竞争对手抢走市场而不敢提价，工人们则因为担心丢掉工作而不敢要求加薪。换句话说，美国劳动力市场上似乎出现了结构性变化，使自然失业率由 20 世纪 80 年代的 6％降低到后来的 4％左右。2008—2009 年大萧条("二战"后最严重的一次)及其后直至 2014 年的缓慢恢复期，美国的失业率与通货膨胀率仅在 2009 年、2011 年和 2014 年呈反向变动(与人们的预期相同)。

			表 19.3 美国的失业率与通货膨胀率		%
年份	失业率	通货膨胀率	年份	失业率	通货膨胀率
1980	7.2	9.2	1998	4.5	1.5
1981	7.6	9.2	1999	4.2	2.2
1982	9.7	6.3	2000	4.0	3.4
1983	9.6	4.3	2001	4.8	2.8
1984	7.5	4.0	2002	5.8	1.6
1985	7.2	3.5	2003	6.0	2.3
1986	7.0	1.9	2004	5.5	2.7
1987	6.2	3.6	2005	5.1	3.4
1988	5.5	4.1	2006	4.6	3.2
1989	5.3	4.8	2007	4.6	2.9
1990	5.6	5.4	2008	5.8	3.8
1991	6.8	4.2	2009	9.3	−0.3
1992	7.5	3.0	2010	9.6	1.6
1993	6.9	3.0	2011	8.9	3.1
1994	6.1	2.6	2012	8.1	2.1
1995	5.6	2.8	2013	7.4	1.5

资料来源：Organization for Economic Cooperation and Development，*Economic Outlook* (Paris：OECD，June 2015).

资料来源："A Century of Booms and How They Ended," *The Wall Street Journal*，February 1，2000，p. B1；"Sluggish U. S. Economy a Global Concern," *The New York Times*，September 27，2002，p. 14；"On the Roll," *U. S. News and World Report*，January 12，2004，pp. 32-39；C. Reinhart and K. Rogoff，"Is the 2007 U. S. Sub-Prime Financial Crisis So Different? An International Historical Comparison," *American Economic Review*，May 2008，pp. 339-344；and D. Salvatore，"The Global Financial Crisis：Predictions，Causes，Effects，Policies，Reforms and Prospects," *Journal of Economic Asymmetries*，December 2010，p. 1-20 and D. Salvatore，ed.，*Rapid Growth or Stagnation in the U. S. and World Economy*? Special Issue of the *Journal of Policy Modeling*. July/August 2014.

本章小结

1. 我们在此前对开放经济宏观经济学的讨论中通常假设,经济周期中价格在经济扩张或收缩时都保持不变。但本章我们放松了价格不变的假设,利用国际贸易和资本流动效应的总需求和总供给模型来研究开放经济中价格与产出的长期和短期关系。

2. 总需求(AD)曲线是由第 18 章中的 IS-LM 曲线得出的。AD 曲线向下倾斜,表示价格越低,对商品和服务的需求就越多。长期总供给(LRAS)曲线是独立于价格之外的,它是位于一国自然产出水平的垂直线,而自然产出水平取决于该国中有效的劳动力、资本、自然资源和科学技术。该国的产出会因为信息和市场的不完善而与自然产出水平暂时出现偏差(即短期总供给曲线向上倾斜)。总需求出乎意料的增长会导致企业暂时增加产出。但是,长期中当预期价格上升到真实价格时,短期总供给曲线会随价格的上升而上移,在更高的价格和原来的自然产出水平上得到新的长期均衡点。

3. 一国物价水平的上涨使 LM 曲线向左移动,这是因为货币供给的真实价值减小了。IS 曲线由于贸易差额的恶化也将向左移动,而为了吸引更多的国际资本来补偿贸易差额的恶化不得不提高利率,由此使 BP 曲线也向左移动。国内价格的上涨使对商品和服务的需求量大大降低,而在封闭经济中降低会缓和些。在浮动汇率下,开放经济的总需求曲线会更平坦、更有弹性,这是因为国内价格的上涨和贸易差额的恶化通常导致汇率变动,这反过来又会对贸易差额产生影响。

4. 对 IS、LM 和 BP 曲线产生影响的任何因素对总需求曲线产生的影响取决于一国采取的是固定汇率制度还是浮动汇率制度。在固定汇率制度下,国内价格不变时贸易差额的改善会使一国总需求曲线向右移动,而在浮动汇率制度下,则只会引致本国货币的升值。在固定汇率制度下,一次短期自发性的资本流入或从国内流出资本的减少都会使总需求曲线向右移动,而在浮动汇率制度下,总需求曲线会向左移动。当短期国际资本流动富有弹性时,在固定汇率制度下财政政策有效,而货币政策无效。在浮动汇率制度下,情况恰好相反。

5. 从长期均衡状态出发,在固定汇率制度下采取扩张性的财政政策或在浮动汇率制度下采取扩张性的货币政策都会使价格上涨,而产出只会有暂时增加。一国在固定汇率制度下可采取扩张性的财政政策,在浮动汇率制度下可采取扩张性的货币政策,二者都能解决经济萧条问题,但价格也要随之上涨。一段时间后经济萧条会随价格回落而自动消失,但如果价格是黏性的,缺乏向下的弹性,那么这个过程会拖延很长时间。具有较独立的中央银行的国家相比中央银行缺乏独立性的国家在克服通货膨胀方面更为有利。

6. 也可以利用宏观经济政策来促进经济的长期增长。与无增长的扩张性的宏观经济政策的结果相比较,长期总供给曲线和短期总供给曲线的向右移动会达到更高的自然产出水平和就业水平以及更低的物价水平。20 世纪 70 年代由石油价格飞涨引起的严重供给冲击使石油进口国由于生产成本的增加,短期总供给曲线和长期总供给曲线都向左移动。但对总需求曲线的影响则并不很明显。石油进口国的短期总供给曲线与长期总供给曲线的左移同时引起了经济萧条和通货膨胀(滞胀)。采用扩张性的货币政策来解决滞胀的国家通常比没有采取这种政策的国家面临更严重的通货膨胀。

关键术语

aggregate demand（AD）curve	总需求曲线
aggregate supply（AS）curve	总供给曲线
expected prices	预期价格
inflation targeting	通货膨胀目标制
long-run aggregate supply（LRAS）curve	长期总供给曲线
natural level of output（Y_N）	自然产出水平
short-run aggregate supply（SRAS）curve	短期总供给曲线
stagflation	滞胀

复习题

1. 在我们对开放经济宏观经济学的分析中，为什么研究价格和产出的关系非常重要？怎样在开放经济宏观经济学的分析中考虑价格问题？

2. 在封闭经济中，总需求曲线表示什么？它是如何得出的？它为什么会向下倾斜？

3. 为什么当货币供给量一定时，价格普遍降低表现为沿总需求曲线的向下移动，而当价格一定时，货币供给量增加则表现为一条总需求曲线的移动？

4. 政府增加支出是怎样影响总需求曲线的？为什么？这属于哪种财政政策？

5. 总供给曲线说明了什么问题？长期总供给曲线与短期总供给曲线有何区别？

6. 什么是自然产出水平？

7. 一国的产出是如何与自然产出水平有暂时偏差的？产出又是如何返回长期自然产出水平的？为什么？

8. 利用总需求与总供给框架，解释为什么当经济处于长期均衡时，也一定处于短期均衡。经济如何在未达到长期均衡前先达到短期均衡？

9. 在固定汇率制度下，如何得出开放经济的总需求曲线？为什么它比封闭经济下的总需求曲线更富有弹性？

10. 为什么开放经济的总需求曲线比封闭经济的总需求曲线更富有弹性必须以马歇尔—勒纳条件为前提？

11. 在浮动汇率制度下，如何得出开放经济的总需求曲线？为什么它比封闭经济的总需求曲线和固定汇率制度下开放经济的总需求曲线都富有弹性？

12. 在固定汇率制率与浮动汇率制度下，实际部门的冲击是如何对一国的总需求分别产生不同影响的？

13. 在固定汇率制率与浮动汇率制度下，货币冲击与实际部门冲击对一国的总需求产生的影响有何不同？

14. 为什么在固定汇率制度下，财政政策能够奏效而货币政策效果欠佳？为什么在浮动汇率制度下，情况恰好相反？

练习题

1. 运用 IS-LM 图说明一国总体物价水平降低将如何导致沿总需求曲线的向下移动。

2. 运用 IS-LM 图说明当 LM 曲线给定时,IS 曲线越平坦,总需求曲线就越平坦、越有弹性。

3. 运用 IS-LM 图说明宽松的货币政策对总需求曲线的影响。

4. 运用 IS-LM 图说明扩张性的财政政策对总需求曲线的影响。

*5. 解释为什么在工资黏性条件下(即工资不会立即随价格同比例增加),当出现意料之外的价格上涨时会导致短期总供给曲线向上倾斜。

*6. 假设在图 19.3 中,AD′ 与 LRAS、SRAS′ 曲线的交点 C 为初始的长期与短期均衡点,解释为什么当总需求曲线从 AD′ 下移至 AD 时,会引致产出的暂时减少和价格的永久降低。

7. 解释当劳动力市场不完全竞争时,总需求曲线的下移是如何导致产出的暂时减少和价格的永久降低的。

8. 在固定汇率制度下,如果图 19.5 左图中的 LM′ 与 IS′ 曲线交于 BP′ 曲线的下方,解释一国如何达到商品市场、货币市场和国际收支三者的均衡。

9. 画出一个与图 19.6 的左图相同的图,解释在浮动汇率制度下,如果 LM′ 与 IS′ 曲线相交在 BP′ 曲线的下方,一国如何达到商品市场、货币市场和国际收支三者的均衡。

10. 考察在固定汇率制度下一国自主性贸易差额的恶化对总需求曲线的影响。

题解19

带 * 号练习题的答案

11. 在浮动汇率制度下重新考虑第 10 题。

*12. 解释在应对经济衰退时扩张性的财政政策还是货币政策会奏效为什么取决于国内价格的向下弹性。

13. 参考图 19.12,如果为了调节滞胀而采取货币政策不仅将总需求曲线向右移至 AD′,而且刺激了经济发展,使一国长期总供给曲线长期保持在 LRAS,此时会发生什么情况?

14. 自然失业率的概念适用于案例研究 19.5 中的数据吗?

第 **20** 章

浮动与固定汇率、欧洲货币体系及
宏观经济政策的协调

20.1 引言

第 16 章到第 19 章分别考察了在浮动汇率和固定汇率制度下调节国际收支失衡的过程。本章将评价并比较浮动汇率相对于固定汇率制度的优缺点,以及同时具有两种制度特征的混合制度的长处与短处。

浮动汇率的支持者通常认为,浮动汇率能够比固定汇率更有效地纠正国际收支失衡。他们还进一步强调浮动汇率能够较为容易地自动实现一国对外收支均衡,有助于达到内部均衡并实现国家的其他经济目标。而固定汇率的支持者却认为,浮动汇率引入了固定汇率下所没有的不确定性因素,这会减少国际贸易与国际投资,容易引起不稳定的投机活动和通货膨胀。

仔细回顾两种汇率制度的争论,我们并未得出一种制度优于另一种制度的明确的结论。但是可以确信,在 20 世纪 70 年代早期固定汇率制度行将瓦解之际,大多数经济学家都倾向于浮动汇率。然而,在经历了过去 40 年汇率的剧烈波动之后,今天人们又趋向于采用固定的或更多管制的汇率。经济学家们似乎经常将现行汇率制度的显著弱点与其他理想制度进行比较。与这种情况形成一定对比的是,商人、银行家、政府官员始终倾向于固定汇率,或最起码是受约束的汇率。

大家都不否认一国只有一种货币的重要意义,这样全国各地就可以永远实行固定汇率。

例如,纽约的 1 美元拿到旧金山或全美其他任何地方都值 1 美元。不过这样一来,有关固定汇率与浮动汇率的争论就成了什么是最佳货币区的问题,或者说应当在多大的范围内实行固定汇率才可能使其优点不被缺点压过。最后,究竟哪种汇率更好很大程度上取决于所涉及的国家及其运作的条件。

20.2 节将介绍支持浮动汇率的理由;20.3 节将介绍支持固定汇率的理由;20.4 节将讨论与之密切相关的最佳货币区理论并介绍欧洲货币体系;20.5 节将讨论货币发行局制和美元化;20.6 节将检验在不同程度上融合固定汇率和浮动汇率特征的混合制度的优缺点,包括可调整钉住汇率、爬行钉住汇率和有管制的浮动汇率;20.7 节将研究国际宏观经济政策的协调。本章附录将介绍国际货币基金组织各成员的汇率安排。

20.2　支持浮动汇率的理由

我们在第 16 章中已经看到,在真正的浮动汇率制度下,不必通过政府干预或动用国际储备,国际收支的赤字或盈余就可以分别被该国货币的贬值或升值自动修正。相反,如果将汇率钉住或固定在某一水平,就像用法律固定商品价格那样,常常会带来对外汇的过多需求或过多供给(即国际收支的赤字或盈余),而这种失衡只能通过改变国内其他经济变量而不是通过汇率来修正。这种做法是低效的,并且可能产生政策误导,从而无法利用政策(如货币政策)来实现国内的经济目标。

20.2A　市场效率

在浮动汇率制度下,只需改变汇率就可以修正国际收支失衡。如果国内所有商品价格都是灵活可变的,国际收支均衡也可以在固定汇率制度(如金本位制下的价格—黄金流动机制)下实现。然而,有人认为仅仅改变一种价格(即汇率)要比改变所有内部价格来调整国际收支更有成效或者成本更低。其中的道理与实行夏时制是一样的,即在夏季我们不必提前一小时重新安排所有的事情,直接改变时间就可以达到节约时间的目的。此外,当今世界的国内商品价格都是黏性的,并非灵活可变,特别是在缺乏下降弹性的情况下。

浮动汇率制度的支持者认为,这种制度可以在国际收支失衡时平滑地、连续地进行修正。这会稳定投机活动,抑制汇率的波动。无论怎样的汇率波动都可以低成本控制住。而在固定汇率制度下,一国在国际收支失衡时不能或不愿调节汇率会增加不稳定的投机,最后迫使该国对汇率进行大幅度、不连续的下调。这将在很大程度上影响经济的发展,给国家带来巨额调节成本,并会影响国际贸易与资本的正常流动。

当均衡汇率转换为国内商品价格时,浮动汇率可以清楚地给出一国各种商品的比较优势和劣势。而当今世界的固定汇率则常常偏离均衡,当这种情况发生时,固定汇率就扭曲了贸易模式并阻碍了资源在国际间的有效分配。

例如,一国货币汇率过高会导致该国的商品出口超过均衡汇率下的水平。在极端的情况下,一国甚至会出口其具有比较劣势的商品。也就是说,在低估的汇率下,一国出口的商品可能比国外竞争的商品价格更便宜(当采用同一种货币表示时),尽管在均衡汇率下它比同类国外商品贵。这妨碍了世界资源的最佳利用并减少了从国际性的专业化生产和贸易中获得的利益。

20.2B 政策优势

浮动汇率制度还意味着一国不必关注外部均衡,而是可以充分利用各种政策来实现稳定物价、充分就业、经济增长和收入的公平分配等国内目标。正如我们在第 18 章和第 19 章看到的,在固定汇率制度下,一国可以利用财政政策实现内部均衡,利用货币政策实现外部均衡。当其他条件相同时,如果货币政策可以与财政政策一同被自由地运用于实现内部均衡的目标,这一目标的实现就会更加容易。货币政策也可用于实现其他的纯国内目标,如经济增长。一国能够支配的有效政策工具非常有限,因而这种多出一种政策工具的效益是很大的。另外,在浮动汇率制度下,也可最大限度地降低实现外部均衡时政策的错误或延误。

浮动汇率制度的支持者还提出浮动汇率制度可以提高货币政策的实施效率(除了它可被用于国内经济目标之外)。例如,能够改善贸易差额的反通胀政策将引起一国货币升值。货币升值鼓励进口、抑制出口,从而会进一步减轻国内的通胀压力。

不同国家对通货膨胀与失业也有不同的利弊权衡。例如,英国和意大利在 20 世纪 70 年代为了保持低失业率比美国更能容忍双位数的通货膨胀率。日本貌似比德国更愿意容忍通货膨胀以保持非常低的失业率。浮动汇率容许各国按自己所希望实现的通胀-失业权衡目标来制定国内政策。在固定汇率制度下,不同国家的不同通胀情况会给国际收支均衡带来压力(高通胀国产生赤字、低通胀国出现盈余),这会约束或阻碍各国达到各自理想的通胀-失业权衡目标。不过,浮动汇率在这方面的好处很可能是无法持久的。

浮动汇率还可以阻止政府制定一个非均衡的汇率水平。政府制定这样的汇率水平是为了以牺牲其他部门为代价,使经济中的某一部门获益,或者实现可以用成本更低的其他方式实现的某种经济目标。例如,发展中国家通常将汇率控制在较低的水平来鼓励经济发展所需的资本设备的进口。然而这种做法会限制农业和传统商品的出口,因此政府会采用复杂的外汇兑换和贸易控制以尽力消除低汇率带来的对外汇的过度需求。在其他条件相同的情况下,让汇率自行达到均衡并向国内制造商发放补贴会更有效率。因为补贴更透明,又在法律监管之下,而控制贸易和外汇兑换容易将许多扭曲和低效的因素引入经济生活中。正如 11.5C 小节所示,20 世纪 90 年代很多发展中国家开始朝这个方向转变。

最后,浮动汇率制度可以免掉政府在外汇市场上为维持汇率稳定所需的干预成本。浮动汇率通常被诺贝尔奖得主米尔顿·弗里德曼等人所称道。弗里德曼主张政府应最低限度地干预经济,最大限度地实行个人自由化。

以上介绍了主张浮动汇率的最有力的理由,虽然在大致框架上总体正确,但仍需改进。这在以下两节关于固定汇率和最佳货币区的介绍中将做说明。需要特别指出的是,这里所讨论的是**自由浮动汇率制度**(freely floating exchange rate system),政府对外汇市场没有任何干预。即使允许政府有极微小的干预,哪怕是丝毫不影响长期趋势而仅仅是为了消除短期的波动,或仅仅是为了帮助维持某一种汇率,都不算是真正的浮动汇率制度,而属于 20.6D 小节将介绍的有管制的浮动汇率制度。

20.3 支持固定汇率的理由

本节我们考察固定汇率。支持固定汇率的人称这种汇率能够减小国际贸易和金融中的不确定性,带来稳定而不是投机,较之浮动汇率价格更为稳定(即通货膨胀率较低)。我们在给出支持固定汇率的每一个论点和证据的同时还列出了支持浮动汇率的人对此的反驳,以及现有的关于该议题的经验证据。

20.3A 减少不确定性

固定汇率的支持者认为,这种体系避免了浮动汇率下汇率日复一日的剧烈波动,从而可以避免对专业化生产及贸易、资本流动的不利影响。也就是说,在浮动汇率制度下,一国每日对外汇供求的变化会带来汇率非常频繁的变化。而且,由于外汇的供求曲线都被认为是缺乏弹性的(即曲线形状很陡),所以这种频繁变化的幅度也是非常大的。汇率如此巨大的波动会干扰并降低生产专业化程度以及国际贸易与资本的流动。从这一点来看,支持固定汇率的论点同时也是反对浮动汇率的论点。

例如,如图20.1所示,当美国对欧元的供给曲线为 S_ϵ 或弹性更大时,美国对欧元的需求曲线随时间变化从 D_ϵ 到 D'_ϵ 又到 D^*_ϵ,这引起汇率从 R' 变动到 R^*;当供给曲线为 S'_ϵ 或弹性更小时,汇率从 R'' 变动到 R^{**}。

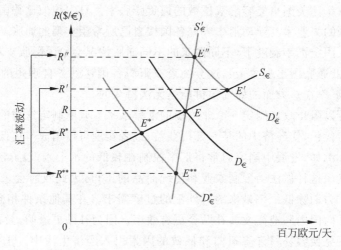

图20.1 一国外汇需求曲线的移动及其不确定性

当美国对欧元的供给曲线为 S_ϵ 或弹性更大时,美国对欧元的需求曲线从 D_ϵ 到 D'_ϵ 又到 D^*_ϵ,这使汇率从 R' 变动到 R^*;当供给曲线为 S'_ϵ 或弹性更小时,汇率从 R'' 变动到 R^{**}。

在现实生活中,参考前文的图14.3,我们可以看到1980—2002年美元与世界上最大的几个发达国家(7国集团)货币间的汇率,以天为基础的确有很大的波动。值得注意的是,从1973年起大多数国家开始控制汇率而不再放任自流。如果货币当局没有为了平息短期波动而对外汇市场进行某种程度的干预,汇率在完全自由浮动的制度下会有更大的波动。

时间问题也很关键。也就是说,长期的外汇供求弹性比短期大,汇率波动也要小一些。但我们现在主要考虑的是汇率的短期波动。浮动汇率制度下,汇率过多的短期波动如果造成经济中资源过度频繁的重新分配,其代价可能是更高的摩擦性失业。在15.5A小节和案例研究15.7中也提到了汇率的短期趋势会超过其长期均衡水平。

浮动汇率的支持者则认为,在固定汇率制度下,票面价值周期性的不连续变化而带来的不确定和不稳定性,对于国际贸易和投资平稳流动的破坏比浮动汇率制度下固有的不确定性还要高。此外,后者的不确定性一般可以避免,而前者则不能。然而必须指出,在金本位制这种真正的固定汇率制度下,汇率永远是固定的,上述情况就不会发生。

20.3B　稳定投机

固定汇率的支持者认为,投机在浮动汇率制度下比在固定汇率制度下更有可能是不稳定的。在不稳定投机中,某种货币汇率升高时,投机者预期它会进一步上升从而购买这种货币;相反,当某种货币汇率降低时,投机者抱着相反的预期卖出这种货币。在这种投机过程中,由商业循环产生的汇率波动被进一步放大,国际交易中的不确定性和风险也因此增强。

图 20.2 说明了这一点。A 曲线表示不存在投机时伴随商业循环而产生的汇率波动,B 曲线表示存在稳定投机时汇率较小的变动,C 曲线表示存在不稳定投机时汇率较大的变动。这种伴随不稳定投机而产生的大幅汇率变动增加了国际交易的风险和不确定性,减少了贸易和投资的国际间的正常流动。固定汇率制度的支持者认为,这种情况在汇率自由变动下比在保持固定情况下更容易发生。

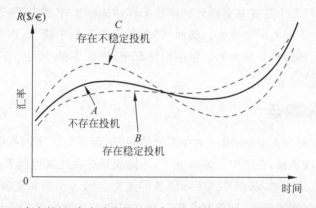

图 20.2　不存在投机、存在稳定投机和存在不稳定投机三种情况下的汇率波动

A 曲线表示不存在投机时伴随商业循环而产生的汇率变动;B 曲线表示存在稳定投机时汇率较小的变动的情况;C 曲线表示存在不稳定投机时,汇率较大的变动。

浮动汇率的支持者不同意上述说法。他们指出,浮动汇率制度下汇率可以连续调整,而固定汇率制度下总是在不可避免时才进行大幅度的汇率调整,这使固定汇率制度下更可能发生不稳定的投机。当投机者预见到汇率会有一个大的变动时,便会抛出可能贬值的货币,买入可能升值的货币(不稳定投机),他们的期望通常就这样自我实现了。然而,只有在像布雷顿森林体系这样的固定汇率制度下才可能出现这种现象。因为该制度允许汇率在"失去基本的均衡"的情况下变动。而对于像金本位制这样真正的固定汇率制度,汇率永远是固定的,国际收支的调节是通过其他方式进行的,无论代价如何。这时,几乎可以肯定投机是稳定的,但在真正的浮动汇率制度下也完全可能出现这种情况。

米尔顿·弗里德曼认为,投机平均来看是稳定的,因为不稳定投机会导致投机者连续的损失,最后他们将退出这一领域。也就是说,在不稳定投机的情况下,投机者因为看好一种货币将会升值而买入它,如果这种预期是错误的,他们将不得不以较低的价格抛出这种货币,从而遭受损失。如果这一过程持续下去,许多投机者将因此而破产。对于能够赚得利润站稳脚跟的投机者来说,他们必须低价买进一种货币并高价卖出它。也就是说,平均来看投机是稳定的。一些经济学家否认这种说法,他们指出总会有人不断地加入不稳定投机者的行列,因此很长一段时间内,投机都是不稳定的。此外,实际上不稳定投机会使投机者破产这个事实并未阻止投机者继续从事不稳定投机活动，1929年大萧条时期出现的股市暴跌及1987年10月股市的狂跌都验证了这一点。

这属于只能由事实得出结论的争论。但当我们转向这些事实时，会发现一些矛盾的情况。按照纳克斯（Nurkse）的结论（也有人认为这一结论应予以修正），两次世界大战间盛行不稳定投机，而当时的汇率是处于浮动制度下的。这段经历使同盟国在"二战"之后决定建立一个固定汇率制度（布雷顿森林体系）。加拿大的境遇与之相反，它在20世纪50年代实行的是浮动汇率制度，投机却是稳定的。

20世纪70年代初期，在布雷顿森林体系最后的日子里，外汇市场极度混乱，几种汇率重组，存在很明显的不稳定投机。而金本位制时期（1880—1914年）被认为是一个稳定投机的时期。1973年以来，实行有管制的汇率浮动制度，汇率以天为基准变化得很厉害，但并无一致的意见认为这时的投机是稳定的还是不稳定的，也可能是两者兼而有之。

所以，不稳定投机无论是在布雷顿森林体系那样的固定汇率制度下还是在当今实行的有管制的浮动汇率制度下都有可能发生。然而，许多经济学家似乎确信，在正常的情况下，无论在哪种制度下投机大部分都是稳定的。极端的情况下，即汇率处于完全浮动或完全固定状态时，投机几乎一定是稳定的。

20.3C　价格规范

在固定汇率制度的压力下，一国一定存在价格规范，而浮动汇率制度则不存在（这就是所谓"锚"的争论）。也就是说，在固定汇率制度下，一国如果存在比其他国家高的通货膨胀率，那么它很可能有国际收支逆差，从而导致国际储备的损失。因为逆差和储备损失不可能永远持续，所以该国必须控制通货膨胀，即控制价格。而在浮动汇率制度下不需要这样做，因为在浮动汇率制度下，国际收支失衡会通过汇率的变化自动而迅速地修正，至少在理论上可以做到这一点。了解了这种情况，官员们为了保住官位就更有可能过度刺激经济的发展，以增加再次当选的机会。

理论上看，浮动汇率确实比固定汇率更容易导致通货膨胀。我们从第16章已经看到，一国货币贬值会带来国内物价的上升。然而货币升值却不会带来物价的下降。这是由于当今世界的价格都缺乏下降弹性。的确，在固定汇率制度下货币贬值也会带来通货膨胀，货币升值也不会导致价格降低。然而，因为汇率的变动在贬值时将导致均衡汇率朝两个方向过度波动并引起价格上涨，而升值时则不降低价格（称为棘轮效应），所以浮动汇率制度下的通货膨胀要高于固定汇率制度下的通货膨胀。

如前所述，我们没有亲身经历过完全的浮动汇率，所以只能依靠在有管制的浮动汇率制度中的经历做分析。有管制的浮动汇率制度从1973年起就给世界上大多数国家带来了高通胀的压力，直到20世纪80年代早期这种情况才有所改变。进一步说，20世纪70年代的通胀压力不仅是这种浮动汇率制度造成的，也是或者说主要是石油价格暴涨及大多数国家过度的货币发行（进而引起通胀预期）造成的。然而，即使排除20世纪70年代最不稳定的那几年，我们仍然发现主要工业国1960—1973年的经济表现好于它们在1983—2011年的表现（参见案例研究20.1）。

案例研究 20.1

固定汇率和浮动汇率制度下的宏观经济指标

表 20.1 列出了实行固定汇率制度的最后 14 年(1960—1973 年)和 1983—2014 年 31 年间实行(有管制的)浮动汇率制度的领先工业国(7 国集团)的一些宏观经济指标。1974—1982年的数据没有包括在内,是因为 1973—1974 年及 1979—1980 年的石油危机及其后果使这一时期非常特殊。从表中可以看出,与浮动汇率制度相比,固定汇率制度下实际 GDP 的增长平均翻了一番,通货膨胀率上升了 50%,失业率则还不到前者的 1/2。

但我们不能把 1960—1973 年宏观经济的更好表现完全或主要归功于固定汇率制度,因为经济表现还取决于其他很多因素,如劳动力市场的弹性、技术进步的速度及全球化。例如,迅速的全球化可能是有管制的浮动汇率制度下通货膨胀率较低的原因(尽管我们的预期可能刚好与此相反)。事实上,将影响经济绩效的所有因素都纳入考虑之后,很难说哪种制度更出色。这实际上取决于汇率制度运作所处的国家和环境。最终的分析是,没有哪种汇率体制可以替代稳健的经济政策。

表 20.1 固定汇率和浮动汇率制度下的宏观经济比较(1960—1973 年,1983—2014 年)						%
国家	实际 GDP 增长		通货膨胀率		失 业 率	
	1960—1973 年	1983—2014 年	1960—1973 年	1983—2014 年	1960—1973 年	1983—2014 年
美国	3.7	3.0	2.8	2.8	4.9	6.4
日本	11.0	1.9	5.6	0.6	1.2	3.5
德国	5.5	1.8	2.9	1.9	0.6	7.5
英国	2.9	2.1	4.5	3.2	2.8	7.5
法国	6.0	1.8	4.3	2.6	1.8	9.9
意大利	5.7	1.1	3.8	4.0	3.1	9.4
加拿大	5.0	2.7	2.8	2.7	5.1	8.6
加权平均	5.7	2.1	3.8	2.5	2.8	7.6

资料来源:Organization for Economic Cooperation and Development, *Economic Outlook* (Paris:OECD, Various Issues); A. Ghosh, J. D. Ostry, and C. Tsangarides, *Exchange Rate Regimes and the Stability of the International Monetary System* (Washington, D. C.:IMF, 2010); and J. E. Gagnon, *Flexible Exchange Rates for a Stable World Economy* (Washington, D. C.:Peterson Institute for International Economics, 2011); and D. Salvatore, Editor, *Rapid Growth or Stagnation in the U. S. and World Economy*, Special Issue of the *Journal of Policy Modeling*, July/August 2014, with papers by Robert Barro, Martin Baily, Martin Feldstein, Dale Jorgenson, and John Taylor, among others. .

浮动汇率制度的支持者认为浮动汇率的确能比固定汇率带来更高的通货膨胀,但这是因为不同的国家有不同的通胀—失业权衡目标,而浮动汇率使政府可以用高通胀的代价换取低失业(或相反)。浮动汇率的支持者把这看成浮动汇率制度的一大优点。

浮动汇率在很大程度上能将一国的内部经济与外部冲击(如国家出口的外部条件变动)隔离开,这方面的作用浮动汇率比固定汇率要强得多。因此,对于常遭受较大的外部冲击的国家来说,浮动汇率更具有吸引力;而国内经济动荡较大的国家则倾向于固定汇率,因为固定汇率能为经济带来较大的稳定性。

例如,一国投资的增加由于乘数效应会提高国民收入水平。固定汇率制度下,由收入增加带来的进口的增加很可能导致国际收支逆差。而通过减少国际储备以外的途径弥补这笔亏空需要一段时间。浮动汇率制度下,该国货币会自动贬值从而刺激出口,这就增强了国民收入增长的趋势。但是,当考虑国际资本流动因素时,结果会有很大的区别。此外,1973年以来,商业循环似乎越来越同步而不是相反,即使汇率浮动的情况下也是如此。

概括起来,可以这样说,把所有条件都考虑在内的情况下,浮动汇率制度无论是在所导致的投机的类型方面还是在带来的不确定程度方面似乎都不比固定汇率制度差。浮动汇率制度甚至可以说更高效,它确实给各国以更大的自由度去追求各自的稳定政策目标。不过,浮动汇率比固定汇率更易导致通胀,更加不稳定,比较适合面临较大的内部动荡的国家。对于一国的货币当局而言,浮动汇率最大的吸引力是它既能控制货币的发行,又能保持低失业率,这在固定汇率或可调整钉住汇率制度下是办不到的。但这一优势在国际资本流动巨大的当今世界被大大削弱了。浮动汇率制度最大的缺点是缺少价格规范及汇率日复一日反复无常的过度波动。

一般来说,固定汇率制度对于只与一个或几个较大的国家做生意的开放经济的小国来说更为适合,这种环境下一国的货币容易产生动荡。而浮动汇率制度似乎更适合有着多样化贸易,同时与贸易伙伴间存在不同的通胀一失业均衡目标的、经济相对封闭的大国,这样的国家面临的动荡因素主要来自国外。

20.3D 开放经济的三难困境

从上述讨论中我们可以看到,开放经济的决策者在试图实现内部均衡和外部均衡的过程中面临政策的**三难困境(trilemma)**。他们仅能实现下列三个政策选项中的两个:(1)固定汇率;(2)国际金融或资本的自由流动;(3)货币政策自主权或独立性。一国要拥有固定汇率和国际金融自由流动(选择1和2),就只能放弃货币政策自主权(选择3);要拥有固定汇率和货币政策自主权(选择1和3),就只能对国际金融流动予以控制(选择2);要拥有货币政策自主权和国际金融自由流动(选择2和3),就只能放弃固定汇率(选择1)。

开放经济的决策者面对的政策三难困境可以用如图20.3所示的三角形的角来说明。如果一国选择固定汇率和国际金融自由流动(三角形的右边),那么它就必须放弃货币政策自主权(正如在金本位制或其他严格的固定汇率制度下,参见16.6节)。在这种情况下,赤字国必须减少货币供给,以便修正贸易和国际收支赤字(盈余国的情况刚好相反)。相反,如果一国选择固定汇率和货币政策自主权(三角形的左边),那么为了保持对货币供给的控制,它就必须限制国际金融流动。最后,如果一国选择货币政策自主权和国际金融自由流动,那么它就无法拥有固定汇率(也就是说,它必须接受浮动汇率,正如三角形的底边所示)。当然,一国也可以选择一种中间政策,例如,通过牺牲一些货币政策自主权或者是对国际金融流动施加某些限制(也可能是两种兼而有之),来接受汇率某种程度的浮动。

图20.3 开放经济的三难困境

三角形的每一个角都代表了一国的一种政策选择。该国只能从三种政策中选择两种。

20.4　最佳货币区、欧洲货币体系与欧洲货币联盟

本节将讨论最佳货币区理论、欧洲货币体系、欧洲货币联盟以及欧洲中央银行和统一货币（欧元）的诞生。

20.4A　最佳货币区

最佳货币区理论是由蒙代尔和麦金农（McKinnon）于 20 世纪 60 年代提出的。我们之所以对该理论感兴趣，是因为它有助于阐明有关固定汇率和浮动汇率制度的争论。**最佳货币区或国家货币集团**（optimum currency area or bloc）是指这样一组国家，它们的货币通过永久固定的汇率及其他使该区域变得最优化的条件联系在一起，成员国货币相对非成员国货币联合浮动。显然同一国家的不同地区由于流通同一种货币本身就是最佳货币区。

最佳货币区的建立消除了由于汇率不固定而产生的不确定性，因此刺激了国际分工及在成员国之间或区域内的贸易与投资的流动。最佳货币区的形成也使生产商将整个区域视为一个市场，并可在生产中获得更多的规模经济效益。

在汇率永久固定的汇率制度下，最佳货币区使成员国比在其各自汇率都能变动的情形下价格更加稳定。这种价格稳定性的产生是由于成员国内偶然的经济波动将相互抵消，而遗留下来的干扰会随区域的扩充而有所减少。这种价格稳定性鼓励人们将货币作为一种价值贮藏手段和交易媒介来使用，抑制在高通胀环境下产生的低效物物交换。最佳货币区也节省了政府对成员国所在的外汇市场进行干预的成本、套期保值的成本以及成员国之间为支付商品和旅游服务而进行的货币交换的成本（前提是最佳货币区采用一种通用的货币）。

最佳货币区最大的缺点也许是每个成员国不能再根据自己的偏好或所处的特殊环境去追求自己的稳定和增长的目标。例如，一个最佳货币区内经济不景气的地区或成员国为了降低失业率可能需要扩张性的财政和货币政策，而此时其他经济繁荣的成员国却需要紧缩政策去缓解通胀压力。在某种程度上，最佳货币区的这种不利效应将因为在过度供给国（回报与工资收入比较低）和过度需求国（回报与工资收入比较高）之间的资本与劳动力的更大流动而部分抵消。尽管各国之间可能仍将存在差异，却很少有人认为较为贫困的国家或地区不参加或脱离最佳货币区会做得更好。（不过，1971 年 12 月，东巴基斯坦认为自己受到了盘剥，与西巴基斯坦脱离，宣布独立为孟加拉国；魁北克也出于经济和文化的原因威胁说要脱离加拿大。）此外，较为贫困的国家或地区通常会收到来自较为富裕的国家或地区的投资或其他特别援助。

最佳货币区的形成在具备以下几个条件时能对均衡的实现发挥较大作用：（1）成员国间资源有较大流动性；（2）成员国间结构相似；（3）成员国愿意在财政、货币和其他政策方面进行紧密合作。最佳货币区应当尽量从长久固定汇率中获得最大效益并使之达到最小成本。但实际测度最佳货币区内每个成员国能从中得到多大收益是件极为困难的事。

需要指出的是，最佳货币区带来的部分好处也可以通过固定汇率制度所营造的国际间松弛的经济联系得到。因此，建立最佳货币区的理由在某种程度上也是采纳固定汇率而非浮动汇率的理由。最佳货币区理论也可看作与货币有关的关税同盟理论（参见第 10 章）的一个分支。

20.4B 欧洲货币体系(1979—1998 年)

1979 年 3 月,欧盟[EU,当时被称为欧洲经济共同体(EEC)]宣布将**欧洲货币体系**(**European Monetary System,EMS**)作为实现包括最终统一货币和中央银行在内的推进成员国货币一体化目标的一部分。欧洲货币体系的主要特征包括:(1)创建**欧洲货币单位**(**European Currency Unit,ECU**),即成员国货币的加权平均;(2)每个欧盟成员国的货币最多允许围绕其中心汇率上下浮动 2.25%(英镑和西班牙比塞塔可上下浮动 6%;希腊和葡萄牙后来加入)。由此欧洲货币体系建立了一个固定但可调的汇率制度,成员国的货币汇率相对于美元共同浮动。然而 1992 年 9 月起,该体系遭到冲击,1993 年 8 月,允许波动的范围从上下 2.5%变化到上下 15%(见案例研究 20.2);(3)建立**欧洲货币合作基金**(**European Monetary Cooperation Fund,EMCF**),为成员国提供其所需的中短期国际收支援助。

案例研究 20.2

1992—1993 年的欧洲货币体系危机

1992 年 9 月,英国和意大利背离了欧盟成员国的货币值仅允许在一个很小范围内波动的**汇率机制**(**exchange rate mechanism,ERM**),紧随其后的是西班牙比塞塔、葡萄牙埃斯库多及爱尔兰英镑于 1992 年 9 月至 1993 年 5 月间的贬值。而德国为了抑制高通胀(由民主德国重建带来的高成本)而实施的高利率使德国马克明显强于其他货币,这在欧洲货币体系内部遭到了广泛的谴责。面对不断加深的萧条及不断攀升的高失业率,英国和意大利感到难以忍受继续将汇率维持在汇率机制内,因此它们放弃了这种约束,从而可以靠货币贬值和降低利率来刺激经济增长。

但危机到此并未结束。正如许多金融学家和货币交易者在 1993 年 8 月所预期的,德国中央银行拒绝降低拆借利率,投机者通过倾销法国、丹麦、西班牙、葡萄牙和比利时的货币进行报复(英国与意大利此时已脱离汇率机制,因此未直接受损)。经过对外汇市场的大量干预,尤其是法国和德国央行的干预,仍然未能阻止这种大规模的投机冲击,欧盟财政官员最终同意放弃只允许汇率围绕中心汇率上下 2.25%浮动的限制,而将此限制改为上下 15%。

在危机期间,德国央行抛售了价值超过 350 亿美元的马克来支援法郎及其他货币,所有有关国家的央行花在干预上的货币超过 1 000 亿美元。但对于每日流通超过 1 万亿美元的外汇市场,如此规模的干预仍然未能改变由大规模投机造成的冲击。大幅提高各国货币汇率的浮动限度控制了投机冲击,但各国的汇率仍很接近危机前的水平。

资料来源:D. Salvatore,"The European Monetary System:Crisis and Future," *Open Economies Review*,December 1996,pp.593-615.

当某个成员国的汇率波动达到所限值的 75%,即到达"临界值"时,该国就应当采取适当的措施阻止汇率变化超过限度。如果汇率真的到了边缘,那么干预的重担就应对称地由货币相对过强或过弱的国家与它共同承担。例如,法国法郎相对于德国马克贬值到了它的下限,那么法国中央银行必须抛售马克储备,而德国中央银行则应该在必要时借马克给法国。

成员国须交一笔款项给欧洲货币合作基金(EMCF),20%用黄金支付(按市场价值),其他用美元支付,要折合成欧洲货币单位(ECU)。随着越来越多的美元和黄金交给欧洲货币合作基金,欧洲货币单位的数量迅速增长。事实上,欧洲货币单位已成为一种重要的国际资产和干预货币。欧洲货币单位的一个优点是它比任何一种货币都稳定。人们预期,欧洲货币合作基金最终将会发展成为欧盟的中央银行。1998年年初,欧洲货币合作基金的总储备超过500亿美元,欧洲货币单位的价值达 11.042 亿美元。

1979 年 3 月到 1992 年 9 月,欧洲货币体系中总共有 11 种货币重新组合。总的来看,意大利和英国等高通胀国家(直到 1987 年)为了保持对低通胀国家(如德国)的竞争力,需要不时将自己的货币相对于欧洲货币单位贬值。这指出了欧洲货币体系(EMS)的一个根本的缺点:它只试图在成员国之间保持变化很小的汇率而未使其货币、财政、税收及其他政策达到一体化。正如弗拉蒂安(Fratianni)和冯哈根(Von Hagen,1992)所指出的,意大利和法国 1979—1987 年的通货膨胀被欧洲货币体系中的德国所削弱,这导致了对德国马克的低估,而意大利和法国还要以高失业为代价去换取像德国那样的低通货膨胀率。考虑到 1973 年以来汇率的大幅波动(见案例研究 20.2),欧盟希望稳定汇率的愿望是可以理解的。实证研究[参见季瓦兹和季奥瓦尼尼(Giavazzi,Giovannini,1989),麦克唐纳和泰勒(MacDonald,Taylor,1991)的研究]表明,至少到 1992 年 9 月为止,欧洲货币体系成员国间名义上或实际上的汇率和货币供给的变动比非成员国间的小。

20.4C 向货币联盟的过渡

1989 年 6 月,由欧洲委员会主席雅克·德洛尔(Jacque Delors)领导的一个委员会推荐一种分三步走的过渡方案来达到货币联盟的目的。第一步始于 1990 年 7 月,它不但要求撤销对共同体内部资本流动的限制,还要求将经济举措统一起来进行货币和财政政策方面的合作。第二步是 1991 年 12 月在荷兰的马斯特里赫特(Maastricht)举行的会议上通过的,呼吁建立一个**欧洲货币机构**(**European Monetary Institute,EMI**)作为欧洲中央银行(European Central Bank,ECB)的前身,来进一步协调其成员国的宏观经济政策,并于 1994 年 1 月降低汇率差额。第三步是到 1997 年或 1999 年完成建立货币联盟以及创立单一货币和欧洲中央银行,并由欧洲中央银行进行外汇市场的干预及公开市场业务运作。这意味着成员国将放弃对货币供给和货币政策的自主权。另外,它们在预算政策上也不再有完全的自由。在只有一个共同的中央银行的条件下,各国央行的作用类似于美联储。

马斯特里赫特条约(**Masstricht Treaty**),简称马约,规定了加入货币联盟的国家必须具备的一些条件:(1)其通胀率不得超过通胀率最低的三个成员国的平均通胀率的 1.5%;(2)该国预算赤字不得超过国内生产总值的 3%;(3)政府举债总额不得超过国内生产总值的 60%;(4)长期利率不得超过通胀率最低的三个成员国的平均利率的两个百分点;(5)加入货币联盟的前两年,平均汇率不得低于欧洲货币体系平均汇率的 2.25%。到 1991 年仅法国和卢森堡达到了这些要求。由于统一带来的成本,1991 年德国的赤字超过了国内生产总值的 5%,从而未能完全满足上述条件。意大利的赤字是其国内生产总值的 10%,且政府举债竟超过国内生产总值的 100%,因此没有达到任何标准。然而,到 1998 年,欧盟的绝大多数国家都达到了马约的大部分标准(参见案例研究 20.3),真正货币联盟的时期开始了。

案例研究 20.3

马斯特里赫特综合指标

表 20.2 列出了 1998 年 1 月欧盟 15 个成员国的 5 个马斯特里赫特指标中的 4 个。这些信息和汇率指标(未列在表中)被欧洲委员会用来决定哪些成员国可以被批准加入这一货币体系。从该表中可以看出,除了希腊,其他国家都满足通货膨胀、政府赤字和长期利率的指标要求,但有 8 个国家不满足对政府举债的限制,而且爱尔兰不满足汇率限制。然而,欧洲委员会宣布所有国家(除了希腊)在所有 5 个方面均取得了有效的改善,可以加入单一货币体系。英国、丹麦和瑞典因为不愿意丧失对货币供给和货币政策的完全控制而拒绝加入这一体系,但是它们并不放弃以后加入的权利。希腊在 2001 年 1 月 1 日,斯洛文尼亚在 2007 年,塞浦路斯和马其他在 2008 年,斯洛伐克在 2009 年,爱沙尼亚在 2011 年,拉脱维亚在 2014 年,立陶宛在 2015 年被批准加入,这样欧元区国家增加到 19 个(见图 20.4)。

表 20.2 1998 年 1 月欧盟成员国马斯特里赫特综合指标				%
国 家	通货膨胀率	政府赤字占 GDP 的百分比[a]	政府债务占 GDP 的百分比[a]	长期利率
德国	1.4	2.5	61.2[b]	5.6
法国	1.2	2.9	58.1	5.5
意大利	1.8	2.5	118.1[b]	6.7
英国	1.8	0.6	52.3	7.0
奥地利	1.1	2.3	64.7[b]	5.6
比利时	1.4	1.7	118.1[b]	5.7
丹麦	1.9	−1.1	59.5	6.2
希腊	5.2[b]	2.2	107.7[b]	9.8[b]
芬兰	1.3	−0.3	53.6	5.9
爱尔兰	1.2	−1.1	59.5	6.2
卢森堡	1.4	−1.0	7.1	5.6
荷兰	1.8	1.6	70.0[b]	5.5
葡萄牙	1.8	2.2	60.0	6.2
西班牙	1.8	2.2	67.4[b]	6.3
瑞典	1.9	0.5	74.1[b]	6.5
欧元区平均	1.6	1.9	70.5	6.1
参考值	2.7	3.0	60.0	7.8

[a] 预测值。

[b] 不满足条件的国家。

资料来源:European Commission,*Convergence Report 1999*(Brussels:European Commission,1998).

图 20.4　截至 2015 年年初的欧元区国家

2015 年年初,欧元区的 19 个成员国是奥地利、比利时、塞浦路斯、爱沙尼亚、芬兰、法国、德国、希腊、爱尔兰、意大利、拉脱维亚、立陶宛、卢森堡、马耳他、荷兰、葡萄牙、斯洛伐克、斯洛文尼亚和西班牙。

1997 年,稳定与增长公约(Stability and Growth Pact,SGP)决定进一步对货币联盟成员国的财政加以限制。该公约要求这些国家尽量使预算赤字低于 GDP 的 3%,以便在发生经济危机时,一国能在推行扩张性的财政政策的同时仍保持低于 3% 的要求。违背这一财政政策的国家将会被处以很重的罚金。为了使财政自律在货币联盟中广泛使用以避免过度货币发行、通货膨胀、欧元疲软等情况,德国要求必须以接受该公约为条件才能加入货币联盟。具有讽刺意味的是,2003 年恰恰是德国(还有法国)未能满足稳定与增长公约,当时德国的预算赤字高达 GDP 的 4%,这导致 2005 年该公约增加了一些放松规则的例外条款。

在谈判过程中,英国一直试图放慢欧盟向经济和政治一体化目标前进的速度,以避免进一步丧失自己的统治权。英国还拒绝承诺放弃英镑作为本国货币,并且不愿接受共同体的劳动法。文化、语言、民族气质的差异使货币联盟的进程遇到重重困难,今后中东欧新民主政体的加入也将使问题变得更为复杂。尽管如此,马约仍作为一座桥梁,促成了 1999 年年初欧洲真正的货币联盟的建立,欧洲中央银行(于 1998 年创立)开始运作,欧元也诞生了。

20.4D　欧元的诞生

1999 年年初,随着欧元及欧洲中央银行统一货币政策的推出,欧洲货币体系被**欧洲货币联盟(European Monetary Union,EMC)**所取代。1999 年 1 月,**欧元(Euro,€)**正式诞生,作为欧元区 11 个国家(奥地利、比利时、德国、芬兰、法国、爱尔兰、意大利、卢森堡、西班牙、葡萄牙、荷兰)的共同货币。希腊在 2001 年 1 月 1 日被批准加入,英国、瑞典和丹麦拒绝加入这一体系。欧元的诞生是战后货币史上最重要的事件之一,此前从未有过这么多的主权国家自愿放弃本国货币而使用统一货币。

1999 年 1 月 1 日起,欧元开始在金融市场上进行交易,新发行的股票要以欧元为单位,欧元区以欧元进行官方统计。但是欧元钞票和硬币直到 2002 年年初才推出,也就是说在此之前,欧元仅是结算单位而不是实际的流通货币。2002 年 1 月 1 日到 7 月 1 日,欧元和本国货币可以在国内共同流通,但是 2002 年 7 月 1 日起,所有国家的货币必须逐步退出流通,欧元纸币和硬币成为欧元区 12 个成员国的唯一法定货币。

1998 年秋季,成员国货币所代表的欧元价值被确定并固定下来(不可更改)。表 20.3 给出了成员国的货币与欧元的官方兑换率。

表 20.3　欧元的官方兑换率

国家	国家货币	每欧元的货币单位
奥地利	先令	13.760 3
比利时	比利时法郎	40.339 9
芬兰	芬兰马克	5.945 73
法国	法国法郎	6.559 57
德国	德国马克	1.955 83
爱尔兰	爱尔兰镑	0.787 564
意大利	意大利里拉	1 936.27
卢森堡	卢森堡法郎	40.339 9
荷兰	基尔德	2.203 71
葡萄牙	埃斯库多	200.482
西班牙	比塞塔	166.386

资料来源:"The Launch of the Euro," *Federal Reserve Bulletin*, October 1999, pp. 655-666.

1999 年 1 月 1 日到 2002 年 1 月 1 日,欧元和美元、英镑、日元等其他货币之间的汇率不断发生波动,但各成员国的货币所代表的欧元价值是不变的。这意味着各成员国的货币与其他货币的汇率波动以欧元与其他货币的汇率波动为限。例如,如果欧元的美元价值为 1.10 美元,德国马克的美元值比马克的欧元价格高 10%,即 1.10×1.955 83,相当于 2.151 413 美元。如果接下来欧元贬值到 1.05 美元,德国马克的美元价格将变为 1.05×1.955 83 或 2.053 621 5 美元。

为了避免英国、瑞典、丹麦货币和欧元之间过度的汇率变动及可能的不结盟,建立了第二套汇率机制(ERMⅡ),它类似于欧洲货币体系下运行的第一套机制。然而,1992—1993 年的 ERM 危机表明该体系不够稳定而且易于引发危机。英国、瑞典和丹麦为了给将来选择欧元提供便利,愿意限制三国货币与欧元之间出现的较大波动(见萨尔瓦多,2000)。

2004 年 6 月,爱沙尼亚、立陶宛和斯洛文尼亚加入了第二套汇率机制,在平价的基础上有 15% 的浮动空间。

欧元在 1999 年 1 月 1 日推出时的汇率为 1 €=1.17 美元,但是与专家们的预测相反,1999 年年底,欧元下跌到低于美元价值。事实上,在 2002 年中期重新达到接近美元价值前,2000 年 10 月底欧元跌至 0.82 美元。2004 年 12 月欧元升到 1.36 美元,2008 年 7 月则升到历史最高值 1.63 美元,2014 年 1 月欧元汇率为 1.16 美元(见案例研究 15.8)。欧元的产生为欧元区的国家带来了巨大的利益,但同时也增加了巨额成本,特别是在短期内(见案例研究 20.4)。

案例研究 20.4

欧元的收益与成本

欧元区各国使用欧元作为统一货币给这些国家带来了很大的利益,但也带来了巨大的成本。利益表现为:(1)欧元区的国家不再需要进行货币兑换(估计每年可节约多达 300 亿美元);(2)消除了成员国之间的汇率波动;(3)加速了各成员国的经济及金融一体化;(4)与过去由于德国的原因,欧盟其他成员国被迫推行扩张性的货币政策相比,现在欧洲中央银行有能力实行力度更大的扩张性的货币政策;(5)促使希腊和意大利等国建立更完善的经济秩序,这些国家看起来如果没有外部压力就不愿或不能规范本国经济;(6)从欧元成为国际货币中获得铸造利差(见案例研究 14.1);(7)降低了在国际金融市场上融资的成本;(8)提升了欧盟在国际事务中的经济和政治地位。

而这些国家使用欧元带来的最严重的问题发生在只有它们中的一国或几国出现经济危机或遭受不对称的冲击时。原因在于受到影响的一国或几国既不能利用汇率也不能使用货币政策来解决问题,而且使用财政政策也会受很大限制。在这种情况下,这些国家只有等待问题随时间逐步缓解。在经济更加高度一体化的国家,如美国,如果某一地区发生危机,一些劳动力将迅速流出,该地区也将从大量的财政收入再分配中获得补贴(如较高的失业保险款项)。然而在欧洲货币联盟,劳动力的流动性比美国差很多,财政收入再分配也是一样。因此欧元区国家要处理非对称的经济冲击就更为困难。经济一体化的确可以刺激欧洲货币联盟内部的劳动力流动,但这是一个漫长的过程,还需要很多年才能完成。不过在应对这些问题时,欧元区的资本流动可以在某种程度上代替劳动力的流动。

资料来源:G. Fink and D. Salvatore,"Benefits and Costs of European Economic and Monetary Union," *The Brown Journal of World Affairs*, Summer/Fall 1999, pp. 187-194; D. Salvatore,"The Unresolved Problem with the EMS and EMU," *American Economic Review Proceedings*, May 1997, pp. 224-226; and D. Salvatore, "Euro," *Princeton Encyclopedia of the World Economy* (Princeton, N. J.: Princeton University Press, 2008), pp. 350-352.

20.4E　欧洲中央银行及统一货币政策

1998 年,欧洲中央银行(**European Central Bank**,**ECB**)成立,它是欧洲中央银行体系

(ESCB)——欧盟国家的中央银行联邦机构的执行机关。1999 年 1 月,欧洲中央银行承担起制定统一的欧洲货币联盟货币政策的工作,欧洲中央银行的货币政策是通过管理委员会的多数裁定原则确定的,该委员会由一个 6 个人的执行委员会[委员会成员包括欧洲中央银行行长,2003 年以前由荷兰的威廉·F. 杜伊森贝赫(Willem F. Duisenberg)担任,此后至 2011 年以前由法国的让-克洛德·特里谢(Jean-Claude Trichet)担任,其后的继任者是意大利的马里奥·德拉吉(Mario Draghi)]和各成员国中央银行的行长组成。

马约赋予欧洲中央银行的唯一目标是稳定价格,并使其完全脱离政治因素的影响。欧洲中央银行需要定期向欧洲议会说明其工作情况,但欧洲议会无权影响欧洲中央银行的决议。举例来说,美国国会可以通过法律削弱联邦储备委员会的独立性,而欧盟每个成员国必须通过立法或投票表决改变欧洲中央银行的法令来修订马约本身,让欧洲中央银行几乎完全独立于政治影响之外就是为了不使欧洲中央银行因为受政治影响而被迫提供额外的货币刺激,从而导致通货膨胀。但这也带来了一些批评,认为欧洲中央银行不民主,没有反映公众的经济需求。

然而奇怪的是,欧元的汇率政策最终是掌握在政治家,而不是欧洲中央银行的手中。这之所以令人感到不解,是因为货币政策和汇率政策紧密相关,不可能完全独立地确定一个政策而对另一个毫无影响。尽管如此,欧洲货币联盟在 1999 年第一年运行时受到了一些干扰,政治家们要求降低利率以刺激经济增长并克服欧元疲软,但欧洲中央银行出于引发通货膨胀的担心对此总是予以抵制。1999 年,爱尔兰和西班牙等国面对过度增长及通货膨胀威胁(因此需要紧缩的货币政策),而另一些国家(如德国和意大利)却面临经济萎缩(因此需要降低利率),这引起了很多矛盾。

欧洲中央银行对付这种情况的方法是采取了一种折中的货币政策,但这样一来,对于爱尔兰和西班牙来说利率可能太低,而对于德国和意大利来说利率又可能过高。2000—2008 年,为了避免再发生通货膨胀和建立信用,欧洲中央银行推行相对紧缩的货币政策(比美联储追求的紧缩程度要强得多)。然而,2008 年秋天,为了应对欧元区面临的严重衰退和经济危机,欧洲中央银行大幅降低了利率(见案例研究 20.5)。

案例研究 20.5

欧元区危机

2008—2009 年的全球经济危机结束前,欧元区就陷入了严重的危机,2010—2011 年甚至威胁到了其生存,而在笔者撰写本文的 2015 年危机仍在持续。这次危机是源于经济增长缓慢或衰退带来的过度且不可持续的举债,主要对爱尔兰、希腊、葡萄牙、西班牙和意大利造成了严重影响(参见表 20.4)。

表 20.4 2011 年欧元区各国的政府债务和预算赤字			%
国家	预算赤字占 GDP 的百分比	政府债务占 GDP 的百分比	实际 GDP 的增长率
德国	1.0	87.2	3.1
奥地利	2.6	79.7	3.0

续表

国家	预算赤字占 GDP 的百分比	政府债务占 GDP 的百分比	实际 GDP 的增长率
比利时	3.9	102.3	2.0
荷兰	4.6	75.2	1.3
法国	5.2	100.1	1.7
意大利	3.8	119.7	0.5
葡萄牙	4.2	117.6	−1.6
西班牙	8.5	75.3	0.7
希腊	9.2	170.0	−6.9
爱尔兰	13.0	114.1	0.7

资料来源：Organization for Economic Cooperation and Development, *Economic Outlook* (Paris: OECD, May 2012).

　　弱势国家加入欧元区后举债的成本大幅下降，此时就会出现过度举债。然而，2008—2009 年经济增长缓慢甚至是衰退的情况下，这些国家显然无法偿还外债。爱尔兰、葡萄牙，尤其是希腊之所以没有崩溃，完全是因为欧元区其他国家（主要是德国）提供的巨额紧急援助或一揽子救援计划以及欧洲中央银行（ECB）购买弱势国家的政府债券并在 3 年内以 1% 的利率为 800 多家欧洲银行提供超过 13 万亿美元（这些银行则立即用这笔钱购买利率为 5%～6% 的政府债券）。作为交换，弱势国同意签署新的稳定公约，承诺在好年景和正常的年景将预算赤字控制在 GDP 的 0.5% 以内（根据此前的马约，控制标准为 GDP 的 3%）并强化了占 GDP 的 60% 的债务上限标准。然而，财政紧缩政策却使弱势国家的经济增长进一步放缓，甚至陷入了衰退。事实上，考虑到欧元区虽然有着统一的货币政策，但各国的财政政策却基本上相互独立，欧元区危机是必然会发生的。

资料来源：D. Salvatore, "The Common Unresolved Problems of EMS and EMU," *American Economic Review*, May 1997, pp. 224-226; and D. Salvatore, Editor, *When and How Will the Euro Crisis End?*, Special Issue of the *Journal of Policy Modeling*, May/June 2015, with papers by Paul De Grauwe, Barry Eichengreen, Martin Feldstein, and Jeffrey Frankel, among others.

　　2012 年 6 月的一次会议上，欧盟领导人决定组建**银行业联盟**（**Banking Union**）。依据 2013 年 10 月 15 日达成的单一监督机制（SSM）的规定，2014 年 11 月 4 日，欧洲中央银行成为欧盟银行（英国和瑞典的银行除外）的发牌机关。2015 年 1 月初，单一决议委员会（SRB）开始运作，负责管理其监管下的最大的 120 家欧盟银行（总资产超过 300 亿欧元）今后可能面临的危机，有权直接使用单一处置基金（SRF）的资金对这些银行进行资本重组。然而，上述所有举措距离组建真正的银行业联盟还相去甚远。

20.5　货币发行局制和美元化

　　本节将考察通过建立货币发行局制或采纳另一国的货币（美元化）来钉住或固定一国汇率的收益与成本。下一节将考察在不同程度上结合了固定汇率与浮动汇率制度的某些特征的混合汇率制度的优缺点。

20.5A　货币发行局制

　　货币发行局制（**currency board arrangements，CBAs**）是钉住汇率（固定汇率制度）最极端的

形式,比采取统一货币和美元化(用美元作为本国货币)稍自由一些。在这一体制下,一国严格地(通常通过法律)将汇率与某一外国货币、SDR,或其混合物挂钩,中央银行则不再进行相应的运作。货币发行局制类似于金本位制,这种制度下一国需要100％的国际储备来支持本国货币供给,因此该国放弃了对货币供给的控制,其中央银行也不执行独立货币政策。在货币发行局制下,一国的货币供应增加或减少仅与国际收支赤字或国际储备流出有关。因此,该国的通货膨胀率和利率主要由该国将其货币钉住或固定的国家决定。

一国通常在处于严重的金融危机时采用这种极端形式作为有效遏制通货膨胀的方法。货币发行局制在几个国家或经济地区正被使用或曾被使用,例如中国香港(1983年至今)、阿根廷(1991年到2001年年底)、爱沙尼亚(1992年至2010年年底)、立陶宛(1994年至2014年年底)、保加利亚(1997年至今),以及波斯尼亚-黑塞哥维纳(1997年至今)。除了采取固定汇率制度所要求的一般条件之外,货币发行局制成功运作的要素是必须有稳健的银行体系(因为中央银行不能再充当"最后贷款人"或对有困难的银行扩展信用)和谨慎的财政政策(因为中央银行不能借款给政府)。

货币发行局制的主要优点是经济政策框架的可信度(因为一国在政治上予以承认并经常通过法律予以确认),这会降低利率和通货膨胀率。货币发行局制的成本是一国中央银行没有能力:(1)推行自己的货币政策,(2)作为最后贷款人,(3)通过独立发行货币收取铸造利差。案例研究20.6考察了阿根廷在20世纪90年代运作货币发行局制的经验。

案例研究 20.6

阿根廷的货币发行局制及其危机

1991年到2001年年底,阿根廷在处于严重经济危机时推行了货币发行局制。阿根廷的货币发行局制直到1999年巴西第一次被迫进行货币贬值继而任由其迅速贬值前始终运行良好。由于比索与美元绑在一起,与最大的贸易伙伴巴西相比,阿根廷丧失了巨大的国际竞争力,并因此陷入经济萧条。而对货币的高估并不是阿根廷面对的唯一问题。更严重的是阿根廷的预算赤字脱离控制。阿根廷人的生活完全超出了其所能承受的标准,而这是不可持续的。对比索的高估使危机更加严重。为了刺激外国投资而采取的紧缩公共财政的措施却加重了经济萧条,并引发了骚乱,却并未达到吸引外国投资者的目的。外国投资者害怕阿根廷会被迫取消货币发行局制并将比索贬值,而这会使其遭受损失甚至其投资资金汇回国内也会受到限制。

留给阿根廷的选择只有两个:比索贬值或完全美元化。阿根廷因为害怕回到20世纪80年代的过度通货膨胀环境,不愿放弃货币发行局制和将比索贬值。但美元化并非没有风险,特别是在消除外汇风险和吸引更多外国投资的同时,美元化不能解决阿根廷在国际竞争中的地位问题,特别是与巴西的竞争,也不能解决预算问题。因此,2002年1月,阿根廷决定拖欠其巨额外债,被迫放弃货币发行局制并将比索贬值,实行浮动汇率。到2002年秋,比索已从货币发行局制下的1美元等于1比索的汇率跌至1美元等于3.5比索(贬值了250％)。阿根廷最终只偿还了持有其美元债券的外国投资者25％的本金。

资料来源：A. de la Torre，E. Yeyati，and E. Talvi，"Living and Dying with Hard Pegs：The Rise and Fall of Argentina's Currency Board，" in G. Von Furstenberg，V. Alexander，and J. Melitz，Eds.，*Monetary Unions and Hard Pegs*（New York：Oxford University Press，2004），pp. 183-230.

20.5B　美元化

一些国家甚至比采取货币发行局制走得更远，它们用其他国家的货币作为本国的法定货币。这个过程通常被称为**美元化**（**dollarization**），虽然该国使用的可以是其他任何国家的货币。除了波多黎各联邦和美属维尔京群岛，巴拿马从 1904 年就开始完全或官方的美元化。2000 年厄瓜多尔实现了完全美元化，2001 年萨尔瓦多也加入其中。从 2001 年开始，尼加拉瓜已经接近完全美元化了，哥斯达黎加在考虑实行美元化。

采纳美元化的优势和成本与货币发行局制类似，但其优劣势却更为明显，这是因为美元化是对本国货币控制的更彻底的放弃，它事实上放弃了对该体制的"退出选择"权。一国美元化的优点为：（1）免除了将本国货币兑换为美元的成本并且不需要防范外汇风险；（2）由于商品套利，通货膨胀率与美国接近，除非存在其他国家风险（如影响国家安全和财产权的政治因素），利率有望降到美国的利率水平；（3）避免了外汇危机，消除了控制交易、制定预算规划和鼓励更迅速、更完全的金融一体化等一系列需求，有利于更快、更充分的国际金融一体化。

美元化也给这些国家增加了一些成本，包括：（1）将国内货币兑换为美元的成本（对拉美国家而言，估计平均为 GDP 的 4％～5％）；（2）损失了货币和汇率政策的独立性（无论处在经济周期的哪个阶段，一国将面对与美国相同的货币政策）；（3）当国内银行和其他金融机构遇到危机时，中央银行将无法发挥最后贷款人的作用。

适合采取美元化的是这样一些小型开放经济国家：美国是其主要经济合作者，并且它们有不佳的货币表现史，导致经济政策的可信度较低。拉美小国特别是中美洲国家，以及加勒比海的一些国家非常符合这些条件。然而一旦把视角从小国转向大国，将很难看出美元化能否给其带来好处。

20.6　汇率浮动幅度、可调整钉住汇率、爬行钉住汇率和有管制的浮动汇率

本节将考察在不同程度上综合了固定汇率和浮动汇率特点的混合汇率制度的优缺点，包括围绕票面价值或固定汇率的不同汇率浮动幅度、可调整钉住汇率、爬行钉住汇率及有管制的浮动汇率。

20.6A　汇率浮动幅度

大部分固定汇率制度通常都允许汇率在一个很小的范围内浮动。也就是说，一国决定其货币的汇率或票面价值，并允许它们在狭窄的范围内波动。例如，在从战后一直运作到 1971 年的布雷顿森林体系下，汇率可以围绕票面价值或固定汇率上下波动 1％。在金本位制下，美元兑英镑的汇率可以以外汇平价（也称黄金点）为基础上下浮动，幅度为纽约到伦敦之间的价值为一英镑黄金的运费和保险费（参见 16.6A 小节）。

因此,固定汇率制度下,在允许的浮动幅度内实际的汇率是由供需决定的(参见第16章的解释),并通过非金本位制下政府对外汇市场的干预或金本位制下黄金运费的调整来约束这个幅度。下面主要讨论非金本位制下的固定汇率制度。固定汇率制度下小幅浮动的优点是货币当局只需保证汇率不浮动出一个既定的允许限度,而不必不断地对外汇市场进行干预以使汇率保持固定不变。

固定汇率制度的浮动幅度见图20.5最上面的图,这里美元兑换欧元的中心汇价是$R=$\$/€=1,汇率可以上下浮动1%(与在布雷顿森林体系下相同)。因此,汇率浮动范围(用水平虚线表示)介于$R=0.99$美元(下限)和$R=1.01$美元(上限)之间。

因此,固定汇率制度下的汇率或票面价值也具有某种弹性。从技术角度来看,政府可以拓宽浮动幅度,从而更多地由市场而非政府决定汇率。极端情况下,浮动的范围可以放宽至不需要政府对外汇市场进行任何干预的程度,这实际上就成了浮动汇率制度。倾向于固定汇率仅允许很窄的浮动范围,而倾向于浮动汇率则允许很宽的浮动范围。

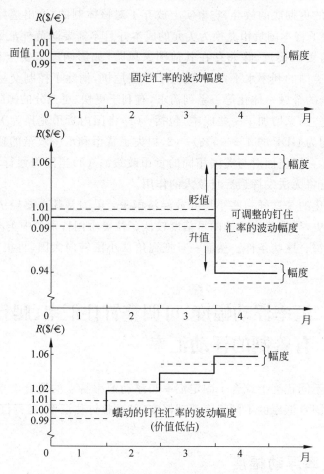

图20.5   汇率浮动幅度、可调整钉住汇率及爬行钉住汇率

在最上面的图中,汇率票面价值是$R=1$美元/1欧元,可以上下浮动1%;中间的图表明,可以将汇率从$R=1$美元变动到$R=1.06$美元来使货币贬值以弥补国际收支赤字,或从$R=1$美元变动到$R=0.94$美元来使货币升值以修正国际收支盈余;最下面的图表示政府连续3个月在月末使货币贬值2%来弥补国际收支的赤字。

20.6B　可调整钉住汇率

可调整钉住汇率制度（adjustable peg system）需要有确定的票面价值及可波动范围的规定，它准许票面价值定期浮动，允许国际收支逆差时进行货币贬值而盈余时进行货币升价。布雷顿森林体系（参见第 21 章）最初建立时就是一种可调整钉住汇率制度，它准许政府在国际收支面临"根本性"失衡时调整货币票面价值。对于什么是根本性失衡并没有确切的定义，大意是指几年内发生大规模的实际或潜在逆差和盈余。

然而，在布雷顿森林体系下，各国政府出于害怕国家声誉受损及害怕过于频繁地调整汇率会引来不稳定投机（美国则是由于美元是国际储备）等原因，一般不愿改变票面价值，通常只在存在不稳定投机时才这样做。因此，虽然布雷顿森林体系是作为可调整钉住汇率推出的，实际上它却更多地被当作完全固定汇率制度来运作。

一个真正的可调整钉住汇率制度是这样的：政府能够利用（或被要求利用）这种制度所提供的弹性来应对失衡的国际收支，而不必等到迫不得已时才变动汇率。图 20.5 中间的图描绘的就是这种制度：起始的汇率与最上面的图一样，在第 4 个月的月初政府根据国际收支赤字或盈余向上或向下调整汇率，从而使本国货币贬值或升值。

然而，对于按人们主观意图操作的可调整钉住汇率制度，人们必须先就某项指标的变动达成一致（如当国际储备下降某一比例时），然后才能决定何时改变币值。这种规则都存在某种程度的武断性，还有可能被投机者预知，从而导致不稳定投机行为。

20.6C　爬行钉住汇率

爬行钉住汇率制度（crawling peg system）或称滑动平价体系正是为避免大幅调整汇率及不稳定投机而设计的。在该制度下，货币票面价值按频繁而又确切的时间间隔（如按月），以预先声明的数量或百分比做小的变动，直到达到均衡。这在图 20.5 最下面的图中得到了解释。这是一个货币需要贬值的国家。该国采取连续 3 个月每个月月末贬值 2% 的方式达到目标，而不是在第 3 个月月末一次性贬值 6%。

一国可以通过操纵短期利率的方式来抵消由于事先设计好汇率变动而带来的投机利润，从而阻止不稳定投机行为。例如，一次预先声明的货币 2% 的贬值可被短期利率上调 2% 抵消。虽然这样也许会干扰该国货币政策的实施，但是可以消除由于货币大幅贬值和不稳定投机而带来的政治危机。爬行钉住汇率制度如果与较宽松的浮动幅度相结合还可以具有相当大的灵活性。

注意，如果在一次小幅度贬值前，汇率允许浮动的上限与贬值后允许浮动的下限是一致的（如图 20.5 所示）或较之略高，那么这种贬值将不会使实际的即期汇率产生变动。应用爬行钉住汇率的国家必须决定票面价值变更的频率和数量以及准许浮动的限制。这种体系看来最适合面临现实冲击和不同通货膨胀率的发展中国家。

20.6D　有管制的浮动汇率

即使投机是稳定的，汇率仍然会在一定时间内浮动（如果允许浮动的话），这是由于商业周期中实际经济要素的波动造成的。不稳定投机及超调将在汇率变化中把这些经济本身固有的波动放大。如前所述，汇率波动会减少国际贸易与投资。在**有管制的浮动汇率制度（managed floating exchange rate system）**下，一国的货币当局有责任对外汇市场进行干预，在不影响汇率长期走势的前提下,使短期波动趋于平缓。该制度的好处是,政府既可从固定汇率中获得很大好处(参见 20.4 节),又可以保持汇率具有一定程度的浮动幅度,从而可以对国际收支的失衡做出调整。

　　一个现实的困难是,货币当局未必比投机者、投资者、交易商更清楚汇率的长期趋势。幸运的是,如果采取**逆风而上**(leaning against the wind)的政策,就不必一定清楚汇率长期的趋势才能稳定短期的波动。这需要货币当局在国际储备之外,提供部分短期资金来补充外汇市场上过高的需求(减缓该国货币贬值的趋势),并吸收外汇市场上部分多余的短期供给(减缓该国货币升值的趋势)。这就达到了在不影响汇率长期走势的前提下,减少汇率短期波动的目的。

　　注意,在有管制的浮动汇率制度下仍然需要国际储备,而在完全浮动汇率制度下,国际收支的失衡会被汇率的变动(在稳定的外汇市场中)迅速、自动地修正,而无须任何官方的干预或进行储备。但是完全浮动汇率制度下会发生汇率波动,这在有管制的浮动汇率制度下是可以修正的。

　　实行有管制的浮动汇率,货币当局到底能在缓和短期波动方面获得多大的成功,取决于它们能吸收多大比例的外汇短期过度需求或过度供给。而这一点又取决于它们出于稳定经济的目的,有多大意愿去干预外汇市场和本国国际储备。一国的国际储备量越多,在稳定汇率方面取得的成功就越大。

　　然而,如果前面提到的逆风而上的规则未被透彻领会的话,还是有危险的(如 1973 年以来的实际情况),一国政府为了刺激出口,可能愿意保持高汇率(即让货币处在贬值水平)。这是一种变相的以邻为壑的策略,当导致其他国家进口增加、出口减少时,就会受到它们的报复。这种类型的浮动汇率有时被称作**肮脏浮动**(dirty floating)。所以,当行动缺乏明确的定义和始终如一的规则时,就会存在曲解与冲突的危险,从而对国际贸易和投资的正常运行造成危害。

　　1973 年以来,所实行的浮动汇率制度其实都名不副实。诚然,这种制度并非人们刻意选择的,而是在布雷顿森林体系崩溃后面临外汇市场的混乱和不稳定投机的情况产生的。在有管制的浮动汇率的早期,人们做了一系列努力来设计具体的规则,避免"肮脏浮动"以及随后必然产生的冲突。然而,这些努力都失败了。事实上,在过去 40 年间有管制的浮动汇率制度既不像赞成它的人们在 20 世纪 70 年代初想象的那么好,也不像反对它的人所描绘的那样可怕。而且,还有一点可能是真实的,没有任何一种固定汇率制度能够顺利渡过 20 世纪 70 年代由于油价暴涨及因此而产生的世界范围的滞胀所带来的巨大混乱时期,以及 2008—2009 年的全球金融危机和"大萧条"。

　　但是,1980 年到 1985 年 2 月美元大幅升值以及此后至 1987 年年底美元大幅贬值,都清楚地表明:在现行的有管制的浮动汇率制度下,大的汇率失衡是有可能产生的并会持续很多年。于是有人呼吁改革现行的国际货币体系,思路是为主导货币重新规定可浮动幅度,并加强主要国家的国际间协作与政策协调。

　　现今的汇率制度表现出很大程度的弹性而且或多或少准许各国选择最适合自身需要和环境的制度(见案例研究 20.7)。总的来说,大的发达国家及面临很大通胀压力的国家比其他小的发展中国家或生产高度专业化的开放经济国家需要汇率有更大的弹性。1976 年的牙买加协议(从某种程度上讲,该协议是自 1973 年以来比较正式地承认有管制的浮动汇率制度的协议)规定,一国可以在外界条件改变时更改其汇率制度,但要保证不给贸易伙伴或世界经济带来危害(关于这一点,第 21 章有更详细的介绍)。近年来人们似乎一致认为一国只应该从严格的固定利率或浮动利率中选择。折中的制度不再有吸引力,因为它们更容易导致不稳定的投机,因而难以持久。

案例研究 20.7

国际货币基金组织成员的汇率安排

表 20.5 给出了 2014 年 4 月 30 日国际货币基金组织 188 个成员国及成员国的 3 个境外地区(荷兰的海外领地阿鲁巴和荷属安的列斯群岛以及中国的香港特别行政区)的汇率安排。从表中可见,108 个国家(191 个国家及境外地区中的 56.6%)采取的是硬钉住或软钉住(即某种固定汇率制度),83 个国家(占 43.3%)采取的是浮动汇率或某种形式的有管制浮动汇率制度。

表 20.5 2014 年 4 月 30 日 国际货币基金组织成员的汇率安排

汇率安排	成员数目	所占百分比/%
硬钉住	**25**	**13.1**
没有独立的法定货币	13	6.8
货币发行局制	12	6.3
软钉住	**83**	**43.5**
传统的钉住	44	23.0
稳定的汇率安排	21	11.1
爬行钉住	2	1.0
类似爬行钉住	15	7.9
在水平带内实行钉住汇率	1	0.5
浮动汇率	**65**	**34.0**
浮动	36	18.8
自由浮动	29	15.2
其他有管制的浮动汇率	**18**	**9.4**
总计	**191**	**100.0**

资料来源:IMF,*Annual Report on Exchange Rate Arrangements and Exchange Rate Restrictions 2014*(Washington D. C.:IMF,2014).

在没有独立的法定货币(硬钉住)的 13 个国家中包括厄瓜多尔、萨尔瓦多和巴拿马(这三个国家都将美元作为法定货币);实行货币发行局制(也属于硬钉住)的 12 个国家(或地区)中包括保加利亚和中国香港特别行政区;采取传统的(软)钉住的 44 个国家(或地区)中包括丹麦、约旦、科威特、利比亚、摩洛哥、沙特阿拉伯和委内瑞拉;采取稳定的汇率安排(也属于软钉住)的 21 个国家中包括孟加拉国、埃及、伊拉克、新加坡和越南;采取爬行汇率安排(也属于软钉住)的 12 个国家中包括阿根廷、中国、多米尼加共和国、突尼斯和瑞士。

采取浮动汇率制度的 36 个国家中包括巴西、哥伦比亚、匈牙利、印度、印度尼西亚、韩国、墨西哥、菲律宾、罗马尼亚、南非、泰国和土耳其；采取自由浮动汇率制度的29个国家中包括美国、欧盟18国或称欧元区、日本、英国、澳大利亚、加拿大、智利、波兰和瑞典。由此可见，2014年4月底世界上存在多样化的汇率安排。

 ## 20.7 国际宏观经济政策协调

近几十年间，世界一体化程度大幅加强，发达国家相互间的依赖性也增加了。国际贸易的增长速度是世界产出增长速度的两倍，而国际间金融资本的流动增长得更快，尤其是从20世纪70年代初期开始。今天，7个最大的发达国家(即7国集团)的国际贸易额占其国民生产总值的比值已是1960年的两倍。世界正迅速向真正一体化和全球化的国际资本市场发展。

国际间经济日益增强的依赖性极大地降低了国内经济政策的有效性，并增加了向世界各国的溢出效应。例如，为刺激美国经济而实行的宽松的货币政策会降低美国利率从而导致资本外流，这将破坏扩张性的货币政策带来的扩张效应，导致美元贬值(在其他条件不变的情况下)。同时，其他国家则面临资本流入和货币升值，这是美国扩张性的货币政策的直接后果，会破坏这些国家为达到自己的具体目标所做的努力。类似的，美国扩张性的财政政策也会对世界其他国家的经济产生重要的溢出效应(参见案例研究17.6、案例研究18.3和案例研究18.4)。

随着国际间依赖性的增强，国际宏观经济政策的协调变得不可或缺。特别的，政府间的合作能够比各个国家单独行事取得更令人满意的效果。**国际宏观经济政策协调**(international macroeconomic policy coordination)是指根据国与国之间相互依赖的情况对各国的经济政策进行修正。例如，当出现世界性衰退时，各个国家都出于避免贸易差额恶化的目的而不愿刺激经济。通过所有国家合作式的共同扩张，各国的产量和就业都会增加，而不必担心出现贸易差额的恶化。又如，国际政策协调可以避免各国出于刺激出口的目的而进行竞争性的货币贬值(以邻为壑的策略)。竞争性的货币贬值很可能招致别国报复，往往适得其反，造成国际贸易的混乱。两次世界大战之间发生的正是这种情况，这也是"二战"后建立布雷顿森林体系的原因之一。该体系可被视为避免竞争性货币贬值而采取的协调政策的一个例子。

不过当今国际货币体系下的国际政策协调只是偶尔发生，并被限制在某一范围内。一个例子是1978年德国承诺为该体系做先驱(刺激经济、增加进口，从而刺激其他国家的经济)。然而，由于害怕引发国内通货膨胀，德国在取得成功前放弃了努力。一个较为成功的例子是1985年9月的广场协议，在该协议中，5国集团(美国、日本、德国、法国和英国)同意对外汇市场进行联合干预以使美元能够逐渐贬值，或"软着陆"，从而结束它过度升值的状况。一个成功但国际政策协调作用有限的例子是1987年2月的罗浮宫协议，该协议设定了美元与日元以及美元与马克的汇率。另一个成功但政策协调作用有限的例子是美国、日本和德国1986年发起的共同降低利率政策，以及针对1987年10月全球股票市场崩溃做出的快速联合反应。2001年9月11日美国遭受恐怖袭击之后以及2008—2009年世界经济衰退期间，也有一些联合反应。

　　然而,上面所列的政策协调都是偶然发生且范围有限。协调的进程自 1989 年起似乎也遭到了阻碍。例如,1991 年 12 月,德国将利率大幅提高到 1948 年以来的最高点,以消除重建原民主德国带来的通胀压力。而此时,美国和欧洲其他国家正处于或面临经济衰退,需要较低的利率。美国为了走出衰退实际上还降低了利率,这导致美元对马克的迅速贬值。欧盟的其他成员国则在欧洲货币体系的要求下被迫追随德国提高了利率从而能使其汇率保持在准许的 2.25% 的浮动幅度内,这些国家不得不放弃用来刺激其疲软的经济的宽松的货币政策。德国这次不考虑其他主要国家的要求而单独采取行动是对国际间金融协调与合作政策的当头一棒,并导致了汇率机制在 1992 年 9 月和 1993 年 8 月的严重危机(参见 20.4B 小节)。

　　在实现成功而有效的国际宏观经济政策协调之路上存在许多障碍。其中一个障碍是缺乏对国际货币体系的一致看法。例如,美联储认为货币的扩张会带来产量和就业的增加,而欧洲中央银行却认为这只会导致通货膨胀。另一个障碍是缺乏对所需要的混合性政策的精确认识。例如,对于扩张财政,不同的宏观经济计量模型会得出不同的结论。另外,如何在参与国间分配从成功的政策协调中获得的收益,以及如何分摊协作与协调成本也是一个问题。弗伦克尔、戈尔茨坦与梅森(Masson,1991)的实证研究报告指出:各国能从国际政策协调中得到 3/4 的好处而福利所得却增加不多。不过,这些实证研究可能并未计算出成功的国际政策协调所带来的全部利益(Salvatore,2013,2014)。

本章小结

　　1. 前面已对浮动汇率和固定汇率制度下的调节过程做过论述,本章则评价和比较了浮动汇率相对于固定汇率的优缺点以及具有浮动和固定两种制度特征的混合汇率的优缺点。

　　2. 支持浮动汇率的人声称浮动汇率更具有市场效率和政策优势。浮动汇率比固定汇率高效主要是因为:(1)它仅靠汇率的变动而非国内所有物价的变动来达到对国际收支进行调节的目的;(2)这样的调节是平稳的、连续的而非偶然的或剧烈的;(3)它清楚地区分了一国商品比较优势或比较劣势的程度。浮动汇率的政策优势在于:(1)使货币政策能自由地用于实现国内经济目标;(2)强化了货币政策的效应;(3)允许各国追求适合自身的通胀－失业抉择;(4)避免了政府利用汇率来实现某些本应采用其他政策实现的目标的风险;(5)消除了国家对外汇市场干预的成本。

　　3. 固定汇率的优势是能够减少市场的不确定性,因为人们相信这种体系可使投机趋于稳定并可减少通胀。然而,从理论和实践两方面看,至少就汇率产生的投机类型来说,浮动汇率并不比固定汇率差。此外,浮动汇率通常更为高效,它给了一国相当大的自由度去追寻自己的稳定的政策,但与固定汇率相比,浮动汇率更容易导致通胀、更缺乏稳定,因而适合面临巨大国内冲击的国家。浮动汇率似乎也会导致汇率的过度波动。尽管如此,决策者仍面临开放经济政策的三难困境。

　　4. 最佳货币区是指这样一组国家:这些国家的货币通过永久固定的汇率联系在一起。最佳货币区既有很重要的优点,但也给参与国带来了一些成本。欧洲货币体系(EMS)成立于 1979 年,它创造了欧洲货币单位(ECU),限制其成员国的汇率在中心汇价的上下 2.25% 的范围内波动。欧洲货币体系还建立了欧洲货币合作基金来为其成员国提供中短期国际收支的帮助。1989年6月,由欧洲委员会主席雅克·德洛尔领导的委员会推荐了一种三步走的方法来实现货币联盟的目的,内容是创造一种单一货币及在1997年或1999年成立欧洲中心银行(ECB)。1992年9月,英国和意大利脱离了这个汇率机制,汇率浮动范围扩大到上下15%。1999年1月1日,欧盟15个成员国中的11个国家成立了欧洲货币联盟,采用欧元作为统一货币,由欧洲中央银行负责欧元区的货币政策。截至2015年,欧盟19国都已采用欧元作为法定货币。

5. 货币发行局制下,一国汇率固定且其中央银行丧失对本国货币供给或执行独立的货币政策的能力,也不能作为最后贷款人。实行货币发行局制的国家的货币供给增加或减少仅与收支余额盈余或赤字相关。货币发行局制的主要优点是增加经济政策的可信度以及降低利率和通货膨胀率。美元化是指一国以他国货币作为本国法币(多数为美元)。美元化的优势和成本与货币发行局制相似,只不过因为美元化放弃了"退出选择权"而使其优势和缺点表现得更为明显。

6. 大多数汇率制度都只准许汇率在一个极小的范围内波动。可调整钉住汇率制度要求在国际收支失衡时定期调整汇率。该制度的缺点是有可能导致不稳定投机。这个缺点可通过应用爬行钉住汇率制度来解决。在该制度下,货币的票面价值可在频繁的确定的时间间隔调整一个很小的幅度。2014年4月,国际货币基金组织191个成员中有108个成员(56.6%)实行某种固定汇率制度,剩下的则实行某种浮动汇率制度。

7. 最近几十年间,世界各国经济间的相互依赖性日益增强,这使国际宏观经济政策协调变得更为不可或缺。当今国际货币体系下的国际政策协调只是偶然发生且范围有限。存在的障碍是缺乏对国际货币体系功能的共识,缺乏对所需要的混合性政策的精确认识,以及在如何分配协调的收益和成本上难以达成共识。实证研究表明,由协调合作带来的福利所得并不多。

关键术语

adjustable peg system	可调整钉住汇率制度
Bankins Union	银行业联盟
crawling peg system	爬行钉住汇率制度
currency board arrangements,CBAs	货币发行局制
dirty floating	肮脏浮动
dollarization	美元化
Euro(€)	欧元
European Central Bank,ECB	欧洲中央银行
European Currency Unit,ECU	欧洲货币单位
European Monetary Cooperation Fund,EMCF	欧洲货币合作基金
European Monetary Institute,EMI	欧洲货币机构
European Monetary System,EMS	欧洲货币体系
European Monetary Union,EMU	欧洲货币联盟
Exchange Rate Mechanism,ERM	汇率机制

freely floating exchange rate system　　　　　　自由浮动汇率制度
international macroeconomic policy coordination　国际宏观经济政策协调
leaning against the wind　　　　　　　　　　　逆风而上
Maastricht Treaty　　　　　　　　　　　　　　马斯特里赫特条约
managed floating exchange rate system　　　　　有管制的浮动汇率制度
optimum currency area or bloc　　　　　　　　最佳货币区或国家货币集团
Stability and Growth Pact,SGP　　　　　　　　稳定与增长公约
trilemma　　　　　　　　　　　　　　　　　　三难困境

复习题

1. 浮动汇率制度通常是如何调节国际收支不均衡的？固定汇率制度又是如何调节国际收支不均衡的？为什么说选择哪种汇率制度是非常重要的？

2. 相对于固定汇率制度来说,浮动汇率制度有哪两个主要优势？在这两个优势中各自包含哪些具体的好处？

3. 相对于浮动汇率制度来说,人们宣称的固定汇率制度的优点有哪些？浮动汇率制度的支持者是如何回应的？

4. 在理论和实际经验的基础上,指出关于选择浮动汇率还是固定汇率制度能得出什么样的总的推断。

5. 最佳货币区或国家货币集团指的是什么？

6. 最佳货币区的主要优缺点分别是什么？建立最佳货币区需要哪些条件？

7. 什么是欧洲货币体系？它建立以来是如何运作的？什么是欧洲货币联盟？什么是欧元？欧洲中央银行的作用是什么？

8. 什么是货币发行局制？什么是美元化？为什么一国会采取前者或后者？它们各自是如何运作的？它们各自的益处和成本是什么？

9. 在固定汇率制度下,增加汇率浮动的幅度会带来哪些效果？

10. 什么是可调整钉住汇率制度？相对于永久固定汇率制度来说,它的优缺点是什么？

11. 什么是爬行钉住汇率制度？它是如何克服可调整钉住汇率制度的缺点的？

12. 什么是有管制的浮动汇率制度？逆风而上的策略是如何运作的？相对于自由浮动汇率制度和固定汇率制度,有管制的浮动汇率制度有哪些优点？

13. 什么是肮脏浮动？现今的有管制的浮动汇率制度运作得如何？

14. 什么是国际宏观经济政策协调？它在当今世界为什么是必要的？它是如何运作的？

15. 更大范围的宏观经济政策协调的潜在益处有多大？在可预见的未来,主要工业国家采取更大范围的宏观经济政策协调的可能性如何？

练习题

*1. 假设某种商品在美国的标价是 3.50 美元,在欧盟的标价是 4 欧元,两种货币之间的实际汇率是 $R = \$1/€1$,而均衡汇率是 $R' = \$0.75/€1$。

（1）美国将进口还是出口这种商品？

(2) 美国对于这种商品具有比较优势吗？

*2. 为什么在固定汇率制度下且国际资本流动具有完全弹性时，货币政策无效？

3. 画一张类似图 20.1 的图,说明在给定一国外汇供给曲线的移动的情况下,当外汇需求弹性增加时,汇率波动会减少。

4. 画一张类似图 20.2 的图,在没有长期波动趋势的情况下,分别给出不存在投机、存在稳定投机、存在不稳定投机三种情况时,汇率在商业周期内的波动。

5. 其他要求同第 4 题,但设定美元存在升值趋势。

*6. 解释最佳货币区与固定汇率制度的区别。

7. 试解释:(1)为什么当欧盟各国存在单一货币和中央银行时,其成员国便不再拥有独立的货币政策;(2)为什么在欧盟成员国间不存在类似汇率的因素。

8. 指出欧盟国家建立单一货币可能产生的收益和成本。

9. 指出以下三者的区别:

(1) 固定汇率制度

(2) 货币发行局制

(3) 美元化

10. 以 $R = \$2/€1$ 的汇率为起点,画图表示在爬行钉住汇率制度下,一国货币连续 3 个月在月末升值 1% 的汇率变化情况。这里的汇率浮动幅度为票面价值上下 1%。

11. 从图 20.2 中表明不存在投机情况下汇率波动的曲线 A 上的实线开始,画图表示在可消除一半汇率波动的政策下,汇率的变动情况(假设是在有管制的浮动汇率制度下,并且不存在投机)。

12. 浮动汇率制度可将一国的经济与国际的动荡隔离开,因而不需要国际政策协调。这种说法是对还是错? 请给出理由。

13. 解释如何应用博弈论研究国际宏观经济政策的协调。

带 * 号练习题的答案

14. 解释为什么没有国际政策协调时,各国可以实施扩张性的财政政策和紧缩性的货币政策,而存在协调时情况则相反,即可实施紧缩性的财政政策和扩张性的货币政策。

15.(1)总结过去 20 年间主要工业国实行国际宏观经济政策协调的情况。

(2)考虑到当今世界主要工业国实行国际宏观经济政策协调的可能性,你能得出什么结论?

附录

A20.1   汇率安排

本附录介绍了 2014 年 4 月 30 日国际货币基金组织 188 个成员国及成员国的 3 个境外地区的汇率安排情况。表 20.6 列出了这些安排。如表所示,当今的货币制度给各国以极大的自由来选择最适合本国的汇率制度。因此有人说现在的制度就是没有制度。一国也可以在不损害贸易伙伴和世界经济的前提下改变自己的汇率制度。

问题   1999 年 1 月 1 日欧盟成员国是如何安排其汇率的?

表 20.6　事实上的汇率安排与货币政策框架（2014 年 4 月 30 日）

汇率安排（国家/地区）	货币政策框架						
	汇率方式				货币政策目标	通胀目标框架	其他
	美元	欧元	货币组合	其他			
没有独立法定货币	厄瓜多尔	科索沃		基里巴斯			
	萨尔瓦多	黑山		图瓦卢			
	马绍尔群岛	圣马力诺					
	密克罗尼西亚						
	帕劳群岛联邦						
	巴拿马						
	东帝汶						
	津巴布韦						
货币发行局制	吉布提	波斯尼亚和黑塞哥维那		文莱			
		立陶宛					
	中国香港特别行政区	保加利亚					
	ECCU						
	安提瓜和巴布达						
	多米尼加						
	格林纳达						
	圣基茨和尼维斯						
	圣卢西亚						
	圣文森特和格林纳达						

续表

汇率安排（国家/地区）	汇率方式				货币政策框架		
	美元	欧元	货币组合	其他	货币政策目标	通胀目标框架	其他
传统的钉住制	阿鲁巴 巴哈马 巴林 巴巴多斯 伯利兹 荷属安的列斯群岛 厄立特里亚 约旦 阿曼 卡塔尔 沙特阿拉伯 南苏丹 土库曼斯坦 阿拉伯联合酋长国 委内瑞拉	佛得角 科摩罗 丹麦 圣多美和普林西比 WAEMU 贝宁 布基纳法索 科特迪瓦 几内亚比绍 马里 尼日尔	斐济 科威特 利比亚 摩洛哥 萨摩亚	不丹 莱索托 纳米比亚 尼泊尔 斯威士兰			所罗门群岛
稳定化安排	圭亚那 伊拉克 哈萨克斯坦 黎巴嫩 马尔代夫 苏里南 特立尼达和多巴哥	马其顿	新加坡 越南		孟加拉国 布隆迪 刚果民主共和国 几内亚 斯里兰卡 塔吉克斯坦 也门		安哥拉 阿塞拜疆 玻利维亚 埃及
爬行钉住	尼加拉瓜		博茨瓦纳				
类似爬行钉住	洪都拉斯 牙买加	克罗地亚			中国 埃塞俄比亚 乌兹别克斯坦	亚美尼亚 多米尼加共和国 危地马拉	阿根廷 白俄罗斯 海地 老挝 瑞士 突尼斯

续表

汇率安排(国家/地区)	货币政策框架						
	汇率方式				货币政策目标		
	美元	欧元	货币组合	其他	货币政策目标	通胀目标框架	其他
平行带内钉住汇率							
其他有管制的浮动	柬埔寨 利比亚		阿尔及利亚 伊朗 叙利亚	汤加	冈比亚 缅甸 尼日利亚 卢旺达	捷克共和国	哥斯达黎加 吉尔吉斯斯坦 马来西亚 毛里塔尼亚 巴基斯坦 俄罗斯 苏丹 瓦努阿图
浮动					阿富汗 肯尼亚 马达加斯加 马拉维 莫桑比克 巴布亚新几内亚 塞舌尔 塞拉利昂 坦桑尼亚 乌克兰 乌拉圭	阿尔巴尼亚 巴西 哥伦比亚 格鲁吉亚 加纳 匈牙利 冰岛 印度尼西亚 以色列 韩国 摩尔多瓦 新西兰 秘鲁 菲律宾 罗马尼亚 塞尔维亚 南非 泰国 土耳其 乌干达	印度 毛里求斯 蒙古 赞比亚

续表

汇率安排 (国家/地区)	货币政策框架					
	汇率方式				货币政策目标	
	美元	欧元	货币组合	其他	通胀目标框架	其他
完全浮动					澳大利亚	索马里
					加拿大	美国
					智利	EMU
					日本	奥地利
					墨西哥	比利时
					挪威	塞浦路斯
					波兰	爱沙尼亚
					瑞典	芬兰
					英国	法国
						德国
						希腊
						爱尔兰
						意大利
						拉脱维亚
						卢森堡
						马耳他
						荷兰
						葡萄牙
						斯洛伐克
						斯洛文尼亚
						西班牙

资料来源：IMF, *Exchange Arrangements and Exchange Restrictions 2014* (Washington, D. C.: IMF, 2014), pp. 5-8.

第21章

国际货币体系：过去、现在与未来

学习目的

学习完本章后，你应当能够：

- 理解金本位制是如何运作的
- 描述战后布雷顿森林体系是如何运作的及其崩溃的原因
- 了解当前国际货币体系是如何运作的
- 识别当今世界面临的主要国际经济问题

21.1 引言

本章我们将考察国际货币体系从金本位制时期直至现在的运作情况。此前我们曾将由此得出的经验教训作为考察国际收支调节的各类机制的例证。我们现在把它们结合到一起，用来评价1880年至今各种国际货币体系下实际发生的国际收支调整过程，或者更广泛地说，开放经济的宏观经济政策及其效果。尽管我们是按照历史发展顺序叙述的，但对各种国际货币体系运作的评价是根据第16章到第20章所建立的分析结构进行的。

国际货币体系（international monetary system）（有时称为国际货币秩序或国际货币领域）是指影响国际收支的各种规则、习惯、工具、设施和组织。国际货币体系可以根据汇率的决定方式或国际储备资产采用的形式进行分类。如果按汇率决定方式分，有：只能围绕平价窄幅波动的固定汇率制度、较大浮动范围的固定汇率制度、可调整钉住汇率制度、爬行钉住汇率制度、有管制的浮动汇率制度以及完全浮动汇率制度。按国际储备的形式分，有：金本位制（黄金是唯一的国际储备资产）、纯信用货币本位制（如纯美元或与黄金没有任何联系的汇率标准）以及金汇兑本位制（以上两者的结合）。

以上两种分类方法可以通过多种方式进行组合。例如，金本位制是一种固定汇率制度，但是也存在与黄金没有任何联系的固定汇率制度，其国际储备由某些国家的货币组成，如不再以黄金作为后备的美元。同样，可以有可调整钉住汇率制度或有管制的浮动汇率制度，它们都以黄金加外汇或单纯以外汇作为其国际储备。在完全浮动汇率制度下,理论上当然不再需要国际储备,因为国际收支失衡时,汇率会立即自动进行纠正。正如本章所描述的,在我们分析的整个时期中,这些可能出现的国际货币体系中的大多数都曾经在某段时间在某些国家实行过。

一个好的国际货币体系应当使国际贸易和投资的总量最大化,并将国际贸易的收益在世界各国间进行"公平的"分配。评价一种国际货币体系,可以从调整、流动性和可靠性三个方面进行。**调节**(adjustment)是指纠正国际收支失衡的过程。一个好的国际货币体系应该使调节成本最低、所需时间最短。**流动性**(liquidity)是指可以用来应付国际收支暂时失衡问题的储备资产的数量。好的国际货币体系应提供足够的储备资产,以使一国可以弥补其国际收支赤字而不会使本国经济紧缩或使世界经济通胀。**可靠性**(confidence)则是指调节机制具有正常运行的自动机制,能够保持国际储备的绝对价值和相对价值。

21.2 节将考察金本位制在 1880—1914 年的运作情况以及在"一战"和"二战"之间的经验。金本位制是一种以黄金作为唯一国际储备的固定汇率制度。在两次世界大战之间,最初曾实行浮动汇率制度,而后又试图重新建立金本位制,这一努力最终以失败告终。21.3 节至21.5 节将考察布雷顿森林体系的建立、运作和崩溃。这是一种固定汇率或可调整钉住黄金—外汇的汇率制度,它从"二战"结束起一直实行到 1971 年 8 月。从那时起至 1973 年 3 月,通行的是一种可调整钉住美元的汇率制度。21.6 节将考察目前实行的有管制的浮动汇率制度的运作及其面临的问题。最后,附录中将给出 1950—2014 年国际储备的组成与数值。

21.2　金本位制和两次世界大战之间的经验

本节先考察 1880 年到"一战"爆发的 1914 年金本位制的运作情况;然后考察两次世界大战之间的 1919—1924 年的浮动汇率制度,及此后所进行的重建金本位制的尝试(这次尝试由于 1931 年大萧条的深化而失败)。

21.2A　金本位制时期(1880—1914 年)

金本位制大约实行于 1880—1914 年。如 16.6A 小节所述,在金本位制下,每个国家确定其本国货币的含金量,并被动地准备随时按照这一价格买卖任何数量的黄金。因为每种货币的单位含金量是固定的,所以汇率也是固定的。这称为铸币平价。汇率将围绕平价(在黄金输入点和输出点之间)上下波动,波动幅度为单位外汇所含黄金在两个货币中心之间的运输成本。

汇率在黄金输入点和输出点之间的具体数值由外汇供求决定。由于黄金可以自由运输,因此汇率不可能变动到黄金输入点和输出点之外。也就是说,当一国货币倾向于贬值而越过黄金输出点时,黄金外流将阻止这一趋势。黄金流出表示该国产生了国际收支赤字(逆差)。相反,一国货币倾向于升值而要超过黄金输入点时,黄金流入将阻止其继续升值。黄金输入代表该国的国际收支盈余(顺差)。因为国际收支赤字总是用黄金解决,而一国的黄金储备是有限的,所以必须迅速纠正赤字,使其不再扩大。

金本位制下的汇率调节机制被休莫(Hume)称为"价格—黄金流动机制"(参见 16.6B 小节)。它的作用过程是这样的:由于每个国家的货币供给既包括黄金也包括以黄金作为发行后备的纸币,所以逆差国的货币供给将会减少,而顺差国的货币供给将增加。这将引起逆差国的内部价格下降而顺差国的内部价格上升(根据货币数量论)。结果,逆差国的出口受到刺激、进口受到抑制，直至其国际收支逆差消失。相反的情况则发生于国际收支顺差国。

要使一国的货币供给出于国际收支的考虑而被动地变动，就意味着该国不能运用货币政策来达到无通胀的完全就业状态。但古典经济学家认为这不会造成任何问题，因为他们坚信经济系统本身会自动趋于无通胀的完全就业。

为使上述调节过程能够发挥作用，政府被假定为不过问（即中立于）国际收支盈亏状况的影响。但相反的是，金本位制的"游戏规则"要求逆差国紧缩信用而顺差国扩张信用以加速调节进程。然而，纳克斯（Nurkse）与布卢姆菲尔德（Bloomfield）发现，在金本位制时期，货币政策的制定者们经常不遵守游戏规则，结果使国际收支失衡对一国货币供给的影响虽不是全部，但部分失效了。麦考利（Michaely）争辩说，为了使调节过程更稳健，以避免逆差国货币供给的过度减少和顺差国货币供给的过度增加，这是不可避免的。

上面讨论了金本位制下调节机制应当如何运作。实际上，20 世纪 20 年代陶西格（Taussig）和他在哈佛大学的一些学生发现，虽然没有或很少有黄金在国际间的转移，调节过程仍可能是迅速而平滑的。陶西格认为，纠正国际收支失衡的主要是国际资本流动而不是黄金的运输（如上所述）。也就是说，当英国国际收支逆差时，其货币供给减少，利率上升，这会吸引短期资本流入以弥补逆差。

英国为了进一步刺激资本的流入，甚至故意提高其贴现率（或称银行折现率），这使利率进一步升高并促使资本更多地流入。此外，由国际收支逆差导致英国货币供给减少所产生的影响，使其国内经济活动减少的作用超过了价格下降的作用，这会抑制进口（正如第 17 章讨论的自动收入调节机制所述）。相反的过程则可以调节英国的国际收支顺差。

金本位制下的调节机制大多数并不是由于"价格—黄金流动机制"在起作用，不仅如此，实际上，即使调节过程迅速而平稳，也不过是因为金本位制时期的特殊环境。这一时期世界上绝大多数国家正处于经济大扩张阶段，经济状况相对稳定。英镑是当时唯一重要的国际货币，而伦敦是当时唯一的国际货币中心。因此，根本不必担心英镑的可兑换性，也不必担心其他金融中心的竞争。当时价格的灵活性要比现在强，各国的内部均衡服从外部均衡。在这种情况下，任何国际货币体系都有可能运作良好。

如今要重新建立金本位制却不能同时重塑与"一战"前约 30 年间保证该体制顺利运行类似的经济条件，显然必然导致重建努力的失败。尽管如此，怀旧者仍然经常提起金本位制时期并称之为"美好的旧时光"，这种情况直至现在依然在某种程度上存在。但是，在可预见的未来，金本位制或与其类似的其他体制仍不太可能被重新建立。

21.2B 两次世界大战之间的经验

随着"一战"的爆发，古典的金本位制结束了。1919—1924 年，汇率疯狂地变动，引起了人们对于重返金本位制下稳定状态的渴望。1925 年 4 月，英国按战前价格重新恢复了英镑对黄金的可兑换性，并解除了战争爆发后实行的黄金禁运措施。其他国家也跟随英国相继重返金本位制（美国已于 1919 年重返金本位制）。但是这一新的体系与其说是纯粹的金本位制，还不如说是金汇兑本位制，因为黄金及可以兑换为黄金的纸币（大部分是英镑，也有美元和法国法郎）均可以作为国际储备。这节省了黄金，相对于战前价格和战争导致的明显升高的其他商品价格，黄金在国际贸易总值中的比重已经大为减少。

然而，由于英国已经在很大程度上失去了竞争能力（特别是相对于美国），并且其国外投资的很大一部分已用于支付战争费用，英镑在重新建立战前的平价水平时被高估了很多（参见

15.2节卡塞尔的购买力平价理论)。这给英国带来了国际收支逆差,当它要消化这些赤字时又发生了经济紧缩。同时,由于法国把法郎的汇率稳定在一个相对贬值的水平上,法国在1926年产生了大量的国际收支盈余。

法国认为寻求巴黎的国际货币中心地位是自己的权利,于1928年通过一项法律,要求其国际收支盈余以黄金形式存在,而不是以英镑或其他货币形式存在。这对于英国本已捉襟见肘的黄金储备是一个沉重的打击,并导致短期资本从伦敦大量流向巴黎和纽约。当法国再次寻求将以往所积累的英镑储备兑换成黄金时,英国被迫于1931年9月停止用英镑兑换黄金,并宣布英镑贬值,从而宣告了金汇兑本位制的终结(美国实际上也于1933年结束了金本位制)。

法国决定将其英镑储备兑换为黄金是金汇兑本位制崩溃的直接原因,但金汇兑本位制崩溃更根本的原因是:(1)当面对严重失准的固定汇率平价时,各国政府缺乏足够的调节机制以消除国际收支失衡对货币供给造成的影响;(2)在伦敦以及新兴的国际货币中心纽约和巴黎之间巨大的资本流动所造成的不稳定;(3)大萧条的爆发(当时的国际货币体系正好成了它的牺牲品)。实际上,任何一种国际货币体系在当时世界范围的极度大萧条中都可能会崩溃。

接下来的1931—1936年是一段极不稳定、充满了贬值竞争的时期,各国都竭力试图"出口"其失业。1933—1934年美国甚至将美元贬值(将1盎司黄金的美元价格从20.67美元提高到35美元)以刺激其出口,尽管美国当时正处于国际收支盈余状态。不用说,这是一个严重的政策错误。只有实行扩张国内经济的政策,才能刺激美国经济并消除或减少其国际收支盈余。到1936年,主要货币间的汇率几乎与开始周期性竞相贬值的1930年相同,唯一的影响是黄金储备的价值升高了。而各国大部分的外汇储备由于担心贬值,都被兑换成黄金而不存在了。

这一时期也充斥着严重的贸易壁垒以及严格的进口限制,使国际贸易几乎减少了一半。例如,1930年美国通过了《斯穆特—霍利关税法》,它使美国的进口税提高到了历史最高水平(参见9.6A小节)。到1939年,大萧条让位于完全就业状态和战争。

根据纳克斯的观点,两次世界大战之间的经验特征清楚地显现为:不稳定的投机的流行和浮动汇率的不稳定性。这一经验对于盟国在"二战"结束时建立的国际货币体系产生了很大影响,这种体系具有浮动性但同时非常强调国际汇率的稳定(这将在下一节讨论)。稍后,两次世界大战之间的经验又被重新解释为:1919—1924年汇率的疯狂波动是"一战"时就已经形成且被严重压抑的不平衡的释放,而且战后重建时期的不稳定性使固定汇率制度不可能在这一时期继续生存。

21.3 布雷顿森林体系

本节我们将介绍布雷顿森林体系和国际货币基金组织(该组织的创立是为了监督新货币体系的运行,并为遇到暂时性国际收支困难的国家提供信用)。

21.3A 金汇兑本位制(1947—1971年)

1944年,美国、英国和其他42个国家的代表会集在美国新罕布什尔州的布雷顿森林,决定战后应建立什么样的国际货币体系。在布雷顿森林所产生的新体系导致了**国际货币基金组**

织（**International Monetary Fund，IMF**）的成立。该组织的目的是：（1）监督各国遵循有关国际贸易和金融的一系列行为准则；（2）为面临暂时性国际收支困难的国家提供信贷援助。

新的国际货币体系主要采纳了美国代表团中来自财政部的哈里·怀特（Harry D. White）提出的方案，而非英国代表团团长约翰·梅纳德·凯恩斯（John Maynard Keynes）提出的方案。凯恩斯要求成立一个"国际清算联盟"，在被称为"班克"（bancor）的新的记账单位的基础上进行国际清算，就像各国中央银行（如美国的联邦储备银行）在国内创造货币一样。国际货币基金组织于 1947 年 3 月 1 日正式成立，当时有 30 个成员。随着在 20 世纪 90 年代接纳了苏联和其他国家后，国际货币基金组织 2014 年年初时的成员已达 191 个。只有很少一些国家，如古巴和朝鲜，不是其成员。

布雷顿森林体系（**Bretton Woods System**）是一种金汇兑本位制。美国有义务保持黄金价格为每盎司 35 美元，并承诺在任何时候满足按此价格将美元兑换为黄金的要求，而没有任何限制或限量。其他国家则将固定各自货币的美元价格（即黄金价格），并干预外汇市场以使汇率的波动幅度保持在汇率平价上下 1% 的限度内。在容许的浮动限度内，汇率由供求决定。

特别是，一国在必要时必须用美元储备购买本国货币以阻止其贬值幅度超过协定汇率的 1%，或者必须用本国货币购买美元（增加国际储备）以阻止本币升值幅度超过协定汇率的 1%。直到 20 世纪 50 年代末 60 年代初，其他国家的货币可以完全自由地兑换为美元时，美元一直是唯一的**干预货币**（**intervention currency**），所以这一新体系实际上是黄金—美元本位制。

各国为解决各自暂时的国际收支逆差，除动用国际储备外还可以通过国际货币基金组织（IMF）进行融资。只有在国际收支处于**根本性失衡**（**fundamental disequilibrium**）的情况下，一国在经国际货币基金组织批准后才可以改变其本币的汇率平价。国际收支的根本性失衡没有明确的定义，而是泛指那些大额的、长期的国际收支逆差或顺差。汇率的改变如果低于 10%，则可以不经过国际货币基金组织的批准。因此，布雷顿森林体系具有可调整钉住汇率制度的特点。至少，它的最初设想是在总体汇率稳定的基础上结合某种程度的弹性。它对于固定性的强调可以理解为各国强烈希望避免再度出现两次世界大战之间国际贸易和国际金融的混乱情况。

经过战后的一段过渡时期，各国允许各自的货币自由兑换为美元和其他货币。这些国家被禁止实行新的贸易限制条款，否则**货币自由兑换**（**currency convertibility**）将没有任何意义。而现存的限制也将在关贸总协定（GATT）的领导下通过多边谈判逐步取消（参见 9.6B 小节）。但是仍然允许各国限制国际清算资本的流动，以避免各国货币遭受大量国际间不稳定的流动货币（"热钱"）的冲击。

从国际货币基金组织的借款用于偿付暂时性的国际收支赤字，并且必须在 3～5 年内偿还，以免长期占用其资源。对各国的长期发展援助则是由**国际复兴与开发银行**（**International Bank for Reconstruction and Development，IBRD**）或称**世界银行**（**World Bank**）及其附属机构**国际开发协会**（**International Development Association**，成立于 1960 年，其业务为以优惠利率向贫困的发展中国家提供贷款）和**国际金融公司**（**International Finance Corporation**，成立于 1956 年，其业务为推动利用发展中国家本国和外部的资本投资于发展中国家的私营企业）提供的。2015 年，在中国的领导下，金砖国家（巴西、俄罗斯、印度、中国和南非，参见案例研究 7.3）连同一些发达国家和很多发展中国家，建立了总部位于北京的**亚洲基础设施投资银行**（**Asian Infrastructure Investment Bank，AIIB**），简称亚投行。亚投行的初始认缴资本为 500 亿美元，初始法定股本为 1 000 亿美元,宗旨是为亚洲域内的基础设施项目(交通、电信和能源项目)融资。

国际货币基金组织同时还收集和发布有关其成员国国际收支、国际贸易和其他方面的经济数据。如今,国际货币基金组织出版的期刊有:《国际金融统计》(*International Financial Statistics*)和《贸易统计指南》(*Direction of Trade Statistics*),它们是提供有关其成员国的国际收支、国际贸易和其他经济指标统计计量的可比时间序列数据的最具权威性的出版物。

21.3B 从国际货币基金组织借款

每一个国家加入国际货币基金组织的时候,都会按本国经济的重要程度和国际贸易的数额分配到一定的配额。各国配额的大小决定了它们的投票权和从国际货币基金组织借款的额度。1944 年国际货币基金组织成立时,其总配额为 88 亿美元。作为最强大的国家,美国当时的配额是最高的,为 31%。每过 5 年,要重定一次各国的配额,以反映各成员国间经济重要性和国际贸易额的相对变化。2014 年年底,随着成员国数量和配额的周期性增长,国际货币基金组织已分配的总配额达到 2 381 亿特别提款权(SDRs),相当于 3 667 亿美元。美国的配额减少到总额的 16.75%,日本和德国的配额分别为 6.23% 和 5.81%,法国和英国的配额为 4.29%。中国占全球经济的 15.4%,配额为 3.81%。

一个国家加入国际货币基金组织时,必须向其支付约定的配额,其中 25% 用黄金,其余的 75% 用本国货币。贷款时,该国可得到由国际货币基金组织担保的可兑换货币,同时要将等值(或更多)的本国货币存入国际货币基金组织。但国际货币基金组织所持有的该国货币不得超过该国配额的 200%。

根据国际货币基金组织最初的条款,一个成员国一年内的借款不得超过其配额的 25%,每 5 年内的借款总额不得超过其配额的 125%。该贷款不超过其配额的 25%,即所谓的**黄金份额**(gold tranche)时,可以自动获得,不受任何限制或附加条件的约束。当该国随后几年的借款额超过这一数目,即**信用份额**(credit tranches)时,国际货币基金组织就要收取越来越高的利息,并进行越来越严格的监督,附加越来越多的条件,以确保该逆差国正在采取正确的措施消除其赤字。

借款必须在 3~5 年内还清,即成员国用国际货币基金组织认可的其他可兑换货币换回本国货币,直至国际货币基金组织所持有的该国货币恢复为该成员国配额的 75%。如果国际货币基金组织持有的某成员国货币的数量小于其发行国配额的 75%,则也允许该成员国用这种货币偿付贷款。如果成员国甲在还清其贷款前,另一成员国乙要求从国际货币基金组织借入甲国的货币,则当国际货币基金组织持有的甲货币恰为甲配额的 75% 时,就认为甲国已经还清了贷款。

如果国际货币基金组织持有的一国货币低于该国配额的 75%,则该国可以借入其差额部分而不必日后偿付。这部分额度被称为**超黄金份额**(super gold tranche)。当国际货币基金组织所持有的某种货币的储备已经全部用完时,国际货币基金组织就宣布这种货币为"短缺"的,并允许各成员国在国际贸易中歧视该"短缺"货币发行国。这是因为国际货币基金组织认为各成员国在赤字和盈余的情况下都有进行国际收支调节的连带责任。然而,国际货币基金组织成立至今,尚未真正行使过该条款。

一国的黄金份额加上超黄金份额(如果有的话),再减去借款额(如果有的话),被称为该国的**国际货币基金组织净头寸**(net IMF position)。换言之,该国的国际货币基金组织净头寸等于其配额减去国际货币基金组织持有的该国货币。一国加入国际货币基金组织时所支付的黄金储备数量称为其在国际货币基金组织的储备头寸。该数值加上该国的其他国际黄金储备、特别提款权（SDRs）和其他可兑换货币，就是该国的国际储备总额（参见 13.3 节）。

21.4 布雷顿森林体系的运作及其发展过程

本节将考察布雷顿森林体系 1947—1971 年的运作情况，另外还将考察 1944 年达成蓝图后，对于不断变化的环境，该体系是如何应对的。

21.4A 布雷顿森林体系的运作

尽管布雷顿森林体系设想并允许当国际收支出现根本性失衡时变动汇率平价，但实际上，各工业国均不愿意改变自己的汇率平价，除非出现了动荡的投机现象才会勉强调节，但此时采取措施为时已晚。逆差国认为货币贬值是国家衰弱的表现。顺差国也抵制货币升值而宁愿看到本国国际储备继续增长。因此，1950 年到 1971 年 8 月，英镑仅在 1967 年贬值过一次，法国也只在 1957 年和 1969 年贬值过法郎，联邦德国仅有的两次币值调整是 1961 年和 1969 年，而美国、意大利和日本则从未改变过汇率平价。与此同时，加拿大（违反了国际货币基金组织的规定）在 1950—1962 年间不断变动其汇率，并于 1970 年重新确定了汇率平价水平。而发展中国家的货币贬值则过于频繁。

工业国在出现国际收支失衡时不愿实施改变汇率平价的政策，这产生了两个严重后果。第一，这使布雷顿森林体系丧失了其大部分灵活性及对收支失衡的调节作用。21.5 节将说明这是布雷顿森林体系于 1971 年 8 月崩溃的主要原因。第二，也与第一点相关，工业国在国际收支根本性失衡时拒绝调整汇率平价，导致了巨额的、用于单向投机套利的国际资本的流动，这进一步加剧了国际货币制度的不稳定性。

以英国为例，它在战后大部分年份都存在经常性国际收支逆差，对英镑贬值的预期使大量短期资本不断流出英国。实际上，这些预期自我验证了，英国（在采取一系列紧缩措施以避免贬值之后）被迫于 1967 年宣布英镑贬值。而对于联邦德国等有长期国际收支顺差的国家，因为人们预期马克将升值，不断有巨额资本流入。这使德国马克 1961 年和 1969 年不可避免地升值。

"二战"后很快恢复了美元兑换黄金。事实上主要欧洲货币 1958 年已经在短期账户上实现了可兑换，到 1961 年则正式得到立法确认。1964 年，日元正式实现对美元和其他货币的可兑换。正如 21.3A 小节中指出的，国际货币基金组织允许各国限制资本项目的流动，以免受国际资本频繁流动所造成的损害。但是，尽管有这些保护措施，战后不稳定的巨额资本流动越来越频繁、越来越具有破坏性，最终导致了布雷顿森林体系于 1971 年 8 月的崩溃。这些巨额破坏性游资在 20 世纪 60 年代的国际流动，恰恰是欧洲货币市场建立和迅速发展的主要原因（参见 14.7 节）。

在《1962 年贸易扩大法》和关贸总协定（参见 9.6C 小节）的支持下，美国发起并参与了世界范围内的多边贸易谈判（肯尼迪回合），将工业制成品的平均关税降至 10% 以下。然而，很多非关税贸易壁垒依然存在，特别是农业和对发展中国家至关重要的简单加工产品（如纺织品）的非关税贸易壁垒依然存在。这一时期，也曾有过几次经济一体化的尝试。其中最成功的就是最初称为欧洲共同市场的欧盟（European Union）（参见 10.6A 小节）。

21.4B　布雷顿森林体系的发展进程

多年来,为了应对不断变化的环境,布雷顿森林体系在几个重要的方面都有所发展(直到1971年)。1962年,国际货币基金组织通过谈判达成了**贷款安排总协定**(General Arrangements to Borrow, GAB),使国际货币基金组织可以从所谓的十国集团,即最重要的10个工业国(美国、英国、联邦德国、日本、法国、意大利、加拿大、荷兰、比利时和瑞典)及瑞士借款最多达60亿美元,用于帮助那些面临国际收支困难的国家补充其储备的不足。这60亿美元的总额超过了国际货币基金组织成立时的协定条款预定的增长额度。贷款安排总协定在随后的时间里被不断更新和扩展。

20世纪60年代早期起,国际货币基金组织成员国开始谈判签订**备用协议**(standby arrangements)。这意味着该国可以事先从国际货币基金组织获得未来借款的允诺。签订备用协议后,该国就要向国际货币基金组织支付协议贷款额度的0.25%作为手续费。日后一旦需要,可以立即从国际货币基金组织获得这一追加额度的贷款,年息为5.5%,按实际贷款额计算。成员国签订这类备用条款是为了建立应对预期不稳定的热钱流动冲击的第一道防线。经过一系列的配额增加,国际货币基金组织的总资源在1971年达到了285亿美元(其中67亿美元,即约23.5%是美国的配额)。到1971年年底,国际货币基金组织的累计贷款额达到220亿美元(大部分是1956年以后的),其中有约40亿美元还未收回。国际货币基金组织还修订了条款,允许成员国在任一年内的贷款额可以达到各自配额的50%(原为25%)。

各国的中央银行也开始就所谓的**互惠信贷安排**(swap arrangements)进行谈判,通过彼此交换货币以干预外汇市场来与热钱的流动抗衡。一国央行面对大量的资本流出时,可以卖出该种外汇的远期合约,以求增加该外汇的贴水或减少其升水,达到阻止热钱频繁流动的目的(参见14.3节至14.6节)。互惠信贷安排的签订针对某一段具体时间,且事先商定汇率。到期时,双方可以通过反向交易进行结算,也可以续签到下一段时间。20世纪60年代美国和欧洲国家曾签订过很多这类互惠信贷安排。

1947—1971年布雷顿森林体系引起的最大变化就是创造了**特别提款权**(Special Drawing Rights, SDRs),用来补充国际黄金储备、外汇和国际货币基金组织储备头寸的不足。特别提款权是国际货币基金组织会计账目上的项目,所以有时也称为纸黄金。它完全是由国际货币基金组织创造的国际储备,并不以黄金或其他任何货币作为后备。它之所以有价值是因为成员国一致承认其价值。特别提款权只能用于各中央银行之间清算国际收支的赤字或盈余,而不能用于私人商业结算。当一国持有的特别提款权少于或超过分配给该国的配额时,差额部分的利息是1.5%(以后提高到5%,目前随市场利率变动)。这样做是为了迫使逆差国和顺差国都采取措施改变收支失衡的状态。

1967年国际货币基金组织在里约热内卢召开会议,与会各国一致同意创立总额为95亿美元的特别提款权,并按各成员国在国际货币基金组织的份额进行分配,整个过程于1970年1月、1971年1月和1972年1月分三步进行。随后又在1979—1981年进行了一次特别提款权的分配(参见21.6A小节)。1单位特别提款权的价值最初等于1美元,但以后由于美元1971年和1972年的贬值而超过1美元。从1974年起,1单位特别提款权的价值开始与一揽子货币挂钩,详见21.6A小节。

1961年,在美国的领导下,一些工业国开始实施一项被称为"黄金总库"的计划,在伦敦市场上卖出官方持有的黄金以维持金价不高于每盎司35美元的官价。但是,由于1968年的黄金危机，建立了双价黄金市场，该计划无法继续下去。在双价黄金市场体系下，各国央行间的官方交易金价仍维持在每盎司 35 美元，而黄金的市场价格则由供求决定，可以高于官方价格。采取上述步骤是为了防止美国官方黄金储备的枯竭。

国际货币基金组织成员国逐渐扩大到世界上绝大多数国家。尽管布雷顿森林体系具有不少缺陷，但战后直到 1971 年仍然是世界生产总值和国际贸易总额迅速增长的时期。总的来说，布雷顿森林体系对整个世界的发展做出了巨大贡献，特别是 20 世纪 60 年代中期以前（参见案例研究 21.1）。

案例研究 21.1

各种汇率制度下宏观经济的表现

表 21.1 给出了美国和英国在两次世界大战之间、金本位制下以及"二战"后分别实行固定汇率制度和浮动汇率制度时，各项宏观经济运行指标的数据。从表中可以看出，美国和英国人均收入的增长速度在"二战"后明显比在金本位制下快。与此同时，"二战"后的通货膨胀率较高而失业率较低（英国 1973—2014 年除外）。因此，除了较低的通货膨胀率外，在金本位制下两国宏观经济的表现与"二战"后相比是较差的。而在两次世界大战之间，由于受到大萧条的影响，宏观经济状况比其他两个时期都差。唯一的例外是，美国在两次世界大战之间（尽管受到大萧条的影响）的人均收入增长速度超过了其在金本位制下的增长速度。需要注意的是，在比较战前和战后的数据时必须考虑到，战前的各项数据不如战后精确，而且（更为重要的是）在这两个时期，影响经济增长的其他很多因素也存在差异。

表 21.1 1870—2014 年美国、英国宏观经济在不同汇率制度下的表现			%
	人均收入的年均增长速度	通货膨胀率	失业率
金本位时期：			
英国（1870—1913 年）	1.0	—0.7	4.3[a]
美国（1879—1913 年）	1.4	0.1	6.8[b]
两次世界大战期间：			
英国（1919—1938 年）	0.6	—4.6	13.3
美国（1919—1940 年）	1.6	—2.5	11.3
战后：固定汇率制度时期			
英国（1946—1972 年）	1.7	3.5	1.9
美国（1946—1972 年）	2.2	1.4	4.6
战后：浮动汇率制度时期			
英国（1973—2014 年）	2.0	5.9	7.5
美国（1973—2014 年）	2.8	4.2	6.5

[a]1888—1913 年；[b]1890—1913 年。

资料来源：M. D. Bordo，"the Classic Gold Standard：Some Lessons for Today，" in *Readings in International Finance* (Chicago：Federal Reserve Bank of Chicago，1987)，pp. 83－97；M. Friedman and A. J. Schwartz，*A Monetary History of the United States* (Princeton，N. J.：Princeton University Press，1963)；and OECD，*Economic Outlook* (Paris：OECD，Various Issues).

21.5 美国的国际收支赤字和布雷顿森林体系的崩溃

本节将简要考察美国战后大部分时间均存在国际收支逆差的原因,以及它与布雷顿森林体系在 1971 年 8 月的崩溃之间的关系;然后讨论该体系崩溃的更根本的原因,及其对于现行的有管制的浮动汇率制度的启示。

21.5A 美国的国际收支赤字

1945—1949 年,美国对欧洲有巨额国际收支盈余,因此扩展了"马歇尔援助计划"帮助欧洲重建。到 1950 年,当欧洲复兴基本完成时,美国的国际收支出现了逆差。直到 1957 年,美国的逆差都很小,每年平均约为 10 亿美元。这一逆差使欧洲国家和日本得以逐步建立自己的国际储备。这是一个**美元短缺**(dollar shortage)的时期。美国用于结算其赤字的货币绝大多数是美元。顺差国愿意接受美元是因为:(1)美国承诺以每盎司黄金 35 美元的价格将美元兑换为黄金,这使"美元与黄金等价";(2)美元可作为国际货币来结算与其他任何国家的交易;(3)美元存款可赚取利息而黄金不能。

从 1958 年起,美国的国际收支逆差迅速增长,平均每年超过 30 亿美元。这首先是因为巨大的资本流出(主要是对欧洲的直接投资),其次是由于美国的高通胀(主要与越南战争期间货币的过度投放有关),其后果是 1968 年起美国传统的贸易盈余实质上消失了。美国主要用美元支付其国际收支逆差,这使得到 1970 年外国官方持有的美元已超过 400 亿,而 1949 年时还只有 130 亿(外国私人持有的美元数额更多,这些也是对美国黄金储备潜在的要求权)。与此同时,美国的黄金储备从 1949 年的 250 亿美元降到 1970 年的 110 亿美元。

因为美元是国际货币,所以美国认为不能通过贬值美元来减少其国际收支逆差。美国因此实行了一系列的替代政策,但都收效甚微。措施之一是 20 世纪 60 年代早期美国试图通过维持较高的短期利率来阻止短期资本外流,同时维持较低的长期利率以刺激国内经济的增长(倾斜政策)。美国还对外汇市场进行干预,远期卖出坚挺货币(如德国马克),以增加其远期贴水并阻止由于进行抛补套利而造成的短期资本外流(参见 14.6 节)。美国还为了支持美元而干预即期市场。

美国干预即期和远期市场的资金主要来源于与其他国家中央银行签订的互换协议,以及与国际货币基金组织签订的备用协议。美国也采取其他步骤来鼓励出口、削减军费和政府开支,并冻结了大部分对外国的援助计划以将资金用在国内。另外,1963—1968 年,美国采取了一系列对资本外流进行直接控制的措施,如利息平衡税、国外直接投资批准程序和银行对外贷款的限制。

随着美国的逆差居高不下甚至与日俱增,其黄金储备不断下降,以至 20 世纪 60 年代早期外国持有的美元储备已超过美国的黄金储备总额。为了避免外国向美联储要求将其官方持有的美元兑换为黄金,并阻止黄金储备的进一步减少,美国政府推出了所谓的**罗萨债券**(Roosa bonds)。这是一种用美元标价的中期国债,同时又有预定汇率的保证。尽管如此,美国的黄金储备仍继续下降,而外国持有的美元储备却在不断上升,到 1970 年其总额已超过美国国际储备的 4 倍。

面对长期的巨额国际收支逆差和黄金储备的急剧减少,对美元平价的重新修订显然已无可避免。美国在 1970 年和 1971 年早期曾试图劝说顺差国(如联邦德国和日本)提升其各自的币值,但是失败了。市场因此开始预期美国政府迟早要贬值美元。至此,国际资本市场已经通过欧洲货币市场而高度统一了。这导致巨额的不稳定资本逃离美元而转换为坚挺的货币,特别是德国马克、日元和瑞士法郎。1971 年 8 月 15 日,美国总统尼克松被迫宣布停止美元向黄金的兑换。“黄金窗口”被关闭了。这标志着布雷顿森林体系的崩溃。与此同时,美国开始控制工资和物价,并在美元重新估值之后,暂时征收 10% 的进口附加税。

美国用美元解决国际收支逆差的能力是其他国家所不具备的特权(当其他国家遇到国际收支逆差时,会受到其有限的黄金和外汇储备的制约)。当一国发行的货币被用作国际货币时,该国就可以得到被称为铸造利差的利益。然而,美国为了这一利益却付出了昂贵的代价。将美元贬值不可能不破坏布雷顿森林体系(其他国家如英国和法国却可以偶尔做到这一点)。美国的货币政策要受到比其他国家更严格的约束。因此,美国不得不更加依赖财政政策来实现国内的目标,并只能采取特别的措施(如对资本流动的控制)来应对国际收支逆差。

很难说美元的国际化到底给美国带来了利益还是损失。但无论如何,法国、德国、日本和其他顺差国开始认为美国妄用了其“世界银行家”的权力,并用长期巨额的国际收支逆差给世界制造了过多的流动性。德国和日本不愿将本币升值,结果迫使美国贬值美元,从而导致布雷顿森林体系的崩溃。在很大程度上,取消美国独一无二的“世界银行家”的地位并剥夺其过多特权的决策更具有政治含义。具有讽刺意味的是,在 1971 年 8 月布雷顿森林体系崩溃,甚至 1973 年 3 月美元被允许浮动之后,美元仍保持了世界性货币的地位。实际上,1971 年以来,外国持有的美元数额出现了大幅增长(参见 21.6 节)。

21.5B　布雷顿森林体系的崩溃

如前所述,布雷顿森林体系崩溃的直接原因是 1970 年年末 1971 年年初,在美国面临巨额国际收支逆差的情况下,市场对美国即将被迫贬值美元的预期。这导致大量流动资本逃离美国,最终迫使尼克松总统于 1971 年 8 月 15 日停止美元兑换黄金,并暂时征收 10% 的进口附加税。

1971 年 12 月,十国集团的代表会集在美国华盛顿的史密森学会大厦,同意将黄金的美元价格由每盎司 35 美元提高到 38 美元。这表示美元贬值了大约 9%。同时,德国马克升值 17%,日元升值 14%,其他货币对美元也有不同程度的升值。此外,汇率的允许波动幅度从中心汇率上下 1% 扩大到上下 2.25% 的范围,美国取消了其 10% 的进口附加税。因为美元不能再直接兑换黄金,所以现行的基本上是一种**美元本位制**(dollar standard)。尼克松总统高度评价**史密森协定**(Smithsonian Agreement)为“世界历史上最重要的货币协议”,并保证美元“绝不会再次贬值”。

然而,当美国的国际收支在 1972 年再次出现巨额逆差(90 亿美元)时,人们普遍感觉史密森协定并未起作用,还需要再次对美元进行贬值。这种预期导致了美元投机行为的再次出现,并在 1973 年 2 月自我验证了:美国再次被迫将美元贬值了约 10%(通过将黄金的官方价格上调为每盎司 42.22 美元)。同时,美元仍不能自由兑换为黄金。1972 年 3 月,欧洲共同市场最初的六个成员国决定将其本币对美元的联合浮动范围由 1971 年 12 月决定的 4.5% 缩小为 2.25%。这种被称为“蛇行于洞”的汇率波动方法持续到 1973 年 3 月。

当 1973 年 3 月针对美元的投机活动再次加剧时,主要工业国的货币管理当局决定,或者让其各自的货币完全独立地自由浮动(美元、英镑、日元、意大利里拉、加拿大元和瑞士法郎),或者进行联合浮动(德国马克、法国法郎和中北欧六个国家的货币——最强势和最弱势货币对美元汇率的波动幅度相差最多不超过 2.25%）。现行的有管制的浮动汇率制度就此诞生了。此后,法国于 1974 年、挪威于 1977 年、瑞典于 1978 年分别取消了汇率波动幅度限制(英国、意大利和爱尔兰在 1973 年根本没有加入)。

尽管布雷顿森林体系崩溃的直接原因是美国在 1970 年和 1971 年的巨额国际收支逆差,但其根本原因却是该体系在流动性、调节能力和可靠性方面存在一系列相关联的问题。流动性是指需要时所能提供的可用国际储备的数额。国际储备包括:官方持有的黄金、外汇(主要是美元)、国际货币基金组织成员国在该组织拥有的储备头寸和特别提款权。表 21.2 反映了布雷顿森林体系下流动性增长的情况。这些增长主要来自官方黄金储备、外汇(主要是美元)的增长,增长的目的是应对美国的国际收支逆差。

在表 21.2 中,所有国际储备项目都以美元计价,不过现在国际货币基金组织是以特别提款权表示国际储备的价值。1 单位特别提款权在 1970 年时等于 1 美元,随后其价值在 1971 年和 1972 年时上升到 1.09 美元,1973 年约等于 1.21 美元(参见附录中的表 21.7)。黄金储备是按官方价格计算的,1970 年以前是每盎司 35 美元,1971 年和 1972 年上升到每盎司 38 美元,1973 年为每盎司 42.22 美元。如果按 1973 年年底伦敦市场上的黄金自由价格每盎司 112.25 美元计算,世界黄金总储备的价值为 1 150 亿美元。为简单起见,以上各种储备都以美元而非特别提款权计价,黄金则按官方价格计算。

表 21.2　1950—1973 年的国际储备(年末值)						单位:10 亿美元
项　　目	1950 年	1960 年	1969 年	1970 年	1971 年	1972 年	1973 年
黄金(官价)	33	38	39	37	36	36	36
外汇	13	19	33	45	75	96	102
特别提款权	—	—	—	3	6	9	9
在国际货币基金组织的储备头寸	2	4	7	8	6	6	6
总计	48	61	79	93	123	147	153

资料来源:IMF,*International Financial Statistics Yearbook*,1989.

国际流动性是必要的,它使各国可以通过临时融资来应对国际收支逆差,而不必采用限制贸易的办法。当然,最终要靠调节机制的作用来纠正逆差。流动性不足将会妨碍世界贸易的发展。而流动性过高会导致通胀压力。正如罗伯特·特里芬(Robert Triffin)所说,这会导致一种严重的困境。在布雷顿森林体系下,绝大部分流动性是由于美国的国际收支逆差导致的世界外汇增长所创造的。因此,只要美国的国际收支逆差继续,就会有更多的美元不断积聚在外国,从而使美元的可靠性不断下降。20 世纪 50 年代美元缺乏的局面被 60 年代的**美元过剩**(**dollar glut**)所取代。

为了解决这一问题,也是出于希望美国尽快解决逆差问题的目的,国际货币基金组织于 1967 年决定创造 95 亿单位特别提款权。这些特别提款权于 1970—1972 年分三次进行了分配,而当时世界经济正由于美国收支逆差导致的过分流动性而受到损害。请注意,如表 21.2 所示的特别提款权 1970—1972 年的增长并不仅仅是因为 1971 年和 1972 年两次新增特别提款权的分配,美元在 1971 年 12 月的贬值也使特别提款权的美元价值上升。同样,1972 年和 1973 年并未进行特别提款权的新分配,但是特别提款权的价值却从 1972 年的 1.09 美元上升到 1973 年的 1.21 美元。

如前所述,美国之所以不能消除其持续的高额国际收支逆差,主要是因为不能对美元进行贬值。因此,布雷顿森林体系缺乏一种各国愿意并能够作为各自的政策贯彻实施的、适当的调节机制。美国收支逆差的持续削弱了美元的可靠性。因此,布雷顿森林体系崩溃的根本原因是该体系的调节机制、流动性和可靠性方面所存在的一系列相关联的问题。

21.6　国际货币体系：现在与未来

本节将考察现行的有管制的浮动汇率制度,讨论国际货币基金组织目前的运作方式,识别最重要的货币和贸易问题,并评价各种改革方案。

21.6A　现行体系的运作方式

从 1973 年 3 月起,世界开始实行有管制的浮动汇率制度。在这种体制下,各国的货币管理当局的职责是通过干预外汇市场,在不影响长期趋势的前提下平滑短期的汇率波动。这一目的可以通过逆风而上或称逆市而为的政策来实现(参见 20.6D 小节)。事实上,这一体系并不是经过深思熟虑后选择的,而是在布雷顿森林体系崩溃后面对混乱的外汇市场和投机行为而被迫采纳的。

在刚开始实行有管制的浮动汇率制度的时候,人们曾试图采取一些严格的措施控制汇率浮动,以防止各国为了刺激出口而竞相贬值本国货币,从而再次引发类似 20 世纪 30 年代的混乱局面。尽管这种最让人担心的现象并没有出现,但一系列政策方面的尝试也都没有成功。事实上,1976 年的**牙买加协议(Jamaica Accords)**才正式确认了有管制的浮动汇率制度,并允许各国自由选择外汇制度,只要其行为被认为无损于贸易伙伴和世界经济。牙买加协议于1978 年 4 月获得批准并正式实施。

2014 年,国际货币基金组织 191 个成员中有 81 个(占 43.4%)实行某种形式的浮动汇率制度。这几乎包括所有工业国和很多大型发展中国家,所以世界贸易的大约 4/5 是在实行独立或联合(如欧盟)浮动汇率制度的国家之间进行的。其余国家中的绝大部分则或采取另一国货币(即美元化),或实行货币发行局制(CBAs),或实行钉住汇率制度,将本国货币与美元、欧元或一揽子货币挂钩(参见 20.6 节和表 20.4)。1974—1977 年、1981—1985 年以及 20 世纪90 年代初以来,美国基本上实行的是一种**善意忽视(benign neglect)**的政策,即不为保持美元币值而干预外汇市场。

1979 年 3 月,欧洲货币体系建立,1999 年 1 月欧洲货币联盟成立且欧元诞生(欧元实际上是 2002 年年初开始流通的),欧洲中央银行(ECB)也开始运作(参见 20.4 节)。

在现行的有管制的浮动汇率制度下,各国仍然需要国际储备来干预外汇市场、平滑汇率的短期波动。在现阶段,这种干预仍主要通过美元进行。1975 年 1 月,美国居民自 1933 年以来第一次被允许(以珠宝以外的形式)拥有黄金,政府将其持有黄金的一小部分在自由市场上出售。1980 年 1 月,伦敦市场的金价曾一度升到每盎司 800 美元以上,但很快回落并保持在其峰值一半左右的水平,但后来再次上涨,2001 年 9 月 5 日的金价达到每盎司 1 896.50 美元的历史高点。作为牙买加协议的一部分,国际货币基金组织于 1976—1980 年将其持有黄金的1/6 在自由市场上出售(其收入被用来帮助最贫困的发展中国家),以求实现从国际储备项目中剔除黄金(凯恩斯称之为"野蛮的遗迹")的目标。黄金的官方价格被废除了,从此在国际货币基金组织与其成员之间也不再有黄金交易。国际货币基金组织仍然继续按 1971 年以前的官方价格——每盎司 35 美元或 35 个特别提款权对其持有的黄金进行估价。然而,即使黄金真有一天不再是国际储备,在这一天到来之前也还要有一段时间。1996 年秋,国际货币基金组织同意出售价值约 20 亿美元的黄金储备,将收入用于减少最贫困的发展中国家的外债。

截至 1971 年,1 特别提款权一直等于 1 美元。1971 年 12 月美元贬值之后,1 单位特别提款权的价格为 1.085 7 美元;1973 年 2 月美元再次贬值后,1 单位特别提款权为 1.206 4 美元。1974 年,为了稳定特别提款权的价格,1 单位特别提款权的价格等于一揽子 16 种货币各自价格的加权平均值。1981 年,一揽子货币的种类减少到 5 种,随着欧元的出现,又减少到 4 种(括号中给出了 2010 年其大致的相对比例):美元(41.9%)、欧元(37.4%)、日元(9.4%)以及英镑(11.3%)。2014 年年底,1 单位特别提款权相当于 1.448 8 美元。

1974 年以来,国际货币基金组织以特别提款权代替美元度量各种国际储备和官方交易。表 21.3 为 2014 年年底分别以美元和特别提款权(1 特别提款权=1.448 8 美元)计价的国际储备的组成数据(国际货币基金组织提供的 1950—2014 年以特别提款权计价的国际储备构成的数据见本章附录中的表 21.7)。

表 21.3　　2014 年的国际储备	单位:10 亿美元及特别提款权	
项　　目	美元	特别提款权
外汇	11 600.3	8 006.8
特别提款权	295.8	204.2
国际货币基金组织头寸	118.4	81.7
除黄金外的总额	12 014.5	8 278.1
以官方价格计算的黄金	52.2	36.0
包括黄金在内的总额	12 066.7	8 314.1

资料来源:International Monetary Fund,*International Financial Statistics*(Washington,D.C.:IMF,April 2015).

21.6B　国际货币基金组织当前的运作

国际货币基金组织的运作近年来发生了几方面的变化。由于理事会的决策,国际货币基金组织各成员国的份额已经增长了很多次,所以到 2014 年年底,国际货币基金组织的总资源已达 3 697 亿美元(1947 年只有 88 亿美元)。对于新增的份额,国际货币基金组织要求成员国将其中的 25% 以特别提款权或国际货币基金组织指定的其他成员国的货币支付,其余部分用本国货币支付。新加入的成员国支付其配额的方式与此相同。原来的"黄金份额"现在被称为**第一信用份额**(**first credit tranche**)。

贷款安排总协议(GAB)于 1962 年签订之后,也曾被国际货币基金组织修改并扩展了几次。1997 年,为了补充常规资源,国际货币基金组织又用**借款新安排**(**New Arrangement to Borrow,NAB**)扩展了 GAB。各国中央银行间的互换协议也不断扩展。2008—2009 年全球金融危机期间,互换协议达到顶峰,近 30 家中央银行共计从美联储拆借了 5 530 亿美元。国际货币基金组织的贷款限制也放松了,新的信贷工具的出现极大地增加了各成员国所能获得的贷款的总额度。但是这一总额度中包括一些视不同情况而定的信用额度。国际货币基金组织的贷款现在是以特别提款权为单位表示的。贷款国家要支付一定的初始费用,而利率是根据贷款期限、所使用的信贷工具和市场利率确定的。除了对成员国的汇率政策进行监督以外,国际货币基金组织最近又将其责任范围扩大到帮助成员国解决经济结构问题。

国际货币基金组织创立的新的信贷工具包括：(1)中期基金贷款（EFF）创立于 1974 年，提供比在信用份额政策下期限更长、数量更大的资源，用于调节严重的经济结构失衡；(2)灵活信贷额度（FCL）创立于 1999 年，为利用信贷支点来解决所有潜在的和实际的国际收支需求提供了灵活性；(3)预防性和流动性信贷额度（PLL）创立于 2011 年，用于为经济基础良好、政局稳定的国家提供信贷帮助。国际货币基金组织还根据降低贫困与增长信托的宗旨为低收入国家创立了新的信贷工具，其中包括：(1)延长信贷额度（ECF）创立于 2010 年，为遇到旷日持久的国际收支困难的国家提供中期信贷帮助；(2)备用信贷额度（SCF）创立于 2010 年，用于解决短期国际收支困难和满足预防性需求；(3)快速信贷额度（RCF）也创立于 2010 年，用于在不需要或不能遵照信贷额度上限质量计划时迅速为面临迫在眉睫的国际收支困难的国家提供信贷帮助。

国际货币基金组织目前每年可以向成员国提供的资源是其配额的 200%，是过去累计 100% 限制的 2 倍，累计上限为成员国配额的 600%。国际货币基金组织贷款的方式和对象都随时间产生了很大的变化。在最初的 20 年，贷款一半以上都给了工业国，主要用于解决其短期收支问题。20 世纪 80 年代初以来，大部分贷款给了发展中国家，而且其中用于治理经济结构问题的中期贷款的比例在不断上升。1980 年国际货币基金组织的贷款总额约为 140 亿美元，1986 年为 410 亿美元，2014 年年底为 1 260 亿美元。

1982 年以来，很多发展中国家，特别是拉丁美洲的一些大国，都面临巨额的国际债务。国际货币基金组织为此参与了一系列的贷款展期和救助措施。作为追加贷款和特殊援助的条件，国际货币基金组织经常要求这些国家减少政府开支、增加货币供给和提高工资，以减少进口、刺激出口，使其逐步接近自立。但是，这些**国际货币基金组织条件（IMF conditionality）**是很让人痛苦的，经常导致骚乱，20 世纪 80 年代末和 90 年代甚至造成了一些国家政府的垮台。国际货币基金组织也被指责为不考虑债务国的社会需求及施压可能造成的政治后果，其政策被认为是冲动的、缺乏深思熟虑的。这些指责在一定程度上使国际货币基金组织在其近年的贷款中展现了更大的灵活性，并开始提供一些用于解决经济结构问题的中期贷款（以前仅由世界银行提供）。

2009 年以来，国际货币基金组织与欧盟委员会和欧洲中央银行一起帮助希腊、爱尔兰、葡萄牙和西班牙等过度负债的欧盟成员国，这些国家或者是无法偿还贷款或者是无法为偿还政府债务而再融资或者是无法援助本国深陷债务危机的银行。

2010 年 12 月，国际货币基金组织理事会批准了更强调其多边监督使命的若干根本性的改革措施，如将配额增加 100%（从而使国际货币基金组织的资源翻倍），大幅调整配额比例以更好地反映各成员在全球经济中的相对权重。然而，由于美国及一些国家对此的反应并不积极，该方案直至 2016 年 1 月才正式生效。

表 21.4 总结了现代国际货币史上最重要事件的发生日期。

表 21.4　现代货币历史大事年表	
1880—1914 年	古典金本位制时期
1925 年 4 月	英国重返金本位制
1929 年 10 月	美国股市崩盘
1931 年 9 月	英国放弃金本位制

续表

1934 年 2 月	美国将每盎司黄金的官价从 20.67 美元提高到 35 美元
1944 年 7 月	布雷顿森林会议
1947 年 3 月	国际货币基金组织开始运作
1967 年 9 月	决定创立特别提款权(SDRs)
1968 年 3 月	黄金双价市场建立
1971 年 8 月	美国停止美元兑换黄金——布雷顿森林体系终结
1971 年 12 月	史密森协定(黄金官价上升到每盎司 38 美元,允许的汇率浮动范围扩大到 4.5%)
1973 年 2 月	美国将黄金官价提高到每盎司 42.22 美元
1973 年 3 月	有管制的浮动汇率制度出现
1973 年 10 月	石油输出国组织有选择地禁止石油出口,石油价格迅速上升
1976 年 1 月	牙买加协议(确认有管制的浮动汇率制度,废除黄金的官价)
1978 年 4 月	牙买加协议生效
1979 年春	第二次石油危机
1979 年 3 月	欧洲货币体系(EMS)建立
1980 年 1 月	黄金市场价格一度上升到每盎司 800 美元以上
1985 年 9 月	广场协议(干预市场以降低美元汇率)
1986 年秋	新一轮关贸总协定多边谈判开始
1987 年 2 月	卢浮宫协议(稳定汇率)
1987 年 10 月	纽约股市崩盘,并扩展到世界各地的其他股市
1989—1990 年	东欧开始民主政体和市场经济的改革,德国统一
1991 年 12 月	通过马约,目标是在 1997 年或 1999 年以前建立欧盟这一货币联盟
1991 年 12 月	苏联解体,独联体(CIS)建立
1992 年 9 月	英国和意大利放弃原来的汇率机制
1993 年 1 月 1 日	欧盟(EU)形成统一联合市场
1993 年 8 月 1 日	欧洲货币体系允许汇率波幅达±15%
1993 年 12 月	乌拉圭回合结束,世界贸易组织取代关贸总协定
1994 年 1 月 1 日	北美自由贸易协定(NAFTA)生效
1994 年 1 月 1 日	欧盟成立欧洲货币机构(EMI),作为欧洲中央银行的前身
1999 年 1 月 1 日	欧洲中央银行推出单一货币(欧元)和欧盟范围内的货币政策
2000 年 10 月	欧元对美元比价跌至最低水平
2002 年 1 月 1 日	欧元作为欧洲货币联盟(EMU)12 个成员国的货币开始流通
2006 年 12 月	美国经常项目赤字达到历史高点,占 GDP 的 6%
2008 年 7 月 15 日	欧元达到历史最高点,1 欧元等于 1.60 美元
2008 年 9 月 15 日	雷曼兄弟公司提交破产申请,进而引发了全球金融危机
2011 年 9 月 5 日	黄金价格达到历史高点每盎司 1 896.50 美元
2012 年 2 月	希腊对债务进行了重组,从而避免了违约,也可能放弃将欧元作为法定货币
2014 年 6 月	石油价格开始暴跌,欧元贬值,美元升值

21.6C　现行汇率制度的问题

　　现行国际货币体系面临一系列彼此密切相关的严重的国际货币问题,包括:(1)汇率过于频繁的变动和长期严重的汇率失衡;(2)不能在主要工业国之间促进更大范围的经济政策协调;(3)不能阻止国际金融危机的发生,当危机发生时,不能恰当应对。

　　我们在 14.5A 和 15.5A 两小节已经看到,1973 年以来汇率的特点就是剧烈的波动和超调。这对于国际贸易和投资是十分不利的。更为严重的是，在现行的有管制的浮动汇率制度下，会发生严重的汇率失衡并持续多年（参见图 14.3 和 14.5A 小节）。一个明显的例子是1980—1985 年美元的大幅升值以及 1985 年 2 月至 1987 年年底美元更大幅度的贬值。更近一些的例子是，日元对美元汇率从 1995 年 4 月的 85 日元兑 1 美元变为 2002 年 2 月的 132 日元兑 1 美元，再到 2011 年年底的 78 日元兑 1 美元。1999 年 1 月 1 日至 2000 年 10 月，欧元相对美元由 1.17 美元贬值到 0.82 美元，2004 年 12 月升值到 1.36 美元，之后于 2005 年 11 月又回落到 1.18 美元，2008 年 7 月 15 日达到历史高点 1.60 美元，2015 年 1 月又跌至 1.16 美元。20 世纪 80 年代上半期美元的过度升值以及 90 年代末和 21 世纪初对美元的高估则导致了美国持续大幅度的贸易逆差，引发了实行贸易保护主义的呼声。同时也使以下呼声再度高涨：要求对现行国际货币制度进行改革、重定主要货币汇率的允许波动幅度和主要国家之间更多的国际货币政策方面的合作。早先关于固定汇率制度和浮动汇率制度孰优孰劣的辩论已经被汇率浮动和政策合作的最佳程度的讨论所取代。

迄今已经出现了更多的国际合作。例如，1985 年 9 月美国和德国、日本、法国、英国协商后（即于纽约达成的广场协议），决定共同干预外汇市场以降低美元的汇率。1986 年，美国与德国和日本协商同时降低利率，以便在刺激经济增长和减少失业（欧洲大部分国家在 20 世纪80 年代大多数时间里的失业率都超过 10％）的同时不直接影响国际贸易和资本流动（参见18.6C 小节）。主要工业国现在非常关注国内利率变动带来的国际影响（特别是对国际资本流动和汇率的影响）。1987 年 2 月，7 国集团在卢浮宫决定为美元兑日元和美元兑德国马克的汇率确定软性的波动范围或目标区域（但收效甚微）。其他成功的国际货币政策合作的例子包括1987 年 10 月世界股灾和 2001 年 9 月 11 日美国遭受恐怖袭击时各国迅速的联合反应，以及2008—2009 年发达国家发生严重衰退和新兴市场经济增速大幅下降时各国在某种程度上的联合反应。

另一个与汇率失衡密切相关的问题是外国持有的巨额美元，或称**美元过剩**（**dollar overhang**），将随着国际利差和汇率变动预期的变化在各国际货币中心之间流动。欧洲货币市场的迅速发展极大地刺激了这些"热钱"的流动（参见 14.7 节）。关于解决这一问题的一个长远方案是国际货币基金组织提出的：引入一种**替代账户**（**substitution account**），将所有外国持有的美元转换为特别提款权。但是，迄今为止关于这一方案尚未采取任何行动。另外，还有一些问题亟须解决，如对这些特别提款权应支付多高的利率、美国应按何种步骤从国际货币基金组织回购这些美元，等等。至少在可预见的未来，美元可能仍将保持其作为主导国际货币和干预货币的重要地位（参见案例研究 14.1 和案例研究 14.2）。

21.6D 改革现行汇率制度的方案

为减少汇率的频繁变动和避免严重的汇率失调，已提出了多种解决方案。由威廉森（Williamson）首先提出的方案（1986 年）是以建立汇率的目标区为基础的。在该体系下，主要工业国估算出均衡汇率水平，并就允许浮动的范围达成协议。威廉森建议将可允许的汇率浮动范围定为均衡汇率上下各 10％。在该范围内，汇率由供求决定，而官方对外汇市场的干预将阻止其变动到目标区域之外。然而，目标区域是软性的，当汇率接近或移出目标区域的边界时，可以改变目标区域。尽管还不很明确，但在 1987 年 2 月的卢浮宫协议上，主要工业国好像已同意为美元兑日元和美元兑马克的汇率建立上述"目标区域"或"参考区域"（只是允许浮动的范围比威廉森建议的 10％要小得多）。20 世纪 90 年代初期，面对预期美元兑日元汇率将大幅下降的强大市场压力,这一心照不宣的协议被放弃了。

目标区域方案的批评者们认为这一方案包含了固定和浮动汇率制度各自最糟糕的特点。像在浮动汇率下一样,目标区域允许汇率频繁变动和大幅波动,并可能导致通货膨胀。而与固定汇率制度一样,目标区域只能通过政府干预外汇市场得到保证,因此会损害各国货币体系的自动调节功能。作为对这些批评的回应,米勒(Miller)和威廉森将他们的计划又发展了一步(1988 年),要求工业国加强货币政策方面的实质性合作,以便在减少对外汇市场干预行为的同时仍能将汇率维持在目标区域内。

其他改造国际货币体系的方案都是建立在主要工业国之间更深层的政策合作的基础上。其中最出色、最明确的是麦金农(McKinnon)提出的方案(1984 年,1988 年)。麦金农提议,美国、日本和德国(现在是欧洲货币联盟)将各自货币间的汇率固定在均衡水平(由购买力平价决定),并进行密切的货币政策协作以维持固定的汇率。美元兑日元贬值的趋势表明美国应减缓其货币供应的增长速度,而日本则应增加货币供应。这三个国家(或地区)货币供应总值的净增长,将在汇率稳定的条件下带来世界经济无通胀的发展。

另一个方案是由国际货币基金组织临时委员会于 1986 年提出的,建议在国际货币基金组织的监督指导下,建立经济运行的客观指标体系,并据此确定各国应采取何种协作的宏观经济政策,以确保世界经济沿一条没有通货膨胀的道路持续发展。这些经济指标是:国民生产总值增长率、通货膨胀率、失业率、贸易差额、货币供给增长、财政收支、汇率、利率和国际储备。一国上述指标的上升或下降,就表示该国需要实行相对紧缩或是相对扩张的经济政策。世界整体经济指标的稳定正是实现无通胀世界经济发展的依托。

但是,只要各国有不同的通胀—失业权衡标准,实质而有效的宏观经济政策合作就是不现实的。20 世纪 80 年代和 90 年代初期,美国似乎不能或不愿迅速地大幅减少其巨额财政赤字。德国尽管面临较高的失业率仍不愿刺激经济,日本则很不情愿废除贸易保护政策以便增加从美国的进口来帮助减轻两国之间严重的贸易失衡。根据经验数据进行的研究表明,在 3/4 的时间里,各国可以从国际政策合作中获得好处,但这种收益并不很显著(参见 20.7 节)。

另一类改革现行国际货币体系的提案是基于以下前提的:当今高度一体化的国际资本市场中巨额国际资本的流动是导致汇率不稳定和全球经济失调的首要原因。因此,这些方案要求严格控制国际投机资本的流动。托宾(Tobin,1978 年)曾建议,对期限越短的交易征收越高的累进交易税,"在国际金融的车轮下撒一把沙子"。多恩布什(Dornbusch)和弗伦克尔(1987年)则提出实行双重汇率以减少金融资本的国际流动——对贸易交易采用一种较少浮动的汇率,而对与国际贸易和投资无关的纯金融交易则采用一种更灵活的汇率。托宾、多恩布什和弗伦克尔相信,在通过资本市场分割而严格控制国际"热钱"的流动之后,国际金融系统可以运行得很顺利,因此根本不需要被他们视为既无用又不可行的国际政策合作。然而,这些方案的批评者指出,要区分"非生产性"或投机性资本和"生产性"即与国际贸易和投资有关的资本,几乎是不可能的。最后,则是蒙代尔(Mundell)所倡导的单一世界货币,因为"全球经济需要全球货币"。

然而,各国是否愿意在今后几年内为更好地实现某些经济目标而放弃一部分自治权,仍是一个有待观察的问题。最终,当今国际货币体系的改革更多的将是改进现有的体系,而非用一个全新的制度取而代之(参见 Kenen,1983,2007;Goldstein,1995;Eichengreen,1999,2008;Salvatore,2000,2002,2005,2010,2011,2012;Rajan,2008,2010;Truman,2006,2009;Dooley,Folkets-Landau,and Garber,2009;Ghosh,Ostry,and Tsangarides,2010;Stigliz,2010;Klein and Shambaugh,2010;Reinhart and Rogoff,2010;Razin and Rosefielde,2011)。

21.6E　新兴市场经济的金融危机

目前国际货币体系面临的另一个严重问题是，它对于防止新兴市场和发达国家的国际金融危机似乎无能为力。20 世纪 90 年代中期以来共出现了七次金融危机，包括：1994—1995 年墨西哥金融危机；1997—1999 年东南亚金融危机；1998 年夏俄罗斯金融危机；1999 年巴西金融危机；2001—2002 年土耳其和阿根廷金融危机；2014 年俄罗斯金融危机（参见案例研究21.2 和案例研究 21.3）。国际货币基金组织估计，近年来的数次金融危机中，各国总产出的累计损失占 GDP 的比重最低为墨西哥（30%），最高为印度尼西亚（82%）。

案例研究 21.2

货币流通危机详解：墨西哥比索的暴跌

1994 年 12 月，墨西哥正处在严重的金融危机边缘，这次危机引起了该国几十年来最严重的一次经济衰退。1994 年美国银行利率的急升是这次危机的直接原因，它改变了美国与墨西哥之间的资本流向。而 1994 年 1 月在恰帕斯（Chiapas）南部发生的武装冲突及后来两位政府高官被谋杀所引发的政治危机使墨西哥的财政状况雪上加霜。

为了逆转大量金融资本外流的趋势，墨西哥开始发行短期美元债券，并大幅提高国内的银行利率。然而，外国投资者担心墨西哥到期将无法偿还贷款，因此继续将资金撤出墨西哥。墨西哥因此被迫将比索贬值 15%，由 3.500 比索兑换 1 美元下跌到 1994 年 12 月 20 日的 4.025 比索兑换 1 美元。但这样的贬值幅度太小而且为时过晚，面对外汇储备的持续减少，墨西哥只能任由汇率浮动。于是，1995 年 3 月比索贬值为 7 比索兑换 1 美元，接着在 1995 年 12 月达到了接近 8 比索兑换 1 美元。

为了帮助墨西哥摆脱困境并防止金融危机蔓延到其他新兴市场（特别是阿根廷和巴西），美国于 1995 年 1 月通过国际货币基金组织对墨西哥实施了价值 480 亿美元的一整套援助计划，成功地稳定住了金融市场，遏制了危机的蔓延。然而过高的银行利率及沉重的财政赤字使墨西哥在 1995 年陷入了深度的经济衰退，直到 1996 年局面才有所好转，墨西哥重新实现了经济增长。

资料来源：Federal Reserve Bank of Atlanta, "A Predictable and Avoidable Mexican Meltdown," *Economics Update*, December 1996, pp. 1-3.

案例研究 21.3

新兴市场经济危机年表

表 21.5 是 20 世纪 90 年代后期以来新兴市场经济危机年表。20 世纪 90 年代的新兴市场经济危机于 1997 年 7 月在泰国开始。1997 年秋季危机已蔓延到菲律宾、韩国、印度尼西亚

和马来西亚；1998 年夏波及俄罗斯；1999 年 1 月传播至巴西。中国(包括台湾和香港地区)、新加坡、墨西哥和阿根廷等其他大多数发展中国家与地区均不同程度地受到影响。1999 年年底，危机有所缓解，除印度尼西亚及俄罗斯以外的其他新兴市场经济均重新获得了增长。然而 2001 年，土耳其又爆发了银行和金融危机，2002 年阿根廷则面临金融、经济和政治的全面崩溃。不过上述危机到 2003 年都或多或少得到了解决。2008—2009 年，由于大部分发达国家所遭受的严重衰退，大多数新兴市场的增长速度都大幅放缓(参见案例研究 21.4)。2014 年年底，俄罗斯再次陷入了严重的金融和经济危机。

表 21.5 20 世纪 90 年代后期以来新兴市场经济危机年表

1997 年	
5 月 15 日	为了缓解泰铢的压力，泰国宣布对资本进行管制
7 月 2 日	泰铢贬值 15%～20%
7 月 14 日	菲律宾比索及印度尼西亚卢比分别贬值
8 月 20 日	泰国与国际货币基金组织就价值 170 亿美元的一系列财政援助计划达成协议
10 月 27 日	由于亚洲金融危机带来的恐慌，道·琼斯工业指数下跌 554 点
10 月 31 日	印度尼西亚与国际货币基金组织就价值 230 亿美元的一系列财政援助计划达成协议
11 月 7 日	阿根廷、巴西、墨西哥及委内瑞拉金融市场暴跌
11 月 17 日	韩国放弃对韩元的汇率守护
12 月 3 日	韩国与国际货币基金组织就价值 570 亿美元的一系列财政援助计划达成协议
12 月	韩元及印度尼西亚卢比崩溃
12 月 30 日	外国银行同意借给韩国 1 000 亿美元短期外债
1998 年	
3 月初	印度尼西亚处于极端通货膨胀的边缘，动乱爆发。政府对食品进口给予补贴，违反了国际货币基金组织的规定
4 月 10 日	印度尼西亚与国际货币基金组织就一项新的改革方案达成一致
5 月初	印度尼西亚经济形势继续恶化，更大规模的动乱频繁爆发
5 月 19 日	印度尼西亚发生政变，俄罗斯市场担心金融危机蔓延，市场急挫
5 月 21 日	苏哈托辞去印度尼西亚总统职务，哈比比接任
5 月 26 日	韩国股市创 11 年来新低
5 月 27 日	俄罗斯中央银行将利率提高 3 倍至 150% 以期留住外国资本
7 月 13 日	俄罗斯与国际货币基金组织就价值 226 亿美元的一系列紧急财政援助计划达成协议
8 月 17 日	俄罗斯卢布贬值，不能偿还其短期债务
9 月末	纽约联邦储备银行同时推出长期资产管理及 1 000 亿美元债务的套期保值以帮助全球经济摆脱困境
11 月 13 日	巴西与国际货币基金组织/世界银行/多国就价值 415 亿美元的一系列财政援助计划进行磋商
1999 年	
1 月 8 日	面临大量资本外流，巴西货币雷亚尔贬值 8%
1 月 15 日	巴西同意将雷亚尔随全球市场形势自由浮动，雷亚尔继续贬值 35%
1 月 27 日	中国否认人民币将贬值的传言，中国经济增长速度放缓
年末	全球性新兴市场金融危机结束，经济恢复增长

续表

2001 年	
2 月	土耳其经历银行危机，流通货币(里拉)浮动
12 月	阿根廷拖欠到期债务(历史上数额最大的一次)
2002 年	
1 月	阿根廷通货短缺，比索贬值，金融、经济及政治危机同时爆发；国际货币基金组织要求阿根廷提供可行的经济重建方案，否则拒绝给予贷款
2 月 4 日	土耳其接受国际货币基金组织 128 亿美元贷款
8 月 7 日	巴西接受 300 亿美元援助以避免遭受新一轮金融危机
2005 年	
6 月	阿根廷与大约 75% 的债券持有人重新安排其外债偿还计划
7 月	中国对人民币的币值做出 2% 的调整，并打破了对美元的钉住汇率
11 月	巴西提前偿还了国际货币基金组织的贷款
2006 年	
1 月	阿根廷提前偿还了国际货币基金组织的贷款
2014 年	
秋	俄罗斯陷入严重的金融和经济危机

资料来源：Inter-American Development Bank，1999；由作者更新。

尽管造成数次金融危机的原因各不相同，但其过程却很相似。察觉到某国的经济有疲软的迹象后，大量的短期流动资金纷纷撤出市场，从而使危机接连爆发。20 世纪 90 年代初，很多国家开放了资本市场，外国投资者将资金大量投入这些新兴市场以获得高资本回报并分散其投资组合，然而当发现这些国家的经济出现问题后它们会立即将资本大规模撤出，从而使经济危机突然爆发。这种做法对国际货币体系的危害在于，危机会传播到包括发达国家在内的其他国家。

经常伴随着金融危机而来的大幅货币贬值会给发展中国家的经济造成更为严重的损害。这是因为发展中国家不同于发达国家，往往被迫借入一种主要的外币(美元、欧元或日元)，这是因为贷款者(根据以往的经验)担心该国会拿自己处于贬值中的货币来偿还贷款。这样一来，当某个发展中国家的货币贬值时，其债务的本币价值将提高相当于本币贬值率的一个比例(对于外国贷款者的财富转移)。发展中国家无法用自己本国的货币借款这一事实被 Eichengreen 和 Hausmann(1999)称为"原罪"(original sin)，这个罪名一旦背上将很难洗脱。近年来，墨西哥和巴西等过去的"罪人"终于能够用自己本国的货币借款了。然而，发展中国家的很多私人借款者仍然在用美元借款，如果本国货币贬值，将面临还债问题。

为了避免可能发生的危机，或将危机的规模减小到最低限度，人们也提出了一些方法，并逐步实施了某些措施以强化现行国际货币体系的结构，完善其功能。其中包括：(1)加强国际货币之间联系的透明度；(2)强化新兴市场的银行和金融体制；(3)鼓励更多私人部门的参与。

缺少了准确、可信、及时的信息，市场将无法有效运行，因此市场的透明度显得越发重要。为了提高透明度，国际货币基金组织于 1996 年颁布了专用数据传播标准(SDDS)，又于 1997 年颁布了通用数据传播标准(GDDS)(2001 年由数据质量评估组织改进)。财务预警系统(如预算以及经常账户赤字，长期和短期外债，以及国际储备金在国内生产总值中所占的百分比)可以警示哪些新兴市场可能出现问题。通过预警，外国投资者可以了解市场潜在的问题，避免资金盲目地过度流入,从而防止危机的产生。

完善现行国际货币体系的第二种方法是强化新兴市场的银行及金融体制。过去 10 年卷入金融危机的所有新兴市场,其银行和金融体制都很脆弱,这必然导致经济危机的产生和深化。要强化银行和金融体制,必须加强监管,完善监管标准,保证银行满足资本需求,设置合理的坏账储备金,及时公布有关借贷情况的各种信息。同时,必须重视对资不抵债企业的及时、有效处理。要想实施所有这些政策并非易事,特别是对于那些银行和金融体制已经出现问题的国家来说,但一个健全的金融体制对整体经济的健康发展是至关重要的。国际货币基金组织制定了会计、审计、公司治理、资产结算及支付体制、保险、银行等各个方面良好习惯的规范标准,其中一些已经被作为国际货币基金组织监督职能的一部分加以履行。

强化现行国际货币体系的第三种方法是当新兴市场出现危机时,以发行新债券、重新商讨贷款等方式鼓励私有资产进入市场,而不是迅速逃离,并将此作为获得国际货币基金组织官方援助的先决条件。这样做的理由是私人投资者出于对当地市场并无建设性的目的,将过多短期资金投入了新兴市场,因此他们必须对已造成的危机负责。当危机出现时,投资者应承担责任,而不是寻找机会逃离市场。为达到这一目的,国际货币基金组织建议成立一个最高贷款重建机构(SDRM),使面临经济问题的新兴市场尽快恢复有序的运行。

然而,金融危机并非仅限于新兴市场。2008—2009 年,美国和大多数其他发达国家陷入了严重的金融和经济危机(参见案例研究 21.4)。正是在这一时刻,**20 国集团**(**Group of Twenty,G-20**)经济体"夺权"并最终取代了 7 国集团(或者包括俄罗斯在内的 8 国集团),成为世界经济中居支配地位的委员会。2009 年 20 国集团包括阿根廷、澳大利亚、巴西、加拿大、中国、法国、德国、印度、印度尼西亚、意大利、日本、墨西哥、俄罗斯、沙特阿拉伯、南非、韩国、土耳其、英国和美国 19 个国家的财务部长和央行首脑。第 20 个成员是欧盟,由委员会轮值主席和欧洲中央银行代表。

除了这 20 个成员外,国际货币基金组织(IMF)、世界银行、国际货币基金组织及世界银行的国际货币和金融委员会(MFC)以及发展委员会(DC)也由其各自的首席执行官作为代表出席 20 国集团的峰会。2009 年 4 月 20 国集团在伦敦举行会议,就克服严重的金融和经济危机并实施改革以避免今后发生危机提出政策建议。这些建议是基于:(1)加强金融监管;(2)增进国际政策协调;(3)对国际货币基金组织进行改革;(4)维护开放的市场。后续的其他会议则主要致力于改革国际金融体系并为世界经济指明新的方向,然而截至 2015 年年末,仍然未采取多少切实的步骤来实现这些目标。

案例研究 21.4

2008—2009 年全球金融危机和衰退

2008—2009 年,美国及其他发达国家陷入了 1929 年大萧条以来最为严重的金融危机和衰退。这次危机 2007 年发端于美国房地产部门,起因是银行向没有偿付能力的个人和家庭提供巨额贷款(次级贷)。当众多的个人和家庭拖欠应付的抵押贷款时,美国的银行陷入严重的危机并于 2008 年扩散到美国金融部门的其他领域和整个实体经济甚至蔓延到全世界。其结果就是"大萧条"。

危机从美国蔓延到大西洋地区,因为很多欧洲的银行过度放贷的程度甚至超过了美国的银行,从而承担了更大的风险,面临比美国更大的房地产泡沫。所有发达国家的严重衰退大幅削减了从发展中国家的进口及对发展中国家的海外直接投资,从而使危机扩散到世界其他地区。俄罗斯、墨西哥和土耳其等大多数新兴市场经济体陷入了严重的衰退,中国和印度创纪录的高速增长也因此大幅降速。

2009 年衰退最严重时,最大的几个发达国家中,美国的实际 GDP 下跌了 2.8%,欧元区的实际 GDP 下跌了 4.5%,英国的实际 GDP 下跌了 5.2%,日本的实际 GDP 下跌了 5.5%,加拿大的实际 GDP 下跌了 2.7%。大多数大的发达国家经济复苏异常缓慢,直到 2015 年(美国是在 2011 年)实际 GDP 才恢复到危机前的水平,意大利、西班牙及欧元区整体至今仍未恢复。在最大的新兴市场国家中,俄罗斯的增长率降低了 7.8%,土耳其的增长率降低了 4.8%,墨西哥的增长率降低了 4.7%,中国和印度的经济增长率更是大幅降低。

面对如此严重的衰退,美国及其他发达国家斥资挽救濒临破产的银行及其他金融机构,大幅降低利率,推出刺激经济的巨额组合方案,向经济中注入大量流动性(量化宽松)。然而,这些措施只是避免了经济衰退进一步恶化,其后的经济复苏甚至可能更为缓慢。2014 年,经济增长缓慢和高失业率仍是大多数发达国家面临的最为严重的经济问题。美国的经济状况虽然好于欧元区国家和日本,但仍然无法与危机前 10 年相比。

的确,由于发达国家及领先的新兴市场国家的技术进步和创新速度放缓、人口及劳动力增长速度下降,再加上其他结构性因素,世界各国的经济增长相比危机前似乎都放缓了。目前世界经济增长的速度放缓究竟是一个"新常态"的开始还是长期趋势,就只能留给时间来给出答案了。

资料来源:D. Salvatore,Editor,*Nobels on Where Is the World Economy Headed for*?,Special Issue of *the Journal of Policy Models*(*JPM*),July/August 2009(with articles by Robert Fogel,Lawrence Klein,Robert Mundell,Edmund Phelps,and Michael Spence);D. Salvatore,*Growth or Stagnation after Recession*?,Special Issue of *JPM*,September/October 2010(with articles by Olivier Blanchard,Martin Feldstein,Dale Jorgenson,Edmund Phelps,Joseph Stiglitz,and this author);D. Salvatore,"The Causes and Effects of the Global Financial Crisis,"*Journal of Politics and Society*,April 2010,pp. 7-16;and D. Salvatore,Editor,*Growth or Stagnation in the U. S. and World Economy*?,Special Issue of *JPM*,July/August 2014(with articles by Martin Baily,William Baumol,Robert Barro,Martin Feldstein,Dale Jorgenson,and John Taylor).

21.6F 现存的其他国际经济问题

现行汇率制度以及前面所述的全球金融和经济危机产生的问题,是与当今世界所面临的其他一些严重问题密切相关的。这些问题包括:(1)"大衰退"之后发达国家经济增长缓慢,失业率居高不下;(2)在快速全球化的世界上,发达国家的贸易保护主义;(3)发达国家的严重结构失衡和增长缓慢以及转型经济国家的结构改造不足;(4)很多发展中国家的极度贫困问题;(5)威胁到世界经济增长和可持续发展的资源匮乏、环境恶化和气候变化问题。本节对这些问题进行了总结并提出了一些可以通过国际贸易和金融的研究得出的解决方案。

1."大衰退"后发达国家经济增长缓慢,失业率居高不下

21 世纪初,发达国家经历了 1929 年大萧条以来最严重的经济和金融危机之后,经济增长

缓慢,失业率居高不下。针对这一状况,美国和其他发达国家对银行和其他金融机构提供救助,避免它们破产,大幅削减利率,并推出巨额经济刺激计划。然而,这些举措只是成功避免了经济衰退的继续恶化。尽管官方宣称经济衰退于2010年结束,但低增长和高失业率仍是当今大多数发达国家面临的最严重的经济问题。对于希腊、爱尔兰、葡萄牙、西班牙和意大利(都是欧盟19国的成员)来说,问题更为严峻,这些国家由于过度举债、不可持续的预算赤字和国际竞争力的丧失,仍然处于严重的危机之中。

对于发达国家可以如何刺激经济增长和降低失业率存在不同的意见。一些自由派经济学家认为应采取进一步的财政刺激政策并深入推进非传统的扩张性货币政策(即继续施行量化宽松政策)以刺激眼下的需求和经济增长。相反,保守派经济学家则认为,发达国家的预算赤字已经非常巨大且不可持续,而且其经济系统中存在大量过剩流动性,因此这些政策也许并不能奏效,甚至会适得其反。类似地,当经济系统中存在大量流动性时再增加流动性并不能起到刺激投资和经济增长的作用,而只会在未来造成更大的通货膨胀压力。因此,保守派经济学家相信,要刺激经济增长,美国及其他发达国家应调整经济结构,改善教育和基础设施。但是这样的政策需要假以时日才能看到效果,在经济低增长时期很难实施,而且需要在大多数国家仍面临高额、不可持续的预算赤字的时候增加额外支出。自由派经济学家对于发达国家要想刺激长期经济增长需要调整经济结构并不反对,但与此同时,他们也坚信要刺激短期经济增长,需要采取进一步的扩张性财政政策和货币政策。

2. 在快速全球化的世界上,发达国家的贸易保护主义

我们从9.3节中已经看到,20世纪70年代中期以来,非关税贸易壁垒(NTBs)激增,已经对贸易体系和世界福利形成了严重的威胁。通过干预国际贸易,贸易保护主义妨碍国际资源的合理配置,减缓了成熟经济的结构调整,放慢了发展中经济的增长速度,它同时还是贸易战争的导火索。随着世界分裂为三个主要的贸易集团,这一问题就更加复杂了。这三个贸易集团是:北美自由贸易区(NAFTA,包括美国、加拿大和墨西哥)、欧盟(EU)和亚洲集团的雏形(参见10.6节)。

1993年12月乌拉圭回合谈判的圆满结束使当今世界走上了一条解决贸易保护主义问题的漫长之路。但正如9.7B小节所指出的,仍然存在很多严重的贸易问题。最重要的是,很多部门(如保险业)并没有包括在该协议中,农业补贴仍然很高,对医药专利的保护措施令人失望,而计算机芯片的贸易仍受到关税的限制。尽管加强了限制,反倾销措施和保护手段还是可能的,因此爆发严重贸易争端的可能性依然存在。2001年11月在卡塔尔多哈举行的新一轮多边贸易谈判(多哈回合)致力于解决这些问题(然而多哈回合却以失败告终)。地区性的贸易协定无法代替真正的多边贸易协定。

随着科学技术的不断发展,全球化以及新兴市场(如中国)产品出口带来激烈竞争,美国企业不得不裁员,工作职位不如以前稳定,薪酬状况也不够景气。这些问题的解决不能靠约束贸易自由、减少国际竞争,而是要提供更多的培训机会,培养更多有技能的、能够适应信息时代潮流、可以在很多潜在职位(如电信、计算机及其他高科技行业)工作的人才。美国人必须掌握适应新的高科技岗位的才能,愿意迁移到有工作机会的地方,同时应接纳更多有才能的移民进入美国,才能保证美国继续拥有全球性的经济领先地位。这是美国人民必须为“新经济”所带来的高生产率、高薪酬及高生活水准这一系列益处付出的代价。

3.发达国家的严重结构失衡和增长缓慢以及转型经济国家的结构改造不足

如今,很多发达国家面临阻碍了其发展的严重的结构问题。美国支出过度,国民储蓄不足。这意味着美国通过过度从国外借款,维持了高于其承受能力的支出。其结果是难以为继的巨额贸易赤字、不断贬值的美元以及不稳定的金融状况(参见案例研究 12.5)。由于美国的经济规模如此庞大,其经济问题在我们相互依存的世界上迅速演变成全球性的经济问题。美国需要削减支出并提高储蓄率以克服这一严重的结构失衡。虽然这实现起来任重而道远,但美国似乎并未投入足够的努力来实现这一目标。

欧洲面临的是另一种结构失衡,甚至在近期的全球金融危机爆发前就已经发展受阻并面临居高不下的失业率。大多数欧洲国家都有着过分慷慨的社会保险福利制度和不灵活的劳动力市场,而这不利于在全球化和国际竞争的大背景下创造新的工作和就业机会。失业率过高影响了欧洲的进口,欧洲各国试图对贸易施加限制来保护就业,却徒劳无功。我们再次看到在相互依存的世界上,一个国家或一个地区的问题会迅速发展成全球普遍性的问题。越来越多的人认为,要解决欧洲的结构性失业问题,需要减少社会保障的福利,消除阻碍劳动力市场灵活性的规章制度(如果解雇工人非常困难,那么雇主就不会轻易雇用工人)。不过这些做起来并不容易,尤其是因为欧洲国家正在为其高工资和全面的社会劳动立法而感到自豪。

案例研究 21.5

主要工业国之间的贸易不平衡

世界经济如今面临的最严重的全球性不平衡之一,就是美国和英国长期的巨额贸易逆差以及德国的贸易顺差。如表 21.6 所示,美国的贸易逆差从 1980 年的 255 亿美元增长至 1990 年的 1 103 亿美元,再到 2000 年的 4 439 亿美元,2006 年更是高达 8 329 亿美元(表中未显示),2014 年为 7 358 亿美元。德国的贸易顺差从 1960 年的 21 亿美元到 2014 年达到历史最高点 3 042 亿美元。2011 年,日本一直以来的贸易顺差变为逆差,2014 年的贸易逆差为 992 亿美元。2014 年,英国和法国的贸易逆差分别为 1 970 亿美元和 484 亿美元,意大利和加拿大的贸易顺差分别为 563 亿美元和 45 亿美元。

表 21.6　1960—2014 年部分年份主要工业国的贸易差额　　单位：10 亿美元

国家	1960 年	1970 年	1980 年	1990 年	1995 年	2000 年	2005 年	2010 年	2014 年
美国	4.9	2.6	−25.5	−110.3	−172.3	−443.9	−783.3	−648.7	−735.8
日本	0.3	4.0	2.1	69.3	131.8	116.7	107.0	108.5	−99.2
德国	2.1	5.7	7.9	68.5	65.1	56.4	213.7	213.7	304.2
英国	−1.1	0.0	3.4	−32.5	−19.0	−49.9	−152.5	−152.5	−197.0
法国	0.6	0.3	−14.1	−13.3	11.0	−3.2	−63.3	−63.3	−48.4
意大利	−0.6	−0.2	−15.9	−1.5	39.7	9.5	−24.4	−24.4	65.3
加拿大	−0.2	3.0	7.9	9.5	25.9	45.0	−9.4	−9.4	4.5

资料来源：International Monetary Fund, *International Financial Statistics Yearbook*, Various Years; and D. Salvatore, "Global Imbalances," *Princeton Encyclopedia of the World Economy* (Princeton: Princeton University Press, 2008).

1981—1985 年美元以贸易加权为基础计算升值了近 40%,而 1985—1988 年则有更大幅度的贬值,但美国的贸易逆差在 1988 年才开始减少。虽然贸易逆差频创纪录,1995—2000 年美元仍开始迅速升值,这是因为美国经济的迅速增长吸引了大量外国资本流入。然而直到 2006 年,美国贸易逆差持续迅速增加,虽然 2005 年中期美元开始贬值。目前美国的贸易逆差从长期来看是不可持续的,德国的巨额贸易顺差也是如此。

20 世纪 90 年代初期房地产泡沫破灭之后,日本经历了 4 次经济衰退和发展停滞。银行停止发放贷款,就连业绩出色的企业也无法获得贷款,日本陷入经济停滞。为摆脱困境,日本几乎尝试了所有的方法,包括将存款利率几乎降至零以刺激私人投资,投资于一些大型建设项目如修建公路和其他基础设施(经常是不必要的)以活跃和刺激经济,同时保持日元汇率低估以刺激出口。然而日本经济仍处于危机之中。直到 2004 年,日本似乎才终于从经济危机中摆脱出来,但由于近期的全球金融危机重又陷入严重的衰退。日本必须削减其过高的财政赤字和国家债务,并重整其效率低下的分销体系。但是,正如前面所指出的,在经济增长迟缓的背景下进行经济结构调整,消除低效率和削减预算是非常困难的。

尽管转型经济国家(中东欧和苏联的前中央计划经济国家)的改造规划已经取得了一定的进展,但这一过程还远未结束。2004 年以来,13 个转型经济国家(位于中东欧的 11 个国家外加塞浦路斯和马耳他)加入欧盟,其中 7 个国家正式采用欧元。尽管西欧的经济增长缓慢,这些国家正在加速其经济结构调整和加入世界经济一体化的进程,缩小与发达国家生活水平之间的巨大差距。

4. 很多发展中国家的极度贫困问题

尽管很多发展中国家近年来发展迅速,但仍有很多落后的发展中国家,尤其是非洲撒哈拉沙漠以南的国家,正面临极度贫困、失控的国际债务、经济停滞,以及与国际生活水平越差越远等问题。这种情况给世界经济造成了严重的后果。将国际贸易和国际分工所带来的利益进行如此不平均的分配的世界经济制度,是不能被称为合理的——更不用说平等了。一个有数百万人在挨饿的世界,不但从道德上是无法接受的,也不可能是安宁而和平的。第 8 章和第 11 章曾探讨了世界上富裕国家与很多最贫困的发展中国家生活水平存在巨大国际差距且不断恶化的原因,以及解决这一问题的办法。

多年来,联合国贸易发展大会(UNCTAD)以及其他国际性论坛提出了许多改善发展中国家经济条件,促进其发展的建议。20 世纪八九十年代,这些建议似乎不是那么迫切了,这是因为发达国家(特别是西欧、日本和美国)忙于解决本国的财政问题,包括汇率体制不稳定、经济增长缓慢、失业率居高不下等。作为世界经济新秩序(NIEO,见 21.6C 小节)所要求的一部分,发展中国家一直在要求更多的援助和更多地向发达国家市场出口。

1993 年 12 月成功结束的乌拉圭回合谈判只是部分地解决了这些问题。而且,尽管最贫困的发展中国家的债务负担仍然相当沉重,发达国家所承诺的援助计划却已经停滞下来(参见案例研究 21.5)。2000 年 9 月的《千禧年宣言》设定了具体的目标,包括减少收入缺乏、解决人类剥削的其他根源以及到 2015 年促进可持续发展(参见案例研究 21.6)。最为重要的是,如前所述,旨在解决上述贸易问题的多哈回合却以失败告终。目前的希望是 20 国集团在解决最贫困的发展中国家的严重贸易问题方面能够取得更大的成功。然而,自 2009 年成立以来,20 国集团在这方面并未取得多少进展。

5. 资源匮乏、环境恶化、气候变化和可持续发展

富裕国家的增长和贫困国家的发展如今正在受到资源匮乏、环境恶化和气候变化的威胁。石油和其他原材料以及食物的价格面对多年来迅速增长的需求(尤其是来自中国和印度的需求)和生产国供给限制,出现了大幅上涨。由于近期的全球金融危机造成的经济衰退和增长迟缓,原材料及食物的需求和价格趋于稳定甚至有所下降,不过资源短缺问题必然还会被提上议程。此外,在很多新兴市场经济中,环境保护让位于经济增长。某些地区的环境污染问题极为严重,而亚马孙热带雨林正迅速被破坏。我们都耳闻目睹了极为严重的气候变化,这些可能对世界各国尤其是最贫困的发展中国家造成越来越恶劣的影响。对这些问题的充分分析和解决需要集各学科之力,需要全世界共同努力,也需要世界各国政府有所改变。不过这方面的进展异常缓慢。

从上面的讨论可以清楚地看到,当今全球面临的国际经济问题是密切相关的。例如,美国巨额的贸易赤字和财政预算赤字引起了贸易保护主义和美元贬值,这影响了所有国家,既包括发达国家也包括发展中国家。以上这些问题的紧密联系,也体现了本书前半部分讨论的国际贸易理论(第 2 章至第 12 章)和后半部分讨论的国际金融理论(第 13 章至第 21 章)之间的联系。

尽管目前的问题很严重,但过去也曾经遇到过类似的问题,有时候问题的严重程度甚至超过当前。我们希望在合作和相互理解精神的指引下,世界各国能够解决目前面临的经济、金融、社会、政治和环境问题。

本章小结

1. 本章考察了从金本位制时期到目前的国际货币体系的运作。国际货币体系包括影响国际收支的各种规则、习惯、工具、设施和组织。可以根据汇率决定的方式或国际储备的形式对国际货币体系进行分类。一个好的国际货币体系应使国际贸易和国际投资的收益最大化,并能将其在各国间进行公平的分配。对国际货币体系的评价,可以从其调节能力、流动性及可靠性三个方面着眼。

2. 金本位制大致从 1880 年开始实行,直到 1914 年"一战"爆发结束。在金本位制下,大部分实际调节过程是通过短期资本流动进行的,其主要结果是收入的变化,而不是如价格—黄金流动机制所假定的那样,通过内部价格的变化进行调节。稳定而有活力的经济环境可以大大加强其调节能力。1919—1924 年这一时期的特点是疯狂而失控的汇率波动。从 1925 年开始,英国和其他国家尝试重新建立金本位制,但由于 1931 年大萧条的加剧,这一尝试失败了。随后,各国竞相开始贬值本国货币,以试图"出口"自己的失业,再加上大多数国家实施的严格的贸易限制,国际贸易几乎减少了一半。

3. 1944 年达成的布雷顿森林体系要求建立国际货币基金组织,其目的是：(1)监督各国在国际贸易和金融活动中遵循一系列行为准则；(2)向暂时面临国际收支困难的国家提供贷

款。这属于金汇兑本位制,由黄金和一种可兑换货币(最初是美元)共同组成国际储备。汇率只能在确定的汇率平价上下各 1% 的范围内波动。只有在根本性失衡的情况下,经国际货币基金组织同意后,才可以改变汇率平价。国际货币基金组织根据各国经济的重要程度,向其分配一定的配额。该国必须用黄金支付其配额的 25%,并用本国货币支付其余的 75%。一国遇到收支困难时,可以每年从国际货币基金组织贷到其配额的 25%,存入等值的本国货币来换取可兑换的外币,直到国际货币基金组织持有的该国货币达到该国配额的 200% 为止。

4. 在布雷顿森林体系下,工业国在面临根本性失衡时也不愿意改变汇率平价。美元与黄金的兑换在战后很快恢复了,其他工业国货币的可兑换性也在 20 世纪 60 年代早期恢复。1971 年,工业制成品的关税平均降到了 10% 以下。由于成员国和配额的增加,国际货币基金组织的总资源到 1971 年已达到 285 亿美元。它还通过贷款安排总协议(GAB)的签署,进一步扩大其资金来源。各国与国际货币基金组织签订备用协议,各国中央银行也相互签订互惠信贷安排。国际货币基金组织还开始允许成员国在一年内的借款达到各自配额的 50%。1967 年,国际货币基金组织决定创造 95 亿特别提款权(于 1970—1972 年进行了分配),以补充国际储备的不足。黄金总库于 1961 年建立,但在 1968 年黄金双价市场出现时瓦解了。在布雷顿森林体系时期,欧盟(EU)和欧洲货币市场成立,世界总产量迅速增长,而国际贸易增长得更快。

5. 享受美元作为主要国际货币所带来的铸造利差这一好处的代价是,美国不能通过美元贬值来纠正国际收支逆差,其货币政策也受到严格限制。布雷顿森林体系崩溃的直接原因是美国 1970 年巨额的国际收支逆差以及市场上对 1971 年将发生更大逆差的预期。这导致大量针对美元的投机行为、1971 年 8 月 15 日美元停止兑换黄金和 1971 年 12 月一种新货币制度的产生。布雷顿森林体系崩溃的根本原因在于缺乏足够的调节机制。美国收支逆差的持续虽然为该体系提供了流动性,但也使美元的可靠性下降。1973 年 2 月,美元再次贬值。1973 年 3 月,面对持续不断的美元投机,主要货币的汇率被允许浮动,可以单独浮动,也可以联合浮动。

6. 从 1973 年 3 月起,世界开始实行有管制的浮动汇率制度。这一体系通过牙买加协议得到正式确认,该协议于 1978 年 4 月开始生效。1979 年 3 月,欧洲货币体系建立;1988 年 10 月,欧洲中央银行成立;1999 年 1 月 1 日,作为欧盟单一货币的欧元开始启动,2002 年 1 月 1 日开始流通。对从国际货币基金组织借款的限制有所放松,同时产生了一系列新的信贷工具。当今世界面临的最主要的货币问题,是汇率失衡及其过分的波动。人们提倡通过目标区域和更广泛的国际宏观经济政策协调来解决这些问题。过去 10 年间,在墨西哥、东南亚、俄罗斯、巴西、土耳其和阿根廷发生了一系列金融和经济危机,俄罗斯 2014 年发生了金融和经济危机。2008—2009 年,美国和大多数其他发达国家也发生了金融和经济危机。20 国集团对此提出的解决方案包括加强金融监管,增进国际政策协调,改革国际货币基金组织和维护开放的市场。其他严重问题还有:(1)"大衰退"之后发达国家经济增长缓慢,失业率居高不下;(2)在快速全球化的世界上,发达国家的贸易保护主义;(3)美国的严重结构失衡,欧洲和日本的经济增长缓慢,以及转型经济国家的经济结构改造不足;(4)很多发展中国家的极度贫困问题;(5)威胁到世界经济增长和可持续发展的资源匮乏、环境恶化和气候变化问题。

关键术语

adjustment	调节
Asian Infrastructure Investment Bank, AIIB	亚洲基础设施投资银行(简称亚投行)
benign neglect	善意忽视
Bretton Woods system	布雷顿森林体系
confidence	可靠性
credit tranches	信用份额
currency convertibility	货币自由兑换
dollar glut	美元过剩
dollar overhang	美元泛滥
dollar shortage	美元短缺
dollar standard	美元本位制
first credit tranche	第一信用份额
fundamental disequilibrium	根本性失衡
General Arrangements to Borrow, GAB	贷款安排总协定
gold tranche	黄金份额
Group of Twenty, G-20	20 国集团
IMF conditionality	国际货币基金组织条件
International Bank for Reconstruction and Development, IBRD or World Bank	国际复兴与开发银行或世界银行
International Development Association	国际开发协会
International Finance Corporation, IFC	国际金融公司
International Monetary Fund, IMF	国际货币基金组织
international monetary system	国际货币体系
intervention currency	干预货币
Jamaica Accords	牙买加协议
liquidity	流动性
net IMF position	国际货币基金组织净头寸
New Arrangement to Borrow, NAB	借款新安排
original sin	原罪
Roosa bonds	罗萨债券
Smithsonian Agreement	史密森协定
Special Drawing Rights, SDRs	特别提款权
standby arrangements	备用协议
substitution account	替代账户

super gold tranche   超黄金份额

swap arrangements   互惠信贷安排

复习题

1. 国际货币体系指的是什么? 如何对国际货币体系进行分类?

2. 运行良好的国际货币体系有何特征? 如何评价一种国际货币体系?

3. 休莫是如何解释金本位制下国际收支失衡后的调节过程的? 金本位制下的调节过程实际上是如何进行的?

4. 1920—1924 年实行的是什么类型的国际货币体系? 1925—1931 年发生了什么? 1931 年以后又发生了什么?

5. 国际货币基金组织的两大基本功能是什么?

6. "布雷顿森林体系是一种金汇兑本位制"这句话是什么意思? 在布雷顿森林体系下,汇率是如何决定的? 在什么情况下,各国被允许改变其汇率?

7. 成员国从国际货币基金组织贷款的过程是怎样的?

8. 布雷顿森林体系在哪些方面是按照原来的设想运作的? 在哪些方面不是? 该体系近些年是如何发展的?

9. 贷款安排总协议是什么? 备用协议、特别提款权、黄金总库、黄金双价市场各是指什么?

10. 美元短缺的含义是什么? 美元过剩呢? 罗萨债券是什么? 实行利息平衡税和国外直接投资批准程序的目的是什么?

11. 铸币利差的含义是什么?

12. 什么是史密森协定? 欧洲"蛇行"汇率制、美元本位制、调节能力、流动性和可靠性分别是什么意思?

13. 牙买加协议的内容是什么?

14. 特别提款权的价值目前是如何确定的? 国际货币基金组织后来又设立了哪些附加信贷工具?

15. 当今世界面临的主要问题是什么? 提出了什么样的方案用于解决这些问题?

练习题

*1. 解释:

(1) 与实行金本位制时相比,如今的经济环境有何不同?

(2) 为什么在当今的经济环境下,重建当年曾顺利运行的金本位制是不可能的?

2. 如果某国在国际货币基金组织的配额为 1 亿美元,该国如何向国际货币基金组织支付其配额? 在最初的规定下该国每年可借多少款? 这些规定在如今有何变化?

3. 假设第 2 题中的国家在第一年向国际货币基金组织借款达到允许的最大值,描述其借款过程是如何进行的。

4. 假设第 2 题中的国家在第一年借款达到最大值后，在随后的每年向国际货币基金组织借款也达到允许的最大值，描述整个借款过程是如何进行的。

5. 对于第 2 题中的国家，根据国际货币基金组织最初的条款，应该在何时以及如何归还其借款？

6. 如果第 2 题中的国家（称为国家 1）在第一年后不再借款，且在还贷之前，另一国家从国际货币基金组织借出等价于 1 000 万美元的国家 1 的货币，则结果如何？

*7.（1）在布雷顿森林体系下，一国如何通过干预远期外汇市场来阻止不稳定的国际资本流入本国？

（2）在现行的国际货币体系下，还能这样做吗？

*8.（1）在布雷顿森林体系下，一国如何通过干预即期外汇市场来阻止不稳定的国际资本流入本国？

（2）在现行的国际货币体系下，还能这样做吗？

9. 说明在布雷顿森林体系下美元所扮演的角色。

10. 解释有关布雷顿森林体系的两个问题：

（1）它崩溃的直接原因是什么？

（2）它崩溃的根本原因是什么？

11. 简要说明现行国际货币体系的运作。

12.（1）解释 1994 年 12 月墨西哥货币危机的根本原因。

（2）国际货币基金组织提出了什么方案以避免将来发生类似的危机？

13. 关于 1994 年 12 月的墨西哥危机，指出：（1）它对于严重依赖短期资本输入的发展中国家提供了怎样的教训；（2）当货币危机发生时，应当怎样应对。

14.（1）解释 20 世纪 90 年代后半期在新兴市场及 2008—2009 年在发达国家发生经济危机的根本原因。

带 * 号练习题的答案

（2）人们提出了什么方案以避免未来发生类似的危机？

15. 指出当前世界面临的最主要的国际经济问题。

附录

A21.1　国际储备（1950—2014 年）

在本附录中，我们附上由国际货币基金组织提供的、以特别提款权为单位的国际储备历史数据。国际货币基金组织所包括的黄金储备是按官方价格每盎司 35 特别提款权计算的。表 21.7 包括按市场价格计算以特别提款权为单位的黄金储备数值。表中还给出了特别提款权在年底的美元价格。因为四舍五入的关系，其中一些总额数据有细微误差。在 1968 年黄金双价市场建立以前，黄金的市场价格与每盎司 35 特别提款权的官方价格是完全相同的。请注意 1971 年布雷顿森林体系崩溃以来，外汇储备（主要是美元）和黄金储备的市场价值的迅速增

表 21.7　1950—2014 年国际储备构成（年末值）

单位：10 亿特别提款权

项目	1950 年	1955 年	1960 年	1965 年	1966 年	1967 年	1968 年	1969 年
1. 外汇	13.3	16.7	18.5	24.0	25.7	29.4	32.6	32.9
2. 特别提款权	—	—	—	—	—	—	—	—
3. 在国际货币基金组织的储备头寸	1.7	1.9	3.6	5.4	6.3	5.7	6.5	6.7
4. 除黄金外的全部储备	15.0	18.6	22.1	29.4	32.0	35.2	39.1	39.8
5. 黄金（每盎司 35 特别提款权）	32.2	35.0	37.9	41.8	40.8	39.6	38.7	38.9
6. 包括黄金的总储备（每盎司 35 特别提款权）	48.2	53.6	60.0	71.2	72.8	74.6	77.8	78.7
7. 黄金（按市场价计算，以特别提款权为单位）	33.0	35.0	38.6	41.9	41.1	39.4	46.4	45.7
8. 包括黄金的总储备（黄金按市场价计算，以特别提款权为单位）	48.0	53.6	60.7	71.3	73.1	74.8	85.5	79.0
9. 每特别提款权的美元价格	1.000 0	1.000 0	1.000 0	1.000 0	1.000 0	1.000 0	1.000 0	1.000 0

项目	1970 年	1971 年	1972 年	1973 年	1974 年	1975 年	1976 年	1977 年
1. 外汇	45.1	74.6	95.7	101.8	126.2	137.3	160.2	202.3
2. 特别提款权	3.1	5.9	8.7	8.8	8.9	8.8	8.7	8.1
3. 在国际货币基金组织的储备头寸	7.7	6.4	6.3	6.2	8.8	12.6	17.7	18.1
4. 除黄金外的全部储备	56.2	87.1	110.9	116.8	144.0	158.7	186.6	228.5
5. 黄金（每盎司 35 特别提款权）	37.0	36.0	35.8	35.9	35.8	35.7	35.5	36.0
6. 包括黄金的总储备（每盎司 35 特别提款权）	93.2	123.1	146.7	152.7	179.8	194.4	222.2	264.5
7. 黄金（按市场价计算，以特别提款权为单位）	39.6	38.7	52.9	82.6	133.0	140.3	109.1	125.3
8. 包括黄金的总储备（黄金按市场价计算，以特别提款权为单位）	95.8	125.8	163.8	199.4	277.0	299.0	295.7	353.8
9. 每特别提款权的美元价格	1.000 0	1.085 7	1.085 7	1.206 4	1.224 4	1.170 7	1.161 8	1.241 7

项目	1978 年	1979 年	1980 年	1981 年	1982 年	1983 年	1984 年	1985 年
1. 外汇	222.5	248.6	292.6	291.9	284.7	308.8	349.1	347.9
2. 特别提款权	8.1	12.5	11.8	16.4	17.7	14.4	16.5	18.2
3. 在国际货币基金组织的储备头寸	14.8	11.8	16.8	21.3	25.5	39.1	41.6	38.7
4. 除黄金外的全部储备	245.5	272.9	321.3	329.7	327.9	362.3	407.1	404.9
5. 黄金（每盎司 35 特别提款权）	36.3	33.1	33.5	33.5	33.4	33.3	33.3	33.4
6. 包括黄金的总储备（每盎司 35 特别提款权）	281.8	306.0	354.7	363.1	361.2	395.6	440.3	438.2
7. 黄金（按市场价计算，以特别提款权为单位）	154.0	220.5	455.4	406.8	324.1	383.4	348.9	274.8
8. 包括黄金的总储备（黄金按市场价计算，以特别提款权为单位）	399.5	493.8	776.6	736.4	652.0	745.7	756.1	679.6
9. 每特别提款权的美元价格	1.302 8	1.317 3	1.275 4	1.164 0	1.103 1	1.047 0	0.980 2	1.098 4

续表

项目	1986 年	1987 年	1988 年	1989 年	1990 年	1991 年	1992 年	1993 年
1. 外汇	363.8	455.9	494.4	545.1	611.3	646.2	673.3	750.3
2. 特别提款权	19.5	20.2	20.2	20.5	20.4	20.6	12.9	14.6
3. 在国际货币基金组织的储备头寸	35.3	31.5	28.3	25.5	23.7	25.9	33.9	32.8
4. 除黄金外的全部储备	418.7	507.6	542.8	591.1	655.4	692.6	720.1	797.7
5. 黄金（每盎司 35 特别提款权）	33.3	33.1	33.1	32.9	32.9	32.9	32.5	32.2
6. 包括黄金的总储备（每盎司 35 特别提款权）	452.0	540.8	576.0	624.0	688.3	725.5	752.6	829.9
7. 黄金（按市场价计算，以特别提款权为单位）	286.0	297.7	307.5	273.0	253.1	237.5	231.6	241.4
8. 包括黄金的总储备（黄金按市场价格计算，以特别提款权为单位）	704.6	805.3	850.3	864.0	908.3	929.8	951.7	1 039.0
9. 每特别提款权的美元价格	1.223 2	1.418 7	1.345 7	1.314 2	1.422 7	1.430 4	1.375 0	1.373 6

项目	1994 年	1995 年	1996 年	1997 年	1998 年	1999 年	2000 年	2001 年
1. 外汇	812.8	934.9	1 089.2	1 197.9	1 167.6	1 298.3	1 486.1	1 631.0
2. 特别提款权	15.8	19.8	18.5	20.5	20.4	21.5	21.5	21.5
3. 在国际货币基金组织的储备头寸	31.7	36.7	38.0	47.1	60.6	54.8	47.4	56.9
4. 除黄金外的全部储备	860.3	991.3	1 145.8	1 265.5	1 248.6	1 371.6	1 552.0	1 707.4
5. 黄金（每盎司 35 特别提款权）	32.0	31.8	31.8	31.2	33.9	37.7[a]	37.2	36.9
6. 包括黄金的总储备（每盎司 35 特别提款权）	890.4	1 020.1	1 177.6	1 296.7	1 282.5	1 409.3	1 589.2	1 744.3
7. 黄金（按市场价计算，以特别提款权为单位）	240.4	236.1	245.2	218.9	202.3	219.1	227.7	227.3
8. 包括黄金的总储备（黄金按市场价格计算，以特别提款权为单位）	1 100.7	1 227.4	1 391.0	1 484.4	1 450.9	1 590.7	1 779.7	1 934.7
9. 每特别提款权的美元价格	1.459 9	1.486 5	1.438 0	1.349 3	1.408 0	1.372 5	1.302 9	1.256 7

项目	2002 年	2003 年	2004 年	2005 年	2006 年	2007 年	2008 年	2009 年
1. 外汇	1 770.9	2 035.5	2 413.5	3 022.5	3 491.7	4 242.6	4 769.2	5 208.1
2. 特别提款权	21.5	21.5	21.5	21.5	21.5	21.5	21.4	204.1
3. 在国际货币基金组织的储备头寸	66.1	66.5	55.8	28.6	17.5	13.7	25.1	38.7
4. 除黄金外的全部储备	1 856.8	2 122.1	2 489.7	3 071.3	3527.9	4 275.2	4 813.5	5 447.6
5. 黄金（每盎司 35 特别提款权）	36.6	36.0	35.4	34.6	34.2	33.7	33.7	34.3
6. 包括黄金的总储备（每盎司 35 特别提款权）	1 893.4	2 158.1	2 525.1	3 105.9	3 562.1	4 308.9	4 847.2	5 481.9
7. 黄金（按市场价计算，以特别提款权为单位）	238.3	251.4	266.3	308.5	393.5	424.7	545.5	609.0
8. 包括黄金的总储备（黄金按市场价格计算，以特别提款权为单位）	2 131.7	2 409.5	2 791.4	3 414.4	3 955.6	4 733.6	5 392.7	6 090.9
9. 每特别提款权的美元价格	1.359 5	1.486 0	1.553 0	1.429 3	1.504 4	1.580 3	1.540 3	1.567 7

续表

项　　目	2010 年	2011 年	2012 年	2013 年	2014 年
1. 外汇	6 016.0	6 647.4	7 126.2	7 588.3	8 006.8
2. 特别提款权	204.3	204.3	204.2	204.2	204.2
3. 在国际货币基金组织的储备头寸	48.8	98.3	103.2	97.5	81.7
4. 除黄金外的全部储备	6 264.5	6 939.8	7 421.1	7 876.5	8 278.1
5. 黄金(每盎司 35 特别提款权)	34.7	35.1	35.7	35.9	36.0
6. 包括黄金的总储备(每盎司 35 特别提款权)	6 299.2	6 974.9	7 456.8	7 912.4	8 314.1
7. 黄金(按市场价计算,以特别提款权为单位)	788.8	1 026.1	1 107.3	939.8	1 303.4
8. 包括黄金的总储备(黄金按市场价计算,以特别提款权为单位)	7 088.0	8 001.0	8 564.1	8 852.2	9 581.5
9. 每特别提款权的美元价格	1.540 0	1.535 3	1.536 9	1.540 0	1.448 8

ª 国际货币基金组织重新计算了其黄金持有量。

资料来源: IMF, *International Financial Statistics Yearbooks* 1985,1998,2000,2012 and *IFS*, April 2015.

加。特别提款权储备在 1992 年的下降主要是由于国际货币基金组织各成员将其用于支付各自在国际货币基金组织增加的配额。

问题　(1)计算 1950 年、1955 年、1965 年、1970 年、1980 年、1985 年、1990 年、1995 年、2000 年、2005 年以及 2008—2014 年国际储备总额的美元价值(黄金按市场价计算)对世界进口总额的美元价值的比率；(2)对于这些年国际流动性的增加，你有何看法？(3)为什么在目前的国际货币体系下会产生过剩的国际流动性？

术 语 表

A

绝对优势(absolute advantage)：一国在生产某种商品上比另一国家有更大的效率。这是亚当·斯密贸易理论的基础。

绝对购买力平价理论(absolute purchasing power parity theory)：假设均衡汇率等于两国的价格水平之比。这一购买力平价理论的解释可能会使人误解。

吸收法(absorption approach)：在改善国际收支失衡的过程中，通过改变汇率而造成收入变化来影响国际收支的方法。

从价关税(ad valorem tariff)：表示为贸易商品价值的一个固定百分比的税。

可调整钉住汇率制度(adjustable peg system)：汇率或票面价值为纠正国际收支失衡而定期改变的制度。

调节(adjustment)：纠正国际收支失衡的过程。

调节国际收支(adjustment in the balance of payments)：为纠正国际收支失衡而采取的措施的运作和效果。

调节政策(adjustment policies)：一国的货币管理当局主要为了改善国际收支失衡而采取的具体措施。

总需求曲线[aggregate demand (AD) curve]：商品与服务的总需求与不同价格水平之间的图形关系。

总供给曲线[aggregate supply (AS) curve]：在一段给定的时间内，一国产出与价格水平之间的图形关系。

反全球化运动(antiglobalization movement)：一个全球性的松散组织，它指责全球化引发了许多人类与环境方面的问题，以牺牲人类福利和恶化环境为代价换取跨国公司的利润。

反贸易的生产和消费(antitrade production and consumption)：生产和消费的增长带来的福利增加小于相同比例贸易量增长（甚至是绝对贸易量的减少）所带来的福利增加。

升值(appreciation)：以本国货币表示的外币价格的下降。

套利(arbitrage)：在某货币较便宜的货币中心购买该货币，然后立即在该货币较贵的另一货币中心出售该货币以谋利的行为。

亚洲基础设施投资银行(Asian Infrastructure Investment Bank, AIIB)：总部位于北京，初始授权资本为 1 000 亿美元，旨在为该地区的基础设施建设项目提供资金。

自给自足(autarky)：不存在贸易，或闭关自守。

平均进口倾向(average propensity to import, APM)：进口与国民收入之比或 M/Y。

B

国际收支平衡表(balance of payments)：在一段特定的时间内（通常为一年），一国居民与世界上其他国家的居民进行的所有国际交易的汇总表。

平衡增长（balanced growth）：在两种商品的生产过程中，生产要素增长和技术进步的速度相同。

巴拉萨—萨缪尔森效应（Balassa-Samuelson effect）：发达国家非贸易商品和服务与贸易商品和服务的价格之比系统地高于发展中国家，因此发达国家的汇率相比发展中国家会被高估。

波罗的海自由贸易协定（Baltic Free Trade Agreement，BAFTA）：爱沙尼亚、拉脱维亚和立陶宛等波罗的海国家之间签署的建立自由贸易区的协议。

银行业联盟（Banking Union）：由欧盟设立，欧洲中央银行成为所有大型欧洲银行的发牌机关，可以对其进行资产重组以防范有可能发生的欧洲银行业危机。

贸易基础（basis for trade）：两国贸易增长的原动力。即亚当·斯密的绝对优势理论和大卫·李嘉图的相对优势理论。

善意忽视（benign neglect）：1973 年 3 月至 1977 年年底及 1981—1985 年，美国实施的外汇市场非干预政策。

双边协定（bilateral agreements）：两国间就贸易数量和特定贸易的条款达成的协定。

双边贸易（bilateral trade）：任何两国之间的贸易。

BP 曲线（BP curve）：表明一国国际收支均衡时利率与国民收入的各种组合，曲线通常向右下方倾斜。

脑力流失（brain drain）：一些高技术及受过高级训练的人才从发展中国家迁往发达国家以及从其他发达国家迁至美国。

布雷顿森林体系（Bretton Woods system）："二战"结束至 1971 年实行的金汇兑本位制。

预算赤字（budget deficit，G-T）：政府支出超过税收的部分。

缓冲库存储备（buffer stocks）：国际商品协定中包含的当价格低于约定的最低价时就购买商品（使存货增加），当价格高于约定的最高价时就卖出存货的形式。

大宗采购（bulk purchasing）：在一年或几年内购买某一确定数量的商品的协定。

C

资本项目（capital account）：非生产性的非金融资产的购入和处置，以及应付和应收国外资本转移。

资本密集型商品（capital-intensive commodity）：在所有相对要素价格下均具有较高的资本/劳动比率的商品。

资本/劳动比率（capital-labor ratio，K/L）：在生产一种商品时每使用一单位劳动所需要的资本数量。

资本节约型技术进步（capital-saving technical progress）：使劳动的生产力提高多于资本生产力提高的技术进步，从而使在不变相对要素价格下，劳动/资本比率有所上升。

套利交易（carry trade）：投资者借入一种低收益的货币，然后借出（投资）另一种高收益的货币的策略。

中东欧国家（Central and Eastern European Countries，CEEC）：包括阿尔巴尼亚、波斯尼亚和黑塞哥维那、保加利亚、克罗地亚、捷克共和国、南斯拉夫联盟共和国、匈牙利、前南斯拉夫共和国、马其顿、波兰、罗马尼亚、斯洛伐克共和国、斯洛文尼亚。

中欧自由贸易联盟（Central European Free Trade Association，CEFTA）：由波兰、匈牙利、

捷克和斯洛伐克在 1992 年签署的在 10 年内成立自由贸易区的协议(后来预期在 1997 年成立自由贸易区)。

集中化的卡特尔(centralized cartel)：商品供应商的一种组织，其行为类似于垄断者。

中央计划经济(centrally planned economies)：生产要素由政府拥有，价格由政府指令决定的经济。

封闭经济(closed economy)：一种闭关自守的或不参与国际交易的经济。

柯布—道格拉斯生产函数(Cobb-Douglas production function)：劳动和资本之间为单一替代弹性的生产函数。

商业政策(commercial policies)：管理一国商业或国际贸易的规则。

商品或纯易货贸易条件(commodity, or net barter, terms of trade)：一国出口商品价格指数与进口商品价格指数之比再乘以 100。

共同市场(common market)：消除成员国之间的所有贸易壁垒，协调与世界上其他国家的贸易政策，并且允许资本和劳动在成员国间自由流动。一个例子就是 1993 年 1 月 1 日之后的欧盟。

独联体(Commonwealth of Independent States, CIS)：1991 年年底苏联解体后由大部分原苏联国家组成的组织。

独联体自由贸易区(Commonwealth of Independent States Free Trade Area, CISFTA)：独联体的自由贸易区。

社会无差异曲线(community indifference curve)：曲线表示给社会或国家带来相同的满足程度的两种商品的不同组合。社会无差异曲线的斜率为负，凸向原点，而且不相交。

比较静态法(comparative statics)：研究和比较两个或更多平衡点(产生于所依靠的经济环境的改变)的关系，而不考虑过渡时期和调节过程。

完全专业化(complete specialization)：贸易条件下使用一国的所有资源生产一种商品。通常在不变成本条件下发生。

混合关税(compound tariff)：从价关税和另一特定关税的组合。

可靠性(confidence)：国际收支调节机制足以奏效，且国际储备将保持其绝对和相对价值的情况。

固定替代弹性生产函数(constant elasticity of substitution (CES) production function)：表示资本和劳动之间的替代弹性不变(不一定为单位弹性)的生产函数。

不变的机会成本(constant opportunity costs)：要生产额外一单位另一种商品必须放弃生产的某种商品的数量不变。

规模报酬不变(constant returns to scale)：产出与要素投入同比例增长的情况。

消费者剩余(consumer surplus)：对某一特定数量的商品，消费者愿意支付的价格与实际支付价格之差。

关税的消费效应(consumption effect of a tariff)：因为关税使某种商品价格上升所引起的该商品国内消费的减少。

消费函数(consumption function)：消费支出与收入的关系。一般来说，收入为 0 时，消费是正的(即储蓄减少)，收入增加消费也增加，但是比收入增加得少。

经济互助委员会(经互会)(Council of Mutual Economic Assistance, CMEA or COMECON)：为了牵制与西方国家的贸易关系，同时在社会主义国家间争取更大程度的自给自足，1949 年由苏联成立的社会主义国家组织。

反补贴税（countervailing duties，CVDs）：外国政府为了抵消补贴的影响而征收的进口关税。

抛补套利（covered interest arbitrage）：将短期流动资金转换成外币赚取更高的回报，并通过即期买入外币，同时远期卖出来轧平汇率风险。

套利交易保证金（covered interest arbitrage margin，CIAM）：外币利率比本币利率高时指两国利差减去外汇远期折价率，外币利率比本币利率低时指两国利差减去外汇远期升水。

抛补套利平价（covered interest arbitrage parity，CIAP）：有利于外币的利差等于外汇远期折旧率的情况。

爬行钉住汇率制度（crawling peg system）：该制度下，在频繁的或者具体的时间间隔内，票面价值或汇率只改变一个预先声明的很小的数额，直到达到均衡汇率。

信用份额（credit tranche）：成员国能从国际货币基金组织得到的借款额，通常根据情况而定，超过其拥有的黄金份额。

贷方交易（credit transaction）：商品和服务出口，以及初次收入、二次收入和应收国外资本转移。

交叉汇率（cross-exchange rate）：在给定货币 A 与货币 B 对货币 C 的汇率的条件下，货币 A 与货币 B 之间的汇率。

货币发行局制（currency board arrangements，CBAs）：在一国实行严格的固定汇率制度并且该国中央银行不具有独立执行货币政策能力时的汇率安排，此时国家货币供给的增加或减少仅仅取决于国际收支的盈余或赤字。

货币自由兑换（currency convertibility）：将一国货币兑换成另一国货币而不受任何限制的能力。

经常项目（current account）：包括商品与服务的出口和进口，来自国外居民的初次（投资）收入及支付给国外居民的初次（投资）收入，支付给国外的二次收入（经常性转移，如工人的退休金）及来自国外的二次收入。

经常项目赤字（current account deficit，M-X）：一国经常项目交易的借方总额超出贷方总额。

关税同盟（customs union）：消除成员国之间的所有贸易壁垒，协调与世界其他国家的贸易政策。最好的例子就是欧盟。

D

借方交易（debit transaction）：商品与服务的进口，以及初次收入、二次收入、对国外居民的应付资本转移。

去工业化（deindustrialization）：制造业的相对重要性的降低以及制造业就业人数的下降。

货币需求（demand for money）：根据货币分析法，一国的名义货币余额的需求在长期是稳定的，与名义国民收入正相关，但与该国的利率水平负相关。

贬值（depreciation）：以本币表示的外币价格升高。

派生需求（derived demand）：由对最终商品的需求引起的对生产该商品所需的生产要素的需求。

预期或计划的投资（desired or planned investment）：企业愿意承受的投资消耗水平。

不稳定性的投机(destabilizing speculation)：当汇率下跌或处于低点且预期未来将继续下跌时卖出外币；当汇率上升或处于高点且预期未来继续上升时买入外币。

贬值(devaluation)：一国货币当局有意将汇率从某一固定水平提高到另一水平。

差别产品(differentiated products)：同一行业或同一生产集团中不同生产者生产的稍有差异的产品(如汽车、香烟和肥皂)。

直接控制(direct controls)：对国际贸易与国际资本流动施以税收、配额和其他方面的限制。

直接投资(direct investments)：对工厂、资本品、土地和存货的实物投资。包括资本和管理的投资，投资者保留对投资资本使用的控制。

肮脏浮动(dirty floating)：管理本国的汇率以达到除平滑短期波动以外的目的。例如，使本国货币值低估以刺激出口。

多哈回合(Doha Round)：2001年11月在多哈(卡塔尔)发起的多边贸易谈判，原计划于2004年完成。内容之一是发展中国家如何进一步在发达国家市场开展贸易活动。

美元过剩(dollar glut)：20世纪50年代末60年代初开始的，外国货币管理当局持有的美元超量供给的现象。

美元泛滥(dollar overhang)：由于美国国际收支逆差引起外国持有大量美元。美元从一个货币中心移至另一货币中心导致较大的汇率波动，使货币政策的执行更加复杂化。

美元短缺(dollar shortage)：20世纪40年代末50年代初，受战争破坏的国家不能积累充足的美元储备。

美元本位制(dollar standard)：1971年12月的史密森协定后出现的国际货币体系，美元保持国际货币地位，但是没有黄金支持。

美元化(dollarization)：一国将另一国货币作为自己法定货币的情况。

国内增加值(domestic value added)：最终商品的价格减去用于该商品生产的进口要素的成本。

复式簿记法(double-entry bookkeeping)：每笔(国际)交易记两次的会计过程，一次记贷方，一次记借方，两次记相等的金额。

双边要素贸易条件(double factoral terms of trade)：一国出口品价格指数与进口品价格指数之比乘以该国出口部门生产力指数与进口竞争部门生产力指数之比。

倾销(dumping)：以低于国内价格或成本的价格出口某产品。

荷兰病(Dutch disease)：由于过度使用本国先前进口的资源引起的本国货币的升值，进而使国家传统产业失去国际竞争力。

免税区或自由经济区(duty-free zones or free economic zones)：通过允许原材料和中间产品免税，以吸引外国投资而设立的区域。

动态分析法(dynamic analysis)：以时间为序，对从一种均衡状态到另一种均衡状态的调节过程进行分析。

动态外部经济(dynamic external economies)：随着累计工业产出的增加和企业长时间的知识积累，平均生产成本下降。

E

经济一体化(economic integration)：仅在形成联盟的国家之间歧视性地减少或消除贸易

壁垒的商业政策。

经济联盟（economic union）：消除成员国间的贸易壁垒，协调与世界其他国家的贸易政策，允许成员国间劳动力和资本的自由流动，也协调或整合成员国的货币、财政和税收政策。

埃奇沃斯盒形图（Edgeworth box diagram）：描述等量的两种商品和给定的两种要素投入数量之间关系的图形。

有效汇率（effective exchange rate）：国内货币与本国重要贸易伙伴国货币汇率的加权平均值。根据该贸易伙伴国的相对重要性赋予适当权重。

外汇市场的效率（efficiency of foreign exchange markets）：远期汇率正确预见未来即期汇率的程度。

弹性法（elasticity approach）：由进口品和出口品的需求价格弹性及货币的贬值引起的贸易差额的改变。

替代弹性（elasticity of substitution）：当要素价格下降时，在生产中一种要素替代另一种要素的难易程度。

弹性悲观主义（elasticity pessimism）：20 世纪 40 年代的经验主义研究得出了该理论，认为外汇市场是不稳定的，或者是完全不稳定的。

内生性增长理论（endogenous growth theory）：该理论旨在详细且严格验证通过更加自由化的贸易导致更快的长期经济增长与发展的途径和方法。

增长动力（engine of growth）：认为出口是 19 世纪新定居区走上快速增长和发展道路的先导因素的一种观点。

环保标准（environmental standards）：被不同国家接受的污染水平。

均衡国民收入水平（equilibrium level of national income, Y_E）：意愿消费或计划消费等于产出，意愿储蓄等于意愿投资时的国民收入水平。

孤立均衡相对价格（equilibrium-relative commodity price in isolation）：一国在孤立状态下使自身财富最大化的相对商品价格。它由国家生产可能性曲线和无差异曲线在自给自足的生产点和消费点处的共同切线的斜率决定。

贸易均衡相对价格（equilibrium-relative commodity price with trade）：两国在贸易均衡条件下的相对商品价格。

豁免条款（escape clause）：允许那些宣称从进口中受害的行业向国际贸易委员会提出要求的一种保护机制。该委员会可向主席建议取消任何关税减让协议。

欧拉定理（Euler's theorem）：该定理假设生产具有不变规模报酬且每一要素根据其生产率获得报酬，最终商品将被用尽且正好被用尽。

欧元（Euro）：欧盟 15 个成员国中的 11 个于 1999 年年初开始使用的通货。

欧洲债券（Eurobonds）：在借款国以外的国家销售的长期债券，目的在于筹集债券销售国货币以外的长期外币资本。

欧洲货币（Eurocurrency）：一国商业银行以外币标价吸收的存款。

欧洲货币市场（Eurocurrency market）：欧洲货币的交易市场。

欧元票据（Euronotes）：介于短期欧洲货币银行贷款和长期欧洲债券之间的一种中期金融工具。

欧洲中央银行（European Central Bank, ECB）：该机构与美国的联储体系类似，可以控制货币供给，发行欧盟的单一货币。

欧洲货币单位(European Currency Unit, ECU)：欧洲货币体系定义的货币单位,基于欧盟成员国货币的加权平均。

欧洲经济区(European Economic Area, EEA)：由12个欧盟成员国和7个欧洲自由贸易联盟成员国中的5个组成的自由贸易区,成立于1994年1月1日。

欧洲自由贸易联盟(European Free Trade Association, EFTA)：该自由贸易区成立于1960年,由英国、奥地利、丹麦、挪威、葡萄牙、瑞典和瑞士组成。1961年芬兰成为联系成员国。1970年冰岛加入。1973年英国和丹麦离开该组织加入欧盟。1986年芬兰成为该组织的正式成员,1991年列支敦士登加入。1995年奥地利、芬兰和瑞典脱离欧洲自由贸易联盟并加入了欧盟。

欧洲货币合作基金(European Monetary Cooperation Fund, EMCF)：欧洲货币体系的机构,负责向成员国提供短期或中期的国际收支援助。

欧洲货币机构(European Monetary Institute, EMI)：欧洲中央银行的前身。根据1991年12月的马斯特里赫特条约,于1994年1月宣布成立,旨在进一步集中成员国的宏观经济政策,减少汇率的浮动范围。

欧洲货币体系(European Monetary System, EMS)：1979年由欧盟的成员国成立的组织。该组织基于欧洲货币单位的诞生,旨在限制成员国的汇率波动,成立欧洲货币基金。

欧洲货币联盟(European Monetary Union, EMU)：欧盟中采用欧元作为共同的货币并建立欧洲中央银行执行共同货币政策的12个国家。

欧盟(European Union, EU)：由联邦德国、法国、意大利、比利时、荷兰、卢森堡在1958年成立的关税同盟。随着英国、丹麦、爱尔兰1973年加入,希腊1981年加入,西班牙和葡萄牙1986年加入,1995年奥地利、芬兰与瑞典加入而扩大到15个国家。

外汇控制(exchange controls)：一国对国际资本流动的限制,对远期市场和多种汇率的官方干预及其他金融和货币限制。

汇率(exchange rate)：外币的本币价格。

汇率机制(exchange rate mechanism, ERM)：欧洲货币体系下,成员国货币允许在中心汇率的基础上上下浮动2.25%。

汇率超调(exchange rate overshooting)：汇率以超出其长期均衡水平所需的程度立即升值或贬值的趋势,在向长期均衡水平移动时,就会改变其移动方向。

扩张线(expansion path)：投入价格不变,不断增加投入支出的情况下所达到的各个生产者均衡点与原点的连线。

即期汇率预期的变化(expected change in the spot rate)：预期将在未来发生的即期汇率的变化。

预期价格(expected prices)：认为将来会流行的价格。

支出—改变政策(expenditure-changing policies)：旨在改变国家总需求水平的财政和货币政策。

支出—转换政策(expenditure-switching policies)：低估或重估一国货币的价值以将该国的支出由本币转成外币或由外币转成本币。

出口管制(export controls)：国际商品协定的一种形式,目的是控制每个国家出口商品的数量。

出口函数(export function)：出口和收入的函数关系,出口作为外生变量,出口函数是水平的。也就是说,出口独立于国民收入水平。

进出口银行(Export-Import Bank):美国的一个政府机构,向外国提供补贴贷款以促进美国出口。

出口波动(export instability):出口价格和收入的短期波动。

出口导向工业化(export-oriented industrialization):一些发展中国家的工业化政策,涉及增加用于出口的工业品的产出。

出口悲观论(export pessimism):由于发达国家日益增强的贸易保护主义,认为发展中国家对发达国家的出口不可能快速增长的悲观主义情绪。

出口补贴(export subsidies):赋予潜在出口商以免税和补贴贷款的优待,并给本国出口商品的外国购买者提供低利率贷款。

出口税(export tariff):对出口产品征收的税。

外部均衡(external balance):一国国际收支的平衡目标。

外部经济(external economies):当工业总产出扩张时,每个企业的平均生产成本降低。

F

要素充裕(factor abundance):本国某种可利用的生产要素在很大程度上比另一国有相对低的价格。

要素禀赋(factor endowments):见要素充裕。

要素密集度颠倒(factor-intensity reversal):某商品当劳动的相对价格较低时是劳动密集的,而当资本价格较低时是资本密集的,如果这是普遍的情形,赫—俄贸易理论将不再成立。

要素价格均等(赫—俄—萨)定理[factor-price equalization(H-O-S)theorem]:赫—俄理论的一部分,其预期在严格的限制条件下,国际贸易将导致国家间同类要素的相对收益和绝对收入的一致化。

要素比例或要素禀赋理论(factor-proportions or factor-endowment theory):见赫克歇尔—俄林理论。

金融项目(financial account):包括金融资产的净购入、国外负债净额、金融衍生工具交易净额(储备资产除外)。

金融衍生工具(financial derivatives):是指复杂性远超普通股和债券,但价值可以取决于股票和债券的价值的金融资产。

第一信用份额(first credit tranche):某国在国际货币基金组织的配额的25%,要求以特别提款权方式或由国际货币基金组织选择的其他成员国货币方式支付,并可以随时从国际货币基金组织借出。

流动型产业(footloose industries):那些在生产过程中既无很大收益,又无很大亏损的产业,应建立在其他投入导致最低生产成本的地方。

外债(foreign debt):发展中国家欠发达国家商业银行的巨额美元债务,这些债务很难被偿还,甚至连利息都难以收回。

外汇期货(foreign exchange futures):一个在有组织的外汇市场上以选定的日期、标准的数量交易的外汇远期合同。

外汇市场(foreign exchange market):一国货币与另一国货币进行交易的框架。

外汇期权(foreign exchange options):设定在某一指定日期或之前买或卖标准数额交易货

币的权利的合同。

外汇风险(**foreign exchange risk**)：由于汇率随时间变动,使那些在未来要以外币支付或收到外币的人面临的风险,也称为头寸。

外汇掉期(**foreign exchange swap**)：一种货币以即期汇率卖出,同时以远期汇率再购回,在一项合约中达成两种交易。

国外反馈效应(**foreign repercussions**)：某大国收入和贸易的变化对世界上其他国家的影响,以及其他国家反过来对该国的影响。这就是经济周期在世界范围内传播的机制。

外国销售公司(**Foreign Sales Corporation,FSC**)：美国公司成立的海外子公司,以利用美国税法部分税收豁免的优惠。

对外贸易乘数(**foreign trade multiplier,k'**)：收入变化与出口或投资变化的比率,$k' = 1/(MPS+MPM)$。

远期贴水(**forward discount**)：外币远期汇率低于其即期汇率的年率。

远期升水(**forward premium**)：外币远期汇率高于其即期汇率的年率。

远期汇率(**forward rate**)：外汇交易过程中按合同规定 1 个月、3 个月或 6 个月后交割货币的汇率。

自由浮动汇率制度(**freely floating exchange rate system**)：一种浮动汇率制度,在该制度下汇率由供求决定且没有任何对外汇市场的政府干预。

自由贸易区(**free trade area**)：消除成员国间所有的贸易壁垒,对非成员国保留其贸易壁垒。最好的例子是欧洲自由贸易联盟、北美自由贸易联盟和南方共同市场。

根本性失衡(**fundamental disequilibrium**)：较大的持续性的国际收支逆差或顺差。

G

交易所得(**gains from exchange**)：由交易引起的消费增加,是与国家继续在自给自足状态下生产相比较而言的。

专业化所得(**gains from specialization**)：由于生产的专业化引起的消费增加。

贸易所得(**gains from trade**)：由生产专业化和贸易引起的一国消费的增加。

博弈论(**game theory**)：在互斥条件下选择最优战略的方法。

关贸总协定(**General Agreement on Tariff and Trade,GATT**)：旨在通过多边贸易协定推进自由贸易的国际性组织。

贷款安排总协定(**General Agreement to Borrow,GAB**)：根据该协定,在必需的情况下,国际货币基金组织从"十国集团"(最重要的发达国家)及瑞士借款以增加其财力资源,用于帮助国际收支出现困难的国家。

一般均衡分析(**general equilibrium analysis**)：研究存在于经济中各市场之间的内部依存关系。

一般均衡模型(**general equilibrium model**)：一个同时研究所有生产者、消费者和贸易商行为的经济模型。

全球化(**globalization**)：通信和交通革命推动贸易和金融资本流动,同时也推进了思想和人员的流动,从而在全球日益形成经济一体化。

黄金输出点(**gold export point**)：铸币平价加上等价于一单位外汇的黄金在两国间的运输成本。

黄金输入点（gold import point）：铸币平价减去等价于一单位外汇的黄金在两国间的运输成本。

金本位制（gold standard）：1880—1914 年实行的国际货币体系，在该体系下，黄金是唯一的国际储备，汇率只在黄金点内波动，国际收支的调节靠的是价格及黄金流动机制。

黄金份额（gold tranche）：一国在国际货币基金组织中配额的 25%。要求以黄金支付，并可以随时从国际货币基金组织中借出。

贸易引力模型（gravity model）：该模型假设（其他条件不变的情况下），两国间的双边贸易与这两个国家的 GDP 的乘积是成比例的或至少是正相关的，同时，两国间距离越远，贸易额越低（就好像物理学中的牛顿万有引力定律一样）。

20 国集团（Group of Twenty, G-20）：20 个最为重要的发达国家和发展中国家经济体，2008 年最终取代 7 国集团，成为世界经济中居支配地位的组织。

H

赫克歇尔—俄林（赫—俄）定理［Heckscher-Ohlin（H-O）theorem］：赫克歇尔—俄林理论的一部分，假定一国将出口本国相对充裕和便宜的要素密集型商品，进口本国相对缺乏和昂贵的要素密集型商品。

赫克歇尔—俄林（赫—俄）理论［Heckscher-Ohlin（H-O）theory］：该理论指出：（1）一国将出口本国相对充裕且便宜的要素密集型商品；（2）国际贸易将使各国间相同要素的收益均等化。

套期保值（hedging）：避免汇率风险（或轧平头寸）。

高成长型的亚洲经济体（high-performance Asian economies, HPAEs）：中国香港、韩国、新加坡和中国台湾，以 GDP、工业生产、制造业出口的高速增长为特征，也被称为新型工业经济体（NIEs）。

一阶齐次（homogeneous of degree 1）：规模报酬不变的生产函数。

横向一体化（horizontal integration）：在国外生产一种与国内商品同类的有差异的商品。

人力资本（human capital）：体现于员工身上的教育、工作训练和健康状况等，这会提高工人的劳动生产力。

I

识别问题（identification problem）：回归技术不能识别是需求曲线移动还是供给曲线移动，导致在对国际贸易的经验研究中低估价格弹性。

国际货币基金组织条件（IMF conditionality）：国际货币基金组织对成员国从基金中借款的条件。

不幸的增长（immiserizing growth）：由于增长，一国的贸易条件恶化以至于该国增长后比以前更贫困，即使非贸易条件下的增长倾向于增加该国的财富。

进口函数（import function）：一国进口与国民收入的正向关系。

进口替代品（import substitutes）：一国在国内生产，同时也从国外进口的商品（如美国的汽车），这是因为生产的不完全专业化所致。

进口替代工业化（import-substitution industrialization, ISI）：20 世纪 50—70 年代许多发展中国家采取的用国内生产品替代进口工业品的工业化政策。

　　进口税（import tariff）：对进口商品征收的税。

　　进口需求的收入弹性（income elasticity of demand for imports，n_Y）：进口品的百分比变化与国民收入的百分比变化之比，等于 MPM/APM。

　　贸易收入条件（income terms of trade）：一国出口品价格指数与进口品价格指数之比乘以该国出口品数量指数。

　　不完全专业化（incomplete specialization）：尽管会增加成本，但两国继续同时生产两种商品，即使是在一个有贸易发生的小国。

　　机会成本递增（increasing opportunity costs）：一国要生产额外的一单位某种商品而必须放弃生产的另一种商品的数量越来越多。这也表现为生产可能性曲线凸向原点。

　　规模报酬递增（increasing returns to scale）：产出增长比例大于投入或生产要素增长比例的生产条件。例如，投入要素增加一倍，产出增长则多于一倍。

　　产业政策（industrial policy）：工业国政府为刺激一些产业的增长或发展（通常是高科技产业）而采取的积极性政策。

　　幼稚产业保护论（infant-industry argument）：该观点认为，为了建立某一产业以及在某一产业的发展初期抵御成熟而有效的外国公司的竞争，必须采取暂时的贸易保护。

　　劣等品（inferior goods）：某些商品，其消费会随收入的增加而绝对减少，随收入的减少而绝对增加（以至于需求的收入弹性为负）。

　　通货膨胀目标制（inflation targeting）：实现一国特定的通货膨胀目标的货币政策。

　　投入产出表（input-output table）：表示经济中每种商品的来源及运用的矩阵式表格。

　　相互依存（interdependence）：国家间的（经济）关系。

　　套利（interest arbitrage）：将短期流动资金转移到国外赚取更高回报。

　　内部均衡（internal balance）：在物价稳定的情况下达到充分就业的目标，通常是一国最重要的经济目标。

　　国内要素流动（internal factor mobility）：一国生产要素从收益低的地区和产业流向收益高的地区和产业。

　　国际复兴与开发银行（世界银行）（International Bank for Reconstruction and Development，IBRD or World Bank）："二战"后建立的向发展中国家提供长期发展援助的国际性机构。

　　国际卡特尔（international cartel）：位于不同国家（隶属于不同政府）的一种商品的供应商的联合组织，该组织约定将限制该商品的生产和出口，以达到组织利益最大化或总收益增加的目的。像垄断者一样行事的国际卡特尔也称为集中卡特尔。

　　国际商品协定（international commodity agreements）：生产国和消费国的联合组织，目的是稳定和提高发展中国家初级出口品的价格和收入。

　　国际开发协会（International Development Association，IDA）：世界银行 1960 年成立的分支机构，以补贴利率向贫困的发展中国家提供贷款。

　　国际规模经济（international economies of scale）：公司生产经营体系遍布全球的一体化所带来的生产力提高。

　　国际间要素流动（international factor mobility）：国家间生产要素的流动，通常从低收益国向高收益国流动。

　　国际金融（international finance）：研究外汇市场、国际收支和调节国际收支失衡的学科。

　　国际金融公司（International Finance Corporation，IFC）：世界银行 1956 年成立的分支机

构,旨在刺激发展中国家本国的和外国的私人投资。

国际投资头寸(international investment position):年底一国在国外资产和国外在本国资产的数额及分布状况,又称国际债务收支。

国际宏观经济政策协调(international macroeconomic policy coordination):国内经济政策按照国际间依存关系而调节。

国际货币基金组织(International Monetary Fund,IMF):在布雷顿森林体系下产生的国际机构,目的在于:(1)监督各国遵循国际贸易和金融的一系列既定规则;(2)给暂时面临逆差难题的国家提供借款便利。

国际货币体系(international monetary system):影响国际支付的规则、关税、工具和组织等。

国际贸易组织(International Trade Organization,ITO):“二战”后为了使国际贸易更规范而建立的国际组织,但从未得到美国参议院的认可。其地位后来被野心较小的关贸总协定所取代。

国际贸易政策(international trade policy):考察贸易限制的原因及影响。

国际贸易理论(international trade theory):分析贸易基础和贸易收益的理论。

干预货币(intervention currency):为了使汇率在允许或期望的波动范围内浮动,各国货币当局用来干预外汇市场的可自由兑换的货币(主要是美元)。

产业内贸易(intra-industry trade):同一行业或宽泛产品组内差别产品间的国际贸易。

产业内贸易指数(intra-industry trade index,*T*):由1减去出口减进口绝对值与进口加出口绝对值之比给出的指数。

投资函数(investment function):表示投资支出与收入的关系的函数。投资是外生变量,当与收入画在同一个坐标系内时,投资函数是一条直线,即投资支出独立于国民收入(或不随其改变)。

IS曲线(IS curve):表示市场处于均衡状态时各种利率与国民收入组合的负斜率曲线。

等成本线(isocost):在给定支出和要素价格的条件下,企业可以使用的两种要素的不同组合的曲线。

等产量线(isoquant):为生产特定水平的产出,企业可以使用的两种投入要素的不同组合的曲线。

J

牙买加协议(Jamaica Accords):1976年1月达成,1978年4月批准的,确认有管制的浮动汇率制度并取消黄金官价的协定。

J曲线效应(J-curve effect):贬值造成的一国贸易收支在净改善之前的恶化。

K

肯尼迪回合(Kennedy Round):1967年(在《1962年贸易扩张法》授权下)完成的多边贸易谈判,达成了将工业品的平均关税减少35%的协定。

L

劳动/资本比率(labor-capital ratio,*L/K*):在生产一种商品时,每使用一单位资本相应要消耗的劳动量。

劳动密集型商品（labor-intensive commodity）：在所有相对要素价格条件下有较高的劳动/资本比率的商品。

劳动力节约型技术进步（labor-saving technical progress）：使资本的生产力增加比率高于劳动的生产力增加比率的技术进步。在相对要素价格不变的条件下，这将导致 K/L 比率的增加。

劳动价值论（labor theory of value）：商品的成本或价格可完全由其劳动内容决定或推导得出的理论。

自由放任（laissez-faire）：使政府最少地干预经济或规范经济活动的政策。这是亚当·斯密和其他古典经济学家所奉行的政策。

比较优势原理（law of comparative advantage）：该原理解释在一国生产所有商品都不如他国有效或相对他国有绝对劣势的情况下，互利贸易如何发生。该国应生产并出口其绝对劣势较小的商品（这种商品具有比较优势），进口其他商品。

一价法则（law of one price）：在运输成本、关税和其他有碍自由贸易的障碍都不存在的条件下，在所有市场上，由于商品套利会使所有同种商品的价格相等。

相互需求法则（law of reciprocal demand）：贸易条件下的均衡相对商品价格，由两国的相互需求曲线或提供曲线的交点给出。

逆风而上（leaning against the wind）：货币当局为减轻汇率的短期波动而采取的政策，在外汇市场上，供给超量需求的部分和吸收超量供给的部分的政策。

学习曲线（learning curve）：表示产业累积产出随时间的增加所导致的平均生产成本减少的曲线。

里昂惕夫悖论（Leontief paradox）：经验数据表明美国的进口替代品比出口品的资本密集度高。这与赫—俄贸易理论相背离，后者指出，资本密集的国家（美国）应进口劳动密集型商品而出口资本密集型商品。

流动性（liquidity）：国际储备中可用于解决暂时国际收支失衡的数额。

LM 曲线（LM curve）：表示货币市场均衡状态下，不同利率和国民收入水平组合的曲线，通常斜率为正。

长期总供给曲线［long-run aggregate supply（LRAS）curve］：一国的价格水平及其产出的自然水平间的固定关系。这取决于该国劳动力、资本、自然资源和科技的可获得性。

M

马斯特里赫特条约（Maastricht Treaty）：该条约号召成立欧洲货币局作为欧洲中央银行的前身，同时在 1997 年或 1999 年前成立欧洲联盟。

宏观经济学（macroeconomics）：研究总的或综合的，如一国总收入和总支出及总体物价指数的科学。

有管制的浮动汇率制度（managed floating exchange rate system）：货币管理当局对外汇市场的干预政策，目的是减少短期波动而不是影响汇率的长期趋势。

边际消费倾向（marginal propensity to consume，MPC）：消费支出的变化与收入变化之比，或 $\Delta C / \Delta Y$。

边际进口倾向（marginal propensity to import，MPM）：进口变化与国民收入变化之比，或

$\Delta M/\Delta Y$。

边际储蓄倾向（marginal propensity to save，MPS）：储蓄变化与收入变化之比，或 $\Delta S/\Delta Y$。

边际替代率（marginal rate of substitution，MRS）：在同一条无差异曲线上，一国为额外一单位某种商品而必须放弃的另一种商品的数量。它由无差异曲线上消费点的斜率决定，并随一国对该种商品消费量的增加而下降。

生产中劳动对资本的边际技术替代率（marginal rate of technical substitution of labor for capital in production，MRTS）：表示在同一条等产量线上，某厂商多使用一单位劳动力要放弃多少资本。

边际转换率（marginal rate of transformation，MRT）：一国要多生产一单位某商品而必须放弃的另一种商品的数量。这是商品的机会成本的另一种说法，由生产可能性曲线上的生产点的斜率给出。

市场导向型产业（market-oriented industries）：生产较重或在生产中不易运输而在附近市场上销售产品的产业。

销售委员会（marketing boards）："二战"后由几个发展中国家建立的，旨在稳定农产品的出口价格的国家计划。

马歇尔—勒纳条件（Marshall-Lerner condition）：指出当出口品和进口品的需求价格弹性总和大于1（进口品和出口品的供给弹性无穷大）时，外汇市场是稳定的。

重商主义（Mercantilism）：17 世纪和 18 世纪盛行的理论，它指出一国富裕的出路在于限制进口，刺激出口。因此一国的盈利必然建立在他国的亏损之上。

南方共同市场（Mercosur）：南美（或南方锥形火山地区）共同市场，1991 年由阿根廷、巴西、巴拉圭和乌拉圭发起成立。

梅茨勒悖论（Metzler paradox）：斯托尔帕—萨缪尔森原理的例外情况。

微观经济学（mircoeconomics）：研究个别单位，如特定国家和单一商品的相对价格的学科。

铸币平价（mint parity）：金本位制下的固定汇率制度，各国定义其货币的含金量，并被动地按此价格买入或卖出任何数量的黄金。

国际收支的货币分析法（monetary approach to the balance of payments）：该方法认为国际收支是一个基本的货币现象。从长期来看，货币是最主要的因素，它引起并治愈国际收支的失衡。

货币基础（monetary base）：一国货币当局创造的国内信用和该国的国际储备。

垄断竞争（monopolistic competition）：许多公司销售不同的产品，而且进退该产业相对容易的市场组织形式。

垄断（monopoly）：某产品只有一个生产者且没有近似的替代品的市场组织形式。

最惠国原则（most-favored-nation principle）：美国与其他国家协商的互减关税政策延伸至所有贸易伙伴。

多边贸易谈判（multilateral trade negotiations）：多国间的贸易谈判。

跨国公司（multinational corporations，MNCs）：该公司在几个国家拥有、控制或管理生产和设备分配。

多重汇率（multiple exchange rates）：发展中国家推行的多种汇率制度，政府按每种进口品的有用性赋予不同的汇率。

乘数(multiplier,k):收入变化与投资变化之比,在无政府的封闭经济条件下,k=1/MPS。

蒙代尔—弗莱明模型(Mundell-Fleming model):该模型证明一国在汇率不变的条件下能够使用财政政策和货币政策同时达到均衡。

N

国家安全条款(national security clause):一种禁止任何危害重要国防产业的关税减让(即使已经过协商)的保护性机制。

自然产出水平(natural level of output,Y_N):在给定劳动力、资本、自然资源和技术的条件下,一国在长期中能够生产的固定产出水平。

金融资产的净购入(net acquisition of financial assets):包括直接投资资产、(短期和长期)组合投资资产及其他投资资产(如货币和存款、贷款、贸易信贷及预付款)。

经常项目和资本项目交易的净借款(一)(net borrowing (一) from current-and-capital-account transaction):一国经常项目和资本项目的借方总额超过贷方总额。

金融项目交易的净借款(一)(net borrowing (一) from financial-account transactions):一国的国外负债净额超过金融资产的净购入。

国际货币基金组织净头寸(net IMF position):一国在国际货币基金组织中的配额减去国际货币基金组织持有的该国货币。

国外负债净额(net incurrence of liabilities):包括直接投资负债、组合投资负债及其他投资负债(如货币和存款、贷款、贸易信贷及预付款)。

经常项目和资本项目交易的净贷款(十)(net lending (十) from current-and-capital-account transactions):一国的经常项目和资本项目的贷方总额超过借方总额。

金融项目交易的净贷款(十)(net lending (十) from financial-account transactions):一国的金融资产的净购入超过国外负债净额。

中性生产和消费(neutral production and consumption):生产和消费的增长导致贸易数量成比例增长。

中性技术进步(neutral technical progress):同比例增加劳动和资本的生产力的技术进步,最终导致相对要素不变的条件下,K/L 比值不变。

借贷新安排(New Arrangement to Borrow,NAB):国际货币基金组织于1997年年初制定的由25个参加国和机构签署的协议,同意借款340亿特别提款权(约470亿美元),用于追加5年期的贷款总安排。

国际经济新秩序(New International Economic Order,NIEO):发展中国家作为一个整体在联合国呼吁消除现有国际经济体系中的不平等内容,并采取具体的行动支持这些国家的发展。

新保护主义(new protectionism):新形式的非关税贸易壁垒。

新独立国家(Newly Independent States,NIS):包括亚美尼亚、阿塞拜疆、白俄罗斯、爱沙尼亚、格鲁吉亚、哈萨克斯坦、拉脱维亚、立陶宛、摩尔多瓦、俄罗斯、塔吉克斯坦、土库曼斯坦、乌克兰和乌兹别克斯坦。

新兴工业化经济体(newly industrialized economies,NIEs):中国香港、韩国、新加坡和中国台湾,以GDP、工业生产、制造业出口的高速增长为特征,又称高成长型的亚洲经济(HPAES)。

名义关税（**nominal tariff**）：一种按最终产品价格计算的关税（从价税）。

非关税贸易壁垒（**nontariff trade barriers，NTBs**）：除关税外的其他贸易限制，如自愿出口限制；技术、管理和其他规则；以及由国际卡特尔引起的倾销和出口补贴等。

非贸易商品与服务（**nontraded goods and services**）：那些因运输成本超过国际价差而不必在国际间交易的商品和服务。

正常品（**normal goods**）：消费变化与收入变化方向相同的商品（以至需求的收入弹性为正）。

北美自由贸易协定（**North American Free Trade Agreement，NAFTA**）：该协定在美国、加拿大和墨西哥间建立了自由贸易区，并从 1994 年 1 月 1 日起生效。

O

提供曲线（**offer curve**）：表示一国需要的进口商品中有多少愿意供出口；或在各种相对商品价格下，一国愿意进口和出口的程度。

官方储备资产（**official reserve assets**）：一国货币当局持有的黄金、一国的特别提款权、在国际货币基金组织的储备头寸及货币当局持有的官方外汇储备。

离岸存款（**offshore deposits**）：以持有国货币以外的一种货币命名的银行存款。

离岸外包（**offshoring**）：企业在自己设在海外的工厂生产产品所使用的部分零部件。

寡头垄断（**oligopoly**）：同类或差异产品只有几个生产者的市场组织形式。

《1988 年综合贸易与竞争法》（**Omnibus Trade and Competitiveness Act of 1988**）：美国通过超级 301 条款，控制从那些未取消对美国出口品的主要壁垒的国家的进口。

开放经济宏观经济学（**open-economy macroeconomics**）：研究外汇市场、国际收支和国际收支失衡的学科。

机会成本理论（**opportunity cost theory**）：该理论指出某商品的成本等于要多生产一单位该商品而必须放弃生产的另一种商品的数量。

最优货币区（**optimum currency area or bloc**）：以永久的固定汇率相联系的一组国家，以及可使该区域处于最优状态的条件。

最优关税（**optimum tariff**）：使一国贸易条件改善带来的收益减去贸易量减少带来的负面影响所得的净效应最大化的关税税率。

原罪（**original sin**）：发展中国家无法用本国货币借款。

外包（**outsourcing**）：企业为了在日益全球化的世界中降低成本，在海外采购零部件。

P

局部均衡分析（**partial equilibrium analysis**）：孤立地研究个别决策者（公司或国家）的学科（即从企业、国家和世界经济的其他部分中抽象出来进行研究）。

传递效应（**pass-through effect**）：反映在进出口价格变化上的汇率变动的比率。

贸易模式（**pattern of trade**）：每个国家进出口商品的情况。

完全竞争（**perfect competition**）：具有以下特点的市场状况：（1）每种商品和要素都有很多买者和卖者，但每个都很小而不足以影响商品和要素的价格；（2）同种商品和要素是同质的；（3）在所有市场上有完全的知识和信息；（4）生产要素存在良好的内部流动性。

危险点条款（**peril-point provisions**）：阻止美国总统签订任何可能引起国内工业的严重损

害的关税减让政策的保护性机制。

持续性倾销(persistent dumping)：国内垄断者为实现利润最大化,而以低于国内价格的低价在国外销售商品的持久性倾向,又称国际价格歧视。

菲利浦斯曲线(Phillips curve)：失业率与通货膨胀之间的反向关系。

资产组合平衡法(portfolio balance approach)：该理论假定汇率取决于每个国家的金融资产的供需平衡。

资产组合投资(portfolio investments)：购买纯粹的金融资产,如债券、股票(如果购买的股票少于该公司股票总数的10%),通常通过银行和投资基金安排。

资产组合理论(portfolio theory)：投资于收益率负相关的证券,以很低风险得到给定的收益率,这是在同等风险条件下保持的最高的收益率。

掠夺性倾销(predatory dumping)：暂时以低价在国外销售以挤垮外国生产者,然后可以提价,利用新获得的国外的垄断优势获取利益。

特惠贸易协定(preferential trade arrangements)：经济一体化最松散的形式；给参加国以低于非参加国的关税。英联邦特惠计划就是一例。

价格—黄金流动机制(price-specie-flow mechanism)：金本位制下的自动调节机制。逆差国黄金减少,货币供给减少,然后国内价格降低,以刺激国家出口,减少进口直至逆差消除。顺差国则采取相反的过程。

有效市场分割理论(principle of effective market classification)：保持政策工具应用于最有效的目标。

私人投资(private investment,I)：一国产出中私人公司用于生产未来产出的部分。

私人储蓄(private saving,S)：一国产出中并未用于家庭消费或政府购买的部分。

产品生命周期模型(product cycle model)：该模型由弗农(Vernon)首创,指出新产品首先由发达国家引入,由技能较高的工人生产,最终标准化后可以在其他国家由技能较低的劳动力生产。

生产契约曲线(production contract curve)：该曲线由两种商品的等产量线的切点连接而成,在该区间要素投入使用最有效。

关税的生产效应(production effect of a tariff)：由于关税使商品价格增加导致的国内该商品生产的增加。

生产函数(production function)：表示企业各种要素投入量与商品最大产量之间关系的函数。

生产可能性曲线(production possibility frontier)：表示一国完全使用其所有资源,并利用最优技术,可能生产的两种商品各种不同组合的曲线。

禁止性关税(prohibitive tariff)：关税足够高致使所有国际贸易都停止,以致该国重返闭关自守状态。

关税的保护成本或称重负损失(protection cost or deadweight loss of a tariff)：一国福利的真实损失,由于关税引起的生产的无效率和消费的扭曲。

产生贸易的生产和消费(protrade production and consumption)：生产和消费的增加导致贸易数量更高比例的增长。

购货合约(purchase contracts)：规定进口国购买某一具体数量商品的最低价格和出口国出售某一具体数量商品的最高价格的长期多边协定。

购买力平价理论[purchasing-power parity（PPP）theory]：该理论认为汇率取决于两国的相对价格。

Q

货币数量论（quantity theory of money）：指出一国的货币供给乘以货币的流通速度等于该国的价格指数乘以充分就业条件下的实际产出。假定货币流通速度和实际产出是不变的，价格的改变与货币量的变化成正比。

配额（quota）：对贸易的直接数量限制。

R

有效保护率（rate of effective protection）：以生产某商品的国内附加值计算的税率。

实际汇率（real exchange rate）：名义汇率经两国消费者价格指数调节而得的汇率。

相互需求曲线（reciprocal demand curve）：提供曲线的又一名称。

新定居区（regions of recent settlement）：欧洲人19世纪居住的最空阔、资源最丰富的地区，如美国、加拿大、阿根廷、乌拉圭、澳大利亚、新西兰和南非。

相对商品价格（relative commodity prices）：一种商品价格除以另一种商品价格的商，等于第一种商品的机会成本，由生产可能性边界的绝对斜率得到。

相对要素价格（relative factor prices）：一种生产要素的价格与其他要素价格之比。以资本和劳动作为生产要素，劳动的相对价格为 w/r，资本的相对价格为其倒数，即 r/w。

相对购买力平价理论（relative purchasing-power parity theory）：该理论指出汇率变动的百分比等于两国价格水平变动百分比的差，与购买力平价理论的解释相同。

人民币元（renminbi or yuan）：中国的货币。

租金或生产者剩余（rent or producer surplus）：从长期看，为了使生产者提供某一具体数量的商品或要素服务而不必生产者支付的数额。

储备货币国（reserve-currency country，RCC）：一国（如美国）的货币被其他国家持有作为外汇储备货币。

资源导向型产业（resource-oriented industries）：生产过程需要大量原材料，因此必须在原材料产地设厂的产业。

关税的收入效应（revenue effect of a tariff）：政府从关税中获得的收入。

风险分散化（risk diversification）：投资于收益率反向相关或负相关的证券，或分散投资于不同行业或产品，能减少总投资风险。

风险溢价（risk premium）：投资者要求的补偿购买或持有国外债券所有可能产生的额外的风险，包括货币风险和国家风险的额外收益。

罗萨债券（Roosa bonds）：以美元标价的中期债券，具有汇率保证。这是由美国在20世纪60年代初发行的，为鼓励外国货币管理部门继续持有美元而不是在美联储将美元换成黄金。

金本位制的博弈规则（rules of the game of the gold standard）：金本位制下货币管理部门限制逆差国的信贷，扩大盈余国的信贷的规则（从而加深了国际黄金流动对国家货币供给的影响）。

雷布津斯基定理（Rybczynski theorem）：商品价格不变的条件下，某要素禀赋的增加将导致该要素密集度高的商品的产出增加并减少其他商品的产出。

S

等同科技(same technology)：同样的生产技术,如果两国的相对要素价格相同,将使每种商品具有相同的资本劳动比率。

储蓄函数(saving function)：储蓄和收入的关系。通常,当收入为零储蓄为负时,储蓄随收入的增加而增加,在这种情况下,消费的增加加上储蓄的增加等于收入的增加。

科学关税(scientific tariff)：使进口品价格等于国内品价格,从而使国内生产者可以与国外生产者竞争的税率。

铸造利差(seigniorage)：一国从发行货币或其货币可用作国际货币储备中得到的利益。

国外销售公司份额(Shared Foreign Sales Corporations)：美国税法为刺激美国出口而降低对出口收入的有效税率的政策。

短期总供给曲线[short-run aggregate supply (SRAS) curve]：由于不完全信息或市场的不完善性,一国产出和价格水平之间的暂时的正向关系。

单边要素贸易条件(single factoral terms of trade)：一国的出口品价格指数与进口品价格指数比乘以该国出口部门生产指数。

小国情况(small-country case)：贸易以贸易前大国的相对商品价格进行,以致小国得到了所有贸易好处的情况。

史密森协定(Smithsonian Agreement)：1971 年 12 月在华盛顿达成的协定;在该协定下,美元贬值 9%(每盎司黄金从 35 美元升为 38 美元),其他硬通货相对于美元的价值进行重估;美元可否转换为黄金仍悬而未决;允许汇率在新平价上下浮动 2.25%。

《1930 年斯穆特—霍利关税法》(Smoot-Hawley Tariff Act of 1930)：该法案使美国平均进口税在 1932 年达到历史最高水平的 59%。

南方共同市场(Southern Common Market)：参见 Mercosur.

特别提款权(Special Drawing Rights,SDRs)：国际货币基金组织创造的国际储备,用以补充其他的国际储备,并根据各国在国际货币基金组织中的份额分配给成员国。

特定要素模型(specific-factors model)：该模型分析了至少一种要素不能在行业间流动时一国商品价格变化对要素收益的影响。

从量关税(specific tariff)：以每单位贸易商品中的固定数额表示的税收形式。

投机(speculation)：接受外汇汇率风险,或头寸风险,以期获得收益。

货币的投机需求(speculative demand for money)：偏好与利率相关的证券需要保留一定的货币余额的需求,以便较好地利用未来的投资机会。投机、流动的货币需求与利率反方向变动。

偶然性倾销(sporadic dumping)：偶尔以低于国内的价格在国外销售某种商品,目的是在国外销售一些不可预见的或暂时的商品剩余,而不必降低国内价格。

即期汇率(spot rate)：要求从交易确认日起两个交易日内收付外汇的外汇交易中的汇率。

稳定与增长公约(Stability and Growth Pact,SGP)：要求欧洲货币联盟的成员国将本国的预算赤字控制在不超过本国 GDP 的 3% 的协定。

稳定性的投机(stabilizing speculation)：当外币的本币价格(即汇率)下跌或很低时购买外汇,以期汇率会很快上升而获利,或者当汇率上升或很高时抛掉外汇,期望它很快会下降。

稳定的外汇市场(stable foreign exchange market)：在外汇市场上,均衡汇率的波动会产生自发的力量,推动汇率回到均衡状态。

滞胀(stagflation):萧条或停滞与不断上升的价格和通货膨胀并存的状态。

备用协议(standby arrangements):成员国与国际货币基金组织协商认可未来可以从国际货币基金组织借款的协定,以便需要时可以立刻执行。

国家贸易公司(state trading companies):中央计划经济下掌握特定商品贸易权的国家组织。

统计误差(statistical discrepancy):按复式簿记的要求,使一国国际收支中贷方与借方相等的账户。

斯托尔帕—萨缪尔森定理(Stolper-Samuelson theorem):该定理指出自由国际贸易会使一国相对短缺要素的实际收益下降,相对丰富要素的实际收益上升。

战略性贸易政策(strategic trade policy):在具有广泛外部性的寡头垄断市场上,积极的贸易政策可以增加一国的福利。

次贷危机(subprime mortgage crisis):发端于美国的金融危机,随后扩散到美国金融部门的其他领域和整个实体经济甚至蔓延到全世界。

替代账户(substitution account):该账户用于将国外持有的所有美元换成国际货币基金组织的特别提款权,以解决美元过剩的问题。

超黄金份额(super gold tranche):国际货币基金组织持有一国货币在该国配额的 75% 以下时,该国可以从国际货币基金组织借款而不必偿付的数额。

货币供给(supply of money):一国的货币供给总量等于该国的基础货币乘以货币乘数。

国际收支顺差(surplus in the balance of payments):经常项目和资本项目中贷方超过借方的部分,或自主性交易,等于官方储备账户的净借方余额,或调节性交易。

互惠信贷安排(swap arrangements):各国中央银行间协商彼此互换货币,用来干预外汇市场和控制国际游资。

自动调节综合(synthesis of automatic adjustments):企图将自动价格调节、自动收入调节与货币调节统一起来以纠正国际收支的失衡。

T

关税工厂(tariff factories):在一个国家或其他经济机构(如关税同盟)中,为避免进口关税而进行的直接投资。

技术的、行政的和其他法规(technical,administrative,and other regulations):如安全、健康、标记要求和边境税等非关税贸易壁垒。

技术差距模型(technological gap model):该模型假设国际贸易的一部分是建立在引入新产品或生产过程基础之上的。

贸易条件(terms of trade):一国出口商品价格指数与进口商品价格指数之比。

贸易条件效应(terms-of-trade effect):一国贸易的相对商品价格变化;它是由一国在增长过程中贸易量的变化所引起的。

次优理论(theory of the second best):该理论认为,当实现社会福利最大化或帕累托最优的条件不能全部得到满足时,设法尽量满足尽可能多的条件是不必要的或通常会导致次优福利的情况。

东京回合(Tokyo Round):于 1979 年达成的多边贸易协定(在 1974 年的贸易改革法授权

下),在该协定下,将平均税率减少 30%,并为应付非关税壁垒采取统一的国际行动。

贸易调整援助(Trade Adjustment Assistance):美国《1962 年贸易扩展法》中的条款(并延续至随后的贸易法案)。该条款对因贸易自由化受损害的工人和厂商给予援助。

《1934 年贸易协定法》(Trade Agreements Act of 1934):授权美国总统在最惠国待遇下与其他国家签署最高为 50% 的关税相互减让。

贸易差额(trade balance):一国商品出口额减进口额。

贸易控制(trade controls):一国在国际贸易方面设置的关税、配额、对进口品的提前存入款和其他限制。

贸易创造关税同盟(trade-creating customs union):仅在能促进贸易并增加成员国与非成员国的福利时,一种关税同盟才能被称为贸易创造关税同盟。

贸易创造(trade creation):当关税同盟成员国的国内产品由另一成员国低成本的进口品所替代时,就称为贸易创造,这增加了财富。

贸易赤字(trade deficit):一国进口额超过出口额的部分。

贸易偏差(trade deflection):进口品从其他国家进入自由贸易区的低税成员国,从而避开了其他成员国的较高关税。

贸易转移(trade diversion):关税同盟成员国之外的低成本进口品被关税同盟成员国的高成本的进口品替代时,就发生了贸易转移,对关税同盟自身来说,这减少了财富。

贸易转移关税同盟(trade-diverting customs union):同时引起贸易创造和贸易转移的关税同盟,成员国福利究竟增加还是减少取决于这两种相反力量的强弱程度。

关税的贸易效应(trade effect of a tariff):由关税引起的某商品贸易数量的减少。

《1962 年贸易扩大法》(Trade Expansion Act of 1962):授权美国总统与周边国家协商关税减让最高至 1962 年水平的 50%,并用调节支援来代替无伤害原则。

贸易无差异曲线(trade indifference curve):该曲线表示使一国具有相等财富的各种贸易条件。

贸易或弹性法(trade or elasticities approach):该方法强调了贸易或商品与服务的流动对汇率的决定作用,该模型在对长期汇率的解释上比对短期汇率的解释更有用。

贸易或商业政策(trade or commercial policies):规范一国商业或国际贸易的规则。

贸易促进权或"快车道"(trade promotion authority or "fast track"):立法批准美国总统有权与其他国家签署全球贸易协议,容许不修改草案,但仅由国会投票批准或驳回协议(9.7A 小节)。

《1974 年贸易改革法》(Trade Reform Act of 1974):授权美国总统减让关税,但不得超越肯尼迪回合后税率的 60%,并减少非关税贸易壁垒。

《1984 年贸易与关税法》(Trade and Tariff Act of 1984):授权美国总统协商降低服务贸易壁垒,与以色列签订自由贸易协定,并将普惠税延至 1993 年。

货币的交易需求(transaction demand for money):由商业交易引起的对流通货币的需求,它与国民收入水平和商业贸易量直接相关。

转移定价(transfer pricing):跨国公司的分公司之间进行交易时,有意过高或过低定价,目的是使收入或利润从税率高的国家转向税率低的国家。

转移问题(transfer problem):一宗大额的或不经常的资本移动,实际上伴随着支付国的顺差和接受国的逆差,这种情况的处理被称为转移问题。

运输或物流成本（**transport or logistics costs**）：商品转移过程中的运费、仓储费、装卸费、保险费和利息费用。

触发价格机制（**trigger-price mechanism**）：美国 1978 年为保护其钢铁工业而引入的反倾销机制，通过对低价钢铁进口国施加关税，使其价格等于基准价格制度所规定的最低进口价格。

三难困境（**trilemma**）：一国只能从固定汇率制度、不受限制的国际金融流动和货币政策自治权三种政策中选择两种的政策困境。

U

无抛补套利（**uncovered interest arbitrage**）：将短期流动资金输往有较高利率的国际货币中心，而不考虑将来汇率变动的风险。

单方面转移（**unilateral transfers**）：给予国外或从国外收到的赠品或赠款。

联合国贸易发展大会（**United Nations Conferences on Trade and Development**，**UNCTAD**）：联合国在 1964 年、1968 年、1972 年、1976 年、1979 年、1983 年、1987 年和 1992 年召开的特别会议，会上发展中国家提出了为促进发展中国家经济的发展而改善现行国际经济体制的要求。

不稳定的外汇市场（**unstable foreign exchange market**）：外汇市场中的不稳定因素使汇率越来越远离均衡状态的情形。

乌拉圭回合（**Uruguay Round**）：开始于 1986 年，结束于 1993 年的多边贸易协定，目的在于逆转非关税壁垒增加的趋势。用世界贸易组织（WTO）代替了关贸总协定（GATT），将服务和农业引入世界贸易组织，并改善了争端的解决机制。

V

差价关税（**variable import levies**）：欧盟对农产品进口征收的进口税，它等于欧盟设立的较高的农产品价格与较低的世界市场价格之差。

国际支付货币（**vehicle currency**）：用于国际交易或国际合同的标价货币，如美元。

剩余出口（**vent for surplus**）：该理论指出在一些发展中国家，出口应作为潜在剩余农产品和原材料的一个出路。

纵向一体化（**vertical integration**）：公司向前扩张供给自己的原材料和中间产品，和/或向后扩张提供自己的销售和分销网络。

自动出口限制（**voluntary export restraints**，**VERs**）：在更严重的全面贸易壁垒的威胁下，进口国使另一国"自愿"减少某商品对进口国的出口。

W

财富效应（**wealth effect**）：由于国家经济的增长导致每名工人或每个人产出的变化。

世界贸易组织（**World Trade Organization**，**WTO**）：乌拉圭回合建立的组织，以代替关贸总协定秘书处。它有权对工业品、农产品和服务的贸易进行管理，并在解决贸易争端方面有更大的权限。

Y

人民币元（**yuan or renminbi**）：中国的货币。

教 学 支 持 说 明

约翰威立国际出版公司（John Wiley & Sons Inc.）有着近 200 年历史，在全球学术出版、高等教育出版和专业及大众图书出版领域建立了卓越的品牌，是全球唯一一家业务涵盖这三大领域并处于领先地位的独立出版商。

约翰威立公司将向采纳本书作为教材的老师免费提供相关的教学辅助资料。任何一位注册的老师都可直接下载所有在线的"教学辅助资料"。

为确保此资源仅为老师教学所使用，烦请填写如下情况调查表。所示如下：

证 明

兹证明＿＿＿＿＿＿＿＿大学＿＿＿＿＿＿＿系/ 院＿＿＿＿＿＿＿学年（学期）开设的＿＿＿＿＿＿＿＿＿＿课程，采用＿＿＿＿＿＿＿＿出版社出版的（作者 / 书名）作为＿＿＿＿＿＿＿主要教材。任课教师为＿＿＿＿＿，学生＿＿＿＿个，班共＿＿＿＿人。

电话：＿＿＿＿＿＿＿＿＿＿＿＿＿＿＿＿＿＿＿＿＿＿

传真：＿＿＿＿＿＿＿＿＿＿＿＿＿＿＿＿＿＿＿＿＿＿

E-mail：＿＿＿＿＿＿＿＿＿＿＿＿＿＿＿＿＿＿＿＿

联系地址：＿＿＿＿＿＿＿＿＿＿＿＿＿＿＿＿＿＿＿

邮编：＿＿＿＿＿＿＿＿＿＿＿＿＿＿＿＿＿＿＿＿＿＿

系 / 院主任：＿＿＿＿＿＿＿＿（签字）

（系 / 院办公室章）

＿＿＿＿＿＿年＿＿＿＿月＿＿＿＿日

清华大学出版社
北京市海淀区学研大厦 B509，100084
Tel: 8610-83470293/83470332
Fax: 8610-83470107
E-mail: ellie4306@sina.com

约翰威立国际出版公司北京代表处
北京市朝阳区太阳宫中路 12A 号，太阳宫大厦 8 层 805-808 室，100028
Tel: 8610-84187815
Fax: 8610-84187810
E-mail: iwang@wiley.com